중국유학의 정신

This book is translated into Korean from the original
《中国儒学之精神》 with financial support from
the Chinese Fund for the Humanities and Social Sciences.

中国儒学之精神
Copyright ⓒ Fudan University Press Co., Ltd, 2017
This translation is published by arrangement with Fudan University Press
Co., Ltd Korean translation copyright ⓒ 2021 by Yemoonseowon
Publishing Company all rights reserved.

중국철학총서 4

중국유학의 정신

지은이 郭齊勇
옮긴이 고성애
펴낸이 오정혜
펴낸곳 예문서원

편집 유미희
인쇄 및 제책 주) 상지사 P&B

초판 1쇄 2021년 12월 23일

출판등록 1993년 1월 7일(제307-2010-51호)
주소 서울시 성북구 안암로 9길 13, 4층
전화 925-5913~4 | 팩스 929-2285
전자우편 yemoonsw@empas.com

ISBN 978-89-7646-467-5 93150
YEMOONSEOWON 13, Anam-ro 9-gil, Seongbuk-Gu, Seoul, KOREA 02857
Tel) 02-925-5913~4 | Fax) 02-929-2285

값 40,000원

중국철학총서 4

중국유학의 정신

郭齊勇 지음
고성애 옮김

예문서원

한국어판 서문

졸저 『중국유학의 정신』은 2009년 1월, 상해 복단대학출판사에서 출간되었다. 다행히 독자들의 깊은 사랑을 받아왔고 비교적 인기가 있는 편이었다. 특히 연변대학교의 고성애 선생의 신청으로 중국 국가사회과학기금國家社會科學基金의 중화학술번역프로젝트(中華學術外譯項目)에 선정되어 한국어로 번역 출판된다고 하니 더없이 기쁘다. 그리고 한국어 번역과 동시에 영어 번역도 성공적으로 선정되었다고 하니 저자로서는 쾌거가 아닐 수 없다.

동아시아 문화와 철학을 연구하고 있는 고성애 선생은 조선족이고 서울대학교에서 석사와 박사 학위를 취득하였다. 고성애 선생이 이 책의 한국어 번역을 맡는다고 하니 원서의 편집을 맡았던 복단대학출판사의 진군陳軍 선생과 나는 매우 기뻤다.

유학은 동아시아문명의 요소로서 동아시아의 여러 나라와 여러 민족이 공유하고 있는 지적자원이다. 중국은 유학의 발원지이고, 유학의 모국母國이다. 한국의 유학은 비록 중국에서 전래되었지만 역사의 발전 과정에서 나라와 민족, 지역에 부합하는 문화로 거듭남으로써 자신만의 특징을 가지게 되었고 독특한 사조, 학파, 인물, 이론과 저서들이 나타나게 되었다.

이 책에서는 중국유학을 다루었다. 유학의 원류와 대표적인 사상가들, 발전 과정과 경전·저서, 유가의 예악문화와 사회이상, 치국전략과 관리지혜, 인성학설과 핵심가치, 인생의 경지, 유가 인문정신의 특징, 현대적인 의의와 가치,

경제글로벌화로 인한 창조적인 전환과 대응하는 방법에 대하여 비교적 전반적이고 체계적으로 다루었다. 또한 최근 학계에서 이루어지고 있는 논의들, 예를 들면 유가와 자유주의의 대화, 공과 사, 공덕과 사덕, 친친호은親親互隱과 인권, 유학의 종교성과 종교 사이의 대화 등에 대해서도 개인적인 견해를 소신 있게 제기하였는데 학계의 발전을 위하여 나름대로 공헌하였다고 생각한다.

중국유학의 주요한 학파, 고전, 가치, 관념, 학설, 경지, 지혜와 방법은 중국문화의 보물로서 오늘날에도 의미와 가치가 있다. 중국이 현대화를 실현하는 과정에서도 유가문화는 중요한 작용을 발휘한다.

과거에 사람들은 늘 현대화와 전통문화 특히 유학을 대립시키면서 유학을 포함한 전통문화는 현대화의 부담 내지는 걸림돌이라 간주하였다. 하지만 오늘날 유학과 현대화 및 그 관계에 대한 견해는 매우 크게 변화하였다. 다원적인 유학과 다원적인 현대성은 중국, 한국 내지는 동아시아와 세계에서 복잡한 변화를 일으켰고 유학이 현대화에 있어서 매우 긍정적이고 적극적인 요소이자 동력임을 점차적으로 인식하게 하였다. 유학은 현대화에 적응하는 과정에서 끊임없이 변화함으로써 창조적인 변화와 발전을 이룩하였다.

이 책의 한국어 번역본이 순리롭게 출간되어 한국 독자들이 중국유학의 과거와 현재, 미래를 이해함에 있어서 조금이나마 도움이 될 수 있기를 바란다.

곽제용

2021년 12월 7일 무한에서 쓰다

지은이의 말

복단대학교 출판사의 진군陳軍 박사가 저자에게 이 책의 원고를 청탁하였고 그의 배려와 인내심 덕분에 평소 학생들을 가르치면서 사용하였던 강의 원고와 대중강연 원고를 출판사의 요구대로 느긋하게 정리할 수 있었다.

저자는 개인적으로 유학에 대하여 개방적인 관점을 가지고 있다. 확고부동한 중국문화 혹은 고정불변의 유학이란 결코 존재하지 않는다고 생각한다. 공자는 "시대를 초월한 성인"(聖之時者)이고 유가는 "시간적인 사람"이며 시대와 함께 공존하고 밤낮으로 쉬지 않는다. 따라서 오늘날 이 시대의 유학, 유가 혹은 유교는 시대정신을 가지고 있는 유학, 유가, 유교임에 틀림없다.

이에 저자는 개방적인 유학 혹은 개방적인 '신유학新儒學'을 제창하고, 유학과 마르크스주의, 서양의 학문, 제자백가의 학문은 서로 포용하고 서로 보충하며 받아들임을 주장한다.

중국문화 혹은 국학은 포괄하는 범위가 매우 넓고 풍부하고 다채롭다. 저자는 중국문화, 국학을 간단하게 유학(물론 유학은 그 중의 중요한 내용임)으로 환원하는 관점에 동의하지 않는다. 유학은 결코 유가를 제외한 제자백가의 학문, 도교와 불교, 지역문화 혹은 민간문화와 절대적으로 대립하지 않는다. 역사적으로 유가와 상술한 여러 학파는 대체로 합리적인 충돌과 서로 보완하는 문화적인 생태계 속에 존재하였다. 오늘날 우리가 하나의 학파에 얽매인 견해로 제자백가가 서로 저촉되고 절대적으로 배척하였다고 여길 필요는 더더욱 없다. 인격 경지의 추구 혹은 문화적인 수양으로부터 볼 때 유·불·도는 줄곧 서로 협력하고 서로 보완하였다. 두보杜甫(詩聖), 이백李白(詩仙), 왕유王維(詩禪)가 당시唐詩 분야에서 서로의 장점을 더욱 돋보이게 한 것과 마찬가지 구도다.

중국, 서양, 마르크스, 제자백가, 유, 불, 도, 기독교, 이슬람교, 인도교 등은 각자 다양하고 장점을 가지고 있으며 모두 인류가 현대화로 나아감에 있어서 중요한 사상이고 문화자원임과 동시에 창조적인 전환과 종합으로 장점을 취하고 단점을 보완하면서 서로 교류하고 작용함으로써 오늘날의 중국과 세계에 유용하게 쓰일 수 있다. 현대의 개방적인 유가의 입장에서 볼 때, 타자의 시각으로 스스로의 정수와 부족점을 더욱 잘 발견할 수 있기에 유가는 여러 가지 종류의 비판을 적극적으로 수용하고 또한 여러 학파의 성공과 실패, 득과 실의 경험을 거울로 삼고자 하였다.

저자가 말하는 개방적인 '신유학' 혹은 '신유가'는 자신의 수양과 저술활동을 진행할 뿐만 아니라 더욱 중요하게는 사회적인 실천 즉 현대사회의 생활에 참여하고 정치사회 및 여러 분야의 활동에 참여함으로써 사람 됨됨이와 일처리가 서로 결합된다. 진정한 유학은 종래로 모두 생활유학이었고 실천유학이었다. 따라서 저자는 심성유학과 정치유학의 구분에 동의하지 않는다. 유가는 종래로 경세치용經世致用을 강조하였고 언제나 사회정사社會政事, 교육사도教育師道, 경사박고經史博古, 문장자집文章子集의 학문에서 다방면으로 발전하여야 함을 주장하였다. 옛날부터 지금까지 진정한 유가는 대부분 '자신을 닦고 단속하며'(修身律己) 경지를 추구하는 사람이었고, 침식을 잊어가면서 실제로부터 출발하여 백성들을 위하여 봉사하였고 헌신정신, 행정적인 능력과 재능이 있는가 하면 도량이 넓고 사업이 있었으며, 주위의 사람들을 교화하고 영향을 주었다. 이것이 바로 '내성內聖'과 '외왕外王'이 일치한 것이다. 저자와 같이 교직에 종사하는 사람을 놓고 말하면 학생들에게 더욱 많은 시간과 정력을 할애하여 지식을 가르치고 인재를 양성하며 청년들과 협력하여 사회활동에 참여하는 것이 저술활동보다 더욱 중요한 것이다. 저자는 여전히 이른바 "세 가지 불후함"(三不朽)에서의 덕을 세우고(立德) 공을 이루고(立功) 말을 남기는(立言) 순서에 전적으로 동의한다.

대부분의 중국 사람들과 마찬가지로 저자가 생활하였던 사회와 가정적인 배경은 유가적이었다. 저자의 개인적인 생활방식 또한 유가적이고 학업, 전공 또한 주요하게 유학이다. 따라서 저자는 유학연구에 편중을 두고 있고 또한 유학에 대하여 깊은 감정을 가지고 있다. 하지만 이는 저자의 마르크스주의, 서양의 학문, 기독교, 이슬람교, 인도교, 제자백가(특히 도교와 불교)에 대한 존중과 학습에 방해가 되지 않았고, 유학에 대한 비판과 개혁에도 지장이 없다. 유가는 "자신을 위한 학문"(爲己之學)이고, 사람들의 자아수양, 자아학습, 자기반성, 자기 초월의 능력을 가르치고 제고시킴에 있어서 일련의 방법 즉 박학博學, 심문審問, 신사愼思, 명변明辨, 독행篤行 등등이 있다. 유가의 책을 읽게 되면 유가의 사람 혹은 새로운 시대의 유자들로 하여금 국가의 대사와 백성의 고통에 주목하고 백성 및 그 자녀들을 아끼고 위로하며, 교육·학술·문화 등 사업에 뛰어들고 더욱 적극적으로 사회를 위하여 봉사하며, 겸손하고 관대하고 포용하며 또한 평상심과 실천정신을 가지도록 하는데, 이것이 바로 이른바 "고명을 다하고 중용을 따르는"(極高明而道中庸) 것이다.

저자가 보기에 유가문화를 출발점과 주요한 시각으로 간주하여 민족정신과 시대정신의 융합을 연구하면 이러한 주제를 더욱 심화시킬 수 있다. 하지만 저자는 기타의 학자들이 도가(교), 불교, 여러 시대의 지역, 민족, 민간문화 등을 중심 혹은 영역으로 설정하고 민족정신과 시대정신의 융합에 대하여 연구하는 것을 결코 배척하지 않으며 오히려 매우 지지하는 입장이다. 차라리 일종의 학술생태계의 보완관계를 이루는 것이 적합하다고 말하는 편이 낫겠다.

어떤 사람은 유가를 이른바 '범도덕주의자汎道德主義者'로 간주하는데 이 또한 유가에 대한 이해가 매우 부족하여 초래된 것이다. 맹자는 이렇게 말하였다. "한갓 선한 마음만으로는 정사를 할 수 없고 한갓 법만으로는 스스로 행하여질 수 없다."[1] 유가는 범위가 매우 넓기에 도덕적인 것 혹은 범도덕적인 것, 정치적인 것 혹은 범정치적인 것으로 귀결하기 매우 어렵다. 유가와 정치의 관계를 놓고 말하면 역사적으로 진정한 유가는 종래로 권세와 지위에 아부하지 않고 역대의 권위정치에 종속되지 않았다. 비록 역사적으로 곡학아세하였던 비루한 유가들도 드물지 않았지만 이는 유학의 주류가 아니었고, 유가에는 '천' 혹은 '덕'으로 지위에 대항하는 전통과 비판적인 정신이 있었으며 심지어 "일부인 주를 죽였다는 말은 들었지만 군주를 시해하였다는 말은 듣지 못하였다"(聞誅一夫紂矣, 未聞弑君也)고 하였다. 관념, 제도 및 '백성을 교화하여 좋은 풍속을 이루는'(化民成俗) 세 가지 차원에서 유가의 많은 요소가 전통적인 정치를 개선하는 작용을 발휘하였는데 이 중 적지 않은 부분은 현대의 법치사회, 민주정치의 건설과 공적(公共) 지식인을 수양하는 중요한 자산으로 전환될 수 있다. 유가의 일부 이념은 일찍이 전통사회의 일부 제도로 전환되었고 일부 제도는 사실상 진지하게 반추해 볼 필요가 있음에도 우리는 늘 소홀하게 대하였다. 유가에는 매우 풍부한 공공의식과 공덕심이 있는데 공과 사, 공덕(公德)과 사덕(私德), 공리와 사리에 대한 견해는 절대 세속적인 것을 말한 것이 아니고 물론 이른바 '개인주의', '집단주의' 등등으로 귀결될 수도 없다.

유학은 박물관이나 도서관이 아니고 무슨 '고혼(孤魂)', '유혼(遊魂)', '야귀(野鬼)'도 아니다. 해외의 일부 한학자나 중국학자들은 현대 중국 사회에 대하여 매우 낯설어한다. 그들은 유학이 생활이고 유학에 대중성이 있음을 몰랐다. 설령 농업사회 이후라 할지라도, 설령 청말민초(清末民初) 이래로 사회의 기본적인 구조와 생활방식에 천지개벽의 변화가 발생하였다 하더라도, 유학·유가는 여전히 민간에 살아 있었고 백성들의 생활—당면한 생활 속에 살아 있으며 사회의 대부분 사람들이 살아가면서 지켜야 할 도리 속에 살아 있고 자신도 모르는

---

1) 『맹자』, 「이루상」, "徒善不足以爲政, 徒法不能以自行."

사이에 일상 자체에 존재하였다. 물론 사람들은 자신도 모르는 사이에 일상에 존재하는 것을 자각自覺, 자식自識으로 끌어올리기를 바란다. 또한 공번삼孔繁森, 오천상吳天祥, 계희은桂希恩, 주우산周又山 등 현대의 모범들로부터 많은 유학적인 요소들이 축적되어 있음을 찾아볼 수 있다.[2] 저자 자신도 무창武昌 순사巡司 강변의 한 서민 가정에서 태어나 자랐고 십여 년간 시골과 공장 등 최하층 백성들의 생활을 경험하였다. 지금까지도 서민 친구들을 사귀고 백성들의 가정, 사회단체, 인성, 인심의 주류 그리고 백성들의 생활신념과 사업윤리는 여전히 유가적인 것임을 깊이 알고 있다. 주요한 가치이념은 여전히 '인애'를 중심으로 하는 인, 의, 예, 지, 신의 '오상五常'(물론 함의는 시대와 더불어 발전하였고 새로운 시대적인 정신이 침투되었다.)이다. 현재 일부 건강한 민간종교, 기업문화에서는 유가의 핵심 가치가 많은 부분 받아들여지고 있다.

유학과 현대화는 결코 절대적으로 대립하는 것이 아니고 유학은 현대화에 참여하는 적극적인 동력이다. 또한 현대병을 극복하고 현대의 고질을 치료하는 작용만을 가지고 있는 것이 아니라 심리적인 위안의 역할을 발휘하는 것도 아니다. 유학의 주요 정신과 가치이념은 여전히 인간을 인간이게끔 하고 중국인을 중국인이게끔 하는 안신입명安身立命의 도이며 현대 중국의 법치사회의 민족문화 정체성과 공통된 윤리인식의 기초이다. 사람들은 늘 보물이 묻혀 있는 산에 있으면서 보물을 발견하지 못하는데 유학에 내재된 풍부한 보물들은 대대로 발굴해 내고 발견해 내고 전환을 이루어 내야 한다.

유학은 사실상 교양이고 문명이다. 지금의 사회에는 특히 백성, 국민의 교양 수준을 제고시킬 필요가 있는데, 특히 문명의 수준을 강조하여야 한다.

---

2) 전국도덕모범이고 무한시 무창 자구의 원 副區長(현재는 조사연구원) 오천상은 수십 년을 하루와 같이 노약자와 어려움이 있는 사람들을 구제하였다. 무한시 蔡甸區 鎭寧堡촌 위원회의 부주임 주우산은 충직하고 어질고 효도하였으며 최근에 눈 피해를 방지하는 작업 도중 필사적으로 남을 구하다가 용감하게 희생되었다.

건강한 현대 시민사회에는 "온화(溫), 선량(良), 공경(恭), 절검(儉), 겸양(讓)"의 다섯 가지 덕과 경외할 줄 아는 공민이 필요하지 "내가 깡패인데 누가 날 건드려"라는 식으로 말썽을 부리는 건달이 필요한 것이 아니다. 공민사회는 개인의 교양과 사회의 공적인 덕公德과 믿음公信이 돋보이는 사회이기 때문에 현대성의 시·서·예·악의 교양은 군자뿐만 아니라 매 한 사람의 공민에게 모두 필요한 것이다. 차라리 현대 공민사회의 필수품이고 현대 문명사회를 구축하는 기초라고 하는 편이 낫겠다. 문화수양의 형성은 환경, 분위기의 영향이 필요하고 오랜 시간과 몇 세대 사람들을 통한 축적이 필요하다. 유가의 교육은 성정性情에 대한 교육이다. 진정으로 유가적인 사람, 가정과 사회의 행복지수는 매우 높고 행복감이 가장 높다.

이는 결코 유가나 유학에 보물만 들어 있고 찌꺼기는 없어서 그대로 모방하고 전면적으로 복고復古할 수 있다는 것이 아니다. 전근대 문명의 하나로서 유학에도 물론 시대적인 부착물이 있는데 이는 반드시 가려내야 하는 부분이다. 유학의 본질은 '변동하면서 머무르지 않는 것'(變動不居)이고 시대의 흐름을 따라 새롭게 변화하는 것이다. 시대적인 한계는 시대에 따라 대사代謝가 이루어지고 포기될 수 있다. 여기서 강조하고 싶은 것은 유가·유학·유교에 너무 가혹한 요구를 제기하여서는 안 된다는 것이다. 기독교, 인도교, 이슬람교, 불교, 도가(도교)에는 가혹한 요구를 들이대지 않으면서 왜 반드시 유학에 대해서는 가혹하게 요구하고 기성화된 과학, 민주, 자유, 인권 등의 현대적인 가치를 요구하는 것인가? 이러한 기성화된 것들을 내놓을 수 없으면 가치가 없는 것인가? 사실상 유학은 기독교 등과 마찬가지로 과학, 민주, 자유, 인권 등을 직접적으로 제시할 수는 없지만, 비판적인 계승과 창조적인 전환을 거쳐 현대의 가치를 더욱 훌륭하게 전환하고 흡수할 수 있고 현대의 가치를 기존의 문화적인 토양 속에 더욱 건강하게 뿌리내리게 할 수 있다. 매 시대의 사람들에게는 모두 특정된 시대적인 책임이 있고 자신의 책임을 회피할 수 없을뿐더러 또한 옛사람들에게 전가하여 옛사람들이 모든 것을 짊어지게 할 수도 없다. 유학에 대하여 간단하게 포기하거나 일괄적으로 배척하고 도리를 따지지 않는 태도로 경솔하게 분해하고 입에서 나오는 대로 거침없이 지껄이며 원수를 보듯이 대하는 방식은 가장 쉬운 것이지만 이는 사상이 게으른 사람들의 작법이다. 이러한 사람에게는 책임의식이 없다. 패기가 있고 지혜가 있는 젊은이들은 반드시 자신의 문화적인 유전자와 문화적인 토양을 옥돌을 자르고 줄로 쓸고 끌로 쪼고 갈아 빛을 내듯이(切磋琢磨) 갈고 닦고자 노력하여야 한다. 이 가운데에는 쉽지 않은 것들이 매우 많다. 예를 들면 '예禮'의 문제인데 '삼례'(『의례』, 『주례』, 『예기』)에는 대량의 보물들이 들어 있고 매우 많은 복잡한 면과 심각한 함의들이 들어 있다. 절대로 이른바 '식인'(吃人), '살인殺人'으로 덮어놓고 결정하고 헌신짝 버리듯이 할 수 있는 것이 아니다. 결국 목욕물과 아기를 함께 버리는 격이 되는 것이다. 사실상 시각을 바꾸면 어떠한 성문화된 혹은 성문화되지 않은 문화제도든지, 모두 '식인', '살인'의 측면이 있다. 오늘날의 소비문화, 대중문화, 인터넷문화, 포르노문화, 관리사회의 문화는 '식인'적이지 않고 '살인'적이지 않은가?

현재는 개방과 대화의 시대이다. 저자는 새로운 시대의 유자로서 줄곧 열린 마음가짐으로 새로운 시대의 제자백가를 받아들이고 발전시키며 옛날과 지금, 동과 서, 중국과 서양, 마르크스주의, 문학, 역사, 철학, 유교, 불교, 도교, 제자백가 사이의 대화 및 넓은 의미에서의 유교도, 기독교도, 이슬람교도, 인도교도, 불교도 사이의 대화를 촉진하고 문명의 대화 과정에서 자신의 보물을 계승하고 힘써 수출함으로써 전 인류가 공유할 수 있도록 하기 위하여 노력하였다. 유가의 풍부한 자원은 마르크스주의, 자유주의, 사회의 집단주의, 여성주의 등등의 사조와 대화할 수 있고 대화 속에서 서로 이해하고 소통하고 융합하고 풍부해질 수 있다. 한편으로 이러한 '주의'들은 절대적으로 대립하는 것이 아니다. 유가의 많은 사상, 가치는 민주정치와 서로 연결되거나 서로 밑바탕이 될 수 있다. 저자 개인은 정치적으로는 자유주의자이고 경제적으로는 사회주의자인데, 이는 결코 문화상의 보수주의(Conservatism) 입장을 저애하지는 않는다. 여기서 말하는 문화 보수주의는 결코 정치상의 보수주의가 아니고 문화상의 '낡은 것을 붙잡고 놓지 않는'(抱殘守闕) 것이 아니라 선대先代를 계승하고 발전시키는 것이고 창조적으로 전환하는 것이다. 다른 한편으로 앞에서 서술하였듯이 타자의 시선으로 자신을 관찰할 필요가 있는데 문명의 비교에서 타자의 시선으로 바라봐야만 비로소 자신의 결점과 부족점을 분명하게 볼 수 있다. 물론 장자의 말을 빌리면, 만물의 입장에서 관찰하고(以物觀之) 세속의 입장에서 관찰하고(以俗觀之) 차별적인 입장에서 관찰하고(以差觀之) 효능의 입장에서 관찰하고(以功觀之) 취향이라는 관점에서 관찰하는(以趣觀之) 기초 위에서 또한 도로써 관찰하는(以道觀之) 경지로 끌어올려야 한다는 것이다.

지금은 또한 사고하고 반성하는 시대이다. 세속을 사고하고 반성하며 계몽을 반성하고 습관화된 것을 반성하고 사유의 태세를 반성하며 백여 년 이래 유명 인사들의 중국문화에 대한 이해를 반성하고 선입견을 반성하며 과학기술문명을 반성하고 상업화를 반성하며 현대성을 반성하고 전지구화를 반성하며 문화공업 혹은 대중문화 혹은 관리사회의 문화를 반성한다. 또한 공리적인 시대를 반성하고 금전과 권력 배물교를 반성하며 인류 중심주의를 반성하고 오늘날의 평가체계를 반성하고 근원성, 신성성, 경외하는 마음, 궁극적인 가치와 안신입명의 도에 대한 해체 혹은 해소를 반성하며 역대의 조상들이 창조하고 전승하였던 문명의 유산과 중화의 문화정신에 대하여 경의를 품지 않는 태도에 대하여 반성함으로써 숭고함을 재건하고 신념과 신앙을 재건하여야 한다. 특히 교조주의를 반성하고 전반적인 서양화를 반성하여야 하는데 물론 여러 가지 색깔의 사람들이 말할 권리를 필사적으로 수호하여야 한다. 이것이 바로 문화적인 생태 평형 즉 "조화롭지만 뇌동하지 않는 것"(和而不同)이다.

또한 현재는 문화적인 자각의 시대이고 중화민족의 문화 부흥과 재건의 시대이다. 저자는 개방된 유가·유학·유교에 대하여 자신감이 넘친다. 중화문화는 물론 자신의 설 자리가 있어야 하고 세계 민족의 수림 속에서 자립하여야 하며 자신의 문화에 대한 주체적인 의식이 있어야지 근본과 뿌리가 없어서는 안 되고 남의 주장이나 말을 그대로 도용하는 것에 빠져 있어서는 안 된다. 중화민족의 문화는 또한 외래문화를 '본체'로 삼을 수 없다. 하지만 전통 혹은 문화(심성적 혹은 가치적 혹은 관념적인 문화, 제도의 문화, 기물문화)는 언제나 유동적이고 변화한다. 오늘의 중화문화는 전통적인 중화문화를 주로 하는데 특히 그중에서 유가적인 사회문화를 주로 하고 새로운 외래문화를 끊임없이 융합하고 소화하였다. 이 새로운 문화는 본체體와 쓰임用이 일치한데 본체이자 쓰임이다. 하지만 내부의 핵심과 주축은 여전히 고유한 정수이다. 그렇지 않으면 무엇을 가지고 다른 학파와 대화를 할 것인가? 남들의 보잘것없는 의견으로 대화를 시도할 것인가? 사람들은 단지 "자기 집안의 무궁한 보물을 던져 버리고 집집을 돌며 탁발을 하는 가난한 집의 어린애를 모방하는"(抛卻自家無盡藏, 沿門托鉢效貧兒) 정신적인 기아棄兒일 뿐인가? 요컨대 건강한 마음 상태로 전통과 현대 사이, 동양과 서양 사이의 모든 것들을 직면하여야 하는데 반드시 집중력(定力)이 있어야 하고 주체성(主心骨)이 있어야 한다.

　조화로운 사회를 구축하고 백성이 부유하고 나라가 강대한 시대를 맞이하게 된 시점에서 유가 자원의 적극적인 작용을 발휘하여야 함을 절대 잊어서는 안 된다. 유가는 오해와 비판을 두려워하지 않고 유가의 풍부한 사상적 자원은 젊은 세대들이 대대로 연구하고 개발하고 창조적으로 전환하며 끊임없이 전승될 것을 기대하고 있다. 유가의 교육은 반드시 어린아이 때부터 다잡아야 하고 반드시 국민교육의 체계 속으로 포섭되어야 한다. 유가에서는 사람들이 행하는 바가 있고 지키는 바가 있다. 현대 유가의 문화적인 이상과 궁극적인 관심은 여전히 "형거사구橫渠四句"이다. 즉 "천지를 위하여 마음을 세우고 생민을 위하여 도를 세우며 앞서 간 성현들을 위하여 끊어진 학문을 잇고 만세를 위하여 태평을 연다."3)

마지막으로 이 책을 읽어 준 독자들에게 감사를 드리고 여러분들의 비판과 가르침을 바라는 바이다.

무창에서 곽제용 씀

丁亥年 겨울부터 戊子年 2월 珞珈山麓에서

---

3) 爲天地立心, 爲生民立命, 爲往聖繼絶學, 爲萬世開太平.

옮긴이의 말

2020년 초, 전 세계를 강타한 신종 코로나바이러스(COVID19)는 우리들의 삶을 많은 부분 바꾸어 놓았다. 봄 학기 개강과 더불어 반강제적으로 "유튜버"(YouTuber) 대열에 합류하게 되었고, 학기 중임에도 재택근무체제로 전환되었다. 알람이 없는 아침, 모닝커피 한 잔의 여유를 즐기는 대신 열 살, 여섯 살 아이 둘과 온전히 하루 24시간을 보내야 했다. 처음에는 너무 낯설고 당황스러웠지만 얼마 지나지 않아 공존을 위한 법칙 같은 것이 생겨나고 각자의 자리에서 적응해 나갔다.

이 책의 번역은 대부분 이 기간에 완성한 것이다. 온라인 수업을 마치고는 거의 나머지 정력을 오로지 번역에 쏟을 수 있었다. 12장으로 이루어진 원문의 목차를 보는 순간 한숨이 저절로 새어 나왔지만 일단 자신 있는 내용부터 해 보자는 속셈으로 한 장절씩 번역하다 보니 속도가 붙게 되었고 학기의 마무리와 함께 초벌 번역작업을 끝내게 되었다.

곽제용郭齊勇 교수는 중국의 전통문화, 그중에서도 유학 연구에 조예가 깊다. 그는 중국 무한대학 철학과 교수로 재직하면서 중국철학사와 유학에 관련된 수많은 저술들과 논문들을 발표하였고 국제중국철학회(ISCP)의 회장 등 다수의 보직을 맡고 있으며, 일흔이 넘은 지금까지도 학계에서 활발한 연구와 더불어 학술교류 사업을 이끌고 있다.

『중국유학의 정신』(中國儒學之精神)은 저자의 강의, 강연원고를 정리한 것이다.

학생이나 일반 대중을 대상으로 한 책이라서 전문서적과는 달리 내용이 딱딱하지 않다. 오랜 연구를 통해 축적된 유학사상과 문화에 대한 저자의 해박한 지식이 곳곳에 배어 있다. 유학의 원류와 발전과정, 유가의 예악문화와 관리지혜, 인성학설과 핵심가치 그리고 유가 인문정신의 특징, 현대적인 의미와 가치에 대하여 알기 쉽게 풀어냈는가 하면, 유가와 자유주의의 대화, 공과 사, 공덕公德과 사덕私德, 친친호은親親互隱과 인권, 유학의 종교성과 종교 사이의 대화 등 학계의 핵심적인 논제에 대해서도 독특한 견해를 제시하였다. 이론성과 학술성, 가독성 모두를 놓치지 않은 훌륭한 저서임에는 이견이 없을 것이다.

그런 만큼 번역이 쉽지 않았다. 사서와 오경과 같은 고전은 물론이고 근·현대 사상가들의 원문이 심심찮게 인용되었다. 이미 출판된 원전 번역서를 많은 부분 참고하였고 번역되지 않은 원문은 최대한 잘해 보려고 노력하였지만 여전히 미진한 부분들이 남아 있다. 그리고 원서의 문장은 중국어 특성상 간결하고 분명하지만, 적절한 한글로 미묘한 차이와 뉘앙스를 번역해 내는 것은 어려운 일이었다. 저자의 뜻을 온전히 제대로 옮기지 못했을까 두렵다.

곽제용 교수와의 첫 만남은 아직도 기억이 생생하다. 서울대학교 철학과 대학원 석사과정 때였는데, 초청강연 발표자를 모셔 오라는 교수님의 연락을 받고 급하게 A4용지로 팻말을 만들어 공항으로 나갔다. 친근하고 자애롭고 따뜻한 이미지가 강하였던 첫 인상과는 달리, 강연에서는 현대 신유학의 최신 연구동향에 대하여 발표하셨는데, 유학연구에 조예가 깊음을 알 수 있었다.

이러한 인연은 그 뒤로도 아주 가끔 이메일로 안부를 묻는 식으로 유지되었다. 그러다가 2019년 중국 국가사회과학기금國家社會科學基金의 중화학술번역프로젝트(中華學術外譯項目)를 준비하면서 곽제용 교수의 저서 『중국유학의 정신』이 추천도서목록에 있음을 확인하게 되었다. 바로 연락하여 한국어 번역을 신청하고 싶은 의사를 전달하였고, 원저의 편집을 맡았던 진군陳軍 선생의 연락처를 가르쳐 주셨다. 결국 진군 선생과의 협력으로 프로젝트에 성공적으로 선정되었다.

첫 번역서를 낼 수 있게 되어 기쁘기도 하지만 의욕만 앞서고 제대로 작업하지 못한 것 같아 부끄럽기도 하다. 원고의 번역에 아낌없는 조언을 해 주신 서울대학교 허남진許南進 교수님과 교정을 맡아 주신 계명대학교 홍원식洪元植 교수님께 너무 고맙다. 그리고 예문서원 편집진들의 노고에 감사를 드린다. 마무리 작업에 몰두할 수 있도록 쾌적한 연구 환경을 마련해 준 최종현학술원과 규장각한국학연구원 국제한국학센터에도 감사하다.

2021년 8월
고성애

이끄는 말

　　전통문화의 가치이념은 발굴할수록 더욱 깊어지고, 정신적인 가치자원을 더욱 풍부해지게 하며, 외래문화의 정수를 더욱 잘 받아들일 수 있게 함으로써 중국 사회주의 현대문화를 건설하는 자원이 될 수 있다.

　　21세기는 전지구화 시대이다. '전지구화'는 사실상 '현대화'의 한 과정이고 단계이다. 전지구화는 경제, 무역, 과학기술의 일체화, 수렴화(趨同化)이다. 하지만 현대성은 다원적이고 현대화는 서구화와 같지 않으며 더욱이 미국화와 같지 않다. 경제전지구화는 문화일원화를 의미하지 않는다. 근대 이래로 서양의 현대화 과정과 동아시아를 포함한 세계 기타 지역의 현대화 경험은 전지구화, 현대화가 절대로 단지 서양의 민주제도와 이성가치의 보편화가 아니었음을 표명하였다. 알래스데어 매킨타이어(Alasdair MacIntyre, 1929~)는 『덕의 상실』(a study in moral theory)에서 이미 서양의 계몽이성과 공리, 권리를 중심으로 하는 현대 서양사회에 대하여 진지하게 검토할 것을 제기하였다. 서양의 포스트 공업사회에서 이미 여러 가지 부정적인 측면들이 폭로되었고, 서양의 제도와 이념에 일방성, 일면성과 "평면화"의 병폐가 존재함을 분명하게 제시하였다. 중국도 물론 서양의 제도문명과 가치이념을 참조하고 참고로 할 것이 필요하고, 어떤 제도와 가치는 이미 중국에서 뿌리를 내렸으며 중국의 현대화에 유리한 요소로 작용하고 있다. 하지만 중국의 현대화에는 자신만의 길과 모식이 존재하고 자신만의 특수성이 있다. 뿐만 아니라 민족화를 떠난 마르크스주의가 본토 문화에서 뿌리를 내리기 어려운 것과 마찬가지로 민족화를 떠난 현대화도 성공하기 어렵다.

　　서양문화가 천지를 뒤덮을 기세로 전 세계를 휩쓸고 서양의 종교가 온갖 수단을 이용하여 침투되는 상황에 직면하여 중국은 반드시 문화적인 자각과 안전의식이 있어야 한다. 새로운 시대의 전지구화의 도전은 중국인들에게 자신의 민족적인 정체성과 공통된 윤리인식이 있어야 함을 알려 주었다. 민족적인 정체성이 없다면 중국과 같은 다민족 국가는 전지구화의 물결 속에서, 현대화의 과정에서 '화化'해 버리고 시장경제의 조류 속에서 산산이 흩어져 버린다. 만약 공통된 윤리인식이 없다면 하나의 건강한 법치사회를 형성할 수 없다. 왜냐하면 법치사회의 배후에 신념, 신앙과 공통된 윤리인식이 뒷받침되어 있기 때문이다.

중국의 현대화는 사회주의 시장경제를 강력하게 발전시키는 것이 중국이 반드시 거쳐야 하는 길임을 결정하였다. 시장경제는 중국의 발전을 위하여 생명력을 불어넣었다. 하지만 시장경제의 조건 하에서 사람들의 가치 관념에 일부 문제가 출현하였음은 부인할 수 없다. 물질주의, 배금주의拜金主義, 권력배물교權力拜物教와 특권 사상은 날이 갈수록 사회주의 시장경제의 암 덩어리와 같은 존재로 되었고, 시장경제가 창조한 성과를 통째로 삼키고 사람들의 선량한 윤리적 도덕관념마저 삼켜 버리고 있다.

전지구화와 시장경제의 이중 도전에 직면하여 중화민족은 어떻게 세계 문명의 큰 길에서 벗어나지 않는 전제 하에 자신의 현대화를 완성하고 세계 민족의 수림 속에서 씩씩하게 자립할 수 있을 것인가? 이는 시대가 중국인들에게 남겨준 중대한 과제이다. 새로운 시대의 도전은 자신의 민족정신을 발양하고 육성할 것을 호소하고, 다민족 국가의 공통된 정신적인 고향을 건설할 것을 호소하였다. 만약 자신의 민족정신과 시대정신이 없다면 중국인들은 정신적인 기둥 내지는 중화민족을 상실하게 되는 것이다.

민족성과 시대성, 민족정신과 시대정신 사이에는 긴장관계가 존재한다. 민족정신은 상대적으로 민족의 특이성과 본 민족 특징의 연면성延绵性, 연속성을 강조하고 시대정신은 상대적으로 인류의 보편성과 사회역사의 단계성을 강조하였다. 하지만 양자 사이에는 또한 통일성도 존재한다. 시대를 앞서가는 어떠한 민족이든지 그 민족정신은 모두 민족성과 시대성의 통일 혹은 우수한 전통과 시대적인 정신의 결합이다. 시대와 더불어 발전하는 민족이라면 반드시 시대의 발전에 따라 민족정신을 끊임없이 발양하고 육성하여야 한다.

경제전지구화, 세계일체화 혹은 인터넷문화 시대의 도래는 결코 민족성의 해소를 의미하지 않고, 전 근대문명이 이미 아무런 작용도 없음을 의미하지도 않는다. 중화민족 및 그 문화는 수천 년 동안 형성된 자신의 정신체계, 신념신앙, 궁극적인 관심, 사고와 행위방식, 윤리생활의 질서, 가치이념, 심미적 취향이다. 이러한 것들은 물론 시대에 따라 변화하고 끊임없이 발전하지만 여전히 하나로 관통되는 정신이 있는데, 이것이 바로 중화민족 및 그 문화가 강대하고 오래갈 수 있는 근거이다. 중국문화는 종래로 다원적이고 다양하였다. 유가, 도가, 묵가 및 제자백가, 도교, 불교 및 중화 각 민족 역사상의 여러 가지 문화 및 여러 유파들은 문화적인 자원으로서 모두 보물임에 틀림없고 오늘날 동등한 가치와 의의를 가지고 있다. 중국인들은 이러한 문화적인 자원을 존중하여야 한다. 물론 기술에는 전공이 있다.

유학은 농업문명의 산물일 뿐만 아니라 화하華夏민족의 정신적인 형태이고, 중국 내지는 동아시아 사회문화의 결정이며, 동아시아 각 민족의 민족 성격, 궁극적인 신념, 생활준칙, 생존지혜, 처세방략을 포함하고 있다. 하지만 유가가 진한秦漢 이후의 사회에서 주도적인 사상으로 될 수 있었던 것은 유가가 전통적인 전장제도를 계승하였을뿐더러 또한 시대의 흐름에 부합하게 새롭게 바뀌고 '그대로 따르거나 개혁하고 덜고 더함'(因革損益)에 능하였던 것과 갈라놓을 수 없다. 따라서 유가문화는 중화민족정신이 집중된 가장 대표적인 것일 뿐만 아니라 또한 '시대와 더불어 발전하는'(與時俱進) 풍격의 시대적인 특성을 가지고 있다. 한때 휘황찬란하였던 중국 농업사회의 유가문화의 많은 요소들 특히 정신적인 요소들은 시공간을 초월하는 가치와 의의를 가지지 않을 수 없었다. 그룹의식과 심리로서 유가문화는 오늘날 여전히 살아 있는 것이다.

유가문화의 지위는 자연스럽게 형성된 것이지 결코 자칭한 것이 아니다.

유가는 본래부터 평민의 학문이었고, 왕관의 학문이 아래로 이동하여 민간으로 내려온 산물이었다. 예악이 무너지던 시대인 춘추春秋시대 말기에 공자는 사학私學을 일으켰고 상고 삼대三代의 문화를 전승하는 사명을 짊어졌다. 전국戰國시대 말기에서 서한西漢 중기의 사회는 선택을 통하여 제자백가에서 유가의 지위를 점차적으로 확립하였다. 유가사상은 비교적 알기 쉽고 합리적이어서 조정과 민간에서 모두 받아들일 수 있었고, "안으로 백성들의 생활을 부유하게 하고 밖으로 사이를 정복하는"(內裕民生, 外服四夷) 사회심리를 만족시켰으며, 승평承平시기 사회의 인심을 결집시키고 사공事功의 수요를 추진하기 위하여 적극적으로 노력하기에 적합하였다. 유가에서 말하는 예악윤리의 교화는 비록 실행할 때 일부 지지부진한 면이 있지만 대체적으로 백성들의 안정과 평화, 풍속을 순수하게 하는 요구와 서로 적합하였다. 사회는 번영하고 발전하여야 하며 질서화와 조화로움은 기본적인 요구이다. 예교禮敎는 사회를 질서 있게 하고, 악교樂敎는 사회를 조화롭게 한다. 경제자원을 분배하고 재산과 권력을 재분배하는 과정에서 유가는 백성들의 기본적이고 공정하며 합리적인 요구를 만족시키고, 백성들의 생활(民生)과 '백성들에게 일정한 재산을 만들어 줄 것'(制民恒產)을 강조하고, 백성들에게 은혜롭고(惠民) 백성들을 부유하게 하며(富民) 백성들을 교화하고(敎民) 빈부의 격차를 줄이고 사회의 약자, 노인, 허약자, 병자, 장애인, 홀아비, 과부, 고아, 늙어서 자식이 없는 사람을 보호할 것을 주장하였다. 유가에서 실행하였던 문관제도, 교육제도도 평민, 농민 가정의 자녀들에게 교육을 받고 정치에 참여할 기회를 주었다. 이러한 문관제도는 나라의 근본이 되었고, 역대의 각급 정치에 신선한 혈액을 공급하였으며, 민간기층의 사람들이 참여하도록 하였다. 이러한 제도의 구축 자체는 유가의 이념이 촉진한 것이었다. 이러한 제도문명 배후의 이념은 사람들의 마음을 사로잡고 사회의 인심을 조화롭게 하였다.

근대 이래로 동아시아 삼국은 서양의 도전을 맞이하였는데 내재적인 사상의 자원은 여전히 유학이었다. 눈을 뜨고 세계를 바라보고 서양을 배우도록 선동하였던 사람들 속에는 마르크스주의의 중국화를 추진하였던 선구자, 중국 공산당의 선배와 근대 이래의 지식인들과 애국지사들이 포함되었는데, 그들은 뼛속부터 입세적이고 진취적이었으며 변화와 날마다 새로워질 것을 주장하고 국가의 대사와 백성들의 고통을 관심하며 대동세계를 갈망하였던 유가의 감정이 가장 깊은 사람들이었다. 그들의 사람됨, 학문, 사상과 행위방식 내지는 '몸을 희생하여 인을 이루고'(殺身成仁) '목숨을 버리고 의를 취하는'(舍生取義) 헌신정신 어느 하나라도 유가적이 아닌 것이 없었다. 마르크스주의가 중국에 전래되었을 때에도 바로 유가의 문화를 문화적인 토양으로 삼았다. 중국 초기의 사회주의자, 마르크스주의자들은 모두 유가 『예기』 「예운」의 대동大同이상을 소비에트 러시아 사회주의, 마르크스주의를 수용하는 문화적인 바탕으로 간주하였다. 마르크스주의가 중국에 정착하는 과정에서 유가의 사회이상이 매우 큰 작용을 발휘하였을 뿐만 아니라 유가의 인격이상, 인격지조도 중국의 마르크스주의자와 공산당들을 격려하였다. "뜻있는 선비와 어진 사람은 살기 위해 인을 해치지 않고 몸을 죽여서라도 인을 이룬다."[1] "삼군의 장수는 빼앗을 수 있어도 필부의 뜻은 빼앗을 수 없다."[2] "천하의 백성들이 근심하기 전에 먼저 근심하고, 천하의 백성들이 즐거워한 뒤에 즐거워한다."[3] 백성들을 도탄 속에서 구제하고 널리 베풀어 뭇사람들을 구제하며 자신을 닦아 남을 편안하게 하고 자신을 닦아 백성들을 편안하게 하는 것이다. 중국의 몇 세대 마르크스주의자들이 백성들의 추대를 받았던 것은 그들의 인격적인 수양, 인격적인 매력과 관련되지 않음이 없다. 마르크스주의와 중국의 혁명, 건설의 구체적인 실제는 서로 결합되었는데, 사회와 백성들 속에 장기간 누적된 유가문화의 여러 요소들을 포함하는 결합이었다. 새 중국의 제도 구축과 유가사회의 건설에는 떨어지지 못하는 관계가 있다. 모택동毛澤東

---

1) 志士仁人, 無求生以害仁, 有殺身以成仁.
2) 三軍可奪帥也, 匹夫不可奪志也.
3) 先天下之憂而憂, 後天下之樂而樂.

(1983~1976) 사상, 등소평鄧小平(1904~1997) 이론, "세 가지 대표" 중요 사상은 유가 전통의 경세치용, 실사구시, 지행합일, 민본무실民本務實의 사상과 내재적인 관련이 있다. 모택동의 「모순론」, 「실천론」, 유소기劉少奇(1898~1969)의 「공산당원의 수양을 논함」(論共産黨員的修養), 등소평의 쉽고 간단한 풍격 등 모두 유가의 색채를 띠고 있다. 오늘날 마르크스주의의 중국화에 있어서 가장 긴박한 과제는 다음과 같은 세 가지이다. 첫째, 과학적인 발전관인데, 과학적이고 전면적이며 지속적으로 가능한 발전을 강조하여야 한다. 둘째, 조화로운 사회를 건설하여야 한다. 셋째, 사회주의의 영욕관榮辱觀이다. 이 세 가지 방면에서 유가의 문화자원은 모두 일정한 작용을 발휘할 수 있다. 유가문화는 인간과 자연, 인간과 사회, 인간과 인간, 인간과 내재적인 자아의 여러 가지 관계에 대하여 매우 풍부하게 논의하였고 많은 역사적인 경험과 세상을 다스리는 전략, 인성수양의 도리는 우리가 현대의 과학적인 이성정신으로 분석하고 종합하여 오늘날 사람들이 참고하도록 할 것을 필요로 한다.

요컨대 마르크스주의의 중국화 과정은 사실상 유가문화의 토양에서 이루어진 것이다. 초기의 제1, 2대 중국 마르크스주의 이론가, 정치가들은 유가의 풍격을 가지고 있지 않음이 없었다. 초기 중국 공산주의자들의 사회이상이든 현재 중국 특색이 있는 사회주의를 건설하고 조화로운 사회를 구축하는 위대한 실천이든, 유가의 인애仁愛, 민본民本, 민부民富, 평정平正, 대동大同, '백성은 귀하고 임금은 가벼우며'(民貴君輕) '천하가 두루 선하고'(兼善天下) 화이부동和而不同, 식화食貨, 양로養老, 휼고恤孤 등등은 모두 그 바탕이고 배경이며 적극적인 사상자원이다.

중국과 서양이 서로 통한 이래로 유학과 마르크스주의의 관계와 마찬가지로 유학과 서학도 줄곧 서로 보충하고 서로 작용하는 과정 속에 처하여 있었다. 17세기 말부터 18세기 말까지 서양의 대철학가 라이프니츠(Gottfried Wilhelm Leibniz, 1646~1716), 볼테르(Voltaire, 1694~1778), 몽테스키외(Montesquieu, 1689~1755), 디드로(Denis Diderot, 1713~1784) 등은 공자와 유학을 매우 숭배하였고, 사실상 칸트(Immanuel

Kant, 1724~1804), 루소(Jean Jacques Rousseau, 1712~1778), 듀이(John Dewey, 1859~1952)의 사상에는 유학과 통할 수 있는 부분이 매우 많이 들어 있다. 기독교와 유교에도 서로 통할 수 있는 부분이 적지 않게 들어 있다. 하린賀麟(1902~1992) 선생은 중국의 서양철학학과의 1대 종사宗師였다. 그의 생전에 저자는 인연이 닿아서 여러 번 찾아뵙고 가르침을 구하였다. 하린 선생은 유학의 사상자원을 매우 존중하였고 중국문화에 대하여 매우 깊게 이해하고 있었으며 유가의 세계화와 현대화, 중·서의 회통에 대하여 큰 기대를 걸고 있었다. 중국에서의 서학의 발전은 물론 중국문화를 떠날 수 없고 유학이 중국문화에서 가장 중요한 부분임에는 의심할 여지가 없다. 중국에서 진정으로 서양의 사회, 문화, 철학, 종교를 아는 대가들은 모두 본토의 문명 특히 유가문화를 매우 존중하였다. 이는 마침 또한 그들이 더욱 심각하게 서양과 서학을 이해하는 데 도움이 되었다.

유가는 일찍이 주변 여러 민족의 문화를 끊임없이 받아들여 스스로를 풍부하게 하였다. 소수민족들은 끊임없이 중원에 활력을 불어넣었다. 반대로 말하면, 바로 소수민족이 중원의 통치자가 된 뒤 예를 들어 원元대와 청淸대에 유가문화는 장족의 발전을 가져왔다. 오늘날 유가는 여전히 대만해협의 양안兩岸 백성들의 기본적인 신앙이고 생활방식이다. 해외의 몇 천만 화교지역에서도 여전히 유가문화를 위주로 하고 있다.

우리는 줄곧 유가문화의 정신적 재부를 다시금 발굴해 내고 이를 민족정신을 발양하고 시대정신을 육성하는 중요한 자원으로 간주할 것을 강조하였는데, 이는 결코 전면적인 복고를 부추기려는 것이 아니고 유가문화의 일련의 체계를 전반적으로 답습하는 것이 아니며, 더욱이는 중국 고유의 전통으로써 외래문화에 대항하고 억제하고자 시도하는 것이 아니다. 유가문화의 전통에서 일부 요소는 역사적인 발전으로 확실히 존재의 이유를 상실하였고 역사의 무거운 짐으로 전락되었지만, 다른 일부의 요소는 잠재적인 현대화의 배아로 될 수 있다. 따라서 '유가문화전통' 자체에 대해서도 끊임없이 새롭게 정리하고 발견하고 발굴하며 채굴하는 과정이 필요하다. 우리는 비판적인 계승의 태도, 다원적이고 개방된 마음 상태로 유가문화에 대하여 창조적인 전환을 이루어 낼 것을 제창한다.

이상에서 서술하였듯이 유가문화의 일부 요소는 개혁개방의 사회생활의 실천, 일상적인 생활세계와 전지구화, 현대화의 시야 속에서 현대 과학과 인문사상, 의식으로써 고찰하고 분석하고 비판하여야만 오늘날 정신문명에 유익한 함의로 전환되고 건설될 수 있고, 오늘날 민족정신과 시대정신의 유기성분으로 될 수 있다. 21세기 인류문화의 발전추세는 '서양중심론'과 작별하고 현대성과 근원성 사이에 필요한 긴장 관계를 유지하는 것이다. 여러 문화민족은 문화전통에 대한 자기 정체성을 재확립하고 자신의 문화전적과 문화정신을 다시 발굴해 내야 하는데, 이는 미래세계 다원문화의 일종의 발전추세이고 자기 민족의 현대화와 세계화에 유리하며 인류문명의 다차원적인 개척에 유리하다.

중국인들은 반드시 현대성과 근원성 사이의 변증법적 관계에 대하여 체계적으로 연구하고 전지구화를 배경으로 하여 민족정신과 시대정신의 시각에서 유가문화를 전면적으로 정리함으로써 유가문화의 현대 사회생활에서의 축적 및 창조적인 전환의 경로와 모식을 탐구하고 다원적인 현대성을 탐구하여야 한다. 유가의 문화자원에서 현재 중화민족정신과 시대정신의 배양에 공헌할 수 있는 사상적인 관념을 깊이 있게 발굴해 내고 보편적인 의의를 가지고 있는 사상 관념과 가치이상을 축출해 내야 한다. 문화적인 자각, 민족적인 정체성과 공통된 윤리인식의 시각에서 유가사상을 자세하게 살펴보고 경제전지구화, 문화다원화의 세계적인 조류 속에서 중화민족의 민족성 특징과 중국문화 현대화의 특색을 탐색하고 이른바 '국민성'의 문제를 다시금 검토하여야 한다. 전통적인 유가문화의 예악문명과 심성문명의 자원을 체계적으로 정리하고, 그중에서 현대 중국의 법치사회의 건설에 자양분을 제공할 수 있는 사상자원과 중국 현대화의 사회생활에서 적극적인 작용을 발휘할 수 있는 핵심적인 가치 관념을 찾아내야 한다. 또한 문명의 대화와 글로벌윤리의 구축을 위하여 정신적인 양식을 제공하고, 유가의 가치와 환경윤리, 생명윤리, 사회단체윤리, 직업윤리의 관계, 유가와 현대 민주, 권리의식, 공민사회 및 현대 정치 문명의 관계, 유학의 궁극성, 종교성과 초월성 문제, 유학과 여성주의의 대화, 유학의 대중성 및 그 생활세계와의 관계를 심각하게 고찰하여야 한다. 유가문화의 많은 가치이상은 줄곧 중국인들의 안신입명, 중화문화의 강대하고 오래갈 수 있는 근거였다. 전통적인 농업사회의 사회구조와 정치체제는 이미 사라졌지만, 그렇다고 이와 서로 결합되었던 가치 관념, 도덕의식, 사상과 행위방식이 존재의 합리성을 상실하였음을 의미하는 것은 결코 아니다. 그중에서 대량의 정신적인 재부는 오늘날 여전히 창조적으로 전환하여 중국의 현대화 과정에 소중한 작용을 발휘하고 중국의 현대화 사업을 위하여 정신적인 자원을 제공할 수 있다.

유가의 정신은 우선 창조적인 생명정신이고 우주에 대한 인간의 일종의 근원적인 감정이다. 『주역』에서는 '건원乾元'으로 '천' 및 그 '크게 생겨나는 덕'(大生之德)을 대표하고 "하늘의 운행이 강건하니 군자가 이를 본받아서 스스로 강건하여 쉬지 않는다"[4]고 하였고, '곤원坤元'으로 '지' 및 그 '넓게 생겨나는 덕'(廣生之德)을 대표하고 "땅의 형세가 곤이니 군자가 이를 본받아서 후한 덕으로써 만물을 싣는다"[5]고 하였다. 천지는 이러한 '넓고 커서 모든 것을 갖춘'(廣大悉備) 생명창조의 정신을 인류에게 부여하였기 때문에 인간은 일종의 강건하고 자강하며 낳고 낳음에 끝이 없는 주체적인 정신이 있다. 공자, 증자, 맹자는 인간의 '자강불식自強不息'하고 '적극유위積極有爲'의 창조정신을 최대한으로 선양하고, 이를 "선비의 마음이 넓고 뜻이 굳세지 않으면 안 된다. 책임이 무겁고 갈 길이 멀기 때문이다. 인으로써 자신의 임무를 삼으니 무겁지 않은가? 죽은 뒤에야 끝나니 멀지 않은가"[6]의 홍익자강弘毅自強의 정신과 "부귀가 마음을 방탕하게 하지 못하고 빈천이

---

4) 天行健, 君子以自强不息.
5) 地勢坤, 君子以厚德載物.
6) 士不可以不弘毅, 任重而道遠. 仁以爲己任, 不亦重乎? 死而後已, 不亦遠乎.

절개를 옮겨놓지 못하며 위무가 지조를 굽힐 수 없는"7) '대장부大丈夫'정신으로 귀납하였으며, 중화민족정신의 주체를 구성하였다. 유가문화는 이룬 것을 지켜 내는 경직된 골동품이 아니라 항상 변하고 항상 새로우며 시대와 더불어 발전하는 창조적이고 유기적인 생명을 주장한다. 유자들은 '시기'(時)를 중요시하였고 공자 는 "시대를 초월한 성인"(聖之時者)이라 존숭되었다. 유가문화는 "때에 따라 변화 하고"(因時而變) "때에 따라 알맞게 하며"(隨時制宜) "때와 더불어 함께 행하고"(與時偕 行) "날과 더불어 새로워짐"(與日俱新)을 주장하였는데 이러한 것들은 모두 현대 중국의 시대와 더불어 발전하고 진취적인 시대창조의 정신으로 전화될 수 있다.

유가문화의 인문정신은 공자 '인학仁學'의 정신이다. 한편으로 '인'은 인간에 게 내재된 도덕적인 자각이고 인간의 본질적인 규정성이며, 인간의 도덕적인 자주성을 부각시켰다. 다른 한편으로 '인'은 또한 '천, 지, 인, 물, 아' 사이의 생명의 감통이고, "천하가 한 집안이고 온 중국이 한 몸"(天下一家, 中國一人)이라는 가치이상이다. 이러한 가치이상은 "자기가 서고 싶으면 남도 세워 주고 자기가 이루고 싶으면 남도 이루게 해 주며"8) "자기가 하기 싫은 일은 남에게 강요하지 않는"9) 등의 '충서忠恕'의 도를 주요한 함의로 간주하고, "인과 의로써 천하를 다스리고"(仁義治天下) "예로써 나라를 다스리며"(以禮治國) "예의 용은 화가 귀함이 되고"(禮之用, 和爲貴) "사해의 동포들이 모두 형제"(四海之內皆兄弟)같이 화목하게 지내는 예의, 인애의 원칙을 처세의 방법으로 간주하였다. 이는 사람과 사람, 집안과 집안 사이의 화목한 도로 널리 보급할 수 있고, 국가와 국가, 민족과 민족 사이의 평화의 도로 확대될 수 있으며, 종교와 종교, 문화와 문화 사이의 화합의 도로 확충할 수 있고, 심지어 인류와 동식물, 인류와 자연의 보편적인 화합의 도로 확충할 수 있다. '화이부동和而不同'은 부동함을 인정하고 차이를

---

7) 富貴不能淫, 貧賤不能移, 威武不能屈.
8) 己欲立而立人, 己欲達而達人.
9) 己所不欲, 勿施於人.

통합시킨다. 공자의 '인학'은 중화인문정신의 핵심이고 인문주의 가치이상이며, 이는 천하를 화합시키고 민족이 공존하며 문화를 교류하는 지도원칙일 뿐만 아니라 또한 "사람이 천지 만물과 일체가 되는"(人以天地萬物爲一體) 지혜이다. 〈글로벌윤리선언〉의 초안을 작성하였던 한스 큉(Hans Küng, 1928~2021) 선생이 공자의 "자기가 하기 싫은 일은 남에게 강요하지 않음"을 글로벌윤리의 황금 규칙으로 간주하였음은 이상할 것이 없고 이는 매우 식견이 있는 것이다.

전통유가의 지식인들은 줄곧 천하의 흥망과 백성들의 평안을 자신의 책임으로 간주하였다. 유가의 세상을 구제하는 이상에는 일종의 위대한 '편안할 때 위험을 생각하고'(居安思危) '나라를 걱정하고 백성을 사랑하는'(憂國愛民)의 우환의식이 시종여일하게 충만하여 있다. 이는 민족의 존엄과 국가의 주권을 수호하고 외래의 침략을 반대함에 있어서 모두 지극히 관건적인 작용을 발휘하였다. 유가는 이익을 도모하는 것을 찬성하였다. 동중서董仲舒(BC 179~104)의 "그 의로움을 바로잡고 그 이익을 도모하지 않는다"(正其義不謀其利)는 군자의 수신修身과 통치자의 치국治國을 견주어 말한 것이지 백성과 사회의 수요를 견주어 말한 것이 아니다. 유가의 사상으로부터 보면 유가는 늘 나라를 다스리는 자(군자)와 일반적인 백성을 구별하였다. 나라를 다스리는 자에 대하여 유가에서는 엄격하게 요구하였는데, 그들이 "이익을 이로움으로 여기지 않고 의로움을 이익으로 여길"(不以利爲利, 以義爲利) 것을 요구하였기 때문에 공자는 "군자는 의에 밝고"(君子喻於義) "정치는 덕으로써 해야 한다"(爲政以德)고 주장하였다. 하지만 일반적인 백성에 대한 유가의 요구는 매우 관대하였다. 유가는, 인간은 태어나면서부터 욕심이 있고 인간의 물질적인 욕망 또한 하늘로부터 생겨난 것이며, "음식과 남녀에는 인간의 큰 욕망이 머물고 있고"(飮食男女, 人之大欲存焉) 나름의 정당한 존재의 이유가 있는 것이라 주장하였다. 따라서 유가에서는 '이용후생'을 말하고 '많아지게 하고'(庶) '부유하게 해 주고'(富) '가르칠 것'(敎)을 말하였다. 유가의 의로움을 바로잡고 이익을 도모하는 사상은 오늘날에도 여전히 적극적인 의의가 있다. 이뿐만 아니라 유가문화에서 주장하는 '창생創生', '존생尊生', '변통變通', '제의制宜', '조화'(和諧), '중용中庸', '성신誠信', '경업敬業', '이로움을 보고 의로움을 생각하며'(見利思義), '의로움으로써 이익을 제어하는'(以義制利) 등의 사상과 지혜도 현대사회의 관리와 기업 관리의 소중한 자원으로 전화될 수 있다. 유가는 수신修身을 매우 중시하였는데 특히 심령을 도야하고 덕성을 기를 것을 강조하였다. 유가의 덕목에서 '성실'(誠), '신용'(信), '청렴'(廉), '수치'(恥) 등은 모두 심각한 함의가 있는데, 특히 일련의 관덕官德에 관한 논의와 수양공부론, 감찰제監察制를 포함하는 논의들은 관리의 다스림이 청렴하지 않은 오늘날 더욱더 그 의의와 가치를 가지고 있다. 이러한 모든 것들은 모두 반드시 현대인의 공민의식, 권리의식, 법치 관념, 도덕의식과 사회주의 도덕문명 정신으로써 인도하고 개조하고 활용하여야 할 것이다.

제1장 유학개설

춘추시대 말기에 공자(BC 551~479)가 유학을 창립한 이래로 청淸대에 이르기까지 유학은 줄곧 끊임없이 발전하고 확대되었다. 한漢대 이후의 유학은 심성의 학문 혹은 고증학의 범위에 국한되지 않고 사회의 정치사무政治事務, 교육사도敎育師道, 경사박고經史博古, 문장자집文章子集 등 여러 방면에서 선진유가의 방대한 범위를 따라 확장되어 사회 전반에 깊이 침투됨으로써 사람들의 일상생활에 적응하였고 이끌어 주었다. 유학은 정치제도, 사회풍습, 교육이념 및 개인수양 면에서 영향을 발휘함으로써 이천오백여 년 동안 중국인들의 생활방식, 행위방식, 사유방식, 감정표현방식과 가치와 취향의 결정체가 되었고, 정부와 민간의 대다수 사람들의 신념, 신앙 내지는 이른바 안신입명安身立命의 도로서 심지어 백성들이 날마다 사용하면서도 모르는 지경에 이르렀다. 즉, 유학의 지위는 어떤 사람, 어떤 학파의 주관적인 염원 혹은 감정에 의하여 확정될 수 있는 것이 아니다. 유학이 중국 사회와 민간문화의 주요한 조류를 형성하게 된 것은 유학의 기본 정신, 방대한 영향 범위, 역사적인 발전에 의하여 객관적으로 확립된 것이지 결코 개인의 염원으로 그렇게 된 것이 아니다. 일부 유가문화를 공격하고 반론하는 일부 사람들은 유학을 단순화하여 유학의 범위를 축소시키고 중국 사회와 중국 역사의 발전을 추상화하였다. 사실 중국의 전통사회는 바로 유가식 사회이고 전통문화의 밑바탕과 주류는 유가이며 전통적인 중국 사람들의 성격 또한 유가적이다. 반대로 말하면 유가 혹은 유학이 중국에서의 역할 혹은 기능은 서양의 기독교나 천주교, 러시아의 정교, 인도의 힌두교, 아랍 세계의 이슬람교와 유사한 것으로 모두 종족문화의 자기 정체성의 근거이자 윤리인식의 핵심이다.

오늘날 유학을 유가 혹은 유교라고도 부른다. 학파나 단체로 말하면 '가家'라 부르고, 학문이나 학술로 말하면 '학學'이라 부르며, 신념이나 신앙으로 말하면 '교敎'라 부른다. 이 세 가지 명칭은 사실상 동일한 것으로 서로 호용될 수 있다. 그렇다면 '유儒'란 대체 무엇인가? 유학 발전의 역사는 어떠한가?

1. 원'유儒'

글자의 어원을 따져 보면 '유儒'에는 두 가지 의미가 있는데, 하나는 '유柔'이고 다른 하나는 '술사術士'를 칭함'이다. 유柔의 의미는 유약하고 완만한 것이 아니라 '안安', '화和'의 뜻으로 사람으로 하여금 편안하게 하고 따를 수 있게 함으로써 천지인이 서로 조화를 이루도록 하는 것이다. 『예기禮記』「유행儒行」편에 대한 정현鄭玄의 주를 보면 "유儒의 말은 충분하고 조화로워서 말은 사람을 편안하게 하고 따르게 한다"1)고 하였다. 공영달은 "유儒는 '적실 유儒'로 선왕의 도로써 그 몸을 적실 수 있다는 의미이다"2)라고 해석하였다. 이는 유가의 학문과 유가에서 모두 사람들로 하여금 겸손하고 화목하고 넉넉하게 사람을 대하고 강한 힘을 믿지 않고 덕으로써 사람을 설득시키며 사람의 마음을 즐겁게 진정으로 복종시키도록 강조함을 가리킨다. 『한서漢書』「사마상여전司馬相如傳」에 대한 주석에서는 "도술이 있으면 모두 유이다"3)라고 하였다. '술사'나 '도술이 있는 자'는 '유'의 본래의 뜻이다. 대략 한대 이전의 사람들은 '술사'를 '유'라 하였다. 한대의 양웅揚雄은 "천지인에 통달한 사람을 '유'라 한다"4)고 하였다. 여기서는 대유大儒나 통유通儒를 가리킨다. 『후한서後漢書』「두림전杜林傳」에서는 두림이

---

1) 儒之言, 優也, 和也, 言能安人能服人也.
2) 又儒者濡也, 以先王之道能濡其身.
3) 有道術者皆爲儒.
4) 通天地人之謂儒.

"넓게 교섭하고 많이 듣기에 당시에 통유라 칭하였다"[5)고 한다. 『풍속통風俗通』에서는 "유는 구별(區)이다. 고금에 구별이 있고 거하면 성현의 말을 인용하고 움직이면 전적典籍의 도를 행하며 선왕의 제도를 검증하고 당시의 일을 확립한다면 통유通儒이다. 만약 용납할 수 있지만 배출할 수 없고 말은 할 수 있지만 행동할 수 없으며 강독할 뿐이고 오고

공자

갈 수 없다면 속유俗儒이다"[6)라고 하였다. 혹은 넓은 의미에서의 '유'는 학문과 도술이 있음을 가리킨다고 할 수 있다. 도가의 장자도 사람들이 '유라 칭하였고[7) "군자유君子儒"와 "소인유小人儒"와 같은 명칭[8) 등도 있다. '유'의 후에 생겨난 뜻 혹은 좁은 의미에서의 '유'는 전문적 명사로서의 '유'인데 유가를 가리킨다.

일반적으로 '유'는 육예에 정통한 사士에 대한 통칭이다. '육예'는 예禮·악樂·사射·어御·서書·수數를 가리킨다. 예와 악은 서주시대의 등급질서와 생활방식이다. 주요하게는 오늘날의 이른바 종교·정치·윤리·예술·체육 등의 내용을 포함하는 사회의 생활규범이다. 사와 어는 예의 절목에 해당한다. 서와 수는 초급적인 능력에 속한다. 귀족들은 대체적으로 모두 반드시 육예에 통달하여야 했다. 평민도 만약 귀족가정에 들어가 일할 생각이 있다면 반드시 육예 혹은 그중의 일부분에 통달하여야 하였다. 초기의 유자는 '사士'의 계층에 속하였다. '사'는 원래 귀족들의 첩이 낳은 자식 혹은 비교적 낮은 등급의 귀족 자식들이 많았지만 후에 점차 평민사회 속으로 하락하게 되었다. 공자는 바로 고대의 귀족학문을 평민사회로 전파한 최초의 사람이었다. '유儒'는 대체적으로 고대의

---

5) 博洽多聞, 時稱通儒.
6) 儒者, 區也. 言其區別古今, 居則玩聖哲之詞, 動則行典籍之道, 稽先王之制, 立當時之事, 此通儒也. 若能納而不能出, 能言而不能行, 講誦而已, 無能往來, 此俗儒也.
7) 『史記』, 「孟荀列傳」.
8) 『論語』, 「雍也」.

예의규범과 전적典籍문화를 보존하고 전수하는 교사教師였다.

『주례周禮』「태재太宰」편의 "네 번째는 유인데 도로써 민심을 얻는다"9)에 대하여 정현은 "유儒는 제후의 보씨保氏가 육예로써 백성을 가르치는 것이다"10)라고 주석하였다. 여기서 '보씨'는 고대에 귀족 자제들의 교육을 전문적으로 책임지던 관원을 가리킨다. 『주례』「지관地官」편에서는 "보씨는 왕의 악함을 간하는 일을 관장하였는데 도로써 국자國子를 기르고 육예로써 가르치는 것이다"11)라고 한다. 보씨와 사씨師氏는 같은 것으로, 모두 교육을 책임지는 관원이고 교사이다. 사유師儒는 바로 사보師保이고 보保는 바로 도로써 사람들을 편안하게 하는 자이다. 『주례』「대사도大司徒」편에서는 "네 번째가 사유를 합하게 하는 것이다"12)라고 한다. 이에 대하여 정현은 "사유는 시골에서 도로써 예를 가르치는 사람이다"13)라고 해석하였다. 이로부터 유자儒者는 본래 상층사회에서 교육을 담당하였지만, 후에는 민간에서 제자를 받아 가르침을 펴는 학식과 도술 그리고 기예技藝가 있는 사람임을 알 수 있다. 교육의 주요 내용은 육예의 학문이다. 다시 말하면 유儒는 상주商周시대의 왕조에서 예악교화를 주관하던 관원과 일정한 관계가 있었지만, 훗날 문화가 아래로 이동하면서 민간으로 내려가거나 민간화되었던 것이다.

'육예'는 일반적으로 예·악·사·어·서·수를 가리키지만 '육경六經' 즉 『시』·『서』·『역』·『예』·『악』·『춘추』를 가리키기도 한다. 『장자』「천하」편에서는 유가를 언급하면서 다음과 같이 말하였다.

어짊을 은혜로운 것으로 삼고 의로움을 리로 삼고 예로 행동하고 악으로 조화를

---

9) 『周禮』, 「太宰」, "四曰儒, 以道得民."
10) 儒, 諸侯保氏有六藝以教民者.
11) 『周禮』, 「地官」, "保氏掌諫王惡, 而養國子以道, 乃教之以六藝."
12) 『周禮』, 「大司徒」, "四曰聯師儒."
13) 師儒, 鄉裏教以道藝者.

이루며 따뜻하고 자애로운 사람을 군자라 한다.[14]

『시』, 『서』, 『예』, 『악』에 있는 것들은 추鄒나라와 노魯나라의 선비들과 유학자들
(搢紳)이 많이 밝혀 놓고 있다. 『시』는 사람들의 마음을 나타내고, 『서』는 세상일
을 말하며, 『예』는 인간의 행실을 말하고, 『악』은 조화에 대하여 말한 것이다.
『역』은 음양의 변화에 대하여 서술한 것이고, 『춘추』는 명분에 대하여 말한
것이다.[15]

여기서 추鄒는 추陬 혹은 추郰로, 공자의 고향 추읍郰邑을 가리킨다. 추나라와
노나라의 선비는 공자와 공자의 문하생들을 가리키는데, 맹자는 아직 포함되지
않는다. 공맹을 가리키려면 '노추魯鄒'라고 하여야 한다.[16] 진신搢紳은 진신縉紳,
천신薦紳이라고도 한다. 진搢은 삽揷이고, 신紳은 허리를 묶는 큰 띠이다. 진신은
홀笏을 허리띠에 끼우는 것이다. 홀笏은 일과 말을 적는 널판자이다. 고대에
관직에 있던 사람은 신紳을 드리우고 홀을 끼우기 때문에 사대부를 진신이라고
부른다. 위에서 인용한 『장자』 「천하」편의 의미는, 유가의 군자는 '인애'의 원칙으
로 백성과 타인에게 은혜를 베풀고 적절한 조치로 세상만사의 질서를 세우고
예의규범으로 행위를 구속하며 음악적 미감으로 성정을 조화롭게 하여 언제나
온화하고 자상한 모습을 드러낸다는 것이다. 추노 지역의 사대부는 대부분
육경에 통달할 수 있었다. 『시경』은 사람의 마음을 드러내고, 『서경』은 정사를
말하며, 『예경』은 행위규범을 말하고, 『악경』은 심성을 도야陶冶할 것을 말하며,
『역경』은 음양의 변화를 분석하며, 『춘추경』은 존비명분을 가리킨다. 유가와
육경 사이는 떼려야 뗄 수 없는 관계이다.

---

14) 『莊子』, 「天下」, "以仁爲恩, 以義爲理, 以禮爲行, 以樂爲和, 熏然慈仁, 謂之君子."
15) 『莊子』, 「天下」, "其在『詩』, 『書』, 『禮』, 『樂』者, 鄒魯之士, 搢紳先生多能明之. 『詩』以道志,
    『書』以道事, 『禮』以道行, 『樂』以道和, 『易』以道陰陽, 『春秋』以道名分."
16) 자세한 내용은 蔣伯潛의 『諸子通考』(절강고적출판사, 1985), 39쪽 참조.

『한서』「예문지·제자략」에 보면 유흠劉歆은 『칠략七略』에서 유가에 대하여 이렇게 정의하고 있다.

> 유가자류儒家者流는 사관司官으로부터 나왔기에, 군주를 도와 음양의 이치를 따르고 교화를 밝게 퍼트린다. 육경을 넘나들고 인과 의의 사이에 주의한다. 요순을 받들어 계승하고 문왕과 무왕의 법도를 드러내 밝히며 중니를 스승으로 삼아 그의 말을 소중히 여기니 도리 중에 가장 높은 것이다. 공자는 "만약 칭송하는 바가 있다면 그것은 시험해 봄이 있어서이다"라고 하였다. 당오의 융성과 은주의 융성, 중니의 업적은 이미 시험해 본 결과이다.[17]

유흠은 유가가 사도司徒의 관으로부터 기원한 것과 같이 제자백가도 어떤 관에서 기원한다고 보았다. 『주례』「지관」편에 근거하면 사도司徒는 교화를 주관하는 관직이다. 공자 이전에는 관官과 사師를 구분하지 않았고 정부의 어떤 부문의 관리는 바로 이 부문과 관련이 있는 학술의 전수자였다. 주나라 왕실이 쇠락한 후 정부의 각 부문의 관리들은 직위를 잃었고 민간을 떠돌아다니면서 사학私學의 스승이 되었다. 유흠의 『칠략七略』과 『한서』「예문지」로부터 유가는 '육경'을 사상적 자원으로 하고 '인의'를 사상적 요지(主旨)로 삼으며, 요·순·우·탕·문·무·주공의 나라를 다스리고 천하를 태평하게 하는 대본을 계승하고 있으며 공자를 종사宗師로 삼고 있음을 알 수 있다. 고대의 유가 성현들은 앉아서 말했을 뿐만 아니라 일어나면 행하였고 사공事功이 수백 년 전해지거나 그 가르침이 천 리까지 전해졌다. 덕을 세우고(立德) 공을 세우며(立功) 설을 세우는(立言) 세 가지를 '삼불후三不朽'라 이른다. 『한서』「예문지」에서는 유가 외에 여덟 가지 학설(家)에 대하여 장점을 소개하고 이어서 비판 혹은 폄하를 함으로써 유독

---

17) 儒家者流, 蓋出於司徒之官, 助人君順陰陽明教化者也. 遊文於六經之中, 留意於仁義之際. 祖述堯舜, 憲章文武, 宗師仲尼, 以重其言. 於道最爲高. 孔子曰: 如有所譽, 其有所試. 唐虞之隆, 殷周之盛, 仲尼之業, 已試之效者也.

유가를 가장 숭배하고 "도 중의 최고"(於道最爲高)임을 강조한다. 이는 한대 사람들이 유학을 제자백가의 위에 있는 사상이라 여김을 나타낸다.

『회남자』「요략要略」편에서는 "공자는 성왕과 강왕의 도를 닦고 주공의 가르침을 전술하여 칠십 제자들을 가르쳐 그들로 하여금 주공이 제정한 의관을 입게 하고 전적典籍을 닦게 하였기 때문에 그 제자들은 유가의 학생인 것이다"[18]라고 하였다. 『회남자』「숙진俶眞」편에 대한 고유高誘의 주에서는 "유는 공자의 도이다"[19]라고 한다. 『회남자』「요략」편은 유가가 주나라의 인문제도와 인문정신에 대한 계승과 발양을 긍정하였다는 점을 강조한다.

요컨대 유儒의 전신前身에 대해서는 이미 고증할 수 없지만,[20] 유가가 정식으

---

18) 孔子修成康之道, 述周公之訓, 以教七十子, 使服其衣冠, 修其篇籍, 故儒者之學生焉.

19) 儒, 孔子道也.

20) 근대의 많은 학자들은 儒의 기원 문제를 놓고 쟁론하였다. 章太炎은 『國故論衡』 下卷 「原儒」편에서 '유'에는 넓은 의미와 좁은 의미 그리고 시대적인 구별이 있다고 주장하였다. 古儒는 祝史卜巫 부류의 術士이고 법술을 써서 비를 구할 수 있다. 넓은 의미의, 모든 方術의 술사를 포함하는 것이 '達名之儒'이다. '유'는 후에 "요순을 받들어 계승하고 문왕과 무왕의 법도를 드러내 밝히며 중니를 스승으로 삼는" 등의 육예를 통달한 儒로 변화되었는데 '類名之儒'이다. 학술 범위가 보다 좁고 덕행과 정교를 대략적으로 알고 있는 유가 '私名之儒'이다. 胡適은 1934년에 『說儒』를 지어 儒가 殷나라 때에는 民敎士였고 周에 의하여 정복된 후 여전히 어려운 상황에서 治喪, 相禮 및 기타의 종교 직업 즉, 祈神, 求雨, 驅鬼, 樂舞 등에 종사하였음을 고증하였다. 馮友蘭은 1935년에 『原儒墨』을 발표하여 호적의 殷遺民설에 동의하지 않고 王官설과 職業설을 종합하여 儒는 지식이 있고 학문이 있는 전문가를 가리킨다고 주장하였다. 西周 말기에 귀족 정치가 붕괴된 후, 관직에 있는 전문가 혹은 지식이 있는 귀족들이 민간에 흩어져 敎書相禮를 생업으로 하였다. "후에 儒 중에는 교서상례에 그치지 않고 옛 예악제도로써 천하를 태평하게 다스리고자 하였던 자들이 있었고, 또 옛 예악제도를 이론의 근거로 삼고자 하는 자들이 있었는데 이러한 사람들이 바로 훗날의 유가이다." 郭沫若은 1937년에 「借問胡適」(이 글 제목은 후에 〈설유〉를 논박함」으로 바뀌었다.)을 지어 호적의 "儒는 殷나라의 민교사"라는 관점을 부정하고 秦漢 이후에 術士라 칭하던 사람이 바로 儒임을 주장하면서 명칭의 남용이라고 지적하였다. "儒는 본래 '鄒魯之士·縉紳先生'을 가리키는 전문 용어였다. 공자 이전에 이미 있었지만 춘추시대의 역사적인 산물이고 서주의 제도가 점차적으로 붕괴되는 과정에 생겨난 결과물이다." 徐中舒는 1975년에 「갑골문에 보이는 유」(甲骨文中所見的儒)를 발표하여 갑골문 중의 '需'자가 바로 원시적인 '儒'자로 沐浴하고 몸을 적시는 (濡) 형태와 같다고 주장하였다. 이에 근거하여 儒는 殷商시대에 사람들을 위하여 相禮하고 조상이나 신에게 제사를 지내던 사람으로서 일종의 직업임을 강조하였다. 그들은 일을

로 형성된 것은 춘추 말기의 공자시대이다. 유가는 상고시대의 문화유산과 주공·공자의 도를 계승하였다. 육예의 학문을 하는 학자와 교사들은 사회 양지良知의 대표로 민간사회에서 활약함으로써 그들의 사회이상, 도덕가치, 인문정신으로 현실의 암흑과 혼란을 비판하고 채찍질하여 백성들의 생계와 고통에 관심을 두고, 예악문명의 정신으로 사회에 도덕적 자양분을 제공하고, 사람들의 마음을 순결해지게 하였다. 전국시대에 여러 나라 정치가들은 모두 유학을 우활迂闊한 학문이라 여겨 받아들이지 않았고 각 학파에서도 유학에 대하여 비판적인 태도를 가지고 있었다. 유학은 바로 이러한 상황에서 사회 전반에 침투하였던 것이다.

한漢나라 초기에 유방劉邦은 정권을 잡을 때의 유생에 대한 원한을 개변하여 유학에 친화적이기 시작하였다. 유방은 노나라 지역을 지날 때 "태뢰太牢로 제사를 지냈다."[21] 여기서 '태뢰'는 소, 양, 돼지의 세 가지 짐승으로 제사를 지냄을 가리키는데, 최고 등급의 제사이다. 유방은 본래 유를 좋아하지 않았고 유사儒士를 모욕하고자 소변을 유사의 모자에 본 적이 있었지만, 전쟁이 끝난 후 노나라를 지날 때 곡부曲阜의 공자 사당에 가서 제사를 지냈다. 이는 통치자가 말 위에서 천하를 빼앗던 데로부터 말 아래에서 천하를 다스리는 것으로 태세를 전화하였음의 예시이다.[22] 물론 한漢나라 초기의 60~70년간 즉 고高·혜惠·문

처리하기 전에 沐浴齋戒함으로써 경건함(敬)과 정성(誠)을 나타냈다. 하지만 근거로 제시하였던 갑골편은 孤證이다. 이 밖에 陳來의 「說說儒」(『原道』 제2집, 단결출판사, 1995년 4월)와 趙吉惠의 「현대 학자가 '儒'에 대한 考釋과 定位」(現代學者關於'儒'的考釋與定位, 『공자연구』 제3기, 1995년 9월)를 참조하기 바란다.

21) 『史記』, 「孔子世家」, "以太牢祠焉."
22) 『사기』 「酈生陸賈列傳」에는 다음과 같은 단락이 있다. "陸生이 항상 高帝에게 『시』와 『서』를 칭송하는 말을 올렸다. 고제가 꾸짖으며 말하였다. '내가 말 위에서 (천하를) 얻었다, 『시』·『서』와 무슨 상관이 있겠는가? 육생이 말하였다. '말 위에서 얻었다고 말 위에서 다스릴 수 있습니까? 商湯과 周武王도 비록 무력으로 얻었지만, 여전히 문교로 다스렸습니다. 문과 무를 동시에 사용하는 것이 오래가는 길입니다. 이전에 오나라 왕(吳王) 夫差와 진나라(晉)의 智伯은 무력에만 극적으로 의지했기 때문에 망했고, 秦나라는 자기 마음대로 형법으로 변함없는 통치를 했기 때문에 趙氏에게 멸망을 당했던 것입니다. 만약 그때 진나라가 천하를 통일한 뒤 仁義를 행하고 옛 성인들의 말을 따랐더라면 폐하께서

文·景경 시기를 주도하였던 사상은 황로학이었는데, 그것은 전란 후 민생이 몰락하여 반드시 "여민휴식與民休息" 정책을 실행하여야 하였기 때문이다. 한무제 漢武帝가 "육경을 표창表彰한" 뒤 유학의 지위가 상승하였다. 태평시기에 천하를 다스리기 위하여 통치자의 관심이 유학으로 옮겨간 것이다. 유가는 전통문화와 법령제도를 계승함과 동시에 시대에 순응하여 손익을 조절하였고, 알기 쉽고(平易) 합리적이어서 조정과 민간 모두 받아들일 수 있었다. 당겼다 늦추었다 하는 것이 문무의 도였다. 장기적인 안정을 위하여 문화정치(文治)로 바뀌었고 사회관리 면에서도 온화한 방식을 많이 채용하여 제도화의 방식으로 사회를 다스렸다. 특히 유가가 강조하는 인仁·의義·충忠·서恕의 도 및 그 내재적인 가치는 사회질서가 유지되게 하였는데 이른바 "군주와 신하, 아버지와 자식의 예를 열거하고 남편과 아내를 구별하고 어른과 아이의 순서를 정하였으니"(列君臣父子之禮, 序夫婦長幼之別) 안으로는 민생을 풍요롭게 하고 밖으로는 사이四夷를 정복하기에 충분하였다. 민생문제와 외족의 침입 문제는 한나라 정부 및 그 이후 역대 왕조의 정부가 특히 중요시하는 두 가지 대사였다. 역적을 굴복하게 하려면 물론 문과 무를 함께 사용하여야 하지만, 되도록이면 회유懷柔를 위주로 하여 덕으로 사람을 설득하여 민족이 화친하도록 하였다. 이 때문에 선진시기 제자백가의 학설 중에서 오로지 유학만이 최종적으로 대한大漢제국이 나라를 다스리고 천하를 평정하는 통치사상으로 채택되었고, 그 뒤로 청淸대까지 유학이 이어졌다.

한漢대의 중앙정부 특히 동한東漢 및 그 이후의 중앙정부는 실제적으로 문치정부로서 당시의 문관제도는 이미 일정한 수준으로 발달하였는데, 이는 당시에

어떻게 오늘의 이 천하를 얻을 수 있었겠습니까?' 고제가 언짢아하고 얼굴에는 부끄러움이 가득하였다. 이에 육생에게 말하였다. '그러면 나를 위해 진나라가 왜 나라를 잃었는지, 나는 왜 나라를 얻을 수 있었는지, 그리고 옛날의 성공한 나라와 실패한 나라들에 관해 저술하라.'" 이로부터 육가의 『新語』가 있게 되었다. 이 단락의 내용은 한대 초기 지식인들의 인식을 매우 잘 나타낸다. 그들은 위정자들로 하여금 난국을 다스리기 위해서는 말 위에서부터 말 아래로의 전환을 이루어야 한다고 하였다. 육생은 여전히 유학 특히 맹자학의 전통을 따랐는데 심지어 사용하는 언어도 맹자와 서로 비슷하거나 같았다.

전 인류적, 전 세계적으로 유일한 것이었다. 정치활동에 참여하거나 심지어 최고의 지위에 처해 있는 사람들 모두 유학교육(기본적으로 일종의 인문교육)을 받았고 또한 민간의 하층에서 올라온 지식인들이었다. 한무제 이후 유가의 경전은 경經으로 받들어졌고 유업儒業을 다스리거나 경술에 통달한 사람은 모두 정부의 중요한 관원이 되었다. "효·무가 학문을 일으키고 공손홍公孫弘이 유상儒相이 된 후 채의蔡義·위현韋賢·현성玄成·광형匡衡·장우張禹·적방진翟方進·공광孔光·평당平當·마궁馬宮 및 당자안當子晏이 모두 유종儒宗으로서 재상宰相의 지위에 거하고 유자의 의관을 하고 선왕의 말을 전달하였다."23) 서한西漢의 한선제는 감노甘露 3년(BC 51)에 석거각石渠閣에서 회의를 소집하여 오경의 동이점을 논의하고 『석거각의주石渠閣議奏』를 제정하여 경학을 통일시키고자 하였다. 동한東漢의 광무제는 "건무建武 5년 겨울 10월에 노 지방에 돌아가 대사공大司空을 시켜 공자를 제사하였다."24) 한명제漢明帝는 영평永平 15년(72)에 "공자孔子의 집에 행행幸行하여 중니와 72제자를 제사하고 친히 강당에 임어臨御하여 황태자와 제왕에게 경서를 설하게 하였다."25) 한장제漢章帝는 건초建初 4년(79)에 백호관白虎觀에서 경술대회를 주최하였고 『백호의주白虎議奏』를 제정하였다. 한장제는 원화元和 2년(85)에 궐리闕里에 직접 가서 태뢰로써 공자와 72제자를 제사하였다. 공자묘는 원래 처음에 춘추시기 노애공魯哀公이 궐리에 설립하였다. 북위北魏시기에 한나라 때 공자를 선니공宣尼公으로 봉하였기에 선니묘宣尼廟라 개칭하였다. 북제北齊시기에 각 지역의 군학郡學은 모두 방坊 내의 공안묘孔顔廟에 세워졌기에 공자묘는 북제北齊의 외군에 널리 보급되었다. 당나라의 정관貞觀시기에 조서를 내려 주공周公의 선성先聖으로서의 직위를 정지시키고 중니를 선성先聖으로 삼아 『오경정본五經定本』과 『오경정

---

23) 『漢書』, 「匡張孔馬傳贊」, "自孝武興學, 公孫弘以儒相, 其後蔡義, 韋賢, 玄成, 匡衡, 張禹, 翟方進, 孔光, 平當, 馬宮及當子晏, 咸以儒宗居宰相位, 服儒衣冠, 傳先王語."
24) 『후한서』, 「光武帝紀」, "建武五年冬十月, 還幸魯, 使大司空祠孔子."
25) 『후한서』, 「明帝紀」, "幸孔子宅, 祠仲尼及七十二弟子, 親饗講堂, 命皇太子諸王說經."

44   중국유학의 정신

의『五經正義』를 반포하여 실행하였고 각 주와 현에서 모두 공자묘를 설립하도록 명령함으로써 공자의 지위가 높아졌고 공자묘는 전국에 널리 퍼지게 되었다. 그 후에 반복되는 바가 있긴 하였지만 현종이 왕위에 오른 뒤 "정관貞觀의 고사에 근거하여" 개원開元 27년(739)에 공자에게 문선왕이라는 시호를 주었고 공자묘는 문선왕묘로 바뀌었다. 송진종宋眞宗은 대중상부大中祥符 원년(1008)에 공자에게 원성문선왕元聖文宣王이라는 시호를 주었고, 5년에는 지성문선왕至聖文宣王이라는 시호를 주었다. 원나라 대덕大德 11년(1307)에는 공자에게 대성지성문선왕大成至聖 文宣王이라는 시호를 주었다. 명明나라 영락永樂 이래로 공묘는 문묘文廟라 칭해지 기도 하였다. 명나라 가정嘉靖 9년(1530)에는 사전祀典을 개정하였는데 처음에는 목주木主였지만, 결국 성선사聖先師 공자는 신적인 위치에 이르게 되었다. 청淸나라 순치順治 2년(1645)에는 공자의 시호를 대성지성문선선사공자大成至聖文宣先師孔子로 정하였고, 순치 14년(1657)에는 성선사공자聖先師孔子로 바꾸었다. 민국 3년(1914) 예제관禮制館에서는 문묘를 회복하여 공자묘로 부르기로 규정하였다. 묘의 정전正 殿 가운데에는 공자상을, 좌우에는 사배四配와 십철十哲의 선현상을 배열하였다. 사배는 안자, 증자, 자사, 맹자의 제사를 배향하는 것을 가리킨다. 그들의 제자 및 역대 대유大儒의 부사자祔祀者들은 모두 동과 서 양 채에 나누어 진열하였고, 때에 맞춰 제사를 지냈는데 그 의식이 성대하였다. 예로부터 제후, 경상卿相 및 지방의 장관들도 반드시 먼저 묘에 들러 알현한 뒤에 정사를 보았다. 공묘를 지나는 모든 관리들은 존중과 경외의 감정을 깊이 간직하였는데 문관은 가마에서 내리고 무관은 말에서 내렸다. 공묘와 주현州縣의 학 또는 서원은 일반적으로 나란히 세워졌는데 고대의 규제대로라면 좌묘우학左廟右學 즉 왼쪽에는 공묘를 건축하였고 오른쪽에는 주현의 학 혹은 서원을 건축하였다. 지금도 장사長沙의 악록서원岳麓書院에 가면 묘학병립의 구도를 찾아볼 수 있다.

이상에서 논술한 역대 정부가 공자를 존숭하고(尊孔) 공자에게 제사를 지냈던 (祭孔) 원인은 매우 복잡하지만, 전체적으로 말하면 사회를 안정시키기 위함이었다. 물론 유학이 정부 혹은 엘리트 집단에만 속하는 것이었음을 의미하는 것은 결코 아니다. 아래에서는 유학이 가지고 있는 대중성(草根性)을 이야기할 것이다. 역사적으로 진정한 유학과 유가는 한편으로는 건설적이고 구조적이지만, 다른 한편으로는 비판적이고 체제 안팎에서 집정 당국을 비판한다. 정부에서 유학을 통치사상으로 여겼지만 이는 결코 유학을 전면적으로 인정하거나 받아들였음을 의미하는 것은 아니다. 이 때문에 주원장朱元璋은 황제가 되면 반드시 『맹자』를 수정할 것이라고 하였다. 한漢대 이후 통치계급의 유학에 대한 수요와 이용은 유학으로 하여금 양면성을 가지게 하였다. 유학에는 확실히 전통적인 정치와 유착되는 병폐가 존재하고 이는 비판 받아 마땅한 부분이지만, 유학의 더 큰 역할과 가치는 결코 이 부분에 있는 것이 아니다.

2. 공자와 그의 제자들

유가의 창시자는 공자孔子이다. 공자는 성이 공孔이고 이름은 구丘이며 자字는 중니仲尼이고 노魯나라 추읍陬邑(지금의 산동 곡부 동남쪽) 사람이다. 그의 선조는 송나라 귀족이었다. 공자는 3살 때 아버지를 여의였고 어린 시절은 "가난하고 비천했다"(貧且賤). 나이가 들어서는 창고지기인 '위리委吏'와 가축을 사육하는 '승전乘田' 등의 작은 관직에 임하였는데, 실질적인 재능이 꽤 있었던 것으로 보인다. 그는 배움에 일정한 스승이 없었지만, 삼대의 문화 특히 주나라의 예악을 파악하고자 노력하였다. 30세 즈음에 사학私學을 일으키기 시작하였고 사회적으로 점차 유명해졌다. 50세 때에는 노나라의 '중도재中都宰'라는 관직을 맡게 되었다. 중도中都는 노나라의 공읍公邑으로 읍재邑宰의 직위는 높지 않았다. 관직을 맡아 일 년 만에 업적이 매우 훌륭하여 "사방이 모두 본받았다"(四方皆則之). 이듬해에 공자는 노나라의 '소사공小司空'으로 승진하였는데, 토목을 관리하는 부관副官

이었다. 후에 '대사공大司空'이 되었는데, 이는 나라의 사법, 형옥刑獄과 치안을 책임지는 최고의 장관長官으로, 작위爵位는 대부大夫였다. 공자는 사구司寇직을 맡아 재상의 일(相事) 즉 노나라의 최고 행정사무를 대행하였다. 제齊나라와 노나라가 협곡夾谷에서 만나 회담할 때 공자는 지략으로 노나라에 외교와 군사상의 승리를 가져다주었다. 얼마 지나지 않아 정국이 흔들리고 제나라 사람들이 이간질하자, 공자는 부득이하게 제자들을 거느리고 노나라를 떠났고 위衛·송宋·진陳·채蔡·제齊·초楚 등 여러 나라들을 돌아다니면서 14년의 유랑생활을 보냈다. 그의 도덕이상주의 정치주장은 여러 나라의 통치자들에게 받아들여지지 않았고, 그는 처량하고 쓸쓸하게 돌아다니다가 결국 몸 둘 곳도 찾지 못하였으며 진채陳蔡에서는 식량이 다 떨어지는 곤경에 빠지기도 하였다. 하지만 그는 여전히 "되지 않음을 알면서도 하고자 하였고"(知其不可爲而爲之), 도의를 고수하고 자리가 따뜻해질 겨를도 없이 고생을 두려워하지 않았고 즐거워서 걱정도 잊은 채 곤궁 속에서도 제자들과 함께 "큰 나무 아래에서 예를 익히고"(習禮大樹下) "강송하고 현가를 그치지 않았다"(講誦弦歌不衰).[26] 공자가 다시 노나라로 돌아왔을 때, 그는 이미 68살의 노인이었다. 그는 생애의 마지막 5년 동안 강학에 종사하며 고대의 문헌과 전적을 정리하고 육경을 산수刪修하는 일에 전력을 다하였다. "공자는 『시』, 『서』, 『예』, 『악』을 교재로 가르쳤는데 제자가 대개 4천 명에 이르렀으며 그중에서 육예를 몸으로 통달한 사람은 72인이었다."[27] "공자는 왕도가 폐하고 사도邪道가 홍하는 것을 걱정하여 『시』와 『서』의 순서를 논하고 『예』와 『악』을 정비(修起)하였다."[28] "공자 때 주나라 왕실이 쇠미하여 『예』와 『악』이 모두 무너졌으며 『시』와 『서』도 깨어지고 흩어졌다(殘缺). 삼대의 예제를 거슬러 탐구하고 『서전書傳』을 재배열(次序)하여 위로는 요임금과 순임금으로부

---

26) 『史記』, 「孔子世家」.
27) 『사기』, 「공자세가」, "孔子以『詩』, 『書』, 『禮』, 『樂』教, 弟子蓋三千焉, 身通六藝者七十有二人."
28) 『사기』, 「儒林列傳」, "孔子閔王路廢而邪道興, 於是論次『詩』, 『書』, 修起『禮』, 『樂』."

터 아래로는 진목공秦穆公 때까지 당시의 사적을 순서대로 편집하였다(編次)."29)

공자는 『시』와 『서』의 내용을 취사선택하고 편집하였으며, 『예』와 『악』에 대해서도 가공하고 정리함으로써 원래의 의미를 다시 회복시켰다. 공자는 만년에 『주역』을 즐겨 읽었는데 심지어 "가죽 끈이 세 번 끊어졌고"(韋編三絶) 직접 『주역』에 『전傳』을 지었는데 후세 사람들이 이를 『역전』이라 불렀다. 그는 또 노나라의 사관이 기록한 『노춘추魯春秋』에 의거하여 『춘추』를 지었는데, 좋고 나쁨, 옳고 그름, 선과 악 이른바 "춘추필법春秋筆法"에 따라서 개정한 것이다. 공자의 최대 공헌은 중화민족 인문정신의 핵심적인 가치관을 창조적으로 확립한 것이다. 공자를 알고자 한다면 『논어』는 중요한 자료이다. 『논어』는 공자와 문하생들 및 당시 사람들과의 일부 대화를 수집한 것으로, 알기 쉽고 친절하며 음미할 가치가 있고 반복하여 읽고 자신의 체험까지 곁들이면 매우 큰 도움이 된다. 하지만 공자를 연구함에 있어서 『논어』・『좌전』・『사기』만으로는 부족하다. 『공자가어』와 대大・소대小戴 『예기』30) 및 한대 사람들이 편찬한 일부 책들, 출토된 간백簡帛 문헌들에는 모두 칠십자 후학들이 공자사상에 대하여 전술傳述한 자료가 적지 않게 남아 있기에 반드시 주목하여야 한다. 공자는 세계에서 저명한 사상가이고 탁월한 교육가이며 중국문화의 위대한 대표자이다. 그가 제기한

---

29) 『사기』, 「공자세가」, "孔子之時, 周室微而『禮』, 『樂』廢, 『詩』, 『書』缺, 追跡三代之禮, 序『書傳』, 上紀唐虞之際, 下至秦穆, 編次其事."

30) 『孔子家語』(이하 『가어』라 약칭함)는 공자와 공자 문하 제자들의 언행과 사상을 자세하게 기록한 것으로, 魏王肅이 注를 달았다. 송대 이래 왕숙의 僞作이 아니냐는 의심을 받았다. 1973년에 河北 定州의 八角廊 西漢中山懷王劉脩墓에서 출토된 『儒家者言』이 『가어』와 비슷하였고 1977년에 安徽 阜陽의 雙古堆西漢墓에서도 내용이 비슷한 簡牘이 출토되었다. 2002년 12월에 상해박물관에 소장되어 있던 戰國 楚竹書 제2책에서 발표하였던 『民之父母』의 내용도 『가어』의 「論禮」편과 『예기』의 「孔子閒居」편의 내용과 같다. 李學勤, 龐朴, 楊朝明 등 학자들의 저작에서 논증하였던 금본 『가어』의 원형은 믿을 만한 것이다. 『예기』는 『小禮記』라고도 부르는데 『禮經』을 해석한 것이다. 서한시기, 『예경』을 전습하였던 열세 家 중에서 서로 叔侄 간인 戴德과 戴聖 두 사람이 전습한 예만이 세간에서 행하여졌다. 대덕이 전습한 『예기』는 85편이고 『大戴禮』라 부르고, 대성이 전습한 『예』(『禮經』)는 49편이고 『小戴禮』라 부르는데 바로 속칭 『예기』이다.

인학仁學이론은 삼대의 사상을 집대성한 것으로 유가사상의 물꼬를 터놓은 것이다. 그는 최대한의 정력으로 문화 고적의 정리사업에 종사하였고, 고대의 교육과 문화의 발전에 중요한 공헌을 하였다.

과거에는 선진유학이라고 하면 그저 공자－맹자－순자를 말하였는데, 이는 지나치게 간단화한 것이다. 최근에 출토된 곽점郭店초간이나 상해박물관 초간을 읽게 되면서 선진유학사에 대한 인식을 심화시킬 수 있게 되었다.

여기서 다음과 같은 몇 가지 방면에 주목할 필요가 있다. 우선은 육경이다. 육경은 선진유학의 뿌리이다. 육경 다음이 공자이고, 공자 다음이 바로 우리가 두 번째로 주목하여야 할 점, 바로 칠십자七十子이다. 칠십자의 자료는 문헌 가운데에서 고찰할 수도 있고 출토된 문헌에도 관련된 자료가 있는데, 정현定縣에서 출토된 『유가자언儒家者言』과 『설원說苑』, 『공자가어孔子家語』에서 모두 칠십자를 언급하고 있다. 칠십자 이후 각 학파가 발전하였고 나중에야 비로소 맹자와 순자의 두 대종大宗이 나타나게 되었다. 맹자는 심성설의 맥락으로부터 내성內聖에서 외왕外王에 이르고, 순자는 사회학 내지는 제도화된 예학의 맥락으로부터 유학을 사회 전반으로 펼치고자 하였다.

육경의 자료는 최근에 출토된 간서簡書와 백서帛書에도 적지 않은데 백서·간서의 『주역』, 『시경』(逸詩와 공자가 논한 詩), 『상서』 등이 대표적이다. 육경을 해석한 자료는 칠십자와 관련이 있다. 간서와 백서의 자료에는 일부 경을 해석하는 전傳·해解·설說 등도 포함된다. 유가는 파벌이 많은데, 단순히 여덟 가지만 있는 것은 아니다.

칠십자에 관하여 이령李零 선생은 『독서讀書』 2002년 제4기에 「칠십자를 다시 보다」(重見七十子)라는 글을 발표하였다. 이계겸李啓謙 선생은 『공문제자연구孔門弟子研究』에서 공자와 공자의 제자들에 관한 자료를 모아 편집하였다. 『논어』·『사기』·「공자세가」·「중니제자열전」은 여전히 기본 자료에 속한다. 이학근李學勤 선생은 최근에 출판한 『산일된 간백 서적과 학술사』(簡帛佚籍與學術史) 등 여러 편의 저작에서 모두 칠십자에 관한 문제를 논의하였다. 이요선李耀仙 선생의 『선진유학신론先秦儒學新論』에서도 이러한 문제들을 다루고 있다. 이 네 사람의 논저는 본 장의 내용을 구상하면서 참고한 저서들이니, 독자들도 읽어 두면 이해에 도움이 될 것이다.

『논어』「선진」편에서는 공자 문하의 네 학과(四科)와 십철十哲에 대하여 이렇게 논하고 있다.

> 나를 진陳·채蔡에서 따랐던 이들이 지금은 모두 문하에 있지 않구나. 덕행은 안연·민자건·염백우·중궁이, 언어는 재아·자공이, 정치는 염유·자로가, 문학은 자유·자하가 뛰어났다.[31]

즉, 안회顏回(子淵), 민손閔損, 염경冉耕, 염옹冉雍 그리고 재여宰予(子我), 단목사端木賜 그리고 염구冉求(子有), 중유仲由(子路) 그리고 언언言偃, 복상卜商으로 나뉜다. 네 학과와 십철에 대한 구분은 우리한테 매우 익숙하다.

여기서 유자有子·증자曾子·자장子張에 대하여 논하지 않았는데, 이들 셋은 당시에 나이가 어려서 공자가 진·채에서 재난을 당할 때 없었다. 자유子游와 자하子夏는 비록 함께 논의되고 있지만, 연령상으로 볼 때 열국을 돌아다니기 전에 아직 공자의 문하로 들어오지 않았다.

안연顏淵·염백우冉伯牛·재여宰予·자로子路 등은 공자보다 먼저 죽었고, 민자건閔子騫은 명예나 영달을 추구하지 않았기에 학과를 창립할 수 없었다. 안연, 자하, 증자, 자사 등에 관해서는 졸저 『제자학지諸子學志』[32]의 내용을 참조하기

---

31) "從我於陳蔡者, 皆不及門也. 德行: 顏淵, 閔子騫, 冉伯牛, 仲弓; 言語: 宰我, 子貢; 政事: 冉有, 季路; 文學: 子游, 子夏." 이하 『논어』의 인용문에 대한 번역은 박성규가 번역한 『논어집주』(소나무, 2011)를 참조하였음을 밝혀 둔다.

32) 郭齊勇·吳根友의 『諸子學志』(상해인민출판사, 1998)를 참조. 그 중 제2장의 내용인 "유가"는 郭齊勇이 쓴 부분인데, 공자 문하의 제자와 再傳 제자에 대하여 자세하게 다루고 있다.

바란다.

공자 문하의 초기 제자들의 연령은 일반적으로 공자보다 30살 이내로 적었는데, 자공子貢만 예외적으로 31살 어렸다. 이때의 제자 중에서 학파를 창립할 가능성이 가장 높은 사람은 중궁仲弓(공자보다 29살 적음), 상구商瞿, 칠조개漆雕開이다. 공자 문하의 말기 제자들의 연령은 일반적으로 공자보다 40살 이상 적었는데 증자, 유자, 자하, 자유, 자장 등이 있다. 유자를 제외한 나머지 네 사람은 사대 영수領袖이다. "자하, 자유, 자장은 유약有若이 성인과 비슷하다고 여겨 공자를 섬기던 것처럼 섬기고자 증자에게 강요하였다."[33] 이는 증자의 강력한 반대에 부딪히게 되었고 유자를 옹립擁立하려던 일은 끝내 성공하지 못하였다. 하지만 『논어』에서는 유약과 증삼曾參에 대해서만 '자子'라 칭하였는데, 유자의 영향이 매우 컸고 문하생 또한 많았음을 알 수 있다. 공손추는 "옛적에 제가 들은 바로는 자하, 자유, 자장은 모두 성인의 일부분을 가지고 있었고, 염우, 민자, 안연은 전체를 가지고 있었으나 미약하였다.……"[34]고 하였다. 이는 자하, 자유, 자장 모두 공자의 장점을 일부분 가지고 있었지만, 염우, 민자, 안연은 성인 덕행의 대략적인 단서(苗頭)만 가지고 있었음을 가리킨다.

최근에 상해박물관에서 사들여 소장한(購藏) 초나라 죽서에는 매우 많은 「공자세가」와 「중니제자열전」 중의 인물들, 예를 들면 안회, 중궁, 자로, 자공, 자유, 자하, 증자, 자고子羔, 자사 등이 포함되어 있다. 심지어 어떤 부분은 편명 자체가 그들의 이름으로 되어 있음을 찾아볼 수 있다.

곽점초간楚簡이나 상해박물관의 초간에는 모두 오늘날의 대·소대 『예기』와 동일한 편과 장이 있다. 예를 들어 『무왕천조武王踐阼』, 『내례內禮』는 대대례大戴禮에 보이는데, 『무왕천조』편은 대대례의 편명에 근거한 것이고, 『내례』편은 자체

---

33) 『맹자』, 「등문공상」, "子夏, 子游, 子張以有若似聖人, 欲以所事孔子事之, 強曾子."
34) 『맹자』, 「공손추상」, "昔者竊聞之: 子夏, 子游, 子張皆有聖人之一體, 冉牛, 閔子, 顏淵則具體而微.……"

의 편명이 있지만 내용은 『대대례기』의 「증자입효曾子立孝」편에 해당한다. 상해박물관의 초간에는 『공자한거孔子閑居』편과 『치의緇衣』편이 있는데 이는 소대례小戴禮에 보이는 것으로 소대례의 편명에 의거한 것이다. 곽점초간에도 『치의』편이 있다.

중궁仲弓의 명칭은 계로季路와 비슷한데 중仲과 계季는 모두 나이에 따른 서열을 가리킨다. 자로子路는 성이 중仲이고 이름이 유由이며 자는 로路이고 행은 계季이기에 계로라 불렸고, 후세 사람들은 자로子路라 존칭하였다. 중궁은 성이 염冉이고 이름이 옹雍이며 자는 궁弓이고 행은 중仲이기에 중궁이라 불렸고, 후세 사람들은 자궁子弓이라 존칭하였다. 중궁은 서주의 예제에 능하였기에 "중궁은 임금으로 삼을 만하다"(雍也可使南面)고 하였다. 공자는 "나라를 다스리는 일은 예로써 하는 것"(爲國以禮)이라고 하였다. 중궁이 인에 대하여 묻자 공자는 "문밖을 나서면 큰 손님을 맞이하듯 하고 백성을 부리면 큰 제사를 받들듯 하라"35)고 하였다. 중궁이 이 도에 능하였기에 공자가 춘추시기 사람의 말을 인용하여 비유한 것이다. 순자의 학문은 예학이기에 순자는 공자와 자궁을 함께 받들어 존경하였다.

순자가 존경하는 자궁이 간비자궁馯臂子弓이 맞는 것일까?(참고로 「중니제자열전」에서는 子弘이라고 한다.)

간비자궁은 상구商瞿의 제자로서 『한서』 「유림전儒林傳」에서는 재전再傳제자라 기록하고 있는데 『역』의 학문을 전하였다고 한다. 순자는 예를 숭상하고 육예에 대해서는 "예의와 의로움을 존중하고 시, 서를 공부한다"36)고 주장하였고 또한 "학문은 예에 이르러서야 그친다"37)고 하였다. 자궁이 예학대사禮學大師일 가능성이 있는데, 순자가 여기서 가리키는 의미는 덕행과德行科에서 공자의 도를

---

35) 出門如見大賓, 使民如承大祭.
36) 『순자』, 「儒效」, "隆禮樂而殺詩書." 김학주 역, 『순자』(을유문화사) 참고.
37) 『순자』, 「勸學」, "學至乎禮而止."

후세에 전할 수 있는 대유大儒를 가리킨 것일 수 있다.(李耀仙이 이 관점을 주장한다.)

하지만 많은 학자들은 순자의 스승이었던 자궁이 염옹이나 자장일 수 없고 순자의 역학은 『역』을 전하였던 간비자궁에서 온 것이라 여긴다. 『순자』 「비상非相」편은 『역경』을 인용하였고 「대략大略」편은 『역전』을 인용하였으며 「천론天論」편은 「계사」에 근거하여 더욱 분명히 나타낸 것이다. 간비자궁은 초나라 사람이었다. 자궁(冉雍)에 관한 자료는 더 많이 발굴되어야 할 것이다.

상구商瞿는 노나라 사람이다. 자는 자목子木이고 공자보다 29살 어리다. 사마천의 「제자전弟子傳」에 의하면, "공자는 『역易』을 상구에게 전수했고, 상구는 이것을 다시 초나라 사람 간비자홍에게 전수하였다"38)고 한다. 공자는 50세가 다 되어서 『역』에 전傳을 달았고 『역』에서 말하는 '성여천도性與天道'를 문인에게 전해 주었다. 상구는 공자의 문인 중에서도 "가히 공자와 『역』을 논의할 수 있는" 문인이었다. 그는 공자의 초기 제자였으며 사과四科 중 문학과에 속한다고 볼 수 있다. 상구는 『역』학을 후세에 전하는 데 많은 노력을 하였고 그 노력의 결과로 시대마다 후계자가 생겼으며 한대까지 『역』학에 대한 연구가 끊어지지 않았다. 『역전易傳』은 상구씨 유학의 한 학파일 가능성이 있다. 그는 한 번도 공자를 따라 열국들을 돌아다니지 않았다. 초기에도 그런 적은 없었다.

칠조개漆雕開 혹은 칠조계漆雕啟로도 불리는데 그의 이름은 빙憑이고 자는 자수子修이며 노나라(혹은 채나라) 사람이다. 그는 공자보다 21살 어리다.(혹자는 11살 어리다고 한다.) 『논어』 「공야장公冶長」편에 그에 관한 기록이 남아 있다.

공자가 칠조개를 벼슬시키려고 하였는데 그가 말하기를 "저는 아직 그 도리에 믿음이 없습니다"라고 대답하자 공자가 기뻐하였다.39)

---

38) 孔子傳『易』於瞿, 瞿傳楚人馯臂子弘.
39) 子使漆雕開仕, 對曰吾斯之未能信, 子悅.

『한비자』「현학顯學」편의 기록에 의하면, 유가의 여덟 학파 중에 칠조개학파(漆雕氏之儒)가 있다. 칠조개는 진정한 유자儒者다운 행위를 중시하였고, 유학의 '강强'적인 면을 강조하였다. 하지만 그가 말하는 강이 「현학」에 등장하는 북궁유北宮黝와 같은 무인武人적인 강은 아니었을 것이다. 「현학」은 "칼날에 피부가 찔려도 얼굴이 꿈쩍하지 않고 눈이 찔려도 눈동자를 피하지 않는다"(不色撓, 不目逃)는 것으로 "칠조지의漆雕之議"를 말했고, 이것이 바로 『맹자』「공손추公孫丑」편에서 말하는 "북궁유의 용기 기르기"(北宮黝之養勇)이다. 칠조개의 저서로는 『한지漢志』의 「칠조자漆雕子」 13편이 전해지고 있다.

증자曾子는 공문 말기 제자들 중에서 특출한 인물로, 공자 문하가 최초로 분화할 때 증자만이 유약有若을 공자처럼 섬기는 것을 반대하였다. 그에게 이와 같은 성찰공부가 있는 것으로 보아 마땅히 사과四科 중 덕행과에 속하였을 것이다. 증씨학파(曾氏之儒)는 유가의 여러 학파 중에서 매우 큰 학파였을 것이다.

증자는 여러 개의 학문적 방향과 학맥을 이었다. 그는 공자의 효도사상을 계승하였는데 우리는 정현定縣 팔각랑八角廊 죽간竹簡 『유가자언儒家者言』에서 『효경』 중의 내용과 비슷한 기록을 찾아볼 수 있다. 예컨대, "피부는 부모로부터 받은 것이다.—증자", "무엇이 신체발부는 감히 상하게 할 수 없다는 것인가.—악정자樂正子", "아버지를 상하게 하면 자가 아니고 선비를 상하게 하면 벗이 아니다", "존귀하고 명예로워 근심이 없으니 자식의 도리가 이와 같으면 효라 할 수 있다"[40] 등이 그것이다. 이것은 효도·효경을 강조하는 학파이다. 이 외에 성찰공부와 충서忠恕의 도를 중시하는 『대학大學』 학파도 있고, 자사子思에서 맹자로 이어지는 학파도 있다. 그리고 악정자樂正子로 불리는 악정자춘樂正子春도 있는데, 자사씨子思氏의 유학과 낙정씨樂正氏의 유학은 모두 증자와 관련이 있다.

다음으로 자하子夏에 대해 살펴본다. 육경은 대부분 자하가 전한 것이다.

---

40) "膚受諸父母.", "何謂身體發膚弗敢毀傷.", "毀傷父不子也, 士不友也.", "尊榮無憂, 子道如此可謂孝."

후세 유학자들은 자하를 경을 전하는 유학자로, 증자를 도를 전하는 유학자로 평가하기도 하는데, 특히 한대의 유학자들은 자하를 스승으로 존숭했고 송대의 유학자들은 증자를 스승으로 추대하였다. 자하는 공자 만년의 제자이고 공자보다 44살 어리며 문학에 특출 난 것으로 알려져 있다. 한번은 공자가 그를 격려하면서 "너는 군자유가 되고, 소인유가 되지 말라"[41]고 말하였다. 그리고 또 한번은 공자가 그에게 말하기를 "나를 분발시키는 이가 너로구나! 이제 너와 더불어 『시詩』를 논할 수 있겠다"[42]라고 하였다. 『후한서後漢書』에도 자하에 대한 기록이 남아 있다.

> 『시』・『서』・『예』・『악』을 제정한 자가 공자이지만 장구章句를 발명한 것은 자하로부터 시작된 것이다.[43]

그리고 『사기색은史記索隱』에서는 자하에 대하여 다음과 같이 기록하고 있다.

> 자하는 사과四科에 모두 특출하였다. 그는 『시』에 서序를 붙였고, 『역』에 전傳을 달았다. 또 공자는 『춘추』를 자하의 전문분야라 하였다. 이뿐만 아니라 그는 『예』에 전을 달기도 하였고 『예지禮誌』에도 능통했다.[44]

도를 후세에 전하는 면에서 자하와 증자는 서로 대립하지만 매우 중요한 인물임에는 틀림없다.

공자에게 여러 개의 얼굴이 있는 것처럼 자하에게도 여러 개의 얼굴이 있었다. 공자가 죽은 후, "자하는 서하에 거주하면서 학생들을 가르치는 일을 하였고,

---

41) 『논어』, 「옹야」, "汝爲君子儒, 無爲小人儒."
42) 『논어』, 「팔일」, "啓予者, 商也, 始可與言『詩』已矣."
43) 『후한서』, 「徐防傳」, "『詩』・『書』・『禮』・『樂』, 定自孔子, 發明章句, 始於子夏."
44) 子夏文學著於四科. 序『詩』傳『易』, 又孔子以『春秋』屬商, 又傳『禮』, 著在『禮志』.

위문후의 스승이 되기도 하였다."[45] "칠십여 명의 공자 제자들이 흩어져 각 제후국을 돌아다녔는데, 그중에서 크게 잘된 자는 재상의 스승이 되었고 가장 작은 자도 사대부를 사제의 예를 갖추지 않고 가르쳤다."[46] 그들 중에 언어에 재능이 있고 정사와 문학에 조예가 깊은 자들도 뜻을 이루어 열국 사회의 정치개혁에 참여하기도 하였다. 기록에 의하면 "자장은 진나라에서 거주하고 담대자우는 초나라에서 거주하였으며 자하는 서하에서 거주하고 자공은 제나라에서 마지막을 보냈다."[47]

자하는 삼진三晉지역의 제도건설과 법술전통에 아주 큰 영향을 끼친 사람이다. 순자와 그의 제자인 한비韓非 그리고 이사李斯를 예로 들 수 있다. 전국 말기 형명법술刑名法術과 음양오행陰陽五行이 유행하였고 유가는 이들 학자들과 대화하였는데 대화에 참여한 유학자들은 주로 제도파制度派였고 도덕파道德派는 아니었다. 자하가 유가의 여덟 학파에 속하지 않은 것으로 볼 때 여덟 학파의 설에는 문제가 있다.

언언言偃은 공자의 말기 제자로서, 자는 자유子游이고 공자보다 45살 어리다. 유약이 성인의 모습이 유사하다고 보아 공자를 섬기던 예로써 유약을 섬길 것을 제기함으로써 공자 문하의 제1차 분파 논쟁에 참여하게 되었고 후에 스스로 하나의 학파를 세웠다. 그는 무성武城에서 읍재邑宰를 지냈고 현악과 노래로 백성을 가르쳤는데[48] 곡예曲禮에 능숙하였음을 알 수 있다. 『예기』「단궁檀弓」편에도 그의 무악舞樂에 관한 기록이 남아 있다.

사람이 기뻐하면 그 마음이 처음에는 기뻐하다가도 곧 마음이 울컥해지고, 울컥해지면 노래를 읊조리고, 노래를 읊조리면 마음이 요동치고, 마음이 요동치면 춤을

---

45) 『사기』, 「仲尼弟子列傳」, "子夏居西河敎授, 爲魏文侯師."
46) 『사기』, 「儒林列傳」, "七十子之徒散遊諸侯, 大者爲卿相師傅, 小者友敎士大夫."
47) 『사기』, 「儒林列傳」, "子張居陳, 澹臺子羽居楚, 子夏居西河, 子貢終於齊."
48) 『논어』, 「옹야」.

추게 되고, 춤을 추고 나면 성내게 되고, 성이 나면 슬퍼지고, 슬퍼지면 탄식하고, 탄식하면 가슴을 억누르게 되고, 가슴이 억눌리면 발버둥을 치게 된다.[49]

초간楚簡의 『성자명출性自命出』에서도 같은 내용의 자료를 찾아볼 수 있다. 「예운禮運」편은 그의 문인이 기록한 것이다. 『예기』 「예운」편에 근거하면, 자유子游만이 공자로부터 대동사상을 들었다. 후에 안씨顏氏유학이 생겼는데, 이령李零은 이것이 언유학파言遊學派일 가능성이 높다고 주장한다. 곽점초간郭店楚簡이 출토된 후로 자유에 대한 관심도 날로 증가하고 있다.

전손사顓孫師는 진나라 사람(혹은 노나라 사람)이다. 자는 자장子張이고, 공자보다 48살 어리다. 자장은 공자 만년의 가장 어린 제자인데 용모에 신경을 많이 쓰는 아주 멋있고 당당한 사람이지만(그의 동료들은 "당당하도다. 자장이여!"[堂堂乎張也]라고 평가하기도 하였다.) 언행에는 조금 과한 면이 있었다. 『논어』 「선진先進」편의 기록에 의하면, "자장은 지나치고, 자하는 미치지 못하였다."[50] 그는 기백이 넘치고 도량이 넓으며 성격은 조금 급한 편이다. 반대로 자하는 성정이 독실하지만, 도량이 조금 협소하다. 자장과 증자의 모친은 동시에 세상을 떠났다. 이 내용은 「단궁」에 기록되어 있는데, 기록에 의하면 모두 일찍이 돌아간 것으로 되어 있다.

순자는 「비십이자非十二子」편에서 자장과 자하와 자유를 비천한 유자라고 비난하였지만 증자는 비난하지 않았다. 지금의 『논어』에 기록되어 있는, 공자의 제자들이 자신의 의견을 발표한 말들을 살펴보면, 증자에 관한 기록은 13곳, 자하에 관한 기록은 12곳, 자장에 관한 기록은 2곳, 자유에 관한 기록은 4곳에서 찾아볼 수 있다. 이 네 사람은 동문들 중에서 나이가 가장 어리고 후기 제자들 중에서 가장 뛰어난 사람들이다.

---

49) 人喜則斯陶, 陶斯詠, 詠斯猶, 猶斯舞, 舞斯慍, 慍斯戚, 戚斯歎, 歎斯辟, 辟斯踊矣.
50) 『논어』, 「先進」, "師也過, 商也不及."

초기 제자였던 안자顔子의 말에 대한 기록은 『논어』에 단 한 번밖에 나오지 않는데, 공자를 칭송하는 내용이다. 자공의 말에 대한 기록은 일곱 번 등장하는데 그중에서 다섯 번은 공자를 칭찬하는 내용이고 두 번은 자신의 생각을 표현한 것이다.

「현학顯學」편에서 말하는 안씨유학(顔氏之儒), 자사씨유학(子思氏之儒), 맹씨유학(孟氏之儒), 손씨유학(孫氏之儒), 중량씨유학(仲良氏之儒), 악정씨유학(樂正氏之儒)에서 안씨유학은 안연이 창립한 것일 수 없다. 혹자는 '안'과 '언'에 구별이 없다고 하는데, 이것은 언언자유言偃子游를 가리키는 것일 수 있다. 자사의 학문과 언행은 증자에 필적할 만하고 공자의 도를 체득하는 면에서 증자와 조금 다르기 때문에 증씨유학에서 분리되어 나와 스스로 하나의 학파를 세웠던 것이다. 곽점초간에는 『노목공문자사魯穆公問子思』라는 단독으로 된 편이 있는데 이로부터 그의 사람됨과 학문의 영향력을 확인할 수 있다. 『중용』사상의 연원은 대부분 증자에서 나오는데, 그중에서 성性과 천도天道 등의 사상은 『역전』의 「계사繫辭」편과 관련이 있다. 악정씨는 악정자춘를 가리키는데, 증자 문하에서 뛰어난 자이고 도를 체득함에 있어서 특수함이 있어 스스로 하나의 학파를 이루었다. 「단궁」에 근거하면, 증자가 임종 전에 악정자춘이 병상 아래에 앉아 있었고 증자의 아들인 증원曾元과 증신曾申은 증자의 발 옆에 앉아 있었다.

중량씨유학(仲良氏之儒)은 중양자仲梁子의 학파를 가리키는데 그 역시 증자의 학생일 가능성이 있다. 학계에는 진량陳良이 바로 중양자라는 설도 있다. 「등문공상滕文公上」의 기록을 보면 그는 '초나라 사람'(楚産)이고 북쪽 중국에서 배우기 전에 이미 '주공과 공자의 도를 좋아하였다'(悅周公仲尼之道)고 하는데 이것은 아마 담대멸명澹臺滅明의 영향을 받았기 때문일 가능성이 있다. 담대멸명은 초나라에 거주하였는데 전하는 바에 의하면 그에게 300명의 제자가 있었고 진량은 그중에서도 가장 뛰어난 자였다고 한다.

복불제宓不齊는 노나라 사람인데 자는 자천子賤이다. 일찍이 단보單父의 읍재邑

宰로 있었고 『한지漢志』에는 「복자宓子」가 있다.

맹자는 자사의 문인으로부터 학문을 배웠는데(受業子思之門人) 공자의 '사숙'제자라고 공개적으로 선포하였고 기본적으로 증자와 증씨 유학의 영향을 받았다. 공자로부터 증자로, 증자에서 자사로, 자사에서 맹자로 이어지는 학맥은 유학의 전부는 아니지만 하나의 중요한 발전 방향이었다고 할 수 있다.

손씨(순자)유학에 관해 말하자면, 순자가 조나라(趙國)에 있을 때 처음으로 유학을 접하게 되었고 그 후에 제나라(齊國)에서 유학遊學하는 동안 긴 시간의 탐색과정을 거쳐 비로소 자궁의 방법을 따라 공자사상의 핵심으로 진입하게 되었다. 그는 성찰공부를 위주로 하는 증씨유학의 공부 방법과는 다른 길을 선택함으로써 자사와 맹자의 학파에 정면으로 도전장을 내밀었다. 이뿐만 아니라 자하와 자유 그리고 자장의 유학에 대해서도 좋은 평가를 하지 않았는데, 이로부터 파별의 성격이 아주 강하였음을 알 수 있다.

공자의 초기 제자들의 학파 설립에는 공시적(synchronicity, 共時性)인 면이 있고, 후기 제자들의 학파 설립에는 통시적(diachronique, 歷時性)인 면이 있다. 공자 문하의 칠십 제자 후학 중에는 학문적으로 대동소이한 부류도 있고 소동대이小同大異한 부류도 있으며, 병행불패並行不悖할 수 있는 부류가 있는가 하면 물과 불처럼 서로 용납할 수 없는 부류도 있었다. 소동대이한 부류에는 자궁씨유학과 증씨유학을 들 수 있는데 후세로 내려오면서 맹자와 순자의 구별로 발전하였다. 쟁론이 가장 치열했던 부류는 소유파와 무소유파 사이의 논쟁이라고 할 수 있다. 그리고

맹자

순자

비판이 가장 날카로웠던 것은 사맹思孟유학에 대한 손씨유학의 비판이었다. 이것은 「현학」편이 알지 못하였던 부분이다.

칠십 제자 중에는 공손니자公孫尼子라는 제자가 있었는데, 『공손니자』라는 책은 이미 실전되었고 「악기」에 일부만 남아 있어 『예기』에 보존되었다. 「악기」의 큰 한 단락의 내용이 「계사」편의 내용과 비슷한데 「계사」에서 온 것일 수 있다. 「악기」의 문자는 전국시대 말기에서 한대 초기의 저작, 예를 들어 『순자』나 『여씨춘추呂氏春秋』 등에 원용援用되었다. 물론 적지 않은 학자들은 「악기」가 『순자』의 「악론樂論」편을 베꼈다고 여긴다. 『춘추번로春秋繁露』에서는 공손니자의 양기養氣에 관한 논의를 인용하고 '중화中和'를 중심 개념으로 하는데, 이 개념이 『역전』과 자사의 『중용』에도 보이는 점으로부터 공손니자의 사상이 자사학파의 사상과 가깝고 또 그들의 시대가 서로 비슷하였다는 것도 알 수 있다. 『역전』의 형성 시기는 자사나 공손니자보다 빠르고 칠십 제자의 시대에 해당하며 공자와 가까울 수 있다.

『사기』에서 말하기를 "공자가 만년에 『역』을 좋아하였고 「단」, 「계」, 「상」, 「설괘」, 「문언」에 서를 지었다"[51]고 한다. 공자와 『주역』의 관계는 매우 밀접하였다. 『역전』은 그가 저술한 것일 수도 있고 그의 제자가 기록한 것일 수도 있지만 완성한 시기는 대략 『논어』와 같은 시기이다.(李學勤) 『중용』과 『순자』가 모두 『역전』을 인용하고 있다는 점으로부터 볼 때 결코 늦게 출간된 책은 아니다. 물론 그때 당시의 『역전』은 지금의 판본과 반드시 같을 수는 없다.

앞에서 이미 순자와 『역』 사이에 관련이 있음을 말하였다. 순자는 『역』을 초나라 사람인 간비자궁馯臂子弓에게서 배웠다. 간비자궁은 오랫동안 초나라에서 거주하였고 그의 학문은 또 초나라 사람인 육가陸賈, 목생穆生 등에게 전수되었다. 따라서 전국시기와 진한시기 초나라 지역의 『역』학은 간비자궁과 연관이 있다.

---

51) 『사기』, "孔子晩而喜 『易』, 序「彖」, 「繫」, 「象」, 「說卦」, 「文言」."

백서帛書『역전』에는 소력昭力, 무화繆和(혹은 穆和, 蘭陵人)와 같은 역학자들이 있는데, 모두 초나라 사람이다. 백서『역』은 초나라지역의『역』학의 한 유파流派이다.

앞에서 상해박물관 초간(上博楚簡)의『공자한거孔子閑居』편을 언급하였는데, 상해박물관에서 초간에 대하여 발표할 때 결국 두 번째 책의 제목을『민지부모民之父母』라고 정하였다. 초간의 정리자였던 복모좌濮茅左 선생은 이 편의 내용을 지금의『예기』「공자한거」편 및『공자가어孔子家語』「논예論禮」편에서도 찾아볼 수 있다고 하였다.『공자가어』「논예」편에는『예기』의「중니연거仲尼燕居」편과「공자한거」편의 내용이 포함되어 있다.

『민지부모』편은 자하와 공자의 문답이다. 자하는 공자에게『시경』「대아大雅·형작泂酌」의 내용인 "즐겁고 화락한 군자여, 백성의 부모로다"[52]에 관하여 어떻게 하면 '백성의 부모'가 될 수 있는지를 물었다. 여기서 우리는 공자와 자하의 관계 및 공자의 인정仁政사상을 찾아볼 수 있다. 공자는 자하의 질문에 대하여 "백성의 부모가 되는 자는 반드시 예악의 원천을 잘 알고 있어서 '오지五至'에 도달하여 '삼무三無'를 실행하는 것으로 천하를 덮어야 한다. 그래서 어떤 곳이든 재앙이 벌어지면 가장 먼저 알아야 한다. 이렇게 할 수 있어야 바야흐로 백성의 부모가 될 수 있다"[53]고 답하였다. 공자가 말하는 "오지"는 무엇인가? "(백성을 위한) 뜻이 있으면 그 뜻이 시에서 반영되고, 시가 있으면 그 시가 예에서 구현되며, 예가 있으면 그 예가 음악에서 표현되고, 음악이 있으면 그 음악이 슬픔으로 드러난다. 슬픔과 음악은 서로를 생겨나게 한다. 군자는 이것을 증명하는데 이것이 바로 '오지'이다."[54] 그렇다면 "삼무"란 무엇인가? 공자가 또 답하기를, "소리가 없는 음악, 예식이 없는 예절, 상복이 없는 상사喪事가

---

52)『詩經』,「大雅·泂酌」, "豈俤君子, 民之父母."
53) 必達於禮樂之原, 以至五至以行三亡(無)以皇(橫)於天下. 四方有敗, 必先知之, 亦謂民之父母矣.
54) 志之所至者, 詩亦至焉; 詩之所至者, 禮亦至焉; 禮之所至者, 樂亦至焉; 樂之所至者, 哀亦至焉; 哀樂相生. 君子以正, 此之謂五至.

그것이다. 군자는 이것으로 천하를 다스리는데 귀를 기울여 들어도 들을 수가 없고, 눈을 뜨고 보아도 볼 수가 없다. 그러나 기가 사해四海에 꽉 차 있음을 알 수 있다. 이것이 바로 '삼무'이다"55)라고 하였다.

『민지부모』편에는 또 공자가 자하를 극찬하는 내용을 기록하였다. "그래, 자하야, 너는 이제 시를 가르쳐도 되겠구나."56) 우리가 『논어』를 읽으면 알 수 있듯이, 공자는 자하의 "그렇다면 예가 나중이라는 뜻입니까"(禮后乎)라는 질문에 나타난 문제의식을 높이 평가하였다. "회사후소繪事後素"장에서는 자하와 더불어 『시』를 논할 수 있겠다고 말할 정도였다. 공자와 시를 논할(言詩) 수 있는 수준에서 시를 가르칠(敎詩) 수 있는 수준으로 변하였다는 것인데 이로부터 자하의 발전을 엿볼 수 있다. 이하의 내용에서는 "소리가 없는 음악, 예식이 없는 예절, 상복이 없는 상사"(無聲之樂, 無體之禮, 無服之喪)에 대하여 반복적으로 논의하였다.

상해박물관 초간 제2권에는 또 『자고子羔』편이 있는데 이령李零 선생은 이것과 제1권의 『공자시론孔子詩論』편 그리고 제2권의 『노방대한魯邦大旱』편이 한 편이라고 주장한다. 『자고』편은 자고가 공자에게 요堯, 순舜, 우禹, 설契, 후직後稷의 일과 이제삼왕二帝三王의 고대 제왕체계를 묻는 내용을 기술한 것이다.

상해박물관 초간 제2권의 『종정從政』갑을甲乙편은 정치를 하는 자는 "오덕五德" 즉, 너그러움(寬)·공손함(恭)·베풂(惠)·인애(仁)·공경(敬)을 중시하여야 함을 강조한 것이다. "너그럽지 않으면 백성을 용납하지 못할 것이고 공손하지 않으면 수치를 제거하지 못할 것이며 은혜를 베풀지 않으면 백성을 모으지 못할 것이고 인애하지 않으면 정사를 행하지 못할 것이며 공경하지 않으면 일들은 성사되지 못할 것이다."57) 이 내용들은 정교법치政敎法治와 공손충경恭遜忠敬의 도와 관련된

---

55) 無聲之樂, 無體之禮, 無服之喪. 君子以此皇(橫)於天下, 傾耳而聽之, 不可得而聞也; 明目而見(視)之, 不可得而見(視)也; 而得氣塞於四海矣, 此之謂三無.
56) 善哉! 商也, 將可敎詩矣.

것들이다. 『종정』 갑을편은 『논어』, 『예기』와 서로 회통할 수 있고 또 운몽수호지 진간雲夢睡虎地秦簡의 『위리지도爲吏之道』와 서로 비교할 수 있다.

『위리지도』 또한 선진유가 정치사상의 중요한 부분이다. 이와 유사한 문장은 왕가대진간王家臺秦簡에서도 찾아볼 수 있다.

상해박물관 초간 제3권의 『중궁仲弓』편은 매우 흥미롭다. 『중궁』편은 공자와 중궁仲弓(冉雍) 사이의 대화를 기록한 것이다. 상해박물관의 자료는 공자와 공자의 문하 제자들의 사상 내용을 매우 풍부하게 하였다. 『중궁』편의 기록에 의하면 염옹은 권세가였던 계환자季桓子의 가신家臣이었고 공자한테 여러 가지 문제에 대하여 가르침을 청하고 있다. 공자가 답하여 말하기를 "제사란 공경함에 도달하는 것이다.…… 이것은 근본이기에 입생立生하고 신중하지 않으면 안 되는 것이다.…… "58)라고 하였다. 그리고 "정사를 펼칠 때 무엇을 먼저 해야 합니까"(爲政何先)라는 질문에 대하여 공자는 다음과 같이 대답하였다.

> 옛 삼대의 현명한 임금은 사해지내四海之內를 품을 수 있는 도량을 가지고 있었다.
> 가는 곳마다 어른을 존경하고 어린이를 사랑하라. 그리고 먼저 하관들로 하여금
> 자기의 직분을 다하게 하고 현인들을 천거하여 관직에 이르게 하며, 과실과
> 죄를 용서하라. 이것이 정치의 시작이다.59)

이 내용과 『논어』의 「자로」편, 「안연」편 등에 기록된 공자와 염옹 사이의 대화 내용을 서로 대조해 보면 『중궁』편의 내용이 더 풍부하다는 것을 알 수 있다. 예를 들어 "어른을 존경하고 어린이를 사랑하라"(老老慈幼)는 말은 『논어』의 「자로」편이나 「안연」편에 나오지 않는다.

---

57) 不寬則無以容百姓, 不恭則無以除辱, 不惠則無以聚民, 不仁則無以行政, 不敬則事無成.
58) 夫祭, 至敬之……本也, 所以立生也, 不可不愼也. 夫喪下至愛之卒也, 所以成死也, 不可不愼也; 夫行, 循華效.……
59) 昔三代之明王, 有四海之內, 猶徠……老老慈幼, 先有司, 舉賢者, 赦過舉罪, 政之始也.

3. 발전의 네 개 단계

유학 발전의 역사에 대한 시기 구분에 관해서는 학자들마다 각자의 견해를 가지고 있다. 저자가 보기에 유학은 네 개 시기, 즉 네 개의 큰 역사적 발전단계를 거쳤다.[60] 유학 발전의 매 단계에 형성된 특색 있는 사상체계 혹은 인생 관념은 모두 사회 내부의 요구에 의해 형성된 것이다. 유가 혹은 유학에는 하나로 관통되는 상도常道도 있지만, 때에 따라 변화하고(因時而異) 시대와 더불어 발전하는(與時偕行) 변도變道도 있다. 이러한 변화와 발전은 주로 사회 내부의 요구로부터 비롯된 것이고, 사회문화 내부의 조절작용(調適)에서 근거한 것이며, 동시에 이는 외부 사회문화의 도전에 대응한 결과이다.

대체적으로 우리는 선진先秦시기를 유학의 창립기로, 한漢나라에서 당唐나라에 이르는 시기를 유학의 발전기로, 송宋나라에서 청淸나라에 이르는 시기를 유학의 재확립과 재발전기로, 청淸대 말의 아편전쟁 이후부터 현재까지를 유학의 휴면기(蟄伏期) 내지는 진일보적인 재확립과 발전을 위한 준비기로 볼 수 있다. 이제 유학은 바야흐로 다섯 번째 단계, 즉 현대의 대발전기를 맞이하게 될 것이다.

이러한 네 가지 발전단계의 문화적인 배경은 각기 다르다. 첫 번째 단계(선진)는 중화의 인문적인 가치이성價値理性(value rational)이 확립되는 시기였고, 황하와 장강 유역의 문화와 주변의 다른 종족 문화가 대융합을 이루는 시기였다. 이 시기에 다민족 및 그 민족문화의 융합체가 초보적으로 형성되었다. 두 번째 단계(한·위·양진·남북조·수·당)는 중국의 다민족 및 그 민족문화의 융합체가 확립되는 시기였고, 제도문명의 건설이 상당히 성숙된 시기였으며, 주변의 여러 민족과 외래문화와의 교류가 확대되는 시기였고, 인도의 불교문화가 중국으로

---

60) 이는 저자의 중국철학사 전반에 대한 구분과 관련이 있다. 자세한 내용은 졸저 『중국철학사』 (고등교육출판사, 2006)의 서론 부분을 참조하기 바란다.

전래되어 중국의 문화와 사상, 철학, 예술 그리고 종교와 지속적으로 융합되는 시기였다. 세 번째 단계(송·원·명·청)는 사서이원土庶二元의 사회구조가 해체되고 문명이 전 사회적으로 아래로 전파되는 시기였고, 세속화가 진행되는 시기였으며, 인도의 불교가 한층 더 깊이 소화됨과 동시에 중국의 문화와 유학의 주체성이 재확립되는 시기였다. 이 시기의 도학(혹은 리학)은 전반적인 동아시아문명의 구현이었고 한반도와 일본 열도 그리고 베트남 등 지역과 국가에서 심화되고 발전하였다. 네 번째 단계(청나라 말에서 현재까지)는 서유럽과 미국 문화가 주류 문화로서 중국문화와 충돌하는 시기였고 동서양의 문화, 사상, 철학, 종교가 서로 충돌하고 융합하는 시기였으며, 중국문화와 유학이 전반적인 열세에 처하여 휴면하는 시기였고, 서양의 문화와 학술을 받아들여 중국의 문화와 유학의 주체성을 재건하기 위한 준비기 내지는 과도기였다.

이러한 네 가지 발전단계의 대표적인 인물들과 그들의 업적 또한 각기 다르다. 다양한 학술성과 중에서 근원성과 독창성을 갖춘 대표적인 인물(또는 고전)들을 살펴보면 다음과 같다. 첫 번째 단계에는 육경六經과 공자 그리고 공자 문하의 제자들, 자사, 맹자, 순자가 있다. 그리고 두 번째 단계의 대표적인 인물로는 한漢대에서 당唐대에 이르는 시기의 경사經師들 즉, 가규賈逵, 허신許愼, 마융馬融, 정현鄭玄 등을 제외하고 육가陸賈, 가의賈誼, 동중서董仲舒, 사마천司馬遷, 유향劉向, 양웅揚雄, 유흠劉歆, 환담桓譚, 반표班彪, 왕충王充, 반고班固, 장형張衡, 왕부王符, 순열荀悅, 중장통仲長統, 하안何晏, 곽상郭象, 황간皇侃, 서간徐幹, 유소劉劭, 왕숙王肅, 원적阮籍, 부현傅玄, 왕필王弼, 구양건歐陽建, 양천楊泉, 유휘劉徽, 곽박郭璞, 하승천何承天, 유협劉勰, 종영鍾嶸, 가사협賈思勰, 안지추顏之推, 공영달孔穎達, 최경崔憬, 가공언賈公彦, 육덕명陸德明, 안사고顏師古, 왕통王通, 유지기劉知幾, 두우杜佑, 한유韓愈, 이고李翶, 유우석劉禹錫, 유종원柳宗元 등이 있다. 세 번째 단계의 대표적인 인물로는 범중엄範仲淹, 손복孫復, 호원胡瑗, 석개石介, 구양수歐陽修, 이구李覯, 소옹邵雍, 주돈이周敦頤, 유창劉敞, 사마광司馬光, 장재張載, 왕안석王安石, 심괄沈括, 정호程顥, 정이程頤, 소식蘇軾,

여대림呂大臨, 사양좌謝良佐, 양시楊時, 소백온邵伯溫, 주진朱震, 정초鄭樵, 호굉胡宏, 양만리楊萬里, 주희朱熹와 주자의 『사서장구집주四書章句集注』를 대표로 하는 사서학四書學의 새로운 전통, 장식張栻, 설계선薛季宣, 채원정蔡元定, 여조겸呂祖謙, 진부량陳傅良, 육구연陸九淵, 양간楊簡, 진량陳亮, 섭적葉適, 황간黃幹, 진순陳淳, 진구소秦九韶, 허형許衡, 황진黃震, 김이상金履祥, 문천상文天祥, 유인劉因, 오징吳澄, 마단림馬端臨, 설선薛瑄, 진헌장陳獻章, 나흠순羅欽順, 담약수湛若水, 왕수인王守仁, 왕정상王廷相, 왕간王艮, 양신楊愼, 왕기王畿, 나홍선羅洪先, 안균顔鈞, 나여방羅汝芳, 하심은何心隱, 이시진李時珍, 이지李贄, 여곤呂坤, 고헌성顧憲成, 주여등周汝登, 고반룡高攀龍, 서광계徐光啓, 유종주劉宗周, 손기봉孫奇逢, 송응성宋應星, 주지유朱之瑜, 부산傅山, 황종희黃宗羲, 방이지方以智, 고염무顧炎武, 왕부지王夫之, 모기령毛奇齡, 주이준朱彝尊, 육농기陸隴其, 당견唐甄, 만사대萬斯大, 안원顔元, 웅사리熊賜履, 염약거閻若璩, 이광지李光地, 이공李塨, 방포方苞, 강영江永, 혜동惠棟, 전조망全祖望, 원매袁枚, 노문초盧文弨, 장존여莊存與, 대진戴震, 기윤紀昀, 조익趙翼, 전대흔錢大昕, 단옥재段玉裁, 장학성章學誠, 왕중汪中, 홍양길洪亮吉, 강번江藩, 초순焦循, 완원阮元, 유봉록劉逢祿, 공자진龔自珍, 위원魏源 등이 있다. 그리고 네 번째 단계에는 중국과 외국의 여러 사조들이 서로 부딪치면서 중국번曾國藩, 유월兪樾, 장지동張之洞, 왕선겸王先謙, 정관응鄭觀應, 황준헌黃遵憲, 손이양孫詒讓, 피석서皮錫瑞, 요평廖平, 강유위康有爲, 담사동譚嗣同, 장병린章炳麟, 양계초梁啓超, 왕국유王國維, 마일부馬一浮, 유사배劉師培, 오승사吳承仕, 웅십력熊十力, 황간黃侃, 장군매張君勱, 양수명梁漱溟, 전목錢穆, 풍우란馮友蘭, 하린賀麟, 서복관徐復觀, 당군의唐君毅, 모종삼牟宗三 등의 대표적인 인물들이 출현하였다.

이러한 네 가지 발전단계의 시대적인 특징과 사회적인 배경 또한 다르다. 따라서 유교 자체의 학문적 스타일과 문제의식 그리고 핵심적인 범주에는 연속성뿐만 아니라 차이점도 존재하게 되었고 각자 강조점과 특색 또한 갖추게 되었다.

첫 번째 단계는 제자백가들의 백가쟁명百家爭鳴의 시대였고 제자백가 중에서 유가는 가장 먼저 발전하기 시작하였을뿐더러 가장 널리 알려지기도 하였다.

저자는 아래와 같은 전목錢穆 선생의 관점에 동의한다. 첫째, 유학은 중국 사회와 중화문화의 정통이고 기본이며 이천오백 년 동안 중국 사회의 대중적인 삶에 적용하고 침투하여 왔다. 둘째, 공자 이전에는 학문이 관부官府에서만 이루어졌고, 유학은 춘추春秋시기 학술이 아래로 전파된 결과인 동시에 귀족들의 학문에서 백성들의 학문으로 전화된 산물이다. 셋째, 유학은 학교와 교육을 가장 중요시하고 사도師道와 군도君道의 합일 즉, 도道와 치治의 합일을 강조한다. 넷째, 군君과 사師가 하나가 되면 도가 행해짐으로써 위에 있게 되어 세상은 다스려지고(治世) 반대로 군과 사가 분리되면 도가 은폐됨으로써 아래에 있게 되어 세상은 어지러워진다(亂世). 다섯째, 유가에서 말하는 도는 신도神道도 아니고 군도君道도 아닌 인도人道이다. 여섯째, 유가는 종교적인 출세를 강조하지 않기 때문에 신도를 중시하지 않을뿐더러 국가지상이나 군권君權지존도 논하지 않고 따라서 군도도 강조하지 않는다. 일곱째, 유가는 오로지 천하태평天下太平과 세계대동世界大同을 목적으로 하는 인생의 도, 즉 평민도平民道를 강조한다. 여덟째, 유가는 고대 문화사상을 계승함과 동시에 새로운 가치체계를 창조하였다.[61]

선진先秦유가는 삼대三代 전통의 궁극적인 신앙이었던 천, 제帝, 상제, 천명, 천도를 계승하고 예악문명을 배경으로 '천인성명天人性命'에 관한 문제를 핵심으로 하며 '천도'와 천명이 아래로 관통하여 인간의 본성이 됨(天命之謂性)을 긍정함으로써 인성의 존엄(人性尊嚴), 인도의 자각(人道自覺), 인격의 독립(人格獨立)을 강조하는 '인'학 체계를 구축하였다. 천인 관계 속에서 "인간이란 무엇인가" 그리고 "인간이 왜 인간인지"와 같은 문제들을 집중적으로 해결하고 인문구축(人文建構)과 인사활동人事活動, 특히 도덕활동을 통하여 천덕天德에 도달함으로써 종교와 철학, 정치 그리고 도덕을 밀접하게 연결시키고자 하였다. 또한 유도儒道와 제자백

---

61) 자세한 내용은 錢穆의 「중국유학과 중국 문화전통」(中國儒學與中國文化傳統, 『中國學術通義』, 대만학생서국, 1975)을 참조하기 바란다. 이 장의 여러 부분에서 錢穆의 이 글을 참고로 하였음을 밝혀 둔다.

가들의 '가'의 전통과 상대적으로 관련이 있는 '음양'개념은 연속적이고 전체적인 우주관과 우주생성론을 형성하였다. 그들은 문명의 근원을 밝히고, 천인성명天人 性命의 문제와 문화제도의 인간에 대한 제약 등의 문제를 검토하였으며 천인성명 의 학문이라는 핵심주제를 둘러싸고 논변을 펼쳤다. 특히 『역전易傳』의 천지인 삼재三才에 관한 체계적인 우주생명宇宙生命, 기화유행氣化流行, 계선성성繼善成性, 덕업쌍수론德業雙修論에 관한 논의는 유도儒道사상의 대종합이라는 점에서 주목할 필요가 있다.

두 번째 단계의 전前 시기에 해당되는 양한兩漢시대에 유학은 이후 발전의 기초를 다졌다. 주周나라 말에서 한漢대 초기에 이르는 동안 유학은 이미 선진시대 여러 학파의 학설들을 받아들여 하나의 학문체계 안에 융합하였다. 『역전易傳』, 『중용中庸』, 『대학大學』, 「예운禮運」 중에서 유가는 도가와 묵가 등 제자백가의 사상을 흡수 · 융합하고 우주관과 인생관, 문화와 자연, 인도와 천도, 개인과 단체, 내재적인 도덕적 자아와 외적인 사공事功활동 등을 하나로 통일시킴으로써 새로운 가치체계를 확립하였다. 양한兩漢시대의 유학은 경학이었다. 그 이유는, 우선 선진유가를 놓고 볼 때 공자와 맹자가 고대의 경서經書 전통을 사승하였고, 가르친 내용 또한 경서였으며, 양한兩漢 이후의 학문도 공맹의 전통을 계승하였기 때문에 자연스럽게 경학이 유학으로 된 것이다. 양한兩漢시대의 모든 정치제도, 경제제도, 사회풍습, 교육지침 그리고 인생 수양과 같은 여러 대강大綱과 세부적인 내용 모두 경학에 근거하여 온 것이고 동시에 양한兩漢시대의 유학은 이후 중국의 문화전통에 중요한 영향을 주었다.

위진남북조魏晉南北朝시기의 유학은 전목 선생이 말한 바와 같이 들쑥날쑥하 거나(岐出) 쇠패衰敗하지도 않았을뿐더러 오히려 확장되는 추세를 보여 주었다. 이 시기 유학의 위상은 양한兩漢시기보다는 낮았지만 연구의 시각과 범위는 양한시기보다 훨씬 확대되었다. 여기서 '확대되었다'라고 함은 주요하게 경학 자체에 대한 주소注疏작업에서 잘 드러난다. 그중에서도 중국 고대 경학에 대한 가장 큰 공헌은 십삼경에 대한 주소와 정리이다. 십삼경에 대한 주소와 해석작업은 대부분 이 시대 사람들의 손을 거쳐 나왔다. 남북조南北朝시기의 경학은 남과 북의 구별이 있다. 북조인들은 주로『주관周官』에 대한 연구를 중시하였고, 남조인들은 예에 대한 연구를 중시하였다. 당나라 때에 흥행하였던 의소학義疏學은 바로 위진시대의 학문을 계승한 것이라고 할 수 있다. 만약 일부 학자들이 주장하는 바대로 위진남북조魏晉南北朝시기 400년 동안 노장의 현학玄學에만 관심을 가졌고 불교에 근거한 출세만을 담론하였다면 중국문화는 어떻게 계승되어 수당시기의 성세盛世 국면을 맞이할 수 있었겠는가? 다른 한편, 유학은 사학史學으로 범위가 확장되었다. 사학은 원래 경학의 일부분이었다. 예컨대, 정현이나 왕숙王肅, 두예杜預는 사학으로 치우쳤다.『송서宋書』,『남제서南齊書』,『위서魏書』 등은 모두 이 시기에 나온 작품들이다. 이러한 영향으로 말미암아 수隋대의 사학은 유달리 발전하였는데 양적으로나 질적으로나 후세에 매우 큰 영향을 주었다.

당나라의 경사지학經史之學은 모두 초기에 성행하였는데 위진남북조 사람들의 유업을 계승하여 발전시킨 것에 속한다. 다시 말하면 수당시대에 출현하였던 유학의 성운盛運은 일찍이 남북조 말기에 이미 배태되어 있었고 다만 이 시기에 결실을 맺은 것뿐이었다. 당唐대의 경학 중에서 가장 저명한 작품으로 육덕명陸德明의『경전석문經典釋文』, 공영달 등의『오경정의五經正義』가 있다. 특히『오경정의』는 경학을 집대성한 일대 저작이었고 훗날 이를 기초로 하여 지속적으로 내용을 보탬으로써『십삼경주소十三經注疏』를 완성하였다. 사학 방면의 저술로『진서晉書』, 『양서梁書』,『진서陳書』,『북제서北齊書』,『주서周書』,『남사南史』,『북사北史』,『수서隋書』 등은 모두 당唐나라 초기에 편찬된 것인데, 이 또한 대부분 남북조南北朝 사람들의 유업을 계승한 것이었다. 당唐나라 유학의 새로운 공헌이라면 유학과 문학을 접목시킬 수 있었다는 데에 있다. 이로부터 경사지학 외에도 문학이 유학의 범위 안으로 들어오게 되었다. 유학은 당나라 때까지 발전하면서 선후로

경經·사史·자子·집集의 학문을 포용함으로써 송宋대 이후 종합기에 들어서기
위한 기초를 마련하게 되었다.

유학 발전의 두 번째 단계 내내 '천인성명天人性命'에 관한 학문은 더욱 심화되
고 확대되었다. 유불도 삼교가 부딪치고 융합하는 과정에서 초월적인 궁극적
귀속과 세속적인 생활 사이의 긴장(張力) 속에 안신입명安身立命의 문제가 더욱
분명하게 드러나게 되었고 각종각색의 신심身心, 재성才性, 수양修養에 관한 문제가
활발하게 논의되었다. 이 시기 학자들의 문제의식은 사람이 어떻게 현실세계를
초월하면서도 현실세계를 벗어나지 않는가에 관한 것이었다. 한漢대의 "천인감
응天人感應"사상에서의 사람의 생존과 생사·신형神形 문제 및 인성 문제, 위진魏晉
시기 유와 무, 본과 말, 체와 용, 일一과 다多, 명교名教와 자연自然, 언言과 의意에
관한 논변 등과 같은 여러 논의는 모두 인간의 정신초월과 현실세계에서의
생존이라는 핵심적 문제들을 둘러싸고 전개된 것이었다. 이 시기의 유학은
불교의 전래로 인해 사람의 심心·성性·정情·재才와 인지구조, 사람과 세계
사이의 다중적인 관계, 개인적 자아의 신성하고 완벽함, 능동적 주체와 무궁무진
한 세계와의 관계, 돈오·직각·창조적 사유의 폭발력 그리고 초월적 경지의
추구 등 여러 방면을 체인體認하고 연구하는 데 선진시기의 철학보다 더 정밀하고
깊다고 할 수 있다.

세 번째 단계의 유학은 양한兩漢·위진남북조魏晉南北朝 이후로부터 수당에
이르는 경사문학을 종합하여 통달하였거나 유학으로 경사자집의 학문을 통섭하
여 경사자집의 학문을 유학의 범위 안에 포용하였다. 북송北宋의 유학자들, 예를
들면 호원胡瑗, 손복孫復, 석개石介, 서적徐積, 범중엄范仲淹 등은 종합하는 능력을
구비하고 있었다. 그들은 모두 교육사도敎育師道와 경사문학의 여러 방면을 같이
연결시키고 통합시킬 수 있었고 유학 발전사의 새로운 기상氣象을 창조하였다.
비록 그들의 학문적인 방향은 서로 다름이 있었지만 모두 경사 문학의 범위를
벗어나지 않았고 다만 강조점을 달리 했을 뿐이었다. 예를 들어 왕안석王安石은

경학에 치우쳤고, 사마광司馬光은 사학을 중시했으며, 구양수는 문학을 강조하였다. 그중 적지 않은 사람들이 정치적인 면에서도 많은 성과를 남겼다.

북송北宋시기에 들어들면서 주돈이周敦頤, 장재張載, 정호程顥와 정이程頤 형제와 같은 새로운 유형의 유학자들이 나타나게 된다. 위에서 논의한 종합을 시도하였던 유학자들과는 달리, 그들은 시문을 짓는 것을 좋아하지 않았고 문학을 경시하는 듯 보이

주희

며 사학도 별로 크게 주목하지 않았다. 경학 방면에서는 양한兩漢 이후 유학자들의 경학 연구에 대한 공로를 중시하지 않고 오로지 심성수양의 공부만을 중시하였다. 그들이 창립한 학문을 후학들은 리학理學이라고 부른다. 양한 이후 유학의 큰 전통으로 말하자면, 송宋대 리학의 여러 유학자들은 유학 내의 별종(別出派)이라고 할 수 있을 것이다. 남송南宋에 이르러 주자가 후대에 일어남으로써 유학은 또 한 차례의 변화를 겪게 되었다. 주희朱熹는 중국 학술사에서 뛰어난 통유通儒로서 이 방면에서 그의 학문은 북송의 구양수 학파의 종합적 유학의 맥을 계승하여 왔다고 할 수 있다. 주자의 학문은 전통을 계승하고 종합하고자 노력함으로써 뛰어난 대업을 완성한 것이라 할 수 있는데, 이는 북송 여러 유학자들의 전통을 계승하고 종합하는 데 회귀함으로써 리학의 특별함을 드러낸 것이다. 이후의 유학계에서는 주자학파가 득세하게 되었고 그들은 경사문학을 두루 통달하여 북송시기의 여러 유학자들의 사상을 종합하는 학문방법을 계승하였다. 원元나라의 경우, 유학자들이 경사지학을 강론함에 있어서 주로 주희의 사상을 계승하였고 가시적인 성과를 이룩했다. 주자의 『사서장구집주四書章句集注』는 원나라 때부터 과거시험의 필독서가 되었다. 명나라 건국 시 정치, 경제, 문화 등은 모두 원나라에서 연원淵源하였다. 이는 마치 수당의 성운盛運이 남북조에 연원을 두고 있는 것과 마찬가지다. 중국유학이 난세의 국면에도 여전히 수선대후守先待後함으

로써 새로운 시대를 열어 중요한 역할을 보여 줄 수 있었던 것은 중국문화와 중국유학의 특수하고 위대한 정신이 작용하였기 때문이다. 당唐나라 초기에 『오경정의五經正義』가 있었던 것처럼 명明대에는 『오경사서대전』이 있었다. 이는 원나라의 주자학설에 근거하여 변화·발전한 것인데 이후 명나라 과거시험의 교과서로 되었다. 명나라 초기 이후 유학은 빠른 속도로 새로운 창조를 이룩할 수 없었고, 경학 또한 왕성한 발전양상을 보이지 않았으며, 사학의 경우에도 새로운 역사에 대한 저술을 보기가 드물었다. 명明대와 당唐대의 관심은 대부분 사공事功에 집중되어 있었다. 명대의 문학이 창도한 것은 진한시대의 문학이고 시문학의 경우에는 의고주의擬古主義가 성행하였는데 이들은 당나라의 두보杜甫, 한유韓愈 이후의 유학이 시문에 들어가게 되었던 추세를 파악하지 못하였던 것 같다. 또한 리학에 대하여 논의하면 자연스럽게 왕양명王陽明을 중심으로 하는데, 육상산陸象山에서 왕양명에 이르면서 공부론은 점점 더 간이해짐으로써 더 이상 간이해질 수 없는 지경에 이르렀고, 그 간이함이 더 이상 불가능할 정도였다고 할 수 있다. 마지막에 왕학王學의 말류로 발전하게 되었고 명대의 유학은 명나라의 정치와 함께 종결을 맞게 되었다.

명말청초明末清初의 3대 유학자인 고정림顧亭林(顧炎武), 황이주黃梨洲(黃宗羲), 왕선산王船山(王夫之)도 경사문학을 두루 통달하고 중시하는, 즉 북송의 유학자들이 걸었던 길을 다시 고집하게 됨으로써 박통대유博通大儒가 되었다. 이 세 사람 중에서 고정림은 대체적으로 정주를 근본으로 삼았는데, 그중에서도 주자의 방법에 더 치중하였다. 왕선산은 리학 방면에서 비록 정주와 다름이 있고 장재의 학문을 더 높이 평가하였지만, 학문을 하는 방향에 있어서는 여전히 주자가 남긴 전통을 따랐다. 황종희는 왕양명의 학문을 계승했다고 할 수 있지만, 그의 학술은 왕선산이나 고정림과 같이 독서를 많이 하고 경학과 사학에 두루 박통할 것을 주장하였으며 문학을 중시하였다. 이들 세 사람의 학문적 성향은 대동소이하고 북송의 종합적 유학자들과 같은 길을 걷고 있다. 당시의 유학자들은 여러 가지 방면으로 많은 공헌을 남겼다. 사학 방면에서는 첫째, 학술사와 인물, 청나라 유학자들의 비전집碑傳集은 일종의 새로운 문체였다. 둘째, 장학성章學誠이 강조하는 방지학方誌學은 역사상의 지방사地方史 또는 사회사이다. 경학 방면에서는 고정림으로부터 건가성세乾嘉盛世 시기의 대동원戴東原(戴震)에 이르는 동안 경학의 발전이 최고봉에 도달하였다. 하지만 처음에는 유학으로 경학을 다스렸고 그 후에는 유학에서 점점 멀어져 경학이 독자적으로 새롭게 등장했으며 나중에는 점점 경학에서 멀어져 고증학이 하나의 추세가 되었다. 이것을 청나라 유가 경학의 삼대 전환이라고 할 수 있다. 송대에 새로 출현한 유학자들은 맹자만을 따랐는데 이와 같은 성향은 그 뒤로 정호·정이(伊洛)까지 이어진다. 이들과는 달리 청대에 새로 등장한 유학자들은 육경六經만을 중시하였는데 허신許愼, 정현으로부터 청대의 유학자들까지 직접 이어진다. 청대 말기의 금문학今文學 공양파公羊派에 이르면 가히 최고봉이라고 할 수 있는데, 이들은 오경五經 중에서도 『춘추春秋』만을, 『춘추春秋』에 대한 세 종류의 해석서 중에서도 오직 『공양전公羊傳』만을 숭상했다. 이것은 새롭게 등장한 학풍 중에서도 색다른 것이라고 할 수 있다.

전반적으로 보면 세 번째 단계의 유학이 진정으로 유불도 삼교의 융합을 실현하였는데, 특히 역사적인 실천으로써 중국 사회에 가장 적합한 유가사상을 주체로 하는 융합을 증명하였다. 송宋·원元·명明·청淸은 '도학' 혹은 '리학'이 정신세계의 역할을 담당하였던 시기였다.(청나라도 예외는 아니었다.) 이는 바로 중국의 지식인들이 정치적·민족적인 위기, 특히 외래 사상 문화의 심각한 도전에 직면하여 생겨난 일종의 '문화자각'이다. 한유韓愈로부터 시작하여 송대 초기의 세 선생(손복·석개·호원), 북송 오자(주돈이·소옹·장재·정호·정이), 남송의 주회까지 여러 세대의 지식인들이 "천지를 위하여 뜻을 세우고, 생민生民을 위하여 명命을 세우며, 왕성往聖(옛 성인)을 위하여 끊어진 학문을 잇고, 만세萬世를 위하여 태평의 길을 여는" 과정이라고 말할 수 있다. 이 과정에서 중국인의 궁극적인 신념과 가치체계가 새로 확립되었고 보다 높은 차원과 수준에서 중국인의 정신적인 근원인 육경 즉, 『논어』, 『맹자』, 주공, 공자로 회귀하였다. 주자와 동시대의 학자들(여조겸, 육씨 형제, 진엽 공리파 등) 간의 변론, 주자 이후의 양명학과 명대의 심학, 기학에 관한 여러 논의들 내지는 청대 대유大儒들의 반성 등을 살펴보면, 비록 이채롭고 독창적인 견해가 다양하였고 학파의 분열이 복잡하였을뿐더러 논쟁이 끊이지 않았지만 총체적으로 보면 비슷한 점이 차이점보다 많았고, 세부적인 논의를 깊게 해 보면 천차만별이지만 전반적으로 보면 먼저 큰 것을 세워놓은 다음 그 중심을 둘러싸고 논의를 전개한 것이다. 이 중심은 바로 불교와 도교에 대한 내재적인 비판, 지양(揚棄), 흡수(消化)이고 중국인 자체의 우주론과 본체론을 다시 건립하는 것이며 중국인들의 정신적인 귀속에 관한 문제(신념·신앙·궁극적인 것 등등) 및 초월에 대한 추구와 현실적인 배려의 관계 문제를 해결하는 것이다.

리학은 우주본체론과 심성수양론을 다시 건립하였고 도덕형이상학의 체계를 다시 구축하였다. 이 시기 유학의 중국 철학사에 대한 최대의 공헌은 담론의 추상화 정도를 끌어올렸다는 데에 있다. 우주와 자연의 발생과 발전을 논의하였을 뿐만 아니라 한 걸음 더 나아가 천지만물의 근거와 본원, 보편적인 법칙 등의 형이상학적인 문제를 담론하였는데 인간의 궁극적인 관심의 문제도 포함한다. '리'와 '기'의 범주는 가장 기본적인 범주였다. 이 두 범주와 '도', '음양', '태극' 등의 범주는 사실 선진시기에 이미 확립되었지만 이 시기에 이르러서야 비로소 서로 대응하고 서로 연결되는 범주체계가 확립되었고 유가의 형이상학적 우주본체론의 핵심적인 범주로 자리 잡게 되었던 것이다. 송명리학 중에서 가장 중요하고 영향력이 큰 학파는 정이와 주희를 대표로 하는 리학파와 육구연과 왕양명을 대표로 하는 심학파이다. 리학은 본체 공부론工夫論 방면에서 '성즉리性卽理'의 리본론理本論과 '리'본론으로부터 나온 이른바 '격물궁리格物窮理', '주경함양主敬涵養', '변화기질變化氣質'의 수양론을 위주로 하고, 심학心學은 본체 공부론 방면에서 '심즉리心卽理'의 심본론心本論과 '심'본론으로부터 나온 이른바 '발명본심發明本心'의 '역간공부易簡工夫'를 위주로 한다.

네 번째 단계의 유학은 그 이전의 것과 다르다. 이른바 '근대'는 '전근대'에 상대되는 말로, 내용과 형식상에서 이전 세 단계의 유학과 매우 큰 차이가 있다. 이 단계의 유학은 서양문명의 도전에 대한 대응과 서양문명과의 대화 과정에서 생겨난 것이다. 멸망의 위기로부터 국가를 구하고 민족의 생존을 도모하기 위해 생겨난 근·현대 유학 사조를 포함하는 여러 사조들은 모두 중국의 실정에 적합하면서도 세계적인 큰 흐름을 벗어나지 않는 길을 선택한 것이었다. 이 시기의 중심 과제는 보편과 특수, 전통과 현대, 동양과 서양, 인문과 과학기술의 문제였다. 유가는 현재에도 "현대화의 보편적인 길 및 현대성의 함의는 무엇인가", "중화 인문정신 중의 보편적인 가치는 무엇인가", "형이상과 본체에 대한 추구, 현대인들의 안신입명安身立命의 도가 오늘날에도 여전히 필요한 것인가" 등의 문제를 검토하고 반성하고 있다.

제2장 오경사서

1. 오경

1) 경과 육경

이른바 '경經'은 '위緯'에 상대하여 말한 것으로서 원래는 실을 치고 베를 짜는 세로줄(縱線)을 가리켰다. 세로줄이 '경'이고 가로줄이 '위'였다. 허신許愼(약 58~147)의 『설문해자說文解字』에 근거하면, "경은 '직물을 짜는 것'이고 실이 늘어진 모양을 따라 물이 흐르는 길이라는 의미이다."[1] '경은 조직으로 의미가 확대되었다. 후세에 어떤 사람은 또 항상(經常)의 '상常'으로 확대하여 해석하였고, 또 어떤 사람은 경로(路徑)의 '경徑'으로 해석하였다. 이렇게 해서 '경'은 상도常道 혹은 경로로 되었다. 유협劉勰(465~521)의 『문심조룡文心雕龍』에서는 이렇게 말하였다. "경이라는 것은 항구불변의 지극한 도이고 없어지지 않는 큰 가르침이다."[2] 이로부터 고대 사람들이 '경' 즉 경전을 숭배하고 이를 오랫동안 국가를 안정시키는 근거, 변할 수 없는 위대한 교과서로 간주하였음을 확인할 수 있다.

주周대의 정부 교육은 바로 육경을 중심으로 하는 교육이었다. 『주례』「대사악大司樂」에서는 이렇게 말하였다.

성균의 법을 관장하여 나라의 교육행정을 세우고 다스리며 나라의 자제들을 모은다. 무릇 도가 있는 사람과 덕이 있는 사람에게 가르치게 하고, 그들이

---

1) 經, 織也, 從系, 巠聲.
2) 經也者, 恒久之至道, 不刊之鴻敎也.

죽으면 악조로 삼아 고종瞽宗에서 제사를 지낸다. 악덕으로써 국자에게 중, 화, 지, 용, 효, 우를 가르치고, 악어로써 국자에게 흥, 도, 풍, 송, 언, 어를 가르치며, 악무로써 국자에게 「운문대권」, 「대함」, 「대소」, 「대하」, 「대호」, 「대무」에 맞추어 춤을 추는 것을 가르친다. 육률, 육동, 오성, 팔음, 육무로써 크게 음악을 합주하여 인귀와 천신, 지기를 이르게 하고 나라를 조화롭게 하고 만민을 화합시키고 빈객을 편안하게 하고 먼 곳의 사람들을 즐겁게 하고 동물을 흥작시킨다.3)

'성균成均'은 원래 음률과 악조를 가리키는 것이었다. 고대의 교육은 예악을 주로 하였기에, 성균은 태학에서 예악을 배우는 곳이었다. 오제五帝시기에는 태학을 성균이라 불렀고, 주周대에는 그대로 따라 오학五學의 하나로 간주하였다. 옛날에 태학에는 다섯 가지가 있었는데 북의 상상(北上庠), 동의 동서(東序), 서의 고종(西瞽宗), 남의 성균(南成均), 중의 벽옹(中辟雍)이었다. '벽옹'과 '성균'은 또한 태학의 총칭이었다. 국자는 공경대부의 자제들을 위한 것이었다. 주周대에는 예악을 통하여 도덕교육을 근본으로 함으로써 즐기면서 교육을 받을 수 있도록 하였다. 여기에서 말하는 악樂에는 육덕六德이 있었는데 중中, 화和, 지祇, 용庸, 효孝, 우友이다. '지'는 공경의 의미이다. '용'은 오래다는 의미이다.

춘추春秋시기의 교육을 보면, 예를 들어 초장왕楚莊王(BC 613~591년까지 재위) 시기에는 초나라라고 할지라도 태자를 가르치는 교과서로는 거의 중원의 육경과 기타 고사古史, 전책典冊 등을 사용하였다. 초장왕이 신숙시申叔時에게 가르침을 청하자 신숙시가 이렇게 말하였다.

『춘추』를 가르쳐 선을 북돋우고 악을 억제하여 그 마음을 경계하도록 권한다.

---

3) 掌成均之法, 以治建國之學政, 而合國之子弟焉. 凡有道者, 有德者, 使教焉; 死則以爲樂祖, 祭於瞽宗. 以樂德教國子: 中, 和, 祇, 庸, 孝, 友. 以樂語教國子: 興, 道, 諷, 誦, 言, 語. 以樂舞教國子, 舞「雲門大卷」, 「大鹹」, 「大韶」, 「大夏」, 「大濩」, 「大武」. 以六律, 六同, 五聲, 八音, 六舞, 大合樂, 以致鬼神祇, 以和邦國, 以諧萬民, 以安賓客, 以悅遠人, 以作動物.

『세』를 가르쳐 명덕을 밝히고 어둠을 걷어내 자신의 행동에 두려움을 느끼도록
한다. 『시』를 가르쳐 훌륭한 덕을 가졌던 사람들을 넓게 알리고 그 뜻이 밝게
빛나게 하고, 『예』를 가르쳐 임금과 신하의 법칙을 알게 하며, 『악』을 가르쳐
자신의 더러운 마음을 씻어내고 경솔한 마음이 진중해지도록 한다. 『령』을
가르쳐 각자 직책을 맡은 관원들이 하는 일을 생각해 보게 하고, 『어』를 가르쳐
자신의 덕을 밝히고 선왕이 백성들에게 덕을 밝히기 위하여 힘쓴 것을 알게
하며, 『고지』를 가르쳐 나라를 망하게 하고 흥하게 한 자들을 알아 경계하고
두려움을 느끼도록 하고, 『훈전』을 가르쳐 친족의 멀고 가까움을 알게 하고
행동이 의리를 따르도록 한다.4)

베풀어야 할 일들과 용서해 주어야 할 일들을 밝혀서 충서의 도리를 일러 주고,
오래 멀리 가는 도리를 밝혀서 신실의 필요성을 일러 주며, 헤아려야 하는
도리를 밝혀서 의로워야 함을 일러 주고, 귀천의 등급을 밝혀서 예의 등급을
일러 주며, 공손하고 겸손한 도리를 밝혀서 그것이 효도孝道의 길임을 일러
주고, 공경하고 경계하는 도리를 밝혀서 일 처리의 길을 일러 주며, 자애의
도리를 밝혀서 어진 도리의 길을 일러 준다.5)

    신숙시가 강조하였던 것은 『시』를 읊는 것 등을 통하여 태자의 심성을
조절함으로써 진정으로 절제하고 공경하고 근면하고 효도하고 충직하게 하고자
했던 것이다.
    공자가 계승하였던 것은 물론 육경의 교육전통이었다.
    '육경'은 『시』, 『서』, 『예』, 『악』, 『역』, 『춘추』 등의 전적을 가리킨다. '경'이라

---

4) 教之『春秋』, 而爲之聳善而抑惡焉, 以戒勸其心; 教之『世』, 而爲之昭明德而廢幽昏焉, 以休懼其
   動; 教之『詩』, 而爲之導廣顯德, 以耀明其志; 教之『禮』, 使知上下之則; 教之『樂』, 以疏其穢而鎮
   其浮; 教之『令』, 使訪物官; 教之『語』, 使明其德, 而知先王之務用明德於民也; 教之『故志』, 使知
   廢興者而戒懼焉; 教之『訓典』, 使知族類, 行比義焉.
5) 明施舍以導之忠, 明久長以導之信, 明度量以導之義, 明等級以導之禮, 明恭儉以導之孝, 明敬戒
   以導之事, 明慈愛以導之仁.……

는 명사는 전국戰國시기 말부터 기원하였는데, 그전에는 『시』(혹은 『시삼백』), 『서』, 『역』 등이라 불렀다. 『장자』「천운」에 근거하면 다음과 같다.

> 공자가 노담에게 말하였다. "저는 『시』, 『서』, 『예』, 『악』, 『역』, 『춘추』의 육경을 익힌 지 스스로 오래되었다고 여기고 있습니다."[6]

이 말은 적어도 전국戰國시기 말에 사람들이 이미 여섯 부의 중요한 경서 및 전적이 있음을 인정하였다는 것을 설명한다.

공자와 육경의 관계는 어떠한가? 공자는 육경을 정리한 적이 있는가? 옛날 사람들은 이에 대하여 기본적으로 긍정하였다. '5 · 4' 이후 꽤 오랜 시간 동안 의고사조疑古思潮는 학계의 주류가 되었고, 공자와 육경은 관계가 없거나 혹은 관계가 매우 적다는 관점이 몹시 유행하였다. 주여동周予同 선생은 일찍이 이렇게 말하였다. "내가 보기에 공자와 육경의 관계는 매우 적다", "『역』과 『춘추』는 공자와 관계가 크지 않다."[7] 하지만 출토된 간백簡帛 자료는 공자와 육경의 관계가 아주 밀접하였음을 끊임없이 증명하고 있다. 주 선생이 만약 오늘까지 살아계셨다면 자신의 견해를 바꾸었을 가능성이 크다.

곽점초간 『성자명출性自命出』에서는 성인과 『시』, 『서』, 『예』, 『악』의 관계를 언급하였다.

> 『시』, 『서』, 『예』, 『악』은 모두 인간으로부터 시작된다. 『시』는 인도를 위하여 작성하는 것이고, 『서』는 인도를 위하여 말하는 것이며, 『예』와 『악』은 인도를 위하여 실행하는 것이다. 성인은 그 부류를 비교하고 그것을 모아서 논하며, 그 앞뒤를 살피고 거스르는 것을 고치며, 그 의를 체득하여 절도 있게 다듬고,

---

6) 『장자』, 「천운」, "孔子謂老聃曰: 丘治 『詩』, 『書』, 『禮』, 『樂』, 『易』, 『春秋』六經, 自以爲久矣."
7) 朱維錚, 『周予同經學史論著選集』(증보판, 상해인민출판사, 1996), 제876쪽, "我認爲, 孔子與六經關係很少.", "『易』與 『春秋』跟孔子關係不大."

그 정을 다스리고 발산시키며 수렴한다. 그런 뒤에 다시 이로써 가르친다. 가르침은 그 가운데에서 덕을 낳는 것이다.[8]

이는 공자의 『시』, 『서』, 『예』, 『악』의 가르침을 말한 것이다. 이 점에 관해서는 전해지는 문헌 중에 가장 최초로 보이는, 위에서 인용하였던 『장자』 「천운」편의 한 단락을 들 수 있다. 또 『장자』 「천하」편에서도 찾아볼 수 있다.

『시』로 사람의 마음을 표현하고, 『서』로 고대의 정사를 말하고, 『예』로 인간의 실천을 말하고, 『악』으로 조화를 말하고, 『역』으로 음양을 말하고, 『춘추』로 명분을 말하였다. 옛 도술의 구체적인 내용이 천하에 흩어져 중원의 나라에서 베풀어진 것을 제자백가의 학파에서도 때로 말하는 자가 있다.[9]

곽점초간의 『육덕六德』에서는 이렇게 말하였다.

『시』, 『서』를 보면 또한 있는 것이다. 『예』, 『악』을 보면 또한 있는 것이다. 『역』, 『춘추』를 보면 또한 있는 것이다.[10]

곽점초간의 『어총일語叢一』에서는 이렇게 말하였다.

『역』으로써 천도, 인도를 아는 것이다. 『시』로써 고금 사람들의 뜻을 아는

---

8) "『詩』, 『書』, 『禮』, 『樂』, 其始出皆生於人. 『詩』, 有爲爲之也. 『書』, 有爲言之也. 『禮』, 『樂』, 有爲擧之也. 聖人比其類而論會之, 觀其先後而逆訓之, 體其義而卽度之, 理其情而出入之, 然後複以敎. 敎, 所以生德於中者也." 荊門市博物館, 『郭店楚墓竹簡』(문물출판사, 1998), 제179쪽. 郭齊勇, 「郭店楚簡身心觀發微」, 『곽점초간 국제학술회의 논문집』(호북인민출판사, 2000), 제200쪽.
9) 『詩』以道志, 『書』以道事, 『禮』以道行, 『樂』以道和, 『易』以道陰陽, 『春秋』以道名分. 其數散於天下而設於中國者, 百家之學時或稱而道之.
10) 觀諸『詩』, 『書』則亦在矣, 觀諸『禮』, 『樂』則亦在矣, 觀諸『易』, 『春秋』則亦在矣.

것이다. 『춘추』로써 고금 사람들의 일을 아는 것이다. 『예』에는 행에 대한
서술이 뒤섞여 있다. 『악』은 생기거나 기르는 것이다.…… 11)

이를 요명춘廖名春이 이렇게 다시 배열하였다. "『시』로써 고금 사람들의
뜻을 아는 것이다.…… 『역』으로써 천도, 인도를 아는 것이다. 『춘추』로써 고금
사람들의 일을 아는 것이다."12)
　　공자와 『역』의 관계에 대하여 『사기』 「전경중완세가田敬仲完世家」와 「공자세
가」에서는 이렇게 말하였다.

　　공자가 만년에 『역』을 좋아하였다.

　　가죽끈이 세 번이나 끊어졌다. 13)

　　사마천은 공자가 "『역』을 읽어서 가죽끈이 세 번이나 끊어졌다. '만약 내가
몇 년만 더 살면 나는 『역』을 두루두루 알 것 같다'"14)라고 한 말을 덧붙이고
있다. 이는 『논어』의 "공자가 말하였다. '만약 내가 몇 년만 더 살아 마침내
역을 배우면 큰 과오가 없겠다'"15)와 대체적으로 동일하다. 『노론魯論』에서 '역易'
을 '역亦'으로 읽는다고 하는 것은 한漢대 사람들이 후에 세운 학설이라고 하는데,
사실상 고음古音에서 '역易'과 '역亦'의 두 글자는 모음이 서로 다르기 때문에
근거가 없이 잘못 전해진 것이다.

---

11) 『易』所以會天道人道也. 『詩』所以會古今之志也者. 『春秋』所以會古今之事也. 『禮』, 交之行述
　　也. 『樂』, 或生或教者也.……
12) "『詩』所以會古今之志也者.……『易』所以會天道人道也. 『春秋』所以會古今之事也." 荊門市博
　　物館, 『郭店楚墓竹簡』(문물출판사, 1998), 제188·194~195쪽. 廖名春, 「형문 곽점초간과
　　선진유학」(荊門郭店楚簡與先秦儒學), 『중국철학』 제20집(요녕교육출판사, 1999), 제66쪽.
13) "孔子晚而喜『易』.", "韋編三絶."
14) 讀『易』, 韋編三絶, 曰: 假我數年, 若是我於『易』則彬彬矣.
15) 子曰: 加我數年, 五十以學『易』, 可以無大過矣.

근대 이래 주여동周予同 선생을 포함한 많은 학자들은 모두 사마천司馬遷의 설을 의심하였지만, 마왕퇴백서 『역전』은 오히려 사마천을 위하여 증거를 제공하였다. 『역전』 「요要」편에서는 이렇게 제기하였다.

공자는 만년에 『역』을 좋아하여 거할 때는 자리에 두고 외출할 때는 행낭에 가지고 다녔다.[16]

공자는 『역』의 단사에서 '손'괘와 '악'괘에 이르면 책을 덮고 이렇게 탄식하지 않은 적이 없다.……[17]

이는 모두 『논어』와 『사기』의 기록을 증명할 수 있다. 자공子貢(子贛)이 공자 만년의 역학관의 변화를 이해하지 못하자, 공자는 그에게 축무祝巫, 복무(卜筮)에 대한 자신의 태도를 해명하였다. 「요要」편에서는 공자의 자술을 이렇게 기록하였다. "후세의 선비가 혹 『역』 때문에 공자를 의심하지 않을까?"[18] 이는 공자가 『춘추』를 지으면서 스스로 "나를 알아주는 것도 오직 『춘추』이고 나를 죄인으로 만드는 것도 오직 『춘추』이다"[19]라고 말하였다는 『맹자』의 기록과 말투가 비슷하다. 「요要」편에서는 이렇게 말하였다.

『역』에서 나는 '축'과 '복'을 뒤로 한다. 나는 그 덕의를 볼 뿐이다. 그윽이 신명에 참여하여 서수에 이르고, 수를 밝혀 덕에 이르러, '인'을 지키고 '의'를 행할 뿐이다. 신명에 참여하고도 수에 이르지 못하면 '무'가 되고, 수를 얻어도 덕에 이르지 못하면 '사'가 되는 것이다. '사'와 '무'는 의존해도 충분하지 않고 좋아하여도 옳은 것이 아니다. 후세의 사가 『역』 때문에 공자를 의심하지 않을까?

---

16) 夫子老而好『易』, 居則在席, 行則在囊.
17) 孔子繇『易』, 至於損, 益二卦, 未嘗不廢書而歎.……
18) 后世之士疑丘者, 或以『易』乎?
19) 知我者, 其惟『春秋』乎? 罪我者, 其惟『春秋』乎?

나는 그 덕을 구할 뿐이다. 나와 '사', '무'는 방법은 같지만 그 궁극적인 목표는
다르다. 군자는 덕을 행함으로써 복을 구하기 때문에 제사를 지내도 적게 지냈다.
'의'를 행함으로써 길함을 구하기 때문에 복서를 해도 드물게 하였다. 이는
'축', '무', '복'을 뒤로 한 것이 아닌가?[20]

  여기서는 공자의 이성을 명확하게 표현하였다. 공자는 점복을 매우 잘 알았지
만 거의 점복을 사용하지 않았다. 그는 도덕과 '인의'로써 상서로움과 행복을
추구할 것을 주장하였다. 이는 그와 축복무사祝卜巫史의 가장 큰 구별이다. 백서
『역전』의 「이삼자二三子」, 「역지의易之義」, 「요」, 「계사繫辭」, 「무화繆和」, 「소력昭力」
에는 공자의 말이 대량으로 들어 있는데, 기본적으로 지금의 『역전』과 내용이
동일하다.(「이삼자」에서는 '공자왈'이라 하였고, 「역지의」에서는 '부자왈'이라 하였으며, 「요」·「계
사」·「무화」·「소력」에서는 '자왈'이라 하였다.) 백서 『역전』으로부터 공자의 『주역』에
대한 창조적인 해석을 이해할 수 있다. 간백에서 발견한 대량의 칠십자 후학에
관련된 자료 또한 『역전』과 서로 통한다.

  현대인 이학근李學勤 선생은 이렇게 말하였다. "『주역』에 대하여 공자는 독자
일 뿐만 아니라 어떤 의미에서는 저자였다. 그가 편찬한 것이 바로 『역전』이다",
"공자는 만년에 『역』을 좋아하였고, 『역전』은 그의 손에서 나왔거나 문하의
제자들이 기록한 것이며, 책으로 만들어진 시간은 대략 『논어』와 같은 시기이다.
자사에서부터 순자에 이르기까지 사람들이 모두 인용하였는데 절대로 늦게
나온 책이 아니다. 물론 그때 당시의 『역전』의 모습이 지금 전해지는 판본과

---

20) "『易』, 我後其祝蔔矣, 我觀其德義耳也. 幽贊而達乎數, 明數而達乎德, 又仁(守)者而義行之耳.
贊而不達於數, 則其爲之巫; 數而不達於德, 則其爲之史. 史巫之筮, 向之而未也, 好之而非也.
後世之士疑丘者, 或以『易』乎? 吾求其德而已, 吾與史巫同途而殊歸者也. 君子德行焉求福, 故祭
祀而寡也; 仁義焉求吉, 故蔔筮而希也. 祝巫蔔筮其後乎?" 이 책에서 인용한 백서 『역전』의
내용은 廖名春, 趙建偉가 정리한 판본을 종합한 것이다. 廖名春의 『帛書「易傳」初探』에는
해석본이 첨부되어 있는데 臺北의 文史哲出版社에서 1998년에 출판된 것이고, 趙建偉의
『出土簡帛「周易」疏證』은 臺北의 萬卷樓도서공사에서 2000년에 출판하였다.

반드시 완전히 같을 수는 없다. 이는 고서의 통례로 다르게 여길 만한 것이 못된다. 공자를 연구하려면 『주역』 경전을 떠날 수 없다."[21] 이는 『논어』에만 근거하여 공자를 연구하여야 한다는 근세 이래 학자들의 견해와 현저한 차이가 있다. 또한 이학근은 공자가 『춘추』를 수정하였거나 지은 것은 부정할 수 없는 사실임을 확정하였다.[22] 간백 문헌에 대한 연구가 깊어짐에 따라 공자와 육경의 관계는 틀림없이 새로운 진전을 가져올 수 있을 것이다.

앞에서 인용하였던 『장자』 및 초간의 여러 문장을 제외하고 『순자』 「유효」에서도 이렇게 말하였다.

> 성인이란 도의 중추가 되는 사람이다. 천하의 도의 중추가 바로 이것이고, 여러 성왕의 도가 일이라는 것도 바로 이것이다. 그러므로 『시』, 『서』, 『예』, 『악』도 모두 여기에 다다른다. 『시』에서 말하고 있는 것은 성인의 뜻이고, 『서』에서 말하고 있는 것은 성인의 일이며, 『예』에서 말하고 있는 것은 성인의 행실이고, 『악』에서 말하고 있는 것은 성인의 조화이며, 『춘추』에서 말하고 있는 것은 성인의 미지이다.[23]

'미微'는 함축된 의미로서, 『춘추』에서는 이 한 글자로 좋고 나쁨을 평가하고 문장을 함축시키고 그 의미를 숨긴다. 『시』, 『서』, 『예』, 『악』은 성인이 도를 전수하는 책이고 유가의 핵심이다.

이상의 인용문들은 육경의 의의와 주요 내용을 설명할 뿐만 아니라 육경이

---

21) 李學勤, 『綴古集』(상해고적출판사, 1998), 제14~15쪽, "孔子之於『周易』, 不僅是讀者, 而且 是某種意義上的作者. 他所撰作的, 就是『易傳』.", "孔子晚年好『易』, 『易傳』或出其手, 或爲門弟 子所記, 成書約與『論語』同時. 自子思以至荀子等人都曾引用, 絶非晚出之書. 當然, 那時『易傳』 的面貌, 不一定和今傳本完全相同, 這是古書通例, 不足爲異. 研究孔子, 不能撇開『周易』經傳."

22) 李學勤, 『綴古集』(상해고적출판사, 1998), 제16~22쪽.

23) 聖人也者, 道之管也. 天下之道管是矣, 百王之道一是矣; 故『詩』, 『書』, 『禮』, 『樂』之歸是矣. 『詩』言是其志也, 『書』言是其事也, 『禮』言是其行也, 『樂』言是其和也, 『春秋』言是其微也.

제자백가의 공통된 원천이고 활력수임을 설명해 준다. '육경'은 '육예'라고도 불린다.

공자가 말하였다. "육예는 나라를 다스리는 데 같은 작용을 한다. 『예』는 인간의 행동을 절도 있게 하고, 『악』은 인간의 마음을 조화롭게 하며, 『서』는 사실을 말하고, 『시』는 감정을 표현할 수 있게 하며, 『역』은 천지의 기묘한 변화를 알 수 있게 해 주고, 『춘추』는 간단하지만 심오한 말로 큰 뜻을 말할 수 있다."[24]

이는 육예의 기능을 설명한 것이다. 가의賈誼는 이렇게 말하였다.

안으로 육법에 근거하고 밖으로 육행을 실천하여 『시』, 『서』, 『역』, 『춘추』, 『예』, 『악』이 여섯 가지 학술을 일으켜 대의로 삼으니 이를 육예라고 한다.[25]

『한서』 「사마천전」에서는 다음과 같이 말하였다.

『춘추』는 위로 삼왕의 도를 밝히고, 아래로는 사람들이 하는 일의 기강을 정하여 의심이 가는 곳을 풀고 옳고 그름을 밝혔다. 아직 결정하지 못한 것을 분명하게 결정하게 하였고, 선을 선이라 하고, 악을 악이라 하였으며, 현을 현이라 하고, 못난 사람을 천하게 여기며, 멸망한 나라를 다시 일으키고, 끊어진 집안을 다시 잇고, 헐어 없어진 전통을 보완하여 다시 일으켰으니, 이는 실로 왕도의 큰 것이다. 『역』은 천지음양과 사시오행의 운행원리를 밝히고 있기에 변화에 대한 서술이 뛰어나고, 『예』는 인륜의 기강을 다루기 때문에 사람의 행실을 바르게 하는 데 대한 서술이 뛰어나다. 『서』는 선왕의 사적을 기록하고 있어 정치에

---

24) 『사기』, 「滑稽列傳」, "孔子曰: 六藝於治一也. 『禮』以節人, 『樂』以發和, 『書』以道事, 『詩』以達意, 『易』以神化, 『春秋』以義."
25) 『新書』, 「六術篇」, "是故內本六法, 外體六行, 以興 『詩』, 『書』, 『易』, 『春秋』, 『禮』, 『樂』六者之術以爲大義, 謂之六藝."

대한 서술이 뛰어나고, 『시』는 산천, 계곡, 금수, 초목, 빈모, 자웅에 대하여 기록하고 있어 풍자적 은유에 뛰어나다. 『악』은 서 있는 곳에서의 즐거움을 기록하고 있기에 조화에 대한 서술이 뛰어나고, 『춘추』는 옳고 그름을 분별하므로 사람을 다스리는 일에 대한 서술이 뛰어나다. 이러한 이유로 『예』는 사람을 절도 있게 하고, 『악』은 사람의 마음을 화합시키며, 『서』는 사실을 말하고, 『시』는 감정을 표현하여 전하며, 『역』은 변화에 대하여 말하고, 『춘추』는 도의를 가르친다.[26]

공자는 일찍이 『시』, 『서』, 『예』, 『악』 등의 경전으로 제자들을 가르쳤다. 그는 예를 배우지 않으면 사회에서 일어설 수 없고 시를 배우지 않으면 말할 줄 모른다[27]고 주장하였다. 춘추시대의 외교 장소에서는 모두 시에 대한 소양을 갖추어야 하였다. 시를 모르는 사람은 국정을 처리할 수 없었던 것이다.

물론 '육경지교六經之敎'의 기능은 주요하게 심성을 도야하고 문명의 함량을 증가하며 역사경험을 통달하고 인생의 경지를 승화시키는 것이다. 육예로써 사람을 교화하기 때문에, 『시』교, 『서』교, 『예』교, 『악』교, 『역』교, 『춘추』교가 있는 것이다. 『예기』「경해」에서는 이렇게 말하였다.

공자가 말하였다. "그 나라에 들어가면 그 나라의 가르침을 알 수 있다. 그 사람됨이 온화하고 돈후함은 『시』의 가르침이고, 소통하여 먼 일을 앎은 『서』의 가르침이고, 광박하고 평이하고 선량함은 『악』의 가르침이고, 깨끗하고 고요하고 정미함은 『역』의 가르침이고, 공손하고 검소하며 장중하고 공경함은 『예』의 가르침이고, 글을 잘 엮고 일의 시비를 잘 판단함은 『춘추』의 가르침이다."[28]

---

26) 『春秋』上明三王之道, 下辨人事之經紀, 別嫌疑, 明是非, 定猶與(豫), 善善惡惡, 賢賢賤不肖, 存亡國, 繼絶世, 補弊起廢, 王道之大者也. 『易』著天地陰陽四時五行, 故長於變; 『禮』綱紀人倫, 故長於行; 『書』記先王之事, 故長於政; 『詩』記山川, 溪穀, 禽獸, 草木, 牝牡, 雌雄, 故長於風; 『樂』樂所以立, 故長於和; 『春秋』辨是非, 故長於治人. 是故『禮』以節人, 『樂』以發和, 『書』以道事, 『詩』以達意, 『易』以道化, 『春秋』以道義.
27) 不學禮, 無以立. 不學詩, 無以言.

춘추시기에는 중원의 여러 나라들뿐만 아니라 초나라도 육경으로 태자와 경대부의 자제들을 배양하였다.

이상의 서술을 종합해 보면 육경(및 육경지교)의 내용, 기능, 특성에 대한 옛사람들의 이해를 대략 다음과 같이 정리할 수 있다.

시	뜻(志)을 말함	의미를 나타냄	고금의 뜻을 모아 놓음	인위적으로 행하는 것(有爲爲之)	조류에 능함	부드럽고 돈후한 것(溫柔敦厚)
서	사(事)를 말함	일에 대하여 말함	선왕의 일을 기록함	인위적으로 말하는 것(有爲言之)	정치에 능함	소통하고 먼 것을 아는 것(疏通知遠)
예	행(行)을 말함	사람을 절제하게 함	기강과 인륜	인위적으로 드는 것(有爲擧之)	행함에 능함	공손하고 검소하며 장엄하고 공경한다(恭儉莊敬)
악	화(和)를 말함	조화를 일으킴		인위적으로 드는 것(有爲擧之)	조화에 능함	광박하고 화이·양순한 것(廣博易良)
역	음양(陰陽)을 말함	변화에 대하여 말함	천도와 인도를 모아 놓음		변화에 능함	깨끗하고 정미한 것(潔靜精微)
춘추	명분(名分)을 말함	의리에 대하여 말함	고금의 일을 모아 놓음	시비를 분별함	사람을 다스림에 능함	말을 분석하고 일을 비교하여 선악의 가치판단을 내리는 것(屬辭比事)

육경의 배열 순서에 관하여 살펴보면, 전국戰國시기와 서한西漢 초기에는 전적들을 일반적으로 『시』, 『서』, 『예』, 『악』, 『역』, 『춘추』의 순서로 배열하였다. 그런데 동한東漢의 반고班固는 『한서』를 편찬하면서 (그중의 「사마천전」과 「예문지」에서) 『역』을 맨 앞에 놓았다. 「예문지·육예략」에 근거하면 『역』, 『서』, 『시』, 『예』, 『악』, 『춘추』의 순서였고 그 뒤로 『십삼경주소』에까지 이르는데, 기본적으로 모두 이러한 순서로 배열하였다. 『역』을 맨 처음으로 하고 『서』, 『시』가 그다음이다. 이는 여러 가지 경이 출현하였던 근원으로부터 배열한 것이다.

---

28) 『禮記』, 「經解」, "孔子曰: 入其國, 其教可知也. 其為人也, 溫柔敦厚, 『詩』教也; 疏通知遠, 『書』教也; 廣博易良, 『樂』教也; 潔靜精微, 『易』教也; 恭儉莊敬, 『禮』教也; 屬辭比事, 『春秋』教也."

『악』경이 실전되었기 때문에 육경은 오경만 남게 되었다. 서한西漢 문경文景 시절에 이미 『시』, 『서』, 『춘추』 박사를 세웠고, 무제武帝 때에는 『역』과 『예』 박사를 두었으므로, 한무제 시기에 중앙정부에서는 오경박사가 설립되어 있었다. 오경은 중화문화의 근원이고 중화문화의 근거이다. 장학성章學誠의 『문사통의文史通義』에서는 "육경이 모두 역사"(六經皆史也)라고 하였는데, 이러한 경서들이 사실상 모두 사서史書이고 고대 사회생활의 역사자료를 대량으로 보존하고 있음을 설명해 준다.

아래에서는 오경에 대하여 하나하나씩 소개하도록 하겠다.

2) 『역경』

『주역周易』의 '주'자에 대하여 주대周代 즉 『주역』이 주대 사람들이 상용하였던 점법임을 가리킨다는 설이 있고, 주변의 의미 즉 『주역』에서 탐구하는 변화의 법칙에 보편적인 의미가 있음을 가리킨다는 설이 있다. 『주역』의 '역'자에 대해서는 '변역變易'을 가리킨다는 설, '변역' 가운데의 '불역不易'을 가리킨다는 설, '간역簡易'을 가리킨다는 설이 있다. 다시 말하면 『주역』은 우주세계의 변화를 논의하는 전적이고, 만사만물의 변화 가운데에는 또한 변하지 않는 정해진 규칙이 있으며, 『주역』의 방법은 간단하고 실천하기 쉬우며 간단한 것으로써 번잡한 것을 통솔하고 번잡한 것을 간단한 것으로 변화시킨다는 것이다.

『역경』은 천도와 인사, 자연현상과 사회현상, 인사활동, 자연의 변화법칙과 사회의 인사질서를 연계시켜 양자의 동일성 및 서로 감응함을 강조하고, 큰 공간과 긴 시간으로부터 문제를 사고하고 자연과 사회의 인사가 서로 균형 있고 조화로워야 함을 강조하였다. 『역경』은 사물의 영원한 변화와 발전 및 사물에 내재된 부동한 힘, 에너지, 세력이 상대적으로 서로 관련되고 전화하며 상반되면서도 서로 어울림을 긍정하였다. 『역경』은 사람들이 세계의 근본적인 원리, 변화의 법칙을 이해하도록 계발하였고, 또 사람들이 변화, 발전의 세계에 적응하려면 훌륭한 마음가짐과 수양의 경지로써 자연, 사회, 인생과 인신人身의 변화에 대처하고 이익을 좇고 해는 피하며, 또한 사람의 작용을 능동적으로 발휘하여 사람이 천지와 서로 배합하고 상부상조하여야 함을 계발하였다.

중국 고대 사람들은 자연, 사회, 인신과 인생을 인식함에 있어서 복잡한 과정을 겪었다. 그들은 일상생활 속에서, 우러러 천상을 관찰하고(仰觀天象), 굽어 지리를 관찰하며(俯察地理), 가까이로는 자신에게서 취하고(近取諸身), 멀리로는 사물에서 취하는(遠取諸物) 활동 중에서 천, 지, 인, 물, 아 등 여러 가지 현상 특히 주변의 현상 및 현상 사이의 인과관계를 파악하고자 노력하였다. 인류는 신석기新石器시대 말에 이미 점복을 이용하여 길흉을 예측하였는데, 점복에 사용된 도구는 각자 달랐다. 삼대三代시기의 사람들은 제사, 전쟁, 농사, 행상, 혼사 등 여러 가지 일에 늘 거북으로 점을 치고 시초蓍草로 점을 쳤다. 예를 들어 은殷나라 사람들은 거북의 껍데기에 칼로 구멍을 내고 불로 구워서 껍데기에 난 금의 모양의 변화로 일의 길흉을 판단하고 점을 쳤다. 은대(殷墟)의 갑골복사甲骨卜辭가 바로 일부 점복 결과에 대한 기록이다. 주周나라 사람들은 귀복龜卜(거북점)과

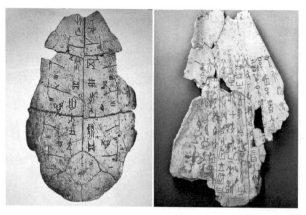

갑골문

서점筮占(시초점)을 함께 사용하였다. 서점은 시초를 배열하고 조합하는 방식으로 점에 대하여 해석하고 판단하거나 추리하는 것이다. 서사筮辭를 기록한 뒤에 부동한 서법筮法 체계로 편집하였고 그 이후의 서점에서는 편집을 거친 서사에 근거하여 대조하여 찾아보고 추리하였다. 복법, 서법에는 각자 부동한 체계와 부동한 규칙이 있었으며, 물론 점을 치는 사람의 주관적인 억측도 개입되어 있었다.

전해지는 바에 근거하면, 하夏나라에는 『연산連山』이 있었고, 은殷나라에는 『귀장歸藏』이 있었으며, 주周나라에는 『주역』이 있었는데, 모두 점서에 관한 책이고 대개 부동한 시대에 성행하였던 약간의 서법筮法 중의 몇 가지 전형이다. 이러한 체계의 형성은 모두 간단한 것으로부터 복잡한 것에 이르는 기나긴 과정을 거쳤다. 지금 우리가 볼 수 있는 『역경』에는 64괘의 괘사와 384효의 효사가 있는데, 이러한 서사筮辭가 비록 내용적인 면에서 내재적인 연계가 부족하더라도 형식적인 면에서는 질서가 있는 체계로 배열되었다. 전하는 바에 의하면, 복희伏羲가 팔괘를 지었고, 문왕이 『주역』을 정리하였는데 팔괘를 중첩시켜 64괘를 만들어 『역경』을 형성하였다. 『역경』의 괘·효사에 보존된 사회역사자료로부터 보면 일부 괘·효사는 은殷나라와 주周나라 때에 이미 있었다.

『역경』은 한 시기, 한 사람의 손에서 나온 것이 아니다. 괘·효사는 장기적으로 누적된 산물로서, 대략 은殷나라 말, 주周나라 초에 편찬된 것이다. 이뿐만 아니라 서주西周에서 한漢대 이르는 동안 부동한 서점筮占 체계가 있었을 가능성이 있는데, 『역경』에도 부동한 배열체계가 있고 괘·효사는 날이 갈수록 풍부해졌으며 수학적인 변화규율의 형식체계도 날이 갈수록 치밀해졌다. 『좌전』, 『국어』로부터 보면 춘추 전기에 비록 부동한 서점 체계가 있었다고 하지만, 괘상卦象이나 괘명卦名은 이미 점차적으로 통일되었고 괘·효사만 각자 서로 부동하였다. 춘추春秋 중후기에는 『주역』으로 여러 가지 부류의 사물을 해석하는 예가 점차적으로 많아졌다.

『역경』의 부호는 괘획卦劃이고 문자는 서사筮辭이다. 괘획에는 두 가지 기본적인 부호가 있는데 두 가지 효 즉 "--"과 "—"이다. 세 개의 효로 하나의 괘가 이루어지고 총 8가지 괘(經卦) 즉 건乾(☰), 곤坤(☷), 진震(☳), 손巽(☴), 감坎(☵), 리離(☲), 간艮(☶), 태兌(☱)가 있다. 64괘(別卦)는 8가지 괘가 두 개씩 서로 중첩되어 변화된 것이다. 예하면 건乾(䷀), 곤坤(䷁), 태泰(䷊), 비否(䷋), 겸謙(䷡), 예豫(䷏), 박剝(䷖), 복復(䷗) 등이다.

하나의 괘와 효 아래에는 모두 간단한 괘사와 효사가 있다. 처음에 두 효는 음, 양을 대표하지 않고 시초의 길고 짧음을 표시할 가능성이 컸으며, 이후의 것에 비로소 기우의 의미가 생겼다. 시초의 긴 것 하나와 짧은 것 두 개 혹은 짧은 것 두 개와 긴 것 하나의 부동한 배열로부터 경괘經卦가 생겨나게 되었다. 8가지 괘는 처음에는 천天, 지地, 뇌雷, 풍風, 수水, 화火, 산山, 택澤 등의 사물을 상징하는 의미를 가지고 있지 않았다. 이러한 의미는 춘추시기에 사람들이 추가적으로 보탠 것이다.

서주西周시기의 『역경』의 배열체계에 관해서는 아직 분명하지 않지만, 오늘날 볼 수 있는 『역경』의 초판본(祖本)은 적어도 춘추시대로 거슬러 올라갈 수 있다. 춘추春秋시기의 사람들에게는 음양의 관념이 있었고 또한 괘상설卦象說도 있었는데, 배열구조는 대체적으로 음양의 힘이 상대적이고 소장消長하고 전환하며 사물의 발전, 변화의 일부 간단한 관점을 보여 주었다. 예를 들어 건괘의 ䷀는 괘상의 부호이고 '건'은 괘명이다. 괘·효사는 다음과 같다.

원하고 형하고 리하고 정하다. 초구는 잠긴 용이니 쓰지 말아야 한다. 구이는 나타난 용이 밭에 있으니 대인을 만나봄이 이롭다. 구삼은 군자가 종일토록 부지런히 힘써서 저녁까지도 두려워하나 위태로운 듯하여야 허물이 없을 것이다. 구사는 혹 뛰어올라 연못에 있으면 허물이 없다. 구오는 나는 용이 하늘에 있는 것이니 대인을 봄이 이롭다. 상구는 항극의 용이니 뉘우침이 있을 것이다. 용구는 여러 용을 보는 것이니 앞장섬이 없으면 길하다.[29]

'정貞'은 점을 치는 것이고 '이정利貞'은 점을 치는 것에 유리하다는 것이다. 매 괘에는 여섯 개의 효가 있고, 아래로부터 위로 올라가는 순서로 제1효를 '초初'라 부르고 제6효를 '상上'이라 부르며, 양효陽爻를 '구九'라 부르고 음효陰爻를 '육六'이라 부른다. 이 괘는 시작이 형통하여 점을 치는 것에 이롭다. 제1효는 용이 아래에 잠복해 있으니 쓸 수 없다. 제2효는 용이 밭에 나타났으니 지위가 높은 사람을 만남에 이롭다. 제3효는 군자가 낮에는 부지런하고 지칠 줄 모르며 밤에도 경계하기를 늘 이와 같이 하면 설령 어려움에 직면하더라도 여전히 재해가 없을 수 있다. 제4효는 용이 깊은 물에 뛰어 들어가니 재해가 없을 수 있다. 제5효는 용이 하늘로 날아오르니 비약을 상징하고 지위가 높은 사람을 만남에 이롭다. 제6효는 용이 가장 높은 곳으로 날아올랐으니 극에 달하여 반드시 반대 방향으로 전환되고 장차 흉재가 있게 된다. 마지막에 종합하여 이 괘의 여섯 효는 모두 양효이기에 '용구用九'라고 하였다. 여러 마리의 용들이 함께 뒤엉켜 머리를 찾아볼 수 없으니 극에 달한 뉘우침이 없게 되기 때문에 전반적으로 길괘이다. 이 괘는 자연과 인사의 경험에 대한 종합을 통하여 사물의 변화에 대한 지은이의 견해를 보여 주었는데 일정한 철학적 이치가 들어 있다. 예를 들면 사물 혹은 사람의 발전은 낮은 데로부터 높은 데로 이르고, 새롭게 태어나는 것으로부터 성숙으로 이르며, 일정한 정도 혹은 지위로 발전하는데, 반드시 반대 방향으로 전환하지 않는지의 여부에 주의하여야 한다. 사람들이

---

29) 元亨, 利貞. 初九, 潛龍勿用. 九二, 見龍在田, 利見大人. 九三, 君子終日乾乾, 夕惕若厲, 無咎. 九四, 或躍在淵, 無咎. 九五, 飛龍在天, 利見大人. 上九, 亢龍有悔. 用九, 見群龍無首, 吉.

어떻게 '구^咎' 즉 재해 혹은 잘못을 피면할 것인가? 반드시 조사를 잘하여 극한으로 발전하는 것을 피면하여야 한다. 사람 자체로 놓고 말하면 지나치게 채우고 지나치게 과하지 말고 우환의식이 있어야 하며 부지런하고 신중한 상태를 유지하여야 한다. 보아하니 사람들은 할 수 있고 흉과 화를 피면할 수 있으며 좋은 결과를 이룩할 수 있다.

효와 효, 괘와 괘 사이에서도 지은이 혹은 편찬자의 서로 연계되고 서로 관련되며 서로 보충하고 상호 작용하는 의식을 반영하였다. '건'과 '곤', '태'와 '비', '겸'과 '예', '박'과 '복' 사이는 모두 둘씩 서로 대립되고 서로 관련되고 전환된다. '태'괘의 괘상은 '건'이 아래에 있고 '곤'이 위에 있는데, 자체는 길괘이고 천지와 음양이 사귀고 통함을 상징한다. 하지만 구삼효에서 "평탄하기만 하고 기울지 않음이 없고 가기만 하고 돌아오지 않음이 없다"30)고 한 것은 평탄과 기울임, 가고 돌아옴 사이의 변화에 주의하여야 함을 말한 것인데, 줄곧 평탄하고 기울지 않은 길이 없고 영원히 앞을 향하고 구불구불하지 않고 반복적이지 않은 여정이 없다. 상육효는 변하는 효로서 효사가 매우 좋지 않은데 바르더라도 부끄럽다.(즉 점을 치기에 불리하다.) '비'괘의 괘상은 '곤'이 아래에 있고 '건'이 위에 있는데 천지와 음양이 사귈 수 없고 만물이 통하지 않고 막힘으로써 자체가 흉괘이다. 하지만 구사효부터 좋아지기 시작하였고 구오효에서는 "비색함을 그치게 하니 대인은 길할 것이다. 망할까 망할까 염려해야 뽕나무 뿌리에 매어놓듯 견고할 것이다"31)라고 하였다. '휴^休'는 경사로운 것이다. 의미는 막힘을 주의하여 경계할 수 있는 것은 좋은 일이기에 대인이 길하다. 위험을 경계하면 무성한 뽕나무에 매어놓은 것처럼 견고할 수 있다. 상구효는 변하는 효로서 막혀서 통하지 않는 시기가 너무 길지 않기에 처음에는 불리하지만 후에는 좋은 일이 오게 됨을 가리킨다. 모든 괘에서 일반적으로 이효, 오효는 흔히

---

30) 無平不陂, 無往不復.
31) 休否, 大人吉. 其亡其亡, 繫於苞桑.

길하고 허물이 없는데, 후세 사람들은 강과 유의 중도, 균형을 취한 것으로 이해하였다. 이는 또한 『역경』을 지은 저자가 여러 가지 경험을 종합할 때 화합, 중평中平의 의식을 중요시하고 지나침과 모자람을 방지하였음을 보여 준다.

『역전』은 『역경』에 관한 해석적인 저작이고 「단전彖傳」 상·하, 「상전象傳」 상·하, 「계사전繫辭傳」 상·하, 「문언전文言傳」, 「설괘전說卦傳」, 「서괘전序卦傳」, 「잡괘전雜卦傳」 등 일곱 가지 종류의 10편의 문장이 포함되는데 '십익十翼'이라 불린다. 이 10편의 문장은 한 사람이 한 시기에 지은 것이 아니다. 전문가들의 연구에 근거하면, 공자 문하의 후학들과 관련이 있고 만들어지고 전해진 것은 전국戰國시기이며 한漢대에 형태가 고정화되었다. 한대의 경학자들은 「단전」, 「상전」, 「문언전」의 내용을 상응한 64괘의 경문 뒤에 첨부하여 주해의 기능을 발휘하도록 하였고, 기타의 전문傳文들은 여전히 독립적으로 편을 이루게 하였다. 『역전』은 한 부의 철학적인 이치 방면의 책이고 형이상학, 우주발생론, 생명철학관, 도덕철학과 사유방법론에 대하여 집중적으로 서술하였는데, 적지 않은 관점과 개념은 후세에 매우 큰 영향을 끼쳤다.

첫째, 『역전』에서는 중국철학의 우주생성론의 이치를 확립하였다. 「계사상전」에서는 이렇게 말하였다.

> 역에 태극이 있고 태극이 양의를 낳고 양의가 사상을 낳고 사상이 팔괘를 낳고 팔괘가 길흉을 정하고 길흉이 대업을 낳는다.[32]

'태극'은 바로 '도'이고 우주의 본원이고 시작이다. 혼돈의 상태인 '태극'으로부터 천지음양의 기(양의)가 생겨나고 천지음양의 기의 교감, 합벽闔闢, 동정, 왕래, 굴신으로 말미암아 사상(春·夏·秋·冬, 少陽·老陽·少陰·老陰)이 생겨나고 사상으로부터 팔괘가 생겨난다. 여기서 팔괘는 만물 즉 천·지·산·택·풍·뇌·

---

32) 易有太極, 是生兩儀, 兩儀生四象, 四象生八卦, 八卦定吉凶, 吉凶生大業.

수·화 등의 형상을 본뜬 것이고, 팔괘가 겹쳐져서 64괘가 되고, 만물이 서로 뒤엉켜 복잡한 관계를 상징한다. 사람들은 그 속에서 주요한 관계를 조화시키고 파악하며 변화하는 세계 속에서 이익을 좇고 해를 피할 수 있으며 인류의 문화와 제도 문명을 창조할 수 있다.

『역전』은 건양乾陽과 곤음坤陰의 두 기가 우주의 만사만물이 생겨나게 하는 본원이고 동력이라 주장한다. 건곤, 음양의 두 기는 우주만물의 본원이고 건양은 주동적인 정신(혹은 물질)의 미립 및 에너지이고, 곤음은 계승적인 정신(혹은 물질)의 미립 및 에너지이며, 음양이 화합하여 만물을 화생한다. 건원乾元의 운동변화, 예를 들어 구름이 하늘에서 떠다니고 비가 땅에 내려짐으로써 만물의 생장을 촉진하고 만물은 건원에 의거하여 각자 일치하지 않은 형태로 응집되어 존재하고 발전한다. 곤원은 유순하고 만물의 생장을 돕고 포용하며 담고 있다. 지덕地德과 천덕天德은 결합하고 작용이 광대하고 무궁하다. 땅은 거대한 양기를 포용하고 발양하고 발전시켜 만물의 종류를 형통하지 않음이 없게 한다. '음양합덕陰陽合德'은 바로 음양이 교감하는 것이고 강유剛柔는 음양의 특성을 가리키는데, '강유유체 剛柔有體'와 '음양합덕'은 서로 뜻이 통하는 것으로, 음양이 교감하여 형체가 있고 볼 수 있는 물체를 생기게 할 수 있음을 가리킨다. 천지는 말하지 않지만 만물이 번식하고 만상이 삼연하다. 자연현상을 통하여 천지의 행위가 무언의 저술과 같고 천지의 조화가 입신의 기예와 같음을 체험할 수 있다. 『역』의 괘효의 변화가 바로 천지의 조화를 본뜬 것이고 『역』의 이치는 바로 그 속의 신묘한 지혜이다. 한 번 개척하고 한 번 폐장하며 한 번 움직이고 한 번 멈추는 것이 바로 '변變'이고 끊임없이 왕래하는 것을 '통通'이라 부른다. 드러난 것은 '상象'이고 형체가 있는 것은 '기器'이다. 『주역』의 지혜는 사람들이 자연을 본받고 '상과 '기'를 제재하고 이용할 수 있도록 돕는다. 사람들이 이용함에 있어서 오차와 변동이 있는데 백성들은 날마다 이용하면서도 그 유래를 모르고 신기하다고 여긴다.

음과 양의 두 기가 감통하고 교합하면 우주만상의 과정, 방법이 자연스럽게 생성되는데 바로 '도'이다.

> 한 번 음하고 한 번 양하는 것을 도라 이른다.…… 성한 덕과 큰 업이 지극하다. 풍부하게 소유함을 대업이라 이르고 날로 새로워짐을 성덕이라 이른다. 낳고 낳음을 역이라 이른다.[33]

'음양'이 '도'가 아니고 '한 번 음하고 한 번 양하는 것'이 바로 '도'이다. '도'는 바로 음과 양의 기가 쉬지 않고 운동하는 동적인 통합과정이다. 이는 생명의 도이다. 만물을 생육하는 덕업은 더하려야 더할 것이 없다. '부유富有'는 공간적으로 광범하고 부유하고 큼에 더할 나위가 없음을 가리킨다. '일신日新'은 시간적으로 유구하고 끝이 없고 오램이 무궁함을 가리킨다. 이것이 바로 "크고 오래갈 수 있음이다"(可大可久). 음과 양의 도는 만물을 화육하고 끊임없이 낡은 것이 없어지고 새로운 것이 생겨나는데 이러한 모습이 바로 '낳고 낳음'(生生)이고 바로 '변역變易'이다.

둘째, 『역전』에서는 천도, 지도, 인도가 통일되는 체계적인 사유모식을 확립하였다. 『역전』의 자연적으로 생기고 변화하는 '도'는 형체가 없고 자취를 드러내지 않으며 변화를 예측할 수 없고 목적성도 가지고 있지 않지만, '도'로부터 생기고 변화하는 물건은 실제로 형체가 있는 사물이다. 때문에 「계사상전」에서는 이렇게 말하였다.

> 형이상의 것을 도라 하고 형이하의 것을 기라 한다.[34]

---

33) 「계사상전」, "一陰一陽之謂道……盛德大業至矣哉! 富有之謂大業, 日新之謂盛德, 生生之謂易."
34) 形而上者謂之道, 形而下者謂之器.

『역전』의 '도'는 포용성을 가지고 있고 천, 지, 인의 세 가지 큰 체계를 종합하였다.

『주역』 책은 광대하여 모든 것을 갖추고 있다. 천도가 있고 인도가 있고 지도가 있는데, 삼재를 겸하여 둘로 하였기 때문에 육효가 되었다. 육효는 다른 것이 아니라 곧 삼재의 도이다.[35]

옛날에 성인이 『주역』을 지은 것은 장차 성명의 이치를 따르게 위해서였다. 그러므로 하늘의 도를 세운 것은 음과 양이고, 땅의 도를 세운 것은 유와 강이며, 사람의 도를 세운 것은 인과 의이다. 삼재를 겸하여 둘로 하였기 때문에 『역』이 여섯 번 그어져서 괘를 이룬 것이다.[36]

『주역』은 책으로서 내용이 풍부하고 모든 것을 갖추고 있다. 8개의 경괘經卦는 3획이고, 64개의 별괘別卦는 6획이며, 모두 천, 지, 인의 삼재가 통일된 표상이다. 『주역』은 괘체卦體의 효의 변화와 괘 사이의 변화로써 세 가지 큰 체계 사이 및 각 체계 내부에 내재된 생명력의 작용과 변화를 상징한다. 고대의 성인들은 민간의 지혜를 집중시키고 천지와 인사에서 상象을 취하여 『주역』을 편찬하였고, 『주역』에 근거하여 천지자연, 사물 본성의 원리에 순응하도록 하였다. 이로부터 사물에 내재된 모순성을 확립하였는데, 바로 한 번 음하고 한 번 양하는 것이 서로 대립되고 서로 관련되는 것이 우주 변화의 자연법칙이고, 한 번 부드럽고 한 번 강건한 것이 서로 대립되고 서로 관련되는 것이 땅 위의 만물이 변화하는 근본적인 원리이며, 한 번 어질고 한 번 의로운 것이 서로 대립되고 서로 관련되는 것이 사회관계를 처리하는 기본적인 원칙이다. 천, 지, 인의 삼재를 겸하고

---

35) 「繫辭下」, "『易』之爲書也, 廣大悉備. 有天道焉, 有人道焉, 有地道焉, 兼三才而兩之故六, 六者非它也, 三才之道也."

36) 「說卦傳」, "昔者聖人之作『易』也, 將以順性命之理, 是以立天之道曰陰與陽, 立地之道曰柔與剛, 立人之道曰仁與義, 兼三才而兩之, 故『易』六畫而成卦."

다시 중복하기 때문에 육효가 한 괘로 되는 것이다. 천, 지, 인의 세 가지 큰 체계를 통합하였기에 『역전』의 '도'는 보편적이고 객관적인 것이다.

셋째, 『역전』에서는 성선설의 도덕철학과 창조적인 생명론의 가치체계를 확립하였다. "한 번 음하고 한 번 양하는 것을 도라 이른다. 계속하는 것은 선이고 갖추어져 있음은 성이다."[37] "성성을 보존하고 보존하는 것이 도의로 들어가는 문이다."[38] 여기서는 천지, 음양의 기가 만물로 하여금 생기고(生), 이루고(成), 자라고(長) 길러지게(養) 하고 사람으로 하여금 천지의 기를 이어받아 '도'를 계승하여 천지만물의 화육에 참여하고 돕는 것이 바로 선이며, 천도의 사업을 이루는 것이 바로 인간의 본성이다. 『역』의 도가 바로 천지의 도이고, 만물 각자의 본성을 돕고 촉진하고 확립하며 만물의 존재를 보존한다. 도의는 바로 여기서부터 나온 것이다. 인성론적으로 볼 때 이는 인간의 선한 본성이 천도에서 근원하고, 우주의 낳고 낳는 덕에서 근원하며, 동시에 인간의 후천적인 노력을 강조하여 천도를 본받고 본성을 확충하는 이중적인 함의를 포함하고 있다.

건괘「단전彖傳」에서는 "건도가 변화하여 각자 성명을 바르게 하고 태화를 보합하여야 이에 이롭고 정하다"[39]라고 하였다. 천도의 변화는 만물이 각자 자기의 본성과 운명의 정상적인 상태를 얻게 한다. 충화神和의 기(사시의 기의 조화)를 유지하면 사람들이 바른길을 걷는 데 이롭다. 여기서는 천지의 기가 유통하는 구역을 강조하여 인성의 엄숙함과 인도의 바른길을 확립하고 보호하였다.

「설괘전」에서는, "도와 덕에 조화롭고 순조로우며 의에 맞게 하고 이치를 궁구하고 성을 다하여 천명에 이른다.…… 장차 성명의 이치를 따름으로써…… 사람의 도를 세운 것이 인과 의이다"[40]라고 말하였다. 삼재의 도는 어떻게 온

---

37) 「계사상전」, "一陰一陽之謂道. 繼之者善也, 成之者性也."
38) 「계사상전」, "成性存存, 道義之門."
39) 乾道變化, 各正性命. 保合太和, 乃利貞.

것인가? 천도를 따라 아래로 관통되어 온 것이고 천, 지, 인의 성명性命의 이치를 따라온 것이다. 사람의 도를 놓고 말하면 의리이고 인의이다. '도'는 과정이고 '라'는 그 속의 도리이다. 인간의 본성은 바로 인간이 인간이게끔 하는 도리이다. 『역전』의 해석에 근거하면 이는 건도가 아래로 관통된 결과이다. 이는 우주론적인 방법으로 인간의 본성을 논한 것이다. '성명' 두 글자는 이어서 쓸 수 있는데, 바로 하늘이 인간에게 부여한 '성'이고 '라'이며, 이 '성명'의 '라'를 따르면 '도'가 행하는 까닭이다. '성'과 '명' 두 글자는 나누어서 따로 논할 수도 있는데, '성'이 바로 '라'이고 '명'은 '가'를 겸하였다. 『역전』의 인성론과 『중용』의 "하늘이 명한 것을 성이라 이르고 성을 따름을 도라 이른다"41) 등등은 서로 통하는 부분도 있고 차이도 있다. 천부인성설天賦人性說 즉 '천명지성'은 선한 것이고, 일종의 초월적인 의의와 가치적인 의의를 가지고 있을 뿐만 아니라, 재료주의의 '기명지성氣命之性' 즉 인간의 재료도 천지의 기의 유행 속에서 형성되었고, 기는 부추길 수 있으며 기에 힘이 있음을 배척하지 않는다. 이는 이후의 철학사에 등장하였던 '천명지성'과 '기질지성', '라'와 '기'의 대립에 복선을 깔아 둔 것이다.

『역전』에서는 인간의 본성이 천지의 본성에서 근원하였고 인도는 천지의 도를 돕는다고 주장하였다. 건괘 「상전」에서는 "하늘의 운행이 강건하니 군자가 그것을 본받아 스스로 강건함이 멈춤이 없다"42)라고 하였고, 곤괘 「상전」에서는 "땅의 형세가 곤이니 군자가 그것을 본받아 후한 덕으로써 만물을 싣는다"43)라고 하였다. 군자는 천지를 본받아 강건하고 자강하며 적극적으로 입세入世하는 정신을 가지고 있을 뿐더러 또한 감당하고 너그러우며 협조하고 협력하는 능력을 가지고 있으며 깊고 두터운 덕택으로써 사람과 만물을 화육한다.

---

40) 和順於道德而理於義, 窮理盡性以至於命……將以順性命之理……立人之道曰仁與義.
41) 天命之謂性, 率性之謂道.
42) 天行健, 君子以自强不息.
43) 地勢坤, 君子以厚德載物.

천지의 크게 생기고(大生) 넓게 생기는(廣生) 덕과 서로 배합하여 『역전』에서는 사람들이 인사활동에서 덕을 높이고 업을 넓히며 덕을 발전시키고 업을 닦음을 강조하였다. "대저 『역』은 성인이 덕을 높이고 업을 넓히려는 것이다."[44] "군자가 덕을 발전시키고 학업을 닦는 데 충과 신은 덕을 발전시키는 것이고 말을 닦아서 그 성실함을 세우는 것은 학업에 거하는 방법이다."[45] 이는 모두 공자의 말을 빌려 말한 것이다. 인간의 지혜, 덕성을 높이 받들고 사회인사의 여러 가지 사업을 발전시키며 충과 신을 추구하고 품성을 제고하며 언어를 수식하여 성실함 위에 세우는 것은 성실로써 사무를 처리하는 것이다. "의리를 정밀하게 연구하여 신묘한 경지에 들어가는 것은 지극하게 쓰기 위함이고 씀을 이롭게 하여 몸을 편안하게 하는 것은 덕을 높이기 위함이다. 이 단계를 지나서 더 나아가면 혹 헤아릴 수 없으니 신을 궁구하고 조화를 아는 것이 덕이 성대한 것이다."[46] 이 또한 공자의 말을 인용하거나 빌려 쓴 것이다. 가고 오는 것이 서로 번갈아 바뀌고, 굽혔다 펴는 것이 서로 감응하는 등의 자연의 이치를 인간사에 적용시키면, 굽히는 것으로 펴는 것을 추구하고, 겨울잠을 자는 것으로써 몸을 보전하는 것을 추구하여 신묘한 경지에 도달한다. 자연의 사물, 사물의 이치로써 자신을 안착시키고 재덕을 제고시킨다. 이 외에 더 중요한 것은 없다. 사물이 변화하는 도의 신묘함을 연구하고 체득하고 심각한 이치와 근거를 이해하는 것은 최고의 지혜이다.

『역전』은 인간의 사업을 긍정하고 촉진하며 "화하여 마름하는 것을 변이라 이르고 미루어 행하는 것을 통이라 이르며 천하 사람들에게 베푸는 것을 사업이라 이름"[47]을 강조한다. 즉 객관적인 사물 발전의 법칙을 따르고 기회를 파악하며

---

44) 「계사상전」, "夫『易』, 聖人所以崇德而廣業."
45) 건괘 「문언전」, "君子進德修業, 忠信所以進德也, 修辭立其誠, 所以居業也."
46) 「계사하전」, "精義入神, 以致用也; 利用安身, 以崇德也. 過此以往, 未之或知也. 窮神知化, 德之盛也."
47) 「계사상전」, "化而裁之謂之變, 推而行之謂之通, 擧而措之天下之民謂之事業."

적당한 때에 정해진 제도를 결정하거나 수정하고 변화시킴으로써 알맞게 하고 회통시켜 이러한 정책과 결과가 백성들에게 쓰이도록 하는 것이 바로 사업이다. 『역전』은 "천하의 일을 이루고"(能成天下之務) "만물을 열어 주고 일을 이루는 것"(開物成務) 즉 사업을 일으키고 천하의 사무를 성취할 것을 강조하였다. 저자는 『역경』으로써 "천하 사람들의 뜻을 통하게 하고"(通天下之志) "천하 사람들의 사업을 안정되게 하고"(定天下之業) "천하 사람들의 의문을 모두 판단해 줄 것"(斷天下之疑) 즉 지혜를 계발하고 덕을 밝게 하며 의문을 결정하고 사업을 이루며 법을 제정하고 백성에게 이롭게 할 것을 주장하였다. 이는 모두 유가에서 사람들이 지혜, 품성을 제고하기 위하여 노력하고 백성에게 유리한 사업을 창립하기 위하여 적극적으로 힘쓰는 사상을 충분히 보여 주었다. 이는 개척하는 식의 수양론이고 덕과 업을 함께 닦는 방법이다.

3) 『서경』

『서경』을 선진先秦시기에는 '서'라 불렀다. 선진시기의 여러 서적에서는 자주 『서』를 인용하였다. 한漢대 초기에는 상고 때의 책이라는 이유로 '상서尙書'라 불렀다. '상尙'은 곧 '상上'로서, 오래고 먼 것을 가리켰다. 상고시대에 보존된 문고文誥, 명령命令, 군신 사이의 대화(對談), 기록(檔案) 문서자료는 춘추春秋 말기에 이미 많지 남아 있지 않았는데, 공자에 의하여 정리, 산정刪定되었고 제자들에게 전수되어, 백이십여 편이 후세에 전해졌다. 진시황이 불태우고 항우項羽가 함양궁咸陽宮을 불태운 뒤 서한西漢시기의 문제文帝 때에는 당시의 글자체인 예서隸書로 쓰인 이른바 금문 『상서』가 28편만 남겨졌고 복생伏生에 의하여 전해졌다. 이 부분은 한석경漢石經에 새겨져 서한西漢시기에 학관에 세워졌고 박사를 설립하였다. 『사기』, 『한서』에서 말한 바에 근거하면, 금문 『상서』는 29편으로 되어 있고 추가된 한 편은 「태서泰誓」로 한漢대 사람들이 보충한 것이다. 한무제漢武帝

시기에 노공왕魯恭王이 공자의 옛집을 철거하다가 벽에 숨겨져 있던 진秦나라 이전의 문자로 쓰인 이른바 고문『상서』를 발견하였는데, 공안국孔安國이 이것을 조정에 바쳤다. 모두 45편으로 되어 있었고, 그중의 29편은 금문과 동일하였으며, 그 외에 16편의 일서逸書가 있었다. 29편의 고문『상서』는 위魏나라 때 학관에 세워졌고 위석경魏石經에 새겨졌으며 나머지는 전해지지 않는다. 동진東晉시기 원제元帝 때에 이르러 매색梅賾이 조정에 바친『공전고문상서孔傳古文尚書』는 58편이었는데 한漢나라의 공안국이 바친 것에 의거한 것으로서 이른바 공안국의 서序와 주注가 들어 있다. 북조北朝와 당唐대의 경학대사의 연구와 정리를 거쳐 당대에 학관에 세워졌고 현종玄宗 때 당석경唐石經에 새겨졌다.『공전고문상서』에서 34편의 편명이 동한東漢의 대학자 정현의 주석본과 동일하다. 「순전舜典」은 「요전堯典」에서 분리되어 나온 것이고, 「익직益稷」은 「고요모皐陶謨」에서 분리되어 나온 것이다. 당唐대의 공영달은『공전고문상서』를 저본으로 하여『상서정의尚書正義』를 지었는데, 조정의 정본으로 정해짐으로써 천하에 발행되었다. 송宋대의 사람들은 이를『십삼경주소十三經注疏』에 편입시켰고 지금까지 전해져 온 것이다.

『상서』가 전해진 역사는 매우 복잡한데 늘 고문 경학과 금문 경학의 논쟁 및 고문 경학, 금문 경학 내부의 논쟁을 수반하였다.

초학자들은 한漢대 특히 송宋대의 유가학자들에 의하여『서경』이라고 불리는 것의 주요 내용이 무엇인지만 이해하면 된다. 전반적으로 말하면『상서』즉『서경』은 오虞, 하夏, 상商, 서주西周, 춘추春秋 시기의 임금의 언론과 행사를 기록한 책으로서, 그때 당시의 일부 전장제도를 보존하고 있다. 「우공禹貢」편이 옛날 지리에 관한 전서인 것을 제외하면, 나머지 각 편은 모두 전典, 모謨, 고誥, 훈訓, 서誓, 명命 등으로서 오늘날 이른바 정치, 군사, 윤리, 법률, 종교, 철학의 내용을 기록하고 있다.

'전', '모'에서는 임금의 언론과 사적을 기록하고 있는데 예를 들면 「요전」,

「순전」 등이다. 언론, 사상을 제외하고 치수治水와 선양禪讓 등의 역사 사건에 대하여 기록하였는데, 중화민족이 역사적인 민족이고 오랜 시간 동안 일과 말을 기록하는 전통이 있었음을 충분히 보여 준다. 예를 들어 『예기』 「옥조玉藻」에서는 "천자가 움직이면 왼쪽의 사관이 기록하고 말을 하면 오른쪽의 사관이 기록하였 다"48)라고 하였고, 『한서』 「예문지」에서는 "왼쪽의 사관은 말을 기록하고 오른쪽 의 사관은 일을 기록하였다"49)라고 하였다. 「홍범」과 「고도모」 등과 같은 편들에 서는 모두 임금과 신하 사이의 대화를 기록하였는데, 그중에는 중대한 결책과 일부 기본적인 정치방략이 들어 있고 유명한 신하들의 웅문과 탁월한 이론들이 기록되어 있다. 「홍범」에서는 주무왕周武王이 은殷나라 유신 기자箕子(주의 삼촌)에 게 천하를 다스리는 경험에 대하여 가르침을 물었을 때 기자가 체계적으로 답변하였던 것을 기록하고 있다.

'고'는 정부의 중요한 공문서(文告) 혹은 임금이 신하에 대한 고서(誥諭)이다. '훈'은 신하가 임금에 대한 권유이다. '서'는 토벌선언 혹은 전쟁 전에 정치적으로 동원할 때의 결의문이다. '명'은 임금이 책봉, 임명할 때의 언사로서 역시 정부의 중요한 공문서에 속한다.

현존하는 『십삼경주소』의 『상서주소尙書注疏』에서 앞부분에 있는 공안국의 「상서서尙書序」를 일반적으로 「전서傳序」 혹은 「대서大序」라 부르고 나머지는 금고문 『상서』의 경문 58편이다. 경문에서 「오하서虞夏書」가 9편이고, 「상서商書」 가 17편이며, 「주서周書」가 32편이다. 이 밖에 「서서書序」(小序)가 있고 공안국의 「전」 및 공영달의 「소」가 있다. 「서서」는 한漢대 혹은 한대 이전 사람들이 『좌전』 등의 자료에 근거하여 쓴 것으로서, 매 편의 제기題記 혹은 제해題解에 해당되며 매우 가치가 있다. 그중에는 이미 산실된 경문 여러 편의 소서도 포함된다. 이른바 공안국의 「전」은 결코 공안국 자신이 지은 것이 아니라 위진魏晉시기의

---

48) 『예기』, 「玉藻」, "動則左史書之, 言則右史書之."
49) 『한서』, 「예문지」, "左史記言, 右史記事."

학자들이 『상서』에 대한 해석으로서 앞사람들의 성과를 모은 것으로, 한대 유학자들의 주석보다 훌륭하고 충분히 참고할 만하다.

현존하는 58편 중 33편은 금문에 속한다. 이는 원래 28편의 내용인데 어떤 편은 2개 혹은 3개의 편으로 나뉘어서 33편으로 되었다. 이는 한漢대의 복생伏生이 전한 금문 『상서』로서 가장 믿음직한 고대 문헌이다. 이 밖의 25편의 내용은 동진東晉시기의 매색이 조정에 바친 것으로서, 사람들은 '위서僞書'라 부르기도 하고 '만서晚書'라고도 부른다. 이 25편은 진짜로 공자의 벽에서 나온 고문이 아니라 동진東晉 혹은 그 이전의 학자들이 선진先秦시기의 문헌, 한漢대에 전해진 여러 가지 필사본, 급총汲塚에서 출토된 자료 등을 집일輯佚하여 만들어 낸 것이다. 이러한 이른바 '위서', '만서'도 매우 가치가 있다. 근 50년의 고고학 연구에서 일부 새로운 간백簡帛 자료들이 출토되었고 그 중에는 「서」의 실전된 글(佚文)도 들어 있는데 금문, 고문 『상서』와 서로 비교, 대조할 수 있다.

『상서』 즉 『서경』은 한漢대에 학관에 세워진 이래로 유가의 중요한 경전이 되었다. 그중에서 오, 하, 상, 주 시기의 '하늘을 떠받들고'(敬天), '백성을 보호하고' (保民), '덕을 밝히고'(明德), '형벌을 삼가는'(愼罰) 사상은 줄곧 후세 유가의 사상적 근원이었다.

중화문명사에서 자연의 여러 신령의 통일과 지상의 여러 부락의 통일은 거의 동시적인 것이었다. 이른바 '상제'와 '제帝'는 고대 사람들이 상상해 낸 자연계의 여러 자연현상, 자연의 힘, 자연의 신령을 통솔하는 최고 통치자였고 최고의 권위를 가지고 있었다. 그리고 지상의 인간세상에서 여러 부락과 부락 연맹을 통솔하는 수령(처음부터 정치와 종교를 합하여 한 몸으로 두 가지 중임을 맡은 인물)은 하늘의 권위를 빌려서 여러 가지 사회의 힘에 대한 통제를 강화할 것이 필요하였 다. 따라서 '상제', '제', '천', '천명'은 하·상·주 삼대 왕권의 정치적 합법성의 근거가 되었다. 『상서』「요전」의 자료에서 순이 요를 대신하여 수령을 맡을 때 장엄하고 엄숙한 종교의식을 거행하였는데, 먼저 '상제' 천신에게 제사를 지냈고, 그 뒤에 기타 자연의 신령에게 제사를 지냈음을 쉽게 볼 수 있다. 이러한 경건한 종교의식도 순이 정치 및 군사 방면에서 통치의 합법성을 획득하였음을 상징하는 것이라고 할 수 있다.

하夏나라의 우禹가 삼묘三苗를 정복하고 하계夏啟가 유호씨有扈氏를 토벌할 때, 모두 하늘과 천신의 명령을 빌려서 근거로 삼았다.

> 유호씨가 오행을 업신여기고 삼정을 게을리하여 저버렸기에 하늘이 그 명을 빼앗아 끊었다. 이제 나는 하늘의 벌을 공손히 행할 것이다.…… 명을 따르면 조상 앞에서 상을 받고 명을 따르지 않으면 사에서 죽이겠다.[50]

위의 인용문은 하계가 감甘이라는 곳에서 유호씨를 정벌할 때 발표하였던 결의문이다. 그 이유는 유호씨가 수, 화, 목, 금, 토 등 오행의 관을 업신여기고 정덕正德, 이용利用, 후생厚生 등의 정무를 주관하는 삼사三事의 관을 내버려 두었기에 자연과 인간의 질서가 혼란스러워졌다는 것이다. 하계와 유호씨는 모두 사姒씨의 후예이고 동족에 속한다. 하지만 그는 궐기대회에서 무릇 명령에 복종하고 공이 있는 부족部族과 장병은 조묘에서 상을 받고, 명령에 복종하지 않으면 사직단社稷壇에서 살해될 것임을 강조하였다. 이로부터 보면 조상에 대한 숭배와 천신에 대한 숭배는 동일한 것으로, 왕권의 정치와 서로 결합되었다. 상商은 본래 하夏나라의 부속국이었다. 상왕 탕湯은 하왕 걸桀을 토벌하는 궐기대회에서 다음과 같은 결의문을 발표하였다.

> 고하노니 중인들이여, 모두 내 말을 잘 들으시오. 나 같은 작은 사람이 감히 난을 일으키는 것이 아니다. 하나라 임금이 죄가 많아 하늘이 명하시니 그를

---

50) 『尚書』, 「甘誓」, "有扈氏威侮五行, 怠棄三正, 天用剿絶其命. 今予惟恭行天之罰.……用命, 賞於祖; 弗用命, 戮於社."

처벌하려는 것이다.…… 하나라 임금은 죄가 있고 나는 상제를 두려워하니
감히 바로잡지 않을 수가 없다.[51]

은상殷商이 하夏나라의 '상제', '천신' 숭배관을 계승하였을 뿐만 아니라, '천명'
의 신권神權을 정치적 합법성의 근거로 삼는 방법도 계승하였음을 확실히 볼
수 있다. 은허 갑골복사에는 대량의 복정사卜貞辭, 점사占辭, 기험사記驗辭가 들어
있다. 사람들은 복사卜師(貞人)를 통하여 '제', '상제' 혹은 기타의 신에게 제사,
정벌, 농사, 수확, 풍우, 전렵 등의 일에 대하여 점을 쳐서 길흉을 알아보았고,
귀복龜卜으로 의혹을 풀었다. 은나라 사람들이 '제'와 '상제'를 신앙하였지만,
'제'와 '상제'는 결코 서양의 종교에서 말하는 '창세자'가 아니었다. 은대에 복사卜
辭의 황제는 바로 고조 기夒이었고, 천신·상제와 조상은 합쳐서 하나로 되었다.
이 또한 하대에서부터 시작하였다.

주周대에 이르러 부속국이었던 작은 나라 주周가 은상을 교체하였던 정치적
합법성은 여전히 상제, 천신의 명을 근거로 하였다. 주무왕周武王이 사망한 후
뒤를 이은 성왕成王이 나이가 어려 주공周公이 왕정을 대신하였는데, 무경武庚
등 사람들의 반란을 토벌할 때 「대고大誥」로써 천하에 널리 알렸다. 정치적인
동원은 여전히 하, 상의 낡은 방법을 사용하였던 것이다.

그만두랴! 나 소자가 감히 상제의 명을 폐하지 못한다. 하늘이 영왕의 뜻을
아름답게 여기시어 우리 작은 나라인 주나라를 일으키셨다. 영왕이 거북점을
써서 능히 이 명을 편안히 받았다. 이제 하늘이 그 백성을 도우시는 데에도
하물며 또한 거북점을 씀에 있어서야. 아아! 하늘의 밝음이 두려움은 우리의
크고 큰 터전을 도우시기 때문이니라.[52]

---

51) 『尙書』, 「湯誓」, "格爾衆庶, 悉聽朕言. 非台小子, 敢行稱亂, 有夏多罪, 天命殛之……夏氏有罪,
   予畏上帝, 不敢不正."
52) 『尙書』, 「大誥」, "已! 予惟小子不敢替上帝命. 天休(嘉美之意)於寧王(寧王卽文王), 興我小邦周.

주공은 문왕이 남겨 주었던 보물거북을 사용하여 상제의 의지를 점쳤고, 복사卜辭로부터 상제의 명령을 받았다. 그는 감히 상제의 명령을 어기지 못한다고 말하였다. 하늘이 문왕을 보우하고 작은 나라인 주나라를 흥성하게 하였다는 것이다. 문왕은 점복에 근거하여 일을 처리하였기 때문에 상제의 큰 명령을 받을 수 있었다. 지금 하늘이 여전히 주나라 사람들을 보우하고 있으니, 더욱 점복에 의거하여 일을 처리하여야 한다는 것이다. 하늘은 이미 자신의 위엄을 보여 주었고 그들을 보우하여 위업을 완성하게 하였다.

앞에서 살펴보았듯이 하夏대에 이미 천신숭배와 조상숭배의 합일이 시작되었다. 하夏·상商·주周의 제사 활동에서 왕만이 비로소 하늘에 제사를 지낼 수 있는 자격이 있었고 제사를 지내는 대제사大祭師(또한 왕이다.)는 또 언제나 조상을 배제配祭로 하였다. 이것이 바로 이른바 '시조를 하늘에 배향하는 것'(以祖配天)이다. 원인은 바로『예기』「교특생」에서 말한 바와 같이 만물의 본원은 하늘이고 사람의 본원은 조상이기 때문에, 천제의 지극히 높은 신을 제사 지낼 때는 멀고 가까운 조상을 배향으로 하였다. 하늘의 신을 추모하고 또한 선조들을 추모하며 시시각각 그들의 은덕에 보답할 것을 생각하고 몸과 마음의 근원으로 되돌아가 근본을 잊지 않음에 이르는 것이다.

주공

은주殷周 교체기에, 하夏·은殷대의 주정자들과 비교하면, 주공 등 사람들의 관념에는 일정한 변화가 발생하였다. 바로 '시조를 하늘에 배향하는 것'(以祖配天)이 '덕으로써 하늘에 배향하는 것'(以德配天)으로 발전하였는데, 혈연적인 조상숭배가 정치와 도덕성의 조상숭배로 발전하였고, 외재적인 천신숭배가 점차적으로 내재화되었고 도덕화되었다. 이러한 변화는 중국 문화

寧王惟蔔用, 克綏受玆命. 今天其相民, 矧亦惟蔔用. 嗚呼!天明畏(卽威), 弼我丕丕基!"

사와 사상사 전체의 발전방향에 결정적인 작용을 일으켰다.

그런데 은상殷商시대에는 종교의식만 있었고 도덕의식은 없었다고 할 수 없다. 실제적으로 반경盤庚이 수도를 옮기는 과정의 몇 개 '문고'에서, 도덕적인 요구를 이미 찾아볼 수 있다.

> 오호라! 옛적에 우리의 앞 임금들은 백성들을 받들지 않음이 없어서 (백성들 또한) 임금을 돕고 서로 걱정하는 것으로써 천시를 행하지 않음이 드물었다. 은나라에 큰 재난을 내려서 선왕들이 편안히 여기지 않고 일어나 도읍을 옮긴 것은 백성들의 이로움을 살펴보아 천도한 것이다.[53]

> 지금 우리 백성들은 떠돌아다니고 흩어져 서로 떨어져 살고 있으며 안정된 머무는 곳이 없다. 그대들은 나에게 "어찌하여 만백성들을 진동시키면서 옮겼는 가?"라고 말하고 싶을 것이다. 그러나 상제는 우리 높으신 조상들의 덕을 회복하 여 우리 집안을 다스려 주었다. 나는 행실이 두텁고 공경하는 이들과 더불어 백성들의 명을 삼가 받들어 영원히 새로운 도읍에서 살도록 하였다.[54]

반경의 말에 의하면 예전의 선왕들은 마음을 다하여 백성들을 아끼지 않음이 없었고, 백성들도 서로 헤아려서 하늘의 뜻을 따라 일을 행하지 않음이 없었다. 이전에 하늘이 은나라에 재난을 내려주자 선왕이 감히 옛 도읍을 떠나기 아쉬워하 지 않고 백성들의 이익을 보호하기 위하여 도읍을 옮겼다. 또 말하기를 지금 큰 수재를 당하여서 백성들에게 안정된 거처가 없다. 그렇다면 무엇 때문에 많은 사람들을 동원하여 도읍을 옮기려 하는 것인가? 상제가 큰 재난을 내린 것은 우리들에게 새로운 도읍으로 옮겨가서 고조高祖의 사업을 회복하고 나라를

---

53) 『상서』, 「盤庚中」, "嗚呼! 古我前後(君主)罔不惟民之承, 保後胥戚, 鮮以不浮於天時. 殷降大虐, 先王不懷厥攸作, 視民利用遷."
54) 『상서』, 「盤庚下」, "今我民用蕩析離居, 罔有定極. 爾謂朕曷震動萬民以遷. 肆上帝將復我高祖 之德, 亂(治理)越(於)我家. 朕及篤敬, 恭承民命, 用永地於新邑."

번창시키라는 것이다. 따라서 매우 진실하고 조심스럽게 상제의 명령을 따라 일을 처리하고 마음을 다하여 백성들을 구제하고자 한다. 반경의 이러한 훈계에는 백성들의 뜻과 백성들의 이익을 존중하고 정치를 하는 사람들의 돈후한 직업정신을 포함하고 있는데, 약간의 인문주의 맹아가 싹튼 것으로 볼 수 있다. 물론 은대에도 여전히 귀신을 공경하여 섬김을 주로 하였다.

작은 나라였던 주나라가 은상을 교체한 이후 주나라 초기의 사람들은 한 걸음 나아가 인문적인 자각이 있었다. 이러한 자각은 그들이 작은 나라로서 큰 명령을 이겨 내었고, 또한 내외의 반란에 직면하여 하·은 양대의 '천명'을 얻었다가 다시 잃어버렸다는 교훈을 종합해 냄으로써 일종의 우환의식을 가지지 않을 수 없었음에 근원한다. 강대한 하·은 왕조가 걸桀과 주紂에 의하여 하루아침에 패망하였던 것은 '천명'이 전이될 수 있고 변경될 수 있음을 설명하였다. 「강고康誥」에서 주공은 강숙康叔에게 "오직 천명은 항상 하지 않고"(惟命不於常) 천명이 변경될 수 있음을 경고하였다. 관건은 정치를 하는 자가 '덕을 밝히고'(明德) '덕을 존경하는 것'(敬德)에 있다. 그는 문왕이 '덕을 밝히고 형벌을 삼갈 수'(明德愼罰) 있었기에, 즉 자신의 덕행으로 조심스럽고 신중하게 형벌사무를 처리하였고 감히 환과고독鰥寡孤獨을 업신여기지 않고 근면성실하고 진실하고 공경하였으며 경외하였고 현명한 사람을 임용하고 존중하였고 나쁜 사람을 처벌하였는데, 그 덕행이 백성들 사이에서 매우 뚜렷하여 상제가 알았고 그에게 은을 멸망시키는 큰 임무를 내려주었음을 지적했다. 「소고召誥」에서 주공은 "나는 하나라를 귀감으로 삼지 않을 수 없고, 또 은나라를 귀감으로 삼지 않을 수 없다"55)라고 하였다. 하나라와 은나라가 멸망하였던 교훈은 바로 "그 덕을 공경하지 않으면 곧바로 그 천명이 일찌감치 떨어진다"56)는 것이었다. 따라서 "황천의 상제가 그 원자와 이 큰 나라인 은나라의 천명을 바꾸어 버렸다."57) 하나라와 은나라가

---

55) 我不可不監於有夏, 亦不可不監於有殷.
56) 不敬厥德, 乃早墜厥命.

천도를 어겼기 때문에 천명을 상실하였던 것이다. 주공은 성왕에게 "덕을 공경하지 않아서는 안 됩니다", "왕은 속히 덕을 공경하소서. 왕이 덕을 쓰는 것이 하늘의 영원한 명을 비는 것입니다"[58]라고 훈계하였다. 주나라 사람들은 천신과 귀신을 인간세상의 정치와 도덕의 입법자, 심판자로 간주하였고, 사람들이 숭배하는 대상에 인식 가능한 내용이 있게 되었으며, 종교적인 신학에 인사의 이성적인 활동을 추가하였다. 그들은 하·은 양대의 왕권신수설王權神授說을 개조하였고, 천자설天子說을 창조하여 천신의 권위를 빌려 왕권의 합리성을 증명하였을 뿐만 아니라, 천명전이론天命轉移論을 창조하여 천신의 권위를 빌려 군주의 권력에 일정한 제한과 도덕적인 제약을 두었다. 또한 군주에게 백성을 다스릴 뿐만 아니라 백성을 교화하게 하는 이중 책임을 부여하였다.

주周나라 초기의 사람들은 "천명이 일정하지 않고"[59] "황천은 특별히 친한 사람이 없고 덕이 있는 사람을 도와줄 뿐이며"[60], "하늘이 때에 맞게 백성의 주인을 구해 주고" 임금은 그 덕을 공경하고 삼가며 나라를 잘 다스리고 "백성을 보전하여 누려야만" 비로소 "하늘의 명을 누릴"수 있다[61]. 주나라 초기의 사람들의 '경敬', '경덕敬德', '명덕明德' 관념은 일종의 책임감으로 충만한 우환의식이고, 책임, 신심을 신에게 넘겨주던 데로부터 자기 담당으로 전환하였다. "깊은 못가에 임한 듯 얇은 얼음을 밟고 가듯 하는"(如臨深淵, 如履薄冰) 이러한 경각성으로부터 생기는, 정신을 집중하여 삼가고 정치, 사업에 대하여 신중하고 열심히 하며 자신의 행위에 대하여 책임지는 심리상태는 종교의 경건함과 다르다. 이는 주체성을 해소하는 것이 아니라 주체의 적극성과 이성적인 작용을 자각적이고 주동적이고 반성적으로 두드러지게 하였다. 이는 중국 인문정신의 최초의 표현

---

57) 皇天上帝改厥元子玆大國殷之命.
58) "不可不敬德.", "王其疾敬德. 王其德之用, 祈天永命."
59) 『시경』, 「대아·문왕」, "天命靡常."
60) 『좌전』, 희공 5년, "皇天無親, 惟德是輔." 「주서」를 인용함.
61) 『상서』, 「多方」, "天惟時求民主.", "保享於民.", "享天之命."

이고 '경敬'을 동력으로 하는 것으로서, 도덕적인 성격을 가지고 있는 인문주의 혹은 인문정신이다.

주공이 제기하였던 '덕을 존중하고 백성을 보호하며'(敬德保民) '덕을 존중하고 백성을 편안하게 하는'(敬德安民) 등 일련의 인도주의사상은 매우 심각하였고 사회적인 실천에서 일정한 작용을 일으켰다. 고고학적인 발굴로부터 볼 때 주대와 은대는 매우 큰 다른 점이 있는데, 인순人殉과 인생人牲의 현상이 아주 크게 감소되었다는 점이다. 주나라 초기의 통치자들은 이미 백성들의 생명, 생활과 백성들의 의지, 의향의 중요성을 인식하여 천명과 동등한 지위로 끌어올렸고, 통치자들이 인민의 생활을 통하여 천명을 이해할 것을 요구하였다. 다시 말하면 하늘의 뜻은 백성들의 뜻을 통하여 표현되었고, 왕은 백성을 거울로 삼아야 하며, 백성들의 사정으로부터 천명을 파악하여야 한다는 것이다. 이는 바로 "하늘은 백성들이 보는 것을 통하여 보고 하늘은 백성들이 듣는 것을 통하여 듣는다"[62], "백성들이 하고자 하는 바를 하늘이 반드시 따라준다"[63], "사람은 물에 자신을 비춰 보지 말고 민심에 비춰 보아야 한다는 옛사람의 말이 있다"[64]이다. 이는 중국 민본사상의 근원이다.

『상서』 혹은 『서경』의 함의와 의의는 매우 풍부하였다. 이상은 저자가 정치철학의 일부 방면에 대하여 평가한 것이고, 중화문명사에서의 가치와 지위를 엿볼 수 있었다.

4) 『시경』

『시』는 『시삼백詩三百』이라고도 하는데, 주로 한漢대 이후에 『시경』이라 불렀

---

62) 『맹자』, "天視自我民視, 天聽自我民聽." 『상서』 「태서」를 인용함.
63) 『좌전』, 양공 31년, "民之所欲, 天必從之." 『상서』 「태서」를 인용함.
64) 『상서』, 「주고」, "古人有言曰: 人無於水監; 當於民監."

다. 중국 최초의 시가詩歌 모음집이다. 진자전陳子展 선생의 견해에 근거하면, 이 또한 상고사회의 생활을 보여 주는 한 부의 백과전서라고 할 수 있다. 『시경』에는 도합 305편의 시가 수록되어 있다. 이 시들이 창작된 연대는 서주西周 초기부터 춘추春秋 중기까지 약 오백여 년 사이이며, 저자가 누구인지는, 아주 적은 수의 기재되어 있거나 추측할 수 있는 부분을 제외하고 절대 다수는 고증할 수 없다.

『시경』은 국풍國風, 소아小雅, 대아大雅, 송頌의 네 부분으로 나누어진다. 고대에서는 악관樂官이 음악과 시를 수집하고 가공하고 정리하고 전수하였다. 국풍은 주周나라의 채시관采詩官('酋人' 혹은 '行人'이라 부른다.)이 수집한 민간가요인데, 물론 지식인 혹은 관원의 윤색을 거친 것이다. 일부는 제후, 대부가 헌진獻陳한 가요이다. '풍'은 소리의 곡조를 가리킨다. 국풍은 15개의 제후국(周南·召南·邶·鄘·衛·王·鄭·齊·魏·唐·秦·陳·檜·曹·豳)으로 나뉘는데, 그때 당시 이러한 지방(오늘의 섬서, 감숙, 산서, 하남, 하북, 산동, 호북, 안휘 등 지역에 해당한다.)의 특색과 풍습을 보여 준다.

'아雅'는 바로 '하夏'인데, 음이 서로 비슷하여 두 글자는 통용되었다. '하'는 황하 유역 일대를 가리킨다. '아악雅樂'은 중원 일대의 왕공 귀인이 정식적인 장소에서 연주하던 음악이다. 음악이 있으면 시가 있다. 주희에 의하면 대아大雅는 조회 때 쓰이던 음악이고, 소아小雅는 잔치 때 쓰이던 음악이다. 가사는 대부분 사대부가 쓴 것이다. 이는 물론 대체적으로 말한 것일 뿐이다. 사실상 소아에도 국풍과 유사한 것들이 들어 있는데, 하층 백성들의 마음의 목소리를 보여 주는 시가이다. 대개는 악조가 다른데 이 또한 대아와 소아가 구별되는 기준이다.

'송頌'은 바로 '용容'이고, '가歌'와 '무舞'를 아우른다는 의미이다. '송'에는 주송周頌, 노송魯頌, 상송商頌의 세 부분이 포함되는데, 주요하게는 제사를 지낼 때 여러 가지 신들(자연과 조상의 신령)을 노래하는 시가이다. 물론 일부 살아 있는 군주를 노래하거나 아첨하는 시가들도 들어 있었다.

사마천에 의하면, 공자의 시대에 시가가 3000여 편이었는데, 공자에 이르러 중복되는 것을 삭제하고 그중에서 예의로 실시할 수 있는 것을 취하여 305편으로 간추려졌다. 모두 현가弦歌였고, 「소韶」, 「무武」 아송雅頌의 음을 합할 것을 추구하였다. 이것이 바로 이른바 공자가 시를 삭제하였다는 설이다. 당唐대의 공영달孔穎達은 고전에서 인용한 『시』는 전해지는 판본의 『시』에 들어 있는 것이 많고 산실된 것이 매우 적다고 주장하였다. 지금 사람들이 『좌전』, 『국어』, 『예기』에서 인용한 『시』를 비교한 것 또한 이러하다. 공자 자신도 "시 삼백 편"(詩三百)이라고 하였다. 따라서 공자가 시를 삭제하였다는 설은 믿을 수 없다. 물론 공자가 『시』를 정리하였음은 의심할 여지가 없다. 『논어』 「자한」에서는 이렇게 말하였다.

> 공자가 말하였다. "내가 위나라에서 노나라로 돌아온 뒤에 음악이 바르게 되고 아와 송이 각기 제자리를 얻었다."65)

이는 적어도 공자가 악곡, 악조를 조정하고 검토하고 수정하였으며 아와 송의 편 순서를 편집하고 정리하였음을 설명한다.

『시』의 체재 혹은 수단에는 '부賦', '비比', '흥興'이 있다. '부'는 직접적으로 나열하여 서술하는 것이고, '비'는 비유하고 풍자하는 것이며, '흥'은 연상하는 것이다. 공자는 "시를 배우면 분발할 수 있고 안목을 기를 수 있고 사람들과 잘 어울릴 수 있고 원망을 표출할 수 있다"66)고 하였다. 이는 시의 기능을 말한 것인데, 연상능력을 키울 수 있고 관찰력을 제고할 수 있으며 사람들과의 협력능력을 단련할 수 있고 원망과 비난의 감정을 토로하고 풍자의 수법을 배울 수 있다. 공자의 주장에 근거하면, 『시』를 읽음으로써 그중의 도리로써 부모에게 효도하고 군주와 어른을 모실 수 있으며, 또한 지식을 획득할 수 있는데 새와 짐승, 풀과 나무의 이름을 많이 알 수 있다.

서한西漢 초기에 『시』를 전승해 온 삼가三家를 역사적으로 '삼가시'라고 부른

---

65) 『논어』, 「자한」, "子曰: 吾自衛返魯, 然後樂正, 雅頌各得其所."
66) 『논어』, 「양화」, "詩可以興, 可以觀, 可以群, 可以怨."

다. 그들은 모두 금문가今文家였고 문경文景의 통치시기에 학관에 세워졌다. 삼가는 노나라의 신배申培, 제나라의 원고轅固, 연燕나라의 한영韓嬰을 가리키고 세 사람 모두 시박사詩博士이다. 『제시齊詩』는 위魏나라에 의하여 망하였고, 『노시魯詩』는 서진西晉에 의하여 망하였으며, 『한시韓詩』는 송宋대에 의하여 망하여 현재 『한시외전韓詩外傳』만 남아 있다. 송대 이후에는 『모시毛詩』만 지금까지 전해지고 있고, 우리가 현재 읽고 있는 『시경』은 바로 『모시』이다. 『모시』는 한漢대 하간헌왕河間獻王 박사이고 노나라 사람인 모형毛亨이 지은 『모시고훈전毛詩故訓傳』이고, 모형은 조趙나라 사람 모장毛萇에게 전수하였다. 이는 고문경이다. 모형이 대모공大毛公이고, 모장이 소모공小毛公이다. 동한東漢의 정현鄭玄도 『모시전毛詩箋』을 지었는데 『모시』를 주로 하고 삼가를 두루 채용하였다.

서한西漢 초기부터 『시』는 『시경』으로 불렀다. 그렇다면 유가는 무엇 때문에 '경'이라 높여서 부른 것인가? 『시』에 반영된 사상과 유가는 어떤 관계가 있는 것인가?

유가는 중화문명의 경전을 존중하는데, 『시』는 가장 소중한 경전 중의 하나이다. 앞에서 이미 서술하였듯이 유가의 종사宗師 공자와 『시』 사이에는 떼려야 뗄 수 없는 인연이 있다. 새로 출토된 초간楚簡 자료인 상해박물관에 소장된 전국戰國시기 초죽서楚竹書에 『공자시론孔子詩論』이라는 편이 있는데, 다음과 같은 공자의 말이 기재되어 있다. "시는 의지를 아낌이 없고, 음악은 감정을 아낌이 없으며, 문장은 언어를 아낌이 없다."[67] 분명히 공자는 『시』가 포부를 표현하고 사람들이 『시』를 통하여 숨겨둔 의지, 마음을 나타낼 수 있다고 주장하였다. 마찬가지로 음악을 통하여 숨겨 둔 감정을 표현할 수 있는데 문장을 쓰면서 언어를 아끼지 않는 것과 같다. 『공자시론』은 『시경』의 편명 60편을 언급하였는데, 애정을 노래하고 특히 『시』의 감정을 토로하고 상고시대 사람들의 '성性'

---

67) 詩無吝志, 樂無吝情, 文無吝言.

사이의 관계를 강조하였으며, '근본에 보답하고 처음으로 돌아가고'(報本反始)
'감정을 이끌어 예에 들어갈 것'(導情入禮)을 주장하였다.

공자가 말하였다. "나는 「갈담」편으로부터 인간의 근본을 엿볼 수 있다. 인간의
본성은 본래 이와 같은 것이다. 그 아름다움을 보면 그 근본을 되돌아보고자
하는 것이다. 칡넝쿨을 노래한 것은 「관저」의 '개改', 「규목」의 '시時', 「한광」의
'지智', 「작소」의 '귀歸', 「감당」의 '포褒', 「녹의」의 '사思', 「연연」의 '정情'인데
어찌 처음부터 모두 현명하였겠는가? 「관저」는 남녀 간의 사랑을 통하여 예의를
비유하고 있고…… (「관저」는) 혼인에 대한 즐거움을 노래한 것이고 즐거움을
통하여 '예'를 표현한 것인데 어찌 비유로 전환시킨 것이 아니겠는가?…… 나는
「감당」으로부터 종묘에 대한 존경심을 배웠는데 이는 곧 백성들의 본성이다.
어떤 사람을 존경하면 그 사람이 머물렀던 곳을 존경하고, 그 사람을 좋아하면
그가 한 일들을 좋아한다. 그 사람을 싫어하면 이와 상반된 행위를 하는 법이다."[68]

『공자시론』과 『논어』에 남겨진 『시』에 관한 공자의 논술은 서로 어우러져
흥취를 자아낸다.

『상서』 「요전」에서는 "시는 뜻을 말하고, 노래는 말을 읊은 것이며, 소리는
길게 함에 의거하고, 율은 소리가 어울린 것이다"[69]라고 하였다. 시는 사상과
감정을 표현하는 것이고 노래는 언어를 빌려 감정을 소리 높여 읊는(吟唱) 것이다.
언어로 충분하게 표현하지 못하면, 소리 높여 읊는 방식으로 금석사관金石絲管으
로써 표현하였다. 따라서 『시』는 바로 『악』이기도 하다. '영언詠言'은 길게 말하는

68) 李零, 『上博楚簡三篇校讀記』(臺北: 萬卷樓도서공사, 2002), 제25~26쪽, "孔子曰: 吾以「葛覃」
得氏初之詩, 民性固然. 見其美, 必欲反, 一本夫葛之見歌也, 則「關雎」之改, 「樛木」之時, 「漢廣」之
智, 「鵲巢」之歸, 「甘棠」之褒, 「綠衣」之思, 「燕燕」之情, 曷曰: 動而皆賢於其初者也? 「關雎」以色
喩於禮……好, 反納於禮, 不亦能攻乎?……吾以「甘棠」得宗廟之敬, 民性固然. 甚貴其人, 必敬其
位; 悅其人, 必好其所爲. 惡其人者亦然."
69) 詩言志, 歌詠言, 聲依永, 律和聲.

것을 가리키는데, 가사의 소리를 길게 늘여 노래가 된 것이고, 악곡의 곡절과 반복에는 완만함(緩)과 급함(急)이 있다. 궁宮·상商·각角·치徵·우羽의 오음과 율려律呂는 서로 조화된다. 『시경』의 서문(序言)에서는 이렇게 말하였다. "시라는 것은 뜻하여서 나아가는 것인데 마음에 있으면 뜻이 되고 말을 펴내면 시가 된다."[70] 시인은 사물을 노래하는 것을 통하여 자신의 감정, 지향을 토로하는 것이다.

한편으로 『시경』에서 나타난 일부 사상은 전주곡이 되어 유가에 의하여 계승되었고, 다른 한편으로 유가는 『시경』에 대한 창조적인 해석을 통하여 일부 이념을 발휘하고 발전시켰다. 여기에는 주요하게 다음과 같은 것들이 포함된다. (1) 통치자의 방탕함과 포학함, 교묘한 수단이나 힘으로 빼앗는 것(巧取豪奪), 소인과 가까이하고 현명한 신하를 멀리하는 것 등을 채찍질하고 풍자하였다. (2) 백성들이 압박과 착취에 반항하고 전쟁, 노역, 형벌을 반대하였음을 보여 주었다. (3) 백성들의 질고를 헤아리고 백성들의 자유로운 생활에 대한 갈망을 노래하였다. (4) 평화롭고 안정된 생활을 노래하고, 덕으로 하는 정치를 노래하였으며, 자유로운 연애와 아름다운 혼인 및 가정생활을 노래하였다.

『서경』과 마찬가지로 우리는 『시경』에서도 상고시대 중국인들의 하늘, 상제에 대한 존경과 신앙을 파악할 수 있다. 유가가 이러한 대전통을 계승하였음이 분명하다. 유가의 천명론은 『서경』, 『시경』의 사상을 계승하고 발휘한 결과이다. 『시경』에는 일부 상商, 주周 시대의 역사를 노래한 사시史詩가 있는데, 이로부터 천명이 일정하지 않고(靡常) 덕으로써 하늘에 배합하는 사상 및 일부 심각한 역사의식을 터득할 수 있다.

---

70) 詩者, 志之所之也. 在心爲志, 發言爲詩.

5)『예경』

『예』에는 '삼례三禮'가 있는데, 바로『의례』,『주례』,『예기』이다.71) 최초의
『예경禮經』은 오늘날의『의례儀禮』이고, 한漢대 초기에는『예』혹은『사례士禮』,
『예경』이라 불렸고『예기禮記』라고도 불렸다. 진晉나라 때부터『의례儀禮』라 부르
기 시작하였고, 한漢대에 노나라의 고당생高堂生(생몰년 미상)이『사례』17편을 지었
고, 다섯 번째로 대덕戴德, 대성戴聖, 경보慶普의 삼가三家에 전해졌고, 금문경今文經
에 속한다. 노공왕魯恭王은 공자 고택의 담벽(孔壁)에서『예고경禮古經』56권을
얻었는데, 고문경古文經에 속한다. 그중에서 17편은 금문 의례와 편명이 대체로
동일하였다. 정현鄭玄은『의례』17편의 금문과 고문을 서로 교정하였는데 지금까
지 전해지고 있고, 기타의 것은 전해지지 않는다. '삼례'의 전문가 전현錢玄 선생
등의 연구에 근거하면,『의례』에 보존되어 있는 일부 예제는 일찍이 서주西周시기
에 행하여진 것이고, 춘추春秋시기 이후에는 이미 그 문장을 학습하고 인용하는
사람이 있었다. 선진先秦시기의 전적典籍에서 언급하고 있는 예제, 예기는 대부분
『의례』에 부합하였다. 따라서『의례』17편이 단편으로 문장을 이루는 것은
춘추春秋시기보다 늦지 않다. 편집하여 책이 만들어진 것은 혹 비교적 뒤지만
그래도 너무 늦지는 않을 것이다. 1959년 감숙甘肅 무위한묘武威漢墓에서 출토된
『의례』의 목간은 편차가 전해져 온 판본과 같지 않다.『의례』에 기재된 혼,
상, 제사 등의 예절은 후세에 계승되었고, 물론 그대로 따르고 개혁하고 덜고
보탬(因革損益)이 있다.

　『주례』의 원명은『주관周官』이었고『주관경周官經』이라고도 하였는데, 서한西
漢 말에『주례』라 고쳐서 불렀다. 서한시기에 처음으로 나타났고 고문경이었다.
『주례』에 서술된 명물名物, 관직職官, 예제禮制의 대부분은 선진先秦시기의 고적古籍

---

71) 여기서 '삼례'에 대한 소개는 錢玄·錢興奇 편저의『삼례사전』(강소고적출판사, 1998)을
　참조하였다.

과 서로 부합하는데, 선진시기의 책이라고 보아도 의심할 바가 없다. 책 전반에서는 천자의 육관六官 및 거기에 분속分屬된 관직, 예를 들어 천관총재天官冢宰, 지관사도地官司徒, 춘관종백春官宗伯, 하관사마夏官司馬, 추관사구秋官司寇, 동관사공冬官司空 및 그 하속 관직 등에 대하여 자세하게 서술하였다. 서술된 백여 개의 관직과 서주西周시기의 금문金文은 서로 같거나 혹은 비슷하였다. 동관 부분은 한漢대 초기에 산실되었고 후세 사람들이 보충하여 「고공기考工記」라 하였는데 목공木工, 금공金工, 피혁공皮革工, 염색공, 연마공硏磨工, 도공陶工에 대하여 자세하게 기재하였다. 『주례』는 선진先秦시기 전장제도의 중요한 문헌이었고 후세 정치제도의 구축에 매우 큰 영향을 주었는데, 북주北周시기로부터 청淸대 말에 이르기까지 존재하였던 육부六部(吏·戶·禮·兵·刑·工) 제도도 이로부터 비롯된 것이었다.

『예기』는 『소대례기小戴禮記』 혹은 『소대기小戴記』라고도 부르는데, 모두 49편으로 이루어졌다. 서한西漢시기의 대성戴聖이 선진先秦시기에서부터 진한秦漢대에 이르기까지의 예학자들이 예의 『기記』문을 해석한 것을 부분적으로 골라내어 편찬한 것이다. 내용에는 '예'를 해석한 부분, 예를 들어 「곡례曲禮」, 「단궁檀弓」, 「내칙內則」, 「관의冠義」, 「혼의昏義」 등의 삼십여 편이 있고, 학문에 속하는 부분 즉 「대학」, 「중용」, 「학기學記」, 「유행儒行」편들이 있으며, 정치제도에 속하는 부분 예를 들어 「왕제王制」, 「월령月令」 등이 있다. 동한東漢 말에 정현鄭玄이 『소대례기』와 『주례』, 『의례』를 병렬하여 '삼례三禮'라 불렀고 이에 주석을 달았다. 이 밖에 대덕戴德이 85편으로 편집한 『예』가 있는데 『대대례기大戴禮記』 혹은 『대대기大戴記』라 부르고 현재 39편만 전해진다. 『대대례기』의 내용은 난잡한데, 선진先秦시기의 「하소정夏小正」 즉 중국에서 가장 이른 월령이 있는가 하면, 「투호投壺」 등의 일례逸禮도 있는데, 『의례』의 여러 편들과 매우 유사하다. 이 밖에 한漢대의 학자들이 예를 논한 편들도 있다.

중화문명이 전승되는 과정에서 '삼례'의 학문은 시대와 더불어 예기, 예의, 예악, 예전, 예속, 예법, 예치, 예교의 그대로 따르고 개혁하고 덜고 보탬(因革損益)에 따라 끊임없이 변화하였고, 현대에 이르러서는 거의 실전되었지만, 그중의 일부 요소는 여전히 생활방식과 공동체의 기억 속에 축적되어 있다. '예'는 원래 민간 풍속과 원시적인 종교활동에서 기원하였다. '예'는 포괄하는 측면이 매우 넓은데, 일반적으로 말하면 사회규범, 제도, 법규와 행위방식이 포함된다. 전통 중국의 학문은 오늘날처럼 사회, 정치, 법률, 윤리, 종교, 예술, 철학 등으로 분류되지 않았고, 이러한 내용들은 사실상 모두 '예'에 포함되었다. "예는 관례에 서 시작하고 혼례에 근본하며 상례와 제례에서 무거워지고 조빙에서 높아지고 향사례와 향음주례에서 화합하니 이는 예의 대체이다."[72] 관례, 혼례, 상례, 제례, 향사례, 향음주례 등은 원래 민간의 교류활동이었고 자연적인 신령과 조상의 신령에 대한 숭배의식이 포함되어 있으며 상층의 통치그룹에서는 점차적 으로 연燕, 향饗, 전렵田獵, 조근朝覲, 빙문聘問 등등의 예제가 있게 되었고 끊임없이 변화하였다. 복잡한 예의는 대체적으로 다섯 가지 부류로 종합할 수 있었는데, 바로 길吉, 흉凶, 빈賓, 군軍, 가嘉였다.

유가의 예절은 일상적인 일 처리와 사람 사이의 관계 외에도 중대한 사건, 예를 들어 성년이 되고(冠), 혼인을 맺고(昏), 상을 당하고(喪), 제사를 지내고(祭), 조현하고(朝), 사절을 보내고(聘), 향교에서 술을 마시고(鄕), 활을 쏘는(射) 등에서도 모두 구체적인 함의가 있었다. 관례는 성인의 책임을 밝히는 것이고, 혼례는 남녀의 구별을 이루고 부부의 의義를 세우는 것이다. 상례는 부모의 장례를 정중히 하고 조상을 추모하며(愼終追遠) 사생死生의 의를 밝히는 것이다. 제례는 백성들이 성실하고 충성하도록 하는 것인데, 그 중에서 하늘에 제사 지내는 것은 근본에 보답하고 시작으로 돌아가는 것(報本返始)이고, 조상에 제사 지내는 것은 못다 한 봉양을 계속하여 효를 이어 가는 것(追養繼孝)이며, 여러 신에 제사 지내는 것은 덕을 높이고 공에 보답하는 것(崇德報功)이다. 조근의 예는 군주와

---

72) 『예기』, 「혼의」, "大禮始於冠, 本於昏, 重於喪, 祭, 尊於朝, 聘, 和以射, 鄕: 此禮之大體也."

신하의 의를 밝히는 것이고, 빙문의 예는 제후들이 서로 존경하도록 하는 것이며, 향음주례는 어른과 어린아이의 질서를 밝히는 것이고, 향사례는 덕행을 관찰할 수 있다. 요컨대 이러한 고례古禮는 종교, 정치, 윤리, 예술, 미학의 가치를 종합하였고 사회를 안정시키고 사람들의 마음을 보살피고 생활의 질을 향상시킴에 있어서 모두 적극적인 의의가 있다. 유가에는 예교 외에도 시교詩敎가 있는데, 이는 모두 사람들이 선을 향하게 하고 돈후하고 정중하게 하며 서로 화목하게 지냄으로써 인간 본성의 부정적인 측면을 극복하게 한다. 예치禮治로 놓고 말하면 근본적으로 사회에 질서가 있게 한다.

'예'는 '예제禮制'로 발전하였고 기능은 주요하게 친소, 원근, 귀천, 상하의 등급을 확정하고 군신, 부자, 형제, 부부의 사회구조를 확립하며 풍속을 바로잡고 재물의 사용을 절제하며 사회의 질서를 정돈하고 귀족의 생활을 억제하는 등등이다. 춘추春秋 중기 노나라의 조귀曹劌는 이렇게 제기하였다. "예는 백성들을 정돈하는 것이다. 그러므로 회맹하여 상하의 법도를 훈시하고 재용의 절도를 제정하며 조현하여 작위에 따라 서열을 정하는 의를 바로잡고 장유의 질서를 따르게 한다."73) 이는 바로 예가 사회생활의 질서를 정돈하고, 상하의 등급을 확립하며, 관원들의 직책을 규정하고, 재물의 사용을 절제하며, 장유의 질서를 수호함을 말하는 것이다. 『예기』 「곡례상」에서는 이렇게 말하였다.

예는 친소를 확정하며 혐의스러운 것은 잘라내고 의심스러운 것은 판단하며 같고 다른 것을 분별하며 옳고 그른 것을 밝히는 것이다.…… 도덕과 인의는 예가 아니면 완성되지 않고 교육과 훈도로 풍속을 바로잡는 것은 예가 아니면 완전하지 않으며 다툼을 분별하고 송사를 판별하는 것은 예가 아니면 결정되지 않고 임금과 신하, 윗사람과 아랫사람, 아버지와 자식, 형과 아우 사이에도

---

73) 『좌전』, 좌공 23년, "夫禮, 所以整民也. 故會以訓上下之則, 制財用之節; 朝以正班爵之義, 帥長幼之序."

예가 아니면 분수가 정해지지 않는다. 벼슬하고 학문하는 데 있어 스승을 섬기는 것은 예가 아니면 서로 친애할 수 없고 조정의 순위를 정하고 부대를 통솔하고 벼슬에 나아가고 법령을 시행하는 일은 예가 아니면 위엄이 서지 않는다. 도사와 제사에서 귀신에게 제물을 공급하는 것이 예에 맞지 않으면 정성스럽지 않고 공경스럽지도 않다.[74]

'예'가 일정한 사회의 등급규범이고 전반적인 사회생활을 질서 있게 함을 충분히 볼 수 있다.

'예'는 일정한 의미에서 '법' 즉 이른바 '예법'이다. 여기에는 물론 시대적인 한계가 있지만 군혼제群婚制 이후 일부일처一夫一妻 제도가 점차적으로 확립됨에 따라 부권제父權制 가정과 사유제, 계급, 국가가 형성되었고, 이러한 남녀의 구별, 윤리질서로부터 끊임없이 확대된 '예법'이 바로 이른바 '진보'와 '문명'의 표징이고 결정이며, 등급규범이 전반적인 사회생활을 통합하였고 질서 있게 하였음을 인정하지 않을 수 없다. 물론 단지 '법'의 의미만 가지고 있는 것은 아니고, 더욱 중요한 것은 그중의 종교적인 신앙, 신념과 도덕적인 가치이다.

순자의 견해에 근거하면 사회의 통합, 유지 및 질서화는 사회의 분공 및 등급명분 제도에 의거하여 확립된다. '예'의 작용은 '다름을 구별해 내고'(別異) '인간관계를 규정하는 것'(定倫)이다. "예는 다름을 구별해 내고"[75], "예로써 인간관계를 규정한다"[76]. '윤倫'은 질서로, 여기서는 혈연적인 관계를 가리키고, 더 나아가서는 사회적인 속성과 등급질서를 가리킨다. "예란 귀하고 천한 등급이 있게 하고, 어른과 어린아이 사이에 차별이 있게 하는 것이다. 가난한 자와 부유한 자, 신분이 가벼운 자와 무거운 자는 모두 알맞음이 있게 하는 것이다."[77]

---

74) 夫禮者, 所以定親疏, 決嫌疑, 別同異, 明是非也……道德仁義, 非禮不成; 敎訓正俗, 非禮不備; 分爭辨訟, 非禮不決; 君臣, 上下, 父子, 兄弟, 非禮不定; 宦學事師, 非禮不親; 班朝治軍, 莅官行法, 非禮威嚴不行; 禱祠祭祀, 供給鬼神, 非禮不誠不莊.

75) 『순자』, 「악론」, "禮別異."

76) 『순자』, 「지사」, "禮以定倫."

"현명한 자를 숭상하고 능력이 있는 자를 부리며 귀하고 천함을 구별하고 가깝고 먼 것을 분별하며 어른과 어린아이를 질서 지우는 이것이 선왕의 도이다."[78] "예란 신분이 높은 사람을 공경하고 노인들에게 효도하며 어른들에게 공손하고 어린아이들을 사랑하고 신분이 천한 자에게는 은혜를 베푸는 것이다."[79] "나라에 예가 없으면 바르지 않게 되고, 예로써 나라를 바로잡는 것은 저울로 경중을 헤아리고 먹줄로 곡선과 직선을 재고 컴퍼스로 원을 그리고 자로 네모를 그리는 것에 비유할 수 있다. 이미 이것을 두었으면 사람을 속일 수 없는 것이다."[80] 한 나라에 예가 없으면 정무를 처리하는 척도가 없게 되고, 일정한 규칙과 표준이 없으면 한 발자국도 나아가기 어렵다.

집과 나라와 천하의 사무를 처리함에 있어서 예의 작용은 일에 부딪쳐 일정한 절도에 부합하고 지나침과 모자람이 없으며 적당하게 하는 것을 중요하게 여긴다. 물론 적당하게 하기 위하여 적당하게 하는 것이 아니고, 여기에는 문화가치적인 함의가 들어 있다. 하지만 일정한 규칙, 제도로써 사람들(특히 정치를 하는 사람들)의 사리사욕, 언행을 절제하는 것은 예의 주요한 기능이다. 이 가운데 내포된 '절도'의 관념 또한 발굴할 만한 가치가 있다.

공자가 말하였다. "예로다, 예이로다. 무릇 예는 절제해서 중정을 이루는 것이다."[81]

'예'는 중국사상사의 '중용', '중화', '중도', '적중'의 전통과 밀접한 관련이 있다. 이 가운데 포함된 '도'의 관념, 동적인 균형, 두 끝을 잡고 그 중을 쓰는(執兩用

---

77) 『순자』, 「부국」, "禮者, 貴賤有等, 長幼有差, 貧富輕重皆有稱者也."
78) 『순자』, 「군자」, "尙賢使能, 等貴賤, 分親疏, 序長幼, 此先王之道也."
79) 『순자』, 「대략」, "禮也者, 貴者敬焉, 老者孝焉, 長者弟焉, 幼者慈焉, 賤者惠焉."
80) 『순자』, 「왕패」, "國無禮則不正. 禮之所以正國也, 譬之猶衡之於輕重也, 猶繩墨之於曲直也, 猶規矩之於方圓也, 旣措之而人莫之能誣也."
81) 『예기』, 「중니연거」, "子曰: 禮乎禮, 夫禮所以制中也."

中) 관념 또한 발굴할 만한 가치가 있다. "상고시대에는 덕을 귀하게 여겼고 그 다음 시대에는 덕을 베풀면 갚는 것에 힘썼으니, 예는 가고 오는 것을 숭상한다. 가기만 하고 오지 않는 것은 예가 아니고, 오기만 하고 가지 않는 것도 예가 아니다. 사람은 예가 있으면 편안하고, 예가 없으면 위태롭다. 그러므로 '예는 배우지 않으면 안 된다'고 하였다. 예는 자신을 낮추고 남을 높이는 것이다. 비록 등짐을 지거나 물건을 파는 자라도 반드시 높임이 있으니 하물며 부귀한 자에 있어서이겠는가? 부귀하면서도 예를 좋아할 줄 알면 교만하지 않고 음탕하지 않을 것이며 비천하면서 예를 좋아할 줄 알면 겁을 먹지 않을 것이다."[82] 이러한 교제원리는 다음과 같은 내용을 포함하고 있다. 덕을 귀하게 여기고, 겸손하고 남을 존중하며, 은혜를 베풀고 보답할 것을 강조하고, 예의상 오고 가는 것을 중시해야 한다. 부귀 혹은 빈천을 막론하고 모두 서로 존중하고 서로 이익과 혜택을 얻는다. 여기서 특히 행상을 하는 자(負販者), 빈천한 사람에 대한 존중을 중요시하였다.

공자는 일부 정치를 하는 사람들이 백성을 "움직일 때 예로써 하지 않음"을 비판하였고, 백성을 아낄 것을 강조하였으며, "백성을 부릴 때에는 의롭고", "비용을 절약하고 사람을 아끼며 시기를 살펴 백성을 동원함"[83]을 주장하였다. 여기서 재차 행상을 하는 자, 빈천한 사람에 대한 존중과 대등한 베풂(施)과 보답(報)의 관계임을 제기하였다. 과거의 "예는 서민들에게까지 적용되지 않는다"(禮不下庶人)에 대한 이해에는 오류가 있다. 청淸대 손희단孫希旦의 주석에 근거하면, "예는 서민들에게까지 적용되지 않는다"(禮不下庶人)에서 말한 것은 서민을 위하여 예를 만들지 않는다는 것이지, 서민에 대하여 예로써 하지 않거나 서민에

---

82) 『예기』, 「곡례상」, "太上貴德, 其次務施報. 禮尚往來: 往而不來, 非禮也; 來而不往, 亦非禮也. 人有禮則安, 無禮則危, 故曰禮者, 不可不學也. 夫禮者, 自卑而尊人, 雖負販者, 必有尊也, 而況富貴乎? 富貴而知好禮, 則不驕不淫; 貧賤而知好禮, 則志不懾."
83) "動之不以禮.", "使民也義.", "節用而愛人, 使民以時."

게 행할 수 있는 예제가 없음을 말하는 것이 아니다. 옛날에 예법을 제정함은 선비(士)부터 그 이상에게 적용되는 것으로, 예를 들면 관례, 혼례, 상견례 등은 모두 사례士禮였다. 따라서 서민들은 사례를 참조하여 행하였고, 혼례, 상례, 장례, 제례의 표준을 낮출 수 있었으며, 예절(節文)과 의물儀物의 여러 방면에서 자신의 능력에 따라 행하였다.

비록 '예'와 '악'이 치중하는 바가 다르더라도 '예'는 다름을 구별해 내는 것을 주로 하고, '악'은 같아지도록 합치는 것을 주로 한다. '예'는 몸을 다스리는 것을 주로 하고, '악'은 마음을 다스리는 것을 주로 한다. 예는 밖으로부터 작용하고, 악은 안으로부터 나온다. 하지만 순자가 주장한 바와 같이 '예'와 '악'은 서로 배합하고 작용을 발휘하는 것이고, 특히 '사람들의 마음을 다스리는 것'(管乎人心)이다. "악이란 변할 수 없는 것을 조화롭게 하고, 예란 바꿀 수 없는 것을 다스려지게 한다. 악은 같아지도록 합치지만, 예는 다름을 구별해 낸다. 예와 악의 근본은 사람들의 마음을 다스리는 것이다."[84] "악은 똑같게 하는 것이고, 예는 다르게 하는 것이다. 똑같으면 서로 친하고, 달리하면 서로 공경한다. 악이 지나치면 방탕한 데로 흐르고, 예가 지나치면 감정이 이반된다. 정을 합하게 하고 모양을 꾸미는 것은 예악의 일이다. 예의가 확립되면 귀하고 천한 등급이 매겨지고, 악의 문文이 같아지면 위와 아래가 화합하게 되며, 좋아하고 미워함이 드러나면 현자와 불초한 자가 분별되고, 형벌로 포악함을 금하고 관작으로 어진 사람을 등용하면 정사가 균평해진다. 인으로써 사랑하고 의로써 바로잡아서 이와 같이 하면 백성의 다스림이 행하여진다."[85] "악은 안을 닦는 것이고, 예는 밖을 닦는 것이다. 예와 악이 안에서 서로 교차하면 밖으로 그 형체가 드러난다.

---

84) 『순자』, 「악론」, "樂也者, 和之不可變者也; 禮也者, 理之不可易者也. 樂合同, 禮別異, 禮樂之統, 管乎人心矣."
85) 『예기』, 「악기」, "樂者爲同, 禮者爲異. 同則相親, 異則相敬. 樂勝則流, 禮勝則離. 合情飾貌者, 禮樂之事也. 禮義立, 則貴賤等矣. 樂文同, 則上下和矣. 好惡著, 則賢不肖別矣. 刑禁暴, 爵擧賢, 則政均矣. 仁以愛之, 義以正之. 如此, 則民治行矣."

그러므로 그 이루어짐에 즐거워하고 공손하고 경건하면서도 온화하고 문아한 모습이 나타나게 된다."[86] 예와 악의 교화는 주요하게 백성을 화합하고 발전시키는 것이다. "예악으로써 천지의 변화와 만물의 출산을 통합하여 귀신을 섬기고 만민을 조화롭게 하며 모든 사물에 이른다."[87]

6) 『춘추경』

열국列國의 역사를 당시에는 모두 『춘추』라 불렀다. 특히 노魯나라의 국사를 가리켰다. 『춘추』에는 노나라 은공隱公 원년(BC 722)으로부터 애공哀公 14년(후세 사람들은 16년까지 늘였다.)까지 도합 244년의 역사가 기재되어 있고, 편년체編年體 역사서이다. 맹자, 동중서董仲舒, 하휴何休, 사마천司馬遷은 공자가 『춘추』를 지었거나, 『춘추』는 공자가 노나라 역사의 구문舊文을 산정하여 만들어진 것이라 여겼다.

『춘추』의 저자에 대해서는 의견이 분분하여 일치된 결론을 내릴 수 없지만, 대체적으로 『춘추』와 공자는 일정한 관계가 있다고 생각한다. 공자가 해설하고 산정하고 정리한 노나라 역사는 좋고 나쁨에 기거(寄寓)한다. 공자의 가치평가는 중국의 한자, 문자 특유의 매력으로서 지극히 간결하고 간략한 문자를 사용하여 역사서술 속에 혼합하였다. 맹자는 이렇게 말하였다.

세상이 쇠하고 도가 미미하여 부정한 학설과 포학한 행동이 일어나고 있다. 신하가 군자를 시해하는 자가 있고, 자식이 아버지를 시해하는 자가 있다. 공자가 두려워 『춘추』를 지었다. 『춘추』는 천자가 하는 일이다. 이 때문에 공자는 "나를 알아주는 것도 오직 『춘추』이고 나에게 죄를 주는 것도 오직 『춘추』이다" 라고 하였다.[88]

---

86) 『예기』, 「문왕세자」, "樂所以修內也, 禮所以修外也. 禮樂交錯於中, 發形於外, 是故其成也懌, 恭敬而溫文."
87) 『주례』, 「춘관・대종백」, "以禮樂合天地之化, 百物之產, 以事鬼神, 以諧萬民, 以致百物."

사마천의 『사기』「공자세가」에 기재된 바에 근거하면, 노애공 14년 봄에 서쪽으로 수렵을 갔다가 기린을 잡았다(西狩獲麟). 기린이 죽자 공자는 크게 슬퍼하였고, "역사의 기록에 근거하여 『춘추』를 지었는데, 위로는 은공隱公에 이르고 아래로는 애공哀公 14년에 이르기까지 모두 12 임금의 역사를 다루었다. 노나라의 역사에 근거하고 주나라를 가까이하고 은나라의 제도를 참작하여 하·은·주 3대를 계승하였다. 그 문사는 간략하지만 제시하고자 하는 뜻은 넓다. 이에 오나라와 초나라의 군주가 스스로 왕이라고 일컬었지만 『춘추』에서는 낮추어 원래의 작위인 '자작'으로 일컬었다. '천토'의 회맹은 실제로 제후가 주나라의 천자를 부른 것이지만 『춘추』에서는 그 사실을 피해서 '천자가 하양으로 사냥하러 나갔다'고 기록하였다. 이런 사실을 유추하여 당대의 법통을 바로잡는 기준으로 삼았다. 이와 같이 제후들에 대하여 폄하하고 꾸짖는 의도는 후에 왕이 된 자가 이것들을 제시하여 열어 주려는 데 있었다. 『춘추』의 대의가 행하여지면 천하에서 난을 일으키는 신하나 못된 자식들이 두려워하게 될 것이다. 공자가 자리에 있을 때 송사를 들었을 때에도 문헌으로 다른 사람과 의논해야 될 때에는 혼자서 판단을 내리지 않았다. 그러나 『춘추』를 지을 때에는 기록할 것은 기록하고 추려 낼 것은 추려 냈기에 자하와 같은 제자들도 한 문사도 더하거나 뺄 수 없었다. 제자들이 『춘추』의 뜻을 전수받은 뒤 공자는 이렇게 말하였다. '후세에 나를 알아주는 사람이 있다면 『춘추』 때문일 것이고 나를 비난하는 사람이 있다고 하여도 이 또한 『춘추』 때문일 것이다.'"[89]

『춘추』에 대한 해석에는 세 가지 종류가 있는데 『춘추좌씨전春秋左氏傳』,

---

88) 『맹자』, 「등문공하」, "世衰道微, 邪說暴行有作. 臣弒其君者有之, 子弒其父者有之. 孔子懼, 作『春秋』. 『春秋』, 天子之事也. 是故孔子曰: 知我者, 其惟『春秋』乎! 罪我者, 其惟『春秋』乎!"

89) 乃因史記, 作『春秋』, 上至隱公下訖哀公十四年, 十二公; 據魯, 親周, 故殷, 運之三代. 約其文辭, 而旨博. 故吳, 楚之君自稱王, 而『春秋』貶之, 曰: 子. 踐土之會, 實召周天子, 而『春秋』諱之, 曰: 天王狩於河陽. 推此類以繩當世, 貶損之義, 後有王者, 舉而開之; 『春秋』之義行, 則天下亂臣賊子懼焉. 孔子在位, 聽訟, 文辭, 有可與人共者, 弗獨有也. 至於爲『春秋』, 筆則筆, 削則削, 子夏之徒不能贊一辭. 弟子受『春秋』, 孔子曰: 後世知丘者以『春秋』, 而罪丘者亦以『春秋』.

『춘추공양전春秋公羊傳』, 『춘추곡량전春秋穀梁傳』이고 약칭하여 『좌전』, 『공양전』, 『곡량전』라 부르며 '삼전三傳'이라고 부른다.

『좌전』은 춘추春秋시기의 좌구명左丘明이 지은 것이다. 책 속에 기재된 『춘추』의 경문은 대부분 십여 년이나 초과되었다. 『춘추』를 해석하고 보완하였는데, 역사 사실이 상세하고 분명하며 확실하여 선진시기의 사회역사문화를 이해함에 있어서 중요한 가치가 있고, 고문경古文經에 속한다. 『공양전』은 전국戰國시기의 공양고公羊高가 지은 것이다. 처음에는 입과 귀로 전해지다가 한漢대 초기에 공양수公羊壽와 호무생胡毋生에 의하여 글로 쓰였고, 금문경今文經에 속한다. 한대에는 학관學官에 세워졌는데, 그 특징은 정치이상주의로 미래를 전망하고 입법을 조직한 것이다. 한무제漢武帝 시기에 가장 주목을 받았고, 한漢대와 청淸대 말에 성행하였으며, 학자들이 간단하지만 심오한 말로 큰 뜻을 발휘하기에 유리하였다. 『곡량전』은 노나라 사람 곡량적穀梁赤이 지은 것이라 전해지며 금문경에 속한다. 서한西漢시기에야 비로소 책에 기록되었고, 선제宣帝시기에 학관學官에 세워졌으며, 그 특징은 도덕문화 상의 예의의 원칙으로 역사의 시비와 선악을 판단하는 것이다.

『춘추경』 및 그 '삼전'에는 대량의 역사철학과 윤리철학의 내용이 들어 있으며 후세 사상사의 효모가 되었다.

오경은 역사적으로 점차 십삼경으로 변화하였다. 한漢·위魏 시기에 석경石經을 새겨 국자학에 세울 때 이미 '구경九經'이 있었다. 바로 『역』, 『서』, 『시』 외에 『예』는 『의례』, 『주례』, 『예기』의 세 가지 예로 나뉘었고, 『춘추』는 『공양춘추전』, 『곡량춘추전』, 『좌씨춘추전』의 세 가지 전으로 나뉘었다. 이후 또 『효경』, 『논어』와 『이아爾雅』가 경으로 승격되었다. 당唐대에 이르러서는 십이경十二經이 있었다. 당대에 새긴 석경에는 십이경이 있었다. 송宋대에 이르러 사서와 『맹자』의 지위가 상승하여 경서로 되었다. 남송南宋으로부터 청淸대 말에 이르기까지, 유가의 경전은 줄곧 '십삼경十三經'이었다. 순서대로 배열하면 『주역』, 『상서』,

『모시毛詩』, 『주례』, 『의례』, 『예기』, 『춘추좌전』, 『춘추공양전』, 『춘추곡량전』, 『논어』, 『효경』, 『이아』, 『맹자』이다. 청淸대 사람인 완원阮元(1764~1849)은 『십삼경주소十三經注疏』를 새겼는데 당시에 통용되는 판본이었다.

미국의 학자 헨더슨(John B. Henderson, 1826~1913)은, 기타의 경전과 비교하여 볼 때 유가경전의 특징은 개방적인 상태를 유지하고 끊임없이 새로운 경전의 출현을 허락하는 것이라 주장하였다. 예를 들어 오경으로부터 구경, 십삼경, 이십일경에 이르고, 송宋대 학자들은 사서를 높이고 오경을 경시하였지만 청淸대의 학자들은 이와 정반대의 방법을 사용하였음은, 유가경전의 정의가 기독교처럼 일반적으로 고정되고 폐쇄적인 적이 없고 새로운 학설에 대하여 쉽게 이단으로 간주하여 배척하지 않았음을 충분히 볼 수 있다. 또한 헨더슨은 『구약』에서 상제는 참을 수 없이 잔학하여 『성경』의 주석가들은 종종 '우화'의 방식으로 덮어 숨길 수밖에 없었다고 하였다. 비교하여 보면 유학의 경전은 도덕을 주요하게 고려하는데, 세계의 여러 문화 중에서 유일무이하다고 할 수 있다. 따라서 『시경』을 제외하고 유가의 주석가들은 경전의 내용이 적합하지 않은 문제를 신경 써서 처리할 필요가 없었다.[90]

2. 사서

'사서'는 혹 '사자四子'라 부르기도 하는데 유가의 중요한 경전이고 또한 중화문화의 보전寶典이다. 주자의 『사서장구집주』도 경전임에 틀림없으며, 송대 사람들의 '사자'에 대한 주소注疏와 해석을 집대성한 것으로서 7~8백 년 동안

---

90) 자세한 내용은 李淑珍의 「당대 미국 학계의 중국 주소전통에 관한 연구」(當代美國學界關於中國注疏傳統的研究, 대만 중앙연구원 중국문철연구소 기획처, 『中國文哲研究通訊』 제9권, 제3기, 1999년 9월)를 참조.

동아시아(오늘의 중국, 일본, 한국, 북한, 베트남 등 국가 혹은 지역)에 영향을 주었다. '사서'는 중국 사람들의 필독서이다. 중국에서의 '사서'는 인도에서의 『베다』(Veda, 吠陀經) 혹은 『우파니샤드』(Upaniṣad, 奧義書)와 같고, 아랍에서의 『코란』(Koran, 古蘭經)과 같으며, 서양에서의 『신약』, 『구약』과 같다. '사서'는 근본적으로 어떻게 인간이 될지를 가르치는데, '사서'를 읽지 않으면 인간의 존엄, 인격의 힘, 인생의 가치와

장재

의의를 모른다. 송宋대의 장재張載(1020~1077)는 이렇게 말하였다.

천지를 위하여 마음을 세우고 생민을 위하여 도를 세우며 앞서간 성현들을 위하여 끊어진 학문을 잇고 만세를 위하여 태평을 연다.[91]

이는 중국 고대 지식인들의 문화이상이자 유학의 정수에 대한 개괄이다. 양계초 선생의 관점에 근거하면, 『논어』, 『맹자』 등은 이천 년 국민사상의 총체적인 원천이고, 중국 사람들의 안팎의 생활을 지배하고 있으며, 그중의 일부 몸과 마음에 유익한 성현들의 격언은 오래전부터 이미 전 사회에 공통된 인식을 형성하였다. 따라서 이러한 사회의 한 사람이 되려면 그러한 것들을 철저하게 이해하여야만 비로소 공통된 인식에 간격이 생기지 않을 것이다.[92]

대만의 저명한 심리학자 양국추楊國樞 선생은 유가문화를 기저로 삼고 있는 중국문화는 사실상 중국 사람들의 심리와 행위를 형상화하는 매우 중요한 정신적

---

91) 爲天地立心, 爲生民立命, 爲往聖繼絶學, 爲萬世開太平.
92) 梁啓超, 「국학 입문서 목록 및 그 독법」(國學入門書要目及其讀法) 및 「治國學雜話」 모두 『胡適文存二集』(아동도서관, 1934)에서 찾아볼 수 있다.

자원이라고 주장하였다. 대만의 작가이자 교수인 용응대龍應臺에 의하면, 그의 인생관은 13세 때에 중학교를 다니기 시작하면서부터 몇 년 사이에 필수과목이었던 「중국문화기본교재中國文化基本教材」(내용은 바로 '사서'였다고 한다.)를 통하여 형성되었다고 한다. 바로 "자기가 서고 싶으면 남도 세워 주고, 자기가 이루고 싶으면 남도 이루게 해 준다"[93], "자기가 하고 싶지 않은 것은 남에게도 시키지 말라"[94], "내 노인을 노인으로 섬겨서 남의 노인에게 미치고, 내 어린아이를 어린아이로 사랑해서 남의 어린아이에게 미친다"[95], "선비는 궁하여도 의를 잃지 않고 영달하여도 도를 떠나지 않는다.…… 궁하면 그 몸을 홀로 선하게 하고 영달하면 천하를 겸하여 선하게 한다"[96] 등의 기본적인 가치이념을 받아들이게 되면서 형성되었던 것이다. 이러한 가치들은 그의 생활에서 저도 모르는 사이에 주의하지 않은 틈을 타서 발휘되었고, 정신적인 생명의 주맥主脈으로 변화하였으며, 처세와 일을 처리하는 준칙이 되었다. 그의 경험은 주위의 사람들, 예를 들어 일부 동료 혹은 부하 직원들 모두 사실상 공자의 '인'과 맹자의 '의', 절개와 인격으로 생명을 윤택하게 함으로써 현실을 직면하고 세상을 살아감을 알려 주었다. 저자 자신도 이와 유사한 생명체험이 있다. '사서'에서 말하는 것은 바로 우리 평범한 백성들의 진정한 안신입명安身立命의 정신적 기둥이고 인간을 인간답게 하는 근거이다.

어떠한 하나의 사회든 하나의 민족이든 문화적인 토양 혹은 사회문화의 배경으로 간주되는 것이 두 가지가 있는데, 하나는 '윤리적인 인식'이고 하나는 '문화적인 정체성'이다. 이른바 '문화적인 정체성' 혹은 '민족문화의 자아 신분의 정체성'은 "나는 누구인가", "나는 어디에서 왔는가"의 문제를 해결하는데 개인

---

93) 己欲立而立人, 己欲達而達人.
94) 己所不欲, 勿施於人.
95) 老吾老, 以及人之老; 幼吾幼, 以及人之幼.
96) 士窮不失義, 達不離道……窮則獨善其身, 達則兼善天下.

적인 인간이 귀속된 민족문화의 기본적인 신분의 자리매김이고 정신적인 신앙의 귀향이고 고향이다. 이른바 '윤리적인 인식'은 사실상 암묵적일 뿐만 아니라, 또한 구속력이 있는 백성들의 가치관, 생활태도, 가정과 사회를 대하는 방식 및 궁극적인 신념의 공통점이다. 만약 하나의 사회, 하나의 민족의 생활에 '윤리적인 인식'과 '문화적인 정체성'이 없다면 탈선의 위험에 직면할 수 있음을 면하지 못하고, 건강한 현대화, 건강한 정치, 경제, 과학기술, 문화의 건설 또한 있을 수 없다. 사실상 하나의 건강한 현대화, 건강한 법치사회, 상공(工商)사회의 구축은 '윤리적인 인식'과 '문화적인 정체성'에 의존하지 않을 수 없다. '사서'는 바로 중화민족의 '윤리적인 인식'과 '문화적인 정체성'을 배태하고 있는 기본적인 경전이다. 사서에서 강조하고 있는 도리, 예를 들어 '인', '의', '예', '지', '신' 오상 등은 바로 중화민족의 핵심적인 가치 관념으로서, 지금에 이르기까지 사람들 속에 생생하게 뿌리를 내리고 있고 계속하여 중화민족의 성장과 부흥을 위하여 적극적인 작용을 발휘하고 있다. 인류 문명의 경전은 현대 생활을 조리할 수 있고, 중국의 경전 예를 들어 사서 및 『노자』, 『장자』, 『육조단경』 등에는 마찬가지로 조리의 기능이 있다.

전목 선생은 중국문화사에 다른 사람을 초월하여 위에 있는 위인 두 사람이 있는데, 전고前古에는 공자이고 근고近古에는 주자라 주장하였다. 전 선생의 이러한 주장은 매우 근거가 있다. 주자는 백과전서식의 학자인 동시에 또한 적극적으로 세상에 들어가 백성들의 질고를 관심하였던 유위의 정치가였다. 사실상 진정한 유가는 지금까지 모두 '내성'과 '외왕'이 일치하였고, 이른바 한 마음으로 '심성론'만을 연구하였거나 혹은 수양만을 견지하였던 유가 혹은 한 마음으로 정치에만 참여하였던 '정치유학'은 없었다. 양자가 분리된다면 유학 혹은 유가가 아니다. 유가에서 내성과 외왕 혹은 객관적인 조건의 제약으로 편중하는 바가 있을 뿐이지 절대 그중의 어느 한쪽을 버리지 않는다. 현대 사람들도 마찬가지이다. 몸과 마음을 수양하는 동시에 일정한 공공사무를 담당하고 있고 일정한 사회직책이 있는데 여전히 덕과 업으로 동시에 나아간다.

주지하다시피 사서는 『대학』, 『중용』, 『논어』, 『맹자』를 가리킨다.

『대학』은 『예기』(소대기) 49편에서 제42편이고, 저자는 이미 고증할 수 없다. 당唐대 한유韓愈(768~824)의 「원도原道」에서 『대학』을 인용하였고, 이고李翶(774~836)부터 『대학』의 '격물치지'론을 설명하기 시작하였다. 송대 이전에는 별도로 간행된 단행본이 없었다. 송인종宋仁宗(1010~1063)은 일찍이 천성天聖 8년(1030)에 단행본을 진사에 합격한 왕공신王拱宸(1012~1085) 등에게 하사하였다. 사마광司馬光(1019~1086)은 『중용대학광의中庸大學廣義』 한 권을 지었는데 『학學』, 『용庸』을 병칭하여 따로 내왔다. 정호程顥(1032~1085)·정이程頤(1033~1107) 형제는 『학』, 『용』, 『어語』, 『맹孟』을 제창하였고 합하여 '사서'라 불렀으며 이를 육경에 상달하는 방법으로 간주하였다. 또한 『대학』을 '처음 배우는 사람이 덕에 들어가는 문'(初學入德之門)이라 불렀다. 『대학』의 '삼강령'(明明德, 新民, 止於至善)과 '팔조목'(格物, 致知, 誠意, 正心, 修身, 齊家, 治國, 平天下)은 '수신'을 관건으로 하고 "자신을 닦아 백성을 편안하게 함"(修己以安百姓)을 주요 내용으로 한다. 손중산孫中山 선생은 『대학』을 최고의 정치철학이라 칭찬하면서 서양의 장편 정치학서를 초월한다고 주장하였다.

『중용』은 『예기』(소대기)의 제31편이지만 단행본으로 따로 나왔고, 유래가 이미 오래되었다. 『중용』은 공자의 자손인 자사子思가 지은 것으로 비록 한漢대에 어떤 사람이 문구를 보태고 삭제하였지만 그 사상은 자사의 것임에 틀림없다. 반고班固(32~92)의 『한지漢志』에는 「중용설」 두 편이 기재되어 있는데, 그 뒤로 역대의 조정과 민간의 주목을 받았다. 당唐대 이고李翶의 『복성서復性書』는 『중용』의 '성명'에 관한 학문의 가치를 최초로 발굴하였다. 송宋대의 유가 주돈이周敦頤(1017~1073) 등은 『중용』의 형이상학과 심성론을 한층 더 분명하게 밝혔다. 북송의 불교도 지원법사智圓法師는 『중용』을 제창하였고 스스로 호를 중용자中庸子라 지었으며 『중용』의 뜻을 발휘하였는데, 사마광의 『중용광의中庸廣義』보다 더 이르다. 형병邢昺(932~1010)은 진종을 향하여 『중용』의 대의를 진술하였고 진종에 의하여 채택되었다. 인종은 『중용』을 진사에게 하사하였고, 범중엄范仲淹(989~ 1052)은 장재에게 『중용』을 전수하였으며, 장재를 계발하여 성인의 문에 들어가게 하였다. 이정 형제는 『중용』을 제창하였고, 『학』, 『논』, 『맹』과 병립시켰다. 정이는 『중용』이 바로 공자의 문하에서 전수하는 심법이고 처음에는 일리一理를 말하고 가운데서 만사로 흩어졌다가 마지막에 다시 일리로 된다고 주장하였다.

『논어』는 공자의 부동한 제자와 재전再傳 제자가 공자의 언행에 대하여 기록한 모음집으로서, 한 사람에 의하여 한 시기에 만들어진 것이 아니다. 대략 춘추 말기에 제자들이 "스승으로부터 받아들은 말"(接聞於夫子之語)을 기록하였고 입과 귀를 통하여 전해졌으며, 재전 제자들은 공자의 언행을 추가로 기록하였고, 훗날 부동한 간책簡策(편과 장)으로 편찬되었다. 대략 전국 초기에 모음집이 생겨났다. 한漢대에 이르면 적어도 노魯, 제齊, 고문古文의 세 가지 종류의 모음집이 있었다. 지금까지 전해지는 판본은 서한 말의 장우張禹가 노나라와 제나라 판본의 『논어』를 종합한 것이다. 이 밖에 죽간 결본(殘本) 『논어』가 있는데, 1973년에 하북성 정주의 서한 중산회왕中山懷王 유수劉脩(한환제 유지의 딸, 163~245)의 묘에서 출토되었다. 『논어』의 '논'은 논찬論纂의 의미이고 '어'는 언어라는 의미이다. 『논어』에 기재된 공자와 제자 혹은 당시의 정치가, 학자들 사이의 대화는 알기 쉽고 친절하며 담백함 속에 의미심장한 뜻이 숨겨져 있다. 『논어』는 일련의 사상체계 혹은 윤리조목이 아니라 대부분은 스승과 제자가 천도와 인사에 대하여 함께 토론하고 체험한 것에 대한 진실한 기록이다. 『논어』는 중국 유가경전 중의 하나이고 동한시기에는 경부에 속하였다. 『논어』는 한漢대에서 당唐대에 이르기까지 부녀, 아동의 계몽독본이었다.

『맹자』는 주요하게 맹자가 스스로 저술하였고 혹은 고제高弟가 맹자의 언행을 기록한 것을 맹자가 만년에 정리하여 만들어진 것이다. 『맹자』 7편에 한漢대 조기趙岐(?~201)의 『맹자장구』가 있다. 『한지漢志』는 비록 『맹자』를 제자諸子의 부류에 합류시켰지만, 한漢대 사람들은 마음속으로 '경서'의 이해를 돕는 '전傳'이라 간주하였다. 한문제漢文帝(유항, BC 203~157)는 『논어』, 『효경』, 『맹자』, 『이아』에 각각 박사를 두었고, '전기박사傳記博士'라 불렀다. 조기는 맹자를 '아성亞聖'이라 존숭하였고, 『논』과 『맹』을 병렬시켰으며, 왕충王充(27~97)도 『맹자』를 '전'이라 간주하였다. 중당中唐 이후에 한유는 「원도」에서 유가의 도통설을 제기하였다. 오대五代시기 후촉後蜀의 황제 맹창孟和(919~965)은 『맹자』를 포함한 십일경十一經을 돌에 새겼고, 송태종宋太宗(조광의, 939~997)은 다시 복각하였다. 이로부터 『맹자』는 경서에 합류되었다. 북송의 일류 학자와 정치가 손복孫復(992~1057), 석개石介(1005~1045), 구양수歐陽修(1007~1072), 왕안석王安石(1021~1086) 등은 한유의 도통설에 호응하여 맹자를 존숭하였고, 유학을 재정비하는 사업은 드디어 선비들에 의하여 인정되었다. 이정 때에 이르면 이미 『논』과 『맹』을 함께 논의하였고 지위는 이미 육경 위에 군림하였다.

송宋대(특히 남송) 이래로 '사서'의 지위는 크게 제고되었다. 원元에서 청淸대에 이르기까지 '사서'는 과거시험의 내용이었고 선비들의 필독서였다.

애초에는 별도로 간행되었던 『논어』, 『맹자』와 『예기』 중의 「대학」, 「중용」이 '사서'로 서서히 결집되었던 것에는 문화적인 원인과 사회적인 원인이 있었다.

불교, 도교의 도전에 직면하여 중화문화의 정신적인 핵심을 재건하는 것이 '사서'가 형성된 문화적인 원인이다. 역사적으로 외재적인 불교의 배척과 형식적인 모방을 거쳐 송宋대에 이르면 학자들은 보다 적극적으로 불교를 내재적으로 흡수하고 소화하며 지양하기 시작하였고, 본토적인 도교도 흡수하여 중국 사람들의 인생에 적합하고 철학적인 우주관, 형이상학, 심성론을 포함하는 정신체계를 재건하고자 시도하였다. 송宋대에 유·불·도 삼교의 융합, 특히 역사적인 실천으로 증명된 중국 사회에 가장 적합한 유가사상을 주체로 하는 융합을 진정으로 실현하였다. 송宋, 원元, 명明, 청淸은 '도학' 혹은 '리학'을 정신세계로 간주하던 시기였다.(청대 또한 예외가 아니다.) '도학' 혹은 '리학'의 흥기는 바로 중국의 지식인들이 정치, 민족의 위기 특히 외래 문화사상의 심각한 도전에 직면하여 생겨난 일종의 '문화자각'이었다. 한유로부터 시작하여 송宋대 초기의 세 선생, 북송오자 北宋五子를 거쳐서 남송南宋의 주자에 이르기까지는 여러 조대의 지식인들이 중국 사람들의 궁극적인 신념과 가치체계를 재정립하고 높은 차원과 수준에서 중국 사람들의 정신적인 근원 즉 육경, 『어』, 『맹』, 주공, 공자로 돌아가는 과정이었다 고 할 수 있다. 주자와 동시대의 학자(여조겸, 육씨 형제, 진엽 공리파 등) 사이의 변론, 주자 이후의 양명학 및 명대의 심학, 기학에 관한 여러 논의 내지는 명말청초 대유들의 반성 등은 비록 특색이 다양하고 독창적인 견해가 백출하며 파벌이 복잡하고 논쟁이 끊이지 않았지만, 종합하여 보면 같은 점이 다른 점보다 크고 세부적인 것을 깊이 논의하면 천차만별하지만, 전반적으로는 먼저 큰 것을 세웠 고 모두 하나의 중심을 둘러싸고 전개되지 않은 것이 없다. 그 중심이 바로 불교와 도교 양자에 대하여 내재적으로 비판하고 지양하고 소화함으로써 중국 사람 자신만의 우주론과 본체론을 재정립하고 중국 사람들의 정신적인 귀속의 문제(신념, 신앙, 궁극성 등등) 및 초월적인 추구와 현실적인 관심의 관계 문제를 해결하는 것이다. 송명리학(도학)은 우주론, 본체론과 심성·수양론을 재정립하 였고 도덕적인 형이상학적 체계를 재정립하였다. 이 시기의 철학이 중국철학사 에 남긴 가장 큰 공헌은 추상적인 정도가 매우 높았고 우주, 자연의 발생과 발전을 논의하였을 뿐만 아니라, 한 걸음 더 나아가 천지만물의 근거, 본원과 보편적인 규율 등의 인간의 궁극적인 관심의 문제를 포함하는 형이상학적인 문제를 논의한 것이다.

당唐대 이후 중국 사회의 전환은 '사서'가 형성된 사회적인 원인이다. 송宋대와 당대 및 이전 시대의 구별은 송대에 평민화 과정을 시작하였고 전통사회의 귀족과 서민의 이원 대립의 구조가 해체되기 시작하였다는 데에 있다. 송대의 경제수준, 도시규모와 문화번영의 정도는 당시 다른 지역에서 생활하던 민족이 도달할 수 없는 것이었다. 그것은 세계문명사의 기관奇觀이었다. 이원 대립의 사회구조가 해체된 후의 평민화된 사회에서 중화의 각 민족을 결집시켜야 하였고, 특히 평민들이 받아들일 수 있는 정신적이고 사회의 이상과 사람의 도, 궁극적인 신앙을 포함하고 있는 문헌 혹은 경전이 필요하였다. 따라서 당대 및 그 이전의 사회 상층인들이 송독하던 오경은 점차적으로 평민이 송독하던 사서에게 자리를 양보하였다. 이 과정은 비교적 길었다. 사서는 물론 오경을 대체할 수 없었고 송대 이후 학자들의 오경 내지는 십삼경에 대한 연구는 여전히 대대로 계승되었으며 매우 건설적이었지만, 전반적인 사회문화로부터 보면 사서는 집에서 전수받아 익히고 송독하는 학문이었고 조정과 민간, 도시와 시골 문화의 주류가 되었다.

'사서'와 '사서학四書學'은 사회민간의 수요에 의하여 생겨난 것이고, 문화가 아래로 이행한 결과물이다. 공자는 중국 지식인들의 첫 번째 문화'하이下移'(아래로의 이동)사업의 대표 인물로서, 왕관王官의 학문을 민간으로 옮겨 사학을 창설하였고 육경을 산수刪修하였으며 지식인들의 경전 정리와 해석의 전통을 열었다. 주자는 중국 지식인들의 두 번째 문화'하이'사업의 대표 인물로서, 민간에서 강학하였고 사서를 주석하였으며 사회의 대중들 속에서 사서의 새로운 전통을 열었다. 지금의 말을 빌려서 이야기하면, 조회 수가 가장 많은 인기 검색어가 송대 이전에는 '주공'(혹은 孔顔)과 '오경'이었다면 송대 이후에는 '공맹'과 '사서'였다는 것이다. 이 또한 전빈사錢賓四 선생이 제기하였던 것이다. 북송시기에 경학의 범위를 확대하고 경서를 재해석하는 문화운동이 확실하게 있었기 때문에 '사서'의 형성과 유행도 가능하였다.

주자는 일생을 다하여 『대학』, 『중용』에 장구章句를 지었고 『논어』, 『맹자』에 집주集注를 지었으며, 매우 부지런하게 노력하고 수정하기를 계속하여 사십여 년 사이에도 "수정이 여전히 끝나지 않았고"(改循未了), 임종 하루 전까지도 『대학』 「성의장」을 수정하고 있었다고 한다. 참으로 "전력을 다하여 깊이 연구하였고 죽은 뒤에야 그만두었다."[97]

주자『사서장구집주』의 특징은 세련된 문장으로 사서의 난점, 요점을 한 구절 한 구절 해석하였고, 먼저 발음을 표시하고 다시 전고典故, 인물을 해석하고 알기 어려운 글자와 구절을 해석하였으며 도리를 해석하였다. 당연히 주자 또한 훈고를 위주로 하였고 문장의 소통을 주로 하였다고 말해야 할 것이다. 『사서장구집주』의 도리에 대한 해석도 전적으로 송宋대 리학자들의 견해라 볼 수 없다. 우선은 그래도 통용되는 견해를 설명하였고 선진유학의 기본적인 지식과 도덕적인 의리에 대하여 설명하였으며, 특별한 의문점, 일부 범주 혹은 관건적인 용어, 일부 한漢대에서 당唐대에 이르는 유가들과 다른 견해, 특히 송宋대 유가의 견해를 발휘하기 쉬운 곳에 대하여 주자는 이정 및 그 제자 혹은 다른 사람들의 견해를 인용하거나 혹은 스스로 직접 해석하였다. 앞사람 혹은 동시대 사람들의 견해를 인용한 뒤 더 이상 설명할 필요가 없으면 설명하지 않고 선택하고 판단이 필요한 곳에서는 '우안愚按', '우위愚謂'를 적고 판정하거나 혹은 여지를 남겨 두었다. 장절의 맨 마지막에는 '이 절은'(此一節), '이 장에서 말한 것은'(此一節), '이 말은'(此言) 등등의 말로써 종합하였다. 아래위의 문장이 서로 관련되는 곳에 대하여 독자들이 주의하도록 일깨워 줄 필요가 있으면 특별히 설명을 가하였다. 철학적인 명사와 특별하게 발휘하기 편리한 곳의 도리가 송대 사람 혹은 주자 개인의 이해인 것 외에, 일반적으로 말해서 이

---

97) "畢力鑽研, 死而後已." 2003년 상반년에 저자는 일본의 간사이(關西) 대학을 방문하였다. 5월 27일에 저자는 아내와 함께 오사카의 시립미술관에 가서 해외에 유실된 중국의 서예전람 및 미국, 일본에 소장되어 있는 서예작품을 관람하였다. 일부는 북경, 臺北의 고궁박물관과 상해박물관에서 보지 못하였던 진귀한 작품이었는데 예를 들면 王右軍의 行穰帖 등이다. 특히 한 작품은 저자로 하여금 돌아가는 것마저 잊게 하였는데 바로 교토 국립박물관에 소장되어 있는 주자의 行書『논어집주』의 殘稿이다. 한 일본 사람이 1914년에 북경 소재의 문물시장에서 구매한 것이라고 하였다. 전시된 것은 「안연편」의 한 부분이었는데 남송의 淳熙 4년(1177)에 쓴 것이었다. 저자와 아내는 이 진귀한 문물 앞에서 오랫동안 서 있었고, 전부 관람한 뒤 다시 머리를 돌려 재차 목례를 하였다. 그때 전시한 것은 주자의 墨寶였는데 이 외에 동경국가박물관에 소장된 주자의 草書 서간(尺牘)(3피스) 등이 있다.

책의 주석은 대체적으로 공공적인 지식이기 때문에 이는 매우 핵심적이고 심각하며 대체하기 어려운 '사서' 교재이다. 주자의 제자 이성전李性傳(1174~1255)은 이 책의 "해석이 가장 정밀하다"(訓釋最精)고 하였는데 매우 적절하다. 물론 청淸대, 근대에도 기타의 '사서'를 해석한 저작들이 있다. 예를 들어 초순焦循(1763~1820)의 『맹자정의孟子正義』, 유보남劉寶楠(1791~1855)·유공면劉恭冕(1824~1883) 부자의 『논어정의論語正義』, 정수덕程樹德(1877~1944)의 『논어집석論語集釋』, 양수달楊樹達(1885~1956)의 『논어소증論語疏證』 등은 훈고적인 면에서 더욱 완전하고 정확하지만, 여전히 주자의 이 저작을 대체할 수 없다. 독자들이 참조하여 읽어도 무방하다. 주자의 이 저작은 송대 사람들의 사서학을 집대성함에 틀림없고, 주자는 '사서'를 체계화하였다.

주자 『사서장구집주』의 가장 큰 공헌은 심지어 청淸대 한학자들의 공헌을 초과하였는데, 한마디의 말을 빌리면 "먼저 큰 것을 세웠다"(先立乎其大者)고 할 수 있다. 바로 전반적이고 연관의 관점으로 '사서'의 정수를 파악하였고 이는 또한 선진儒학의 정수이기도 하며 송宋대의 역사문화 배경 하에서 유학의 핵심을 창조적으로 해석하였다. 송宋대 문자고증 수준의 제한을 받아 주자의 명물고증에서 청淸대의 한학자들이 바로잡았던 약간의 결함들을 찾아낼 수 있지만, 의미세계, 가치체계의 종합적인 제고 측면에서는 청대의 학자들이 따라잡을 수 없다. 청淸대의 한학자들은 개별적이고 세부적인 고증을 중요시하였는데 이는 물론 매우 중요한 것이다. 하지만 그들은 종종 중국의 사상세계에서 가장 민간적이고 가장 영향력이 있는 유가사상체계의 주지와 핵심을 소홀히 하였다. 따라서 주자 이후에 『대학』, 『중용』, 『논어』, 『맹자』를 해석하는 책들을 얼마나 출판하였는지를 막론하고, 모두 주자의 이 저작을 대체할 수 없는 것이다. 지금 현재 우리는 송학과 한학을 초월하여 '사서'에 대하여 새롭게 해석할 수 있는 조건이 마련되었다. 하지만 현대의 사람들에게는 큰 결함이 있는데, 너무 지나치게 경솔하여 진정으로 정력을 쏟아부어 주자의 이 책과 청나라 사람, 근대 사람들의 대표적인 해석들을 읽고 이해하려 하지 않고 급하게 결론을 내린다는 것이다. 주자의 학문과 수양, 지혜로 그가 사십여 년 동안 심혈을 기울여 세밀하게 하고 고심하여 고려하였던 이 책은 함부로 소홀히 대할 수 없는 것이다.

주자의 주석 특히 『대학』에 대하여 장을 나누고 보충하였던 것은 고금의 사람들에게 책망을 받는다. 하지만 냉정하게 논하면 최근 몇 년간 학계의 전세傳世 문헌과 출토문헌에 대한 연구에서 주자가 『대학』의 구조에 대하여 '경'과 '전'으로 구별한 것은 마침 중국의 경전과 고전 해석학의 특징을 틀어쥔 것으로서 방법론적 의의를 가지고 있음을 발견하였다. 이학근李學勤, 방박龐樸, 이령李零 등의 전문가들은 출토문헌 자료에 대하여 정리할 때 이 방법을 사용하였는데 확실하게 효과가 있었다. 주자의 『대학』 '격물치지' 보망장補亡章은 '조작'의 비판을 면하기 어렵지만 이것이 바로 주자의 해석이 창조적인 해석임을 보여 주는 것이 아닌가? 주자의 해석을 읽다 보면 주자의 사유가 특출함을 강하게 느낄 수 있고 그의 해석을 거쳐 '격물치지', '즉물궁리' 사상은 중국, 일본, 한국의 여러 나라에서 서학을 받아들이고 현대화의 길에 들어서는 데 영향을 주었고 일종의 문화적인 토양 혹은 배경이 되었다. 물론 이는 절대 직선적인 것이 아니고 서서히 침투되고 누적된 것이다.

『논어』의 해석을 놓고 말하면 하안何晏의 『집해集解』, 황간皇侃의 『의소義疏』도 모두 철학해석학의 의의를 가지고 있지만, 주자의 『집주』는 바로 이러한 기초 위에 더욱 전면적이고 더욱 시대적이며 개성적인 철학해석이다. 철학자의 해석은 물론 철학자가 처한 시대와 개인적인 색채를 띠기 때문에 주자의 『논어집주』 내지 전체 '사서'의 해석은 모두 반드시 송宋대 철학사의 배경 위에 놓고 고찰하여야 한다. 주자는 '사서'의 결집과 해석으로써 유학체계를 재확립하였다.

유학, 사서학은 모두 중국의 강역疆域을 초월하였고 모든 동아시아의 정신문명이었다. 주자의 본서는 원인종元仁宗(1285~1320), 원우元祐(1086~1094) 시기에 과거시험의 주요한 교재로 흠정欽定된 후 조정과 민간에서 더욱 폭넓게 전해졌고 영향은 더욱 커졌다. 물론 일단 공식 철학으로 흠정되면 선비들의 등용과 이익, 관록의 도구로 전락되고 전통사회의 후기로 갈수록 점차 고착화되며 애초의 활발하고 참신하며 창의적이고 건강한 정신적 자원의 가치는 약화된다.

주자의 본서는 중국에 가장 심원한 영향을 끼친 저작일 뿐만 아니라 동아시아에 가장 심원한 영향을 끼친 저작이다. 본서는 조선반도와 일본, 베트남에 전해진 뒤, 당지의 유학자들에 의하여 중국 대륙의 발전과 다소 차이가 나게 발전하였고, 본토적인 의미가 강한 창조적인 의의를 부여하였으며, 학계에서는 보다 심화된 연구 토론을 진행하였고, 민간에서도 폭넓게 영향을 주었다. 동아시아 유학의 사서해석에는 매우 복잡하고 다양하며 생동하고 풍부한 전통이 있다.

현재 고대 경전의 해석에 대하여 일부 저속화하는 경향이 있는데, 민간문화로 놓고 말하면 조금 가벼운 것은 정상적이지만 반드시 대중의 수준을 제고시켜 '희설戱說', '속강俗講'을 '정강正講'으로 인도하기 위하여 노력하여야 한다. 일부 서양의 학자들은 학술이라는 명목으로 『논어』 혹은 '사서'를 '비뚤게 해석한다'(歪講). 대표적인 것이 백목지白牧之·백묘자白妙子 부부가 함께 편찬한 『논어변論語辨』이다. 백씨 부부는 최술崔述(1740~1816)의 '의고疑古'를 따라 확대시키고 또 '색은索隱'의 수법으로써 되는대로 해체하여 『논어』를 정치권력의 투쟁으로 해독하였다. 고증학과는 아무런 관계도 없는데 이 책은 뜻밖에도 미국 한학계의 상당한 주목을 받았고 적절한 비판을 받지 못하였다.[98]

'사서학'은 오늘날 여전히 발전하는 추세가 있다. 근 십여 년 이래 저자와 동료들이 학교, 동아리, 기업, 언론, 지방의 도서관 등에서 '사서'를 강의하였던 정황으로부터 보면, 사람들의 절박한 수요를 깊이 느낄 수 있었고 또한 특별한 환영을 받았는데, 그들은 '사서'에 대하여 일종의 친화력을 가지고 있었을 뿐만 아니라 생명의 체험 속에서 생활의 실천으로부터 이해하였다. 저자는 '사서'가

---

98) 자세한 내용은 李淳玲의 「색은파의 위서 『논어변』 및 학문의 분계에 대한 문제」(論索隱派僞書 『論語辨』及學問分際的問題, 『인문논총』 2006년권, 무한대학출판사, 2007)를 참조.

여전히 현대 중국인들에게 가장 좋은 정신적 양식임을 믿어 의심치 않는다.

'사서'의 독법에 관하여 주희는 "내가 바라건대 사람은 먼저 『대학』을 읽어서 그 규모를 정하고, 다음에 『논어』를 읽어서 그 근본을 세우며, 다음에 『맹자』를 읽어서 그 드러내고 뛰어넘는 바를 관찰하고, 다음에 『중용』을 읽어서 옛사람의 미묘한 부분을 구한다"[99]고 하였다. 어떤 사람은 무엇 때문에 반드시 주자가 제기한 순서대로 읽어야 하는지를 묻는다. 우리는 물론 각자의 주장대로 읽을 수 있지만 주자의 독법이 순서에 따라 점진적이고 얕은 데로부터 깊은 데로 들어가는 원칙에 부합된다.

'사서'는 마음으로 읽고 생명으로 생명을 대하며 진실로 진실을 대하여야 한다. 고대의 성현들은 사람을 가르칠 때 권위로써 가르친 것이 아니라 제자들을 계발하거나 독자 스스로 터득하게 하였다. 유학은 생명의 학문이고 몸과 마음의 합일을 체험하고 실천하여야 한다. 이러한 전적典籍들을 배움에 있어서 몸으로써 힘써 행하고 배운 것을 실제로 활용하여야지 배운 것과 행하는 것이 어긋나서는 안 된다. 저자는 사서를 몇 번이나 읽었고 몇 번이나 가르쳤는지 모른다. 하지만 반복하여 읽다 보면 매번 새로운 체험과 수확이 있게 된다.

'사서'는 중국인들의 기본적인 신념, 신앙이고 중국인들의 안신입명安身立命의 도이며, 집집마다 전해지고 소리를 내어 읽던 학문이다. 시골의 글자를 모르는 사람이라도 그중의 사람됨의 도리를 자각적으로 실천하였다. 그중의 '인애仁愛' 사상은 오늘날에 이르기까지 중국인들의 사람됨의 근본일 뿐만 아니라 전 인류문명의 가장 빛나고 가장 소중한 정신적 재부이다.

마지막으로 특히 설명하고 싶은 것은 유교의 교화가 이른바 도덕적인 설교가 아니라 봄바람과 알맞게 내리는 비(春風化雨)와 같이 인재를 육성하는 훌륭한 교육이고 유가의 교육은 기예技藝를 배척하지 않을뿐더러 마침 바로 예禮·악樂·

---

99) 『주자어류』, 권14, "某要人先讀『大學』, 以定其規模; 次讀『論語』, 以立其根本; 次讀『孟子』, 以觀其發越; 次讀『中庸』, 以求古人之微妙處."

사射·어禦·서書·수數 등의 기예를 포함하고 있다. 유가에서 말하는 교육은 전면적이고 넓은 의미의 교육으로서, 오늘날의 지식교육, 기술교육, 도덕교육, 생사교육, 예술교육, 신체교육 등의 덕德·지智·체體·미美의 여러 방면을 포함하고, 오늘날의 가정교육, 사회교육, 학교교육 등을 포함한다. 중국 교육의 특징은 우선 "종합관, 즉 대교육관이다. 중국의 전통교육은 교육체계를 사회 전반의 큰 체계 속의 한 하위체계로 간주하였고, 많은 교육문제의 실질은 사회문제이며 반드시 전반적인 사회체계 안에서 고찰하고 해결하여야 한다고 주장한다."100) 그리고 교육은 또 사회의 각 하위체계 속에 침투되었다. 『예기』「학기學記」는 교육의 사회적인 기능을 열여섯 글자로 개괄하였는데, "建國君民, 教學爲先", "化民成俗, 其必由學"101)이다. 교육기능의 두 가지 측면 중 하나는 국가에 필요한 인재 및 전면적인 인재를 배양하는 것이고 다른 하나는 미풍양속, 도덕풍조와 인문환경을 형성하는 것이다. 이러한 양자는 또한 서로 연계되고 뒤섞여 통합된다.

중국인들은 가풍, 가정교육을 매우 중요시한다. 저명한 학자이며 중, 외의 철학과 불교학 연구의 전문가이며 20세기 50년대에 북경대학의 부총장을 지낸 적이 있는 탕용동湯用彤(1893~1964) 선생은 자신의 학문과 수양을 서술할 때 우선 "어릴 때 가정의 가르침을 이어받았다"(幼承庭訓)고 말하였다. 이는 바로 유아시기에 받았던 가정교육 즉 계몽교육이다. 고대에서는 '정몽正蒙'이라 하였는데, 즉 글을 배우기 시작할 때 반드시 단정하여야 한다는 것이다.

사서의 교육은 사회와 가정의 여러 측면에 관통되고 침투되어 양호한 작용을 발휘하였다. 사회, 국가, 민족에 유용한 인재 한 사람을 배양하려면 장래에

---

100) "綜合觀, 卽大教育觀. 中國傳統教育認爲教育這一系統是整個社會大系統中的一個子系統, 許多教育問題實質上是社會問題, 必須把它置於整個社會系統中加以考察和解決." 郭齊家, 「중국의 전통교육철학과 글로벌 윤리」(中國傳統教育哲學與全球倫理), 『교육연구』 2000년 제11기. 고대 교육의 전통 및 특징에 관해서는 郭齊家의 『중국교육사상사』(교육과학출판사, 1987)를 참조.

101) "나라를 세우고 백성의 임금이 됨에 가르치고 배우는 것을 우선으로 삼고", "백성을 교화하여 좋은 풍속을 이루려면 반드시 배움으로부터 말미암아야 한다."

어떤 사업에 종사하든지 막론하고 뿌리가 반드시 바르게 박혀야 하는데, 특히 사람됨의 교육, 인문적인 교육, 도덕적인 교육을 마땅히 근본으로 간주하여야 한다. 따라서 지금의 부모들은 지나치게 공리적이어서는 안 된다. 학부모 자신의 말로 가르치는 것(言敎) 특히 행동으로 가르치는 것(身敎)은 항상 보고 듣기 때문에 아이에게 큰 영향을 준다. 여기서 대과학자 두 사람을 예로 들고자 한다.

세계에서 유명한 물리학자이고 1957년에 노벨물리학상을 받았던 양진녕楊振寧(1922~) 박사는 자신의 회고록 『서광집曙光集』에서 이렇게 말하였다. "열한두 살 중학교 1학년과 2학년 여름방학에 아버지(시카고대학교 박사, 귀국 후 수학교수로 있었음)가 『맹자』를 읽도록 권하였고, 뇌해종雷海宗(1902~1962) 교수의 소개로 역사 학과의 훌륭한 학생 정칙량丁則良(1915~1957)을 청하여 『맹자』를 배우도록 하였다. 정칙량은 많은 상고上古시대의 지식도 알려주었는데 교과서에는 없는 것이었다." 중학교 시절에 양진녕은 『맹자』의 전문을 암송할 수 있었다고 한다. 『맹자』는 양 선생이 일생동안 끊임없이 이익을 얻게 하였다.

저명한 식물학자이고 중국과학원 원사이며 중국과학원 곤명昆明식물연구소 의 명예소장이고 2007년 국가 최고 과학기술상 수상자인 오정일吳征鎰(1916~2013) 교수는 90여 년 동안 줄곧 부모님의 '오지당五之堂'의 가훈을 철저하게 지켰다고 한다. 이 '오지'는 바로 『중용』의 "널리 배우고 자세하게 물으며 신중하게 생각하 고 밝게 분별하며 독실하게 행하여야 한다"[102]이다. 오씨 집안의 여섯 형제 중에서는 세 명의 원사院士가 배출되었다. 『중용』은 오씨 집안의 자제들로 하여금 의지를 고상하게 하고 매우 좋은 사상 방법과 학문의 길을 장악하게 하였다. 오 교수는 어머니의 가훈을 엄격하게 지켰고, 또한 이 학문 격언을 후배 과학자들 에게 전해 주었다.

유가의 핵심가치, 사서의 주요 내용은 또한 계몽독본, 극장과 찻집, 경극과

---

102) 博學之, 審問之, 愼思之, 明辨之, 篤行之.

설서說書 등을 통하여 여러 가지 민간예술의 경로로부터 사회로 흘러가고, 세상의 도의(世道)와 사람의 마음(人心)에 영향을 주었다. 산서山西의 교가대원喬家大院의 주인은 『주자치가격언朱子治家格言』 등의 일부 선행을 권하는 저서들로 자식들을 교육하였다. 유가의 교육방법은 절대 오늘날의 주입식 위주가 아니라 계발식을 위주로 하였다. 공자의 "스스로 번민하지 않으면 열어 주지 못하고 스스로 끙끙거리지 않으면 계발하지 못한다"[103], 맹자의 "자신의 생각으로 글쓴이의 뜻을 거슬러 구하고" "깊이 나아가 스스로 깨달아 얻는 것"[104]과 유사한 교육방법은 사서에 너무도 많아서 여기서는 더 이상 장황하게 늘어놓지 않겠다.

---

103) 不憤不啓, 不悱不發.
104) "以意逆志.", "深造自得."

제3장 인문정신

    사람들은 일반적으로 유학이 농업문명의 산물이기에 공업화와 오늘날의 과학기술문명 내지는 경제 전 지구화를 위하여 어떠한 가치 있는 물건도 제공할 수 없다고 여긴다. 하지만 저자가 보기에는 첫째, 민족성으로 말하면, 유학은 농업문명의 산물일 뿐만 아니라 화하족의 정신형태이고, 또 중국 내지는 동아시아 사회문화의 결정체로서 동아시아 각 민족의 민족 성격, 궁극적인 신념, 생활규범, 생활지혜, 처세방법을 내포하고 있다. 집단의 의식과 심리로서 오늘날에도 여전히 살아 있는 것이다. 둘째, 시대성과 공간성으로 말하면, 모든 지역과 집단의 전근대 문명은 휘황찬란했었던 중국 농업문명의 여러 가지 요소 특히 정신적인 요소들을 당연하게 포함하고 있기에 시공간을 초월하는 가치와 의의를 가지지 않을 수 없다. 따라서 경제전지구화, 세계일체화 내지는 인터넷문화 시대의 도래는 결코 민족성의 와해를 의미하지 않을뿐더러 전근대 문명이 이미 아무런 가치가 없음도 의미하지 않는다. 셋째, 다양성과 통일성의 관계로 말하면, 경제와 과학기술의 현대화 혹은 전지구화의 전제와 필요한 보충이 바로 넓은 의미에서의 '문화'의 다원화이다. 즉 부동한 지역, 집단, 민족, 언어, 종교, 계급, 계층, 성별, 연령의 사람들은 풍부하고 다양한 정치, 경제, 문화, 정신적 수요를 가지고 있는데 매슬로(Abraham Harold Maslow)가 제기한 인간의 생리, 안전, 단체귀속감, 사랑과 사랑 받음, 존엄과 자아실현 등 부동한 차원의 수요 및 부동한 가치이념과 부동한 민족문화의 자기정체성 사이의 충돌과 융합을 포함한다. 바로 '화실생물和實生物', '동즉불계同則不繼'이기에 민족성이 없으면 세계성도 없고, 현지화가 없으면 전지구화도 없으며, 다양성이 없으면 일체화도 없고, 인문정신의 함양이 없으면 현재와 미래 사회의 발전도 기형적이고 일차원적이며 평면적일 수밖에 없다. 부르디외(Pierre Bourdieu)와 후쿠야마(Francis Fukuyama)가 말한 '사회자본'·'문화자본'(혹은 인간자본)과 문화능력의 배양과 축적이 없으면 새로운 가정윤리·사업윤리·단체윤리 내지는 글로벌윤리가 구축될 수 없고, 중국의 '경제자본'의 구축과 경제, 과학기술의 현대화가 매우 어려워질 뿐만 아니라 소위 말하는 '경제전지구화' 역시 정상적으로 이루어질 수 없다. 사회풍습·공사公私도덕·인문소양·사업윤리를 포함하는 정신문화자본은 경제자본으로 전화될 수 있고, 현대사회화의 행위방식 또한 풍부히 하고 개선하고 되살아나게 할 수 있다.

1. 중화 인문의 특징

유학은 상고 삼대에서 시작하여 서주西周시대의 예악문명으로 기틀을 마련하였고, 중화민족의 생활과 사람들의 마음속에 깊이 뿌리박고 있으며, 전통사회와 전통문화의 주요한 정신형태이다. 형식적인 껍데기와 시대와 떨어질 수 없는 부정적인 면을 벗겨내면, 유기적이고 연속적이며 전체적인 우주관, 자강불식自強不息할 뿐만 아니라 후덕재물厚德載物의 사람된 도리, 화이부동和而不同론, 인생의 의의와 이상적인 인격 경지에 대한 추구 등등은 모두 현실적인 의의를 가지고 있으며 창조적으로 전화함으로써 현대사회와 현대인들의 마음을 적셔 주는 근원이자 활력수가 될 수 있다. 오천 년 중화문명이 낳은 인문정신은 우리가 현대화의 21세기로 나아감에 있어서 중요한 정신자원이고 염황炎黃 자손의 정신생명의 뿌리이다. 중화의 인문정신 특히 핵심인 유가의 인문정신을 발양하는 것은 당대 사회생활의 곤경을 극복함에 있어서 도움이 되는데 특히 당대 윤리의 재건에 유리하다.

중화민족은 오랜 기간 사회실천을 거듭하는 과정에서 점차적으로 독특한 정신신념과 가치의식을 형성하였다. 그중에서 '천天·지地·인人·물物·아我' 및 그 관계에 대한 반성, 특히 '안' 자신에 대한 반성이 가장 특색이 있다. 중화민족의 오랜 융합 과정에서 유·불·도 3교 특히 유교의 정政·교敎·예禮·속俗 여러 면에 대한 영향은 매우 거대하다. 중화의 여러 민족 및 여러 사상유파가 역사적으로 사람과 천도(天神), 사람과 자연, 사람과 사물, 사람과 사람, 사람과 자신의 관계에 대해 토론한 것은 한우충동汗牛充棟이라 할 수 있고 또 사람마다 관점이 다르기에 일부를 가지고 전체를 평가해서는 안 된다. 하지만 대체적으로, 중국은 3천 년 이래 사회의 상층과 하층에서 점차적으로 형성된, '안'을 둘러싸고 이루어진 일부 생각에 대하여 정리하고 개괄할 수 있다.

세계상의 다른 민족과 마찬가지로 중화민족의 고대 중국인들은 원시종교의 맥락에서 '안'의 지위를 숨겨 드러내지 않았는데, 사람들은 늘 '신神' 특히 자연적인 신령인 '제帝' 혹은 의지를 가지고 있는 인격신인 '천天'과 서로 연계되고 얽혀 있었다고 할 수 있다. 갑골문의 복사卜辭와 『상서』의 '제帝' 혹은 '상제上帝'는 바로 은殷나라 사람들이 모시는 지극히 높은 신이었다. 갑골문 복사 중의 '천제가 바람이 일게 하고'(帝其令風), '천제가 비가 오게 하며'(帝其令雨), '천제가 흉년이 들게 하고'(帝其降饉), '천제가 음식을 내려 보우한다'(帝降食受授又佑)에서의 '천제' (帝)는 대부분 자연적인 신령을 가리킨다. 하지만 『상서』나 『시경』의 '제'는 자연적인 신령과 조상 신령에 대한 숭배가 하나로 합쳐진 것이다. '제' 혹은 '상제'는 인류의 집단 및 생활의 지배자였다. 주周나라의 종정鍾鼎 명문銘文에서 '천天'자가 출현한 빈도는 매우 높다. '천'과 '안' 두 글자의 형태가 매우 비슷하고 '안'의 글자 형태에 동그란 점 하나를 추가하면 바로 '천'자가 된다. 주周나라에서는 지극히 높은 신을 부름에 있어서 '제'와 '천'을 혼용하다가 후에 점차적으로 '천'으로만 쓰게 되었다. 이렇게 '천'은 생명과 만물을 창조하고 인간을 보우保佑하는 인격신의 존재로 간주되었다. "오직 하늘이 아래 백성들을 몰래 정하였는데", "하늘은 탕임금에게 명을 내려 돕고", "하늘이 문왕文王에게 크게 명하여 은나라를 멸하게 하였으며", "하늘이 영왕寧王을 아름답게 여겨 우리 작은 주나라를 흥하게 하였고", "하늘이 여러 백성을 내었지만 그 명만 믿고 있지 못한다", "하늘이 여러 백성을 내었으니 사물이 있으면 법이 있다. 사람들이 마음에 떳떳한 본성을 가지고 있기에 이 아름다운 덕을 좋아한다"[1] 등에서 확인할 수 있다. 하지만 "천"의 인격신의 권위는 점차적으로 하락하였고 비인격적인 최고 주재자로 변하였으며 심지어 사람들의 저주의 대상으로 전락하였는데, 이러한 사실은 『시경』에서 많은 예를 찾아볼 수 있다.

주나라의 예악교화는 종교와 윤리, 정치를 결합한 것으로서 중화민족의 '인'의 의식, '인문'의식에 대한 강조를 보여 주었다. 예치禮治는 인간의 적극적인 유위有爲로 다스림이 분명하지만, 본원적인 의미로 말하면 순자의 설법대로 예의 본원은 '천지天地', '선조先祖'와 '군사君師'이다. 천지는 생명의 본원이고, 선조는 민족의 본원이며, 군장君長은 정치의 본원이다. 따라서 예문禮文은 위로는 하늘에 봉사奉事하고, 아래로는 땅에 봉사하며, 선조를 존경하고 군장을 존경한다. 이는 인민을 안정시키는 근본이다. 예악의 교화에는 물론 시교詩敎, 역교易敎, 서교書敎, 춘추교春秋敎 등이 포함되는데, 통치계급, 지식계층의 사람들이 몸과 마음을 연마하고 품행을 단정하게 하고 나아가 백성들의 문화적인 소양, 인격적인 경지를 높이고 사람들의 물질적인 요구와 정신적인 요구를 만족시키는 데에 쓰인다. 이른바 "예로써 백성의 마음을 이끌고 악으로써 백성의 소리를 조화롭게 한다는 것"[2]은 예로써 백성들을 절제하고 악으로써 백성들을 조화롭게 한다는 도리를 말한 것이다.

공자의 시대는 중국 사람들의 '인문의식'이 각성하던 시대였다. 공자는 "주나라는 앞의 두 왕조를 거울로 삼았으니 그 문화가 찬란하다! 나는 주나라를

---

1) "惟天陰騭下民", "天乃佑命成湯", "天乃大命文王殪戎殷", "天休於寧王, 興我小邦周", "天生烝民, 其命匪諶", "天生烝民, 有物有則, 民之秉彝, 好是懿德". 자세한 내용은 『상서』의 「홍범」, 「태서」, 「강고」, 「태고」와 『시경』 「대아」의 「탕」편, 「증민」편을 참조.
2) 『예기』, 「악기」, "禮以道其志, 樂以和其聲."

추종한다"3)고 하였다. 공자는 하夏나라와 상商나라의 문명을 계승하였을 뿐만 아니라 창조적으로 풍부히 하고 발전시켰던 '주문周文'을 중화민족의 깊고 오래된 대전통大傳統으로 간주하였다. '주문'은 원시종교에서 시작되어 그것에서 벗어나지 않을뿐더러 예악교화를 강조하였다. 예는 사회를 질서 있게 하고, 악은 사회를 화합시킨다. 공자는 주나라 예악문명의 살아 있는 정신을 깨우고 살렸을 뿐만 아니라 발양시켰는데, 이것이 바로 '인仁'의 정신이다. '인'은 예악의 핵심으로서 '인'이 없는 예악은 형식적인 껍데기이고 허위적인 의식일 뿐이다.

중국의 인문정신은 사실상 다른 것이 아니라 바로 공자 '인학仁學'의 정신이다. 그렇다면 '인'이란 무엇인가? '인'은 인간에게 내재된 도덕적인 자각이고 인간의 본질에 대한 규정 즉 맹자가 말한 인간이 동물과 구별되는 아주 작은 부분이다. "인의 실천은 자신한테 달려 있다"4), "내가 인을 실천하고자 하면 인이 곧 이르게 된다"5)에서 부각된 것이 바로 인간의 주체성 특히 도덕적인 자주성이다. '인'은 또한 '천·지·인·물·아' 사이의 생명의 감통이고, '천하일가天下一家, 중국일인中國一人'의 가치이상이다. 이러한 가치이상은 "자기가 서고 싶으면 남도 세워주고, 자기가 이루고 싶으면 남도 이루게 해 준다"6), "자기가 원하지 않는 것을 남에게 시키지 않는다"7) 등에서의 '충서忠恕'의 도를 주요 내용으로 한다. 이는 사람과 사람 사이 내지는 국가 사이, 민족 사이, 종교 사이, 문화 사이에 서로 교류하는 도이고, 인류와 동·식물, 인류와 자연의 보편적인 화합의 도이다. 공자의 '인학仁學'은 중화 인문정신의 핵심이고 인문주의의 가치이상으로서, 만국을 화합시키고 민족이 공존하며 문화를 교류하는 지도원칙일 뿐만 아니라 "사람과 천지만물이 하나가 되는"(人與天地萬物一體) 지혜이다. 『글로벌윤리선언』(全球倫

---

3) 『논어』, 「팔일」, "周監於二代, 鬱鬱乎文哉, 吾從周."
4) 『논어』, 「안연」, "爲仁由己."
5) 『논어』, 「술이」, "我欲仁, 斯仁至矣."
6) 『논어』, 「옹야」, "己欲立而立人, 己欲達而達人."
7) 『논어』, 「위령공」, "己所不欲, 勿施於人."

理宣言)의 기초자인 공한사孔漢斯(1928~2021) 선생이 공자의 "자기가 원하지 않는 것을 남에게 시키지 않는다"[8]를 전 세계 윤리의 황금률로 삼은 것은 너무 당연한 것으로, 그의 뛰어난 식견을 보여 준다.[9]

공자와 유가는 인간의 자강불식自强不息하고 적극적으로 유위有爲하는 창조정신 특히 인간의 물질문화, 제도문화, 정신문화의 여러 측면에 대한 적극적인 구축을 크게 선양하고, 문화의 발전과 번영을 촉진하였으며, 도덕, 지식, 지혜, 문채文采, 전장典章제도, 예악교화 등을 긍정하였다. 하지만 공자와 유가는 인간의 문화적인 창조를 크게 긍정하였지만, 결코 인류중심주의와 인문지상주의의 입장에 빠지지 않았고, 오히려 인문과 자연, 인문과 종교, 인문과 과학의 관계를 매우 조심스럽게 처리하고 있다.

유가의 '인문정신'은 자연과 대립되지 않고 종교와 대립되지 않으며 과학과 대립되지 않는다. 이는 중국 특히 공자, 유가 인문정신의 특징이다.

특징1: 유가의 인문정신은 종교와 서로 대립되지 않는다.

공자는 "괴이함, 폭력, 패란, 귀신을 말하지 않았다"[10], "귀신은 공경하되 멀리한다"[11]라고 하면서 민간의 소전통小傳統에 대한 신앙, 귀신과 미신에 대하여 섣불리 태도를 표명하지 않거나 보류하고 논하지 않았다. 하지만 이는 결코 그가 당시의 엘리트문화 대전통에 대한 신앙에 조금이라도 흔들림이 있었음을 의미하지는 않는다. 공자도 점복을 이용하였고 제사의 중요성과 태도의 경건함을 강조하였다. 공자는 특히 '천'에 대한 신앙과 '천명'에 대한 경외심을 반복적으로 천명하였다. 공자는 "하늘에 죄를 지으면 빌어 볼 데가 없다"[12], "군자는

---

8) 己所不欲, 勿施於人.
9) 孔漢思 등, 『글로벌윤리』(全球倫理, 臺北雅歌出版社, 1996)를 참조.
10) 『논어』, 「술이」, "不語怪, 力, 亂, 神."
11) 『논어』, 「옹야」, "敬鬼神而遠之."
12) 『논어』, 「팔일」, "獲罪於天, 無所禱也."

세 가지를 경외하는데, 천명을 경외하고 대인을 경외하고 성인의 말을 경외한
다"13), "오직 하늘만이 위대하다"14)라고 하였다.

공자는 '천'과 '천명'에 대한 신앙과 경외심을 보존하였고 '천'의 초월성과
신비성을 긍정하였다. 맹자에 근거하면 공자가 『시경』「대아·증민」편의 "하늘
이 여러 백성을 생겨나게 하니 사물이 있으면 법이 있고 사람들이 마음에 떳떳한
본성을 가지고 있기에 이 아름다운 덕을 좋아한다"15)라는 이 시를 지은 사람은
"그 도를 알 것"이라 여기면서16) 하늘이 여러 백성들을 생육하였고, 하늘이
인간의 원천임을 긍정하였으며, 사람이 견지하여야 하는 상도常道는 아름다운
도덕으로 나아가는 것 즉 하늘이 인간에게 선량한 천성을 부여하였음을 주장한
다. 공자는 개인이 가지고 있는 종교적인 요구를 긍정하고 나아가 종교와 도덕을
결합시켰다. 공자와 유가의 적극적으로 유위하는 홍도弘道 정신, 담당擔當 의식,
생사를 초월하는 초연한 태도, 아침에 도를 들어 깨치면 저녁에 죽어도 한이
없고(朝聞夕死), 곤경으로부터 백성을 구하고 살신성인하며 생을 버리고 의를
구하는(舍生取義) 인성은 모두 이러한 신앙과 신념에서 비롯된다. 혹은 유가 인문의
배후에 바로 종교의 정신적 신념이 뒷받침하고 있다고 할 수 있다. 공자는
"하늘이 나에게 덕을 주었다"17), "하늘이 이 문물제도를 없애려고 하였다면
뒤에 죽을 우리는 아예 이 문물제도에 접하지 못하였을 것이다"18), "도가 실현되
는 것도 운명이고 도가 실현되지 못하는 것도 운명이다"19)라고 하였다.

유가 이상의 실현 가능성 여부는 운명에 맡겨야 한다. 여기에는 역사적인
조건과 객관적인 환경의 제약이 있기에 억지로 구할 필요가 없지만 그렇다고

---

13) 『논어』, 「계씨」, "君子有三畏, 畏天命, 畏大人, 畏聖人之言."
14) 『논어』, 「태백」, "唯天爲大."
15) 天生烝民, 有物有則, 民之秉彛, 好是懿德.
16) 『맹자』, 「고자상」.
17) 『논어』, 「술이」, "天生德於予."
18) 『논어』, 「자한」, "天之將喪斯文也, 後死者不得與於斯文也."
19) 『논어』, 「헌문」, "道之將行也與, 命也; 道之將廢也與, 命也."

피할 이유도 없고 주체적인 생명은 여전히 자각적으로 지켜야 한다. 유가는 이러한 종교정신을 도덕정신으로 전화하였기에 유학은 곧 일종의 도덕적인 종교라 할 수 있다. 유가의 '천'은 형이상의 '천'이고 도덕법칙의 '천'이다. 이 '천'과 '천명'은 인간의 내재적인 본질로 전화되어 인간의 생명 내부에서 명령을 내린다. 이렇게 천백 년 동안 강건자각剛健自覺의 지사志士와 인인仁人들이 "천하의 일을 자신의 임무로 간주하는"(以天下爲己任) 행위와 "삼군의 장수는 빼앗을 수 있어도 필부의 뜻은 빼앗을 수 없다"(三軍可奪帥也, 匹夫不可奪志也)는 기개를 떨칠 수 있었고, 사회문화 여러 면에서의 창조를 이룩하였다. 유가의 인문정신이 종교를 배척하지 않을뿐더러, 오히려 종교를 포용하고 종교와 서로 융통할 수 있음을 충분히 보여 주는 것이라 할 수 있다. 이는 또한 중국의 역사에 서양과 같은 참혹한 종교전쟁이 매우 적었던 원인이기도 하다.

특징2: 유가의 인문정신은 자연과 서로 대립되지 않는다.

유가는 확실히 사람을 천하에서 가장 귀한 존재로 여겼다. 순자는 "물이나 불은 기는 있으나 생명이 없고, 풀과 나무는 생명은 있으나 앎을 모르며, 금수는 앎은 있으나 의를 모른다. 사람은 기氣·생生·지知·의義 넷을 모두 가지고 있기에 천하에서 가장 귀한 것이다"[20]라고 하였다. 주周나라와 진秦나라가 교체될 때 유가는 "사람이란 것은 천지의 마음이다", "사람이라는 것은 천지의 덕이고 음과 양의 사귐이며 귀신이 모인 것이고 오행의 빼어난 기운이다"[21]라고 여겼다.

하지만 사람은 결코 자연의 하늘과 땅, 풀과 나무, 새와 동물과 서로 대립하지 않았다. 하늘과 땅, 우주 사이에서 사람의 지위는 매우 중요하였지만 단지 조화로운 우주의 한 부분일 뿐이었다. "오직 천하에 지극히 성실하여야만 그 성性을

---

20) 『순자』, 「왕제」, "水火有氣而無生, 草木有生而無知, 禽獸有知而無義, 人有氣有生有知亦且有義, 故最爲天下貴也."
21) 『예기』, 「예운」, "人者, 天地之心也.", "人者, 其天地之德, 陰陽之交, 鬼神之會, 五行之秀氣也."

다할 수 있다. 그 성을 다하면 사람의 성을 다할 것이다. 사람의 성을 다하면 사물의 성을 다할 것이다. 사물의 성을 다하면 천지의 화육을 도울 수 있다. 천지의 화육을 도우면 천지와 더불어 참여하게 될 수 있다."22) 이는 지극히 성실한 성인이 하늘에서 품부 받은 본성을 다하고 계속하여 자신의 영향력과 교화로써 많은 사람들이 자신의 본성을 발휘하게 할 뿐만 아니라, 천지만물도 최대한 자신의 본성을 발휘할 수 있도록 계발함으로써 각자 자신의 위치에 자리하고 각자 자신의 본성을 이루어 냄을 말한 것인데, 이렇게 천지는 만물의 생성을 도울 수 있다. 그렇다면 지극히 성실한 성인과 그의 역할은 천지와 서로 비견될 수 있고 천지와 함께 셋이 될 수 있다. 사람이 천지와 병립하여 셋이 되는 사상은 이러한 맥락에서 나온 것이다.

유가의 인문정신은 천·지·인의 '삼재三才의 도'가 병행하여 모순되지 않고 공존하여 서로 해가 되지 않음을 강조함으로써 사람과 우주의 큰 시스템을 구축하였다. "주역 책이 광대하여 모두 갖추어 천도가 있으며 인도가 있으며 지도가 있다."23) 『주역』에서는 천·지·인 혹은 천도·지도·인도를 '삼재'라 하고, '삼재공건三才共建'과 '삼재지도三才之道'는 우주만물을 부동한 차원으로 나누어 서로 제약하는 세 개의 큰 시스템을 구축하고 세 개의 큰 시스템으로 하나의 통일된 완전체를 구성하였다. 다시 말해서 천·지·인은 각자 독립된, 서로 대립되는 관계가 아니라, 서로 떨어질 수 없으며 하나의 '생생불식生生不息'의 변화의 흐름 속에서 공존한다는 것이다. 유가의 인문정신은 하나의 창조적인 정신―"천지의 큰 덕을 생이라 한다"(天地之大德曰生)―이고 이러한 정신은 천지에서 비롯하였다. "성대한 덕과 위대한 업이 지극하도다! 부유한 것을 대업이라 하고 나날이 새로워지는 것을 성덕이라 하며 낳고 낳는 것을 역이라 한다."24) 천지의

---

22) 『예기』, 「중용」, "唯天下至誠, 爲能盡其性. 能盡其性, 則能盡人之性. 能盡人之性, 則能盡物之性. 能盡物之性, 則可以贊天地之化育. 可以贊天地之化育, 則可以與天地參矣."
23) 『주역』, 「계사하전」, "『易』之爲書也, 廣大悉備. 有天道焉, 有人道焉, 有地道焉."

도는 음양이 크게 변화한 작용 즉 만물을 생성하고 기르는 것이다. 만물이 성장하는 부富를 '대업大業'이라 하고, 매일 일어나는 새로운 변화를 '성덕盛德'이라 하며, 끊임없이 낳고 낳는 것을 '변역變易'이라 한다. 사람은 우주의 '생생지덕生生之德'을 본받아 끊임없이 발전한다. "강과 유가 뒤섞이는 것이 천문이고 문명으로서 그치게 하니 이것이 인문이다. 천문을 관찰하여 사시의 변화를 살피고 인문을 관찰하여 천하를 교화하여 이룬다."25) 사물이 뒤섞이는 것을 '문文'이라 하고 음·양·강·유가 서로 뒤섞이는 것을 '천문' 혹은 자연적인 질서라 한다. 자연적인 질서는 다양성의 통일이다. 자연적인 천지의 도에 의거하여 사회 인사人事에서 비무력적인 형식을 취하는 것을 "문명으로서 그치게 한다"(文明以止)고 한다. 인사의 질서가 바로 '인문人文'이다. 인문은 반드시 '천문'을 본받아야 한다. 우리는 천문을 관찰하여 사시의 변화를 살피고 인문을 관찰하여 천하의 사람들을 감화시킨다. 인사의 법칙이 반드시 자연법칙과 서로 매칭되고 호응하여야 함을 충분히 알 수 있다.

송宋대의 유가는 "사람은 천지만물과 일체"(人與天地萬物一體)이고, "창문 앞의 풀을 깎지 않음"(不剪窗前草)으로써 인애仁愛의 마음이 새와 동물, 나무와 풀, 돌멩이에 두루 퍼져 있음을 말하고, "백성은 나의 동포이고 만물은 나와 함께 있음"(民吾同胞, 物吾與也)을 말하는 것은 모두 매우 뚜렷한 예증으로 볼 수 있다. 이는 중국의 인문정신이 자연과 서로 대립하지 않고 인류중심주의 및 자연에 대한 통제, 점유 혹은 동물, 식물의 존재에 대한 무시를 초래하지 않으며 오히려 자연과의 조화를 강조하고 있음을 표명한다. '인仁'과 '생생지덕生生之德'은 바로 자연적인 우주의 정신이 인간의 사회, 문화, 활동에 시범을 보이고 스며드는 것이다.

---

24) 『주역』, 「계사하전」, "盛德大業至矣哉! 富有之謂大業, 日新之謂盛德, 生生之謂易."
25) 『주역』, 賁卦 「象辭」, "剛柔交錯, 天文也. 文明以止, 人文也. 觀乎天文以察時變, 觀乎人文以化成天下."

특징3: 유가의 인문정신은 과학과 서로 대립되지 않는다.

유가의 인문정신과 가치이념은 과학을 배척하지 않을뿐더러 과학기술의 발전을 포용하고 촉진하였다. 근 백 년 이래로 사람들은 중국의 전통문화에 대하여 보통 두 가지 오해를 하고 있다. 첫 번째 오해가 바로 중국의 전통문화는 사람의 창조성을 인멸하고 인간의 자주성과 창조정신을 제한한다고 여기는 것이다. 두 번째 오해는 중국의 전통문화가 반과학적이고 과학기술의 발전을 저해한다고 여기는 것이다. 이 두 가지 오해는 모두 해명이 요구된다. 물론 중국문화가 부동한 시공간 발전 과정에서의 긍정적인 가치와 부정적인 가치를 구체적으로 분석하고 판단할 수 있지만, 이는 몇 마디 말로써 분명하게 할 수 있는 것이 아니다. 앞에서 중화 인문정신의 두 번째 특징을 서술하면서 이미 첫 번째 오해에 대하여 정면으로 대응하였다고 생각한다. 여기서는 두 번째 오해에 대하여 정면으로 서술하도록 한다.

혹자는 유가 혹은 중국문화가 자연을 경시하고 기예技藝를 배척한다고 말하는데, 이는 완전히 근거가 없는 것이다. 유가의 인문정신은 결코 자연을 경시하지 않을뿐더러 기예 또한 배척하지 않는다. 중국 고대의 과학기술의 발전 및 그 독특한 패러다임에 대한 연구에서 우리는 마땅히 독특한 시각을 가져야지, 서양의 근대과학을 유일한 표준으로 삼아서는 안 된다. 조지프 니덤(Joseph Terence

혼천의

지동의

Montgomery Needham, 1900~1995)의 연구는, 비록 여전히 적지 않은 논의를 필요로 하는 부분이 있지만, 그의 혜안은 '서양중심론'에서 벗어나 중국 고대의 우주개념과 사유방식의 독특한 점 및 중국의 고대 과학기술이 사실상 결코 서양에 뒤지지 않는 공헌을 하였음을 정확하게 파악하였다. 중국 사람들은 세계가 주목하는 많은 발명과 창조를 이룩하였고, 세인이 놀랄 만한 지혜가 반짝인다는 것이다. "그리스인과 인도인들이 이미 형식논리에 대하여 연구하고 있을 때, 중국인들은 줄곧 변증법적 논리의 발전에 몰두하고 있었다. 따라서 그리스인과 인도인들이 기계원자론을 발전시킬 때 중국인들은 유기적인 우주의 철학을 발전시켰던 것이다."[26] 일리야 프리고진(Ilya Prigogine, 1917~2003)도 니덤의 관점을 인용하여, 서양에서 줄곧 '실체'를 강조하였던 관점과 달리 "중국의 자연관은 '관계'를 기초로 하기 때문에 물리세계의 더욱 '조직적인' 관점을 기초로 한다", "중국 전통의 학술사상은 우선 전체성과 자연성을 연구하는 것을 중요시하는데 조화와 협력을 연구한다", "중국사상은 서양의 과학자들에게 있어서 줄곧 기적의 원천이었다", "우리는 이미 하나의 새로운 종합, 하나의 새로운 귀결로 나아가고 있으며 이는 궁극적으로 실험과 정량서술을 강조하는 서양의 전통과 '자발적이고 조직적인 세계'의 관점을 중심으로 하는 중국의 전통을 결합시킬 것이라 믿는다"[27]고 하였다. 전체를 중요시하고 체계를 중요시하며 관계를 중요시하는 사유방식과 실용을 중요시하고 국계(國計)와 민생을 중요시하는 행위방식이 중국 고대의 자연

---

26) 조지프 니덤 저, 번역팀 역, 『중국과학기술사』 제3권(과학출판사, 1978), 337쪽, "當希臘人和印度人很早就仔細地考慮形式邏輯的時候, 中國人則一直傾向於發展精澄邏輯, 與此相應, 在希臘人和印度人發展機械原子論的時候, 中國人則發展了有機宇宙的哲學."

27) 프리고진 저, 曾慶宏 등 역, 『존재에서 진화로: 자연과학에서의 시간 및 복잡성』(從存在到演化: 自然科學中的時間和複雜性, 상해과학기술출판사, 1986), 중역본의 서 제3쪽, "中國的自然觀則以關係爲基礎, 因而是以關於物理世界的更爲有組織的觀點爲基礎的.", "中國傳統的學術思想是首重於研究整體性和自然性, 研究協調與協和.", "中國思想對於西方科學家來說始終是個啓迪的源泉.", "我相信我們已經走向一個新的綜合, 一個新的歸納, 它將把強調實驗及定量表述的西方傳統和以自發的自組織世界這一觀點爲中心的中國傳統結合起來."

과학과 기술의 발전에 성공적인 면을 가져다주었음에 대하여 우리는 마땅히 뚜렷하고 충분한 인식이 있어야 한다. 물론 자체의 국한성도 거리낌 없이 논의되어야 할 것이다.

또 혹자는 인생을 중요시하고 도덕을 중요시하는 유가의 인문정신은 반드시 자연을 경시하고 과학을 배척할 것이라고 여기는데, 이 또한 분석이 필요하다. 중국 송宋대에서 가장 저명한 인문학자이고 사람들의 오해와 저주를 가장 많이 받고 있는 주희를 예로 들어 보자. 주자의 '격물치지格物致知'의 '물'은 오륜을 포함할 뿐만 아니라 자연도 포함한다. '리일분수理一分殊'의 명제는 우주통일의 '리'를 중시할 뿐만 아니라 부분적인 '리'와 여러 가지 구체적인 '리' 및 그 서로 간의 관련성도 중시하였다. 그 전제는 "사물에서 그 지극한 리를 궁구하는 것"(物物上窮其至理)이다. "위로 무극과 태극에서부터 아래로 풀 한 포기와 나무 한 그루, 곤충과 같은 미미한 것에 이르기까지, 모두 각자의 리가 있다. 한 권의 책을 읽지 않으면 그 책의 도리를 알지 못하고, 한 가지 일을 궁리하지 않으면 그 일의 도리를 알지 못하며, 하나의 사물을 탐구하지 않으면 그 사물의 도리를 알지 못한다. 모름지기 하나를 추구해서 다른 것을 이해해 나가야 한다."[28] 주자의 리학은 인륜을 중시할 뿐만 아니라 천도도 중시하고, 자연을 긍정할 뿐만 아니라 과학기술의 가치도 긍정한다. 그는 천문, 지질, 농학 면에서도 공헌을 하였고, 심지어 혼천의, 수력구동장치 등에도 농후한 흥취를 가지고 있었다.[29]

이상에서 서술한 유가 인문정신의 세 가지 특징은 또한 서로 돕고 보완한다.

---

28) 上而無極太極, 下而至於一草一木一昆蟲之微, 亦各有理. 一書不讀, 則闕了一書道理; 一事不窮, 則闕了一事道理; 一物不格, 則闕了一物道理. 須著逐一件與他理會通.

29) 朱亞宗・王新榮, 『중국 고대 과학과 문화』(中國古代科學與文化, 국방과학기술대학출판사, 1992). 이 책의 저자는 같은 듯하지만 다른 時論과 매우 다른 관점들을 많이 제기하였다. 독특한 견해가 넘치는 저서라고 볼 수 있겠다.

앞에서 서술하였듯이 중국의 경전, 예를 들어 오경은 천, 지, 인이 서로 관통하는 배경 하에서 하늘을 중요시하고 땅을 중요시하고 특히 '인'과 '인도'를 중요시한다. 이는 서양의 사상가들이 말하는 인류사상의 발전이 우선은 '신'을 중시하고, 다음은 '자연'을 중시하고, 마지막에야 '인'을 중시하는 것과 결코 서로 일치하지 않는다. 서양 인문정신의 근원은 그리스, 로마에 있는데 진정으로 체계적인 인문주의를 형성한 것은 문예부흥시기였다. 문예부흥시기의 인문주의는 주요하게 중세기의 종교에 대한 것이었다. 인문주의가 인간의 육체와 정신을 종교의 권위에서 해방시켰기에 사람들은 인성人性의 회복과 인간의 자각이라 부르게 되었다. 유럽 초기의 인문주의는 신성神性의 통제를 벗어나 세속의 공리적인 추구를 긍정하고 인간의 욕구와 감정을 긍정하고 물질의 자연계를 긍정하였다. 후에 18세기 독일의 신인문주의新人文主義, 20세기 과학적 인문주의, 종교적 인문주의, 존재주의적 인문주의 등 여러 사조의 발전을 거치게 되었다.[30] 현재 서양 인문학계의 주요한 사조는 더는 '신성'에 대한 것이 아니라 '물성'에 대한 것 즉 과학기술과 상업의 빠른 발전으로 초래된 '물'의 범람과 '인'의 이화異化이다. 근대 서양사상의 발전은 신을 논하던 데로부터 인간을 논하였고, 인간을 논함에 있어서 순수이성만을 논하고 의식과 경험을 논하며 그 아래로는 생물의 본능과 생명적인 충동을 논하였다. 사람들은 '물'의 중요성을 인식하였고 사상도 최대한으로 외화外化되고 물질도 최대한으로 논의됨으로써 사상과 정신이 더 이상 타락하지 않으면 반드시 되돌아가 종교를 찾고 신을 찾아야 하였다. 예를 들어 종교 인문주의는, 근대 이래의 문명사회가 인간의 정신을 세속화하고 사물화하게 하였고, 인간의 고급적인 정신생활과 영성靈性생활의 품격은 날이 갈수록 하락하게 되었다고 여긴다. 자크 마리탱(Jacques Maritain, 1882~1973)은 문예부흥과 계몽운동의 인류중심주의가 인간으로 하여금 점차적으로 신과 신성함(神聖性)으로부터

---

30) 唐君毅, 「중화 인문과 지금의 세계」 하(中華人文與當今世界 下), 『당군의전집』, 권8(대만학생서국, 1988), 44~51쪽.

멀어지게 하였고, 이로부터 인간 자신의 타락이 시작되었다고 비판하였다. 존재주의는 인류과학(사회과학을 포함)이 사람 자체를 객관화하고 외면화(外在化)하였음을 반대하고, 사람들이 사물, 상품, 이성기계 등과의 관계 속에서, 물질적인 재부를 생산하는 활동 과정에서 진정한 내면적 주체성을 잃었음을 반대한다. 현대사회는 인간을 사물로 보아, 기계를 조절하는 태도로 인간을 대한다. 수단이 목적으로 되었고, 목적으로서의 인간이 도구로 변하고 부호나 숫자로 변하였다. 사람은 타인과 자신으로부터 추상화된 하나의 비현실적인 존재가 되었다. 따라서 당대 서양의 인문학자들이 말하는 인성은 이미 문예부흥과 계몽운동시기의 신성과 구별되는 인성이 아니라, 물성과 구별되는 인성이다. 심지어 그들 중의 일부 사람들은 인간과 신의 협력으로 돌아가 인간의 타락을 구제할 것을 주장하고 있다. 여기에는 서양 종교정신의 재생도 포함되는데, 이는 이미 근대문화의 세례를 거친 중세기 종교의 부정적인 면으로 돌아가는 것이 아니라, 종교정신을 빌려 인간이 재차 타락하는 것(즉 功利化, 工具化, 異己化, 物化)을 피면하기 위한 것이다. 서양의 마르크스주의, 문화비판사조가 비판한 것은 바로 과학기술 지상주의로 초래된 '도구이성'의 과도한 팽창 혹은 '이성의 포학暴虐'이 인간을 노예화함이다.

현대인이 직면한 황당무계한 처지는 "위로는 하늘에 없고 아래로는 땅에 없으며 밖으로는 사람에 없고 안으로는 자기한테도 없는 것"[31]이다. 중화인문정신 특히 유가의 인문정신이 이러한 현대인들을 위기로부터 구원할 수 있다. 앞에서 서술하였듯이 사물로써 '이용후생利用厚生'할 것을 강조하지만 그렇다고 자연에 대한 일종의 통제나 통치, 파괴를 초래할 수 없고, 인문적인 구축을 강조하고 미신을 비판하지만 '천'에 대한 경외와 인간의 종교정신, 궁극적인 신념과 신앙을 절대 해소하지 않는다. 유가는 심지어 인성과 물성 속에 신성이 있기에 사람은 반드시 사람과 사물(심지어 풀과 나무, 새와 짐승, 돌이나 기와)을 존중하고

---

31) 上不在天, 下不在地, 外不在人, 內不在己.

진심盡心-지성知性-지천知天하고 존심存心-양성養性-사천事天하여야 함을 주장하였다. 신과 같이 지극한 정성으로 이 마음이 곧 하늘의 마음 즉 일정한 정신적 경지에 도달할 수 있음을 체득한다. 유가는 결코 생활세계와 일상을 벗어나지 않는데 반대로 평범한 속세의 생활 속에서 정신적인 초월을 찾아낸다. 외왕사공外王事功, 사회정사社會政事, 과학기술의 발전은 모두 인간의 정신생명의 발전으로 볼 수 있다. 따라서 중화인문정신은 서학이나 현대문명과 완벽하게 서로 배합할 수 있다. 앞에서 말한 바와 같이 종교를 반대하지 않고 자연을 반대하지 않을뿐더러 과학기술을 반대하지 않음으로써 종교와 과학기술의 폐단을 보완할 수 있고, 자연과 서로 화합하기에 인문과 종교, 과학기술, 자연의 조화 면에서 점차적으로 건강한 발전을 이룩할 수 있다.

지금의 과학기술혁명, 전자인터넷 등 여러 방면의 발전은 우리로 하여금 윤리의 재건 문제에 직면하게 하였다. 생명과학의 발전을 놓고 말하면 유전공학(genetic engineering), 생명의 복제, 인간의 복제, 대리모, 안락사, 동물의 권리 등등의 문제는 우리가 유전자윤리, 생명윤리를 확립할 것을 절박하게 요구한다. 환경과학과 사회 전반의 지속가능한 발전(Sustainable Development)으로 말하면 인구의 폭발, 생태파괴, 환경오염으로 인한 위기에 직면하여 사람과 자연 사이에 새로운 환경윤리를 확립할 것을 요구한다. 이러한 현실사회에 직면하여 사회관계로 말하면 적지 않은 차원의 사람과 사람 사이의 관계는 물질지상주의에 의하여 침식되었고, 적나라한 물질과 물질 사이의 관계, 경제적인 이해관계, 돈과 권력의 관계, 돈과 권력과 색色 사이의 관계, 욕망의 만족 여부의 관계로 전화되어 모든 것은 '계산할 수 있는' 현실적이고 공리적인 것으로 되어 버렸다. 사회의 세포로서의 가정 또한 위기에 직면하여 있다. 가정의 파괴, 이혼율의 급격한 상승, 한 부모 가정(Single-parent family)의 증가, 중혼重婚(Bigamy) 혹은 이른바 후첩(have a concubine, 包二奶) 현상, 성性 산업의 폭발적인 인기는 날이 갈수록 사회 전반을 엄중하게 부식시키고 있다. 이 밖에 인구의 노령화와 더불어 초래된 노인의 부양 문제는,

사회보장체계와 복지제도의 부족으로, 이미 고령의 노인이 초고령의 노인을 부양하는 문제도 심심찮게 볼 수 있다. 도시로 일하러 진출하는 사람들의 권익 문제, 오랜 기간 배우자 혹은 아이의 곁을 떠나 있음으로 하여 혈육 간의 정이 사라지고 고향을 떠난 가족 간의 정을 유지해 주는 '효孝'의 문제는 이미 사회의 주목을 받고 있고, 다시금 의미를 확정지어야 함이 요구된다. 즉 건강한 현대 가정윤리와 사회윤리를 확립할 것이 필요해지는 것이다. 회사, 기업 내외의 치열한 경쟁, 서로 속고 속이는 것, 남을 함정에 빠뜨리는 것, 신용위기, 아동노동(Child Labour) 문제, 노동자에 대한 권익 문제 등등은 모두 새로운 기업윤리를 필요로 한다. 상품경제는 특히 신용이 필요하기에 "신信"의 문제가 다시금 제기된다. 네트워킹, 이메일, 전자상거래(E-Commerce)의 쾌속 발전은 또한 인터넷윤리의 문제를 야기하고, 국가, 민족, 종족, 종교 사이의 모순과 충돌은 새로운 글로벌윤리가 요구되며, 심지어 공간기술의 발전은 또한 공간윤리의 구축을 필요로 한다.

유학은 경제전지구화를 위하여 다음과 같은 정신자원과 인문지혜를 제공할 수 있다. 첫째, 예악문명의 재창조인데, 문화공간을 개척하고 사회문화자본을 축적하며 인간의 감정을 배양할 수 있다. 둘째, 유가의 핵심적 가치 관념인 "자기가 하기 싫은 일은 남에게 억지로 시키지 않고"(己所不欲, 勿施於人), '인·의·예·지·신', "학업에 전력을 다하고 학우들과 즐거워하는"(敬業樂群) 등은 현대 글로벌윤리, 사회집단윤리, 가정윤리, 사업윤리와 새로운 인간과 인간의 관계를 구축함에 있어서 적극적인 의의를 가지고 있다. 셋째, "사람과 천지만물이 일체가 되고"(人與天地萬物一體) "백성은 나의 동포이고 만물은 나와 함께 있다"(民胞物與) 등의 이념은 새로운 생태환경윤리와 지속 가능한 발전의 전략기획을 구축함에 유리하다. 넷째, 천명·천도·신성神聖·경외감과 인간의 궁극적인 신념, "고명을 다하고 중용을 따르는"(極高明而道中庸)이 나타내는 성인과 보통 사람의 관계와 현대성의 문제는 밀접하게 연관되어 있다. 요컨대, 중화인문정신의 인·의·예·지·신·충·효·성誠·서恕 등의 가치는 역사적으로 부착된 부정적인 반응을 제거하고 합리적인 요소를 추려내 전화하면 오늘의 사회생활 속으로 완전히 침투될 수 있을뿐더러, 나아가 현대사회의 병폐를 치료하고 인간의 존엄을 회복하며 인간의 의의를 재건하고 인간과 '천, 지, 인, 물, 아' 사이의 좋은 협력의 관계를 구축할 수 있다.

'5·4' 이후로 중국 대부분의 지식인들은 '서양중심론'의 안경으로 자신의 문명을 바라보았다. 우리는 자기의 역사문화정신에 대하여 아직도 매우 낯설고, 기본적으로 "자기 집안의 무진장한 재산을 버려두고 남의 집 문 앞에서 밥그릇 들고 거지 흉내를 내는"(抛却自家無盡藏, 沿門持鉢效貧兒) 상태에 놓여 있다. 이른바 '전지구화'란 무엇을 의미하는가. 서양 특히 미국의 언어적인 패권을 진일보로 확장하여 전 세계를 통제하는 멍에이다. 우리 동양 사람, 중국 사람들은 자기 정체성을 잃어버려서는 안 된다. 이는 절대 민족주의를 선동하는 것이 아니라 정신적으로 일어남으로써 문명의 대화에 적극적으로 참여하자는 것이다. 유가의 인문정신은 바로 우리가 광범한 문명의 대화를 진행할 수 있는 정신적인 근거 중의 하나이다. 건강한 '전지구화'는 절대 하나의 언어, 한 지역의 습관, 한 가지 사고방식, 심지어 한 나라, 한 계층의 이익으로 모든 것을 통제하지 않는다. 여러 문명, 여러 정신자원, 여러 종교, 여러 언어, 여러 지식은 모두 세계적인 의미를 가지고 있는 요소로 될 수 있다. 우리는 특히 동아시아지역의 내재적인 능력에 대해서 이해해야지, 서양 특히 미국의 특수한 물건을 표준으로 삼고 반드시 모방하여야 할 보편적이고 절대적인 표준으로 간주할 필요가 없다.

중국은 자신만의 인문전통과 인문정신을 가지고 있을뿐더러 매우 뛰어나다. 다만 백여 년 이래 중국의 지식인들이 스스로 짓밟음으로써 감추어 드러내지 않았을 따름이다. 저자는 오늘날 중국의 지식인들이 자신의 문명전통을 재인식하고 포용함으로써 광범한 문명교류와 대화에 적극적으로 참여하고 대응할 필요가 있다고 생각한다.

2. 유학과 중화민족정신

유학사와 사회문화사는 서로 보완하고 서로 결합한다. 유가는 주공·공자 이래의 인문주의정신을 발휘함으로써 전통적인 중국 민간사회에서 영향력이 가장 크다. 유학의 최고 신앙과 궁극적인 이상은 '천인합일'·'성도性道합일'이라는 명제로 나타낼 수 있다. 유학은 시대와 더불어 발전하는 살아 있는 전통으로서, 중국 현대화의 중요한 정신적인 자원이고 현대인들의 안신입명安身立命의 근거이다.

중국의 문화정신과 민족 성격은 주요하게 유가에 의하여 확립되고 단련되었다. 중국의 전체 역사를 놓고 볼 때, 중국 사회는 사민四民(사·농·공·상)사회이고, 사土는 사민에서 첫 번째이다. 사의 변화는 사회 전반의 변화에 영향을 줄 수 있다. 사는 중국인의 인문이상을 대표하고 발양하고 실천하며 지킬 뿐만 아니라, 중국 사회의 교육과 정치의 이중 책임을 떠맡고 있다. 전목錢穆 선생은 "이 사土라는 일류품一流品은 중국 사회에만 존재하였던 것으로, 다른 민족, 다른 사회에서는 사土라는 것을 찾아볼 수 없다. 사土라는 지위는 공자의 유가에서 시작되어 전국戰國시대에 크게 발전하여 제자백가를 모두 사土라 하였다. 한漢대 이후에는 드디어 사인士人들의 정부가 확립되었고 근대까지 이어졌다"32)고 하였다. 전목 선생은, 중국 고대사회에 나타난 하나의 매우 특수한 부분으로, 교회의 목사와 법당의 율사가 없이도 일종의 끊임없이 장구하고 광대한 사회를 형성하였다는 것을 제기하였다. 이는 무엇에 근거한 것인가? 주요하게는 중국 사람들의 사람과 사람 사이의 도 즉 '안', '인삼', '인도' 등의 개념, 그리고 사土의 사민사회에서의 역할 및 사의 일류품의 정신적인 영향에 근거한 것이다. "공자가 위대한 것은 바로 그가 중국의 사민사회 중견 일류품의 창시자이기 때문이다."33) 중국

---

32) 錢穆, 『민족과 문화』(民族與文化, 홍콩신아서원, 1962), 제7쪽, "此士之一流品, 惟中國社會獨有之, 其他民族, 其他社會, 皆不見有所謂士. 士流品之興起, 當始於孔子儒家, 而大盛於戰國, 諸子百家皆士也. 漢以後, 遂有士人政府之建立, 以直迄於近代."

고대의 사회는 향촌에서 도시 내지는 정부에 이르기까지 모두 사가 있었다. 이러한 사의 형성에는 언제나 하나의 정신이 있었는데, 그 정신이 유지되어 "역사의 영도정신"(歷史的領導精神)이 되었다. "중국 역사의 지도정신은 사의 일류품에 기탁하고 있다. 중국의 사는 주공, 공자, 맹자에서 형성되었다. 그들의 역사에 대한 영향으로부터 중국 역사문화의 전통적인 정신을 엿볼 수 있는 것이다."[34] 중국으로 하여금 끊임없이 앞으로 나아가게 한 정신을 전목 선생은 '역사의 영도정신'이라 불렀다. 그는 역사를 자세하게 고증하고 중외를 비교함으로써 사士는 중국 사회의 영도 중심이고, 중국 역사의 지도정신이 사의 일류품에 기탁하고 있으며, 한 부의 중국 역사는 주요하게 유가 정신—주공, 공자, 맹자에 의하여 만들어진 전통이 유지된 것임을 긍정적으로 제기하였다.

중국 역사의 '영도정신' 즉 인문정신은 역사를 중시하는 정신이고 교육을 중시하는 정신이며 융합하여 하나로 합치는 정신이다.

전목錢穆 선생은 중국의 전통적인 인문정신은 오경에서 시작되었다고 여겼다. 주공이 태고시대의 종교를 인생의 실무實務로 전화시킨 것은 주요하게 정치적인 이용에 한해서였고, 공자가 한 걸음 더 나아가 일종의 인문을 중시하는 학술사상의 체계를 완성하였을 뿐만 아니라 주공의 정치와 교육 사상을 전도시켜 이상에 근거한 교육으로 이상적인 정치를 확립하였다. 주공과 공자의 개조를 거쳐 오경은 중국의 정치와 교육의 근본으로 되었다. 경학 정신은 인문 실무에 편중되어 있는 동시에, 고대에서 전해진 종교 신앙의 최고층 즉 하늘과 상제의 신앙에 관한 것을 보존하고 있다. 중국의 인문정신은 사람과 사람, 민족과 민족, 문과 문 사이를 서로 연결시키는 정신이고, '천하일가'의 숭고한 문화이상이다.

---

33) 錢穆, 『민족과 문화』(民族與文化, 홍콩신아서원, 1962), 66쪽, "孔子之偉大, 就因他是中國此下四民社會中堅的一流品之創始人."
34) 錢穆, 『민족과 문화』(民族與文化, 홍콩신아서원, 1962), 79쪽, "中國的歷史指尊精神寄在士的一流品, 而中國的士則由周公, 孔, 孟而形成. 我們卽由他們對於歷史的影響, 可知中國歷史文化的傳統精神之所在."

중국문화는 "하나의 근본으로부터 생겨난 것"(一本相生)으로, 전체 체계는 하나의 주요한 중심—즉 사람을 본위로 하고 인문을 중심으로 한다. 전통적인 예악교화가 종교의 기능을 대체하였지만 종교와 서로 대립하지는 않았기 때문에 '인문교人文敎'라 불러도 무방할 것이다. 요컨대, 중국의 문화정신은 단지 일종의 인문주의적 도덕정신이라 할 것이다.

중국의 전통이 역사를 중시하는 정신은 오경에서 비롯하였다. 주공은 인문사회의 실제적인 조치를 중시하고 역사경험의 지도적인 작용을 중시하였다. 특히 공자는 일종의 개방적인 역사관을 가지고 있었을 뿐만 아니라 새로운 역사에 좋고 나쁨을 깃들였는데, 이것이 바로 그의 역사철학이고 인생비판이었다. 공자는 사학이 종묘에서 특설한 사관史官 전용 명사에서 평민학자의 자유로운 학문으로 전화되는 것을 촉진하였고 경학과 사학의 소통을 창도하였다. 전목 선생은 중국 역사의식의 중심은 사람임을 제기하였다. 중국인들의 역사의식에 대한 자각과 선민先民 특히 주공, 공자 이후의 인문에 대한 자각은 밀접하게 연관되어 있다. 중국 특히 유가에서 역사, 민족과 문화는 통일된다. 민족은 문화의 민족이고, 문화는 민족의 문화이며, 역사는 민족과 문화의 역사이다. 민족과 문화는 역사적인 시각에서만이 전면적인 인식을 획득할 수 있다. 중국인들이 역사에 대한 중시, 사학에 대한 관심 및 사학의 발달 특히 '경세명도經世明道', '감고지금鑑古知今', '구왕궁래究往窮來', '변變'을 구하고 '상常'과 '구久'의 정신을 구하는 것은 유학에서 비롯한 것이다.

중국 전통의 교육을 중시하는 정신은 오경에서 비롯하였다. 전목 선생은 고대의 중국인들이 배움으로써 사람이 되는 것을 중시하고 특히 사람에 의하여 학문을 이루는 것을 중시하였음을 강조한다. 중국인들이 경학을 연구함에 있어서 최고의 염원은 주공과 공자의 사람 됨됨이를 배우고 인격을 성취함으로써 최고의 수양경지에 도달하는 것이었다. 중국 고대문화 및 그 정신은 교육에 근거하여 대대로 계승되었고 발전되었다. 중화민족의 스승을 존경하고 도를 중시하는 전통은 유래가 깊은데, 유가는 교육을 민간에 보급하고 민간에 뿌리내리게 함으로써 자유로운 사학私學의 길을 개척하고 인문교육의 규모와 교육으로 나라를 세우는(以敎立國) 기초를 다져놓았다. 중국인들의 교육의식에 대한 자각은 유가에 그 공을 돌리지 않을 수 없다.

중국 전통의 융합하여 하나로 합치는 것을 중시하는 정신은 오경에서 비롯하였다. 고대 중국인들의 문화관은 인문을 체로 하고 변화하여 천하가 됨을 용으로 삼았다. 오경 중의 '천하'관은 민족과 문화가 끊임없이 융해, 응고되고 확대되고 새롭게 바뀌어 형성된 관념이다. 중국문화의 포용력, 동화력은 중국인들의 문화 개념이 궁극적으로 매우 넓어서 세계성에 적합함을 표명한다. 이는 유가의 한 성향 즉 문화 관념이 민족 관념보다 깊고 문화적인 한계가 민족적인 한계보다 깊은 것에서 비롯한다. 중국문화와 중국인들의 성격에서 '화합성'은 '분별성'보다 크고, 관용과 평화 및 폭넓은 수용과 여러 학파를 두루 흡수할 것을 주장하고, 회통, 종합, 전체, 융합을 주장하는데, 이는 기본적으로 유자가 제창하고 견지하는 가치이다.[35]

전목 선생은 중국 역사문화의 지도정신이 바로 유가정신이라는 결론을 도출하였는데 이는 확실한 근거가 있는 것이다. 그는 중국 역사의 사상사를 매우 깊이 있게 고찰한 뒤 "중국사상은 유학을 주류로 한다", "유학은 중국문화의 주요한 핵심이다"라고 매우 긍정적으로 평가하였다.[36] 선진先秦사상사에서 제자 백가의 시작을 연 것은 공자이다. 공자의 역사적인 공헌은 구체적인 사상 방면에서 이룩한 성과에 있을 뿐만 아니라 더욱 중요하게는 전체적인 체계의 확립에 있다. 그는 왕관王官 학문의 계승자이자 제자諸子 평민 학문의 창립자로서 선인들

---

35) 이상의 내용은 錢穆의 『中國學術通義』(대만학생서국, 1984), 제2~6쪽; 『민족과 문화』, 제3·29·48쪽; 『중국역사정신』(1964년 홍콩 증보3판), 제136쪽; 『중국문화사도론』(상해 삼련서점, 1988, 영인본), 제19·120쪽 참조.

36) 錢穆, 『중국사상사』(대만학생서국, 1985), 제171쪽, "中國思想以儒學爲主流."; 『新亞遺鐸』 (대북동대도서공사, 1989), 제417쪽, "儒學爲中國文化主要骨幹."

의 뒤를 이어 발전시킴으로써 새로운 시대의 풍조를 이루어 낸 인물이다. 바로 이러한 특수한 역사적 지위가 선진시기 제자백가의 학설 중에서 공자의 중요한 작용을 결정하였다. 전반적으로 말하면 제자백가의 학설은 춘추 이래 평민 계급의식의 각성을 의미하는데 학술이 민간으로 이동한 결과이다. 전목 선생은 중국의 고대는 종교를 정치화하였고, 정치를 윤리화하였다고 여겼다. 바꾸어 말하면, 왕권으로 신권神權을 대체하고, 사권師權으로 군권君權을 규범화하였다는 것이다. 평민 학자의 추세는 다만 이러한 고대문화의 큰 조류에 순응하여 발전한 것인데 특히 유가사상을 주로 하였다. 이는 유가가 학교와 교육을 가장 중요시할 뿐더러 정치와 종교 위에 위치 지우기 때문이다. 유가는 군주와 상제의 합일을 강조하지 않고 사도와 군도의 합일만을 강조하였다. 유가는 일종의 천하태평天下太平, 세계대동世界大同의 인생과 인도만을 강조하였는데, 이것이 바로 인도 혹은 평민도平民道이다. 공맹 인학仁學 체계의 침투로 유가는 정치와 종교의 인도화人道化를 완성하였고, 종교성과 신도성神道性의 예를 교육성과 인도성의 예로 변화시켰다.

전목 선생은 유가, 묵가, 도가 세 가지 학설의 같은 점과 다른 점을 비교하여, 묵가와 도가의 학설이 안목과 이론 모두 인간의 본위 밖으로 초월하여 더욱 넓은 입장에서 근거를 찾고 있음을 제기하였다. 묵가는 하늘 즉 상제와 귀신에 근거하고 있고, 도가는 물 즉 자연에 근거하고 있다. 묵가와 도가의 학설에는 매우 많은 우수한 사상과 위대한 공헌이 있다. 하지만 사상적인 연원으로 보든, 사상 자체의 특징으로 보든, 유가는 묵가와 도가의 학설 위에 있다. 이는 바로 유가사상이 중국의 사회와 역사에서 직접적으로 생겨남으로써 중국의 사회, 역사의 실제와 중국인들의 생활방식, 행위방식과 사유방식을 가장 잘 반영하고 나타낼 수 있기 때문이다. 선진시기 이후 역대의 사상가들은 모두 유가를 주축으로 하여 자신의 사상체계를 확립하였고 다른 학파의 학설을 융합하였다. 만약에 유가를 정正이라고 한다면, 묵가와 도가는 반反이 되고, 두 학파의 학설은 유가를 비판하고 보완하는 모습으로 출현하였다. 만약에 유가사상이 많은 건설적인 노력을 한다면, 묵가와 도가는 사회에 대한 비판이 주를 이룬다.

선진先秦학술사상의 총결산에 관하여 전목 선생은 이 결과가 진시황에서 한무제漢武帝에 이르는 역사시기에 완성된 것이라 파악하였다. 학술사상의 통일은 정치적인 통일을 수반한다. 정치적인 면에서 이사李斯를 대표로 하는 법가를 주축으로 하는 통일은 이미 역사적으로 실패한 것임이 증명되었는데, 진秦 왕조의 멸망이 그 표징이다. 동중서를 대표로 하는 유가를 주축으로 하는 통일은 당시 사회의 발전에 알맞고 사회의 발전을 성공적으로 촉진하였는데, 한당漢唐의 대업이 그 표징이다. 당시 학술적인 면에서의 조화와 통일에는 세 가지 길이 있었다. 첫 번째는 유가, 묵가, 도가, 법가의 제자백가를 초월하는 것이고, 두 번째는 도가를 종주로 하는 것이고, 세 번째는 유가를 종주로 하는 것이었다. 첫 번째 길의 대표는 여불위와 그의 빈객賓客인데, 그들에게는 제자백가를 초월할 수 있는 고명한 이론이 없었고 제자백가를 흡수하고 융합하는 힘이 없었다. 때문에 단지 『여씨춘추』만 제자백가에 의하여 채택되고 절충되었으며 성공한 예로 볼 수 없다. 두 번째 길의 대표는 유안劉安과 그의 빈객이다. 하지만 도가사상 자체의 한계로 당시 역사의 큰 흐름을 적극적인 방향으로 이끌 수 없었기에 『회남자』 역시 성공적인 것이 아니었다. 세 번째 길의 대표는 유가 즉, 이 시기에 출현하였던 『역전』 및 『예기』에 수록된 「대학」, 「중용」, 「왕제」, 「악기」, 「유행」의 저자들이다. 그들은 유가사상을 주로 하고 묵가, 도가, 명가, 법가, 음양가의 중요한 사상들을 흡수하고 이러한 사상을 유가사상 속에 녹여 냄으로써 새로운 체계를 구축하였다. 예를 들어 『역전』과 『중용』은 유가사상에 우주, 자연에 대한 중시가 부족함을 보완하기 위하여 도가를 흡수하여 천도와 인도, 우주계와 인간의 세계, 자연과 문화가 서로 하나가 되는 사상체계를 구축하였다. 『역전』과 『중용』은 노장老莊의 자연관을 받아들여 공맹의 인문관을 밝혀냈는데, 이러한 우주관은 일종의 덕성德性의 우주관이다. 『대학』과 「예운」 역시 덕성을 본론으로 하는데 공맹의 전통을 간명하고 체계적인 방식으로 표현해 냄으로써 도의 지위를 높이고 도가의 관념과 묵가의 물질경제생활을 중시하는 사상을 융합하였다. 이는 유가의 포섭력을 나타낼 뿐만 아니라, 중국사상사에서 유가의 기본적인 지위를 나타냄으로써 결코 스스로 억제한 것이 아니고 정치적인 힘에 의거하여 버텨 낸 것이 아니라 중국역사와 중국 사회가 선택한 결과로 자연적으로 형성된 것임을 표명한다. 그 원인은 유학의 성격과 중국 사회, 역사의 실제가 서로 부합하였던 것에서 찾을 수 있다.[37]

"중국의 전통문화는 철두철미한 일종의 인도정신이고 도덕정신이다."[38] "중국의 전통적인 인문정신이 종교의 역할을 대신할 수 있었던 것은 도덕관념을 특히 중요시하였기 때문이다. 중국인들의 도덕관념은 안으로 심성에 근본하고 밖으로 천에 귀속된다."[39] 전목 선생은 맹자의 "그 마음을 다하는 자는 그 성을 알고 그 성을 알면 하늘을 알게 된다"[40]는 가르침을 공자의 학문이 실제로 그대로 전해진 것으로 파악하였다. "맹자가 주장하는 성선설은 중국의 전통문화 인문정신 중 유일하게 지극히 중요한 신앙이다. 성선설을 신앙하여야만 인간의 본성은 선으로 향할 수 있고, 반드시 선으로 향할 것이며, 비로소 인도를 말할 수 있는 것이다. 중국인들이 말하는 처세의 도는 유일하게 성선설의 신앙을 기초로 건립되었다."[41]

전목 선생은 인생사회의 유일한 이상적인 경지가 바로 한 글자 '선善'임을

---

37) 이상의 내용은 錢穆의 『중국사상사』(대만학생서국, 1985), 제86~110쪽 참조.
38) 錢穆, 『민족과 문화』(홍콩신아서원, 1962), 제32쪽, "中國傳統文化, 徹頭徹尾, 乃是一種人道精神, 道德精神."
39) 錢穆, 『민족과 문화』(홍콩신아서원, 1962), 제25쪽, "中國傳統人文精神所以能代替宗教功用者, 以其特別重視道德觀念故. 中國人之道德觀念, 內本於心性, 而外歸極之於天."
40) 盡其心者, 知其性也, 知其性, 則知天矣.
41) 錢穆, 『민족과 문화』(홍콩신아서원, 1962), 제25쪽, "孟子主張人性善, 此乃中國傳統文化人文精神中, 惟一至要之信仰. 只有信仰人性有善, 人性可向善, 人性必向善, 始有人道可言. 中國人所講人相處之道, 其惟一基礎, 卽建筑在人性善之信仰上."

강조하였다. 만약 선을 멀리하고 악을 가까이하면 인생사회 전반에서 이상을 말할 수 없게 된다. 따라서 자신의 본성을 다하는 것으로부터 지극한 선에 그치는 것은 중국인들의 최고의 도덕신앙이고, 다른 사람을 선으로 대하고(與人爲善) 선함을 최대의 낙으로 여기고(爲善最樂) 여러 선함을 받들어 행하는 것(衆善奉行)은 중국인들의 보편적인 종교이다. 인생이 지극히 선하면 우주의 지극한 선에 도달하게 되고 천인합일도 이 한 글자 '선'에 합일되는 것이다. 중국인들은 모든 인도의 중심을 이 '선' 한 글자에 두고 있고 또한 천도를 인도 위에 세우고 있다. "수신, 제가, 치국, 평천하는 모두 인간의 무리 안에서 인도를 다하는 것일 뿐이다. 인도는 단지 '선' 한 글자일 뿐이고 최고의 도덕도 지극한 선일 따름이다. 따라서 요컨대 중국의 문화정신은 일종의 인문주의적 도덕정신일 뿐이다."[42] 도덕은 매 사람에게 있고 매 사람의 마음속에 있다. 유가의 문화는 도덕정신으로써 환경을 창조할 것을 희망하지, 환경으로써 생명을 지배하고 인격을 결정하지 않는다. 도덕은 매 개인의 생명이고 매 개인의 인격이며 진정한 생명과 성정性情의 발현이다. "이는 일종의 도덕정신으로서 인간의 세계에서 영원토록 빛을 발할 것이다. 중국인들은 이 도덕정신을 발양하면 중국의 역사정신이 될 수 있음을 확실하게 알고 있었다. 이는 중국 역사정신의 가장 소중한 부분이다."[43] 요컨대 전목 선생은 도덕정신이 바로 중국인들이 마음속으로부터 추구하는 사람됨의 이상적인 표준이고 중국인들이 앞으로 적극 나아감으로써 도달하게 되는 일종의 이상적인 인격임을 강조하였다.

바로 이러한 전제하에서 전목 선생은 다음과 같이 긍정하였다. "중국문화는

---

42) 錢穆, 『민족과 문화』(홍콩신아서원, 1962), 29쪽, "修身齊家治國平天下, 全只是在人圈子裏盡人道. 人道則只是一善字, 最高道德也便是至善. 因此說, 中國的文化精神, 要言之, 則只是一種人文主義的道德精神."

43) 錢穆, 『중국의 역사정신』(1964년 홍콩 증보3판), 제104쪽, "這一種道德精神, 永遠會在人生界發揚光彩. 而中國人則明白提倡此一道德精神而確然成爲中國的歷史精神了, 這是中國歷史精神之最可寶貴處."

개인 중심의 문화이고 도덕 중심의 문화인데, 이는 결코 중국인들이 물질적인 표현을 중요시하지 않음을 말하는 것은 아니다. 하지만 모든 물질적인 표현은 모두 근본을 미루어 보면 도덕에 귀결된다. 여기서 이른바 인본위人本位란 개인을 중심으로 하고 천하 즉 세계 사람을 최대한(極量)으로 하는 것이다."44) 개인을 중심으로 하고 사람을 근본적인 위치로 한다는 것은 개인의 수신을 기본으로 하여 제가, 치국, 평천하의 일관된 이상에 도달하는 것이다. 전목 선생이 강조하는 중국 전통문화의 인문수양은 중국문화의 가장 중요한 버팀목이고 이른바 인문 중심과 도덕정신 모두 이로부터 비롯되어야 한다. 전목 선생은 『대학』의 "군주가 된 이는 어짊에 머물고, 신하가 된 이는 지극함에 머물며, 자식이 된 이는 효성에 머물고, 아비가 된 자는 자애로움에 머물며, 나라 사람들과 사귈 때에는 믿음에 머문다"45)라는 구절을 인용하여 인문수양의 주요한 덕목으로 삼았다. 그는 이렇게 말하였다. "소위 인문이란 가정, 사회, 나라와 천하를 두루 알아야 한다. 사람이 되려면 사람들 속에서, 그리고 가정, 사회, 나라 내지는 천하 사람들 속에서 노력하여야 한다. 사람이 되려면 반드시 단독으로 혼자서 노력해야 하는데 이는 개인주의와 다르다. 매 개인이 단독으로 사람이 되려면 모두 사람들의 무리 속에서 노력해야 되는데 이는 집단주의와 다르다. 사람이 되려면 또한 반드시 덕이 있는 사람이 되어야 하는데 한 몸에 모든 덕을 갖추어야 한다.…… 사람은 가정 속에서 자애로움과 효를 배울 수 있고, 나라와 사람들로 이루어진 기구에서 인仁과 경敬을 배울 수 있다. 사람과 사람 사이에 서로 교제하면서 신信을 배울 수 있다. 따라서 중국의 전통문화정신은 모든 인생 실무에 깃들어 있고, 모든 인생 실무의 도덕적인 수양에 깃들어 있으며, 모든 교육적인 의의에

---

44) 錢穆, 『중국의 역사정신』(1964년 홍콩 증보3판), 136쪽, "中國文化是個人中心的文化, 是道德中心的文化, 這並不是說中國人不看重物質表現, 但一切物質表現都得推本歸趨於道德. 此所謂人本位, 以個人爲中心, 以天下卽世界人群爲極量."
45) 爲人君, 止於仁; 爲人臣, 止於敬; 爲人子, 止於孝; 爲人父, 止於慈; 與國人交, 止於信.

깃들어 있다."[46] 여기서 우리는 유가 인문정신이 본질적으로 도덕정신이고, 도덕정신의 입각점은 개체로서의 인간이고, 가정, 나라, 천하로 미루어 나간 것임을 알 수 있다. 다시 말하면 교화와 수양을 통하여 부동한 개체는 가정, 나라, 천하 등 부동한 단체에서 자신의 의무를 다하고 덕으로써 함께 어울림으로써 궁극적으로 '천하일가'의 이상적인 도덕경지에 도달할 수 있는 것이다. 전목 선생은 중국문화의 궁극적인 이상이 바로 전 인류, 전 사회 내지는 전 천하, 전 우주가 모두 한 효孝·자慈·인仁·경敬·신信의 인생, 사회, 천하, 우주로 변화 하는 것인데, 이는 바로 인문 중심의 도덕정신이 관철된 것이라 파악하였다. 지식과 권력 모두 생명이 사용하는 도구이지 생명 자체가 아니고, 사람의 도덕정 신이야말로 인간의 진정한 생명이고 역사문화의 진정한 생명이다. 따라서 우리는 역사문화를 이해하려면 반드시 도덕정신을 통해야 한다. 전목 선생은 도덕정신을 역사문화의 발전을 추동하는 동력이자 인생을 안정시키는 근거로 파악하였다.

전목 선생은 두 가지 큰 명제로 유가철학의 정수를 개괄하였는데, 하나는 '천인합일'이고 다른 하나는 '성도합일性道合一'이다.

우선 '천인합일'에 관하여 살펴보자. 그는 이렇게 말한다. "인간의 마음은 태어날 때부터 가지고 있는 것이고 대원大原은 하늘에서 나오기 때문에 인문수양 의 궁극적인 조예로 천인합일의 경지에 도달한다", "중국의 전통문화는 비록 인문정신을 중심으로 하지만 궁극적인 이상은 천인합일의 경지이다. 이 경지는 개인의 도덕적인 수양으로 도달할 수 있는 것이고, 가정, 나라, 천하의 여러 가지 제어와 속박에서 벗어나 도달할 수 있는 것이다. 개인이 이러한 경지에

---

46) 錢穆, 『민족과 문화』(홍콩신아서원, 1962), 제32~33쪽, "所謂人文, 則須兼知有家庭社會國家與天下. 要做人, 得在人群中做, 得在家庭社會國家乃至天下人中做. 要做人, 必得單獨個人各自去做, 但此與個人主義不同. 此每一單獨的個人, 要做人, 均得在人群集體中做, 但此亦與集體主義不同. 要做人, 又必須做一有德人, 又須一身具諸德.……人處家庭中, 便可教慈教孝, 處國家及人群任何一機構中, 便可教仁教敬. 人與人相交接, 便可以教信. 故中國傳統文化精神, 乃一切寄托在人生實務上, 一切寄托在人生實務之道德修養上, 一切寄托在教育意義上."

도달할 수 있으면 사람들의 고유한 경지에서 해탈하여 우주의 경지 혹은 신의 경지 혹은 하늘의 경지로 상승할 수 있다. 하지만 여기서 개인은 여전히 인간의 경지에서 벗어나지 않지만 인간의 경지를 초월하는데, 인간의 경지에서 벗어나지 않아야만 비로소 인간의 경지를 초월할 수 있다."47)

전목 선생은 중국 경학의 주요 정신을 종합하면서 이렇게 말하고 있다. "첫째는 천인합일의 관념이다. 우주의 진리와 인생의 진리 두 가지 방면에 대한 가장 높은 합일의 숭고한 신앙이 오경에 가장 잘 드러나 있고 오경에서 가장 중시됨으로써 경학은 이러한 신앙의 주요한 연원이 되었다. 둘째는 역사를 기초로 하는 인문정신이다. 학자들로 하여금 인류 역사의 발전에 내재된 일관된 진리를 심각하게 인식하게 하고 역사 과정의 변화 속에서 이러한 진리를 대표하는 인물과 사업 및 그 교훈을 열거하여 사람들이 일종의 존신尊信과 동경의 감정을 가지게 하였는데, 이 또한 경학에서 그 연원을 찾아볼 수 있다."48)

다시 말하면, 사람들은 현실의 경지를 떠나지 않고 초월의 경지에 도달할 수 있고 현실의 사람은 초월적인 사람으로 변할 수 있으며 세속의 구속을 벗어나 정신적인 해탈과 해방에 이를 수 있다. 중국은 전통적으로 성인이 이러한 경지에 도달할 수 있다고 여겼는데, 성인도 사람이기에 이른바 "사람마다 성인이 될 수 있다"는 것은 사람마다 도덕적인 수양을 통하여 천인합일의 경지에 도달할

---

47) 錢穆, 『민족과 문화』(홍콩신아서원, 1962), 제31쪽, "人心與生俱來, 其大原出自天, 故人文修養之終極造詣, 則達於天人之合一.", "中國傳統文化, 雖是以人文精神爲中心, 但其終極理想, 則尙有一天人合一之境界. 此一境界, 乃可於個人之道德修養中達成之, 乃可解脫於家國天下之種種牽制束縛而達成之. 個人能達此境界, 則此個人已超脫於人群之固有境界, 而上升到宇宙境界, 或神的境界, 或天的境界中. 但此個人則仍爲不脫離人的境界而超越於人的境界者, 亦惟不脫離人的境界, 乃始能超越於人的境界者."

48) 錢穆, 『중국학술통의』(대만학생서국, 1984), 제13쪽, "一是天人合一的觀念, 對於宇宙眞理與人生眞理兩方面一種最高合一的崇高信仰, 在五經中最顯著, 最重視, 而經學成爲此一信仰之主要淵源. 二是以歷史爲基礎的人文精神, 使學者深切認識人類歷史演進有其內在一貫的眞理, 就於歷史過程之繁變中, 舉出可資代表此項眞理之人物與事業及其敎訓, 使人有一種尊信與向往之心情, 此亦在經學中得其淵源."

수 있다는 것이다. 이상적인 사람, 성인이 되려면 반드시 인생사회의 현실 속에서 노력하여야 한다. 이러한 인문정신을 받아들이려면 반드시 역사에 통달하여야 할 뿐만 아니라, 종교에 가까운 정신 즉 이른바 '천인합일'의 신앙 또한 반드시 가지고 있어야 한다. 중국 전통문화의 궁극적인 이상은 사람들로 하여금 수양의 도를 통하여 덕을 두루 겸비하고 이상적인 인격을 성취함으로써 인류사회가 대동과 태평에 도달하고 현실사회 또한 초월적인 이상사회 즉 이른바 천국, 신세神世, 이상적인 우주로 변할 수 있게 하는 것이었다. 전목 선생은 '천인합일이 자연과 인문의 통일을 가리킬 뿐만 아니라 현실세계와 초월적인 세계의 통일, 실연實然과 응연應然의 통일, 현실과 이상의 통일 특히 초월과 내재의 통일, 천도와 천명에 대한 경건한 신앙과 현세의 윤상倫常에 대한 적극적인 책임의 통일, 궁극적인 배려와 현실적인 배려의 통일도 가리키는 것이라 파악하였다.

'성도합일性道合一'에 대하여 살펴본다. '성도합일'은 사실상 '천인합일'인데, 성이 천에서 생겨나고 도가 사람에 의하여 이루어지기 때문이다. 중국인의 도덕은 성으로부터 근원을 위로 구하여야 한다. 다시 말하면, 도덕가치의 근원은 인간의 마음속에 있을 뿐만 아니라 특히 천심天心 속에 있는 것이다. 『중용』에서는 "하늘이 명한 것을 성이라 하고 그 성을 따르는 것을 도라 한다"[49]고 하였다. 여기서 '도'는 인도, 인생 혹은 문화를 가리키는 것으로 인생, 인류문화의 모든 개별적인 상에 대한 가장 높은 일종의 종합이다. 그렇다면 "도를 닦는 것을 교라고 한다"(修道之謂教)에서의 교육도 일종의 도이다. 중국인들의 '도'는 외재적인 문화현상을 가리킬 뿐만 아니라 인생 자체도 가리키고, 인생의 내재적인 의의와 가치도 가리킨다. 중국문화의 가장 귀중한 부분이 바로 도를 중요시하여야 함을 아는 것이다. 그렇다면 도는 어디에서 오는가? 도는 인간 본위적인 것으로 인문적이지만 도의 근원은 하늘에서 나온다. '성'의 함의는 동력, 희망이

---

49) 天命之謂性, 率性之謂道.

있어서 필연적으로 그러하여야 하는 의향이다. "중국의 전통문화는 인성으로부터 인도를 도출해 낸다. 서양의 과학자들은 자연만을 말하지만, 중국 사람들은 사물에 사물의 본성이 있기에 비로소 사물의 이치를 구할 수 있다고 여겼다. 서양의 종교가들은 상제만을 말하지만, 중국 사람들은 하늘이 만물을 생겨나게 함에 각자의 본성을 부여하였음을 주장하였다. 성은 하늘에서 부여받은 것이라 할 수도 있고 대자연으로부터 생겨난 것이라 할 수도 있기에 '하늘이 명한 것을 성'(天命之謂性)이라 한 것이다."[50] 중국 사람들은 인간의 본성을 가장 중요하게 여긴다. 중국 고대의 사람들이 말하는 '성은 사물의 이치나 생겨남의 이치(生理)를 초월하는 것으로, 서양의 관념과는 다르다. 인간의 모든 활동은 모두 인간의 본성에 근본하고, 인간의 본성은 하늘에서 근원한다. 천성으로부터 발전하여 온 인간의 마음 깊숙한 곳의 성은 하나의 공상共相이다. 성선지성性善之性, 지성지성至誠之性, 진기지성盡己之性의 '성'은 사람보다 먼저 생겨난 성도 있고 사람 후에 생겨난 성도 있는데, 인간의 본성 및 그 지속적인 발견과 발전이다. 모든 성으로부터 나온 행위를 도라 하는데 인간의 본성이 서로 같기에 인간의 도 또한 서로 같다. "중국인들이 말하는 '성을 따르는 것을 도라 함'(率性之謂道)은 인류의 천성을 완벽하고 부족함이 없이 발전시켜야만 도라는 것이다. 이것이 바로 성을 다하는 것이라고 한다. 자신의 본성을 다하면 사람의 본성을 다할 수 있고 사람의 본성을 다하면 사물의 본성을 다할 수 있는데 이것이 바로 중국인들의 이론이다."[51]

전목 선생은 인간의 본성이 이성적인 것에만 치우친 것이 아님을 강조하는데 중국인들은 성정性情을 이성 위에 있는 것으로 파악한다. 성정이 있어야만 행위가

---

50) 錢穆, 『중화문화12강』(대북동대도서공사, 1987), 제9쪽, "中國傳統文化, 則從人性來指示出人道. 西方科學家只說自然, 中國人則認爲物有物性, 才始有物理可求. 西方宗敎家只說上帝, 中國人則說天生萬物而各賦以性. 性是天賦, 又可以說是從大自然産生, 故曰天命之謂性."
51) 錢穆, 『중화문화12강』(대북동대도서공사, 1987), 제12쪽, "中國人說率性之謂道, 要把人類天性發展到人人圓滿無缺才是道. 這樣便叫做盡性. 盡己之性要可以盡人之性, 盡人之性要可以盡物之性, 這是中國人的一番理論."

발생되고 그 행위는 다시 자신의 마음으로 되돌아오는데 이것을 '덕'이라 부른다. 인간의 모든 행위는 본래 밖을 향하는 것으로 부모를 공경하는 것도 부모를 향하여 효도를 다하는 것이다. 하지만 그의 효행은 자신의 마음에도 영향을 주는데 이것이 바로 '덕'이다. "모든 행위는 자신의 본성에서 발원하여 자신의 마음에 귀속됨으로써 자신의 덕을 완성한다. 이 때문에 중국인들은 늘 덕성이라 불렀다.…… 중국인들은 행위가 밖을 향하여 표현될 뿐만 아니라 자신의 마음속에도 존재한다고 여겼는데 이렇게 이 사람의 품덕 혹은 덕성이 형성된다. 본성은 선천적인 것이고 덕은 후천적인 것이며, 덕과 성은 하나로 합치되는데 성과 도가 하나로 합치되는 것과 같기에 중국 사람들은 또 도덕이라 부르기도 하였다."52)

　　이상의 '천인합일'과 '성도합일'에 대한 논의를 종합하여 보면, 유가 인문의 도덕정신에 깊은 근원과 근거가 있음을 알 수 있다. 그 특징에 세 가지가 있다. 첫째, 이러한 인문주의는 내재적인 인문주의이기에 "중국문화는 인간 본위적인 것이고 인문을 중심으로 하며 주요하게 하나하나의 사람을 완성할 것을 추구한다. 매 하나의 이상적인 사람들이 서로 배합하면 하나의 이상적인 사회를 구성할 수 있다. 이른바 인문이란 외재적인 것이지만 결국 또 안으로부터 발한 것이다"53)라고 할 수 있다. 중국문화는 성정性情이고 도덕적이지만 도덕이 성정에서 발하기에 여전히 성도합일인 것이다. 둘째, 중국의 인문주의는 또한 과두寡頭의 인문주의가 아니다. "인문은 자연과 합일할 것을 구한다.…… 중국인들은 성이 곧 자연이고 모든 도는 본성으로부터 생겨나는데 이것이 바로 자연과 인문이 합일하는 것이라 간주하였다. 다시 말하면 이것이 바로 천인합일이다."54) 중국의 인문주의

---

52) 錢穆, 『중화문화12강』(대북동대도서공사, 1987), 제12쪽, "一切行爲發源於己之性, 歸宿到自己心上, 便完成爲己之德. 故中國人又常稱德性.……中國人認爲行爲不但向外表現, 還存在自己心裏, 這就成爲此人之品德或稱德性. 性是先天的, 德是後天的, 德性合一, 也正如性道合一, 所以中國人又常稱道德."
53) 錢穆, 『중화문화12강』(대북동대도서공사, 1987), 제13쪽, "中國文化是人本位的, 以人文爲中心的, 主要求完成一個一個的人, 此理想的一個一個的人, 配合起來, 就成一個理想的社會. 所謂人文是外在的, 但卻是內發的."

는 자기의 본성, 사람의 본성, 사물의 본성을 다함으로써 천, 지, 인, 사물 모두 각자의 위치에 안주하여 천지만물을 용납하고 온화하고 젊잖게 각자의 본성에 도달할 수 있다. 셋째, 이러한 인문주의는 중국 원시종교의 하늘과 상제에 대한 신앙, 천명과 천도 그리고 천성에 대한 경건과 지극한 정성에 깊이 뿌리박고 있기에, 인간은 하늘을 떠나지 않고 도는 성을 떠나지 않음을 강조한다. 따라서 이러한 인문주의의 도덕정신은 종교적인 색채를 띠게 되었다. 종합하면 내재적인 것과 외재적인 것의 화합, 자연과 인문의 화합, 도덕과 종교의 화합은 중국인들의 정신이 서양의 인문주의와 다른 특징이다. 이러한 특징에 대한 이해가 없이 중국의 민족정신에 대하여 정의를 내릴 수 없다.

전목 선생은 중국인들의 최고 신앙이 바로 천·지·인 삼자의 합일임을 강조하였다. 서양의 기독교를 빌려 말한다면, 천·지·인의 삼위일체三位一體이다. 천지의 중요한 사업이 만물을 화육하는 것이고 인류는 만물 중의 하나이다. 하지만 중국인들은 사람을 화육되는 존재일 뿐만 아니라 천지를 도와 화육할 수 있는 존재로 여겼다. 이러한 신념은 다른 기타의 종교에서는 찾아볼 수 없는 것이다. 세계상의 어떤 민족 혹은 종교의 신앙도 언제나 두 가지 세계의 존재를 상정하는데, 하나는 인간의, 지상地上의 혹은 물질, 육체의 세계이고 다른 하나는 신적이고 하늘의 혹은 영혼의 세계이다. 중국인들은 하나의 세계만을 신앙한다. 그들은 천지는 하나의 자연으로서 사물의 본성을 가지고 있는 동시에 신의 본성도 가지고 있다고 여겼다. 천지는 하나의 신인 동시에 사물의 본성을 가지고 있는 것이다. 천지는 만물을 낳고 이 세계의 만물은 비록 각기 본성을 가지고 있지만 신성神性도 가지고 있으며 특히 인류도 그러하다. 이 세계는 사물이자 신이고 신이자 사물이다. 사람과 만물은 모두 본성이 있는데 이 본성은 하늘로부터 부여받은 것이기에 하늘은 사람과 만물 속에 있는 것이다.

---

54) 錢穆, 『중화문화12강』(대북동대도서공사, 1987), 제14쪽, "人文求能與自然合一.……中國人看法, 性卽是一自然, 一切道從性而生, 那就自然人文合一. 換句話說, 卽是天人合一."

사람과 사물이 본성을 따라 행하면 곧 도이다. 중국인들의 관념 속에서 사람과 신은 하나로 합치되는 것으로, 사람이 곧 신이고 사람이 곧 하늘이라고 할 수 있다. 사람의 선은 하늘로부터 부여받은 본성이고 사람은 이 본성의 선을 다할 수 있기에 성聖이고 신神인 것이다. 이것이 바로 성도性道합일이고 인천人天합일이며, 사람의 문화와 우주대자연의 합일이고, 신의 세계와 인간의 세계의 합일이다. 인간의 모든 것은 하늘을 대표하고 모든 인생이 천도를 대표한다. 따라서 천인합일은 중국문화의 최고 신앙이고 문화와 자연의 합은 중국문화의 궁극적인 이상이다.55)

전목 선생의 이해에 근거하면, 중국사상사에서 부족한 것은 바로 기독교와 같은 일원적이고 외재적이며 초월적인 종교이다. 하지만 중국에는 일종의 입세入世적인 인문의 종교가 있다. 유교사상의 가장 높은 발전은 필연적으로 이러한 종교의 정신을 원천으로 한다. 사람마다 요순이 될 수 있다는 것은 이러한 인문교의 최고의 신앙이고 최고의 교의이다. 이러한 인문교의 천당이 바로 이상적인 사회이고 이러한 인문교의 교당이 바로 현실의 가정과 사회이다. 이상적인 사회를 만들려면 반드시 먼저 사람들의 이상적인 마음세계와 사람마다 공통으로 가지고 있는 신앙생활을 만들어야 한다. 이러한 내재적인 마음이 바로 공자가 말한 인이고, 맹자가 말한 선이며, 양명이 말한 양지이다. 우리가 이러한 마음에 도달하면 이 사람은 이미 이상적인 사회에서 생활하고 있는 것이다. 이는 이러한 이상사회의 출발점이다. 사람마다 반드시 이러한 마음과 생활에 도달하기를 기다려야만 이러한 사회가 비로소 원만하게 실현된다. 이는 인류 문화이상의 가장 높은 가능성이다. 이러한 마음과 생활에 도달한 인생은 불후의 인생이다. 유가의 인생실천은 필연적으로 중국 전통의 종교정신 즉 입세적인 인문교 정신을 가지게 된다.

---

55) 자세한 내용은 錢穆의 『중화문화12강』(대북동대도서공사, 1987), 제83~86쪽 참조.

유가사상의 핵심과 가치는 다만 인류에게 자신의 문제를 해결하는 공동의 원칙을 제기하였다는 것에 있다. 이러한 원칙은 인류의 심성을 근본으로 하고, 사회를 근본으로 하며, 역사경험을 근본으로 하여 인간에 가장 가깝고 실용을 강조한다. 한편 유가의 궁극적인 배려는 또한 천명의 근거와 명오冥悟, 체인體認의 종교적인 성격을 가지고 있다는 것에 있다. '천', '천명', '천도'는 우주만물, 인류생명의 본원이고 생명의의의 가치 원천이자 모든 가치의 근원이다. 유가에서 생사를 철저히 깨닫고 정신적으로 속세를 초월하고 죽음을 초월하는 근거는 천, 천도, 천명 및 사람이 사람인 규정에 있다. 유가에는 확실히 매우 농후한 세간에 대한 배려가 있지만 세간에 대한 긍정에는 여전히 초월적인 형이상의 요구 즉 궁극적인 최후의 배려가 포함되어 있다. 유가는 인격의 존엄을 수호하기 위하여 '살신성인殺身成仁', '사생취의捨生取義'를 마다하지 않고, "천하를 자신의 책임으로 여기고"(以天下爲己任), "도탄 속에서 백성들을 구제하려는"(救民於水火) 신념과 목표, 세상을 구원하기 위하여 몸을 헌신하려는 열정을 가지고 있다. 특히 지극히 성실하고 신용을 지키며(至誠至信) 경건하고 속임이 없는(虔敬無欺) 신성함과 마음을 다하면 본성을 알게 되고(盡心知性) 마음을 보존하고 본성을 기르면(存心養性) 일찍 죽느냐 오래 사느냐에 마음을 두지 않고 몸을 닦으면서 기다리는(夭壽不二, 修身以俟之)의 안신입명의 도는 모두 그들이 가지고 있는 종교적인 품격을 나타낸다. 유자의 사명감, 책임감, 담당정신, 우환의식과 실천에 힘쓰는 행위방식 특히 신념, 신앙에서의 궁극적인 책임감에는 모두 초월적인 근거가 있다. 요컨대 우리는 유가의 '천명론'과 '심성론'의 정신적인 가치를 재차 발굴하고 체인하고 재해석할 필요가 있다.

전목 선생과 같은 지식인들은 평생 "위기에도 사람 됨"(吃緊做人)을 잊지 않았다. "수십 년을 보고 들은 것이 적어 고금의 학술에 약간의 터득이 있었지만, 얻음이 가장 깊은 곳도 송명시대의 유가들보다 못하였다. 촌구석에 살았지만 감히 하루라도 배움을 망치지 않았고, 비록 전란으로 흩어지고 고난스러웠어도 감히 하루라도 뜻을 허물어지게 할 수 없었다. 간혹 명리 앞에서도 감히 마음이 동할 수 없었고, 비방과 칭찬이 난무하여도 감히 실망할 수 없었다. 비록 배움에 스스로 설 수 없더라도 선유들의 법도를 잊은 적이 없었고 흠모가 절실하였다. 비록 나이를 먹었어도 필부의 책임을 다하고자 국가와 민족, 세도, 인심의 평안을 위하여 공헌하고자 노력하지 않음이 없었다."56) 그는 96세의 고령에 이르기까지 평생에 거쳐서 유가의 최고 신앙과 궁극적인 이상을 견지하였고, 임종 3개월 전에도 '천인합일'의 유가철학의 최고 명제에 대하여 집중하여 음미(專一玩味)하였으며, 자신이 최종적으로 '투철하게 깨닫게 되어'(澈悟) '쾌감과 위안'(快慰)을 느낀다고 하였다. 전목 선생의 인생으로부터 우리는 유가 인문교의 종교적인 감정(情義)이 중국 지식인에 대한 정신적인 안립安立 작용을 보아 낼 수 있다.

전목 선생은, 유학이 중국 고대의 사회와 문화생활방식에서의 객관적인 기초를 중시하였는데, 특히 수예水汭지역, 농경문명, 통일천하, 사민四民사회, 문치정부, 낭리郎吏 혹은 과거제도의 배경 하에서의 유가문화는 절대적으로 있어도 되고 없어도 되는 존재가 아니었고, 유학의 탄생과 발전 및 중국의 몇천년 문명의 핵심 주축이 되기까지 모두 객관적인 기초가 있었음을 강조하였다.

한편, 이와 상응하게 유가의 가치체계는 광범한 중국인들의 일상생활 속에 잠재해 있고 스며들어 있었는데, 성인에 의하여 체계적으로 정리되었을 따름이었다. 여영시余英時 선생이 강조한 것과 같이, 전목 선생은 장학성章學誠의 "성인은 중인에게서 배운 것"(聖人學於衆人)이라는 관념을 구체화하고 역사화하였다. 따라서 그는 이천 년래 사회생활의 객관적인 현실의 변화발전을 따라 끊임없이 새롭게 변화하는 유가문화와 가치체계를 힘써 연구하였다.

---

56) 錢穆, 『송명리학개설』, 「자서」, "數十年孤陋窮餓, 於古今學術略有所窺, 其得力最深者莫如宋明儒, 雖居鄕僻, 未嘗敢一日廢學, 雖經亂離困厄, 未嘗敢一日頹其志, 雖或名利當前, 未嘗敢動其心, 雖或毁譽橫出, 未嘗敢餒其氣, 雖學不足以自成立, 未嘗或忘先儒之榘矱, 時切其向慕. 雖垂老無以自靖獻, 未嘗不於國家民族世道人心, 自任以匹夫之有其責."

또한 전목 선생은 심성학설이 중국학술의 '대종강大宗綱'이고 치평治平사업은 중국학술의 '대후본大厚本'임을 강조하였다. 그는, 중국 역사의 전통이상은 정치로써 사회를 이끌고 학술로써 정치를 이끄는 것인데, 학술은 사회의 하층에서 생겨나기에 정부의 통제를 받지 않는다고 하였다. 앞에서 서술하였듯이, 사람을 주로 하고 사람의 사회에서의 지위를 중시하는 인본주의정신에 종교정신이 포함되어 있었기에 종교의 기능을 대체할 수 있었던 것이다. 중국의 학술은 두 가지 대강大綱으로 나눌 수 있다. "하나는 심성의 학문이고, 하나는 치평治平의 학문이다. 심성의 학문은 덕성의 학문, 즉 정심, 성의의 학문이라고도 할 수 있는데 인간이 성정을 수양하고 인격을 양성하는 방면에 속한다", "치평의 학문은 사학이라고 할 수 있는데 이는 심성의 학문과 마찬가지로 일종의 실천의 학문이다. 하지만 우리는 심성학이 수양에 속하고 사학과 치평의 학문은 실천에 속한다고 볼 수 있다. 어떠한 심리수양을 갖추면 사람들의 무리에 투입되어 실천을 구하게 된다. 사람들의 무리에 투입되어 실천할 수 있는 것 또한 매우 소중한데 이로써 심성수양의 공부를 하게 된다. 이 두 가지 대강은 서로 용이 되어 나눌 수 있지만 나뉘지는 않는다."[57]

전목 선생은 유학의 참된 생명력과 정신은 중화민족 및 역사문화의 발전을 추동하여 강대해지게 하고, 암흑을 극복하고 광명으로 나아가는 원동력 즉 '생명력'임을 강조하였다. 5·4 이래 많은 사람들은 '생명력'을 '저항력'으로 간주하고 '잠'으로 간주하였다. 그는 전통유학의 정신을 훼방하는 사조는 '과격주의過激主義' 혹은 '과격사상'이라 비판하면서 이 사조는 '바른 추세를 잃고'(失其正趨), '쉽게 전파 유행할수록 극단으로 향하기 쉽다'(愈易傳播流行, 愈易趨向極端)고 주장하였다.[58]

57) 錢穆, 『중국역사연구법』(대북동대도서공사, 1988), 제72쪽, "一是心性之學, 一是治平之學. 心性之學亦可說是德性之學, 卽正心, 誠意之學, 此屬人生修養性情, 陶冶人格方面.", "治平之學, 亦可稱爲史學, 這與心性之學同樣是一種實踐之學. 但我們也可說心性學是屬於修養的, 史學與治平之學則是屬於實踐的. 具備了某項心理修養, 便得投入人群中求實踐. 亦貴能投入人群中去實踐, 來作心性修養工夫. 此兩大綱, 交相爲用, 可分而不可分."

그는 누차 이러한 사조의 자국 역사에 대한 무지와 왜곡을 비난하였다. 예를 들어 두루뭉술하게 '봉건'으로 중국 전통사회를 개괄하고 '전제專制'로 고대 정치 체제를 개괄하면서 "중국의 역사가 서양보다 한 단계를 뒤떨어졌다"(中國比西方落後一個歷史階段)고 하는 등등은 기본적으로 "서양의 방법을 답습하여 범주 안에 중국의 것을 억지로 끼워 넣는 것"(襲取他人之格套, 強我以必就其範圍)이고 "문화의 개성을 무시하는 것"(蔑視文化之個性)이다. 그는 또 이렇게 말하였다. "한무제가 육경을 드러내고 백가를 폐출하여 이로써 학술이 일존으로 정해졌다. 이 설이 경세론이라 하여도 예외는 아니다", "중국 역대의 제왕들이 백성들에 대한 전제 통치의 도구로 유가사상을 이용한 것이라 간주하는 사람들이 있는데 이 역시 터무니없다."[59] 전목 선생은 역사 사실로써 이러한 부류의 비슷한 듯하면서도 서로 다른 논의들을 비판하였다.

유가학설은 천, 지, 인, 물, 아가 서로 조화롭게 발전한 이론으로서, 인류 생존의 생태환경에 이로울 뿐만 아니라 인문이 몰락한 오늘 인간의 정신안정과 궁극적인 배려 문제를 해결하는 데 도움이 된다. 현대인들의 마음에 자양분이 부족하고 사람들의 생명에는 의탁할 곳이 부족하다. 현대화의 과학기술문명은 현대인을 대신하여 생명과 죽음 등등의 의의와 가치의 문제를 사고할 수 없다. 유학 특히 인仁과 성誠의 형이상의 본체론과 우주론, 심성론, 인륜관계론, 이상인격론, 신심수양론, 인생가치론 등등은 우리들의 정신적인 공간을 확대하고 가치의 단일화와 평면화를 피면하며, 서양의 '현대성'이 미리 설정한 가치목표의 일면성을 피면할뿐더러 도구이성의 악성 팽창을 비판할 수 있다. 유학의 안신입명의 도는 우리의 인생을 풍부하게 하고 우리의 인격을 승화하고 성령性靈을

---

58) 羅義俊의 「전목의 신문화운동에 대한 반성 소요」(錢穆對新文化運動的省察疏要, 『현대신유학연구논집』 2, 중국사회과학출판사, 1991)를 참조.

59) 錢穆, 『중국역사연구법』(대북동대도서공사, 1988), 제76쪽, "漢武帝表彰六經, 罷黜百家, 從此學術定於一尊. 此說若經細論, 殊屬非是.", "常有人以爲, 中國歷代帝王利用儒家思想, 作爲其對人民專制統治的工具. 此說更屬荒謬."

활력으로 넘치게 할 뿐만 아니라, 번뇌에서 해탈되고 마음의 긴장을 풀어 주고 물욕의 집착을 초월하여 인문이상에 대한 추구를 부활시켜 사람으로 하여금 진정으로 사람의 생활을 할 수 있게 한다. 유가의 정신은 21세기의 사회와 인생에 갈수록 큰 영향을 발휘할 것임에 틀림없다.

유학의 생명력은 여전히 민간에 있다. 유학은 원래부터 평민 성격을 가지고 있었고 민간 학술이었다. 몇천 년 동안 사회의 양지를 대표하고 사회의 도의를 담당하면서 도통 즉 '영도정신'으로써 정통政統과 치통治統을 제약하고 지도하였다. 그 근거 혹은 고리가 바로 민간에서의 자유강학이다. 중국의 공상현대화의 발전과 더불어 민간서원, 민간연구소, 민간동인 간행물의 발전도 이미 필연적인 추세이다. 유학은 현대 생활의 발전에 반드시 적응할 것이고 민간으로 되돌아가서 민간에 뿌리를 내릴 것이다. 오늘날 우리한테는 오경 전통에서 사서 전통으로 바뀌는 것과 유사한 그러한 노력이 여전히 필요하다. 유학 정신의 현대적인 전환은 반드시 성공을 이룩할 것이다.

유학이 현대사회에서 창조적으로 전화하는 것은 자연, 사회, 인생의 조화로운 발전을 촉진하고 민족 및 인류 소질의 빈약화를 극복하며 동족 본래성 (Eigentlichkeit)을 해소함에 있어서 도움이 된다. 한 사람, 한 동족은 필연적으로 자기의 정신 근원과 근거가 있고 궁극적인 신념과 신앙이 있다. 유학 자원은 21세기 중국과 세계의 중요한 정신 식량이다.

제4장 핵심가치

유학은 동아시아 사회에서 오랫동안 발전하면서 서로 다른 시공간적 환경과 민족문화를 배경으로 다채로운 유파와 사조를 만들어 내고, 풍부하고 다양한 가치를 제기하였다. 중국, 한국, 일본의 역대 유학계 학자들로 말하자면, 그들이 강조하는 측면은 각각 다르다고 할 수 있다. 동아시아의 다른 지역, 다른 민족, 다른 시대의 사회생활 혹은 문화전통에서 민간의 신앙, 신념, 가치 관념과 문화전통의 차이는 더 심하다. 이렇게 번잡한 문제를 논의할 때 우리는 어떤 한 측면으로 전체를 개괄해서는 안 된다. 물론 유가는 유가로서, 유가의 가치체계는 유가의 가치체계로서 특별한 것도 분명히 있지만 주된 취지와 일관성도 물론 가지고 있다. 현재까지 한·중·일 도덕가치의 특수성에 관하여 논의한 글들이 아주 많지만, 나는 여기서 한·중·일 유가 학자들이 모두 인정하는 핵심적인 가치 관념, 보편적인 윤리 혹은 범주에 관하여 논의할 것이고, 그다음 그 현대적인 의의에 대하여 간략하게 서술하고자 한다.

1. 중국유학의 중심 관념

'인애仁愛', '성경誠敬', '충서忠恕', '효제孝悌', '신의信義', 이러한 사상범주 혹은 덕목은 한·중·일 삼국 유학사에서 비교적 공통성이 있는 내용이라고 할 수 있지 않을까? 우선 중국유학부터 논의해 보자. 사서와 『순자』로부터 보면, 한나라 유학에서 송명유학에 이르기까지 그들이 공통으로 인정하는 핵심적인 가치는 대체로 '인애'를 중심으로 전개되었고, 중요한 범주에는 '인仁', '의義', '예禮', '지智', '신信', '효孝', '제悌', '충忠', '서恕', '성誠', '경敬' 등등이 있다.

『논어』에 기록된 바에 의하면, 공자와 제자들 사이에서 진행되었던 논의의 중심 화제는 주로 '인애仁愛', '예악禮樂', '신의信義', '효제孝悌', '충서忠恕', '공경恭敬' 등등이었다. 양백준楊伯峻 선생이 『논어역주論語譯註』에서 통계한 결과에 의하면, 『논어』에는 '인'자가 모두 109번 등장하는데 그중에서 도덕표준과 연관된 것이 105번이다. 그리고 '의'자는 24번, '예'자는 74번, '지智'의 뜻을 내포한 '지知'자는 25번, '신'자는 38번, '효'자는 19번, '제悌'의 의미를 내포한 '제弟'자는 4번, '충'자는 18번, '서'자는 2번, '공恭'자는 13번, '경'자는 21번, '성聖'자는 8번(그중 '聖人'으로 4번) 등장한다. 개괄하여 말하면 공자의 가치관은 '인'을 중심으로 전개되었다 할 수 있다. 유가의 주장은 아주 평이平易하고 합리적이다. 예컨대 가족 간의 사랑에서 출발하여 자기의 마음을 미루어 남을 헤아린다. 유자有子는 이렇게 말하였다. "군자는 근본을 힘쓰니 근본이 확립되면 인의 도가 발생하는 것이다. 효와 제는 그 인을 행하는 근본일 것이다."[1] '인'은 근본이다. '효제'는 '인'이면서 '인'을 행하는 시작이고 '인애' 중의 하나이지 '인애'의 전부는 아니다. '인애'의 마음은 가족을 사랑하는 것에서부터 시작하여 미루어 널리 열어 가는 것이다. 공자에 의하면 '인애'는 예악문명의 내적 알맹이고 요지이다. '인'을 떠나면 예악은 형식으로 변할 수 있다. 공자의 '일이관지'의 도를 증자의 이해로 말하면 '충'과 '서'이다. "선생님의 도는 충서일 뿐이다."[2] '충'과 '서' 역시 '인'이라는 하나의 두 측면(一體之兩面)이다. '충'은 최선을 다하겠다는 마음이고, '서'는 입장을 바꾸어 생각하겠다는 마음이다. '충'은 "자기가 서기를 원하면 남 또한 서게 해 주고 자기가 통달하고자 하면 남 또한 통달하게 하는 것"[3]이고, '서'는 "자기가

---

1) 『논어』, 「학이」, "君子務本, 本立而道生. 孝悌也者, 其爲仁之本與!"
2) 『논어』, 「이인」, "夫子之道, 忠恕而已矣."
3) 『논어』, 「옹야」, "己欲立而立人, 己欲達而達人."

싫어하는 것을 남에게 강요하지 않는"4) 것이다. 공자는 인덕을 실천하려면 자기로부터 시작하고 현재 가장 가까운 일에서부터 한 발자국 한 발자국 실천할 것을 제기하였다. 그리고 '인'을 중심으로 하는 범주, 덕목에는 '공恭', '관寬', '신信', '민敏', '혜惠' 등도 포함되어 있다.

1993년 호북湖北 형문곽점초묘荊門郭店楚墓에서 출토된 죽간 자료들은 공자, 칠십자七十子 및 그 후학들이 선철(前哲)을 계승하여 창조적으로 발휘하였던 '성聖', '지智', '인仁', '의義', '예禮', '충忠', '신信', '경敬', '자慈', '효孝', '제悌', '반기反己', '수신修身', '신독愼獨' 등의 관념들이 아무리 늦어도 전국戰國 중기에는 이미 형荊·초楚 지역에 유포되었고 영향을 주었음을 보여 준다. 예를 들어 『육덕六德』은 "성聖, 지智, 인仁, 의義, 충忠, 신信"을 근본으로 하고, 『오행五行』은 "인仁, 의義, 예禮, 지智, 성聖"을 강조하며, 『존덕의尊德義』는 "존인尊仁, 친충親忠, 경장敬壯, 귀예歸禮"를 긍정하고, 『충신지도忠信之道』는 '충忠'은 "인지실仁之實"이고 '신信은 "의지기義之期"임을 설명하며, 『당우지도唐虞之道』는 "애친존현愛親尊賢"을 중시하면서 인의를 함께 거론하였다. 후세의 유학과 조금 다른 점은 『오행』의 저자가 '청덕聽德', '시덕視德'을 제창하였는데, 전자는 '총聰'을 말하는 것이고, 후자는 '명明'을 말하는 것이며, '성聖', '지智' 두 가지 행위(二行)를 강조였다는 점이다. '성聖'이란 군자의 도를 듣고(聞) 아는 것이고, '지智'란 견견(視)이고 현인의 덕을 보고 아는 것이다. '문지聞知', '견지見知'는 모두 체험의 앎이다. 그런데 이러한 편목들에서 모두 '인애'는 가족을 사랑함에서 널리 확충된 것임을 강조하였다. 『오행』에는 이렇게 기록되어 있다.

> 즐겁지 않으면 가까이하지 않게 되고, 가까이하지 않으면 친하지 않게 되고, 친하지 않으면 사랑하지 않게 되고, 사랑하지 않게 되면 인하지 않는다.

---

4) 『논어』, 「안연」; 『논어』, 「위령공」, "己所不欲, 勿施於人."

안색이 온화하고 도탑다는 것은 진심으로 사람들과 사귀어 즐거움을 얻기 때문이다. 진심으로 기쁨을 얻으면 형제에게도 전달되어 가까워질 수 있다. 형제와 가까워져 성심을 다하게 되면 친하게 될 것이다. 친해지고 돈독해지면 깊이 사랑하게 된다. 부친을 사랑하는 마음으로 타인을 사랑하면 이것이 곧 '인'이다.[5]

여기서 '유攸'는 '진進' 또는 '계繼'의 의미이다.

원시유가는 가족을 사랑하는 것을 '인'으로 삼았고, 현자를 존경하는 것을 '의'로 삼았다. 혹은 '인'은 '애친'의 확충이고 '의'는 '존현'의 보급이며 양자는 상호 보완적인 관계라 간주하였다. 『어총語叢』의 일부 내용은 공자의 가르침을 되풀이하며 '인'을 '애인', '애선'으로 규정할 뿐만 아니라, '의'를 '선지방善之方', '덕지진德之進' 혹은 '사지의事之宜'로 규정하였다. 또 '상喪'을 '인'의 단서로 삼기도 하였다. "상은 인이다. 의는 마땅함이다. 애는 인이다. 의는 거하는 것이고, 예는 행하는 것이다."[6] "부모를 사랑할 줄을 알면 그 방법으로 남을 사랑할 수 있다."[7] 『당우지도唐虞之道』에서는 이렇게 기록하고 있다.

부모를 사랑하면서 현자를 잊으면 인하다고는 할 수 있지만 의롭다고는 말할 수 없고, 현자를 존경하면서 부모를 버리면 의롭다고는 할 수 있지만 인하다고는 말할 수 없다.[8]

그리고 『어총일語叢一』에서는 이렇게 말하였다.

5) 형문시박물관, 『곽점초묘죽간』(문물출판사, 1998), 제150쪽, "不悅不戚, 不戚不親, 不親不愛, 不愛不仁.", "顏色容貌溫(變)也. 以其中心與人交, 悅也. 中心悅(焉), 遷於兄弟, 戚也. 戚而信之, 親(也). 親而篤之, 愛也. 愛父, 其攸愛人, 仁也."
6) 형문시박물관, 『곽점초묘죽간』(문물출판사, 1998), 제211쪽, "喪, 仁也. 義, 宜也. 愛, 仁也. 義處之也, 禮行之也."
7) 형문시박물관, 『곽점초묘죽간』(문물출판사, 1998), 제211쪽, "愛親則其方愛人."
8) 형문시박물관, 『곽점초묘죽간』(문물출판사, 1998), 제157쪽, "愛親忘賢, 仁而未義也. 尊賢遺親, 義而未仁也."

인에는 두텁고 의에는 얇은 자는 부모를 사랑하지만 현자를 존경하지 않고, 의에는 두텁고 인에는 얇은 자는 현자를 존경할 줄만 알고 부모를 사랑할 줄은 모른다.[9]

이상에서 '인'과 '의'의 관계에 대한 정의는 가족을 사랑할 뿐만 아니라 현인을 존경하고 혈연적인 감정에서 비롯하면서도 혈연적인 감정을 뛰어넘으며 가족을 사랑하고 현인을 존경하는 원칙을 수정하였는데, 실로 긍정할 만한 유가의 윤리 가치 관념이라고 할 수 있다.

『육덕六德』은 부부, 부자, 군신이라는 삼륜육위三倫六位에 대한 규정이고, 각각의 직무수행을 강조하며 안으로는 '인'덕을 말하고 밖으로는 '의'덕을 요구한다. "아비가 성스러우면 아들도 인하고, 남편이 지혜로우면 아내는 남편을 믿으며, 군주가 의로우면 신하는 충성한다. 성스러움은 인을 낳고, 지혜는 믿음을 거느리며, 의는 충성을 하게 한다."[10] "인은 내적인 것이고, 의는 외적인 것이며, 예악은 공통의 것이다. 안으로는 아비와 아들과 남편을 섬기고, 밖으로는 군자와 신하와 아내를 섬기라."[11] 여기서 '입立'자는 바로 '위位'자이다. 『어총일語叢一』에서는 군신 관계를 친구 관계로 간주하였다. 『어총삼語叢三』에서는 신하가 임금을 대할 때 "기분이 나쁘면 가도 되고 불의하면서도 반성하지 않으면 받아주지 않아도 된다"고 하였다.[12] 이러한 내용들은 '부자자효父慈子孝', '군의신충君義臣忠', '부경

9) 형문시박물관, 『곽점초묘죽간』(문물출판사, 1998), 제197쪽 제3~5행, "(厚於仁, 薄)於義, 親而不尊. 厚於義, 薄於仁, 尊而不親." 제77쪽, 제82쪽, 제79쪽의 세 장의 죽간을 재배열하면 이 구절이 된다. 『예기』 「표기」에서는 이렇게 말하고 있다. "厚於仁者薄於義, 親而不尊; 厚於義者薄於仁, 尊而不親." 또한 곽점초간의 인, 의에 대한 정의는 『중용』의 "仁者人也, 親親爲大; 義者宜也, 尊賢爲大"와 서로 일치하다.
10) 형문시박물관, 『곽점초묘죽간』(문물출판사, 1998), 제188쪽, "父聖, 子仁, 夫智, 婦信, 君義, 臣忠. 聖生仁, 智率信, 義使忠."
11) 형문시박물관, 『곽점초묘죽간』(문물출판사, 1998), 제188쪽, "仁, 內也. 義, 外也. 禮樂, 共也. 內立父, 子, 夫也, 外立君, 臣, 婦也."
12) 형문시박물관, 『곽점초묘죽간』(문물출판사, 1998), 제209쪽, "不悅, 可去也; 不義而加諸己, 弗受也."

부순夫敬婦順'의 원형으로 볼 수 있다. 군신 관계에서 매우 강한 혈연적인 감정이 있으면서도 또한 기분이 나쁘면 가고 의롭지 않으면 받아주지 않는 사인士人의 자유로운 정신을 구현하였다.

곽점에서 출토된 유가의 죽간은 전반적으로 '인애'를 중심으로 하고 '인'과 '의'를 함께 거론하며, '인'과 '의'를 '충'과 '신'의 본질과 목표로 여기고, 임금에게 충성하는 것과 백성을 사랑하는 것을 '효'와 '제'의 확충으로 보고, '경'을 '예'의 핵심으로 간주하였다. 효도, 충신, 예경은 모두 '인'과 '의'와 관련이 있다. 다만 『중용』이나 『맹자』처럼 '성誠'을 강조하지는 않았다. 하지만 곽점 죽간에서는 '신信'을 강조하였고, '성誠'을 '신'이 발전한 결정체라 간주하였다.

맹자는 '인'과 '의'가 내재적인 것임을 강조하고 '성'은 '심'으로부터 나타난 것이라 하여, '인', '의', '예', '자'와 같은 도덕적인 가치들은 모두 본심에서 비롯된 것임을 긍정하였고 '천'은 인간의 선한 본성의 궁극적 근거라 하였다. 그는 '심', '성', '천'의 삼자를 통일시켰다. 맹자는 자사 사상의 영향을 받아 '성誠'이라는 범주를 더욱 강조하였다. '성誠'은 진실하고 망령되지 않은(不妄) 것이고 천도운행의 규율이며, 또한 일종의 도덕적인 체험의 상태이고, 본심, 양지의 최종적인 근원인 '천'에 대한 일종의 경건하고 경위하는 감정이다. 맹자는 사람을 사람이게끔 해 주는 특성과 본질을 강조하였고, '리의理義'는 "모든 사람의 마음이 좋아하는 것"13)이며 사람의 내적인 양지와 양능을 인도하여 그것을 밖으로 확충하고 실천할 것을 주장하였다. 맹자는 "먼저 그 큰 것을 세울 것"(先立乎其大者)을 주장하는 동시에 "선만 가지고 정치를 하기에 부족하고 법만 가지고 스스로 행동할 수 없음"14)을 알고 있었다.

순자는 예를 존중하고(隆禮) "본성을 변화시켜 인위를 일으킬 것"(化性起僞)을 주장하였으며, 후천적인 교육, 학습과 사회규범, 국가형벌을 통하여 사람의 악한

---

13) 『맹자』, 「고자상」, "心之所同然者."
14) 『맹자』, 「이루상」, "徒善不足以爲政, 徒法不能以自行."

본성(惡性)을 변화시켜 선으로 옮겨갈 것을 강조하였다. 순자는 선한 것, 가치가 있는 것들은 모두 사람들이 후천적으로 노력한 결과이고, 감정을 인도하고 본성을 변화시켜 인위를 일으키는 방법을 사용하여 사람들이 이성으로 감성을 강제적으로 지배하게 하면 천하를 다스릴 수 있고, 선과 합하게 할 수 있다고 여겼다. 순자 또한 인간에게는 지능이 있고 선으로 향할 수 있으며, 후천적 배움과 축적을 통하여 자신을 성취할 수 있음을 확신하였다. "길거리의 사람이라 할지라도 모두 어짊과 의로움과 올바른 법도를 행할 수 있는 능력이 있다. 그러니 그들도 우임금 같은 성인이 될 수 있음은 분명한 일이다."15) 맹자는 '성선'을 주장하였는데, 사람을 사람이게끔 해 주는 특성이 내재적인 인, 의, 예, 지의 사단의 마음임을 가리킨다. 순자는 '성악'을 주장하였는데, 사람이 태어날 때부터 예의가 있는 것이 아니라 후천적인 교화, 습득, 훈련에 의지해야만 비로소 성공할 수 있음을 가리킨다. 사회관에서 순자는 '예禮', '악樂', '형刑', '정政'의 배합을 주장하였지만, 가치관에서는 여전히 '인의'를 크게 강조하고 있다. 그는 다음과 같이 지적하였다.

> 군자가 가난하면서도 뜻이 넓은 것은 어짊을 존중하기 때문이고 부귀해도 몸가짐이 공손한 것은 위세를 부리지 않으려는 것이다.16)

몸가짐은 공경하고 마음은 충실하고 신의가 있으며 일하는 방법은 예의에 들어맞고 감정은 사람들을 사랑한다면(왕인지는 '人'을 '仁'으로 읽는다.), 천하를 제멋대로 다니다가(왕인지는 '橫'을 '廣'으로 읽는다.) 비록 사방 오랑캐 땅에서 곤경에 빠지더라도 그를 존귀하게 여기지 않는 사람이 없을 것이다. 수고롭고 고생스러운 일은 앞다투어 맡고, 매우 즐거운 일은 남에게 사양하며, 정직하고 성실한 데다 직분을

---

15) 『순자』, 「성악」, "塗之人也, 皆有可以知仁義法正之質, 皆有可以能仁義法正之具, 然則其可以爲禹明矣."
16) 『순자』, 「수신」, "君子貧窮而志廣, 隆仁也; 富貴而體恭, 殺勢也."

잘 지키며 빈틈이 없다면('詳'은 '祥'과 통한다.), 천하를 제멋대로 다니다가 비록 사방 오랑캐 땅에서 곤경에 빠지더라도 그를 신임하지 않는 사람이 없을 것이다.[17]

그는 또 이렇게 말하였다.

안으로는 자기의 뜻이 일정하고, 조정에서는 예절이 닦여지고, 관청에서는 법칙과 도량형기가 올바르게 될 것이며, 아래로는 백성들에게 충성과 믿음, 사랑과 이로움의 덕이 실현될 것이다. 의롭지 못한 일을 한 가지 행하고 죄 없는 사람을 한 사람 죽여 천하를 얻게 된다 해도 그런 짓은 하지 않는다.…… 그래서 가까운 곳의 사람들은 노래하면서 즐기고, 먼 곳의 사람들은 허겁지겁 그에게로 달려와 온 세상 안이 한집안처럼 되고, 길이 통하는 모든 곳의 사람들은 복종치 않는 자가 없게 될 것이다. 이런 것을 일러 사람들의 우두머리라 한다.[18]

이로부터 순자는 공자가 창도하였던 핵심적인 가치 관념을 고수하며, '예'가 '인의仁義'에서 비롯하였고, 예치禮治는 본질적으로 인정仁政으로서 군자에 의하여 실행됨을 강조하였음을 볼 수 있다. 예의는 사회가 인정하는 도의적인 원칙이고 예악은 또한 사람들의 정신적인 욕구를 조절한다. 유가는 예악교화를 통하여 개개인의 인격적 경지를 높이고 성정을 도야하고 심신을 수양하며, 사회의 단체들이 구분되게도 하고 또 서로 융합되게도 하였다.

송·명·청 대 유가의 가치 방향도 여전히 '인'을 둘러싸고 전개되었다. 정호는 『식인편識仁篇』에서 다음과 같이 말하였다.

---

17) 『순자』, 「수신」, "體恭敬而心忠信, 術禮義而情愛人(王引之註: '人', 讀爲'仁'), 橫(王引之註: '橫', 讀爲'廣')行天下, 雖困四夷, 人莫不貴. 勞苦之事, 則爭先; 饒樂之事, 則能讓; 端愨誠信, 拘守而詳(詳, 通'祥'); 橫(廣)行天下, 雖困四夷, 人莫不任."

18) 『순자』, 「유효」, "志意定乎內, 禮節修乎朝, 法制, 度量正乎官, 忠, 信, 愛, 利形乎下. 行一不義, 殺一無罪, 而得天下, 不爲也……故近者歌謳而樂之, 遠者竭蹶而趨之. 四海之內若一家, 通達之屬, 莫不從服, 夫是之謂人師."

정호   정이

배우는 자들은 우선 먼저 인이란 무엇인지를 알아야 한다. 인은 혼연히 한
덩어리로 되어 사물과 동체를 이루는데 의, 예, 지, 신 모두 인이다. 이러한
이치를 알게 되면 성과 경으로 보존할 뿐이어서 방검防檢할 필요도 없고 궁색窮索
할 필요도 없다.[19]

주희는 『인설仁說』에서 이렇게 제기하였다.

사람의 마음에도 그 덕이 네 가지가 있어서 인, 의, 예, 지라 하는데, 인에는
포괄하지 않는 것이 없다. 그 인, 의, 예, 지가 발현하여 작용하면 애, 공, 의,
별의 정이 되는데, 측은하게 여기는 마음은 관통하지 않음이 없다. 그러므로
천지의 마음을 논하면 건원, 곤원을 말하는데, 네 가지 덕의 체와 용을 전부
열거하지 않아도 족하고, 사람 마음의 오묘함을 논하면 '인은 사람의 마음'이라고
말하는데, 네 가지 덕의 체와 용은 두루 열거하지 않아도 된다. 무릇 인의
도는 곧 천지가 만물을 낳는 마음으로 만물에 있기에 정이 발현되기 전에 이미
이 본체가 갖추어져 있고 정이 발현하면 그 작용이 무궁하다. 진실로 이를
본받아 보존하면, 온갖 선의 근원과 모든 행실의 근본이 이에 있지 않음이
없다. 이것이 공문의 교육이 반드시 배우는 이로 하여금 인을 구하는 데 급급하게

---

19) 『이정유서』, 권2상, "學者須先識仁, 仁者渾然與物同體, 義禮智信皆仁也. 識得此理, 以誠敬存
之而已, 不須防檢, 不須窮索."

하는 까닭이다. 이 마음은 어떤 마음인가? 천지에 있어서는 끝없이 만물을 낳는 마음이고 사람에 있어서는 따뜻하게 사람을 사랑하고 만물을 이롭게 하는 마음으로, 사덕을 포함하고 사단을 관통하는 것이다.[20]

위 인용문에서 주자는 특별히 문제를 제기하고 답하는 방식으로 정씨程氏 문인들이 "분명히 사랑을 떠나서 인을 말하는"(判然離愛而言仁) 잘못을 비판하고, 정자가 말한 이른바 "애정인성愛情仁性"의 뜻은 마땅히 "사랑은 인의 정이고 인은 사랑의 성"(愛是仁之情, 仁是愛之性)임을 지적하였다. 그는 또 이렇게 말하였다.

정자의 이른바 '사랑의 발함을 인이라 이름하는 것'은 내가 논한 사랑의 이치를 인이라 이름하는 것이다. 무릇 성, 정이라 하는 것은 비록 그 구분되는 영역은 다르지만 그 맥락이 통하는 점에서는 각각 속함이 있으니 어찌 서로 떨어져 상관없는 것이겠는가![21]

주자의 문인인 진순陳淳(1159~1223)의 『북계자의北溪字義』는 주염계, 장횡거, 이정의 사상을 모으고 주자로 절충하였으며, 송대의 리학사상체계와 밀접하게 연관된 중요한 범주들을 집중적으로 다루고 있다. 예를 들어 '성性', '명命', '성誠', '경敬', '인仁', '의義', '예禮', '지智', '신信', '충신忠信', '충서忠恕' 등등을 다루고 있는데, 이는 모두 유가 가치체계의 중요한 이념들이다. 송명의 학술은 그 이전의 유교와 비교할 때, 인생론적인 측면에서 '인'을 논하였을 뿐만 아니라 우주론적인 측면에

---

20) 『朱文公文集』, 卷六七, "人之爲心, 其德亦有四, 曰仁義禮智, 而仁無不包; 其發用焉, 則爲愛恭宜別之情, 而惻隱之心無所不貫. 故論天地之心者, 則曰乾元坤元, 則四德之體用不待悉數而足; 論人心之妙者, 則曰仁人心也, 則四德之體用亦不待遍擧而該. 蓋仁之爲道, 乃天地生物之心卽物而在; 情之未發而此體已具, 情之旣發而其用不窮, 誠能體而存之, 則衆善之源, 百行之本, 莫不在是. 此孔門之敎所以必使學者汲汲於求仁也. 此心何心也? 在天地則夬然生物之心, 在人則溫然愛人利物之心, 包四德而貫四端者也."

21) 『朱文公文集』, 卷六七, "程子之所論, 以愛之發而名仁者也; 吾之所論, 以愛之理而名仁者也. 蓋所謂性情者, 雖其分域之不同, 然其脈絡之通各有攸屬者, 則曷嘗判然離絕而不相管哉!"

서도 '인'을 논하였는데, 천지만물의 창조성인 '생생지인生生之仁'과 인생의 도덕적인 실천의 '인애지심仁愛之心'을 관통시켰다. 이정에서부터 육구연陸九淵, 왕양명王陽明에 이르기까지 모두 '천지만물과 일체인 인'(天地萬物一體之仁)을 말하였다. 그러나 주자는 "인이라는 것은 천지만물과 일체가 되는 것"(仁者以天地萬物爲一體)으로만 보는 것을 반대하였다. 왜냐하면 '인'은 체이고 사랑의 이치이며, 사랑은 용이고 사랑은 '인'으로부터 나오기 때문이다. 만약 단지 본체적인 측면에서 이치로 따지고 근원적인 측면에서 '인'을 논한다면 너무 깊고 너무 넓기에 사람들이 파악하기 어렵다. 그래서 주자는 사랑의 측면에서 '인'을 말함으로써 사람들이 쉽게 입문하게 하였다.22)

유가의 기본 가치는 명대 말기에서 청대에 이르기까지 사상가들에 의하여 지속적으로 발휘되고 발전하였다. 특히 주목하여야 할 것은 이 시기에 나타난 '경세치용經世致用' 사조가 기존의 유가 전통 중의 신외왕新外王을 개발해 냈다는 점이다. 고염무顧炎武(1613~1682), 왕선산王船山(1619~1692), 황종희黃宗羲(1610~1695), 방이지方以智(1611~1671), 부산傅山(1607~1684), 당견唐甄(1630~1704), 안원顔元(1635~1704) 등 시대의 거장들로부터 대동원戴東原(戴震, 1723~1777)에 이르기까지 기존의 유가 전통에 내재되어 있던, 특히 핵심적인 가치 관념 중의 개체주의, '덕으로써 지위에 항거하는'(以德抗位) 전통, 자유정신, 실천과 경험을 중시하는 학풍 등등을 재해석함으로써 사회의 변화와 서로 조화를 이루게 하였다. 이러한 것들은 모두 유학의 내재적인 발전으로 볼 수 있고 또한 현대 유가학설의 서막을 연 것(先聲)이라 할 수 있다.

---

22) 錢穆, 『朱子學提綱』(대북동남도서공사, 1991년 제3쇄), 75~78쪽.

2. 한국유학의 중심 관념

유학이 한국에 전래된 시기는 매우 이르다. 한국유학은 적어도 이천 년의 역사를 가지고 있을 뿐더러 근대에 들어서기 이전까지 줄곧 사회문화의 정신이자 주요한 사조였다. 372년 이후 고구려, 백제, 신라 3국이 잇따라 태학을 설립하여 유학의 경전을 가르쳤다. 918년에 고려 왕조가 세워진 뒤, 고려 왕조 오백 년 동안 태학에서는 여전히 유가경전을 위주로 하였고, 정기적으로 공자에게 제사를 지냈으며, 시험을 거쳐서 우수한 인재들을 선발하였다. 따라서 많은 선비들이 문관으로 뽑혔고, 민간에서는 사적으로 학문을 가르치는 열풍이 크게 불었다.[23] 원나라에서 주자학을 고려에 도입한 사람은 안향安珦(晦軒, 1243~1306)으로 시기는 대략 1290년으로 추정된다. 안향은 이렇게 말하였다.

> 성인의 도리는 일상생활에서 인륜도덕의 원리를 잘 지키는 데 지나지 않는다. 아들이 되어서는 마땅히 효도하고 신하가 되어서는 마땅히 충성하며 올바른 예의범절로 가정을 다스리고 신의로 벗을 사귀며, 자신의 몸가짐을 닦는 데는 반드시 삼가고, 온갖 일을 해 나가는 데는 반드시 성찰할 따름이다.[24]

여말선초의 성리학자인 이색李穡(牧隱, 1328~1366), 정몽주鄭夢周, 정도전鄭道傳, 권근權近 등이 전면적으로 유학을 추진하여 리학이 조정과 민간에서 장족의 발전을 이룩할 수 있도록 하였다. 이색은 "충忠, 효孝, 중中, 화和"라는 네 글자로 유가의 중요한 가치를 개괄하였다.

---

23) 자세한 내용은 徐遠和의 『유학과 동양문화』(인민출판사, 1994), 제179쪽을 참조.
24) 『晦軒集』, 「諭國子諸生文」, "聖人之道, 不過日用倫理, 爲子當孝, 爲臣當忠; 禮以齊家, 信以交朋; 修己必敬, 立事必誠而已." 김충열의 『고려유학사상사』(대북동대도서공사, 1992, 제274쪽)의 내용을 재인용함.

"집에 효성을 바치고 나라에 충성을 바치려면 장차 무엇으로 근본을 삼아야 합니까?'라고 묻기에 다음과 같이 말해 주었다. "그 물음이 참으로 크기도 하다. 그러나 그 대답 역시 중中이라는 한 글자로 귀결될 뿐이다. 어버이를 잘 모시는 것을 효孝라고 이름하고, 그것을 임금에게 옮겨 적용하는 것을 충忠이라고 하니, 이름은 비록 다르다고 할지라도 이치는 하나라고 할 것이다. 이치가 하나라고 하는 것은 곧 이른바 중中을 의미하는데 그렇게 말하는 이유는 무엇이겠는가. 사람은 태어날 때부터 건순健順과 오상五常의 덕을 이미 갖추고 있다. 이것을 이른바 성性이라고 하는데, 이 성 속에 어찌 일찍이 충忠이니 효孝이니 하는 이름이 따로 있었겠는가. 고요히 움직이지 않는 것과 거울처럼 텅 비고 저울처럼 공평한 것이 바로 성性의 체體라고 할 것이니 그 이름을 중中이라 하고, 감응하여 마침내 통하는 것과 구름처럼 떠가고 물처럼 흘러가는 것이 바로 성의 용用이니 그 이름을 화和라고 한다. 따라서 중中의 체體가 제대로 섬으로써 천지가 제자리를 잡고, 화和의 용用이 제대로 행해짐으로써 만물이 육성되는 것인데, 여기에 또 성인이 천지의 화육化育에 참여하여 찬조한 묘용妙用 덕분에 덕성德性이 높아지고 인륜이 펼쳐지게 된 것이다. 그리하여 천서天敍와 천질天秩이 찬연히 빛나면서 환히 드러나게 되었으니, 충효忠孝나 중화中和라고 하는 것을 어찌 두 갈래로 나누어서 볼 수가 있겠는가."[25]

이색의 주장에 근거하면 '중'은 체이고 '화'는 용이며, '중'은 대본이고 '화'는 유행이다. 그리고 '충'과 '효'는 모두 '중'이라는 도리의 실현이다.

주자학은 조선에서 크게 흥성하였다. 대표적인 주자학파로 퇴계退溪 이황李滉 (1501~1570)의 사상과 학문을 계승한 퇴계학파와 율곡栗谷 이이李珥(1536~1584)의 사상과 학문을 계승한 율곡학파가 있다. 그 외에 남명南冥 조식曹植(1501~1572),

---

25) 『목은문고』(대동문화연구원본), 권10, 제877쪽, "孝於家, 忠於國, 將何以爲之本乎? 予曰: 大哉問乎, 中焉而已矣. 善事父母, 其名曰孝. 移之於君, 其名曰忠. 名雖殊而理則一. 理之一卽所謂中也. 何也? 夫人之生也, 具健順五常之德, 所謂性也, 曷嘗有忠與孝哉? 寂然不動, 鑒空衡平, 性之體也, 其名曰中. 感而遂通, 雲行水流, 性之用也, 其名曰和. 中之體立, 則天地位; 和之用行, 則萬物育. 聖人系贊之, 妙德性, 尊人倫, 敍天秩, 粲然明白, 曰忠, 曰孝, 曰中, 曰和, 夫豈異哉?"

『성학십도』

남당南塘 한원진韓元震(1682~1751) 등의 학자를 거론할 수 있다. 조선시대 오백여
년(1392~1910) 동안 성리학은 '국학'으로 되었을 뿐만 아니라 "정치 실천의 이념,
공적 사적 학교 교육의 주요한 내용, 학술적 탐구의 대상, 사회적 가치관의
중심"26)으로 자리를 잡았다.

　　퇴계 이황은 유가의 핵심적인 가치에 대하여 전반적으로 논술하였고 창조적
으로 발전시켰다. 그는 『성학십도聖學十圖』에서 '안'은 천지·사회·인생의 방대
한 체계에서 하늘과 사람을 관통시키는 정수이자 영혼(精魂)이라고 말하였다.
『성학십도』의 본질은 올바른 사람이 되라는 것이고 인격의 경지를 높이는 것이
다. 퇴계는 주자의 '인설도仁說圖'를 빌려 사단과 사덕 및 '인', '의', '예', '지'
사덕 사이의 관계를 해명하였다. 측은해하는 마음은 사덕을 관통하고 두루
관철하며 통하지 않음이 없다. '안'은 사덕을 포섭하고 함양함이 온전하며 통솔하
지 않음이 없다. 퇴계는 또한 장횡거張橫渠의 『서명』을 추종하였고 '민포물여民胞物
與'를 '인애仁愛'사상의 확장으로 해석하였다.

　　퇴계의 창조는 '성정性情'과 '리기理氣'를 통합하는 "합리기合理氣, 통성정統性

---

26) 蔡茂松, 『한국근세사상문화사』(대북동대도서공사, 1995년 초판), 제2쪽, "政治實踐的理念,
公私學校教育的内容, 學術探討的對象, 社會價值觀的中心."

情"이라는 명제를 제기하였고, '리기'와 '성정'이라는 일체적인 관념으로부터 본연지성本然之性과 기질지성氣質之性의 관계를 파악하여야 함을 주장하였으며, "리가 발함에 기가 따르는"(理發而氣隨之) 측은惻隱, 사양辭讓, 수오羞惡, 시비是非라는 '사단四端'과 "기가 발함에 리가 타는"(氣發而理乘之) "희喜·노怒·애哀·구懼·애愛·오惡·욕欲"이라는 칠정七情 사이의 서로 침투되는 관계를 이해했다는 데 있다.[27]

여기서는 그의 심성론을 차치하고 논하지 않겠다. 퇴계의 정치윤리는 '인효仁孝'를 종강宗綱으로 한다. 그는 다음과 같이 말하였다.

천지의 큰 덕은 생生이라고 하는 것이니, 무릇 천지에는 온갖 생물이 빼곡히 모여 있어 동물이든 식물이든 크든 작든 간에 다 하늘이 불쌍히 여겨 덮어 주고 아껴 준다. 하물며 모습이 닮고 가장 신령하여 천지의 핵심이 되는 우리 인간들에 있어서야 더 말할 것이 있겠는가?…… 하늘이 임금에게 반복하여 간곡하게 하는 이유는 다름이 아니다. 하늘이 이미 인애의 책무란 무거운 임무를 여기에 위임하였으니 이쪽에서 스스로 인애의 보답에 성실하게 힘써야 하기 때문이다.[28]

소위 도라고 하는 것을 다른 곳에서 찾을 필요가 어디에 있나? 그때그때 충서를 하되 그 이치를 지극히 하면 그 충서가 곧 도이다. 그때그때 인의예지를 하되 그 이치를 지극히 하면 인의예지가 곧 도이다. 오늘 사람들은 충서를 하면서도 도를 다하지 못하였다 하고, 인의예지를 행하면서도 도라고 칭할 수 없다 하며, 오히려 다른 무엇인가를 구하려는 것을 도라 한다. 이것은 천박해서 그렇게 된 것이 아니다.[29]

---

27) 張立文, 『퇴계서절요』(북경: 중국인민대학출판사, 1989), 13~14쪽.
28) 이황, 「무진육조소」 6, 張立文 主編, 『퇴계서절요』(북경: 중국인민대학출판사, 1989)), 151쪽, "竊謂天地之大德曰生, 凡天地之間, 含生之類, 總總林林, 若動若植, 若洪若纖, 皆天所悶覆而仁愛, 而況於吾民之肖象而最靈爲天地之心者乎?……天之於君所以反復丁寧若是者無他, 既以仁愛之責委重於此, 自當有仁愛之報惓惓於此也."

나라를 다스림의 근본은 효와 제와 자이고 이것으로 인양충서仁讓忠恕와 같은 것을 실현한다. 천하를 평정하는 것 또한 이 세 가지를 근본으로 한다.[30]

위의 인용문으로부터 퇴계의 가치 관념의 핵심이 '인애仁愛'이고, '인애'로써 '인 · 의 · 예 · 지', '충서', '효제' 등을 통솔한다는 것을 알 수 있다. 그는 또한 유난히 '효'를 강조하였는데, "비록 효가 백행의 시원이지만 어떤 한 행동에 부족함이 있으면 그 효 또한 순수한 효가 아니고, 인이 만선의 으뜸이지만 하나의 선이 부족하면 그 인 또한 온전한 인이 될 수 없다"[31]고 주장하였다. "사람에게는 효를 생각하는 마음이 있고 이것이 모든 행위의 준칙이 된다. 만약 노력한다면 배우지 않아도 배웠다 한다."[32] 퇴계의 제자였던 서애西涯 유성룡柳成龍(1542~1607)은 심지어 "충효 외에는 어떠한 사업事業도 없다"(忠孝之外無事業)고 주장하였다.

이 밖에 주자가 '경敬'을 성문의 첫 번째 요의로 간주하였던 것과 마찬가지로 퇴계 또한 '주경主敬'을 특히 강조하였다. '지경持敬'은 수양공부이다. 『성학십도』는 어떤 의미에서 "경을 주로 하여" 쓰인 책이라 할 수 있다. 퇴계는 이렇게 말하였다.

경을 지킨다는 것은 생각과 배움을 겸하고 동動과 정靜을 일관하며 안과 밖을

---

29) 이황, 「答金思儉希禹」, 張立文 主編, 『퇴계서절요』(북경: 중국인민대학출판사, 1989), 제301쪽, "然則所謂道者, 何待乎他求哉? 卽忠恕而盡其理, 則忠恕卽道; 卽仁義禮智而盡其理, 則仁義禮智卽道. 今以忠恕則云未盡於道, 以仁義禮智則難名於道, 乃欲別求他物以爲道, 此則尤非淺陋所及也."

30) 이황, 「答李平叔」, 張立文 主編, 『퇴계서절요』(북경: 중국인민대학출판사, 1989), 제462쪽, "故治國本於孝, 悌, 慈以及於仁讓忠恕之屬. 平天下亦本於三者."

31) 이황, 「무진육조소」 1, 張立文 主編, 『퇴계서절요』(북경: 중국인민대학출판사, 1989), 제123쪽, "雖然孝爲百行之原, 一行有虧, 則孝不得爲純孝矣. 仁爲萬善之長, 一善不備, 則仁不得爲全仁矣."

32) 이황, 「中訓大夫李公墓碣銘」, 張立文 主編, 『퇴계서절요』(북경: 중국인민대학출판사, 1989), 제515쪽, "人有孝思, 百行之則. 苟能竭力, 未學謂學."

합일하고 드러난 곳과 은미隱微한 곳을 한결같이 하는 도道이다. 이것을 하는 방법은 반드시 삼가고 엄숙하고 고요한 가운데 이 마음을 두고 배우고 묻고 생각하고 분별하는 사이에 이 이치를 궁리하여 보이지 않고 들리지 않는 곳에서 경계하고 두려워하기를 더욱 엄숙하고 더욱 공경히 하며 은미한 곳과 혼자 있는 곳에서 성찰하기를 더욱더 정밀히 하는 것이다.[33]

남명, 율곡 등 조선의 유학 대가들은 모두 '경의협지敬義夾持'를 중시하고 '경체의용敬體義用'과 '경내의외敬內義外'를 강조하였다. "경을 지킨다"(持敬)는 것은 원래 '심'의 공부이다. 다시 말해서 '심체心體'의 용 혹은 '심체'의 드러남이다. 따라서 '의외義外'의 체가 되기도 한다. '체용불이體用不二'의 관점에 근거하면, '지경'은 '의'를 보존하는 것이고 '의'를 실천하면 '경'이 그곳에 있다.[34] 율곡은 특히 '성誠'을 매우 강조하였는데, "경은 공을 쓰는 관건이고 성은 공을 거두는 곳"[35]이라 주장하였다. "성은 하늘의 실리이고, 마음의 본체이다."[36] 사상적으로 『중용』의 영향을 받은 율곡은 '성'이 마음의 본체이자 사람의 마음을 주재하고 기질을 변화시킨다고 주장하였다. 율곡은 『중용』의 '성'은 본체이자 공부이며 이 '성'으로써 『대학』의 '명덕明德', 『논어』의 '인', 『맹자』의 '심'을 관통할 수 있다고 생각하였다. 율곡의 『성학집요聖學輯要』는 그의 주된 사상체계인데, 주요한 요지가 바로 '성'이다. 율곡은 이렇게 말하였다.

인은 『논어』의 체이고 배우는 사람들이 가장 먼저 힘써야 하는 것이다. 마음은

---

33) 이황, 「進聖學十圖箚」, 張立文 主編, 『퇴계서절요』(북경: 중국인민대학출판사, 1989), 제4쪽, "持敬者, 又所以兼思學, 貫動靜, 合內外, 一顯微之道也. 其爲之之法, 必也存此心於齋莊精一之中, 窮此理於學問思辨之際. 不睹不聞之前, 所以戒懼者愈嚴愈敬. 隱微幽獨之處, 所以省察者愈精愈密."
34) "誠者, 天之實理, 心之本體." 湯一介의 「남명집을 읽고서」(讀南冥集所得, 『국제유학연구』 제4집, 중국사회과학출판사, 1998), 77~78쪽을 참조.
35) 敬是用功之要, 誠是收功之地.
36) 『율곡전서』(성균관대학교 대동문화연구소, 1958년 영인본), 제479쪽.

일곱 가지 정의 중인이고 배우는 자들의 목표이다.

인은 나의 마음의 온전한 덕이고 모든 선의 으뜸이다. 마음은 나의 몸의 주재이고, 성정의 통일체이다. 성이 아니면 천리의 본연을 보전할 수 없고 경이 아니면 한 몸을 제약하는 주재자가 될 수 없다.

하늘에는 진실한 이치가 있기 때문에 기화氣化가 쉬지 아니하고 유행流行하며, 사람에게는 진실한 마음이 있기 때문에 공부가 틈이 없이 환히 밝아지는 것이다. 사람에게 진실한 마음이 없으면 하늘의 이치와 어긋나게 된다.

뜻이 성실하지 않으면 확립되지 못하고, 이치(理)가 성실하지 못하면 끝까지 알지 못하며, 기질氣質이 성실하지 못하면 변화될 수가 없으니, 다른 것도 미루어 알 수 있다.[37]

율곡의 사상은 성실한 마음으로 '실사實事', '실공實功', '실효實效'를 논할 것을 강조하였고, 사회 정치와 민생의 문제에 접근하여 '실학' 사조를 열었다. 조선 중후기의 경세실학사상은 조선 사회의 발전에 추진 작용을 하였다. 실학사상가 다산茶山 정약용丁若鏞(1762~1836)은 공자와 육경, 사서로 되돌아가서 옛 뜻과 본지를 구하였는데, 군자의 학문은 반은 '수신修身'이고 반은 '목민牧民'이라 주장하였다. 그는 성리학은 마땅히 실천의 학문이 되어야 한다고 주장하면서 국가의 경제와 국민의 생활과 예악형정禮樂刑政을 중시하여야 함을 강조하였다.[38] 다산은 정주리학을 비판하고 수정하였는데, 한편으로는 '하늘', '상제'로써 리학의 '리'와

---

37) 『율곡전서』(성균관대학교 대동문화연구소, 1958년 영인본), 제1109~1110쪽·제464~465 쪽, "仁爲『論語』之體, 而爲學者之先務焉. 心爲七篇之主, 而爲學者之標的焉.", "仁者, 吾心之全 德而萬善之長也. 心者, 吾身之主宰而性情之統也. 非誠無以存天理之本然, 非敬無以撿一身之主 宰.", "天有實理, 故氣化流行而不息. 人有實心, 故工夫緝熙而無間. 無實心, 則悖天理矣.", "志無 誠則不立, 理無誠則不格, 氣質無誠則不能變化. 他可推見也."

38) 蔡茂松, 『한국근세사상문화사』(대북동대도서공사, 1995년 초판), 제480~486쪽.

‘태극'을 대체하고 유학의 종교성을 강조하였고, 다른 한편으로는 ‘인'을 ‘위僞'로
해석함으로써 행위를 통하여 가치목표를 실현하고 유학을 새로운 시대의 변화에
적응시키고자 하였다.

　이상의 서술을 종합해 보면 한국유학의 주류학파는 ‘인애', ‘성경', ‘충서',
‘효제', ‘신의' 등의 가치를 매우 존중하였다. 그들은 이러한 가치에 대하여 전반적
으로 이해하고 발휘하였을 뿐더러 몸소 실천했으며, 특히 ‘인', ‘효', ‘경', ‘성'
등의 덕목을 중시하였다. 한국의 유학사상가들은 중심적인 관념들을 해석하는
과정에서 시대의 변화에 적응하였고 새로운 의미를 부여하였는데, 실학의 발전은
현대적인 맹아를 싹틔우기도 하였다.

3. 일본유학의 중심 관념

　유학이 일본으로 전파된 것은 5세기 초 무렵이다. 일본 초기 유학의 주요
내용은 ‘덕치'의 정치이념이다. 일본이 체계적으로 유학을 도입한 것은 율령제律
令制시대의 일이다. 일본은 7세기에 율령제가 형성되었는데, 수隋·당唐의 율령과
한漢·당唐의 경학을 주된 저본範本으로 삼았다. 최초로 유학을 개인적인 수양과
신앙적인 영역으로 침투시킨 사람이 쇼토쿠 태자聖德太子, 573~621이다. 그는
603년 12월에 유가의 덕목(덕, 인, 예, 신, 의, 지)으로 명명한 ‘관위 12계'冠位十二階를
제정하였고, 이듬해 4월에 유가의 사상을 기조로 하는 ‘헌법 17조'憲法十七條를
반포하였다. 여기에는 ‘충어군忠於君', ‘인어민仁於民', ‘이예위본以禮爲本', ‘배사향공
背私向公' 및 ‘인정仁政'의 내용이 들어 있다. 일본 사람들에게는 원래 ‘효'라는
관념이 없었다. 일본의 통치자들이 ‘효'도를 창도하기 시작한 것은 나라奈良,
710~794 시대의 일이다. 나라·헤이안平安, 794~1185 시대에 ‘효'도는 이미 일본
사람들에게 광범위하게 받아들여졌고, 사회의 상층에서는 이미 ‘효'의 의의와

'효'와 '충'의 관계에 관한 논의가 전개되었다. 720년에 겐쇼 천황(元正天皇, 680~748, 재위: 715~724)은 다음과 같이 조서를 내렸다. "사람은 오상을 부여받아, 인과 의가 중하다. 선비의 모든 행실은 효경이 우선이다."[39]

율령제시대의 국가 유학은 주요하게 오륜을 내용으로 하였고, 특히 "부자지 친父子之親"(父子天合)과 "군신지의君臣之義"(君臣義合)를 강조하였다. 당시에 귀족들 사이에서는 한문, 한시를 좋아하는 바람이 불었는데, 그 속에서 충과 효, 공과 사 중에 어느 것이 먼저이고 어느 것이 나중인가에 관한 사상의 모순이 드러났다. 『경국집經國集』 제20권에는 주금란主金蘭의 문답이 기록되어 있는데, 이미 충이 공이고 효는 사이며, 충이 먼저이고 효가 그다음이라는 의식이 있었다. 그는 이렇게 말하였다. "부모의 뜻을 거역하고 나라를 위해 목숨을 바치는 자가 있는가 하면 사적인 것을 포기하고 공적인 것을 위해 힘쓰는 자가 있다.…… 아비와 함께 있을 때는 효를 근본으로 하고 군주와 함께 있을 때는 충을 우선으로 한다. 오늘날의 요지를 탐구해 보면 마땅히 충을 우선으로 하고 효를 그 뒤로 해야 한다."[40] 이는 그 뒤에 등장하는 막번幕藩 국가의 유교사상가들의 논의를 위하여 복선을 깔아 주었다.

에도(江戶, 1603~1867) 시대에 들어서면서 일본유학은 크게 흥성하였다. 주자학이 흥기하면서 문파가 많아졌고 점차적으로 관학官學화가 이루어졌다. 이 밖에도 양명학파陽明學派, 고학파古學派 등이 잇따라 형성되었다.

일본 주사학의 창시자 하야시 라잔(林羅山, 1583~1657)은 충과 효의 모순을 논의하면서 "군주가 부모보다 중요할 때가 있고 부모가 군주보다 중요할 때가 있다"[41]고 하였다. 하지만 『맹자』의 순임금의 아버지인 고수瞽瞍의 살인을 처리

---

39) "人稟五常, 仁義斯重. 士有百行, 孝敬爲先." 王家驊, 「고대 일본의 유학 및 그 특징」(古代日本儒學及其特徵), 『비교문화: 중국과 일본』(길림대학출판사, 1996), 제7·17·22쪽.

40) 三宅正彦, 陳化北 譯, 『일본유학사상사』(산동대학출판사, 1997), 제8쪽을 재인용함, "或有背親以殉國, 或有棄私以濟公.……在於父便以孝爲本, 在於君乃以忠爲先. 探今日之旨, 宜以忠爲先, 以孝爲後."

하야시 라잔

나카에 도주

하는 방법 즉, 순임금이 기필코 천하를 버리고 아버지와 함께 도망간 것에 대하여 논의하면서 "순임금은 비록 효도를 행하여 아버지를 사랑하였지만 사사로운 은혜 때문에 공의를 파괴해서는 안 된다"[42]고 주장하였다. 이렇게 '공의'를 천하의 국가로, '사은'을 부자의 관계로 이해하였다. 하야시 라잔은 충효의 관계를 공사의 관계로 간략화하였고 그것들을 대립시켰다. 일본의 주자학은 '공'을 보편적인 도덕률로 삼고 '사'를 임의적인 욕망으로 간주하여 점차적으로 '충'이 '효'의 관념보다 절대적인 우위에 놓이게 되었고, 한 걸음 더 나아가 막번 국가의 윤리 방향을 주도하는 사상으로 되었다. 이는 지역 영주형領主型의 일본 사회에 비교적 적합하였다. 이렇게 '충'은 마침내 일본 무사도武士道의 정수가 되었다.

일본 양명학의 창시자인 나카에 도주(中江藤樹, 1608~1648)는 '효'를 '충'의 위, 심지어는 모든 도덕 위에 올려놓았다. 그는 '효'가 인류의 근본적인 양지이고 만약 '효'심을 짓밟아 버리면 양지를 상실하게 되고 정신적으로 안신입명安身立命할 곳을 잃게 될 것이라 주장하였다. '공의'와 '사은'의 모순 앞에서 나카에 도주는 부모가 양육해 준 은혜(養育之恩)로서의 '사은'을 느끼는 것이 '공의'보다 더 중요하다고 생각하였다. 나카에 도주는 '사은우위私恩優位'로써 '공의'를 준칙으

---

41) 君有重於父母時, 父母有重於君時.

42) 三宅正彦, 陳化北 譯, 『일본유학사상사』(산동대학출판사, 1997), 제86쪽, "舜雖云孝行而愛父, 不可以私恩而破公義."

로 하는 윤리질서를 비판하였다. 또한 그는 '시時, 처處, 위位'의 변화에 따라
변화하는 '권도權道'론을 제기하였고 근세 일본사상사에서 처음으로 변역變易의
역사관을 제기하였다. 그의 사상은 시민계층이 사회를 개혁하고자 하는 가치요
구를 반영하였다.[43]

주자학의 또 다른 학파의 영수였던 야마자키 안사이(山崎闇齋, 1618~1682)는
공자의 인학을 강조하고 주자의 인에 관한 학설을 뚜렷하게 드러냈으며, 『인설仁
說』과 『인설문답仁說問答』을 저술하였다. 그는 조선의 퇴계 이황으로부터 영향을
받아 『인설문답』에서 다음과 같이 말하였다. "인을 구함은 우선 의를 이해함에
있는데 그 의미와 뜻을 체인하는 것이다. 다음 경敬, 서恕에 대하여 공부하고
자신을 극복하여 예를 회복하기 위하여 노력하면 얻을 수 있다. 이것이 주자가
사람들에게 인을 구할 것을 가르친 본뜻이다.…… 『논어』, 『맹자』를 읽고 반복하
여 숙독하면 인의 의미가 친절하고 뜻이 정미한 곳을 진실로 이해할 수 있다."[44]
야마자키 안사이는 주자가 말한 '애지리愛之理'를 중시하면서 '애지리'가 바로
'심지덕心之德'의 깊고 오묘한 이치이고 진정한 맛을 느낄 수 있는 곳이라 여겼고,
주자 이후의 송, 원, 명의 여러 유학자 가운데서 이것을 진정으로 이해하는
자가 없다고 생각하였다. 심지어 퇴계 이황의 『성학십도聖學十圖』마저도 이를
명확하게 설명하지 못하였다고 주장하였다. 정·주는 인을 리로 삼았고 인간
안에 내재된 리를 본성으로 여겼으며 본성의 순수함과 존엄을 강조하였기에,
'성과 기 사이에 체와 용의 관계가 존재한다고 간주하였다는 것이다. 야마자키
안사이는 '인'을 '생지성生之性', '미발지애未發之愛'로 해석하면서, '생'과 '성'의
일체와 '인'과 '애'의 일원一源을 주장하였다. 따라서 '인'을 체인하기만 하면

---

43) 盛邦和, 『동아시아: 근대를 향한 정신적 여정』(東亞: 走向近代的精神曆程, 절강인민출판사,
   1995), 제28~30쪽.
44) 岡田武彦의 『山崎闇齋』(대북동대도서공사, 1987), 제49쪽의 내용을 재인용함. "蓋求仁首先
   在於理解名義, 體認其意義意味, 其次在敬恕上下工夫, 致力於克己復禮, 則可得矣! 此爲朱子教人
   求仁之本意也.…… 讀『論語』, 『孟子』書並反復熟讀, 則仁之慈味親切意思精微處誠可領會也."

'인'은 자미慈味와 친절親切로 충만할 것임을 강조하였다. 조선의 주자학자들과 마찬가지로 야마자키 안사이도 '경'과 '의'의 관계 문제를 논의하였고 정자와 주자를 비판하였다. '경의내외敬義內外'설에 관하여 야마자키 학파(崎門派)에서는 치열한 논쟁을 벌였다. 아베 요시오(阿部吉雄)는 『일본의 주자학과 조선』(日本的朱子學與朝鮮)이라는 책에서 야마자키 안사이와 퇴계를 서로 비교하였다. 그에 의하면, 퇴계는 개인적인 수양을 중시하였고 리기심성의 철학적 사고에 편중하였으며 학문의 방법을 학學, 사思, 경敬으로 귀납하였던 반면에, 야마자키 안사이는 일본의 인륜질서사회의 구축을 중시하였고 적극적으로 사회의 활동에 참여하였으며 학문의 방법을 지知, 행行, 경敬으로 귀납하였다.(여기에는 구체적인 상황의 영향을 고려하지 않을 수 없는데, 퇴계의 시대에는 사화가 아주 심하였다.) 요컨대 그들은 모두 상대적으로 '경'을 중시하였다.

고학파古學派의 야마가 소코(山鹿素行, 1622~1685)와 이토 진사이(伊藤仁齋, 1627~1705)·이토 도가이(伊藤東涯, 1670~1736) 부자 등은 모두 공맹으로 되돌아갈 것을 주장하였고 '인仁'과 '성誠' 두 개의 중요한 범주를 강조하였으며, 당연히 '의義', '충忠', '신信' 등도 중시하였다. 일본유학의 고학파는 에도(江戶)시대의 중요한 학파였다. 그들은 한·당의 주석을 견지하였을 뿐만 아니라 나아가 공맹의 진의眞意를 담론하였고, 사회의 현실생활의 규범과 사회조직 안에서 공맹의 바른 이치를 찾아내고자 노력하였다. 이처럼 고학파는 현실을 매우 중시하였고, 인성수양과 경험지식 그리고 민간생활과 사회제도의 변혁 또한 중시하였다.[45]

야마가 소코는 송명유학과 일본의 '경'을 중심으로 하는 금욕주의禁慾主義를 비판하면서 다음과 같이 제기하였다.

인이란 사람으로 하여금 사람이 되게 하는 까닭이고 자신의 욕망을 극복하여

---

45) 張鶴琴, 『日本儒學序說』(대북명문서국, 1987), 제57~58쪽.

예로 돌아가는 것이다. 천지는 '무'를 원칙으로 움직이고 천하는 '안'을 원칙으로
세워진다. 안자가 '안'에 대하여 묻자 공자는 강목綱目으로 답하였고, '안'의
전체대용을 모두 말해 주었다. '안'은 오상을 겸하여 말한 것으로서 성인의
가르침이고 '안'을 지극한 곳으로 한다. 한당의 유생들은 '안'을 '애'자로 해석하였
는데 부족한 부분이 있다. 송대의 유가들은 '안'을 '성'으로 해석하였는데 너무
고상하였다. 그들은 모두 성인이 말한 '안'이란 무엇인지 잘 알지 못하였다.
한당 학자들의 폐해는 적었다고 할 수 있지만 송명 학자들의 폐해는 매우 심하다.
'안'의 해석은 사실 성인이 이미 자세하게 하였다. '안'은 '의'에 대하여 말하면
좋아하고(愛) 싫어함의(惡) 좋아함(愛)이다. '안'은 '의'에 의하여 움직이고, '의'는
'안'에 의하여 세워지며, '안'과 '의'는 서로 떨어질 수 없다. 인간의 감정이란
좋아하고 싫어함뿐인데 이는 자연스러운 감정이다. '인의'는 좋아함과 싫어함이
절도에 들어맞는 것(中節)이다.[46]

이는 송명성리학을 흔들리게 하였고 공자의 '안'으로 되돌아가고자 하였는데,
바로 '성정'을 떠나지 않는 '인애'사상이다. 그는 '성誠'을 인간 감정의 부득이함이
라고 해석하는데 마치 아름다운 색을 좋아하고 맛있는 음식을 원하는 것과
같은 것이라고 한다. 물론 그 또한 지나친 감정을 반대하였는데 '불성不誠'이라고
하였다. '충신忠信'에 관하여 야마가 소코는 이렇게 말하였다.

'충'이란 다른 사람을 위해 일을 하면서 사욕을 채우지 않는 것이고, '신'이란
소박하면서도 속임이 없는 것이다. '충'을 행하는 자는 사욕을 채우지 않고,
'신'을 행하는 자는 남을 속이지 않는다. '충'은 심心에 대하여 말한 것이고,

---

46) 田原嗣郎 등 校注, 『日本思想大系 32—山鹿素行』(동경 암파서점, 1976), 제343쪽, "仁者人之
所以爲人, 克己復禮也. 天地以無而行, 天下以仁而立. 顔子問仁, 夫子以綱目答之, 仁之全體大用
盡. 仁者兼五常之言, 聖人之敎, 以仁爲極處. 漢, 唐儒生, 以仁作愛字, 其說不及; 至宋儒以仁爲性,
太高尙也. 共不知聖人之仁. 漢, 唐之蔽少, 宋, 明之蔽甚. 仁之解, 聖人詳之. 仁義對而謂, 則爲愛
惡之愛. 仁因義而行, 義因仁而立, 仁義不可支離. 人之情愛惡耳, 是自然情也. 仁義者, 愛惡之中
節也."

'신'은 일(事)에 대하여 말한 것이다. '충'으로 임금과 어른을 섬기고, '신'으로 친구를 사귄다. 성인의 가르침은 '충'과 '신'에 있는 것이다.[47]

이것이 그의 '인의충신仁義忠信'에 대한 견해이다.

이토 진사이는 주자를 떠나 공맹의 원전으로 되돌아가고자 하였다. 그의 『어맹자의語孟字義』는 공자의 '인'과 맹자의 '의'를 전면적으로 되살리고 있다. 이토 진사이의 당호堂號와 사상은 '경'으로부터 '인'에 이르는 하나의 과정이고 심각한 심적 고뇌와 의미적 위기를 겪었다. 그는 유가의 학설을 인문의 세계 혹은 세간의 윤리로 되돌리고자 시도하였는데, 이것이 '경'에서 '인'에 이르는 요지이다.[48] 그의 『맹자』에 대한 해석 또한 초월성을 털어 버리고 "도가 세속에 있고"(道在俗中) '사람의 일'(人事) 속에서 '천리'를 찾을 것을 주장하였는데, 이는 그보다 100년 뒤인 대진戴震의 주장과 부합되는 측면이 있다.[49] 그는 이렇게 말하였다.

성인의 도는 '인'보다 큰 것이 없고 '의'보다 중요한 것이 없다.

공자 문하의 학자들은 '인'을 종지로 삼았다.

'인'과 '의' 두 가지는 진실로 도덕의 큰 단서이고 모든 선의 총뇌이다.

---

47) 田原嗣郎 등 校注, 『日本思想大系 32—山鹿素行』(동경 암파서점, 1976), 제344쪽, "忠者爲人 謀而不私於身也, 信者愨實而不欺也. 忠不私, 信不欺. 忠就心上說, 信就事上說. 忠以事君長, 信以交朋友. 聖人之敎在忠信."
48) 楊儒賓, 「인륜과 천리—이토 진사이와 주자의 도를 구하는 과정」(人倫與天理—伊藤仁齋與朱 子的求道歷程), 黃俊傑 主編, 『현대 동아시아에서의 유가사상: 일본편』(儒家思想在現代東 亞: 日本篇, 대만 중앙연구원 중국 문철연구소 기획처, 1999)을 참조.
49) 黃俊傑, 「이토 진사이의 맹자학에 대한 해석: 내용, 성격과 함의」(伊藤仁齋對孟子學的解釋: 內容, 性質與涵義), 黃俊傑 主編, 『현대 동아시아에서의 유가사상: 일본편』(儒家思想在現代東 亞: 日本篇, 대만 중앙연구원 중국 문철연구소 기획처, 1999).

자애의 덕이 먼 곳과 가까운 곳, 안과 밖을 충실하게 하고 꿰뚫어 이르지 않는 곳이 없음을 '안'이라 하고, 해야 할 것을 하고 하지 말아야 할 것을 하지 않는 것을 '의'라 이른다.[50]

그는 또 다음과 같이 말하였다.

'안'은 성정의 아름다운 덕이고 사람의 본심이다. 대개 천지의 큰 덕을 '생'이라 하고 사람의 큰 덕을 '안'이라 한다. 이른바 '안'이라는 것은 또한 천지의 낳고 낳는 덕(生生之德)을 얻은 것이고 마음에 구비되어 있는 것이며 본래는 사랑(愛)에서 이름을 얻었다. 모든 선이 생겨나게 된 까닭은 이른바 차마 하지 못하는 마음이고 이것을 확충하고 크게 할 수 있는 것이다. '안'한 사람의 마음으로 보면 '안'한 사람의 마음은 사랑을 본체로 하기 때문에 만물과 한 몸이 될 수 있다.…… 이는 인도의 맥락이 서로 원인이 되는 것이고 사랑으로부터 나오지 않음이 없는 것이다.…… 따라서 인은 덕으로서 한마디로 말하면 '사랑'일 뿐이다.…… 혼연히 사물과 한 몸이 되는 것이 '안'이다. 사물을 대함에 차등이 있는 것이 '의'이다.…… 이런 까닭으로 성인의 도를 구하는 것은 '안'을 구하는 것보다 큰 것이 없고, '안'을 행함에 있어서 사람을 사랑하는 것보다 적절한 것이 없으며, 사람을 사랑함에 있어서 부모에게 효도를 하는 것보다 먼저 해야 할 것이 없다. 이 때문에 "'서恕'를 강행하는 것이 '안'을 구함에 있어서 가장 가까운 것"이라 하였는데 학자들이 이를 알았겠는가?[51]

---

50) "聖人之道, 莫大於仁, 莫要於義.", "孔門學者, 以仁爲其宗旨.", "仁義二者, 實道德之大端, 萬善之總腦.", "慈愛之德, 遠近內外, 充實通徹, 無所不至之謂仁; 爲其所當爲, 而不爲其所不當爲之謂義." 吉川幸次郞 등 교주, 『日本思想大系 33─伊藤仁齋·伊藤東涯』(동경 암파서점, 1979), 제143·130·128쪽.

51) 吉川幸次郞 등 교주, 『日本思想大系 33─伊藤仁齋·伊藤東涯』(동경 암파서점, 1979), 제277~278쪽, "仁者, 性情之美德, 而人之本心也. 蓋天地之大德曰生, 人之大德曰仁. 而所謂仁者, 又得夫天地生生之德, 以具於心者也, 其本以愛得名. 而衆善之所由生, 卽所謂不忍人之心, 而能充能大者此也. 蓋嘗以仁者之心觀之, 仁者其心以愛爲體, 故能與物同體……此仁道脈絡相因, 而莫不皆從愛出也.……故仁之爲德, 一言以蔽之, 曰: 愛而已矣.……夫渾然與物同體, 仁也. 施物各有差等, 義也.……是故求聖人之道, 莫大於爲仁, 而爲仁莫切於愛人, 愛人莫先於孝親, 故强恕而

이토 진사이는 실제로 선진유학과 송명유학의 '인애'사상에 대하여 크게 종합하였고, 사랑(愛)의 의미와 '생생지덕生生之德'의 의미를 긍정하였다. 그는 '안'이라는 것은 사랑을 마음으로 하는 것임을 강조하였는데, 이는 또한 일종의 자연적인 성정이다. 또한 '충신忠信'을 긍정하였는데 이것이 학문의 근본이고 배우는 자들이 개변할 수 없는 원칙이라 여겼다. 그는 '지智', '인仁', '용勇' 그리고 '인仁', '의義', '예禮', '지智'에 대해서도 자신의 주장을 전개하였다.

야마가 소코와 이토 진사이는 모두 '성誠'을 강조하였다. 이토 진사이는 '충신忠信'과 '성誠'의 의미가 서로 가깝다고 주장하였다. 즉 "자신의 마음을 다하여 소박하고 실속이 있게 행한다"(盡己心樸實行去)는 것이다. 그들은 모두 허위적인 꾸밈에 신경을 쓰는 것을 반대하고 진실하고 망령됨이 없으며 안과 밖이 한결같은 감정의 승화를 주장하였다. 에도 시대 후기에 '성誠'은 점차 도덕의 근본으로 간주되었고, 막부 말기의 지사志士들은 특히 '성誠'과 '지성至誠'을 크게 강조하였다.

에도 시대 초기에 하야시 라잔과 그의 스승인 후지와라 세이카(藤原惺窩, 1561~1619)는 '경敬'을 크게 강조하였고, 또한 '경'과 '성誠'을 함께 논의하였다. 그들은 '경'과 '성'을 하나로 합할 수 있다고 주장하였다. 심지어 하야시 라잔은 '경'을 '주일主一', '불이不二'의 의미로 해석하였는데, 바로 "이 마음은 둘이 아니고"(此心不二) 오직 한 사람의 주인이며(專主一人) 오로지 한 가지 일에만 집중한다(專注一事)는 것이다. 이러한 해석은 도쿠가와 이에야스(德川家康, 1542~1616)가 일본을 통일하고 에도 시대를 개척하는 시대적인 요구에 부합하였다. 하야시 라잔은 신분, 명분, 직분, 상하의 정분定分, 군신·부자의 본분을 강조하였고, 신분 관념의 계급적인 지위에 기초한 무사武士 계급의 윤리질서(綱常)를 확립하였다. 하지만 에도 시대 말기에 지사志士들은 고학파의 '성'으로 '경'을 대체하는 것을 받아들여 외부 사회와 개체의 소원이 서로 일치할 것을 요구하였고, 사회의 개혁에 적극적

行, 求仁莫近焉, 學者其識諸?'

으로 참여하였다. '경'으로부터 '성'에 이르는 변화는 윤리 관념이 시대의 변화에 따라서 끊임없이 변화하였음을 보여 준다.

물론 일본 윤리사상사에서 '경'의 관념 및 '자경自敬', '경인敬人', '경사敬事', '경업敬業' 의식을 강조하였고 또한 '충', '신', '의', '치恥', '지치知恥' 등등의 도덕적인 관념과 서로 결합되어 있음을 보지 않을 수 없다. 이러한 것들은 일본 사람들의 문화심리구조 안에 사회와 민족의 소질과 적응할 수 있는 부분, 예를 들어 무사와 국민의 충군경상忠君敬上정신 등이 들어 있게 하였는데, 이는 자연스럽게 일본민족과 정치의 응집력과 정합성을 증강시켰다.52) 이러한 심리적 요소와 정신적 요소는 모두 오랫동안 누적되어 아시아와 세계에 긍정적 혹은 부정적인 결과를 가져다주었다.

일본유학사에서 '인애'사상에 대한 강조와 새로운 해석, '성'과 '경', '충'과 '효', '공'과 '사'에 관한 논쟁에는 구체적이고 복잡한 언어적 배경과 문화적 배경, 사상적인 함의가 들어 있어 구체적인 분석이 필요하다. 미국의 인류학자 루스 베네딕트(Ruth Fulton Benedict, 1887~1948)는 일본의 윤리체계가 근본적으로 '인'을 배척할 뿐만 아니라 이러한 도덕관념을 한 번도 수용한 적이 없었다고 주장하였다. 이러한 주장은 적어도 엘리트 차원에서는 합당하지 않다. 우리는 베네딕트의 이와 유사한 주장들을 너무 지나치게 믿을 수 없을 것이다. 그는 당시에 일본 본토에 가 본 적도 없고 또 일본 엘리트들의 저서를 읽은 적도 없었다. 이상에서 서술한 저자의 천박한 견해의 취지는 어떤 가치 관념이 일정한 시기, 일정한 사회의 주도적인 관념이 되었던 것은 여러 가지 원인에 의하여 결정된 것임을 설명하려는 것이다. 어떤 관념들 혹은 어떤 하나의 관념이 가지고 있는 함의의 변화를 재해석하는 것은 모두 정상적인 것이다.

---

52) 『동아시아: 근대를 향한 정신적 여정』(東亞: 走向近代的精神曆程, 절강인민출판사, 1995), 제66~67·21쪽.

4. 인애를 근본으로 하는 핵심적 가치체계

'사서', 『관자』, 『순자』와 송宋대 이래로 민간에서 유행하였던 계몽독본으로 부터 볼 때, 전통사회의 조정과 재야에서 공동으로 인정하였던 핵심가치는 대체로 '인애仁愛'를 중심으로 전개되었고, 중요한 범주로는 인仁, 의義, 예禮, 지智, 신信, 효孝, 제悌, 충忠, 서恕, 성誠, 경敬, 염廉, 치恥 등등이 있다.

전통 도덕의 인·의·예·지·신 '오상五常'과 예·의·염·치 '사유四維'는 중국 고대 사상가들의 중화민족의 기본적인 도덕관념과 도덕준칙에 대한 종합으로, 춘추春秋시기에 기원하여 한漢대에 확립되었으며, 나라를 안정시키고 사회를 안정시키는 가장 보편적이고 가장 중요한 도덕규범이다. '유維'는 물건을 묶는 큰 밧줄이고, '사유'는 춘추春秋 초기의 저명한 정치가 관중管仲(BC 723~645) 및 그 후학들, 제齊나라 직하稷下학파의 학자들이 제기한 것이다.

> 나라를 유지하는 데 필요한 네 가지 밧줄(기틀)이 있는데, 하나가 끊어지면 나라가 기울고, 두 개가 끊어지면 위태로우며, 세 개가 끊어지면 뒤집어지고, 네 개가 끊어지면 멸망한다. 나라가 기울면 바로잡으면 되고, 위태로우면 안정시키면 되며, 넘어졌어도 일으켜 세우면 되지만, 멸망한 것은 다시 회복할 수 없다. 네 가지 밧줄이란 무엇을 이르는가? 첫째는 예이고, 둘째는 의이며, 셋째는 염이고, 넷째는 치이다. 예는 절제를 벗어나지 않고, 의는 혼자 앞으로 나가지 않으며, 염은 자신의 더러움을 감추지 않는 것이고, 치는 잘못된 것을 따르지 않는다.

> 예와 의, 염과 치는 나라의 네 가지 기틀이다.

> 네 가지 기틀이 펼쳐지지 않으면 나라는 이내 멸망한다.[53]

---

53) 『관자』, 「목민」, "國有四維, 一維絶則傾, 二維絶則危, 三維絶則覆, 四維絶則滅. 傾可正也,

예·의·염·치는 나라를 다스리는 네 가지 대강이었다. 관자학파의 뜻은 이 네 가지 큰 밧줄로 묶지 않으면 나라는 멸망할 수 있다는 것이다. 백성들이 예·의·염·치를 알게 되면 본분을 뛰어넘고 상식에 위배되는 일을 하지 않고 수치스러움을 알고 자신의 죄행을 숨기지 않는다. 이렇게 되면 나라는 강성해질 수 있다. 예·의·염·치에 관한 관점들은 후에 유가에 의하여 받아들여졌다. 명청明淸시기에는 '효孝·제悌·충忠·신信'과 '예·의·염·치'를 결합하여 '팔덕八德'이라 불렸다.

아래에서는 '오상'과 '사유'의 일부 구체적인 덕목 및 그 내재적인 연관에 대하여 소개하고자 한다. '오상'은 다섯 가지 기본적인 도덕 원칙인 '인·의·예·지·신'을 가리킨다. 공자는 이미 이러한 도덕규범을 나누어 제기하였고 심지어 공자 이전의 사상가들도 이미 그중의 한두 가지 원칙에 대하여 제기하였다. 공자의 손자이자 전국戰國 초기의 유학자 자사子思는 "인·의·예·지"와 "인·의·예·지·성"을 '사행四行' 혹은 '오행五行'으로 함께 논의하기 시작하였다. 서한西漢의 가의賈誼(BC 200~168), 동중서董仲舒(BC 179~104)는 인·의·예·지·신 등의 '오상'의 도를 정식으로 제기하였는데, 이러한 다섯 가지 기본적인 도덕원칙을 인간의 '상행지덕常行之德'이라 간주하였다. 동한東漢의 반고班固(32~92)는 『백호통의白虎通義』를 저술하였고 왕충王充(27~97)은 『논형論衡』을 저술하여 모두 인·의·예·지·신이 '오성五性', '오상五常'임을 제기하였고, '오상지도五常之道'와 '상행지덕常行之德'임을 거듭 천명하였다. 요컨대 '오상'은 인·의·예·지·신의 오덕이고, 중국 고대 사상가들이 중화민족에 뿌리내린 기본적인 도덕관념과 도덕준칙에 대한 종합이며, 춘추春秋시기에 기원하여 한漢대에 확립된, 중화민족의 가장 보편적이고 가장 중요한 도덕규범이다.

危可安也, 覆可起也, 滅不可複錯也. 何謂四維? 一曰禮, 二曰義, 三曰廉, 四曰恥. 禮不逾節, 義不自進, 廉不蔽惡, 恥不從枉.", "禮義廉恥, 國之四維.", "四維不張, 國乃滅亡."

1) 인

'인仁'은 공자사상의 중심적인 관념이자 중국철학의 중심적인 범주 중의 하나이다. 공자는 일반적으로 '인'이란 무엇인지에 대하여 직접 말하지 않았는데, 노자가 일반적으로 '도'란 무엇인지에 대하여 직접 말하지 않는 것과 같다. 이 또한 중국철학의 방식이다. 우리는 공자와 동시대의 사람들과의 대화를 통하여 '인'의 다중적인 함의를 깨달을 수 있다.

첫째, '사람을 사랑하는 것'(愛人)을 '인仁'으로 간주하였다.

> 번지가 인에 대하여 물었다. 공자가 말하였다. "사람을 사랑하는 것이다." 지에 대하여 물었다. 공자가 말하였다. "사람을 아는 것이다." 번지가 이해하지 못하자 공자가 말하였다. "정직한 이를 발탁하고 부정한 자를 내치면 부정을 바로잡을 수 있다."[54]

공자는 '인'과 '지智'를 함께 드러낼 것을 강조하였고, '사람을 사랑하는 것'을 '인'으로 간주하고 '사람을 아는 것'을 '지'로 간주하였다. 이러한 두 가지 측면을 종합하고 사람을 등용하는 일에 적용하면 이른바 '사람을 제대로 알고 적재적소에 임용하는 것'(知人善任)인데, 바로 정직한 사람을 발탁하여 부정한 사람 위에 놓는 것이다. '사람을 사랑하는 것'에 관하여 공자는 주공 이래의 인도주의 전통을 계승하여 '인순人殉', '인생人牲'을 반대하였을 뿐만 아니라, 심지어 사람 모양의 토용土俑, 목용木俑을 부장(陪葬)하는 것에도 혐오를 표시하였다. "중니가 말하였다. '처음으로 용을 만든 자는 그 후손이 없을 것이다.' 이는 사람을 형상하

---

54) 『논어』, 「안연」, "樊遲問仁. 子曰: 愛人. 問知. 子曰: 知人. 樊遲未達. 子曰: 擧直錯諸枉, 能使枉者直."

여 장례에 사용하였기 때문이다. 어찌하여 이 백성으로 하여금 굶주려 죽게 한단 말입니까?"55) 추론하면 어떻게 백성을 산 채로 굶어 죽게 할 수 있는가? 『논어』「향당」에 근거하면, 어느 한 번 공자가 퇴청한 뒤 마구간이 불에 탔다는 소식을 듣자 우선 "사람이 상하였는가?"(傷人乎?)를 묻고 말에 대해서는 묻지 않았다. 공자가 관심을 두었던 것은 사람이지 말(및 말로 대표되는 재산)이 아니었다. 그가 관심하였던 것은 말을 기르는 일반적인 노동자를 포함하는 사람이었다. 이러한 하층 백성들에 대한 사랑, 동정, 배려를 포함하여, 사람을 사랑하고 사람을 동정하고 사람에 관심을 갖는 것은 '인'의 요지였다.

공자와 초기 유가에서 주장하였던 '사랑'(愛)은 차등差等이 있는 사랑이었다. 공자는 "널리 사람들을 사랑함"(泛愛衆)을 주장하였지만 자신의 가족(親人)에 대한 사랑으로부터 시작하였고 가족에 대한 사랑을 다시 미루어 나감으로써 다른 사람을 사랑하고 뭇사람들을 사랑하였다. 이는 기독교의 '박애博愛', 묵자의 '겸애兼愛'와 구별된다. '애유차등愛有差等'은 인지상정이다. 자신의 부모, 형제, 자매에 대한 인간의 사랑은 자연스럽고 진지한 감정인데 이는 널리 사람들을 사랑하기 위한 기초이고 전제이다. 널리 사람들을 사랑하는 것은 자신의 부모, 형제를 사랑하는 감정을 널리 확충하여 자신의 마음으로 남의 마음을 헤아리고 자신을 미루어 남에게 미침으로써 주위의 사람을 사랑하고 사회상의 사람을 사랑하는 것이다. 『중용』에서는 애공의 정치에 대한 질문에 공자가 대답한 것을 이렇게 기록하고 있다. "인은 사람의 몸이니 부모님을 친하게 하는 것이 큰 것이다. 의는 마땅함이니 어진 사람을 높이는 것이 큰 것이다. 부모님을 친하게 함의 줄어듦과 어진 사람을 높이는 등급이 예가 생겨난 이유이다."56) '쇄殺'는 강등하고 약화시킨다는 의미이다. 이는 바로 '인'이 인간의 공통적인 본질이고 인간이 인간이게끔 하는 도이며 '친애親愛'와 '친인親人'을 시작점으로 하는 도덕감정이며

---

55) 『맹자』, 「양혜왕상」, "仲尼曰: 始作俑者, 其無後乎! 爲其像人而用之也. 如之何其使斯民饑而死也?"
56) 仁者人也, 親親爲大. 義者宜也, 尊賢爲大. 親親之殺, 尊賢之等, 禮所生也.

부모에 대한 효도와 공경 등의 감정을 확충하여 자신을 미루어 남에게 미치는 것이다. '의'는 알맞고 적당한 것으로서 현명한 사람을 존중하는 것은 사회의 '의'의 중요한 내용이다. 이는 형에 대한 존경하고 사랑하는 마음을 확충한 것이다. '친친지쇄親親之殺'는 '부모님을 친하게 함'에 친근함과 소원함, 가깝고 먼 등급상의 차별이 있음을 말하는 것이고, '존현지등尊賢之等'은 '어진 사람을 높임'에 덕德, 재才, 녹祿, 위位 면에서 존귀함과 비천함, 높고 낮은 등급이 있음을 말하는 것이다. '예'는 바로 '인'(친친을 시작점으로 함)과 '의'(존현을 시작점으로 함)의 질서, 등급의 구체화이고 형식화이다. 이상에서 '인'의 첫 번째 의미인 '사람을 사랑하는 것'(愛人)에 대하여 설명하였다.

둘째, '자신을 극복하여 예를 회복함'(克己復禮)을 '인'으로 간주하였다. '인 덕'은 예악문화의 진실한 함의이다.

안연이 인에 대하여 물었다. 공자가 말하였다. "자신을 극복하여 예를 회복함이 인이다. 하루라도 자신을 극복하여 예를 회복한다면 천하에서 어질다는 말을 들을 것이다. 인의 실천은 자기에게 달려 있지 남에게 달려 있겠는가?" 안연이 말하였다. "그 세부 항목을 말씀해 주십시오." 공자가 말하였다. "예가 아니면 보지 말고 예가 아니면 듣지 말고 예가 아니면 말하지 말고 예가 아니면 움직이지 말라." 안연이 말하였다. "제가 비록 불민하지만 그 말씀을 받들어 실천하도록 하겠습니다."[57]

'자신을 극복함'(克己)은 자신을 제약하고 억제하고 수양하는 것이다. '예를 회복함'(復禮)은 예에 부합하고 예를 실천하는 것이다. '위인爲仁'은 '인도仁道'를

---

57) 『논어』, 「안연」, "顏淵問仁. 子曰: 克己復禮爲仁. 一日克己復禮, 天下歸仁焉. 爲仁由己, 而由人 乎哉? 顏淵曰: 請問其目. 子曰: 非禮勿視, 非禮勿聽, 非禮勿言, 非禮勿動. 顏淵曰: 回雖不敏, 請事斯語矣."

실천하는 것이다. '자신을 극복하여 예를 회복함이 인'(克己復禮為仁)은 공자 이전의 고대 사상과 해석이고, 지리서에 기록된 바가 있다. 『좌전』소공 12년에 근거하면 다음과 같다. "중니가 말하였다. '옛 기록이 있는데 자신을 극복하여 예를 회복함이 인이다.' 참으로 훌륭하도다."58) 예는 일정한 사회의 규칙, 규범, 표준, 제도, 질서이고 사람들의 행위를 제한하고 여러 가지 모순을 조화하고 인간관계를 조화롭게 하는 것이다. 이 때문에 공자는 안회의 질문에 답하면서 보고 듣고 말하고 움직임이 모두 예에 부합되어야 함을 제기하였다. 하나의 안정되고 조화로운 인간의 질서는 언제나 일정한 예의규범으로써 조절하여야 하였고 일정한 등급 질서, 예의범절에 대한 필요를 포함하였다. 이는 고금, 중외가 모두 예외일 수 없는 것이다. 예는 시공간의 변화에 따라 변화하였다. 공자는 예를 중요시하고 예를 행하였으며 예의 양보하고(讓) 공경하는(敬) 함의를 발굴하였다. 한편으로는 '극기복례'를 긍정하였고 "군자가 문을 널리 배우고 예로써 단속할 것"59)을 주장하였는데 예로써 몸을 닦고 교양의 중요성을 강조하였다. 다른 한편으로는 내재적인 도덕적 자아의 확립으로 방향을 바꿔서 "인의 실천이 자신에게 달려 있음"(為仁由己)을 강조하였다. 유가의 학문은 '자신을 위한 학문'(為己之學)이지 흉내만 내면서 다른 사람에게 보여 주는 식의 '남을 위한 학문'(為人之學)이 아니었다.

예악문화제도, 규범과 '인덕'(仁德)의 관계로부터 보면 공자는 이렇게 말하였다. "사람이 어질지 못하면 예가 무슨 소용이 있겠는가? 사람이 어질지 못하면 악이 무슨 소용이 있겠는가?"60) '인'은 '인덕'의 마음이고 '인의'의 행함이다. '예가 무슨 소용이 있겠는가'(如禮何)는 예의 본질이 어떻게 드러나는가? 사람이 내재적인 '인덕'이 없으면 예, 악의 제도, 규범 혹은 세속에 대하여 어떠하겠는가?

---

58) 仲尼曰: 古也有志: 克己復禮, 仁也. 信善哉.
59) 『논어』, 「옹야」, "博學於文, 約之以禮."
60) 『논어』, 「팔일」, "人而不仁, 如禮何? 人而不仁, 如樂何?"

뜻인즉 예약에 어긋날 수 있거나 외재적인 형식만 고수하고 내심 세계와 예의, 음악의 융합이 없게 된다는 것이다.

공자가 말하였다. "예절 운운함이 옥과 폐백을 말한 것이겠는가? 음악 운운함이 종과 북을 말한 것이겠는가?"[61] 옥과 폐백은 예절에서 쓰는 것이고 종과 북은 음악에서 쓰는 것이다. 사람은 반드시 먼저 공경하는 마음이 있어서 옥과 폐백을 받들면 예가 되기 시작하고 반드시 먼저 화和한 기운이 있어서 종과 북으로 나타내면 악이 되기 시작한다. 그 근본을 잃고 오로지 그 말에만 일삼고 그 안이 없으면 그 밖을 헛되게 추구하면 옥과 폐백, 종과 북이라도 예약을 얻을 수 없다.

임방林放이 예의 근본에 대하여 물었다. 공자가 말하였다. "훌륭한 질문이다! 예란 사치스럽게 행할 바에는 차라리 검소하게 행하여야 한다. 상례란 능수능란하게 행할 바에는 차라리 애달파해야 한다."[62] 임방은 노나라 사람이다. '본'은 본질이고 근본이다. '훌륭한 질문이다'(大哉問)는 매우 좋은 질문이라는 것인데, 지금의 말로 말하면 임방에게 매우 강한 문제의식이 있다는 것이다. '이易'는 상사의 전반적인 예절이 매우 빈틈없고 상례의 규정에 부합함을 가리킨다. '척戚'은 내심으로부터 우러러 나오는 슬픈 감정이다. 이는 바로 예의란 형식적인 화려함, 겉치레보다는 검소함을 숭상하는 것이 낫고, 사후의 일을 처리함에 있어서 형식이 완전하기보다는 내심의 슬픔, 진정한 추모가 나음을 말한 것이다.

자하가 물었다. "'우아한 미소 예쁜 보조개, 아름다운 눈동자 흑백이 뚜렷하네! 흰 바탕이라야 꾸밀 수 있다'고 했는데 무슨 말입니까?" 공자가 말하였다. "채색은 흰 바탕이 있은 뒤에야 가능하다는 말이다." "그렇다면 예가 나중이라는 뜻입니까?" "나를 분발시키는 이가 너구나! 이제 너와 더불어 『시』를 논할 수 있겠다."[63] '천倩'은 아름다운 미모이다. '반盼'은 흑백이 분명한 것이다. '흰

61) 『논어』, 「양화」, "禮云禮云, 玉帛云乎哉? 樂云樂云, 鍾鼓云乎哉?"
62) 『논어』, 「팔일」, "大哉問! 禮, 與其奢也, 寧儉; 喪, 與其易也, 寧戚."

바탕이라야 꾸밀 수 있다'(素以爲絢兮)는 흰 바탕 위에 화초를 그린다는 말이다. '채색은 흰 바탕이 있은 뒤에야 가능하다'(繪事後素)는 먼저 흰 바탕이 있은 뒤에 다시 그림을 그릴 수 있다는 말이다. 이 세 구절의 시에서 앞두 구절은 『시』 「위풍·석인」에서 나온 것이고, 세 번째 구절은 일시逸詩이다. '예가 나중이라는 뜻인가'(禮後乎)는 예(악)의 출현이 인(의)의 뒤라는 말이다. '기起'는 계발이다. 공자는 자하(卜商)에게 하나를 가르치면 열을 아는 능력이 있어서 『시』로부터 유가의 진리를 깨닫고 심지어 공자 자신한테도 계발을 주었기 때문에, 자하와 더불어 『시경』을 논할 수 있겠다고 말하였다.

공자는 자하가 "채색은 흰 바탕이 있은 뒤에야 가능하다"(繪事後素)는 말로부터 "예가 나중임"(禮後, 예의 형식 배후의 인간의 진정한 본성)을 깨달았다고 극찬하였다. 이는 '인'이 예악 배후의 정신임을 표명한다. '인'이 없는 예악은 형식적이고 교조적일 뿐이고 허위적인 예절, 지배적인 사회의 강요는 사람으로 하여금 진실한 사람이 될 수 없게 한다. 이것이 바로 공자가 비판하려고 하였던 것이다.

"인이 멀리 있겠는가? 내가 인을 바라면 인이 곧 이른다."64) 여기서는 예악의 형식 배후의 생명의 감통感通, 인간의 내재적인 진실한 감정과 도덕적인 자각을 제기하였다. '인도' 및 그 표준은 우리와 멀리 떨어져 있는 것이 아니라 현실적인 인간이 자각하기만 하면 인을 행하고자 생각하기만 하면 인은 바로 여기에 있는 것이다. "인의 실천은 자기에게 달려 있지 남에게 달려 있겠는가?"65), "내가 인을 바라면 인이 곧 이른다."66) 이 두 문장의 말은 전 세계 도덕철학사상의 자료에서 가장 이르고 가장 이성적인 논단이다. 이는 도덕이 인간의 사기 주재적인 행위임을 진정으로 나타내고 도덕이 자신이 자신에게 내리는 명령일 뿐만

---

63) 『논어』, 「팔일」, "子夏問曰: 巧笑倩兮, 美目盼兮, 素以爲絢兮. 何謂也? 子曰: 繪事後素. 曰: 禮後乎? 子曰: 起予者商也! 始可與言詩已矣."

64) 『논어』, 「술이」, "仁遠乎哉? 我欲仁, 斯仁至矣."

65) 爲仁由己, 而由人乎哉?

66) 我欲仁, 斯仁至矣.

아니라, 자각적이고 자발적이며 '자신에게 달려 있는 것'(由己)이지 '남에게 달려 있는 것'(由人)이 아니며 타율의 제약 혹은 타력의 부추김을 받는 것이 아님을 표명한다. 공자는 세계상에서 최초로 도덕적 주체성과 도덕적 자유의 문화를 인식하였던 위대한 인물 중의 한 사람이었다. 물론 이는 결코 '예'의 적극적인 의의를 말살하는 것이 아니다. '예'는 사회의 '절節'과 '도度'이고 또한 도덕적인 주체성, 자율성 원칙의 확립에 도움이 된다. '예'에 부합하고 '예'를 실행하는 과정은 인성화의 과정이고, 특수한 사회조건 하에서의 '인'(내재적인 도덕)의 외재적인 표현이다. 공자는 '인'과 '예' 사이의 창조적인 긴장을 유지하였는데, 이는 군자의 인격을 배양하고 도덕적인 자아수양에 종사함에 있어서 매우 좋은 방법이다. 이상의 설명으로부터 '인'의 두 번째 함의는 '자신을 닦는 것'(修己)이고 '예'의 공부를 실천하는 것을 통하여 교양이 있고 동시에 '예'에 집착하지 않음으로써 '예'의 핵심을 깨닫기 위하여 노력하고 '인덕'을 실천하는 자각, 자원, 자율에 도달하여 도덕적인 주체성을 확립함을 알 수 있다.

셋째, '충'과 '서'는 '인'에 근접한다.

자공이 물었다. "만약 널리 베풀어 뭇사람을 구제할 수 있다면 어떻습니까? 어질다고 할 수 있습니까?" 공자가 말하였다. "어찌 어질다 뿐인가? 반드시 성인일 것이다! 요임금과 순임금도 오히려 근심으로 여겼다. 어진 사람은 자기가 서고 싶으면 남도 세워 주고 자기가 이루고 싶으면 남도 이루게 해 준다. 자기 처지에서 남의 처지를 유추할 수 있음이 인의 방법이라 하겠다.[67]

이 말의 뜻은 요와 순 임금과 같은 성인들도 아마 할 수 없을까 근심하였을

___

67) 『논어』, 「옹야」, "子貢曰: 如有博施於民而能濟眾, 何如? 可謂仁乎? 子曰: 何事於仁, 必也聖乎! 堯舜其猶病諸! 夫仁者, 己欲立而立人, 己欲達而達人. 能近取譬, 可謂仁之方也已."

것이라는 것이다. '자기가 서고 싶으면 남도 세워 주고 자기가 이루고 싶으면 남도 이루게 해 준다'는 것은 하나의 '인덕'이 있는 사람이 자신을 미루어 남에게 미침을 잘한다면 자신이 사회에서 설 수 있음과 동시에 남도 계발하고 도와줌으로써 남도 스스로 사회에서 설 수 있게 하고 자신이 상달함과 동시에 남도 계발하고 도와줌으로써 남도 스스로 통달하게 한다. '자기 처지에서 남의 처지를 유추할 수 있음'은 자신의 주위에서 본보기(사람과 일의 행위)를 선택할 수 있음을 가리킨다. '인의 방법'은 '인도仁道'를 실천하는 방법이다. 이 장으로부터 공자의 마음속에서 '성聖'(혹은 성인)은 최고의 경지 혹은 층차(의 사람)이고 '인仁'(혹은 인인)은 '성'에 버금가는 것임을 알 수 있다. 이 장에서는 '인'의 함의의 '충忠'의 측면을 중점적으로 논하였다.

무엇이 '인'인가? '인'은 바로 자신이 서려고 하면 동시에 남도 깨닫게 하여 남도 스스로 설 수 있게 하고 자신이 통달하면 남도 도와주어 남도 스스로 통달하게 하는 것이다. 사람들은 모두 자신으로부터 당면의 생활에서 조금씩 해 나갈 수 있는데 이것이 '인도仁道'를 실천하는 방법이다. 공자의 뜻은 외부에서 강제적으로 남을 세워 주거나 통달시키는 것이 아니라 일종의 분위기 혹은 환경을 창조하여 남이 스스로 자신의 생명을 세우고 사회에서 설 수 있을뿐더러 인간세상을 통달하는 것이다. 이것이 바로 '인인仁人'의 풍격이다.

'인'의 함의의 다른 한 측면은 '서恕'이다. "문을 나서면 손님을 대접하듯 하고 일을 할 때에는 제사를 지내듯 하는 것이 인을 행하는 법도이다."[68] 이는 공자 이전의 견해이고 춘추春秋시기의 사람들은 '경敬'을 '인仁'의 원칙 중의 하나로 간주하였고 '공경하여 섬기는 것'(敬事)과 '충성을 다함'(盡忠)은 관련이 있었다. 한 걸음 더 나아가 공자는 "내가 하기 싫은 일은 남에게 강요하지 않음"[69]의 '서恕'도 또한 '인'의 원칙 중의 하나임을 제기하였다. 중궁이 인에 대하여 물었다.

---

68) 『좌전』, 희공 33년, "出門如賓, 承事如祭, 仁之則也."
69) 己所不欲, 勿施於人.

공자가 말하였다. "문밖을 나서면 큰 손님을 맞이하듯 하고 백성을 부리면 큰 제사를 받들듯 하라. 내가 하기 싫은 일은 남에게 강요하지 말라. 그러면 나라에서도 원망이 없고 집안에서도 원망이 없다." 중궁이 말하였다. "제가 비록 불민하지만 그 말씀을 실천하도록 하겠습니다."[70] '대빈大賓'은 제후(公侯)의 손님으로서 가장 존귀한 손님을 가리킨다. '대제大祭'는 교체郊禘의 제사로서 과거에 교외에서 하늘에 제사를 지내던 의식을 가리킨다. 물론 『주례』에 근거하면 천자만이 하늘에 제사를 지낼 자격이 있다. 문을 나서면 큰 손님을 만나듯 하고 백성을 부리면 큰 제사를 받들듯 하는 것이 '경'이고 자기가 하기 싫은 일은 남에게 강요하지 않는 것이 '서'이다. 자신을 극복하고 예를 실천하며 '경'을 주로 하고 '서'를 행함은 모두 '인'을 추구하는 방법이다. "자공이 물었다. '종신토록 행할 만한 한마디 말이 있습니까? 공자가 말하였다. '그것이 서이다. 자기가 원하지 않는 것을 남에게 시키지 마라.'"[71] 군자가 종신토록 실행하였던 '서도恕道'는 자신이 가지고 싶지 않은 것은 절대 남에게 억지로 주지 않는 것이었다. 예를 들어 남이 자신을 모욕하는 것을 원하지 않으면 자신도 절대 남을 모욕하지 않는다. 남을 존중하는 것은 남이 자신을 존중하는 전제이다. 여기서는 일종의 관용하는 정신과 소통하는 이성, 입장을 바꾸어 남을 위하여 생각하여야 함을 강조하였다.

무엇이 공자의 하나로 관통되는(一以貫之) '도'인가? 증자가 말하였다. "부자의 도는 오직 충서일 따름이다."[72] '충'은 바로 '중中'이고 인간의 내심을 말한다. "인간의 삶은 올바름이다. 허위의 삶은 요행히 모면함일 뿐이다."[73] 인간의 생존은 정직함 때문이고 정직하지 않은 사람도 생존할 수 있지만 그것은 다행스럽게

70) 『논어』, 「안연」, "仲弓問仁. 子曰, 出門如見大賓, 使民如承大祭. 己所不欲, 勿施於人. 在邦無怨, 在家無怨. 仲弓曰, 雍雖不敏, 請事斯語矣."

71) 『논어』, 「위령공」, "子貢問曰: 有一言而可以終身行之者乎? 子曰: 其恕乎! 己所不欲, 勿施於人"

72) 『논어』, 「이인」, "夫子之道, 忠恕而已矣."

73) 『논어』, 「옹야」, "人之生也直, 枉之生也幸而免."

재난을 모면한 것이다. 공자가 말하는 내재적인 '올바른'(直) 덕은 바로 안으로는 자신을 속이지 않고(不自欺) 밖으로는 남을 속이지 않으며(不欺人) 교묘한 말(巧言)과 아첨하는 얼굴(令色), 거짓(虛僞)과 아첨(佞媚)을 반대하였다. '충'은 또한 자신을 다하는(盡己) 마음이고 "자기가 서고 싶으면 남도 세워 주고 자기가 이루고 싶으면 남도 이루게 해 주는 것"74)이다. 이는 내심의 진정한 올바른 덕이 멈출 수 없어서 발휘된 것이다. '서'는 남을 대하고 사물과 접하는 것을 말한다. '서'는 자신을 미루는 마음으로서 "자기가 원하지 않는 것을 남에게 시키지 않는 것"75)이다. 종합하여 말하면 '충서지도忠恕之道' 혹은 '결구지도絜矩之道'이다. 실제적으로 '충' 가운데에 '서'가 있고, '서' 가운데에 '충'이 있으며, '자신을 다함'(盡己)과 '자신을 미룸'(推己)은 갈라놓기 매우 어렵다. 이는 사람과 사람 사이 관계의 '인도仁道' 원칙일 뿐만 아니라 확충하면 국가와 국가, 민족과 민족, 문화와 문화, 종교와 종교 사이의 서로 관계되는 준칙 내지는 인류와 자연 사이의 보편적이고 조화로운 '도'이다. '인'의 함의에는 물과 아 사이, 사람과 사람 사이의 감정이 서로 통하고 이해관계가 서로 밀접한 것이 포함된다. 공자가 말하였던 "자기가 원하지 않는 것을 남에게 시키지 않는다"는 유엔 건물 내에 새겨졌고 또한 1993년 세계종교지도자대회에서 통과되었던 〈글로벌윤리선언〉에서는 인류 공존의 도에서 가장 중요한 규칙으로 부각되었다.

『중용』에서는 이렇게 말하였다. "충서는 도와 거리가 멀지 않다."76) 여기서 '도道'는 '인도人道'를 가리키는데 즉 '인仁'이다. '충서'가 부족하여 '인'을 다하는 것이 '인'의 방법이기 때문에 '도와 거리가 멀지 않다'(違道不遠)고 말한 것이다. 이상에서 '인'의 세 번째 뜻인 '충서'에 대하여 설명하였다.

---

74) 己欲立而立人, 己欲達而達人.
75) 己所不欲, 勿施於人.
76) 忠恕違道不遠.

넷째, 공자의 '인도仁道'는 인문주의의 가치이상이다.

공자가 말하였다. "마을 풍속이 어질어야 아름답다. 그런 어진 마을을 택하여 살지 않으면 어찌 지혜롭다 하겠는가?"[77]

'이인里仁'은 '인'의 경지 속에 처하여 있는 것이다. 우리는 어디에 살고 있는 것인가? '인' 가운데에 거주하고 있다. 무한武漢의 노한구老漢口에는 거인문居仁門, 거인리居仁里가 있다. '택擇'을 옛사람들은 직업을 선택하고 친구를 선택하고 이웃을 선택하는 것이라 해석하였다. 스스로 선택하고 생명의 경지를 추구함에 있어서 '인'을 선택하지 않으면 어찌 지혜로운 선택이라 할 수 있겠는가?
"공자가 말하였다. '어질지 못한 사람은 곤궁도 오래 참지 못하고 안락도 오래 누리지 못한다. 어진 이는 인에 편안하고 지혜로운 이는 인을 탐한다.'"[78] '인'이 인간의 안신입명安身立命의 근거임을 알았기에 생활이 빈곤하든 아니면 안락하든 막론하고 모두 '인'을 인생의 가장 높은 추구로 간주하였다. '이인利仁'은 '인'의 인생에 대한 장원하고 거대한 이익을 의식하였기 때문에 이로부터 '인'을 인생의 목표로 간주하였다. '인덕'이 없는 사람은 고달프고 빈천한 시련을 이겨내지 못하고 안일하고 부귀한 시련도 이겨내지 못한다. 역경이 시련일 뿐만 아니라 순조로운 환경(順境) 또한 시련이다. 사람의 일생은 무수히 많은 가시밭길을 만나고 안락도 만나게 되지만, 이는 자신의 심지, 인격을 단련하는 기회이다. 맹자의 이른바 "부귀가 마음을 방탕하게 하지 못하고 빈천이 절개를 옮겨놓지 못하며 위무가 지조를 굽힐 수 없는 것 이것을 대장부라 이르고" "우환에서 살고 안락에서 죽는다"[79]는 모두 그러한 의미이다.

---

77) 『논어』, 「里仁」, "子曰: 里仁爲美. 擇不處仁, 焉得知?"
78) 『논어』, 「이인」, "子曰: 不仁者不可以久處約, 不可以長處樂. 仁者安仁, 知者利仁."
79) "富貴不能淫, 貧賤不能移, 威武不能屈, 此之謂大丈夫.", "生於憂患, 死於安樂."

"공자가 말하였다. '오직 어진 사람이라야 사람을 좋아할 수 있고 사람을 미워할 수 있다.'"80) '호好'는 마땅히 좋아해야 할 사람을 좋아하는 것이다. '오惡'는 마땅히 싫어해야 할 사람을 싫어하는 것이다. 어진 사람은 일종의 직감 즉 즉각적인 판단을 하고 시비지심是非之心이 있으며 어진 사람의 좋아함과 싫어함은 그 '중'(중도)을 얻는다. 공자가 말하였다. "참으로 어짊에 뜻을 두면 악이 없어진다."81) 만약 '안'에 뜻을 두고 '안'을 행하려는 의지를 확고하게 하고 실천한다면 그릇된 생각과 나쁜 행동이 생겨날 수 없다는 것이다. 이로부터 입지의 중요성을 볼 수 있다.

"공자가 말하였다. '부귀는 사람이 욕망하는 것이지만 도로써 얻은 것이 아니면 누리지 않는다. 빈천은 사람이 혐오하는 것이지만 도로써 얻은 것이 아니더라도 거절하지 않는다. 군자가 인을 버리고 어떻게 이름을 이루겠는가? 군자는 밥 먹는 동안에도 인을 어겨서는 안 되니 아무리 다급한 때라도 인을 따라야 하고 아무리 궁색한 때라도 인을 따라야 한다.'"82) 정당한 수단으로 빈천에서 벗어난 것이 아니면 군자는 받아들이지 않는다는 것이다. 부자가 되고 큰 관리가 되는 것은 사람마다 바라는 바지만 정당한 수단으로 얻은 것이 아니면 군자는 받아들이지 않는다. 군자는 밥 한 끼 먹는 시간일지라도 '인덕'을 떠난 적이 없고 아무리 다급하고 바쁘고 영락하여 유랑할 때에도 모두 '인덕'과 함께 있는 것이다. 인간이 생존하는 가치는 그가 자연적인 생명의 욕구를 초월할 수 있음에 있다.

"번지가 인에 대하여 물었다. 공자가 말하였다. '어려운 일은 먼저 하고 그 이득은 뒤로 미루면 인이라고 할 수 있다.'"83) '인덕'이 있는 사람은 어려움과

---

80) 『논어』, 「이인」, "子曰: 唯仁者能好人, 能惡人."
81) 『논어』, 「이인」, "苟志於仁矣, 無惡也."
82) 『논어』, 「이인」, "子曰: 富與貴是人之所欲也, 不以其道得之, 不處也; 貧與賤是人之所惡也, 不以其道得之, 不去也. 君子去仁, 惡乎成名? 君子無終食之間違仁, 造次必於是, 顚沛必於是."
83) 『논어』, 「옹야」, "樊遲問仁. 子曰: 仁者先難而後獲, 可謂仁矣."

고생을 용감하게 감당하는 것을 우선으로 하고 수확을 뒤로 미룬다. 이는 또한 훗날 범중엄范仲淹(989~1052)이 말하였던 "천하의 백성들이 근심하기 전에 먼저 근심하고 천하의 백성들이 즐거워한 뒤에 즐거워한다"[84]이다.

'인도仁道'의 가치이상은 특히 인간이 도의와 이익 사이에 모순이 생겼을 때 구체적으로 드러난다. 공자는 사람들의 물질적인 이익과 요구, 식과 색에 대한 욕망의 만족을 폄하하지 않았고 다만 '도'로써 취하고 '예'로써 절제할 것을 요구하였다. "군자는 의리에 밝고 소인은 이익에 밝다." "선비가 도에 뜻을 두고서도 악의악식을 부끄럽게 여긴다면 그와 더불어 논할 수 없다."[85] "군자는 먹을 때에는 배부름을 추구하지 않고 거처할 때에는 편안하기를 추구하지 않는다. 일에 민첩하고 말에 신중하며 도가 있는 사람에게 나아가서 나의 잘못을 바로잡는다면 학문을 사랑한다고 할 만하다."[86]

'인'에는 대중성(草根性)이 있다. 저자는 어릴 때 집안의 어른들이 "사람은 마음이 충실하여야 하고 불은 마음이 비어 있어야 한다"(人要忠心, 火要空心), "자기의 마음으로 남의 마음을 헤아리고"(將心比心), "무게나 분량이 충분하여야 사람이 손해 보지 않는다"(秤平斗滿不虧人)고 말하는 것을 심심찮게 들어 왔다. 부모님들도 아껴 먹고 아껴 쓰면서 대가족을 염려하였지만 유독 자신한테는 엄격하였고 진정으로 남을 대하였다. 집안 살림이 결코 부유하지는 않았지만 이웃에 어려움이 있거나 혹은 기근으로 인해 밥을 구걸하는 사람이 오면 조부모님, 부모님 모두 주머니를 열어 도와주었다.

공자가 제기한 도의 원칙, 인애와 충서의 원칙, 인, 의, 예, 지, 신 등의 가치이상은 '인'을 중심으로 한다. 공자의 '인'학은 중국 사람들이 안신입명하고 중국의 문화가 발전하고 유구한 근거이다. 이러한 가치이상은 스스로 '인'을

---

84) 先天下之憂而憂, 後天下之樂而樂.
85) 『논어』, 「이인」, "君子喻於義, 小人喻於利.", "士志於道, 而恥惡衣惡食者, 未足與議也."
86) 『논어』, 「학이」, "君子食無求飽, 居無求安, 敏於事而愼於言, 就有道而正焉, 可謂爲學也已."

실천하는 생명과 생활을 통하여 드러났고, 천백 년 이래 중국의 선비, 지식인의 전형적인 인격이 되었다. 이는 '안'의 네 번째 함의이다.

다섯째, 공자의 '인덕'은 생명의 경지이다.

공자에게는 자신만의 일생의 우려와 일생의 쾌락이 있었다. "군자는 도를 도모하지 밥을 도모하지 않는다." "도를 근심하지 가난을 근심하지 않는다."[87] "덕을 닦지 못하고 학문을 연구하지 못하고 의리를 듣고도 실천하지 못하고 잘못을 고치지 못함은 나의 근심이다."[88] 그의 즐거움은 정신적인 기쁨이었다. 그는 안연이 대그릇의 밥과 표주박의 물로 누추한 시골에서 가난하게 사는 것을 칭찬하면서 이렇게 말하였다. "사람들은 그런 근심을 감당하지 못하지만 안회는 그의 원래 즐거움을 바꾸지 않는다."[89] "거친 밥을 먹고 물을 마시며 팔을 베고 누우면 즐거움 또한 그 안에 있다. 의롭지 못한 부귀영화는 나에게 뜬구름과 같다."[90] 동시에 공자는 인생 수양의 경지를 추구하고 예禮 · 악樂 · 사射 · 어御 · 서書 · 수數의 육예 안에 노닐 것을 제창하였다. "시로 분발하고 예로 굳게 서고 음악으로 완성한다."[91]

"공자가 말하였다. '지혜로운 사람은 물을 좋아하고 어진 사람은 산을 좋아한다. 지혜로운 사람은 움직이고 어진 사람은 조용하다. 지혜로운 사람은 즐거워하고 어진 사람은 장수한다.'"[92] '악樂'은 좋아함이다. 이 구절의 뜻은 지혜로운 사람은 사물의 이치에 통달하여 널리 유행함에 막힘이 없었는데 물과 유사함이 있기에 물을 좋아하였고, 어진 사람은 의리에 편안하여 중후하고 변함이 없었는

---

87) 『논어』, 「위령공」, "君子謀道不謀食.", "憂道不憂貧."
88) 『논어』, 「술이」, "德之不修, 學之不講, 聞義不能徙, 不善不能改, 是吾憂也."
89) 『논어』, 「옹야」, "人不堪其憂, 回也不改其樂."
90) 『논어』, 「술이」, "飯疏食飮水, 曲肱而枕之, 樂亦在其中矣. 不義而富且貴, 於我如浮雲."
91) 『논어』, 「태백」, "興於詩, 立於禮, 成於樂."
92) 『논어』, 「옹야」, "子曰: 知者樂水, 仁者樂山; 知者動, 仁者靜; 知者樂, 仁者壽."

데 산과 유사함이 있기에 산을 좋아하였다는 것이다. 한쪽에 치우치지 않았기에 미혹됨이 없어서 즐거워하였고 자기 안으로 반성하여 조금도 부끄러움이 없었기에 근심으로 슬퍼할 것이 없어서 장수하였다.

『논어』「선진」편의 제26장에 근거하면 한 번은 공자가 여러 제자들과 이야기를 나누었다. 공자가 만약 누가 너희들을 알아주어 등용하려고 한다면 너희들은 어찌할 것인지 물었다. 군세고 과감한 자로가 앞을 다투어 대답하기를, 자신은 천승의 규모가 크지 않은 제후국을 다스려서 만약 제후국이 몇 개의 대국 사이에 끼여서 밖으로는 강한 적이 있고 안으로는 기근이 들면 대략 3년 사이에 그 나라를 생존하게 하고 백성들을 용맹하게 하며 또 방략을 알게 할 수 있다고 하였다. 공자가 듣고 나서 빙그레 웃었다. 다시 다방면에 재주가 많은 염구에게 어떤 생각이 있는지 물었다. 염구가 말하기를 만약 주변 길이가 6, 70리 혹은 5, 60리 되는 작은 나라에서 저를 청하여 다스리게 하면 3년의 시간으로 백성들을 풍족하게 할 수 있지만, 예악제도와 문화 방면의 건설에 있어서는 고명한 군자를 따로 청하여야 한다고 하였다. 공자가 이어서 예의를 좋아하는 공서화公西華에게 어떻게 할 것인지 물었다. 공서화가 말하기를 제가 반드시 할 수 있는 것이 아니지만 배우기를 원할 뿐입니다. 종묘의 제사 활동과 나라와 나라 사이에 외교적으로 회동할 때 현단복玄端服을 입고 장보관章甫冠을 쓰고 사의司儀가 되겠다고 말하였다. 공자는 증삼曾參의 아버지 증점曾點에게 어떻게 할 것인지 물었다. 증점이 비파를 타다가 현을 울려 연주를 끝낸 뒤 비파를 내려놓고 일어나 대답하기를 자신은 세 사람과 다르다고 하였다. 공자가 괜찮다고 하면서 각자 자신의 뜻을 말하는 것일 뿐이라고 하였다. 증점이 말하기를 늦은 봄 3월에 봄옷을 입고 대여섯 명의 젊은이와 예닐곱 명의 어린아이들과 함께 기수沂水 물가에서 목욕하고 기우제를 지내는 무우舞雩에서 바람을 쐰 뒤에 노래를 부르면서 집으로 돌아오겠다고 하였다. 공자가 감탄하면서 말하기를 "나는 점을 허여한다"(吾與點也)고 하였다. 나는 증점의 주장에 동의한다는 것이다. 이 이야기에서 공자의 경지를 파악할 수 있다. 공자는 평소에 제자들이 집안, 나라, 천하에서 관리 사업에 적극적으로 종사할 것을 격려하였지만, 이러한 특수한 경우에는 오히려 증점의 경지에 찬동하였다. 이는 공자의 유가가 입세적인 추구에서 소탈하고 자유로운 정취도 가지고 있음을 표명한다. 유가의 종사 공자는 스스로 노력하여 게을리하지 않고 노력하고 분투하였으며 심지어 불가능함을 알면서도 하였다. 다른 한편 공자도 스스로 그 안에서 즐거움을 느끼고 어떠한 환경에도 적응하고 만족하며 침착한 기질, 유연한 흉금이 있으며 바로 천지만물과 더불어 상하가 합류된다. 증점은 공자의 뜻을 깊이 알고 있었는데, 바로 늙은이를 편안하게 해 주고 친구를 미덥게 해 주고 젊은이를 감싸주며 사람마다 각자 자신의 뜻을 이루는 것이다. 공자의 인생 경지에는 초월적인 측면이 있다.

이는 '인'의 다섯 번째 함의이다.

위에서 서술하였던 다섯 가지 함의를 두루 통달하고 관통시켜 이해하고 부동한 시각에서 '인'을 이해하여도 무방하다.

넓은 의미의 '인'은 '오상', '사유'의 여러 가지 덕목을 두루 포함하고, 좁은 의미의 '인'은 '오상'의 하나이다. 인·의·예·지·신의 '오상'은 '인'을 핵심으로 한다. 유가의 '인애'는 자신을 미루어 남에게 미치고 가족을 친애하는 마음을 한 층씩 밖으로 미루는데, 바로 맹자가 말하였던 "내 노인을 노인으로 섬겨서 남의 노인에게까지 미치고 내 어린이를 어린이로 사랑해서 남의 어린이에게까지 미치며"[93], "친척을 친하게 하고서 백성을 인하게 하고 백성을 인하게 하고서 물건을 사랑한다"[94]는 것이고, 또한 장재가 『서명』에서 말하였던 "백성들은 나의 동포이고 만물은 나와 함께 있다"[95]는 것이다. '인'은 천, 지, 인, 물, 아

---

93) 老吾老以及人之老, 幼吾幼以及人之幼.
94) 親親而仁民, 仁民而愛物.
95) 民吾同胞, 物吾與也.

사이에서 서로 감통하고 서로 윤택하게 한다. 『중용』에서는 공자의 말을 인용하여 말하기를 "인은 사람의 몸이다"[96)]라고 하였다. 맹자가 말하였다. "인은 사람이라는 뜻이니 합하여 말하면 도이다."[97)] 유가가 보기에 '인'은 사람의 정신적 최고 경지였고 또한 사람을 사람이게끔 하는 본질적인 속성과 최고의 표준이며 최고의 도덕적 원칙이었다.

인·의·예·지 등 덕목의 내용과 관계에 관하여 맹자는 이렇게 말하였다.

> 인의 실제는 부모님을 섬김이 그것이고, 의의 실제는 형에게 순종함이 그것이다. 지의 실제는 이 두 가지를 알아서 떠나지 않는 것이고, 예의 실제는 이 두 가지를 절문하는 것이며, 악의 실제는 이 두 가지를 즐거워하는 것이고, 즐거워하면 이러한 마음이 생겨난다.[98)]

다시 말하면 '인'은 부모를 모시는 것에서 발단하였고, '의'는 형을 공경하고 따르는 것에서 발단하였다. 이것을 확충하여 남의 노인을 사랑하는 것이 '인'이고, 모든 연장자를 공경하는 것이 '의'다. '인'은 '의'를 겸하였지만, '의'는 '인'을 겸하지 않는다. '인의'는 '예지'보다 높고 각자 처하여 있는 등급이나 차원이 다르다. '인'과 '의'의 도리를 알고 견지하는 것이 바로 '지智'이다. '지'는 인·의·예에 대한 사람들의 이해이다. '인'과 '의'의 중요한 내용에 대하여 적절하게 조절할 수 있고 적당하게 수식한 것이 '예'이다. '예'는 사회의 행위규범이다. 부모를 섬기고 형을 공경하는 것으로부터 즐거움을 얻는 것이 바로 '악樂'이다. 맹자는 또 이렇게 말하였다.

---

96) 仁者, 人也.
97) 『맹자』, 「진심하」, "仁也者, 人也. 合而言之, 道也."
98) 『맹자』, 「이루상」, "仁之實, 事親是也; 義之實, 從兄是也; 智之實, 知斯二者弗去是也; 禮之實, 節文斯二者是也; 樂之實, 樂斯二者, 樂則生矣."

공자가 말하였다. "마을에 인후한 풍속이 있는 것이 아름다우니 사람이 자처할 곳을 가리되 인에 처하지 않는다면 어떻게 지혜로울 수 있겠는가?' 인은 하늘의 높은 벼슬이고 사람의 편안한 집이다. 그러나 이것을 막는 사람이 없어도 인하지 못하니 이는 지혜롭지 못한 것이다. 인하지 못하여 지혜롭지 못하다. 그리하여 예가 없고 의가 없으면 사람의 사역이다.[99]

'인'은 하늘의 가장 존귀한 벼슬이고 천하의 넓은 집이며 사람에게 있어서 가장 안일한 주택(경지)이다. 진정한 지혜, 명지한 선택은 바로 '인'의 경지 속에서 생활하는 것이다.

실제로 여기서는 인·의·예·지·신이 상호 제어함을 말하였다. 예를 들어 '인'과 '예'에서 '인'을 '예'의 내용으로 삼아야만 '예'가 비로소 형식에 치우치는 것에 이르지 않는다. 다른 한편으로 '예'는 '인'의 절도로서, '예'로써 '인'을 절제하여야만 사랑하는 바를 지나치는데 '침侵'이라 이른다. 따라서 '인애', '친정'에 절제가 없는 것은 아니다. 맹자가 말하였다.

말할 때에 예의를 비방하는 것을 자포라 이르고, 내 몸은 인에 거하고 의를 따를 수 없다고 하는 것을 자기라 이른다. 인은 사람의 편안한 집이고, 의는 사람의 바른길이다. 편안한 집을 비워 두고 거처하지 않으며, 바른길을 버려두고 따르지 않으니 애처롭다![100]

의는 길이고 예는 문이다. 오직 군자만이 그 길을 따르고 그 문으로 출입한다.[101]

---

99) 『맹자』, 「공손추상」, "孔子曰: 里仁爲美, 擇不處仁, 焉得智? 夫仁, 天之尊爵也, 人之安宅也. 莫之禦而不仁, 是不智也. 不仁, 不智, 無禮, 無義, 人役也."
100) 『맹자』, 「이루상」, "言非禮義, 謂之自暴也; 吾身不能居仁由義, 謂之自棄也. 仁, 人之安宅也; 義, 人之正路也. 曠安宅而弗居, 舍正路而不由, 哀哉!"
101) 『맹자』, 「만장하」, "夫義, 路也; 禮, 門也. 惟君子能由是路, 出入是門也."

양웅揚雄(BC 53~AD 18)은 한 걸음 더 나아가 이렇게 제기하였다.

어떤 사람이 물었다. 인, 의, 예, 지, 신의 용도는 무엇인가? 답하였다. "인은 집이고 의는 길이며 예는 옷이고 지는 촛불이며 신은 부절이다. 집에 처하고 길을 걷고 옷을 바르게 입고 촛불을 밝히고 부절을 집는다. 군자는 움직이지 않지만 일단 움직이면 이와 같이 바름을 얻는다."[102]

'인'은 내재적인 정신이고, '의'는 일을 행하는 준칙이며, '예'는 외관적인 것이고, '지'는 밝음을 비추는 촛불이고, '신'은 사람으로 하여금 믿음을 가지게 하는 부절이다. 유가에서 말하는, 어진 사람은 '인'에 편안하고(仁者安仁) '인'에 머물고 '의'를 따르는 것(居仁由義)은 '인'에 거주하고 '인'을 가장 적합한 거처(리, 째)로 간주하는 것, 즉 '인'의 경지로 삼고 '의'의 길에서 걷는 것이다. 사람마다 걷는 길은 큰 길이다. '의'는 길이고 '예'는 문이다. '예'는 '인'과 '의'의 질서, 절도를 규정하고, 인·의·예·지·신 사이에는 긴장감(張力)이 있는데 군자의 인격의 형성은 바로 이러한 긴장감 속에서 실현된다. 아래에 여러 가지 덕목의 상호 관계에 대하여 논의하도록 한다.

2) 의

'의義'는 '사유' 중의 하나이고 또한 '오상' 중의 하나이다. 맹자는 이렇게 말하였다. "부모님을 친애함은 인이고 어른을 공경함은 의이다."[103] 이는 즉 '인'은 '부모님을 친애함'(親親)을 확대한 것이고 '의'는 '어른을 공경함'(敬長)을 확대한 것이다. 그는 또 이렇게 말하였다.

---

102) 『법언』, 「수신」, "或問仁義禮智信之用? 曰: 仁, 宅也; 義, 路也; 禮, 服也; 智, 燭也; 信, 符也. 處宅, 由路, 正服, 明燭, 執符, 君子不動, 動斯得矣."
103) 『맹자』, 「진심상」, "親親, 仁也; 敬長, 義也."

말할 때에 예의를 비방하는 것을 자포라 이르고, 내 몸은 인에 거하고 의를 따를 수 없다고 하는 것을 자기라 이른다. 인은 사람의 편안한 집이고, 의는 사람의 바른길이다. 편안한 집을 비워 두고 거처하지 않으며, 바른길을 버려두고 따르지 않으니 애처롭다.[104]

말을 함에 있어서 예의를 파괴하는 것을 스스로 스스로를 포기하는 것이라 부른다. '인'은 인류의 가장 편안한 주택이고 '의'는 인류의 가장 정확한 길이다. 가장 편안한 주택을 비워 두고 살지 않고 가장 정확한 길을 버려두고 가지 않으니 매우 애처로울 뿐이다.

맹자는 친한 사람을 친애하는 것으로부터 출발하여 '인'과 '의'를 확정하였는데, '인'과 '의' 양자의 함의는 다소 다른 점이 있다. '어른을 공경하고'(敬長) '형을 따르는 것'(從兄)은 '의'에 "마땅히 공경하여야 할 사람을 공경한다"(敬其所當敬)는 의미가 들어 있음, 즉 '인'을 행함에 있어서 일정한 범위, 등급, 범주와 분촌이 있음을 나타내었다. 맹자의 '인에 머물고 의를 따르다'(居仁由義)라는 것은 '인'에 거주하고 '의'를 따라 걷는 것을 말한 것이다. '의'는 걸어가는 바른길이고, '인'을 행하는 사람이 '인'을 실현하는 길이다. 그는 또 이렇게 말하였다.

한 사람이라도 무죄한 사람을 죽임은 인이 아니고 자신의 소유가 아닌데 취하는 것은 의가 아니다.[105]

사람들은 모두 하지 않는 바가 있으니 할 수 있는 바까지 노달한다면 의이다.…… 사람이 남을 해치려고 하지 않는 마음을 채운다면 인을 이루 다 쓰지 못할 것이고, 사람이 담을 뚫거나 넘어가서 도둑질하지 않으려는 마음을 채운다면

---

104) 『맹자』, 「이루상」, "言非禮義, 謂之自暴也; 吾身不能居仁由義, 謂之自棄也. 仁, 人之安宅也; 義, 人之正路也. 曠安宅而弗居, 舍正路而不由, 哀哉!"
105) 『맹자』, 「진심상」, "殺一無罪, 非仁也. 非其有而取之, 非義也."

의를 이루 다 쓰지 못할 것이다.[106)

자신이 얻어야 할 것이 아닌데 가서 취하는 것은 '의'가 아니다. 매 사람마다
모두 하지 말아야 하는 일들이 있는데 이것을 하려고 하는 일로 확충하면 모든
하지 말아야 할 일들을 하지 않는데 바로 '의'이다. 사람들이 담을 뚫거나 넘어가지
않는(즉 도둑질하지 않는) 마음을 확충할 수 있다면 '의'는 다 쓰지 못한다. 사람들이
업신여김을 당하지 않는 실제적인 언행을 확충할 수 있다면 부끄러워하며 분한(慚
忿) 마음이 있어서 자신의 모든 언행도 다른 사람의 업신여김 혹은 비난을 당하지
않게 되는데, 그렇게 되면 어디로 가든지 막론하고 모두 '의'에 부합하게 된다.
여기서 '의'에는 다른 사람의 소유권을 존중하고 다른 사람의 이익을 침범하지
않고 다른 사람의 사회적 지위를 존중하고 일정한 사회규범을 준수하여야 한다는
의미가 포함되어 있는데, 이는 동시에 또한 자신을 존중하고 자신의 본분을
지키는 것이다.

'의'는 일이 '마땅히 어떠하여야 하는지'의 여부에 대한 판단 및 이로부터
유발된 행위이다. '의'의 주요한 함의는 '공정'이고 '응당'이고 '정당'이며 '정의'이
다. 공자는 이렇게 말하였다.

군자는 늘 의로움을 중시한다.[107)

군자는 의리에 밝고 소인은 이익에 밝다.[108)

의롭지 못한 부귀영화는 나에게 뜬구름 같다.[109)

---

106) 『맹자』, 「진심하」, "人皆有所不爲, 達之於其所爲, 義也.……人能充無穿窬之心, 而義不可勝用
也. 人能充無受爾汝之實, 無所往而不爲義也."
107) 『논어』, 「양화」, "君子義以爲上."
108) 『논어』, 「이인」, "君子喻於義, 小人喻於利."
109) 『논어』, 「술이」, "不義而富且貴, 於我如浮雲."

앞에서 인용하였던 맹자의 '의'에 대한 해석 즉 사람이 가야 하는 길 등등은 모두 공자의 이러한 사상을 발휘한 것이고, 또한 '공정', '정의', '정당'에 대한 긍정이다. 이는 바로 우리가 평소에 말하는 '도의'이다. 동중서董仲舒(BC 179~104) 는 이렇게 말하였다.

> 인의 방법은 남을 사랑하는 것에 있지 자신을 사랑하는 것에 있지 않다. 의의 방법은 자신을 바로잡는 것에 있지 남을 바로잡음에 있지 않다. 자신이 스스로 바로잡지 못하면 비록 남을 바로잡을 수 있더라도 내가 의로운 것이 아니다.[110]

주희는 '의'를 "마땅히 행하여야 할 것을 행하는 것이다"(行其所當行)라고 하였다. 종합하여 말하면 '의'에는 사회의 공정성과 정의성, 행위의 정당성에 대한 요구가 포함되어 있다. 특히 권리와 의무, 봉사와 보수의 모순 속에서, 인간됨의 표준, 도덕적인 원칙으로서의 '의'는 남의 권력과 이익을 존중하고, 자신을 극복하고 자신을 바로잡으며, 가지지 말아야 할 것을 가지지 않고, 도의, 공정을 맨 앞자리에 놓고, 마땅히 행하여야 하는 것을 행하고, 마땅히 처하여야 할 곳에 처하며, 공정한 마음으로 공정한 일을 행할 것을 요구한다. 물론 전제주의의 계급사회에서 마땅히 이렇게 하여야 하고 저렇게 하면 안 된다고 하는 것은 존비귀천 등의 한계를 초월하지 않는다는 함의가 포함된다.

'의'는 또한 '적당함'(適宜), '적절함'(得宜), '적합함'(合宜)이다. 『예기』「중용」에서 는 이렇게 말하였다. "의는 마땅함이고 어진 사람을 높이는 것이 큰 것이다."[111] 어진 사람을 존중하고 현명하고 재능이 있는 사람을 임용하는 것(任人唯賢)은 공정한 사회를 위한 요구이고 최고의 정의이다. 모든 사회로 말하자면 이는

---

110) 『춘추번로』, 「인의법」, "仁之法, 在愛人, 不在愛我. 義之法, 在正我, 不在正人. 我不自正, 雖然正人, 弗予爲義."

111) 義者宜也, 尊賢爲大.

가장 합당하고 가장 합리적인 일이다. 사람으로 말하자면 윗자리에 있든 아랫자리에 있든 '어진 사람을 존중하려면' 모두 반드시 공적인 마음에서 비롯하고, 개인적인 이익과 선입견을 포기하여야 한다. 순상荀爽이 주석을 달았던 『주역』「계사전」에서는 이렇게 말하였다. "그 마땅함을 얻었기 때문에 의라 이르는 것이다."112) 양웅은 이렇게 말하였다. "일의 마땅함을 얻는 것을 의라 한다."113) 한유는 이렇게 말하였다. "널리 사랑하는 것을 인이라 하고, 행하여 이치에 합당한 것을 의라 한다."114) '의'는 사람들의 행위준칙이고 '의행'은 적합하고 적당한 행위를 가리킨다. '마땅히 그러하고'(應然) '마땅히 하여야 한다'(應當)는 요구에는 자기의 맡은바 직책을 성실하게 수행하고 재능을 발휘하여야 하며, 사회, 가정에 대하여 법률적, 도덕적인 책임과 의무를 다하여야 한다는 등등의 내용이 포함되어 있다. 또한 직책을 다하고 노인을 존경하고 현인을 공경하며, 노약자들을 애호하고, 곤궁에 빠진 사람들을 구제하고, 폭도를 몰아내고 선량한 사람을 편안하게 하며, 정의를 위하여 용감하게 나서고, 남을 위하여 자신의 이익을 버리고, 서로 돕고 불의를 보고 의연하게 나서는 등등도 포함된다. 수치스러운 마음은 '의'의 맹아이다. '의'는 마음속에서 시비와 선악에 대한 정확하고 과감한 결단이며 도덕적인 감정인 동시에 도덕적인 판단이다. '의행'은 사람들의 마음속으로부터 우러러 나오는 책임감, 의무감의 실행 과정이다. 따라서 '행의'는 바로 자각적이고 자발적으로 '의'라는 도덕적인 원칙에 근거하여 행동하고, 정직하고 용감하며 매우 고상한 도덕적인 행위이다. 민간의 고사성어 "정의를 위하여 용감하게 나서다"(見義勇爲), "정의를 위하여 의기롭게 희생하다"(慷慨就義), "의리상 거절할 수 없다"(義不容辭), "정의를 위해여 조금도 주저함이 없다"(義無返顧), "이치가 타당하고 글이 힘차고 신랄하다"(義正辭嚴), "의분이 가슴에 가득 차다"(義憤塡膺)

---

112) 鹹得其宜, 故謂之義也.
113) 『법언』, 「중려」, "事得其宜之謂義."
114) 「원도」, "博愛之謂仁, 行而宜之之謂義."

는 모두 사회의 정의, 공정을 수호할 것에 대한 사회 대중의 호소와 포상이다.

'의'에 포함된 '당연함'(當然), '마땅함'(應該)은 공리적인 측면의 것이 아니라 도덕적인 측면의 것이기 때문에 무조건적이다. 풍우란 선생은 『신원도新原道』에서 진순陳淳의 '의'에 대한 해석인 "마땅히 그러한데 그렇게 하는 것은 의도하는 바가 없이 그렇게 하는 것이다"115)를 발휘하였는데 매우 주도면밀하였다. 그는 이렇게 말하였다. "조건이 없는 마땅함이 바로 이른바 의이다. 의는 도덕적인 행위가 도덕적인 행위로 되는 요소이다. 한 사람의 행위가 도덕적인 행위라면 반드시 조건이 없이 그가 마땅히 해야 되는 일들을 하여야 한다. 이는 바로 이 일을 하는 것을 일종의 수단으로 삼아 개인의 어떤 목적에 도달할 것을 추구하여서는 안 된다는 것이다.…… 만약 조건이 있으면 그가 비록 마땅히 해야 되는 일을 하였지만 그 행위는 의에 부합되는 행위일 뿐이지 의의 행위는 아니다."116) 조건이 없이 사회의 '공리公利'를 추구하고 다른 사람의 이익을 추구하는 것은 '의'의 행위의 목적이고, '의'는 이러한 행위의 도덕적인 가치이다. 무릇 도덕적인 가치가 있는 행위는 모두 반드시 조건이 없이 남에게 이로움을 목적으로 하여야 한다. 맹자는 "인의를 따라 행한 것이지 인의를 행하려고 한 것이 아님"117)을 강조하였는데, '인의'가 이미 마음에 뿌리를 두고 있기 때문에 행하는 바가 모두 마음으로부터 나온 것이다. '인의'를 아름다움으로 삼은 뒤에 억지로 행한 것이 아니고 '인의'를 도구, 수단으로 사용한 것이 아니다. 민간에서 말하는 강호江湖의 의리(義氣)는 여기서 말하는 '의'와 함께 논할 수 없다. 그것은 일종의 매우 낮은 등급의 형제간의 의리이고, 일정한 의미에서는 사회의 그룹과

---

115) 當然而然, 無所爲而然.
116) 無條件底應該, 就是所謂義. 義是道德行爲之所以爲道德行爲之要素. 一個人的行爲, 若是道德行爲, 他必須是無條件地做他所應該做底事. 這就是說, 他不能以做此事爲一種手段, 以求達到其個人的某種目的.……若是有條件地, 他雖做了他所應該做的事, 但其行爲亦只是合乎義底行爲, 不是義底行爲.
117) 『맹자』, 「이루하」, "由仁義行, 非行仁義也."

240   중국유학의 정신

다른 사람의 이익을 희생시키는데 이는 마침 '의'가 아닌 것이다.

간략하게 말하면 '의'는 마땅함인데, 바로 조건이 없이 마땅히 해야 될 일을 하는 것이다. '의'는 또한 적합함인데, 바로 어떠한 상황 아래에서 어떤 일을 하는 것이 도덕적인 측면에서 가장 좋은 방법이다. 풍우란이 『신원인新原人』에서 말한 바와 같이 '의'를 행하는 사람은 의도하는 바가 없이 그렇게 하는 것이고, 그 행위는 자신의 이익을 추구하는 것을 목적으로 하는 것일 수 없다. 그렇다면 '의'와 '리' 사이는 어떤 관계인 것인가? 반드시 이익을 추구하는 모든 행위를 배척하여야 하는 것인가? 만약 이 이익이 공적인 이익(公利)이라면 공적인 이익을 위하는 행위는 정당한 것인가? 어떠한 조건과 범위 내에서 개인의 사적인 이익을 만족시킬 수 있고 어느 정도로 만족시켜야 비로소 정당한 것인가?

사실상 중국 고대의 도덕철학자들은 '도의道義'의 지도하에서의 '의'와 '리'의 통일을 결코 배척하지 않았고 오히려 강조하였다. 공자는 비록 이익에 대하여 많이 논하지는 않았지만, 백성들의 풍요로움 즉 백성들의 '리'를 긍정하였다. 또한 공자도 사사로운 이익을 얻는 것을 반대하지 않았고 제자 자공이 장사하여 돈을 버는 것을 지지하기도 하였다. 공자는 단지 사람들이 이익 앞에서 '도의'에 부합하는지의 여부를 따진 뒤에 다시 취사선택을 결정할 것을 희망하였다. 그는 "이익을 마주하여 의리를 생각하고"[118], "재물을 보면 의로움을 생각하는"[119] 원칙을 제기하였다. 취사를 선택할 때 그는 '의'를 표준으로 할 것을 주장하였고, '도'가 있음을 추구할 것을 강조하였으며, '의'에 부합하지 않는 부귀에 대해서는 뜬구름 보듯 하였다. 묵자는 '백성에게 이로움'(利民)에 있어서 즉 백성들의 이익을 쟁취하는 전제하에서 '의'와 '리'를 통일시켰다. 맹자는 양혜왕에게 이렇게 말하였다. "왕은 하필 리를 말합니까? 또한 인의가 있을 뿐입니다."[120] 그는 표면적으로는 이익과 인의를 대립시켰지만 실제적으로는

118) 『논어』, 「헌문」, "見利思義."
119) 『논어』, 「계씨」, "見得思義."

결코 그렇지 않다. 그는 백성들의 생업을 제정해 주어야 하고(制民之産) 매 집마다 100무의 땅이 있어야 함을 크게 강조하였다. "5무의 집 주변에 뽕나무를 심게 한다면 50세 된 자가 비단옷을 입을 수 있다. 닭과 돼지와 개와 큰 돼지를 기르는데 새끼 칠 대를 잃지 않게 한다면 70세 된 자가 고기를 먹을 수 있다."[121] 그는 군주가 백성들의 이익을 많이 고려할 것을 희망하였고 왕공대인들이 표방하는 '나라에 이로움'(利國)이 사실은 자신의 사사로운 욕심만을 만족시키고 백성들이 굶주리고 헐벗음에는 관심이 없는 이른바 "푸줏간에는 살진 고기가 있고 마구간에는 살진 말이 있으면서, 백성들은 굶주린 기색이 있고 들에는 굶어 죽은 시체가 있음"[122]을 호되게 질책하였다. 맹자는 백성들에게 떳떳한 재산(恒産)이 있기를 희망하였고, 정치를 하는 자는 백성들을 부유해지게 하고 형벌을 줄이고 세금을 적게 받으며 약자들을 구제할 의무가 있음을 주장하였다. 이러한 백성들의 '리'가 그가 보기에는 도의에 부합되는 것이었다. 백성들이 이익을 얻는 것 또한 바로 '인의를 행하는 것'(行仁義)이다. 이 점에서 볼 때, 그와 묵자는 결코 어떠한 의견 충돌도 없다. 순자는 '의'와 '리'를 인간의 두 가지 측면의 수요로 간주하였는데 이렇게 말하였다.

> 의로움과 이익이라는 것은 사람이라면 둘 다 가지고 있는 것이다. 비록 요, 순 임금이라 할지라도 이익을 바라는 백성들의 마음을 없앨 수 없다. 그러나 그들이 이익을 바라는 마음이 그들이 의로움을 좋아하는 마음을 이길 수 없게 하는 것이다.[123]

---

120) 『맹자』, 「양혜왕상」, "王何必曰利, 亦有仁義而已矣."
121) 『맹자』, 「양혜왕상」, "五畝之宅, 樹之以桑, 五十者可以衣帛矣. 雞豚狗彘之畜, 無失其時, 七十者可以食肉矣."
122) 『맹자』, 「양혜왕상」, "庖有肥肉, 廐有肥馬, 民有饑色, 野有餓莩."
123) 『순자』, 「대략」, "義與利者, 人之所兩有也. 雖堯, 舜不能去民之欲利, 然而能使其欲利不克其好義也."

다시 말하면 정의와 재물은 백성들이 겸하여 가지고 있다는 것이다. 요, 순이라고 할지라도 백성들의 재물과 이익을 탐내는 욕망을 없애 버릴 수 없지만 그들의 재물과 이익을 탐내는 욕망이 정의를 좋아함을 능가하지 않게 할 수는 있다. 순자는 공맹과 마찬가지로 여전히 "의를 먼저 행한 뒤에 이익을 좇는 자는 번영하고 이익을 먼저 생각하고 의를 뒤로 하는 자에게는 치욕이 온다"[124], "이익 때문에 의로움을 해치는 일이 없어야 한다"[125]는 원칙을 강조하였다. 순자는 '의'가 '리'의 근본이고 '의'가 있으면 '리'도 그 속에 있는 것이라 주장하였다.

"의는 이익의 근본이다"(義爲利本), "의로써 이익이 생겨나게 한다"(義以生利), "이익은 의 가운데에 있다"(利在義中)는 주장에 관해서는 유래가 이미 오래되었다. "덕과 의는 리의 근본이다."[126] "무릇 혈기가 있으면 모두 다투는 마음이 있기 때문에 이익은 강제할 수 없으니 의를 생각함이 더 낫다. 의는 이익의 근본이고 이익을 쌓으면 재앙이 생긴다."[127] 이는 바로 사람은 태어날 때부터 강렬한 이욕지심利欲之心을 가지고 있음을 말하는 것이다. 하지만 이익을 도모하고 다툴 때 도의를 생각하는 것이 좋다는 것이다. 사사로운 이익을 지나치게 많이 쌓으면 재앙이나 재해를 초래할 수 있다. "무릇 의는 이익을 낳게 하는 것이다.…… 의롭지 못하면 이익이 풍부해지지 못한다."[128] "의로써 이익이 생기게 하고 이익으로써 백성을 편안하게 한다."[129] "의를 팽개쳐 버리면 이익은 성립되지 않고 너무 큰 탐욕을 부리면 원망이 생겨난다."[130] "의가 두터우면 이익이 많다. 의가 두터우면 적이 적고 이익이 많으면 백성들이 즐거워한다."[131] 여기서 강조

---

124) 『순자』, 「영욕」, "先義而後利者榮, 先利而後義者辱."
125) 『순자』, 「법행」, "無以利害義."
126) 『좌전』, 희공 27년, "德, 義, 利之本也."
127) 『좌전』, 소공 10년, "凡有血氣, 皆有爭心, 故利不可强, 思義爲愈. 義, 利之本也. 蘊利生孽."
128) 『국어』, 「주어중」, "夫義所以生利也……不義則利不阜."
129) 義以生利, 利以豐民.
130) 『국어』, 「晉語二」, "廢義則利不立, 厚貪則怨生."
131) 『안자춘추』, 「내편」, "義厚則利多. 義厚則敵寡, 利多則民歡."

하고 있는 '의'와 '리'의 통일에는 세 가지 함의가 들어 있다. 첫째, 이익을 구함은 반드시 도의를 표준으로 삼아야 한다. 둘째, 도의를 견지하는 것과 공적인 이익(즉 백성들의 이익)을 추구하는 것은 사회 전체의 장원한 이익과 별개의 일이 아니고 양자는 동일하다. 셋째, '의'와 군주, 신하 혹은 군자의 정당한 이익 또한 일치한 것이다. 왜냐하면 이렇게 되어야만 비로소 백성들의 옹호를 받을 수 있고 또한 자신의 정당한 이익을 얻음이 보장될 수 있다. '의'는 '백성들을 모으고'(聚民) '백성들을 풍족하게 하며'(豐民) '백성들을 얻을'(得民) 수 있는데 통치자의 장기적인 태평과 안정, 장원한 이익과 결코 모순되지 않는다.

3) 예

'예(禮)'는 '사유'의 맨 앞에 있고 또한 '오상'의 하나이다. '예'는 원래 하·은·주 삼대시기 사람들의 천지신령과 조상에 대한 제사의식이었다. 주나라 사람들은 종교의 예의형식(儀文)을 보존하였을 뿐만 아니라 '예'의 윤리화, 정치화를 촉진하여 일련의 사회생활의 풍속, 규범, 제도로 발전하게 하였다. 공자는 '예'를 중요시하였는데, 사람이 '예'를 배우지 않으면 사회에서 자립할 수 없다고 주장하였다. 유자(有子)는 사회생활에는 반드시 규칙과 제도가 있어서 사람들의 행위를 절제하여야 한다고 강조하였다. 맹자도 '예'를 '인의'를 실행하는 일정한 절도, 형식으로 간주하였다. 순자는 '예'가 귀천, 빈부, 장유의 등급과 질서를 규정하였고 나라를 다스리는 기강이라 주장하였다. 따라서 '예'에는 사회를 조화롭게 히고 사회를 조절하여 질서를 유지하게 하는 기능이 있다.

외재적이고 형식적이며 규범적인 '예'에는 내재적인 도덕성이 포함되어 있다. 『좌전』의 적지 않은 자료들은 '양(讓)'이 '예'의 주요 내용임을 설명하였고, 남을 공경하고 남에게 양보하는 마음이 없으면 예절의 규칙도 실행할 수 없음을 제기하였다. 공자는 '인'이 '예'의 내용이고, '예'는 '인'의 예의형식임을 강조하였고, 또한 '양'과 '경'이 '예'의 내용임을 긍정하였다. 묵가학파도 '예'의 내재성을 '경'이라 확정하였고, "예란 공경하는 것"[132]임을 제기하였다. 맹자도 '사양하는 마음'(辭讓之心)과 '사람을 공경하는 것'(敬人)으로써 '예'를 해석하였다. 순자는 '예'로써 몸을 바르게 하고 이른바 덕행이란 바로 예의를 실행하는 것이라 주장하였다. '예'의 핵심은 존귀한 사람에 대하여 공경하고 노인에 대하여 효도하며 연장자에 대하여 공손하고 어린 사람에 대하여 자애로우며 비천한 사람에 대하여 은혜를 베푸는 것이다. '예' 또한 중요한 도덕적인 규범이고 도덕적인 원칙이며, 실질은 남을 공경하고 존중하는 것 특히 어른을 존중하고 노약자와 어린이를 애호하는 것임을 충분히 알 수 있다.

　'예', '예의', '예절'은 역사적인 범주에 속하는데, 시대의 변화에 따라 번거롭고 쓸데없는 예절과 전통적인 계급질서를 보여 주는 예의범절의 '예'는 이미 과거가 되어 버렸다. 구시대에 '예'는 점차 형식적인 껍데기로 변화하였고, 사람들의 사상과 행위를 속박하는 밧줄이 되었으며, 사람들의 전면적이고 자유로운 발전을 심각하게 저애하였는데, 이는 '예'의 부정적인 영향이다. 하지만 어떤 시대든지 인간을 구속하는 예의, 예절, 규범은 모두 없어서는 안 되는 것이었다. 따라서 외재적인 법률과 내재적인 도덕 외에 법률과 도덕 사이에 일부 성문화되었거나 성문화되지 않은 규범적인 것들이 존재하여 사람들의 행위를 절제하고 감성적인 정서를 억제하여 점차 이성화되게 하였으며 사회생활의 정상적인 질서를 수호하였는데 이는 매우 필요한 것이었다. 행동거지가 문명하고 풍격이 고상하며 점잖고 예절이 밝고 겸양하고 서로 공경하며 예의 바르고 예로써 공경하는 것은 문명사회와 문명인의 교양이 있는 표징이고 새로운 풍속, 풍격이다. 새로운 시대의 사람들의 도덕적인 풍모, 교양 정도를 보여 주는 예의규범은 정신문명 건설의 중요한 측면이다. 특히 '예'의 실질로서의 공경하고 사양하는 마음은

---

132) 『묵자』, 「경상」, "禮, 敬也."

도덕적인 범주에 속하는 것으로서 사람들의 중요한 도덕적인 소양이다.

4) 지

'지智'는 '오상'의 하나이다. 사물에 대한 인식을 포함할 뿐만 아니라 도덕에 대한 인식도 포함하는데, 지혜, 지식, 재능을 통칭한다. 공자는 '인'과 '지'를 함께 드러낼 것을 강조하였다. 그는 이렇게 말하였다. "어진 이는 인에 편안하고 지혜로운 이는 인을 탐한다."[133] 뜻인즉 '인덕'이 있는 사람은 '인덕'을 실행하여야 비로소 안심하고 그렇지 않으면 안심하지 못한다는 것이다. 총명한 사람은 '인덕'이 자신에 대하여 장원한 이익이 있음을 인식하고 '인'을 실행한다. 그는 또 이렇게 말하였다.

> 지혜로운 사람은 물을 좋아하고 어진 사람은 산을 좋아한다. 지혜로운 사람은 움직이고 어진 사람은 조용하다. 지혜로운 사람은 즐거워하고 어진 사람은 장수한다.[134]

'지'는 여기서 주요하게 도덕에 대한 인식 즉 도덕적인 시비, 선악에 대한 판단과 도덕적인 지식에 대한 축적을 가리킨다.

도덕적인 인식에 관하여 중국 고대의 사상가들은 일반적으로 두 가지 부류의 견해를 가지고 있었다.

한 가지 부류의 사상가들은 도덕적인 지식은 선험적이고 태어날 때부터 가지고 있으며 선천적으로 이미 있는 것이라 주장한다. 예를 들어 사람을 사랑하고 사람을 공경하며 연민하는 마음, 동정하는 마음, 수치스러움, 시비의 감정,

---

133) 『논어』, 「이인」, "仁者安仁, 智者利仁."
134) 『논어』, 「옹야」, "智者樂水, 仁者樂山; 智者動, 仁者靜; 智者樂, 仁者壽."

정의감, 책임감 등의 도덕적인 관념, 감정 내지 행위는 배우지 않아도 가능한 것이고 생각하지 않아도 아는 것이다. 인애, 양지, 양능은 본래부터 인간의 본성 안에 있는 것이다. 맹자는, 아이들은 태어나면 자신의 부모를 사랑하고 크면 자연스럽게 형을 공경하고 따른다고 주장하였다. 또한 그는 한 아이가 우물에 빠지려고 할 때 그 광경을 목격하였다면 누구라도 망설임 없이 달려가 아이를 구할 것이고, 그 순간에는 어느 집의 아이인지 생각할 겨를조차 없으며 이해와 안위 등의 결과를 계산할 겨를이 없음을 주장하였다. 내심 속에 정의의 충동이 있기에 스스로 자신에게 명령을 내려 지금 당장 순간적으로 내심의 양지를 실현한 것이다. 맹자는 도덕적인 '지'를 '시비하는 마음'(是非之心)이라고 정의를 내렸다.

　다른 한 가지 부류의 사상가로 순자도 '지'를 '옳은 것은 옳다고 하고 그른 것은 그르다고 하는 것'(是是非非) 즉 옳은 것은 마땅히 옳은 것이고 그른 것은 마땅히 그른 것이라고 확정하였다. 하지만 동시에 도덕적인 지식은 후천적인 것이라 주장하였다. 그는 반복적인 모방, 학습, 교육, 훈련을 거쳐 사람들은 비로소 도덕적인 지식이 있게 되었고, 비로소 시비와 선악을 판단하고 분명하게 알고 구분할 수 있게 되었으며, 또한 자신과 남을 정확하게 대하고 사회규범을 준수함으로써 자신의 도덕성을 제고하고, 태어날 때부터 가지고 있던 사욕, 악념, 쟁탈하는 마음 등등을 개조할 수 있음을 제기하였다. 『중용』에서는 공자의 말을 인용하여 이렇게 말하였다. "배우기를 좋아함은 지에 가깝다."[135] 순자는 도덕적인 인식은 선천적으로 고유한 것이 아님을 제기하였다. 도덕적인 규범, 원칙은 성인이 세상을 다스리는 경험을 종합하여 제정한 것이다. 인간에게 도덕이 있는 것은 후천적으로 사회의 교화를 받아들인 결과이다. 그가 보기에 사람들의 이성은 도덕적인 판단과 선택에 매우 중요하였다. 물론 그도 첫 번째

---

135) 好學近乎智.

부류의 사상가들과 마찬가지로 도덕적인 체험, 도덕적인 직각의 '대청명大淸明'의 경지를 긍정하였다.

『예기』「중용」에서는 도덕적인 인식, 도덕적인 지혜, 도덕적인 수양에 관한 두 가지 부류 혹은 경로를 통합하고 또한 가치목표와 결합시켜 도덕적인 '지'를 다음과 같이 완벽하게 개괄하였다. "그러므로 군자는 덕성을 높이고 문학을 말미암으며 광대함을 지극히 하고 정미함을 다하며 고명을 다하고 중용을 따른다."136) 이는 바로 군자로서 마땅히 덕성을 존중하는 것과 학문을 추구하는 것을 통일시키고 충실하고 광대하여야 할 뿐만 아니라 정미함을 다하고 고명한 이상이 있어야 할 뿐만 아니라 또한 일용윤상日用倫常의 현실생활을 떠나지 않으며 평범한 생활 속에서 생활의 의의, 인생의 가치를 터득하여야 한다. 여기서 '존덕성尊德性'과 '도문학道問學'의 통일은 바로 '성誠'과 '명明'의 통일이다. "성으로 말미암아 밝아지는 것은 성이라 이르고 명으로 말미암아 성실해지는 것을 교라 이른다. 성실하면 밝아지고 밝아지면 성실해진다."137) 이는 바로 하늘에서 생겨난 성으로 말미암아 모든 일에 대하여 이해함(明)에 도달하는 것을 천성이라 부르고 학습(明)을 통하여 성실함을 나타내는 것을 교육이라 부른다는 것이다. '성'과 '명' 양자는 하나의 과정의 두 가지 측면이고 서로 보충하고 서로 작용한다. 이는 또한 『예기』「대학」의 '정심성의正心誠意'와 '격물치지格物致知'의 통일이고, 『역전』의 '진덕수업進德修業'과 '궁리진성窮理盡性'의 통일이라고 말할 수 있다. 송대 유학의 정주程朱와 육왕陸王 두 학파는 모두 선험적인 도덕의식을 긍정하였지만, 정주는 '도문학' 즉 객체 측면의 도덕적인 지식, 이론과 도덕규범의 구축과 습득을 강조하였고, 육왕은 '존덕성' 즉 주체 측면의 도덕적인 체험과 도덕적인 직각을 강조하였다. 전자는 '지로써 마음을 인식하는 것'(以智識心)이고, 후자는 '인으로써 마음을 인식하는 것'(以仁識心)이다. 하지만 어떻게 말하든지 막론하고 '지'는 도덕

---

136) 故君子尊德性而道問學, 致廣大而精微, 極高明而道中庸.
137) 『예기』, 「중용」, "自誠明謂之性, 自明誠謂之教. 誠則明矣, 明則誠矣."

적인 지혜와 인식을 포함하였고 선천적인 본성, 천품뿐만 아니라 후천적인 학습, 교육과 실천도 들어 있었다. 도덕적인 시비와 선악을 판단하는 즉각적인 깨달음, 이상적인 직각뿐만 아니라 박학博學, 심문審問, 신사愼思, 명변明辨, 독행篤行의 과정도 포함되었고 일종의 도덕적인 심리, 소양과 능력이었다. 노자가 말하였다. "남을 아는 사람은 지혜롭고 스스로를 아는 사람은 밝다."[138] 이는 바로 스스로를 아는 밝음과 남을 아는 밝음이 있어야 함을 말한 것이다. '명明'은 '지智'의 가장 기본적인 요구이다. '지'는 밝은 촛불과도 같이 사람들이 도덕적인 시비와 선악을 분명하게 가리고 자신과 남의 과실 혹은 장단점을 정확하게 대하도록 도와준다.

5) 신

'신信'은 '오상'의 하나로, 곧 성실하고 속임이 없는 것이며 사회의 도덕과 개인 도덕의 가장 기본적인 덕목 중의 하나이다. 공자와 유가에서 말하는 '신'에는 대체로 세 가지 의미가 들어 있다. 첫 번째는 '충신忠信', '성신誠信', '신예信譽' 즉 개인의 인격상의 요구를 가리키는데, 충성하고 독실하며 진심이고 허위적이지 않음이다. 개인적인 사람 됨됨이 각도로 볼 때 신용을 지키지 않으면 사회에 발을 붙일 수 없다. "사람이 신의가 없으면 그 가능성을 알 수 없다."[139] '신'은 일종의 군자의 인격이다. 공자는 제자들에게 "(행실을) 삼가고 (말을) 성실하게 하며"(謹而信), "독실한 믿음으로 배우기를 좋아하고"(篤信好學), "말은 진실하고 신실하며 행동은 두텁고 경건"(言忠信, 行篤敬)하기를 요구하였다. 또한 어떤 사람이 우쭐대고 솔직하지 않으며 성실하지 않고 능력이 없으며 신용도 지키지 않고 약속을 지키지 않는다면 이러한 사람은 자신이 왜 그렇게 된 줄을 모른다고 주장하였다. 성실하고 신용을 지켜야만 비로소 다른 사람의 임용을 받을 수

---

138) 『노자』 33장, "知人者智, 自知者明."
139) 『논어』, 「위정」, "人而無信, 不知其可也."

있다. 두 번째는 사회교류의 원칙을 가리키는데 특히 친구 사이의 교류의 기초이다. 자하가 말하였다. "친구와 사귀면서 말에 신의를 지킨다."140) 증자가 말하기를, 날마다 여러 차례 자신을 반성하여야 하는데 다른 사람을 대신하여 일을 처리함에 몸과 마음을 다하였는가? 친구와 왕래할 때 성실하였는가? 등등이다. 맹자는 오륜의 관계를 제기하였는데 그중의 하나가 '친구 사이에 지켜야 할 도리는 믿음에 있다는 것'(朋友有信)이다. 세 번째는 군주, 관리는 반드시 "백성으로부터 신임을 얻어야 함"(取信於民)을 가리키는데, 이는 나라를 다스리는 원칙이고 또한 정치인에 대한 요구이다. "천승의 나라를 다스릴 때는 모든 일에 경건하고 미덥게 한다."141) 즉 한 나라를 다스릴 때는 엄숙하고 진지하여야 하며 성실하고 속임이 없어야 한다는 것이다. 자공이 정치에 대하여 묻자 공자는 다음과 같은 원칙들을 제기하였다. "풍족한 식량, 충분한 병력, 백성의 신뢰가 있어야 한다", "자고로 사람은 모두 죽으나 백성의 신뢰가 없으면 국가가 존립할 수 없다."142) 뜻인즉 정치를 다스림에 있어서 반드시 식량이 충족하고 군비가 충족하여야만 백성들이 정부에 대하여 확신이 있다는 것이다. 만약 정부에 대한 백성들의 신임과 확신이 결핍하면, 나라는 설 수 없는 것이다.

요컨대 '신'은 하나의 중요한 도덕적인 원칙이고 또한 중국의 전통 미덕 중의 하나이다. 기본적인 요구는 '성誠'과 '충忠' 즉 성실하고 속임이 없고 몸과 마음을 다하며 말과 행동이 일치하고 약속을 이행하며 식언하지 않고 믿음직하게 일을 처리하는 것이다. 성실하게 준수하는 내용은 반드시 도의에 부합하고 예의 제도에 부합하여야 한다. 공자가 말하였다. "군자는 의리를 바탕으로 삼고 예에 따라 행하고 겸손하게 표출하고 성실로 완성하면 군자답다."143) 이 말은

---

140) 『논어』, 「학이」, "與朋友交, 言而有信."
141) 『논어』, 「학이」, "道千乘之國, 敬事而信."
142) 『논어』, 「안연」, "足食, 足兵, 民信之矣.", "自古皆有死, 民無信不立."
143) 『논어』, 「위령공」, "君子義以爲質, 禮以行之, 遜以出之, 信以成之, 君子哉!"

바로 군자는 사업에 대하여 도의에 부합하고 적절하고 합당함을 원칙으로 하며 예절에 의거하여 실행하고 겸손한 언어로 말하며 신용을 지키고 속임이 없는 태도로 완성하여야 한다는 것이다. 이것이 바로 진정한 군자이다. 이는 '신'은 반드시 '예'와 '의'를 전제로 하고, '예', '의'와 서로 보충함을 보여 준다. 공자는 또 말하였다. "약속이 의리에 가까우면 그 말을 실천할 수 있다."144) 약속은 '의'에 부합하여야만 비로소 실행할 수 있다. 도의道義, 예의 제도에 어긋나면 신용을 지킬 필요가 없다. 『노자』, 『관자』 등에서는 남과 가볍게 약속을 하고 하나하나 실행하기 어려우면 오히려 남에게 신용을 잃게 됨을 제기하였다. 노자는 또 말하였다. "믿음이 부족하면 불신함이 있게 된다!"145) 믿을 만한 가치가 없기에 비로소 믿지 않는 일이 발생하게 되는 것이다. 요컨대 '리'와 '의'에 부합하지 않으면 약속할 필요가 없다. 약속한 일은 반드시 '리'와 '의'에 부합하여야 한다. 실현할 수 있는 것만 약속하고 실현할 수 없는 것은 가볍게 약속하지 말아야 한다. 이상에서 '신'과 '의', '예' 등의 덕목 사이의 관계에 대하여 논하였다.

6) 염

'염廉'은 '사유四維'의 하나이다. '염'자의 본래의 뜻은 모서리를 가리키는 것으로, 사람이 바르고 정직한 것을 비유하는 말이다. 도덕적인 범주로서의 '염'은 공정하고 결백하며 입신이 청백하고 절약하고 부지런하며 주고받는 것을 소홀히 하지 않고 의롭지 않은 재산과 이익을 욕심 부리지 않는 것 등을 가리킨다. 공자는 부귀, 재화와 관작을 얻음을 결코 반대하지는 않았지만 '얻고자 하면서도 탐하지 않고'(欲而不貪) '취함에 도가 있고'(取之有道) '얻음을 예로써 함'(得之以禮)을 강조하였

---

144) 『논어』, 「학이」, "信近於義, 言可復也."
145) 『노자』, 17장·23장, "信不足焉, 有不信焉!"

다. 공자는 "청렴함으로써 횡령하는 풍조를 다스리고, 검소함으로써 사치스러운 풍조를 다스림"146)을 주장하였다. 맹자는 이렇게 말하였다. "얼핏 보면 취할 만하고 자세히 보면 취하지 말아야 할 경우에 취하면 청렴을 손상한다."147) 얼핏 보면 가질 수 있고 자세히 보면 가지지 말아야 할 경우에 가지면 청렴을 손상하기 때문에 가지지 않은 편이 낫다. 맹자는 만약 도의에 부합하지 않으면 조그마한 물건도 남에게 주지 않았고 조그마한 물건도 남에게서 취하지 않았다. 『예기』 「곡례」에서는 사람들이 "재물을 앞에 놓고 구차하게 얻으려고 하지 말라"148)고 요구하였다. 『여씨춘추』 「충렴」에서는 이렇게 말하였다. "큰 이익 앞에서도 그 의로움이 변하지 않으면 청렴하다고 이를 수 있다. 청렴하기에 부귀 때문에 그 치욕을 잊지 않는다."149) 요컨대 재산, 이욕과 도의에 모순이 발생하였을 때 도의의 원칙을 변화시키지 않고 "조그만 것도 주지 않고 조그만 것도 취하지 않는 것"(一介不與, 一介不取)이 바로 '염'이다.

'염'은 일종의 관리의 덕목이다. '염리廉吏'나 '청관淸官'은 관리의 미칭美稱이다. 『주례』 「천관」에서는 '육염六廉'을 척도로 하여 관리를 평가하고 심사하였는데, 관리들이 '염선廉善', '염능廉能', '염경廉敬', '염정廉正', '염법廉法', '염변廉辨'하도록 요구하였다. '염선'은 청렴하고 일처리에 능하며 실적이 매우 출중하고 모두의 호평을 받을 수 있음을 가리킨다. '염능'은 능력이 좋고 노련하며 여러 가지 법령을 비교적 잘 관철함을 가리킨다. '염경'은 지위에 태만하지 않고 맡은 바 직책을 다함을 가리킨다. '염정'은 품행이 단정하고 청렴결백하고 정직하며 사악한 행위를 하지 않음을 가리킨다. '염법'은 법을 지킴에 때를 놓치지 않고 법을 집행함에 변함이 없는 것이다. '염변'은 일을 처리함이 분명하고 두뇌가

---

146) 以廉風貪, 以儉風侈.
147) 『맹자』, 「이루하」, "可以取, 可以無取, 取傷廉."
148) 臨財毋苟得.
149) 臨大利而不易其義, 可謂廉矣. 廉故不以貴富而忘其辱.

명석함을 가리킨다. 이 여섯 가지 표준은 모두 '염'자로 시작하는데, '염'이 관리의 근본임을 나타낸다. 옛날 사람들은 관리들이 반드시 '청清', '신愼', '근勤' 하기를 강조하였는데, 바로 청렴하고 신중하고 부지런한 것이다. "관리의 우두머리는 청렴하여야 하고 신중하여야 하며 근면하여야 한다. 이 세 가지를 닦으면 다스리지 못함을 근심하겠는가!"150) 관리가 이 세 가지를 할 수 있다면 다스리지 못하는 곳이 어디에 있겠는가? 공정하고 청렴결백한 것은 천백 년 이래 백성들의 관리에 대한 희망이다. 역사적으로 적지 않은 관리들이 이것을 분명하게 해 냈다. 명대의 홍응명洪應明은 『채근담菜根譚』에서 이렇게 말하였다. "공정하면 밝음이 생기고 청렴하면 위엄이 생긴다."151) 고대 관리들의 좌우명에는 다음과 같은 것들이 있었다.

관리는 자신의 위엄을 두려워하지 않고 자신의 청렴을 두려워하며 백성은 자신의 능력에 복종하지 않고 자신의 공적인 것에 복종한다. 청렴은 관리가 감히 태만하지 않는 것이고 공적인 것은 백성이 감히 속이지 못하는 것이다. 공적인 것에서 밝음이 생겨나고 청렴에서 위엄이 생겨난다.152)

청렴은 백성의 본보기이고 탐욕은 백성의 도적이다.153)

관리가 청렴한지 아니면 탐욕스러운지는 사실상 위정자의 형상, 행정효율 심지어 정권의 흥망과 성쇠에 관계된다. 큰 관리가 청렴하지 못하여 자신을 바로잡고 남을 바로잡으며 아랫사람들의 본보기가 될 수 없으면, 작은 관리가 반드시 나쁜 일인 줄 알면서도 따라하게 되어 횡령이 심각해진다. 작은 관리가 청렴하지

---

150) 『삼국지』, 권18, "爲官長當淸, 當愼, 當勤. 修此三者, 何患不治乎!"
151) 唯公則生明, 唯廉則生威.
152) 吏不畏吾嚴而畏吾廉, 民不服吾能而服吾公. 廉者吏不敢慢, 公則民不敢欺. 公生明, 廉生威.
153) 廉者, 民之表也; 貪者, 民之賊也.

못하면 백성들을 다스릴 수 없고 풍속은 반드시 나빠진다. 이는 전통 사상가들이 누차 경고하였던 역사 경험이다. 때문에 "청렴은 정치의 근본이다."154) "관리가 청렴하고 공평하지 않으면 다스리는 도가 약해진다."155) 청렴결백은 나라의 '대유大維'이고 정치의 근본이며 관리의 보물이고 선비의 덕이다.

7) 치

'치恥'는 '사유四維'의 하나이다. 부끄러움을 아는 것은 중국 전통 도덕의 또 하나의 기본 원칙이다. 『관자』에서는 이렇게 말하였다. "창고가 넉넉하여야 예절을 알고 옷과 음식이 넉넉하여야 명예와 치욕을 안다."156) 공자는 "많아진 후에 부유하게 해 주고"(庶而後富) "부유해진 뒤에 가르칠 것"(富而後敎)을 주장하였다.

공자가 말하였다. "약속이 의리에 가까우면 그 말을 실천할 수 있고, 공손함이 예에 가까우면 치욕을 멀리할 수 있다."157) 신용을 추구하고 말한 것은 지키며 태도나 용모는 장엄하고 '예'에 부합하여야 모욕당하지 않는다는 것이다. 자로가 공자에게 이렇게 물었다. "어떠해야 선비라고 할 수 있는가요?" 공자가 말하였다. "행실에 수치를 알고 사방에 사신으로 가서 임금의 명을 욕되게 하지 않으면 선비라 할 수 있다."158) 뜻인즉 우선 수치스러운 마음을 유지하고 자발적으로 어떠한 굴욕을 자초하는 일도 하지 않으며 잘못을 부끄러워하면 인격상에 오점이 없게 된다. 공자는 "법령으로 이끌고 형벌로 다스리면 백성은 형벌을 모면하려고 만 하고 수치를 모르지만, 덕으로 이끌고 예로써 다스리면 백성은 수치심을 느껴 또한 선에 이름"159)을 주장하였다. 나라를 다스리고 백성들을 단속함에

---

154) 『안자춘추』, 「내편」, "廉者, 政之本也."
155) 『한서』, 「宣帝紀」, "吏不廉平, 則治道衰."
156) 倉庫實而知禮節, 衣食足而知榮辱.
157) 『논어』, 「학이」, "信近於義, 言可複也; 恭近於禮, 遠恥辱也."
158) 『논어』, 「자로」, "子路問孔子, 何如斯可謂之士矣? 子曰, 行己有恥, 使於四方, 不辱君命, 可謂士矣."

있어서 정령政令으로 유도하고 형벌로써 질서를 정돈함은 필요하지만 백성들은 단지 일시적으로 범죄를 면하는 것일 뿐이지 부끄러운 마음이 없다. 중요한 것은 도덕으로써 백성들을 유도하고 예교로써 백성들을 정돈함으로써 백성들의 부끄러운 마음을 불러일으키는 것이다. 공자는 또 이렇게 말하였다. "나라에 도가 있어도 녹을 먹고 도가 없어도 녹을 먹는 것이 수치이다."160), "나라에 도가 있는데 가난하고 천하면 수치이다. 나라에 도가 없는데 부유하고 귀하면 수치이다."161) 이는 바로 사회가 어둡고 정치가 부패한데 선비들이 봉록이 있어서 부유하고 귀한 것이 수치스러운 일이고, 사회가 밝고 정치가 깨끗한데 선비들이 먹을 것이 없어서 가난하고 비천한 것 또한 수치스러운 일이라는 것이다. 『중용』에서는 수치스러움을 아는 것과 용감하게 잘못을 고치는 것을 연관시켜 공자가 일찍이 "부끄러움을 아는 것이 용에 가깝다"(知恥近乎勇)는 명제를 제기하였다고 주장하였다.(공자가 말하였다. "학문을 좋아함은 지에 가깝고 힘써 행함은 인에 가깝고 부끄러움을 아는 것은 용에 가깝다."[好學近乎智, 力行近乎仁, 知恥近乎勇.]) '지'와 '인'과 '용'은 『중용』에서 이른바 '삼달덕三達德'이다.

맹자가 말하였다.

사람은 부끄러움이 없어서는 안 되니 부끄러움이 없음을 부끄러워한다면 치욕스러운 일이 없을 것이다.162)

부끄러움이 사람에게 있어서 매우 크다. 기변의 공교로운 짓을 하는 자는 부끄러움을 쓰는 바가 없다. 부끄러워하지 않음이 남과 같지 않다면 어느 것이 남과 같은 것이 있겠는가?163)

---

159) 『논어』, 「위정」, "道之以政, 齊之以刑, 民免而無恥; 道之以德, 齊之以禮, 有恥且格."
160) 『논어』, 「헌문」, "邦有道, 穀; 邦無道, 穀, 恥也."
161) 『논어』, 「태백」, "邦有道, 貧且賤焉, 恥也. 邦無道, 富且貴焉, 恥也."
162) 人不可以無恥, 無恥之恥, 無恥矣.
163) 『맹자』, 「진심상」, "恥之於人大矣, 爲機變之巧者, 無所用恥焉. 不恥不若人, 何若人有?"

즉 사람은 부끄러움이 없을 수 없고, 부끄러움을 모르는 그러한 부끄러움이 진정한 부끄러움을 모르는 것이다. 부끄러움은 사람에게 있어서 관계가 중대하다. 계략으로 교묘하게 남을 속이는 사람은 부끄러움을 모르는 것이다. 남을 따라잡지 못함을 수치로 여기지 않고 어떻게 남을 따라잡을 수 있겠는가? 맹자는 또 말하였다.

> 인하면 영화롭고 인하지 않으면 치욕을 받으니 지금에 치욕을 싫어하면서도 불인에 처함은 마치 습한 것을 싫어하면서 낮은 곳에 처함과 같은 것이다. 만약 치욕을 싫어하면 덕을 귀하게 여기고 선비를 높이는 것만 못하니 현자가 지위에 있으며 재능이 있는 자가 직책에 있다.[164]

정치를 하는 사람이 인정을 실행하면 영욕이 있게 되고, 인하지 않은 정치를 실행하면 모욕을 당하게 된다는 것이다. 이러한 사람은 굴욕을 매우 싫어하지만 여전히 스스로 불인한 곳에 처하는데, 이는 한편으로는 습한 것을 싫어하면서 다른 한편으로는 스스로 낮은 곳에 처하는 것과 같다. 만약 실로 굴욕을 싫어한다면 가장 좋기는 '덕'을 귀하게 여기고 현명하고 재능이 있는 사람을 존중하고 임용하여야 한다.

『순자』 제4편의 편명이 바로 「영욕榮辱」이다. 순자는 이렇게 말하였다.

> 영예와 치욕의 개요와 편안함과 위태로움의 변하지 않는 실체는 다음과 같다. 의로움을 앞세우고 이익을 뒤로 미루는 사람은 영예롭고 이익을 앞세우고 의로움을 뒤로 미루는 자는 치욕을 당한다. 영예로운 사람은 언제나 형통하지만 치욕스러운 사람은 언제나 궁하게 된다. 형통하는 사람은 언제나 남을 제압하지만 궁한 자는 언제나 남에게 제압당한다. 이것이 영예와 치욕의 원리이다.[165]

---

164) 『맹자』, 「공손추상」, "仁則榮, 不仁則辱, 今惡辱而居不仁, 是猶惡濕而居下也. 如惡之, 莫如貴德而尊士, 賢者在位, 能者在職."

'대분大分'은 큰 경계이다. "영예를 좋아하고 치욕을 싫어하며 이로움을 좋아하고 치욕을 싫어하는 것은 군자와 소인이 다 같다. 그러나 그들이 추구하는 방법은 다르다."166) 어떻게 치욕을 피하고 어떻게 가문을 영광스럽게 할지에 대해 군자와 소인의 방법은 다르다. 군자는 '수신修身'과 '인덕仁德'으로써 영예를 추구하고 화를 피한다.

수치스러움을 아는 것은 인간의 일종의 자아의식이다. 어떤 사람이 나쁜 일을 저지른 후라도 양지는 아직 완전하게 사라지지 않으므로 여전히 수치스러움이 남아 있기 때문에 개과천선할 수 있다. 만약 어떤 사람이 남들에게 "염치가 없고 부끄러움을 모른다"(寡廉鮮恥)고 비판을 받는다면, 그것은 매우 심각한 문제이다. 수치스러움을 알면 아직 구제될 가능성이 있지만, "염치가 없고 부끄러움을 모른다"면 구제불능의 지경에 접근한 것이다. 일반적으로 사람들은 모두 수치스러움을 아는데, 이는 시비, 선악, 미추를 판단할 수 있는 심리적인 기초이다. 주희는 이렇게 말하였다. "치가 바로 (옳지 못함을) 부끄러워하고 (착하지 못함을) 미워하는 마음이다. 사람마다 수치스러움이 있으면 하지 않는 바가 있을 수 있다."167) 수치스러움을 아는 것은 사람들이 '하지 못하는 바가 있는 것'(有所不爲)이고 '온갖 나쁜 짓을 저지름'(爲非作歹)을 부끄러워하는 것이다. 수치감羞恥感과 시비감是非感, 선악감善惡感, 미추감美醜感 등의 도덕적인 의식, 도덕적인 감정, 도덕적인 판단은 늘 하나로 통합되어 있고 사람들이 나쁜 일을 하지 않고 사회적인 질책, 모욕을 피면하며 인격적인 존엄을 보호하는 기본적인 도덕 품성이다. 동시에 수치스러움을 아는 것은 또한 후천적으로 배양하고 훈련하고 실천한 결과이다.

---

165) 榮辱之大分, 安危之常體: 先義而後利者榮, 先利而後義者辱; 榮者常通, 辱者常窮; 通者常制人, 窮者常制於人. 是榮辱之大分也.

166) 好榮惡辱, 好利惡害, 是君子小人之所同也; 若其所以求之之道則異矣.

167) 『주자어류』, 권13, "恥便是羞惡之心. 人有恥則能有所不爲."

'염'과 '치'는 늘 함께 사용된다. 구양수歐陽修는 이렇게 말하였다.

예의는 사람을 다스리는 큰 법이고 염치는 사람을 바로 세우는 큰 규칙이다.[168]

고염무顧炎武는 이렇게 말하였다.

대개 청렴하지 않으면 취하지 않는 바가 없고 수치스럽지 않으면 행하지 않는 바가 없다. 사람이면서 이와 같다면 화패와 난망 또한 이르지 않음이 없을 것이다. 하물며 대신이면서 취하지 않는 바가 없고 행하지 않는 바가 없다면 천하가 어찌 혼란스럽지 않고 나라가 망하지 않을 수 있겠는가! 때문에 네 가지(예·의·염·치를 가리킴) 중에서 수치가 제일 중요하다.…… 이런 까닭으로 사람이 청렴하지 않으면 예의에 어긋남을 범하게 되는데, 그 근원은 모두 수치스러움이 없음에서 생긴다. 따라서 사대부에게 수치스러움이 없음은 나라의 수치라 이른다.[169]

'염'덕이 '취함'(取)을 경계하여 사람들이 도의를 어기고 재물, 이익, 명예, 지위를 갈취함을 방지하고, '치'덕이 '행함'(爲)을 경계하여 사람들이 도의를 어기고 사람과 금수의 차이를 사라지게 하며 남들에게 따돌림을 당하는 일을 함을 방지하였음을 충분히 알 수 있다. 사람으로서 수치스러움을 모르는 것은 스스로 화와 실패를 자초하는 방법이다. 관리로서 특히 고급관원으로서 만약 안으로 양지가 없고 밖으로 법과 규율, 제도를 준수하지 않으며 취하지 않는 바가 없고 행하지 않는 바가 없다면, 나라가 망하고 천하가 망하는 방법이고 매우

168) 『新五代史』, 「雜傳」, "禮義, 治人之大法; 廉恥, 立人之大節."
169) 『일지록』, 「염치」, "蓋不廉則無所不取, 不恥則無所不爲. 人而如此, 則禍敗亂亡, 亦無所不至. 況爲大臣, 而無所不取, 無所不爲, 則天下其有不亂, 國家其有不亡者乎! 然而四者(按: 指禮, 義, 廉, 恥)之中, 恥尤爲要.……所以然者, 人之不廉, 而至於悖禮犯義, 其原皆生於無恥也. 故士大夫之無恥, 是謂國恥."

위험한 일이다. '예'··'의'··'염'··'치'의 '사유'에서 '치'가 가장 중요하다. 왜냐하면 사람이 청렴결백하지 않아서 예의에 어긋나는 일을 행하는 근원은 수치스러운 마음이 없는 것에 있기 때문이다. 관리나 지식인이 수치스러움이 없는 자로 전락하는 것은 최대의 국치國恥이다. 위에서 인용하였던 고염무의 논의가 얼마나 사람을 깊이 반성하게 하는 것인가!

5. 유가 핵심가치의 현대적 의의

동아시아 각국의 현대화의 발전은 서양의 자극에 대한 반응일 뿐만 아니라, 더욱이는 주요하게 각국의 내재적인 요구에서 비롯된 것이었고 자체 발전의 논리에 근거한 것이었다. 유학사상사에서 예를 들어 앞에서 논의하였던 한·중·일 세 나라의 경세, 실학 사조의 발전은 일종의 내재적인 조화의 표현이다. 이는 실제로 동아시아의 현대화를 위하여 밑바탕이 되었다. 명청明淸 이래 중국 상업의 발전은 상인들의 가치이념과 관련이 있다. 실제로 예를 들어 안휘安徽의 상인(徽商), 산서山西의 상인(晉商), 무석無錫의 상인 등의 상업행위에는 모두 유가의 가치, 유가의 윤리가 침투되고 융합되었다. 근세 이래 동아시아 삼국에서 서양의 도전을 맞이함에 있어서 내재적인 사상자원은 여전히 유학이었다. 눈을 떠 세계를 보고 서양을 배우도록 선동하였던 사람들은, 마음속에는 사회로 뛰어들고자 하는(入世), 국가 대사와 백성의 고통에 관심을 갖고 대동세계를 갈망하는 유가의식이 가장 깊었던 사람들이었다. 그들의 사람 됨됨이, 학문, 사상과 행위방식 내지 '자신의 몸을 희생하여 인을 이루고'(殺身成仁) '생을 버리고 의를 취하는'(舍生取義) 헌신정신 어느 하나도 유가식이 아닌 것이 없었다. 유학사상과 현대화의 조화는 위에서 서술하였던 것을 제외하고 더욱 깊은 차원의 것이 바로 인·의·예·지·신 등 기본적인 가치의 전환이다. 손중산孫中山(1866~1925) 선생은 특히

"충효忠孝, 인애仁愛, 신의信義, 평화(和平)"를 제기하였고, 심성心性문명의 구축을 강조하였다.[170]

　　동아시아유학의 가치이념에는 공통성이 있을뿐더러 개성도 있다. 이른바 공통성이란 인, 의, 예, 지, 신 혹은 인애, 경성, 충서, 효제, 신의 등 기본 관념의 일부 주요한 함의가 보편적이고 안정적이며 동아시아 각 유학 대사의 정신적인 추구, 신념, 신앙이며 부동한 시공간의 환경에서 사회문화에 대하여 가치지향적인 기능을 가지고 있음을 가리킨다. 이른바 개성이란 유교윤리가 한, 중, 일, 베트남 각 나라의 부동한 시대에 부동하게 표현되었고, 동일한 가치이념의 함의도 일부 변화를 가져왔음을 가리킨다. 특히 사회구조, 문화풍속, 민족심리 등 여러 방면의 차이로 말미암아 윤리적인 가치관에 각자 치중하는 바가 있게 되었고, 어떤 가치는 더욱 중요하게 되었다. 미조구치 유조(溝口雄三, 1932~2010)는 중국과 일본의 '공사公私'관의 차이에 대하여 구체적으로 비교하였는데, 일본의 '공'과 '사'는 영역적이고 한정적이지만, 중국의 '공'과 '사'는 원리적이고 도덕적이라고 주장하였다. 일본인의 이러한 '공' 관념은 '사심을 버리고 공의를 받드는'(滅私奉公) 의식이 생겨나게 하였고, 또한 영주領主에게 충성을 다하고(盡忠) '충' 관념과 서로 결합되어 일본 경제의 비약적인 발전에 기둥적인 역할을 발휘하였다. 일본에서 '충'의 관념은 국가와 자신이 소속되어 있는 그룹에 대한 충성으로 변화되었고, 사회에서 보편적으로 중시되는 '신'과 '의'가 보태짐으로써 종족혈연의 윤리를 초월하였고, 자본주의 성격의 계약 관계와 상업무역 관계의 효과적인 윤리로 발전하였다. 중국의 엘리트 계층에서 중시되지 않았던 '용勇', '무武', '강刚', '강强', '의毅' 등 무용武勇가치는 일본에서 중시되었을 뿐만 아니라 비교적 쉽게 약육강식의 생존경쟁에 기반을 두고 있는 자본주의 경쟁 원리에 도입되었다. 그는 일본의 유교윤리와 에도(江戸)시대의 세습적인 계급사회에는 심각한

---

170) 郭齊勇의 「손중산의 문화사상 논평」(孫中山的文化思想述評, 『중국사회과학』, 1996년 제3기)을 참조.

연관이 있는데 이러한 윤리는 일본의 공업화에 쉽게 적응하였다고 주장하였다.[171]

그럼에도 불구하고 여전히 중국과 일본의 전통적인 '공', '관'에 서로 같은 부분이 있음을 찾아볼 수 있다. 예를 들어 야마가 소코(山鹿素行)는 국가, 천하, 백성에 대하여 힘을 다하는 것을 최대의 '충'으로 간주하였는데 바로 '공공公共의 충' 즉 '공'이다.[172] 이는 미조구치 선생이 말하였던 중국인들이 추구하는 도덕성과 보편성의 '공' 관념과 매우 비슷하다. 중국의 '공' 관념도 결코 미조구치 선생이 말한 것처럼 단계성이 없는 것이 아니다. 미조구치 선생은 또 말하기를, 일본은 '충'이 강하고 '효'가 약하며 종족의 혈연관계가 중국, 한국보다 야박한데, 이 또한 계약관계와 상업윤리의 다른 한 돌파구로 볼 수 있다고 하였다. 이는 물론 일정한 설득력을 가지고 있다. 하지만 다른 한편 일본에도 사실상 '효'를 중시하였던 학파, 예를 들어 나카에 도주(中江藤樹)가 있었음을 보지 않을 수 없다. 특히 '효' 의식은 한국과 중국의 대만과 홍콩 등 지역의 경제발전에 유리하게 작용하였고, 가족기업에 대하여 일정한 작용을 발휘하였다. 이 밖에 전통 중국에서는 경쟁이 아니라 서로 도와주는 것을 중시하였고, "자신의 힘을 믿고 약한 자를 괴롭히는 것"(恃强凌弱)과 일정한 정도의 평균주의, 균부均富정서를 경계하였는데, 비록 약육강식에 기반을 두고 있는 자본주의 경쟁원리에 도입되기 쉽지 않았지만 현재와 미래 사회의 이익분배를 조절하고 사회의 공정을 추구하는 일종의 지원의식으로 간주되었다. 앞에서 인용하였던 인용문에서 미조구치 선생은 정확하게 제기하였는데, 새로운 사회체제는 늘 기존의 윤리 관념의 영향을 더 강하게 받고, 부동한 시기, 부동한 조건 하에서 과거에 성공하였던 전통적인

---

171) 자세한 내용은 미조구치 유조(溝口雄三)의 「일본의 근대화 및 그 전통의 요소: 중국과 비교하여」, 李明輝 편집, 『현대 동아시아의 유가사상: 총론편』(대만 중앙연구원 중국문철연구소 기획처, 1998) 및 「중국과 일본의 '공사' 관념의 비교」(中國與日本'公私'觀念之比較), 홍콩 『이십일세기』(1994년 2월호, 총제21기)를 참조하기 바란다.

172) 三宅正彦, 陳化北 譯, 『일본유학사상사』(산동대학출판사, 1997), 제31~32쪽 참조.

요소가 쇠락하게 되는 요소로 변할 수 있고, 과거에 불리하였던 전통적인 요소가 유리한 요소로 변할 수 있다. 전통적인 윤리, 도덕조목, 사회 관념의 특정한 시기, 특정한 조건에 대한 적응성과 부적응성은 결코 절대적인 것이 아니고 활동적이고 상대적이다. 이러한 관점은 동아시아유학에 공통된 가치이념을 배척하지 않았을 뿐만 아니라 오히려 변화, 상대, 특수 가운데에 여전히 변하지 않고 절대적이며 보편적인 가치가 들어 있음을 설명하였다.

로버트 벨라(Robert N. Bellah, 1927~2013)의 도쿠가와(德川) 종교에 관한 연구는 우리들에게 여러 가지 측면의 계시를 준다. 그는 이렇게 말하였다. "도쿠가와 시기에 존재하였던 중심적 가치체계는 현대에도 여전히 결정적인 작용을 발휘하고 있는데 더욱 강화된, 이성적인 형식으로 존재하는 것일 수도 있다. 여러 계급의 신분윤리로서 작용을 발휘하는 중심적 가치체계를 현대에 적용하면 매 계급이 감당하여야 하는 새로운 경제적 책임을 처리함에 있어서 매우 유리함을 증명하였다."[173] 벨라가 제기하는, 중국은 통합적인 가치가 제1위를 차지하고, 일본은 정치에 대한 중시 혹은 목표에 도달하는 것을 특징으로 하며, 중국의 윤리는 보편주의이고, 일본의 윤리는 특수주의이다 등등의 논의는 모두 검토할 만한 가치가 있다. 하지만 도쿠가와 시대의 중심 가치를 구체적으로 분석하고 이러한 가치가 일본의 근대화 방법과 과정 중에 작용할 것임을 미리 제기한 것은 매우 의미가 있는 작업이다. 마루야마 마사오(丸山眞男, 1914~1996)는 일찍이 이에 대하여 적절하게 평가하였다.[174]

환원주의의 방식으로 간단하게 "중국은 인을 중시하고, 한국은 효를 중시하

---

173) 로버트 벨라, 『도쿠가와 종교: 현대 일본의 문화연원』(德川宗教: 現代日本的文化淵源, 삼련서점과 옥스퍼드대학 출판사, 1998), 제228쪽, "存在於德川時期的中心價值系統在現代依然起著決定作用, 也許是以更加強化的, 理性化的形式而存在, 將作爲各個階級的身份倫理而起作用的中心價值系統應用於現代, 證明是十分有利於處理每個階級所承擔的新的經濟責任."
174) 마루야마 마사오(丸山眞男), 「벨라의 "도쿠가와 종교"를 평함」, 로버트 벨라, 『도쿠가와 종교: 현대 일본의 문화연원』, 부록3, 제259~296쪽.

고, 일본은 충을 중시한다"[175]와 유사한 결론을 도출해 낼 필요는 없다. 하지만 저자가 말하고 싶은 것은 한·중·일 여러 나라의 가치체계 속에서 여러 가지 가치는 물론 나란히 배열할 수 있는 것이 아니지만 또한 결코 통합되지 않은 것도 아니다. 앞에서 서술하였듯이 '효'의 가치 및 충효의 관계는 일본유학사에서 여러 차례 논의를 불러일으켰고 '효'는 차선의 가치로서 여전히 작용을 발휘하고 있다.

중국 대륙과 대만, 홍콩 및 싱가포르, 한국 등의 나라와 지역의 현대화 과정에서, 민간사회의 유가윤리 교화의 축적이 적극적인 작용을 발휘하였다. 문화의 소전통에서 근검勤儉, 중교重教, 경업敬業, 악군樂群, 조화(和諧), 호신互信, 일신日新, 진취進取의 관념은 경제발전의 문화적인 자본임은 의심할 바 없다. 이러한 문화 소전통은 유가의 엘리트, 문화 대전통과 갈라놓을 수 없다. 장원하고 건강하고 고품질의 사회 목표로 볼 때 유가의 '인애'사상은 세상의 인심을 순결하게 하고 사회그룹의 이익을 통합하며 사람과 천·지·인·물·아 사이의 관계를 조절하고 자아중심주의와 극단적 이기주의를 다스린다. '서도恕道'는 환경윤리, 글로벌윤리의 구축에 대하여 중요한 사상적 기초를 제공하였고 전체 지구의 지속적인 발전에 유리하다. '성경誠敬', '충신忠信' 사상은 상업 질서를 정돈하고 기업 내부의 결집력을 제고하고, 외부의 형상을 개선하며 효율을 높이고 사람들의 정신적인 경지의 제고를 촉진함에 유리하다. 유가의 가치관, 의리관과 인격적 수양론은 배금주의, 향락주의와 함정에 빠뜨리고 사기 치는 행위를 극복함에 유리하다. 현재 이러한 가치는 적어도 중국 대륙의 사회적인 통합, 조화로운 사회의 구축에 매우 중대한 현실적인 의의를 가지고 있다.

요컨대 동아시아유학의 중심적인 가치체계 혹은 핵심적인 가치 관념은 '인애

---

175) "中國重仁, 韓國重孝, 日本重忠." 저자가 1996년 여름에 서울에서 열린 〈동양사상과 사회발전〉 국제학술회의에 참석하였을 때 『동아일보』에서는 놀랍게도 전면의 제목으로 이 열두 글자를 명시하였다.

仁愛, '경성敬誠', '충서忠恕', '효제孝悌', '신의信義'이다. '인애'는 인간 본성의 본연적인 것으로 한·중·일의 여러 선현, 대유들이 모두 사람이 사람이게끔 하는 근본 즉 인간의 보편적인 특성, 보편적인 본질이라 간주하였고, 또한 세계의 각 민족, 각 종교윤리의 핵심과 서로 소통할 수 있다. '자기가 하기 싫은 일은 남에게 강요하지 않고'(己所不欲, 勿施於人), '자기가 서려면 남도 세워주고'(己立立人), '자기가 이루려면 남도 이루게 하며'(己達達人), '백성을 어질게 대하고 사물을 사랑하고'(仁民愛物), '백성은 동포이고 만물은 함께 있음'(民胞物與)은 완전히 새로운 글로벌윤리의 초석이 되고, 종교, 민족, 국가, 문화 사이의 여러 모순과 충돌을 화해시키는 처방과 사람과 자연 사이의 관계를 조화롭게 하는 지침이 될 수 있다. '경'과 '성'은 사람이 천, 지, 인, 물, 아에 대한 일종의 경건하고 공경하는 태도이고, 일종의 책임의식과 직업정신이며, 진실하고 속임이 없고 진심이고 자연스럽다. 오직 한 마음으로 충효에 힘쓰는 것은 이미 도태되었지만, 충효의 마음은 여전히 현대사회에 보존될 수 있고 부모에 대한 공경, 선배에 대한 존중, 자기 어른을 공경하는 마음으로 남의 어른을 공경하고 자기 자식을 사랑하는 마음으로 남의 자식을 보살피는 행위로 전화되고, 인류, 민족, 국가, 사회, 그룹에 대한 헌신정신으로 전화될 수 있다. 도의를 지키고 공정을 주장하며 신용을 지키고 언행이 일치하는 것은 여전히 우리가 사람이 되는 준칙이다.

'인애', '경성', '충서', '효제', '신의' 등 가치는 현재와 미래의 중국 혹은 동아시아 사회의 발전에서 보편적인 도덕이념으로 간주될 뿐만 아니라 기업, 상업, 직업, 환경 윤리로서 계속하여 작용을 발휘할 것이다. 전통윤리는 시대적인 전환, 세탁을 거치고 자각적인 비판적 계승을 거쳐 현대화의 새로운 윤리가치— 개성 자유, 인격독립, 인권의식 등을 통합시킬 수 있다. 유가의 핵심가치 관념과 현대의 인권, 평등, 존엄, 이성, 도의는 소통할 수 있는 부분이 적지 않다. 현대의 권리의식, 현대 법률생활에 궁극적인 신념의 지지가 부족하고, 깊이 있고 누적된 사회자본과 문화자본의 지지가 부족하다면, 평면적이고 일면적으로 발전할 가능성이 크다.

천도와 성명이 관통하는 사상적 배경 하에서 동아시아 가치는 종교적인 정신 즉 초월적인 근거를 포함하고 있는데, 동시에 또한 '성범합일聖凡合一'이다. 예악윤리의 교화는 동아시아 전통적인 민간사회, 민심의 깊은 곳에서 매우 큰 침투력을 발휘하고 있다. 바로 초월적이고 외재적인 상제를 근거로 삼는 것이 아니라 인간의 도덕적인 책임 및 현세에 대한 중시로써 '인학仁學'의 힘을 충분히 과시하였다. 지면의 제한으로 여기서 이러한 방면의 사상에 대하여 깊게 논의할 수는 없다.

미래사회의 발전은 여전히 가치의 지도를 필요로 한다. 인간과 자연, 그룹, 천도, 인심의 여러 가지 종류의 복잡한 관계의 조절에 있어서 전통의 핵심가치는 중대한 의의를 가지고 있다. 인생의 안립安立, 정신적인 귀속의 측면, 그룹윤리 내지는 글로벌윤리, 환경윤리의 구축 측면에서 인·의·예·지·신 등의 핵심가 치는 여전히 우리의 중요한 정신적 자원이다. 사람이 되고 일을 처리하는 여러 가지 측면 즉 인성을 수양하고 관리의 질서를 정돈하며 청렴한 정치를 강화하고 관리의 원가를 낮추는 측면에서 전통의 핵심가치는 여전히 효력을 발생하고 있다. 인·의·예·지·신 등의 가치는 여전히 백성들의 생활과 생명 속에서 매우 보편적인 대중성을 가지고 있다. 우리가 문화가 있고 자각이 있어서 잘 이끌고 조화롭게 통합한다면 여전히 중국 발전의 소프트파워로 존재의 가치를 충분히 발휘할 수 있을 것이다. 사람은 문화와 이상이 없을 수 없다. 나무를 기르는 데는 십 년이 필요하고 인재를 육성하는 데는 백 년이 필요하다. 세세대대로 사회의 풍속을 교육하고 배양하는 것이 가장 중요한 사업이다. 반드시 자신부터 노력하여야 하고 동시에 민족문화의 생명력의 연속을 고려하여야 한다. 이로써 중화민족 및 그 문화는 강대하고 오래갈 수 있는 것이다.

제5장 공사관과 정의론

공적 영역과 사적 영역의 경계, 사회 권리와 개인 자유의 관계는 분명 근대
사상의 범주에 속하지만 중국에서는 최근 150년 이래 점차적으로 분명해진
문제이다. 하지만 그렇다고 전근대의 중화문명에 이러한 문제들을 전혀 다루지
않았다는 이야기는 아니다.

1. 공과 사

선진유가(특히 공·맹 등 원시유가)에서 추구하였던 '선善'의 이상사회와 기본적
인 가치, '선'의 미덕에는 '공정公正'이 우선권을 가짐을 나타내는 요소가 담겨져
있다.[1] '공정'의 범주에 사회 역사적인 상대성이 포함되어 있음은 두말할 것
없다. 하지만 공·맹이 요구하는 미덕과 가치 속에는 '공정'의 요구와 함께 시공을

---

1) '공정의 우선권'이란 사회에서 갖출 수 있는 많은 미덕 중에서 공정의 미덕이 가장 높은
지위에 있다는 말이다.(石元康, 『羅爾斯』, 광서사범대학출판사, 2004, 9쪽을 참조.) 최근에
저자는 홍콩대학의 慈繼偉 교수를 무한대학으로 초대하였다. 그는 "자유주의", "유가와
자유주의", "정의의 양면" 등의 수업을 체계적으로 강의하였으며, 저자와 여러 번 이야기를
나누었다. 정당이 우선인가 아니면 선이 우선인가는 자유주의와 공동체주의가 논쟁하는
문제이다. 여기서 우선이란 당연히 근원적 의미에서 말하는 것이다. '정당'은 '응당한
것'으로서 선택의 여지가 없다. 가치의 근원적 의미로 말하면 선이 정당보다 우선이고
규범적인 의미로 말하면 정당이 선보다 우선이다. 慈繼偉 선생과 저자는 유가에서 선과
정당은 합일되는 것이라 생각한다. 유가는 공동체주의로 귀결될 수 없고 정치적 권위주의
도 아니며, 유가의 여러 가치와 자유주의는 서로 소통하고 대화하고 융합할 수 있는
것이다. 이에 관하여 하버드대학교 燕京學社와 三聯書店이 공동으로 편집한 『유가와 자유주
의』(삼련서점, 2001), 특히 제1편 「유가와 자유주의─杜維明 교수와의 대화」의 내용을
참조하기 바란다.

초월하는 의미가 내포되어 있다. 원시유가의 윤리에는 가정, 공동체, 직업 등 방면의 윤리가 포함되는데, 그중에서 가정윤리는 기초이자 발단이고, 공동체윤리와 직업윤리를 배움에 있어서 시작이 된다. 하지만 공·맹의 예는 '공公'에 있고, 공·맹의 덕은 '평平'에 있으며, 근본적인 배려는 '공공公共'성의 윤리에 있는 것으로, 그들이 창도하는 군자의 인격은 공공사무에 종사하는 품격이고 공공성을 띤 도덕적 인격이다.

'공'과 '공공'은 부동한 개념이다. 공자의 '화이부동和而不同'에 공공성이 포함되어 있음은 의심할 바 없다. 여기서는 주요하게 공·맹 유가의 두 가지 '공'(공정과 공공)의 자원을 발굴하고자 한다. '공'과 '사'의 관계에 대한 논의를 착안점으로 하지만 '공'과 '사'의 글자 그대로의 의미에 한하지 않는다. 사람들은 유가의 공사관, 의리관 등을 논의할 때 습관적으로 글귀를 여기저기서 따는(尋章摘句) 방식을 취하는데 역사와 사상적 배경, 전체 텍스트의 내재적인 연관성을 떠나 글자 상의 의미만으로 간단하게 논하고 판단을 내리게 된다. 어떤 사람들은 선진유가가 '대공무사大公無私'만을 강조하였다고 주장하면서 덮어놓고 "공으로써 사를 부정하고"(滅), 어떤 사람들은 '친친상은親親相隱'을 공·맹 유가가 "뇌물을 받고 법을 어김"(貪贓枉法)을 긍정한 확실한 증거로 내세우면서 유가가 '부패의 정석'이라 단언한다. 어떤 사람들은 유가가 '사'를 인멸하였다고 주장하고, 어떤 사람들은 유가가 '공'을 요구하지 않았다고 여긴다. 어떤 사람들은 유가가 '공덕公德'을 논히지 않고 '시덕私德'만을 논히였다고 여기는 반면에, 어떤 사람들은 이와 정반대의 주장을 펼친다. 유가의 '공공성과 '정의', '공덕'의 요구를 부인하는 사람이 있는데 이는 진지한 분석을 필요로 한다. 저자가 보기에 상술한 관점들은 모두 근거가 부족하다. 우리는 텍스트와 텍스트의 역사, 문화적 배경을 구체적으로 분석하여 확실하게 비교분석할 필요가 있는데, 특히 유가의 중도中道 지혜와 구체적인 이성을 중요시하여야만 비로소 공·맹 유학의 공사관 및 공공철학의 재건 과정에서 전화될 수 있는 사상적 함의를 깊이 있게 탐구할 수 있다.

이미 작고한 미국의 학자 벤저민 슈워츠(Benjamin I. Schwartz, 1916~1999)는 『고대 중국의 사상세계』(The World of Thought in Ancient China)에서 다음과 같이 제기하였다. 유가 이전의 역사와 초기 유가에서 원시종교에 상대하여 생겨난 인문적인 예악제도와 관념 속에는 이미 인류 최초의 이성이 포함되어 있다. 우주 질서와 사회정치 질서에서 질서의 가치에는 신성함이 내포되어 있는 동시에, 추상성, 합리성, 공공성, 공의公義의 함의가 포함되어 있다. 유가의 예와 의는 바로 감정의 표출을 방지하고 공공생활 질서의 규정과 도리를 보장하기 위한 것이었다. '의'는 바로 정직이고 합당한 것이다. 공자가 인간에게 내재된 정신 상태와 공공 행위의 밀접한 연관을 강조하였듯이, 군자는 예와 악으로 몸과 마음을 연마하고 자아반성과 인격수양을 건전히 하는 것을 기반으로 공공생활에 적극적으로 참여한다. 유가의 인, 의, 예, 지, 신 등의 덕목은 모두 사회성과 공공성을 띠는데 공공생활 및 질서의 확립에 적합하고, 공자의 관중에 대한 평가는 그가 공의, 공덕公德, 국가 이성에 대한 어떤 치우침을 나타내는 동시에 권위에 대한 남용을 방지할 것을 강조하고 경계하고 있음도 보여 준다.[2]

일본 학자 미조구치 유조(溝口雄三)의 중국의 공사개념, 중국과 일본의 '공사' 관념 비교에 관한 연구 성과[3]가 새로운 학술 영역을 개척한 공은 의심할 여지가 없다. 미조구치 선생은 선진시기의 문헌에서 "하늘의 무사함과 도의의 공"(天的無私性與道義的公), "하늘의 공에 대한 원리성, 보편성, 자연성"(天之公的原理性, 普遍性, 自然性) 등과 관련된 문제들을 존중하였는데, 우리로 하여금 매우 깊은 감명을 받게 한다. 하지만 미조구치 선생은 명청이 교체되는 시기의 공사관에 대한

---

2) 벤저민 슈워츠, 程鋼 역, 劉東 교정, 『고대 중국의 사상세계』(강소인문출판사, 2004), 제30~31 · 61 · 71 · 80 · 109쪽 참조.
3) 미조구치 유조(溝口雄三), 「중국 공사개념의 발전」, 『사상』 669호(동경: 암파서점, 1980년 3월); 「중국의 공사」, 『문학』 59권 제9~10기(동경: 암파서점, 1988년 10월); 「중국과 일본의 "공사" 관념의 비교」, 홍콩 『이십일세기』 1994년 2월호, 총제21기. 미조구치 유조, 索介然 · 龔潁 역, 『중국 전근대 사상의 변천』(중화서국, 1997) 참조.

논의에서 방법론적으로 학자들의 질의와 도전을 받게 되었다. 간양여簡良如[4]는 다음과 같이 제기하였다. "많은 관련 연구를 살펴보면, 학자들은 한편으로는 서양의 개념 혹은 역사 단계의 이론으로 명청시기의 사상과 사회를 해독하고, 다른 한편으로는 중국에서 관련 주제가 가지는 특수성에 대하여 끊임없이 논의를 거듭하고 있다. 여기서 특수성이란 독특한 사상 성격 혹은 현대 개인주의, 민주정신의 발전 방향과 다른 것을 가리키는 것이 아니라 동일한 목표를 향한 부동한 방법을 가리킨다. 이렇게 기성사실로부터 과거로 거슬러 올라가 상응한 것을 찾아내는 반성적 연구는 흔히 서양의 현대 공과 사의 함의를 중심으로 명明·청淸이 교체되는 시기와 서로 대조하는 방식으로 논의를 진행하는데, 후자를 근본으로 하지 않기에 '공/사'는 기존의 완정한 사상적 토양에서 독립되어 특별한 관심을 부여받게 되었다. 실제로 학자들이 명·청이 교체되는 시기의 공사관과 송명리학 사이에 어떠한 본질적인 차이가 있음을 질의하기 시작하고, 청조 말기 고염무顧炎武, 황종희黃宗羲 등의 부분적인 주장에 대한 계승이 청조 중기를 뛰어넘어 이루어진 것임을 발견할 때 근세의 명말청초 공사에 대한 연구방향은 이미 엄청난 시련에 맞닥뜨린 것이었다."[5]

중국의 학자 남개대학南開大學의 유택화劉澤華 교수 연구팀은 중국 정치제도와 사상사 연구에서 대량의 뛰어난 성과들을 발표하였고, "공사 관념과 중국 사회"

---

4) 역자주: 簡良如는 대만대학 중국문학박사, 북경사범대학 고전문헌학박사로 선진경학과 子學사상을 주로 연구하고 있다. 현재 대만 청화대학 중국문학과에 재직하고 있다.

5) 簡良如, 「황종희『명리대방록』의 공사관─루소의『사회계약론』과의 비교」, 臺北『중국문철연구집간』 2005년 9월 제27기, 제216~217쪽 참조. "在眾多相關硏究中, 學者一方面應用西方槪念或曆史階段理論解讀明, 清思想社會; 一方面卻又不斷重申相關主題在中國的特殊性, 唯此特殊性非指獨特的思想性格或異於現代個人主義, 民主精神的發展方向, 而是指朝往同一目標之不同方法. 這種由旣成事實溯源過去以尋求呼應的反思硏究, 使其往往以圍繞西方現代公私意涵, 令明清之際成其對照的方式進行討論, 而非以後者爲本, 公/私因此自原本隸屬的完整思想土壤中獨立出來, 被賦予特別的重視. 事實上, 當學者開始質疑明清之際公私觀與宋明理學有任何本質差異, 並發覺清末對顧, 黃等部分主張的承繼是越過清中葉而達成時, 近世對明末清初公私的硏究取向便已遭遇極大的考驗."

의 문제를 둘러싸고 학술회의를 조작하였으며 논문집[6]도 출판하였다. 이 논문집
에는 이십 편의 논문을 수록하였고 중국의 각 역사 시점의 공과 사 관념의
변천 과정을 전반적으로 정리하였는데, 내용이 풍부하고 매우 큰 학술적 가치를
가지고 있으며 우리한테 시사하는 바가 크다. 하지만 유가 관념과 군주전제제도
의 관계, 유가와 법가의 관계 및 유가 내부의 사상의 분화에 대한 유 선생의
연구에는 세밀한 정리가 부족하다. 예를 들어 공·맹 등 초기 유가가 기본적으로
"공을 세우고 사를 멸하는"(立公滅私) 사고를 유지하였고[7], 법가와 마찬가지로
국가 지상, 군주 지상을 수호하였으며, 절대적인 집단주의와 국가주의를 주장하
였고, '아我'는 '공公'의 매개체로서 개인의 인격, 개성, 이익 등은 없는 것이라고
주장하는데, 보다 깊은 논의가 필요할 것으로 보인다.

　　대만학자 황준걸黃俊傑, 강의화江宜樺가 편집한 『공사 영역의 새로운 탐색:
동아시아와 서양의 관점 비교』[8]도 학술회의 논문집으로서, 한중일 학자들이
동아시아 공공철학, 동아시아 전통사상의 공과 사, 서양 정치사상의 공과 사
등 방면의 여러 가지 문제를 둘러싸고 논의를 전개한 논문 열일곱 편이 수록되어
있다. 공사 영역과 관련된 논의에 근거하면 "대부분의 이론체계 혹은 문제의식은
여전히 서양의 현대 철학자들의 논술에 의거하고 있고 비서양의 세계, 자국의
역사경험을 기반으로 하여 발전된 해석 관점은 보기 드물었다."[9] 따라서 이
논문집의 적지 않은 논문의 저자는 동아시아 자신의 관점에서 출발하여 깊이
있는 사고를 진행함으로써 '자아이해'와 '자아위치설정'의 능력을 보여 주었다.

---

6) 劉澤華·張榮明 등, 『공사 관념과 중국 사회』(중국인민대학출판사, 2003).
7) 劉澤華, 「춘추전국의 "입공멸사" 관념과 사회통합」, 劉澤華·張榮明 등, 『공사 관념과
　　중국 사회』(중국인민대학출판사, 2003), 제14·18~19·21쪽 참조.
8) 黃俊傑·江宜樺 편, 『공사 영역의 새로운 탐색: 동아시아와 서양의 관점 비교』(대만대학출
　　판중심, 2005).
9) 黃俊傑·江宜樺, 「머리말」, 黃俊傑·江宜樺 편, 『공사 영역의 새로운 탐색: 동아시아와
　　서양의 관점 비교』(대만대학출판중심, 2005), 제1쪽, "大部分的理論架構或問題意識仍舊是
　　以西方當代哲學家的論述爲依歸, 而少見非西方世界基於本身歷史經驗所發展出來的詮釋觀點."

한국 국적인 일본 공공철학연구소 소장 김태창金泰昌 선생은 "구미 학술의 통제에서 벗어나" 동아시아 자체의 사상문화자원, 예를 들면 중국철학의 '리理', 일본철학의 '장場', 한국철학의 '기氣' 및 '궁리窮理', '양기養氣', '정장整場'의 이념 등을 잘 이용하여 "리와 기를 두루 구비하여"(理氣兼具) "사를 살려 공을 열고(活私開公) 공과 사를 함께 매개하는(公私共媒)" 공공철학을 창립하여야 함을 강력히 주장하였다. 일본학자 구로즈미 마코토(黑住眞)[10] 교수는 이토 진사이(伊藤仁齋)와 오규 소라이(荻生徂徠, 1666~1728)가 중시하는 '생생生生'(氣, 情)과 공공성의 관계를 고찰하여 '군자'는 반드시 공공영역의 활동에 참여할 수 있어야 하였다고 주장하였다. 구로즈미는 '공공公共'을 민중으로 향하게 하고 천하를 향하여 개방하는 관건은 부권父權주의의 권리 관계에 대한 장애를 초월하는 것에 있다고 생각하였다. 황준걸과 강의화는 "동아시아 사상의 전통에는 확실히 매우 깊은 '공', '사' 개념에 관련된 문화자원이 함축되어 있는데, 21세기 '공공철학'을 확립함에 있어서 중요한 근거로 쓰일 수 있다.…… 동아시아 사상의 전통에서 '공', '사' 개념은 다양성과 다차원적인 함의를 가지고 있는데, 동아시아문화의 흔적도 있지만 한·중·일 각국의 사상전통 속에서 각자의 지역적 특징을 가지고 있다"[11]고 주장하였다. 이는 우리의 연구에 방법론적인 시사점을 주고 있다.

문제의 관건은 어떻게 서양의 체계에서 벗어나 동양적인 혹은 중국사상의 참뜻을 해석해 냄으로써 전통적인 공사 관념을 창조적으로 전화하여 오늘날의

---

10) 역자주: 구로즈미 마코토(黑住眞)는 동경대학 윤리학과에서 박사과정을 마치고 현재 동경대학 윤리학과 교수로 재직하고 있다.

11) 黃俊傑·江宜樺, 「머리말」, 黃俊傑·江宜樺 편, 『공사 영역의 새로운 탐색: 동아시아와 서양의 관점 비교』(대만대학출판중심, 2005), 제1쪽. 金泰昌의 「"활사개공"의 공공철학으로 "세계-국가-지역"의 공동체 사회 구조를 구축하다」와 구로즈미 마코토(黑住眞)의 「"공공"의 형식과 근세 일본 사상」 두 편의 논문 모두 黃俊傑과 江宜樺가 편집한 책에 수록되어 있다. "在東亞思想傳統中, 確實蘊蓄著深厚的有關公私槪念的文化資源, 可以作爲我們建構21世紀公共哲學的重要憑藉……在東亞思想傳統中, 公私槪念有其多元性與多層次之內涵, 旣有其東亞文化之印記, 但在中, 日, 韓各國思想傳統中, 都各有其地域性之特質."

철학과 윤리학을 위하여 필요한 자양분을 제공할 것인가에 있다.

삼대의 전통에 근원하지만 각자의 시대에 직면하여 선진유가 특히 공자, 맹자의 '공'과 '사'의 함의, '공'과 '사'의 관계 및 내포하고 있는 구체적 역사의 정당성 관념 속에 들어 있는 일부 적극적인 요소는 발굴해 낼 필요가 있다. "'공'과 '사'의 두 영역은 고도의 상대성을 가지고 있기 때문에 끊임없이 다차원의 동심원을 그려낸다."[12] 따라서 우리는 재료를 매우 조심스럽게 다루면서 논의를 진행할 필요가 있는데 특히 위, 아래 문장 즉 사회적인 배경을 이해하여야 한다.

기존의 연구 성과로부터 알 수 있듯이, 글자의 어원으로 따져 보면 '공'은 원시사회의 씨족 수령首領이 거주하던 공궁公宮에서 나왔고, '사'는 서중서徐中舒 선생의 주장에 근거하면 글자의 오른쪽 반절이 경작 도구인 쟁기(耒耜)의 모양으로 개인이 일상생활에서 쓰는 물건이기 때문에 자신이 소유하고 있는 것으로 여긴다. 『시경』, 『서경』에서 말하는 공과 사는 구체적인 사람과 물건을 가리킨다. 예를 들어 『시경』 「소아·대전」의 "하늘이 우리 공전에 비를 내려 마침내 우리 사전에도 미친다"[13]에서는 공전과 사전을 가리키고, 『시경』 「소아·대동」의 "민간인 자녀들이 백관에 등용된다"[14]에서의 '사'는 '민간 가정의 사람'을 가리키고, 『상서』 「여형」의 "소송에서 양측의 회유에 미혹되지 말라"[15]에서의 '사'는 송사訟事를 처리하는 사람을 가리킨다. 춘추시기의 공과 사는 여전히 대부분 구체적인 사람과 사물을 가리키는 것으로 썼다. 『좌전』, 『국어』에 나오는 '공'과 '사'는 대부분 정치상의 '공가公家' 혹은 '사문私門'을 가리키는 것으로,

---

12) 黃俊傑, 「동아시아 근세 유자들이 "공", "사" 영역의 분계에 대한 사고」, 黃俊傑·江宜樺 편, 『공사 영역의 새로운 탐색: 동아시아와 서양의 관점 비교』(대만대학출판중심, 2005), 제134쪽, "公私兩個領域是具有高度相對性而不斷開展的多層次的同心圓."
13) 雨我公田, 遂及我私.
14) 私人之子, 百僚是試.
15) 無或私家於獄之兩辭.

여전히 구체적인 의미가 있는 것이었다. 예를 들어 노소공魯昭公 3년에 숙향叔向이 진晉나라 공실의 군비가 문란해졌음을 논하면서 '공실公室', '공명公命', '공족公族'을 여러 번 사용하였다. 노소공 20년의 "무리하게 세금을 받아 사욕을 채우다"(暴征其私)에서 '사'는 사적으로 소유한 재물을 가리킨다. 노애공魯哀公 5년의 "사사로운 원한 때문에 공적인 일에까지 해를 미치지 않는다"(私讎不及公)에서 '공'은 공가公家의 일을 가리킨다. 공자, 맹자의 시대에 '공'자의 기본적인 함의는 '공적인 일'(公事) 혹은 작위爵位를 가리키는 것이었고, '사'자의 기본적인 함의는 '개인적인 것', '사적인 것'을 가리키는 것으로서 결코 가치적인 좋고 나쁨의 추상적인 뜻이 없었고 첨예하게 대립하는 것도 아니었다. 전국시대에 들어서면서 '공'과 '사' 두 글자는 구체적인 의미에서 점차적으로 추상적인 의미를 가지게 되었다.[16]

2. 공자의 공정성 요구

춘추春秋시대에 '공'은 일반적으로 천자나 제후를 가리키고, '공가公家', '공실公室', '공사公事'는 천자나 제후, 군주와 관련이 있는 것이었다. 춘추 말기에 공자가 주周나라의 예에 대하여 따르고 변화시키고 덜고 보태는(因革損益) 기초 위에 제후, 대부大夫 및 가신家臣, 가재家宰의 관계의 변화에 직면하여 '공'과 '사'의 문제를 논의한 것임은 의심할 바 없다. 하지만 서주西周 원년 이후의 인문주의 전통이 공자사상의 문화적 토양이기에 공자의 공사 구분에 대한 사유에는 일종의 인문적인 자각이 들어 있다. 따라서 공자는 공사, 의리를 논의할 때 시대를

---

16) 黃俊傑, 「동아시아 근세 유자들이 "공", "사" 영역의 분계에 대한 사고」, 黃俊傑·江宜樺 편, 『공사 영역의 새로운 탐색: 동아시아와 서양의 관점 비교』(대만대학출판중심, 2005), 제119~121쪽; 劉暢, 「고문 『상서·주관』의 "이공멸사" 해석」, 劉澤華·張榮明 등, 『공사 관념과 중국 사회』(중국인민대학출판사, 2003), 76~87쪽 참조.

초월하는 사상의 불꽃을 피울 수 있었고 이는 현대인이 주목하여야 할 부분이다.

전반적으로 보면, 공자는 가정苛政과 폭정暴政을 반대하고 민생을 긍정하였으며 부민富民, 혜민惠民과 교민敎民을 강조하고 백성들의 생존권과 교육을 받을 권리를 수호하고 백성으로부터 신임을 받아야 함을 강조하였다. 공자는 "가혹한 정치는 호랑이보다 사납다"(苛政猛於虎)고 하였다. 계강자季康子가 공자에게 정치를 물으며 말하였다. "만일 무도한 자를 죽여 질서를 바로잡으면 어떠한가요?" 공자가 대답하였다. "그대가 정치를 하면서 어찌 살인의 방법을 쓰려고 하는가? 그대가 선을 추구하면 백성도 선해질 것이다."[17] 공자는 무고한 백성을 함부로 죽이고 가혹한 정치를 실행하는 것에 대하여 처음부터 끝까지 배제하였다. 공자는 정치를 하는 사람들이 폭력을 덮어놓고 맹신하면서 "죽이는 것을 좋아하고"(好殺) "형벌을 좋아하는"(好刑) 것을 견결하게 비판하면서, 정치인들이 백성을 너그럽고 후하게 대하고(寬厚待民), 가족같이 지극히 사랑하여 인을 흥하게 할 것을(篤親興仁) 주장하였다.

나라를 다스리고 백성들을 편안하게 하는 것에 대한 공자의 주장에는 "많고 부유하고 배우며"(庶, 富, 敎), "부유하게 해 주고"(富之), "가르치는 것"(敎之)[18]이 있는데 많은 후에 부유하게 하고 부유해진 후에 교육함으로써 민생을 긍정하고 백성들이 부유해지게 할 것을(藏富於民) 강조하고 백성들의 생존권과 교육을 받을 권리를 수호하는 것을 정치의 근본으로 간주하였다. 공자는 특히 "민民, 식食, 상喪, 제祭"[19]를 중시하였는데 백성들의 식량과 생사의 문제를 중시하였고 자산子産처럼 "백성을 부양할 때는 은혜롭고"(養民也惠) "백성을 부릴 때는 의로워야 함"(使民也義)[20]을 주장하였다. 공자는 "비용을 절약하고 백성을 사랑하며 시기를

---

17) 『논어』, 「안연」, "如殺無道, 以就有道, 何如?", "子爲政, 焉用殺? 子欲善而民善矣."
18) 『논어』, 「자로」.
19) 『논어』, 「요왈」.
20) 『논어』, 「공야장」.

살펴 백성을 동원하여야 함"21)을 주장하면서 통치자가 농사시기를 어기지 않기를 희망하였고, "공경, 관대함, 신의, 민첩함, 은혜로움"22)을 이루어 냄으로써 "백성이 이롭게 여기는 것을 이롭게 해 주면 이것이 은혜로우나 낭비하지 않음이 아니겠는가? 노역시킬 만한 일을 노역시키면 누가 또 원망하겠는가?"23)라고 하였다. 이는 모두 공자의 '인애仁愛'사상과 '인정仁政'학설에 반드시 들어 있어야 할 함의이다. 공자는 분배의 정의로움, 사회의 공정 문제를 주목하였고 빈부의 격차가 현저해짐을 반대하면서 이렇게 말하였다. "인구가 적음을 근심하지 않고 불균등을 근심하며 가난을 근심하지 않고 불안정을 근심한다. 분배가 균등하면 가난이 없고 화합하면 재물 적음이 문제없고 안정되면 기울어질 일이 없다."24) 그가 염구에 대하여 한 이 말은 춘추 말기의 계손씨季孫氏 등 새로운 귀족들이 벼락부자가 된 것을 겨냥한 것이다. 각 제후 혹은 대부들에게 자신의 재부가 많지 않음을 걱정할 것이 아니라 제후국과 대부 가정의 전복을 초래할 수도 있기 때문에 자원의 분배가 균등하지 않음을 걱정하여야 함을 강조하고 있다. 만약 재부의 분배가 균등하면 빈곤을 퇴치하고 백성들이 단결하고 평안하고 화목하여 (정권이) 위험하지 않을 뿐만 아니라 먼 곳에서 사람들이 찾아와 귀순하여 복종할 것이다. 근본적으로 말하면, 공자의 '부민'설과 '균부'론은 인애사상을 중심으로 하는 정치 주장이다.

아래에 공자의 공사관과 위정학설 중의 공공성, 공정성의 함의에 대하여 나누어 논의하도록 한다.

첫째, 공자는 백성들의 생존권과 권리를 긍정하고 존중하였으며, 민생 문제를 강조하여 "공"이라 불렀다.

---

21) 『논어』, 「학이」, "節用而愛人, 使民以時."
22) 『논어』, 「양화」, "恭, 寬, 信, 敏, 惠."
23) 『논어』, 「요왈」, "因民之所利而利之, 斯不亦惠而不費乎? 擇可勞而勞之, 又誰怨?"
24) 『논어』, 「계씨」, "不患寡而患不均, 不患貧而患不安. 蓋均無貧, 和無寡, 安無傾."

양호한 정치는 반드시 백성들의 생존과 이익을 보장하여야 한다. 『시』 「소아·천보」에 이르기를 "백성들은 질박하여 날로 쓰고 마시며 먹기만 한다"25)고 하였다. 여기서 '질'은 평화로움(成平)이다. 공자는 '부민', '교민'을 주장하였는데 나라를 다스리고 백성들을 편안하게 하는 것에 대한 그의 주장에는 "많아지게 하고"(庶之), "부유하게 해 주고"(富之), "가르치는 것"(敎之)이 있는데, 많은 후에 부유하게 하고 부유해진 후에 교육함으로써 민생을 긍정하고 백성들이 부유해지게 할 것을 강조하고 백성들의 생존권과 교육을 받을 권리를 수호하는 것을 정치의 근본으로 간주하였다. 『예기』 「예운」에 이르기를 "음식(식욕)과 남녀(성욕)의 정은 인간의 크나큰 욕정이기에 삼가야 한다"26)고 하였다. 따라서 이상적인 정치는 백성들의 감정을 헤아리고 백성들의 욕구를 만족시키는 것인데, 이것이 바로 왕도王道이고 인정仁政이다.

공자는 "특히 중시할 것이 백성의 식량과 상례와 제사이다. 관대하면 백성들의 지지를 받고 미더우면 백성이 신임하고 민첩하면 공을 세우고 공정하면 기뻐한다"27)고 하였다. 양백준楊伯峻의 주장에 근거하면, "미더우면 백성이 신임하고"(信則民任焉) 이 문구는 연문衍文으로 「양화」편의 문구가 잘못 들어간 것이다. 하지만 어찌 되었든 정치를 다스리는 자들이 반드시 백성들의 일 특히 밥을 먹고 상을 치르는 등 생사와 관련된 일을 중시하여야 하고 백성들을 관대하고 후하게 대함에 있어서 '공'(즉 공평, 공정)의 원칙을 내세우고 일을 '공정'하게 처리하여야만 백성들이 기뻐함을 강조하고 있다. 공자는 백성들과 그들의 식량과 생사의 문제에 주목하였다. 백성들에게 제일 중요한 것이 먹는 문제이다. 공자가 보기에, 인간이 사회에서 생존하고 생활하는 것도 매우 중요하지만, 죽은 뒤의 안장安葬과 제사도 매우 중요하였다. 공자는 통치자가 농사시기를 어기지 않음으

---

25) 民之質矣, 日用飲食.
26) 飲食男女, 人之大慾存焉.
27) 『논어』, 「요왈」, "所重: 民·食·喪·祭. 寬則得眾, 信則民任焉, 敏則有功, 公則說."

로써 백성들이 생활과 생산을 유지하여 일정한 생활적인 보장이 있기를 희망하였다. 이 때문에 특히 "공정하면 기뻐한다"(公則說)에서의 '공정'(公)의 함의에 주목하여야 한다.[28] 같은 편에 이런 내용이 있다.

자장이 공자에게 물었다. "어떻게 하여야 정치에 종사할 수 있습니까?"
공자가 답하였다. "다섯 가지 미덕을 우러르고 네 가지 악덕을 물리치면 정치에 종사할 수 있다."
자장이 물었다. "무엇이 다섯 가지 미덕입니까?"
공자가 말하였다. "군자는 은혜롭지만 낭비하지 않고 노역시키되 원망을 사지 않으며 욕망은 있지만 탐욕은 없고 태연하지만 교만하지 않으며 위엄은 있지만 사납지 않다."
자장이 물었다. "무엇이 은혜롭지만 낭비하지 않는 것입니까?"
공자가 말하였다. "백성이 이롭게 여기는 것을 찾아 이롭게 해 주면 이것이 은혜롭지만 낭비하지 않음이 아니겠는가? 노역시킬 만한 일을 선택하여 노역시키면 또 누가 원망하겠는가? 인을 원하여 인을 얻었으니 또 무엇을 탐하겠는가? 군자가 많든 적든 크든 작든 감히 방만하지 않으면 이것이 태연하지만 교만하지 않음이 아니겠는가? 군자는 의관을 정제하고 시선을 존엄하게 하면 엄숙한 모습에 사람들이 바라보고 두려워하니 이것이 위엄이 있지만 사납지 않음이 아니겠는가?"
자장이 물었다. "무엇이 네 가지 악덕입니까?"
공자가 말하였다. "가르치지 않고 죽임이 학정이고 미리 경고하지 않고 결과만 따짐이 포악이고 명령은 대충 하고 기한만 독촉함이 해악이며 이왕 베풀면서 상벌 결정을 지체함이 아전 같음이다."[29]

---

28) 劉澤華 선생은 여기서 "공"이 이미 "사"에 대한 부정을 포함하고 있다고 주장한다. 「춘추전국의 "입공멸사" 관념과 사회통합」, 劉澤華·張榮明 등, 『공사 관념과 중국 사회』(중국인민대학출판사, 2003), 18쪽 참조. 劉澤華 선생이 어느 학파의 "사"에 대한 부정을 포함하고 있는지 명확하게 쓰고 있지 않지만 내가 보기에 적어도 민중의 "사"는 결코 부정하지 않은 것 같다.

29) 子張問於孔子曰: 何如斯可以從政矣? 子曰: 尊五美, 屏四惡, 斯可以從政矣. 子張曰: 何謂五美?

공자는 다섯 가지 미덕과 네 가지 악덕을 논하면서 특히 폭정暴政과 가정苛政 그리고 가르치지 않고 죽임을 반대하였고, "백성이 이롭게 여기는 것을 찾아 이롭게 해 주는 것"을 가장 중요한 원칙으로 삼았으며, 오만한 태도로 백성을 대하는 것을 반대하고 정치를 하는 자의 정중함(莊重), 관대함(寬厚), 청렴함(廉潔), 은혜를 베풂(施惠) 및 책임과 신용을 강조하였다. 실제로 공권력에 대한 태도, 공권력을 사용함에 있어서의 정당성 및 백성들의 개인적인 이익에 대한 공권력의 보호 등의 문제를 언급하고 있다. 공자가 예치禮治질서 하에서 제기한 "백성이 이롭게 여기는 것을 찾아 이롭게 해 주는 것"은 긍정적인 의의가 있는 명제이다. 백성들에게 은혜를 베풀고 백성들을 양육함으로써 백성들의 힘을 바르고 도의 있게 사용하고 아끼며 자원을 낭비하지 않는 것이다. 공공 권력의 남용을 방지하는 것은 백성들의 힘을 아끼고 민생을 보호하는 중요한 내용이다. 공자는 "지혜를 알아도 인으로 지키지 못하면 얻어도 반드시 잃는다. 지혜로 알고 인으로 지켜도 엄숙함으로 다스리지 않으면 백성은 공경하지 않는다. 지혜가 미치고 인으로 지키며 엄숙함으로 백성을 다스리더라도 예로써 독려하지 않으면 좋지 않다"30) 고 하였다. 이는 인덕이 총명이나 지혜보다 높음을 강조하고, 엄숙하고 정중한 태도와 합리적이고 합법적으로 백성을 동원하는 것의 중요성을 강조한 것이다. 공자는 권력을 남용하여 제멋대로 백성에게 피해를 주고 백성들의 뜻을 짓밟으며 민생을 돌보지 않음을 반대하였다. 그는 '경敬'의 태도로 공공 권력을 신중하게 사용하여야 함을 제기하였는데, 백성들을 편안하게 구제하고(安民濟衆) 백성의 평안(百姓平安)을 근본적인 목적으로 한다. 공자는 정치를 하는 사람은 백성과

子曰: 君子惠而不費, 勞而不怨, 欲而不貪, 泰而不驕, 威而不猛. 子張曰: 何謂惠而不費? 子曰: 因民之所利而利之, 斯不亦惠而不費乎? 擇可勞而勞之, 又誰怨? 欲仁而得仁, 又焉貪? 君子無衆 寡, 無小大, 無敢慢, 斯不亦泰而不驕乎? 君子正其衣冠, 尊其瞻視, 儼然人望而畏之, 斯不亦威而 不猛乎? 子張曰: 何謂四惡? 子曰: 不敎而殺謂之虐; 不戒視成謂之暴; 慢令致期謂之賊; 猶之與人 也, 出納之吝謂之有司.

30) 『논어』, 「위령공」, "知及之, 仁不能守之; 雖得之, 必失之. 知及之, 仁能守之, 不莊以涖之, 則民不敬. 知及之, 仁能守之, 莊以涖之, 動之不以禮, 未善也."

이익을 다투지 않음을 중시하면서 공권력은 반드시 백성들의 이익을 수호하고 사람들에게 이익과 실리를 주어야 함을 강조하였다. 정치를 다스리는 지혜는 실제로부터 출발하여 백성들이 이익을 얻을 수 있는 부분을 따름으로써 그들로 하여금 이익을 얻게 하는 것인데, 이는 백성들에게 이익을 주면서도 정부는 자원을 소모하지 않거나 적게 소모할 수 있는 것이다. 왜냐하면 전통사회에서 정치를 다스리는 자들은 늘 농사시기를 어겨 백성들을 징용하여 강제 노역을 시킴으로써 많은 노총각과 노처녀가 생겨나게 하였다. 농업사회에서 백성들이 농사를 지을 수 없으면 수확할 수도 없으니 무엇으로 먹고 살 것인가? 이 때문에 공자는 노동할 수 있는 시간, 조건과 사람을 선택하여 그들이 일할 수 있게 하니 누가 또 원한을 품겠는가? 라고 말한 것이다.

공자는 좋은(良好) 정치가 부민富民의 정치라 여겼기 때문에, 정치를 다스리는 방략方略으로 세 개의 큰 글자—'서庶', '부富', '교敎'를 내세웠다.

> 공자가 위나라로 갈 때 염유가 말을 몰았다. 공자가 말하였다. "인구가 많구나!" 그러자 염유가 물었다. "이미 인구가 많으면 다시 무엇을 더해야 합니까?" 공자가 답하였다. "부유하게 해 주어야 한다." "이미 부유해졌으면 다시 무엇을 더해야 합니까?" "교육해야 한다."[31]

공자는 민생의 문제, 백성들의 먹고 사는 문제를 강조하면서 백성들이 부유해지게 하고 백성들을 교화하여야 함을 주장하였다. 사회, 정치, 경제, 문화, 도덕, 교육을 종합적으로 고려하여 공자는 '서', '부', '교'의 세 가지 나라를 다스리는 방략을 제기하였다. 인구가 적고 생산력의 발전수준이 낮은 당시의 상황에서, 사람은 주요한 생산력이었다. 인구가 조금이라도 많아지는 것은 사회의 안정과

---

31) 『논어』, 「자로」, "子適衛, 冉有仆. 子曰: 庶矣哉! 冉有曰: 旣庶矣, 又何加焉? 曰: 富之. 曰: 旣富矣, 又何加焉. 曰: 敎之."

번영을 보여 주는 것이다. 전란이 없는 곳에는 백성들이 쉽게 몰려들었다. 백성들이 살기가 좋아지면 사회의 질서가 좋아지고 인구가 늘어나고 사람들의 재생산도 번창해진다. 우선 백성들이 안정되고 부유해지게 한 뒤에 양호한 교육을 받게 하여 백성들의 소질을 높이는 것이다. 이것이 바로 많아지게 한 뒤에 부유하게 하고, 부유해지게 한 뒤에 교육하는 것인데, 앞에서 인용하였던 「요왈」편의 "백성이 이롭게 여기는 것을 찾아 이롭게 해 주는 것" 등의 내용과 연계시켜 보면 공자가 대중, 백성들의 사사로운 이익 특히 기본적인 생존권을 결코 말살하지 않았음이 분명하고 의심할 여지가 없음을 충분히 알 수 있다. 유가, 공자의 공사관을 논하면서 어찌 이런 기본적인 관점마저 말살하고 논하지 않을 수 있겠는가?

유자有子는 세수정책에서 10분의 1의 철 세법을 주장하면서 노애공의 가렴주구苛斂誅求를 비판하고 백성들이 부유해지게 할 것을 제창하였다.

애공이 유약에게 물었다. "올해 가뭄이 들어 비용이 부족한데 어떻게 해야 합니까?" 유약이 대답하였다. "왜 철徹 세법을 실시하지 않으십니까?" "2할을 거두어도 오히려 부족한데 어찌 철 세법을 시행합니까?" "백성이 풍족하면 임금께서 어찌 부족하겠습니까? 백성이 부족하면 임금께서 어찌 풍족하겠습니까?"[32]

자공이 정치를 어떻게 해야 하는지 물었다. 공자가 말하였다. "풍족한 식량, 충분한 병력, 백성의 신뢰가 있어야 한다."[33]

자로가 어떻게 해야 군자인지 물었다. 공자가 말하였다. "경으로써 자신을 닦아

---

32) 『논어』, 「안연」, "哀公問於有若曰: 年饑, 用不足, 如之何? 有若對曰: 盍徹乎? 曰: 二, 吾猶不足, 如之何其徹也? 對曰: 百姓足, 君孰與不足? 百姓不足, 君孰與足?"
33) 『논어』, 「안연」, "子貢問政. 子曰: 足食, 足兵, 民信之矣."

제5장 공사관과 정의론 281

야 한다." "그렇게만 하면 다 됩니까?" "자신을 닦아 남을 편안하게 해야 한다."
"그렇게만 하면 다 됩니까?" "자신을 닦아 백성을 편안하게 해야 한다. 이것은
요순 임금도 근심하였다."34)

좋은 정치는 백성들을 풍족해지게 하여 안전감이 있게 하는 정치이고 백성들
의 신임을 얻는 정치이다. 군주와 관리들은 반드시 "백성으로부터 신임을 얻어야
하는데" 이는 나라를 다스리는 원칙이자 정치에 참여하는 자에 대한 요구이다.
"천승의 나라를 다스릴 때에는 모든 일에 경건하여 미덥게 하여야 한다"35)고
하였는데 한 나라를 다스림에 있어서 엄숙하고 진지하여야 하며 진실로 믿음에
속임이 없어야 한다는 것이다. 공자는 정사政事를 다스림에 있어서 반드시 식량이
충족하고 군비가 충족하여야 백성이 정부에 대하여 믿음을 가질 수 있다고
주장하였다. 만약에 백성들이 정부에 대한 믿음과 확신이 부족하면 나라는
일어설 수 없는 것이다. 이러한 의미에서의 '믿음'(信)은 유가 위정爲政사상의
중요한 내용으로, 공권력의 합법성 문제를 언급하고 있다. 정치를 하는 자가
자신을 수양함으로써 모든 백성들이 편안하고 즐거운 것은 정치적인 이상으로,
비록 이룰 수 없더라도 마음속으로 지향하여야 하는 것이다.

자공이 물었다. "만약 널리 베풀어 뭇사람을 구제할 수 있다면 어떻습니까?
어질다고 할 수 있습니까?" 공자가 답하였다. "어찌 어질다 뿐이겠는가? 반드시
성인일 것이다! 요순 임금도 오히려 근심으로 여겼다."36)

백성들에게 폭넓게 이익을 주고 백성들의 생활을 더욱 좋아지게 하는 것은

---

34) 『논어』, 「헌문」, "子路問君子. 子曰: 修己以敬. 曰: 如斯而已乎? 曰: 修己以安人. 曰: 如斯而已
乎? 曰: 修己以安百姓. 堯舜其猶病諸?"
35) 『논어』, 「안연」, "道千乘之國, 敬事而信."
36) 『논어』, 「옹야」, "子貢曰: 如有博施於民而濟眾, 何如? 可謂仁乎? 子曰: 何事於仁! 必也聖乎!
堯舜其猶病諸!"

'인仁'의 경지일 뿐만 아니라 그야말로 '성聖'의 경지로 승격한 것이다.

> 둘째, 공자는 개인적인 이익(私利)을 반대하지 않았지만 권력으로 사욕을
> 도모하는 것은 반대하였다.

공자는 백성들의 사私와 부富를 반대하지 않았을 뿐만 아니라 사회 상층민의 사와 부도 반대하지 않았다. "부를 구할 수 있으면 채찍을 잡는 마부 일이라도 나는 하겠다"[37]고 하였고, 또 자공이 "소명은 저버리고 재화를 불렸지만 억측은 번번이 적중하였다"[38]고 하였으며, "나라에 도가 있는데 가난하고 천하면 수치이다"[39]라고 하였다. 공자는 "부귀는 사람이 욕망하는 것"이고 "빈천은 사람이 혐오하는 것"[40]임을 긍정하면서, 도로써 얻거나(혹은 거절하거나) 예로써 얻은 것(혹은 거절한 것)이어야 함을 강조하였다.[41]

염구冉求는 계씨의 가재家宰로 있으면서 계씨를 위하여 수탈하고 재물을 긁어모았다. 이에 공자는 제자더러 그를 비판하게 하였다.

> 계씨는 주공보다 부유하였지만 염구는 그를 위하여 세금을 더 거두어 더욱
> 불려 주었다. 공자가 말하였다. "우리의 동료가 아니다. 너희가 북을 울리며
> 공격해도 좋다."[42]

이는 노애공 11년에서 12년 사이에 계씨가 세금을 늘리려고 하면서 염구를 파견하여 공자의 의견을 구하였는데, 공자는 "은혜를 베풂은 후한 쪽을 취하고

---

37) 『논어』, 「술이」, "富而可求也, 雖執鞭之士, 吾亦爲之."
38) 『논어』, 「선진」, "賜不受命, 而貨殖焉, 億則屢中."
39) 『논어』, 「태백」, "邦有道, 貧且賤焉, 恥也."
40) "富與貴, 是人之所欲也.", "貧與賤, 是人之所惡也."
41) 『논어』, 「이인」.
42) 『논어』, 「선진」, "季氏富於周公, 而求也爲之聚斂而附益之. 子曰: 非吾徒也. 小子鳴鼓而攻之, 可也."

일은 적중하게 거행하며 세금을 거둠은 박한 쪽을 따름"43)을 주장하였다. 하지만 염구는 여전히 계씨를 따라 전세田稅제도를 실행하여 백성들에 대한 착취를 가중시켰다.

사회 상층의 관원 및 관리를 준비하고 있는 제자에 대하여 공자는 이렇게 말하였다. "사치하면 불손하고 검소하면 고리타분하다. 불손함보다는 차라리 고리타분함이 낫다."44) 검소함으로써 사치함을 경계하면서 차라리 가난할지라도 부유하여 교만하고 방자해서는 안 됨을 주장하였다. 공자는 "잇속을 따라 행동하면 원망이 많다"45)고 하였고 "군자는 의리에 밝고 소인은 잇속에 밝다"46)고 하였다. 이는 결코 그가 사사로운 이익을 긍정하지 않는 것이 아니라 단지 관리(在位者)들이 직위나 권력을 이용하여 개인적인 이익을 도모해서는 안 됨을 경고한 것으로 관원들이 도의에 밝기를 희망하였다. "이익을 마주하여 의리를 생각하는"47) 것은 의리로써 이익을 지도하는 것이다. 당시의 경대부들이 탐오하였을 뿐만 아니라 사치한 것이 풍조가 되었기에 공자는 "청렴함으로써 탐욕을 가르치고 검소함으로써 사치함을 가르치고자" 하였다. 따라서 위나라의 공자 형荊을 빌려서 관리들을 타일렀다. 공자가 위나라의 공자 형에 대하여 말하였다.

집안 관리를 잘하였다. 재물이 생기기 시작하자 '그런대로 모았다' 하였고 조금 모이자 '그런대로 완비되었다' 하였으며 부유해지자 '그런대로 아름답다' 하였다.48)

셋째, 세경世卿과 세록世祿 제도에 대하여 공자는 민간으로부터 "현명한 인

---

43) 施取其厚, 事擧其中, 斂從其薄.
44) 『논어』, 「술이」, "奢則不遜, 儉則固. 與其不遜也, 寧固."
45) 『논어』, 「이인」, "仿於利而行, 多怨."
46) 『논어』, 「이인」, "君子喻於義, 小人喻於利."
47) 『논어』, 「헌문」, "見利思義."
48) 『논어』, 「자로」, "善居室. 始有, 曰: 苟合矣. 少有, 曰: 苟完矣. 富有, 曰: 苟美矣."

재를 등용하고" "교육에 부류를 따지지 않으며" 교육과 정치를 개방할 것을 주장하였는데, 이것이 바로 기회의 공평이고 공공 권리가 민간을 향하여 개방된 대사大事이며, 민중의 교육을 받을 권리와 정치에 참여하는 권리에 대한 긍정이다. 이는 가장 정의롭고 공공적인 유산이다.

"현명한 인재를 등용하는 것"49)은 상고시대 이래의 정치 이상과 정치실천의 경험에 대한 종합적인 개괄이다. 관리 인재를 등용함에 있어서 공자는 일관되게 "정직한 이를 발탁하고 부정한 자를 내칠 것"(擧直錯諸枉)을 주장하였는데, 정직한 사람을 바르지 않은 사람 위에 놓은 것이다.

애공이 공자에게 물었다. "어떻게 하면 백성이 복종합니까?" 공자가 대답하였다. "정직한 이를 발탁하고 부정한 자를 내치면 백성이 복종합니다. 부정한 자를 발탁하고 정직한 이를 내치면 백성이 불복합니다."50)

번지가 인仁에 대하여 물었다. 공자가 말하였다. "사람을 사랑하는 것이다." 지智에 대하여 물었다. 공자가 말하였다. "사람을 아는 것이다." 번지가 이해를 못하자 공자가 말하였다. "정직한 이를 발탁하고 부정한 자를 내치면 부정을 바로잡을 수 있다." 번지는 물러나 자하를 찾아 물었다. "전에 내가 선생님을 뵈었을 때 지에 대하여 묻자 선생님이 '정직한 이를 발탁하고 부정한 자를 내치면 부정을 바로잡을 수 있다'고 하셨는데 무슨 뜻인가요?" 자하가 말하였다. "심오한 말씀입니다. 순임금이 천하를 다스리며 무리에서 고요皐陶를 등용하자 못된 자들이 멀어지고 탕왕이 천하를 다스리며 이윤伊尹을 등용하자 못된 자들이 멀어졌습니다."51)

---

49) 『논어』, 「자로」, "擧賢才."
50) 『논어』, 「위정」, "哀公問曰: 何爲則民服? 孔子對曰: 擧直錯諸枉, 則民服; 擧枉錯諸直, 則民不服."
51) 『논어』, 「안연」, "樊遲問仁. 子曰: 愛人. 問智. 子曰: 知人. 樊遲未達, 子曰: 擧直錯諸枉, 能使枉者直. 樊遲退, 見子夏曰: 向也吾見於夫子而問智, 子曰: 擧直錯諸枉, 能使枉者直, 何謂也? 子夏曰: 富哉言乎! 舜有天下, 選於衆, 擧皐陶, 不仁者遠矣. 湯有天下, 選於衆, 擧伊尹, 不仁者遠矣."

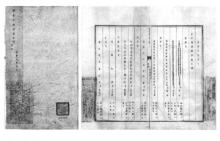
항시제명록

전시

　　민간의 일반인 인재를 발탁하여 공공사무를 다스리게 함으로써 민간성과
정치적 활력을 북돋우는 것은 중국 고대 정치철학의 근본이다. 공자 사제의
공헌은 여기서 멈추지 않았는데, 그들은 왕관의 학문을 민간으로 전이시켜 민간
교육제도와 문관제도의 선례를 열었다.

　　"공자가 말하였다. '교육에는 부류를 따지지 않는다.'"52) 교육을 받는 사람은
빈부, 지위, 지역 등의 구별이 없고 만남의 예를 조금만 받으면 된다는 것이다.
"속수 이상의 예를 행한 경우 나는 깨우쳐 주지 않은 적이 없다."53) 이것이
바로 "교육에 부류를 따지지 않는 것이다." "자하가 말하였다. '벼슬하면서
여력이 있으면 학문을 하고 학문을 하면서 여력이 있으면 벼슬한다.'"54) 이는
물론 "학문을 하지 않으면서 벼슬하고"(不學而仕), "학문에 여력이 없으면서 벼슬
하고"(學不優而仕), "학문에 여력이 있으면서 벼슬하지 않는"(學而優不仕) 상황에
대하여 말한 것이다. 공자의 "교육에 부류를 따지지 않는" 사상은 매우 중요한
것으로, 민간을 향해 교육을 개방하고 사학을 설립하였으며 왕관의 학문을 민간

---

52) 『논어』, 「위령공」, "子曰: 有教無類."
53) 『논어』, 「술이」, "自行束脩以上, 吾未嘗無誨焉."
54) 『논어』, 「자장」, "子夏曰: 仕而優則學, 學而優則仕."

으로 전이시켰다. 이는 세경과 세록 제도를 때려 부수고 국가가 "현명한 인재를 등용"할 수 있도록 하는 기초이다. 공평은 우선 기회의 공평이다. 공자는 또한 능력을 가늠하여 등용할 것을 제창하였다. 공자의 사상과 실천은 중국 전통사회의 교육제도와 문관제도의 확립에 기초를 마련하였는데, 공이 천추에 길이 남았을 뿐만 아니라 당대에 이득이 되고 있다. 전통사회에서 민간의 일반인, 서민 및 그 후대, 농민의 자제들이 각 계층의 정치에 참여할 수 있었고 심지어 최고의 정치에 참여할 수 있었던 것은 공자, 유가의 이념 덕분이었다. 이는 이천오백여 년 전의 사상이지만 매우 훌륭한 것이다. 공자와 동시대를 살았던 고대 그리스나 인도의 사상가에게도 이러한 주장이 있었는지 묻고 싶다.

넷째, 유가의 책임윤리, 신용과 품성은 주요하게 정치인, 사대부에 대한 요구이다. 유가의 자원 중에서 책임윤리, 인격신임, 청렴봉공은 공공사무의 도덕적인 품격이다.

번지가 인에 대하여 물었다. 공자가 말하였다. "평소 생활은 공손하고 일처리는 경건하며 인간관계는 충직함을 말한다. 이러한 덕목은 야만의 나라에 가더라도 버려서는 안 된다."55)

엄숙하고 진지하게 공무에 종사하고 직무에 충실하면 이미 "인(仁)"덕에 가까운 것이다.

자로가 정치에 대하여 물었다. 공자가 답하였다. "솔선수범하고 몸소 수고하라." "더 말해 주십시오." "나태함이 없어야 한다."56)

---

55) 『논어』, 「자로」, "樊遲問仁. 子曰: 居處恭, 執事敬, 與人忠. 雖之夷狄, 不可棄也."
56) 『논어』, 「자로」, "子路問政. 子曰: 先之勞之. 請益. 曰: 無倦."

"솔선수범하고 몸소 수고하는 것" 즉 "우선 유사에게 맡기는 것"(先有司)이다.[57] 직무가 있고 일을 관리하는 사람은 반드시 부지런하고 솔선수범하여야 한다. "솔선수범하고 몸소 수고하고" "나태함이 없어야 하는 것" 즉 대중에게 복무하고 직무에 충실하며 공정하고 청렴하며 직무에 힘쓰고 백성을 사랑하며 고생을 해도 원망하지 않는다는 것이다.

> 공자가 자산에게 말하였다. "군자의 도에는 네 가지가 있다. 행실이 겸손하고 윗사람을 섬길 때에는 공경하고 인민을 부양할 때에는 은혜롭고 인민을 부릴 때에는 의로웠다."[58]

이는 자산이 표명한 관덕官德을 칭찬하면서 여전히 장엄하고 정중하며 진지하게 책임질 것을 강조한 것이다.

> 자장이 공자에게 인에 대하여 물었다. 공자가 말하였다. "천하에서 다섯 가지를 행할 수 있으면 인이다." "그 다섯 가지가 무엇입니까?" "공경, 관대함, 신의, 민첩함, 은혜로움이 그것이다. 공경스러우면 모욕당하지 않고, 관대하면 민심을 얻고, 신의가 있으면 남의 신임을 받고, 민첩하면 공을 세우고, 은혜로우면 남을 부릴 수 있다."[59]

여기서는 공경, 관대함, 신의, 민첩함, 은혜로움 등의 다섯 가지 즉 정중하고 공손하며, 관대하고 도량이 넓으며, 성실하고 신용을 지키며, 근로하고 민첩하며, 자비심을 베푸는 것을 '인'의 내용과 관덕으로 삼았다. 공자가 논하는 '인'은

---

57) 『논어』, 「자로」.
58) 『논어』, 「공야장」, "子謂子産, 有君子之道四焉: 其行己也恭, 其事上也敬, 其養民也惠, 其使民也義."
59) 『논어』, 「양화」, "子張問仁於孔子. 孔子曰: 能行五者於天下爲仁矣. 請問之. 曰: 恭, 寬, 信, 敏, 惠. 恭則不侮, 寬則得衆, 信則人任焉, 敏則有功, 惠則足以使人."

주요하게 녹위祿位에 있는 제후, 경, 대부, 사士, 지금의 관원이나 간부, 지식인들에 대한 요구였다. 따라서 그는 정중하고 공손하여야 위엄이 있고 모욕하지 않으며, 너그럽고 관대하고 도량이 넓어야 사람들의 추대를 받을 것이며, 성실하고 신용을 지키며 속임이 없어야 임용을 받게 되고, 부지런하고 민첩하며 효율이 높아야 공헌이 클 것이며, 사람들에게 은혜를 베풀어야 비로소 사람을 부릴 수 있는 것임을 주장하였다. 엄숙, 관대함, 신용, 민첩함, 은혜로움은 지금도 여전히 정치인들의 덕목이다.

그는 또 백성들의 이익을 따라 백성들이 행복해지게 하여야 한다는 '이민利民' 사상을 제기하였다. 순자는 한 걸음 더 나아가 관원, 군자에 대하여 덕德, 재才, 녹祿, 위位가 서로 통일되어야 한다는 요구를 제기하였는데, 이는 모두 백성들을 편안하게 구제하는(安民濟衆) 근본으로부터 출발한 것이다. 천하를 안정시키는 것은 주요하게 백성들을 평안하게 하는 것이다. 백성들을 가장 불안하게 하는 것이 바로 관원들의 탐욕과 부패로 "자신을 닦을" 수 없고 "예로써 움직이지 않고" "백성들이 제때에 할 수 없게 하는 것" 즉 관부에서 제멋대로 백성들을 징용하고 권력을 남용하며 함부로 백성들에게 피해를 주고 백성들의 뜻을 짓밟으며 민생을 아랑곳하지 않고 백성들을 구제하고 은혜를 베풀지 않으며 정중한 태도로 백성을 존중하지 않으며 백성을 아끼지 않는 것이다.

> 공자가 말하였다. "군자가 의리를 바탕으로 삼고 예에 따라 행하고 겸손하게 표출하고 성실로 완성하면 군자답다!"[60]

이는 군자의 품행, 인격에 대한 요구인데, 군자가 공공사무를 담당하고 있기 때문이다. 서로 '신임'하고 '신용'을 강조하는 것은 특히 중요하다. 때문에 "공자가 말하였다. '사람이 신의가 없으면 그 가능성을 알 수 없다. 큰 수레에 끌채쐐기가

---

60) 『논어』, 「위령공」, "子曰: 君子義以爲质, 禮以行之, 遜以出之, 信以成之. 君子哉!"

없고 작은 수레에 멍에막이가 없으면 어떻게 운행하랴?"61) '경敬', '충忠', '신信'에
는 물론 구체적인 역사적 함의가 있지만, '경'(엄숙하고 진지함), '충'(직무에 충실함),
'신'(진실하고 성실함)은 단지 군자의 사사로운 덕만이 아니라 바로 공공사무 중의
사업윤리이고 품성이며 현대적인 함의를 결합시키면 오늘날 공공정치의 사업윤
리로 전화할 수 있는 부분이다.

　　다섯째, 군신의 직권은 서로 요구하는 것으로 정치적인 분공과 제약制約의
　　　　　싹을 포함하고 있다.
　　예치禮治는 단순한 덕치와 법치가 아니다.

　　자로가 물었다. "위나라 임금이 선생님을 모시고 정치를 하면 무슨 일부터
하시겠습니까?" 공자가 말하였다. "반드시 이름을 바로잡겠다." 자로가 말하였
다. "역시 그러시군요. 선생님은 답답하십니다. 하필 이름을 바로잡으십니까?"
공자가 말하였다. "너는 너무 모른다. 군자는 자기가 모르는 것은 가만히 있는
법이다. 만약 이름이 바르지 않으면 주장이 정연하지 않고 주장이 정연하지
않으면 일이 제대로 성취되지 않고 일이 성취되지 않으면 예악이 흥성하지
않고 예악이 흥성하지 않으면 형벌 적용이 올바르지 않다. 형벌 적용이 올바르지
않으면 백성은 무엇을 해야 할지 모른다."62)

　　공자는 정명正名을 강조하였다. 자로는 선생님이 너무 답답하다고 여겼다.
사실 공자의 주장은 결코 답답하지 않다. 공자의 말뜻은, 관리자가 책임을 지게
되면 반드시 어떠한 권한을 부여받게 되는데 일정한 명분은 그가 관련된 직위의

---

　61) 『논어』, 「위정」, "子曰: 人而無信, 不知其可也. 大車無輗, 小車無軏, 其何以行之哉?"
　62) 『논어』, 「자로」, "子路曰, 衛君待子而爲政, 子將奚先? 子曰, 必也正名乎. 子路曰, 有是哉,
　　　子之迂也! 奚其正? 子曰, 野哉, 由也! 君子於其所不知, 蓋闕如也. 名不正則言不順, 言不順則事不
　　　成, 事不成則禮樂不興, 禮樂不興則刑罰不中, 刑罰不中則民無所錯(措)手足."

권한을 부여받았기 때문에 일정한 책임이 따르게 됨을 나타내는 것이다. 일정한 명분은 그 직책을 규정하고 관리하는 사물 혹은 대상의 범위, 한계와 책임을 규정한다. 권한과 책임, 명분과 실무는 반드시 일치하여야 한다. 우리의 말은 분수에 적합하여야 비로소 일을 잘 처리할 수 있고, 예악문명을 부흥시킬 수 있으며, 형벌이 공정하고 합리적이고 적당하여 백성들이 무엇을 해야 할지 모르는 지경에 이르지 않을 수 있다. 관원은 반드시 명성과 실제가 부합되어야 하고 언행이 일치하여야 하며 말을 너무 제멋대로 해서도 안 된다.

> 제나라 경공景公이 공자에게 정치에 대하여 물었다. 공자가 대답하였다. "임금은 임금답고, 신하는 신하답고, 아버지는 아버지답고, 자식은 자식답게 되는 것입니다." 경공이 말하였다. "좋은 말씀입니다. 임금이 임금답지 못하고, 신하가 신하답지 못하고, 아버지가 아버지답지 못하고, 자식이 자식답지 못하다면, 곡식이 있어도 임금인들 제대로 먹을 수 있겠습니까?"[63]

공자는 제나라 경공에게 임금은 임금 같아야 하고, 신하는 신하 같아야 하고, 아버지는 아버지 같아야 하고, 자식은 자식 같아야 한다고 하였다. 이역시 그 이름을 바르게 하는 것으로 이름과 실제가 부합하여야 권리와 책임, 의무가 서로 부합하고 관리에 차원과 질서가 있게 된다. 이것이 바로 차원, 질서, 원칙, 규범이 있는 공자의 관리사상으로 월권하지 않고 차원이 분명하며 등급을 나누어 관리할 것을 요구하였다. 이는 모두 공공성의 함의를 나타내는 것이다.

신도臣道에 대하여 이렇게 말하였다.

---

63) 『논어』, 「안연」, "齊景公問政於孔子. 孔子對曰, 君君, 臣臣, 父父, 子子. 公曰, 善哉! 信如君不君, 臣不臣, 父不父, 子不子, 雖有粟, 吾得而食諸?"

임금을 섬길 때에는 직무에 성실하고 그 녹봉은 뒤로 미룬다.[64]

자로가 임금을 어떻게 섬기는지에 대하여 물었다. 공자가 말하였다. "속이지 말고 면전에서 비판하라."[65]

이것이 바로 "임금을 섬기되 허물이 있으면 간하되 눈치 보지 말아야 한다"(事君有犯而無隱)의 원형(先導)이다. 신하가 임금을 섬김에 있어서 속이지 말고 안색을 거스르며 직접 간하고 비판할 수 있는 것이다.

공자는 "원칙으로 임금을 섬기고 그럴 수 없으면 그만두는"[66] 원칙을 제기하였다.

계자연이 물었다. "자로와 염유는 대신大臣이라 할 수 있습니까?' 공자가 말하였다. "나는 그대가 색다른 질문을 할 줄 알았습니다. 겨우 자로와 염유에 대한 질문입니까? 이른바 대신이란 원칙에 따라 임금을 섬기고 그럴 수 없으면 그만둡니다. 자로와 염유는 구신具臣일 뿐입니다." "그렇다면 무조건 추종하는 사람입니까?' 공자가 말하였다. "아버지와 임금을 시해하는 일은 추종하지 않습니다."[67]

계씨는 권력을 전횡하여 참람한 지위를 차지하고 있었고, 염유와 자로는 그 가문에서 벼슬하면서 시정할 수 없었다. 공자는 이에 대하여 줄곧 비판하였다. 이 장에서는 인도人道, 인의仁義에 부합하는 내용과 방식으로 군주를 대하고 대부, 대신을 섬기되, 만약 통하지 않으면 차라리 원칙을 견지하여 사직하여야

---

64) 『논어』, 「위령공」, "事君, 敬其事而後其食."
65) 『논어』, 「헌문」, "子路問事君. 子曰: 勿欺也, 而犯之."
66) 以道事君, 不可則止.
67) 『논어』, 「선진」, "季子然問: 仲由, 冉求可謂大臣與? 子曰: 吾以子爲異之問, 曾由與求之問. 所謂大臣者, 以道事君, 不可則止. 今由與求也, 可謂具臣矣. 曰: 然則從之者與? 子曰: 弑父與君, 亦不從也."

함을 재차 강조하였다. 이른바 대신大臣은 임금의 욕망을 따르지 않고 자기의 뜻을 반드시 실행하여야 한다. 자로, 염유는 모두 대신의 표준에 도달하지 못하였지만 신하로서의 일반적인 표준은 여전히 갖추었기에 군신의 대의大義는 알고 있었다. 이 장에서 공자는 자로, 염유에 대한 기본적인 신임 즉 그들이 계씨를 따라 아버지와 임금을 시해하는 일, 주요하게 권신權臣을 따라 노나라의 임금을 시해하지 않을 것이며 결코 빼앗을 수 없는 절개를 여전히 가지고 있음을 표명하였다. 맹자와 순자 역시 "도가 아니면 임금이라도 따르지 않는"(從道不從君) 원칙을 강조하였다.

여섯째, 중정中正·평화平和의 정치이념을 제창하였다.

중국의 전통적인 정치철학 경전 중에서 비교적 이른 것이 『상서』「홍범」이다. 이는 주나라 무왕이 은나라의 유신遺臣 기자箕子에게 국정에 대하여 가르침을 청할 때 기자가 말한 내용이다. 기자는, 삼덕三德은 정직함을 주로 하고 강약이 있으며 강약이 서로 도우면서 중정함과 평화를 구함을 제기하였다. 대중지정大中至正의 표준은 "치우치거나 기울어짐이 없어서 왕의 의리를 따르고…… 치우치거나 무리 지음이 없으면 왕의 도는 아주 넓어지고, 무리 짓거나 치우침이 없으면 왕의 도는 매우 고르게 되며, 거꾸로 함도 기울어짐도 없으면 왕의 도는 바르고 곧으며, 그 지극함을 모으면 한끝으로 돌아오는 것이다."[68] 즉 정치에 대중지정의 표준을 세워야 하는데, 이 표준을 '황극皇極'이라고 하는 것이다. 구체적으로 말하면 그 내용에 다음과 같은 것들이 포함된다. 정치를 하는 자는 무리를 짓고 사리를 꾀해서는 안 되고 외롭고 가난하고 의지할 데 없는 사람을 업신여기지 않고 권세가 있는 귀족을 두려워하지 않고 정직한 사람을 등용하여야 한다. 이러한 표준이 있으면 모두 이 방향을 향하게 노력하게 된다. 삼덕은 정직을

---

68) 無偏無陂(頗), 遵王之義……無偏無黨, 王道蕩蕩; 無黨無偏, 王道平平; 無反無側, 王道正直; 會其有極, 歸其有極.

주로 하고 바름을 지켜 아첨하지 않으며 강하고 부드러움이 있고 서로 조화를 이루어 중정·평화를 구한다.

공자유가의 '공公'에 대한 요구는 "큰 도가 행하여지면 천하가 공평해지고"[69], "하늘은 사사로이 덮어 주는 것이 없으며, 땅은 사사로이 실어 주는 것이 없고, 해와 달은 사사로이 비춰 주는 것이 없는데, 이 세 가지를 받들어 세상을 위하여 수고하는 것이고, 이것을 세 가지 사사로움이 없는 것이라 한다."[70] "하늘은 사사로이 덮어 주는 것이 없고 땅은 사사로이 실어 주는 것이 없음"에 관해서는 『장자』「대종사」, 『여씨춘추』「거사」에서도 이미 논의하였는데 각각 부동한 파생적 의미가 들어 있다. 「공자한거」의 중점은 여전히 정치를 다스리는 자의 공정과 공헌에 있는데, "세상을 위하여 수고하는 것"이기에 결코 모든 사람에 대하여 '무사無私'의 요구를 제기한 것이 아니고 모든 장소에서 '무사'의 요구를 지켜야 하는 것이 아니다. 다른 한편, 유가의 인의, 인정과 애민 원칙과 서로 대립되는데 유가는 통치자의 "사사로움에 치우치고"(偏私) "사사로움을 따르고"(徇私) "감정에 치우치는"(徇情) 것을 특히 경계하고 있다.

공자는 일관되게 중정·평화의 정치이념을 제창하였다. 공자는 '정正'으로써 '정政'을 해석하면서 평정을 강조하였다.

> 계강자가 공자에게 정치에 대하여 물었다. 공자가 대답하였다. "정치란 올바름 그 자체입니다. 그대가 올바름으로써 솔선할진대 감히 누가 부정을 행할 수 있겠습니까?"[71]

이 말에는 두 가지 뜻이 포함되어 있다. 하나는 정치를 함에 있어서 중정·평

---

69) 『예기』, 「예운」, "大道之行也, 天下爲公."
70) 『예기』, 「공자한거」, "天無私覆, 地無私載, 日月無私照, 奉斯三者, 以勞天下, 此之謂三無私."
71) 『논어』, 「안연」, "季康子問政於孔子. 孔子對曰: 政者, 正也. 子帥以正, 孰敢不正?"

직不直하고 치우침이 없는 것이고, 다른 하나는 정치를 하는 사람이 솔선수범하여 중정·평직함으로써 개인적인 감정에 치우치지 말아야 한다는 것이다. 공자는 세상을 다스리는 자는 반드시 "백성을 편안하게 하고"(安民) "공평무사하고"(平正) "널리 평등하게 사랑하고"(同仁) "사사로움이 없어야 함"(無私)을 주장하면서 정치와 공무 활동에서 공평하고 공정함으로써 악을 싫어하고 어버이를 어버이로 여기고 귀한 사람을 귀하게 여기는 것을 반대하고 몸을 바르게 하고 나라를 바르게 하고 천하를 바르게 하여야 함을 강조하였다. 사랑하는 마음과 덕정으로 모순을 화해하고 위와 아래 사람이 서로 친해지고 자애롭고 화목해지도록 유도하였으며, 또한 교육으로 감화시킬 것을 주장하면서 덕과 형벌을 함께 사용하여 무고한 백성을 죽이지 않고 죄인을 석방하지 않으며 법을 어긴 범죄 현상을 능숙하게 구분하고 적당하게 처벌함으로써 정치가 평화롭고 사람들이 화목하게 하였다.

이상에서 서술한 내용을 종합해 보면, 공자의 위정사상에는 매우 풍부한 공사관과 공공사무윤리에 관한 자원들이 포함되어 있다. 춘추 말기의 정치 사무와 관련지어 공자의 사상에 대하여 합당하게 평가해 보면 인정사상 속에 포함된 공평, 정의의 이념을 쉽게 찾아낼 수 있다. 당시의 '공'과 오늘날 소위 말하는 '공공성'을 비록 동일시할 수는 없지만 당시의 대부가大夫家, 제후국의 사무에는 여전히 가家, 국國을 초월하여 백성들과 관련된 사무가 포함되어 있었다. 공자는 정치를 다스리는 자들이 백성들의 사사로운 이익을 강조하고 '부민'과 '혜민'을 제창하여야 함을 거듭 강조하였는데, 어떤 의미에서는 소시민의 생존권과 사적인 영역을 긍정하는 동시에, 사인士人 및 그 이상 등급의 사람들의 사사로운 이익을 긍정한 것이다. 하지만 권력으로 재부를 긁어모음을 반대하고 하층 백성 및 그 자제들을 향하여 교육과 정치를 개방할 것을 주장하였는데, 실제로 중국 문관제도와 교육제도의 시작을 연 것으로 볼 수 있다. 공자는 정치인에 대하여 책임감(敬業), 충성, 신용 등의 구체적인 요구를 제기하였고, 책임윤리의 측면에서 공공윤리의 기초를 마련하였으며, 군신 관계를 처리함에 있어서 직권과 책임을 구분하고 서로 제약하는 싹을 포함하였다. 이는 모두 공공철학을 논의함에 있어서 중요한 자원이다. 관덕官德에서 공자는 "사사로움을 따르는 것"을 반대하였는데, 인의, 애민의 원칙과 서로 어긋나기 때문이었음은 주목할 만하다. 하지만 공자는 개인적인 사생활과 친친親親 등 합리적인 사私를 반대하지 않았다. 이 점에 대해서는 아래에서 전문적으로 논의하도록 한다.

3. 맹자의 정의론

역사적으로 보면, 유가의 사회이상과 제도적인 설계는 대부분 당시의 폐단에 근거하여 제기된 것으로, 당시의 사회를 비판하고 지도하기 위함이었고, 유가사상과 전제정치체제 사이에는 거리가 있고 장력이 존재한다. 추상적인 권리관權利觀이란 것이 없고, 추상적인 공평, 정의도 없으며, 추상적인 공사, 군기群己의 분계도 없다. 어떠한 시공간의 개인적 권리와 사회의 공평, 정의이든지 모두 역사적이고 구체적인 것이다.[72]

지금의 젊은 사람들은 맹자 내지 유가는 사사로운 이익을 포기한 것으로 쉽게 이해하면서 "하필 리를 말하는가"라고 한다. 하지만 그들은 "왕이 왜 하필

---

72) 유가의 이념 중에서 권리의식, 公私權界觀 및 유가와 전제주의의 구별에 관한 매우 좋은 예가 바로 漢대의 "鹽鐵論"이다. 桑弘羊을 대표로 하는 국가주의자들은 소금과 철의 정부 판매를 주장하면서 중앙정부가 독점하고 상인과 상업을 강력하게 통제함으로써 정부가 위에서 아래에 이르는 사회질서를 수호하여야 한다고 주장하였다. 하지만 賢良文學을 대표로 하는 많은 유생들은 염과 철의 민간 경영을 주장하면서 상인과 상업에 대한 통제를 반대하고 각 지방과 민간이 자발적으로 여러 단계의 사회질서를 형성하고 유지하여야 한다고 주장하였다. 杜維明은 이 점을 매우 중시하는데 『유가와 자유주의』(삼련서점, 2001)의 84쪽을 참조. 또한 桑弘羊은 商鞅과 한비자의 什伍연좌법으로 민간을 통제하고 현량문학은 공맹과 『公羊春추』의 "親親互隱"을 내세우면서 백성들의 親情權, 隱私權, 容隱權을 강조하였는데 이에 대한 자세한 내용은 제6장에서 다루도록 한다.

리를 말하는가"(王何必曰利)라는 말이 주요하게 양혜왕(위혜왕), 제선왕 혹은 유사한 군주에 대한 것임을 모른다. 맹자의 의리관은 비교적 복잡한데 대체로 의리가 모순되어 반드시 선택하여야 할 때 사리私利에 앞서 공의公義를 취하는 입장을 견지하였다. 특히 공과 사의 관계에 대하여 논의할 때 맹자의 군주의 사, 신하의 사와 백성의 사에 주목하여야 하는데 군주의 개인, 제후국과 백성의 이익 등에 대하여 명확하게 구분하였을 뿐만 아니라 특히 군주와 신하가 개인적인 사를 제후국의 공으로 삼는 것을 반대하였다. 한편, 맹자는 군주, 신하, 지식인, 백성의 개인적인 이익, 은혜와 공의公義, 공도公道에 대하여 서로 소홀히 하지 않는 중도적인 입장 즉 극단적인 이기주의(楊朱)와 극단적인 이타주의(墨子) 사이의 긴장감을 유지하였다. 맹자는 양주를 이렇게 비판하였다. "양씨는 자신만을 위하니 이는 군주가 없는 것이고 묵씨는 똑같이 사랑하니 이는 아버지가 없는 것이다. 군주가 없고 아버지가 없으면 이는 금수이다."[73] 맹자는 중도를 주장하였을 뿐만 아니라, 그와 자막子莫의 차이는 원칙성만이 아니라 융통성도 있었기에 변통할 수 있었음에 있다. 맹자는 이렇게 말하였다.

> 양자는 자신을 위함을 취하였으니 한 털을 뽑아서 천하가 이롭더라도 하지 않았다. 묵자는 똑같이 사랑하였으니 정수리를 갈아 발꿈치에 이르더라도 천하에 이로우면 하였다. 자막은 중간을 잡았으니 중간을 잡는 것은 도에 가까우나 중간을 잡고 저울질함이 없는 것은 한쪽을 잡는 것과 같다. 한쪽을 잡는 것을 미워하는 까닭은 도를 해치기 때문이니 하나를 들고 백 가지를 폐하는 것이다.[74]

절대적인 이기주의(私)와 절대적인 공동체주의(公) 모두 인·의·예를 해치고, 고지식하게 중립을 고집하면 때에 맞게 하는 것(時中)을 해치게 된다. 따라서

---

73) 『맹자』, 「등문공하」, "楊氏爲我, 是無君也; 墨氏兼愛, 是無父也. 無君無父, 是禽獸也."
74) 『맹자』, 「진심상」, "楊子取爲我, 拔一毛而利天下, 不爲也. 墨子兼愛, 摩頂放踵利天下, 爲之. 子莫執中, 執中爲近之. 執中無權, 猶執一也. 所惡執一者, 爲其賊道也, 擧一而廢百也."

맹자는 분수가 있었을 뿐만 아니라 조절력을 갖춘 관리기술이 있었고, 공과 사, 의와 리를 골고루 돌봄에 있어서 변증법적 지혜가 있었다.

우선으로 생존권, 재산권과 관련된 "제민항산制民恒産"론과 토지, 부세, 상 업정책의 평등관이다.

공자의 인도주의를 계승하여 맹자도 폭정을 반대하였다. 맹자의 사회정치사 상은 그의 성선설을 전제로 한다. 바로 사람에게 "사람을 차마 해치지 못하는 마음"(不忍人之心)이 있기 때문에 "사람을 차마 해치지 못하는 정치"(不忍人之政)를 시행할 수 있는 것이다. 그는 도덕, 인의를 사회, 국가의 관리 속으로 널리 보급하였다. 그는 "친척을 친히 하고서 백성을 인하게 하고 백성을 인하게 하고서 물건을 사랑하는"75) 은혜를 베푸는 원칙을 제기하였고, "인한 사람은 그 사랑하는 바로써 사랑하지 않는 바에 미치고"76), "은혜를 미루면 족히 사해를 보호할 수 있고 은혜를 미루지 않으면 처자도 보호할 수 없다"77)고 하였다. 이렇게 천하를 다스림은 "손바닥 위에 놓고 움직일 수 있는 것이다."78) 그는 "힘으로 남을 따르게 하는"(以力服人) '패도覇道'를 반대하고, 폭력과 강제로 백성을 대하는 것을 반대하였으며, 무고한 사람을 함부로 죽이는 것을 반대하고, "덕으로 사람을 따르게 하는"(以德服人) '왕도'를 주장하면서 백성들을 아끼고 "사람 죽이기를 좋아하지 않는 자가 능히 통일할 수 있음"79)을 제기하였다. 즉, 사람 죽이기를 좋아하지 않는 자만이 천하를 통일할 수 있다는 것이다.

개인적인 인간 특히 소시민의 권리, 영역 혹은 공간에 대하여 맹자는 백성들의 재산권 혹은 재물권을 보장할 것을 강조하였다. 그는 제선왕에게 이렇게 말하였다.

---

75) 『맹자』, 「진심상」, "親親而仁民, 仁民而愛物."
76) 『맹자』, 「진심하」, "仁者以其所愛及其所不愛."
77) 『맹자』, 「양혜왕상」, "推恩足以保四海, 不推恩無以保妻子."
78) 『맹자』, 「공손추상」, "可運於掌上."
79) 『맹자』, 「양혜왕상」, "不嗜殺人者能一之."

떳떳한 생업이 없으면서도 떳떳한 마음을 가지고 있는 것은 오직 선비만이 가능한 것입니다. 백성으로 말하면 떳떳이 살 수 있는 생업이 없으면 떳떳한 마음이 없어집니다. 만일 떳떳한 마음이 없어진다면 방벽放辟함과 사치함을 하지 않음이 없을 것입니다. 그리하여 죄에 빠짐에 이른 뒤에 따라서 이들을 형벌한다면 이것은 백성을 그물질하는 것입니다. 어찌 어진 자가 지위에 있으면서 백성을 그물질하는 짓을 할 수 있겠습니까? 그러므로 현명한 군주는 백성의 생업을 제정해 주되, 반드시 위로는 부모를 섬기기에 충분하고 아래로는 처자를 기르기에 충분하여, 풍년에는 일 년 내내 배부르고 흉년에는 죽음을 면하게 하니, 그런 뒤에야 백성들을 몰아서 선에 가게 하기 때문에 백성들이 명령을 따르기가 쉬운 것입니다. 지금에는 백성의 생업을 제정해 주되, 위로는 부모를 섬기기에 부족하고 아래로는 처자를 기르기에 부족하여, 풍년에는 일 년 내내 고생하고 흉년에는 죽음을 면치 못합니다. 이것은 오직 죽음을 구제하기에도 부족할까 두려우니 어느 겨를에 예의를 다스리겠습니까?[80]

그는 등문공에게도 같은 내용의 말을 하였고, 또 보충하여 말하기를, "백성의 부모가 되어서 백성으로 하여금 한스럽게 보아 장차 일 년 내내 부지런히 노동하여 그 부모를 봉양할 수 없게 하고, 또 빚을 내어 보태어서 세금을 내게 하여 늙은이와 어린아이로 하여금 구학溝壑에서 전전하게 한다면 백성의 부모 된 것이 어디에 있겠는가?"[81] 하였다. 좋은 정치는 반드시 백성들로 하여금 생업이 있고 수입이 있게 하는 정치이고, 반드시 그들의 수입과 소득을 보장하여 위로는 부모를 봉양하기에 충분하고 아래로는 처자식을 부양하기에 충분하여, 풍년이

---

80) 『맹자』, 「양혜왕상」, "無恒產而有恒心者, 惟士爲能. 若民, 則無恒產, 因無恒心. 苟無恒心, 放辟邪侈, 無不爲已. 及陷於罪, 然後從而刑之, 是罔民也. 焉有仁人在位罔民而可爲也? 是故明君 制民之產, 必使仰足以事父母, 俯足以畜妻子, 樂歲終身飽, 凶年免於死亡; 然後驅而之善, 故民之 從之也輕. 今也制民之產, 仰不足以事父母, 俯不足以畜妻子; 樂歲終身苦, 凶年不免死亡. 此惟救 死而恐不贍, 奚暇治禮義哉?"

81) 『맹자』, 「등문공상」, "爲民父母, 使民盼盼然, 將終歲勤動, 不得以養其父母, 又稱貸而益之, 使老稚轉乎溝壑, 惡在其爲民父母也?"

들면 살림이 넉넉하고 흉년이 들어도 굶어 죽지는 않을 것이니, 그런 뒤에야 그들을 유도하여 선량의 길로 나아가게 한다. 백성들은 떠받들어 모실 것이고 함께 따라갈 것이다. 만약 백성들이 하루 종일 일하여도 부모마저 봉양할 수 없고 사채를 빌려 세금을 낸다면 결국 늙은이와 어린아이의 시체와 뼈가 산골짜기에 던져져 나타날 것인데, 그렇다면 백성의 부모 된 관리의 직책이 어디에 있겠는가?

맹자는 전국戰國 중기 사회의 불공평에 대하여 엄격하게 비판하였다.

임금의 푸줏간에 살진 고기가 있고 마구간에 살진 말이 있는데도 백성들이 굶주린 기색이 있으며 들에 굶어 죽은 시체가 있다면 이는 짐승을 내몰아 사람을 잡아먹게 하는 것이다.[82]

그는 "백성에게 인정을 베풀어 형벌을 줄이고 세금을 적게 거둔다면 백성들이 밭을 깊이 갈고 김을 열심히 맬 것"[83]임을 주장하면서, 진秦나라와 초楚나라에서 "백성들의 농사시기를 빼앗아 백성들로 하여금 밭을 갈고 김을 매어 부모를 봉양하지 못하게 하면, 부모는 얼고 굶주리며 형제와 처자가 뿔뿔이 흩어지게 될 것"[84]임을 비판하였다. 『맹자』에는 백성들의 "여덟 식구의 집안"(八口之家), "다섯 무의 집"(五畝之宅), "백 무의 토지"(百畝之田)의 농민생활에 대한 이상을 논의한 부분이 여러 군데 있다. 백성들에게 땅과 집 마당이 있고, 뽕나무와 가축, 가금이 있어서 추위와 굶주림의 걱정이 없고, 비단옷과 고기가 있는 것은 인정을 시행한 결과이다. 전란이 빈번할 때에도 맹자는 백성들의 사활을 고려하지 않고 백성들을 내쫓아 농사짓고 전쟁함으로써 군주의 사욕을 만족시키는

---

82) 『맹자』, 「등문공하」, "庖有肥肉, 廐有肥馬; 民有饑色, 野有餓莩, 此率獸而食人也."
83) 施仁政於民, 省刑罰, 薄稅斂, 深耕易耨.
84) 『맹자』, 「양혜왕상」, "奪其民時, 使不得耕耨以養其父母. 父母凍餓, 兄弟妻子離散."

것을 반대하였다. 그는 형벌을 줄이고 세금을 적게 거둘 것을 주장하였다. 이렇게 하여야만 천하의 백성들이 비로소 대망待望하고 인군仁君에게 복종할 수 있다.

맹자는 백성들이 "산 이를 봉양하고 죽은 이를 장송함에 유감이 없게 하는 것"(養生喪死無憾)으로부터 왕도가 시작된다고 주장하였다.

괘효도

농사철을 어기지 않게 하면 곡식을 이루 다 먹을 수 없고 촘촘한 그물을 웅덩이와 연못에 넣지 않으면 물고기와 자라를 이루 다 먹을 수 없으며, 도끼와 자귀를 때에 따라 산림에 들어가게 하면 재목을 이루 다 쓸 수 없을 것이다. 곡식과 물고기와 자라를 이루 다 먹을 수 없으며 재목을 이루 다 쓸 수 없으면, 이는 백성으로 하여금 산 이를 봉양하고 죽은 이를 장송함에 유감이 없는 것이다. 산 이를 봉양하고 죽은 이를 장송함에 유감이 없게 하는 것은 왕도의 시작이다.[85]

그는 인정仁政은 밭의 경계를 나누는 것으로부터 시작되어야 한다고 하였다.

인정은 반드시 경계를 나누는 것으로부터 시작된다. 경계를 나눔이 바르지 못하면 경작지가 균등하지 못하고, 곡록이 공평하지 못하게 된다. 그러므로 폭군과 탐관오리들은 반드시 경계를 나누는 일을 태만하게 하니 경계를 나눔이 이미 바르면 토지를 나누어 주고 곡록을 제정해 줌은 가만히 앉아서도 정해질

---

85) 『맹자』, 「양혜왕상」, "不違農時, 穀不可勝食也; 數罟不入洿池, 魚鱉不可勝食也; 斧斤以時入山林, 材木不可勝用也. 穀與魚鱉不可勝食, 材木不可勝用, 是使民養生喪死無憾也. 養生喪死無憾, 王道之始也."

수 있다.[86]

밭의 경계를 나눔이 균등하지 못하면 곡록으로서의 소작료 수입도 공평하고 합리할 수 없게 되기 때문에, 역사상의 폭군과 탐관오리들은 반드시 밭의 경계를 혼란스럽게 하였다. 맹자 이후의 유가, 깨끗한 선비(淸流), 청렴한 관리들은 모두 경계를 나누는 문제를 둘러싸고 권세가, 탐관들과 부단히 투쟁하였는데, 모두 맹자의 기치를 내걸었다.

『맹자』「양혜왕하」(A1), 『맹자』「공손추상」(A2), 『순자』「왕제」(B)와 『예기』「왕제」(C)에는 삼대 성왕과 관련된 비슷한 자료들 즉 유가가 주장하는 토지, 부세와 상업정책이 들어 있다.

【A1】 양혜왕이 물었다. "왕정은 얻어 들을 수 있겠습니까?' 맹자가 답하였다. "옛적에 문왕이 기주岐周를 다스릴 때 경작하는 자들에게는 9분의 1의 세금을 받았고, 벼슬하는 자들에게는 대대로 녹을 주었으며, 관문과 시장을 기찰하기만 하고 세금을 징수하지 않았으며, 택량澤梁을 금하지 않았고, 죄인을 처벌하되 처자에게까지 미치지 않게 하였습니다. 늙었으면서 아내가 없는 것을 홀아비(鰥)이라 하고, 늙었으면서 남편이 없는 것을 과부(寡)라 하고, 늙었으면서 자식이 없는 것을 무의탁자(獨)라 하고, 어리면서 부모가 없는 것을 고아(孤)라 하였는데, 이 네 가지는 천하의 곤궁한 백성으로서 하소연할 곳이 없는 자들입니다. 문왕은 선정을 펴고 인을 베풀되 반드시 이 네 부류의 사람들을 먼저 하셨습니다. 『시경』에 이르기를 '부자들은 괜찮거니와 이 곤궁한 이가 가엾다' 하였습니다."[87]

---

86) 『맹자』, 「등문공상」, "夫仁政, 必自經界始. 經界不正, 井地不均, 穀祿不平, 是故暴君汙吏必慢其經界, 經界旣正, 分田制祿可坐而定也."

87) 『맹자』, 「양혜왕하」, "魏惠王: 王政可得聞與? 孟子: 昔者文王之治岐也, 耕者九一, 仕者世祿, 關市譏而不征, 澤梁無禁, 罪人不孥. 老而無妻曰鰥, 老而無夫曰寡, 老而無子曰獨, 幼而無父曰孤, 此四者, 天下之窮民而無告者. 文王發政施仁, 必先斯四者. 『詩』云, 哿矣富人, 哀此煢獨."

【A2】 시장의 자리에 자릿세만 받고 세금을 징수하지 않으며, 법대로 처리하기만 하고 자릿세도 받지 않으면 천하의 장사꾼들이 모두 기뻐하여 그 시장에 화물을 보관하기를 원할 것이다. 관문을 기찰하기만 하고 세금을 징수하지 않으면, 천하의 여행자들이 모두 기뻐하여 그 길로 나가기를 원할 것이다. 농사짓는 자들을 도와서 경작하게만 하고 세금을 내지 않게 하면, 천하의 농부들이 모두 기뻐하여 그들에서 경작하기를 원할 것이다. 터전(廛)에 부夫와 리里에서 내는 베를 없애면 천하의 백성들이 모두 기뻐하여 그의 백성이 되기를 원할 것이다.[88]

【B】 왕의 법도는 부세에 등급을 매기고 일을 올바로 하여 만물을 풍부히 하며 만백성을 먹여 살리는 근거가 된다. 밭이나 들에서는 수확물의 십 분의 일을 거둬들이고, 관소나 시장에서는 검사는 하지만 세금을 받지는 않는다. 산과 숲, 못과 어살에는 철에 따라 사냥이나 고기잡이를 금하기도 하고 풀어주기도 하지만 세금을 거두지는 않는다. 땅이 좋고 나쁜 것을 살펴 등급에 따라 세금을 거두며, 길이 멀고 가까운 것을 참작하여 공물을 바치게 한다. 재물과 양곡들을 유통케 하여 한 군데 쌓이는 일이 없도록 하며, 서로 가져오고 가져가게 한다면 온 세상이 한 집안처럼 될 것이다. 그렇게 되면 가까운 곳의 사람들은 그의 재능을 숨기지 않고 먼 곳의 사람들은 그의 수고로움을 꺼리지 않을 것이니 깊숙이 떨어져 오지에 숨어 있는 나라 없이 모두가 달려와 일하면서 다스림을 편안히 즐길 것이다.[89]

【C】 옛적에는 공전에 백성의 힘을 빌릴 뿐 세금을 받지 않았고, 시市와 가게(廛)에도 세금을 받지 않았으며, 관문을 기찰만 하고 세금을 징수하지 않았고, 임록林

---

88) 『맹자』, 「공손추상」, "市, 廛而不征, 法而不廛, 則天下之商皆悅, 而願藏於其市矣; 關, 譏而不征, 則天下之旅皆悅, 而願出於其路矣; 耕者, 助而不稅, 則天下之農皆悅, 而願耕於其野矣; 廛, 無夫里之布, 則天下之民皆悅, 而願爲之氓矣."

89) 『순자』, 「왕제」, "王者之法: 等賦, 政事, 財萬物, 所以養萬民也. 田野什一, 關市幾而不征, 山林澤梁, 以時禁發而不稅. 相地而衰政(征), 理道之遠近而致貢, 通流財物粟米, 無有滯留, 使相歸移也; 四海之內若一家. 故近者不隱其能, 遠者不疾其勞. 無幽閒隱僻之國, 莫不趨使而安樂之."

麓과 산택山澤에 수시로 들어가도 세금을 받지 않았으며, 규전圭田도 세금을 받지 않았다. 백성의 힘을 쓰는 것이 1년에 3일을 넘지 못하였으며, 전리는 팔 수 없고 묘지는 달라고 청할 수 없었다.[90)]

맹자와 순자 그리고 『예기』의 사상을 종합해 보면, 왕의 법제에는 부세를 균등하게 하고 백성들의 일을 평정平正시키며 만물을 제어하는 것이 포함되는데, 이는 백성을 부양하는 데 쓰인다. 토지세는 9분의 1(『맹자』「양혜왕하」에 근거하면 9분의 1이지만, 『맹자』「등문공상」에 근거하면 맹자가 하나라의 '貢'법, 상나라의 '助'법, 주나라의 '徹'법에 대하여 논의하는데 세율은 사실상 모두 10분의 1이다.) 혹은 10분의 1(순자의 해석)을 취하고, 관문과 시장은 나쁜 사람이 있는지 기찰만 할 뿐 세금을 받지 않으며, 상인들에게 공간을 내주어 화물을 저장하도록 하되 별도로 화물세를 징수하지 않았다. 산림과 어장은 계절의 바뀜에 따라 문을 닫거나 개방하였으며(생태적인 차원을 고려한 것임) 누구라도 갈 수 있고 세금 비용을 징수하지 않았으며, 토지의 비옥 정도에 근거하여 세금을 징수하고, 재물을 유통하고 양식을 운반함에 아무런 막힘도 없이 순조롭고, 백성들의 힘을 빌려 공전을 경작함에 있어서(즉 지세에 대한 부역) 전세를 따로 징수하지 않았다. 밭을 사용하여 경작하여도 세금을 징수하지 않았고, 백성의 힘을 쓰는 것이 1년에 3일을 초과하지 않았으며, 농부의 거주지에 대하여 땅세와 별도의 돈을 거두지 않았다. 전지田地와 거읍居邑은 팔 수 없었고, 공가에서 준 묘지 외에 별도의 밭을 청구할 수 없었으며, 죄를 지은 사람은 형벌이 본인에게만 미치고 가족들에게 연루되지 않았고, 가까운 곳의 사람은 재능을 발휘하였고 먼 곳에서 왕으로 모시고자 사람들이 달려왔다.

역사적으로 이러한 균부론均富論과 권력공평론權力公平論의 주장은 부분적으로 제도화되었고 혹은 제도를 수정, 보완하였으며, 인재의 등용, 안건의 심리審理,

---

90) 『예기』, 「왕제」, "古者公田藉而不稅, 市廛而不稅, 關譏而不征, 林麓川澤以時入而不禁, 夫圭田無征, 用民之力歲不過三日, 田裏不粥, 墓地不請."

상과 벌, 수입과 소비 등 방면에 관통되어 있다.

물론 선진유가는 절대적인 평균주의자가 아니며(맹자가 농가인 허행을 비판하는 것이 전형적인 예이다.), 그들은 '예'를 중시하고 '예'를 집행하였다. '예'는 사회 공공생활의 규범이고 질서로서 시공간의 조건이 달라짐에 따라 부동하게 변화한다. '예'의 기능은 사회의 재부와 권력의 분배와 재분배에 등급이 있고 절도와 질서가 있게 할뿐더러 전반적으로 조화를 이루도록 한다. 순자는 재산과 권력의 분배에서 혼란과 다툼을 피면하기 위하여 선왕이 예의를 제정하여 사람의 무리를 구분하고 빈부와 귀천의 차별이 있게끔 하였는데 빈부귀천의 차별은 반드시 서로 알맞아 중도에 부합하고 평형을 잃어서는 안 됨을 주장하였다. 순자가 주장하는 '예'는 "귀하고 천한 등급이 있고, 어른과 아이의 차별이 있고, 가난한 사람과 부자의 가볍고 무거움이 있어서 모두 알맞게 어울리고 있음을 말하는 것이다."91) "예는 하늘을 근본으로 한다."(禮本於天) '예'의 질서는 우주의 질서에서 나온다. "하늘은 사사로이 덮는 법이 없고 땅은 사사로이 싣는 법이 없다."92) 질서의 가치에는 신성함이 있는 동시에, 추상적, 합리적, 공공성, 공의公義의 함의가 들어 있다. 이러한 사람과 사람 사이의 차별적 사회원칙인 '예'는 '하늘'(天) 의 제약을 받을 뿐만 아니라 그 내재적인 정신은 '인仁'이다. '인'은 '예'보다 높다. 순자는 인간의 현실적 존재의 사회적 차별을 긍정하면서도 '공평', '정의'를 결코 소홀히 하지 않았다.93)

다음으로, 양로, 약자에 대한 구제, 재난 구축과 사회보장에 대한 제도적 설계이다.

공자의 정의에 대한 주장, 빈곤 부축에 대한 사상은 맹자에서 충분히 발휘되었

---

91) 『순자』, 「예론」, "貴賤有等, 長幼有差, 貧富輕重皆有稱."
92) 天無私覆, 地無私載.
93) 순자와 『예기』에서 공공, 정의의 가치와 관련된 논의는 다음 절을 참조.

다. 『맹자』에서 제민制民 산업, 토산土産 제도와 관련된 약간의 자료들을 찾아볼 수 있다.

맹자가 제선왕에게 말하였다.

5무의 집 주변에 뽕나무를 심게 한다면 50세 된 자가 비단옷을 입을 수 있으며, 닭과 돼지와 개와 큰 돼지를 기르는데 새끼 칠 때를 잃지 않게 한다면 70세 된 자가 고기를 먹을 수 있으며, 100무의 토지에 농사철을 빼앗지 않는다면 몇 식구의 집안이 굶주림이 없을 수 있습니다. 상서庠序의 가르침을 삼가서 효제의 의리로써 거듭한다면 반백이 된 자가 도로에서 짐을 지거나 이지 않을 것입니다. 70세 된 자가 비단옷을 입고 고기를 먹으며 젊은 백성(黎民)들이 굶주리지 않고 춥지 않고서 왕 노릇 하지 못하는 자는 있지 않습니다.[94]

맹자가 말하였다.

백이伯夷가 주왕紂王을 피하여 북해의 물가(濱)에 살더니 문왕이 일어났다는 말을 듣고 분발하여 말씀하기를 "어찌 돌아가지 않겠는가. 내 들으니 서백西伯은 늙은이를 잘 봉양한다" 하였으며, 태공이 주왕을 피하여 동해의 물가에 살더니 문왕이 일어났다는 말을 듣고 분발하여 말씀하기를 "어찌 돌아가지 않겠는가. 내 들으니 서백은 늙은이를 잘 봉양한다" 하였으니, 천하에 늙은이를 잘 봉양하는 자가 있으면 인인仁人들이 자기의 돌아갈 곳으로 삼을 것이다. 5무의 집에 담장 아래에 뽕나무를 심어 필부匹夫가 누에를 치면 늙은이가 충분히 비단옷을 입을 수 있으며, 다섯 마리의 암탉과 두 마리의 암퇘지가 새끼 칠 때를 놓치지 않게 하면 늙은이가 충분히 고기를 잃음이 없을 것이며, 100무의 토지를 필부가 경작한다면 여덟 식구의 집안이 굶주림이 없을 수 있을 것이다. 이른바 '서백이

---

94) 『맹자』, 「양혜왕상」, "五畝之宅, 樹之以桑, 五十者可以衣帛矣. 雞豚狗彘之畜, 無失其時, 七十者可以食肉矣. 百畝之田, 勿奪其時, 八口之家可以無饑矣. 謹庠序之敎, 申之以孝悌之義, 頒白者不負戴於道路矣. 老者依帛食肉, 黎民不饑不寒, 然而不王者, 未之有也."

늙은이를 잘 봉양했다는 것은 그 전리田里를 제정해 주어 심고 기름을 가르치며 그 처자를 인도하여 그들로 하여금 노인을 봉양하게 한 것이다. 50세에는 비단이 아니면 따뜻하지 못하며, 70세에는 고기가 아니면 배부르지 못하니, 따뜻하지 못하고 배부르지 못함을 동뇌凍餒라 이른다. 문왕의 백성에 동뇌의 늙은이가 없다는 것은 이를 이른다.[95]

맹자가 말하였다.

농지(田疇)를 잘 다스리고 세금을 적게 거둔다면 백성들을 부유하게 할 수 있다. 먹기를 제때에 하고 쓰기를 예로써 하면 재물을 이루 다 쓸 수 없을 것이다. 백성은 물과 불이 아니면 생활할 수가 없으나 어두운 저녁에 남의 문을 두드리면서 물과 불을 구하면 주지 않는 자가 없는 것은 지극히 풍족하기 때문이다. 성인이 천하를 다스림에 백성들로 하여금 콩과 곡식을 물과 불처럼 흔하게 소유하게 하니 콩과 곡식이 물과 불처럼 흔하다면 사람들이 어찌 인仁하지 못한 자가 있겠는가?[96]

인정학설의 목적은 백성을 위함(爲民)이다. 따라서 인정은 우선 민생의 문제를 해결하여야 한다. 선유들이 백성을 기르고(養民) 백성을 부유해지게 하고(富民) 백성들의 생명과 생활을 안정시킨 기초 위에 맹자는 처음으로 백성을 위하여 제산制産할 것을 명확하게 제기하였다. 그에 의하면, 백성들은 먹고 입는 것이

---

95) 『맹자』, 「진심상」, "伯夷辟紂, 居北海之濱, 聞文王作, 興曰: 盍歸乎來, 吾聞西伯善養老者. 太公辟紂, 居東海之濱, 聞文王作, 興曰: 盍歸乎來, 吾聞西伯善養老者. 天下有善養老, 則仁人以 爲己歸矣. 五畝之宅, 樹牆下以桑, 匹婦蠶之, 則老者足以衣帛矣. 五母雞, 二母彘, 無失其時, 老者足以無失肉矣. 百畝之田, 匹夫耕之, 八口之家足以無饑矣. 所謂西伯善養老者, 制其田裏, 教之樹畜, 導其妻子使養其老. 五十非帛不煖, 七十非肉不飽. 不煖不飽, 謂之凍餒. 文王之民無凍 餒之老者, 此之謂也."
96) 『맹자』, 「진심상」, "易(治)其田疇, 薄其稅斂, 民可使富也. 食之以時, 用之以禮, 財不可勝用也. 民非水火不生活, 昏暮叩人之門戶求水火, 無弗與者, 至足矣. 聖人治天下, 有菽粟如水火. 菽粟如 水火, 而民焉有不仁者乎?"

모두 풍족한 상황에서 비로소 제멋대로 나쁜 짓을 하지 않을 수 있고 교화를 받아들일 수 있다. 인정은 토지제도를 기본적인 보장으로 하는데, 이는 또한 생존권 문제이고 민생의 문제이다. 소시민의 기본적인 식량, 핵심가정의 기본적인 먹고 입는 것, 노인의 봉양은 모두 인정의 주요한 내용이다. 여기서 백성들이 춥고 굶주리지 않고 식량이 물과 불처럼 많으며, 50세 이상의 사람들이 비단 솜저고리를 입고 70세 이상의 사람들이 먹을 고기가 있음을 여러 차례 언급하였다.

"늙었으면서 아내가 없는 것을 홀아비(鰥)이라 하고, 늙었으면서 남편이 없는 것을 과부(寡)라 하고, 늙었으면서 자식이 없는 것을 무의탁자(獨)라 하고, 어리면서 부모가 없는 것을 고아(孤)라 하였는데, 이 네 가지는 천하의 곤궁한 백성으로서 하소연할 곳이 없는 자들입니다. 문왕은 선정을 펴고 인을 베풀되 반드시 이 네 부류의 사람들을 먼저 하셨습니다", "집에서 거하는 자들은 노적露積과 창고가 있으며 길을 떠나는 자들은 싼 양식이 있었습니다", "안에는 원망하는 여자가 없었고 밖에는 홀아비가 없었습니다."[97]

양로제도에 관하여 『예기』「왕제」는 상고시대의 "50세에는 향학에서 봉양하고, 60세에는 국 중의 소학에서 봉양하고, 70대는 대학에서 봉양하는"[98] 등급 양로제도 및 양로에 대한 예를 행하는 예속과 제도를 보존하였다. 약자에 대하여 『예기』「왕제」에서는 거의 맹자의 말을 중복하고 있다. "어리면서 부모가 없는 것을 고아(孤)라 하고, 늙었으면서 자식이 없는 것을 무의탁자(獨)라 하고, 늙었으면서 아내가 없는 것을 홀아비(鰥)라 하고, 늙었으면서 남편이 없는 것을 과부(寡)라 한다. 이 네 가지는 천하의 곤궁한 백성으로서 하소연할 곳이 없는 자들이고 모두 상희常餼가 있다."[99] '상희'는 바로 주기적인 식량 구제이다. "벙어리, 귀머거

---

97) 『맹자』, 「양혜왕하」, "老而無妻曰鰥, 老而無夫曰寡, 老而無子曰獨, 幼而無父曰孤. 此四者, 天下之窮民而無告者. 文王發政施仁, 必先斯四者.", "居者有積倉, 行者有裹(囊)糧", "內無怨女, 外無曠夫."

98) 五十養於鄕, 六十養於國, 七十養於學.

99) 少而無父者謂之孤, 老而無子者謂之獨, 老而無妻者謂之矜, 老而無夫者謂之寡. 四者, 天民之窮

리, 절름발이, 앉은뱅이, 다리 끊어진 자, 난쟁이, 백공은 각자 재능에 따라 작업을 시키고 먹여 준다."[100] 귀머거리, 벙어리 및 사지가 병신이거나 장애가 있는 사람에 대하여 공양제도를 시행하여 백공이 각자 자기의 기술로써 자신을 공양하였다. "서인인 노인은 맨밥을 먹지 않는다"(庶人耆老不徒食)는 밥만 있고 반찬이 없을 수 없다는 것이다. "노인을 봉양하여 효도를 일으키고 고아와 독거노인을 구휼하여 부족한 자에게 미치게 한다"[101]는 교화를 통하여 풍조를 형성하여 백성들이 어른을 공경하고 빈곤한 사람을 도와주게끔 이끌어 주는 것이다. 생각해 보면, 『예기』 「왕제」는 바로 맹자의 후학들이 맹자의 사상에 근거하여 제작한 것이다.[102] 맹자의 정치철학을 연구하면서 이 편에 대하여 언급하지 않을 수 없다.

순자는 "효자와 우애를 일으키고 고아나 과부를 거두고 가난하고 곤궁한 사람을 도와주라. 이렇게 하면 백성들이 정치에 편안해한다"[103]라고 주장하였다. 전국시기 말에 『예기』 「예운」의 저자는 공자의 입을 빌려 대동세계에 대한 염원을 토로하였다.

> 백성은 자기의 부모만을 공경하지 않고 자기의 자식만을 돌보지 않으며, 늙은이
> 로 하여금 여생을 완성하게 하였고, 장년은 쓰임이 있었고 어린이는 자라남이
> 있었다. 홀아비, 과부, 고아, 외로운 장애인들이 모두 부양하는 바가 있었고,
> 남자에게는 그에 적합한 직분이 있었고, 여자는 의지할 곳이 있었다. 재물이
> 땅에 버려지는 것을 싫어하였으나 반드시 자기에게만 감추어 두지 않았고 힘은
> 사람의 몸에서 나오지 않아서는 안 되는 것이지만 자기를 위해서만 쓰지는
> 않았다. 이 때문에 권모술수가 폐색되어 일어나지 않았고 도적이나 난적들이

而無告者也, 皆有常餼.
100) 瘖, 聾, 跛, 躃, 斷者, 侏儒, 百工各以其器食之.
101) 養耆老以致孝, 恤孤獨以逮不足.
102) 자세한 내용은 任銘善의 『禮記目錄後案』(齊魯書社, 1982)의 내용을 참조.
103) 『순자』, 「왕제」, "興孝弟, 收孤寡, 補貧窮, 如是, 則庶人安政矣."

생기지 않았다. 그러므로 바깥 지게문을 닫는 일이 없었으니 이를 대동大同이라
이른다.104)

이 편의 저자는 소강小康세계에서 비록 "천하를 개인의 집으로 생각하고
각각 자기의 어버이만을 친애하고 각각 자기의 아들만을 자애하며 재화와 인력은
자기만을 위하여 바친다"105)고 하지만 여전히 인·의·예·악으로 사회를 다스
렸다고 여겼다. "정사는 반드시 하늘에 근본을 두었다."(政必本於天) 이것은 유가정
치의 근원이고 정당성이다. "예의라는 것은 인간의 가장 중요한 요건이다",
"예라는 것은 의의 실질이다.…… 의는…… 인의 마디이다.…… 인은 의의 근본
이다."106) 이는 소강세계를 다스리는 원칙이다. 예는 의의, 규범, 제도를 나타내고
의는 법칙에 구별이 있는 근거이며 인도仁道를 시행하는 규칙적인 한도(節度)이며
경계를 구분하는 적당함, 합당성, 정당함이다.

역사상의 유가 지식인들은 이에 대하여 몸으로 힘써 실행하였다. 예를 들면
남송南宋의 주희는 지남강군知南康軍과 절동제거浙東提擧로 있을 때 농사를 장려하고
이재민을 구제하기 위하여 노력하고 백성들을 널리 동정하였으며, 빈곤한 지역의
세금과 누적된 묵은 빚을 감면하기 위하여 수차례 조정에 주청하였다. 주자는
흉년을 구제하기 위하여 수많은 상소문(奏狀), 공문(札子), 방문榜文, 포고布告를 지었
고, 일련의 방법들을 고안하여 조정의 재보(朝中宰輔)들로 하여금 억지로 그의
백성을 구제하기 위한 조치들을 동의하게 하였다. 주자는 일찍이 직접 효종에게
아뢰어 효종이 정치를 주관하였던 20년 사이의 폐단 즉, 국정은 일으키지 못하였고
적당하지 못한 사람을 쓰고 간사함과 아첨이 가득 차 있고 뇌물을 주고받음이

---

104) 人不獨親其親, 不獨子其子, 使老有所終, 壯有所用, 幼有所長, 矜寡孤獨廢疾者皆有所養, 男有分,
   女有歸; 貨惡其棄於地也, 不必藏於己; 力惡其不出於身也, 不必爲己. 是故謀閉而不興, 盜竊亂賊
   而不作, 故戶外而不閉, 是謂大同.
105) 天下爲家, 各親其親, 各子其子, 貨力爲己.
106) 『예기』, 「예운」, "禮義也者, 人之大端也.", "禮也者, 義之實也.……義者……仁之節也.……仁
   者, 義之本也."

공공연히 행해지며, 병사가 원망하고 백성이 걱정하고 도적이 틈틈이 찾아들고 도처에 이재민이 널려 있으며 백성들이 도탄에 빠졌음에 대하여 엄격하게 비판하였다. 주자는 초조하게 걱정하며 백성들을 환자처럼 보살폈는데, 기근구제책을 크게 수정하고 관량官糧, 의창義倉을 관리하여 부자 중에서 쌀을 바쳐 구제한 자에게 정책적인 혜택을 주고, 기회를 틈타 곡물 가격을 올리고 고리대를 놓는 자들에게 타격을 주었으며, 호족과 권세가들을 억압하고 탐관오리를 엄격하게 징벌하였다. 그는 산간벽지로 깊이 들어가 두드려 물어 구제하였고, 구체적인 기근대응책을 제기하였으며, 도둑을 단속하고(戢盜), 메뚜기를 잡고(捕蝗), 수리水利 시설을 건설하는 등의 일에 주목하였다.107) 이로부터 고대의 청렴한 관리들이 어느 정도는 유가의 '왕도', '인정' 사상을 실천하였고, 가혹한 정치가 백성들을 착취하는 것을 완화하고, 백성들의 의식문제를 해결하고자 최선을 다해 노력하였음을 충분히 알 수 있다. 유가의 정치사상 중에 정의正義 원칙은 개명한 집권, 온화한 통치시기에 제도적인 측면에서 구현되었다. 이 밖에 민간사회에는 조절 가능한 조직과 윤리가 존재하였고, 종족과 정부 사이에도 긴장 관계가 조성되었다.

그다음은 교육 평등, 백성들이 정치에 참여하는 제도의 구축 및 부락공동체의 공공생활로서의 상서庠序, 향교鄕校이다.

맹자는 공자의 "서庶, 부富, 교敎"와 "부유해지게 한 뒤에 교육하는"(富而後敎) 사상을 발전시켜 교육이 "인정을 행하고"(行仁政) "민심을 얻는"(得民心) 중요한 수단임을 제기하였다. 그는 이렇게 말하였다.

선정善政은 선교善敎가 민심을 얻는 것만 못하다. 선정은 백성들이 두려워하고 선교는 백성들이 사랑하니 선정은 백성의 재물을 얻고 선교는 백성의 마음을 얻는다.108)

---

107) 자세한 내용은 束景南의 『朱熹年譜長編』(화동사범대학출판사, 2001)을 참조.

양호한 교육은 사람들로 하여금 마음으로 기꺼이 심복하여 그들의 마음을 변화시키고, 양호한 정치수단은 밖을 제재하는 것에 쓰이니 사람들의 마음을 정복하여 백성들이 진심으로 떠받드는 효과에 이르지 못한다. 그는 또 이렇게 말하였다. "윗사람이 예가 없고 아랫사람이 배움이 없으면 나라를 해치는 백성이 일어나서 며칠 못가 망하게 된다."109) 만약 윗사람이 예의가 없고 아랫사람이 교육을 받지 못하였다면 법을 어기고 규율을 어지럽히는 사람들이 모두 나와서 나라의 멸망이 멀지 않게 되는 것이다.

교육은 재능과 덕을 함께 갖춘 사람을 육성하여 정치에 참여하게 할 수 있다. "현자를 높이고 재능이 있는 자를 부려서 준걸俊傑들이 지위에 있으면 천하의 선비가 모두 기뻐하여 그 조정에서 벼슬하기를 원할 것이다", "덕을 귀하게 여기고 선비를 높이며 현자가 지위에 있고 재능이 있는 자가 직책에 있다."110) 이는 공자의 현명하고 유능한 인재를 등용하는 사상을 발전시킨 것이다.

맹자 교육의 핵심은 윤리교육이고, 취지는 교육받는 자의 인덕을 배양하여 가정이 화목하고 사회가 공정하고 안정되게 하려는 데에 있었다. "상庠 · 서序 · 학學 · 교校를 설치하여 백성들을 가르쳤다. 상은 봉양한다는 뜻이고 교는 가르친다는 뜻이며 서는 활쏘기를 익힌다는 뜻이다. 하夏나라에서는 교라 하였고 은殷나라에서는 서라 하였고 주周나라에서는 상이라 하였으며 학은 삼대가 이름을 함께 하였으니, 모두 인륜을 밝히는 것이었다. 인륜이 위에서 밝아지면 소민小民들이 아래에서 친해진다", "계契로 하여금 사도司徒를 삼아 인륜을 가르치게 하셨으니 부자간에는 친함이 있고 군신君臣 간에는 의리가 있으며 부부간에는 분별이 있고 장유長幼 간에는 차례가 있으며 붕우朋友 간에는 믿음이 있는 것이다."111)

---

108) 『맹자』, 「진심상」, "善政不如善教之得民也. 善政民畏之, 善教民愛之; 善政得民財, 善教得民心."
109) 『맹자』, 「이루상」, "上無禮, 下無學, 賊民興, 喪無日矣."
110) 『맹자』, 「공손추상」, "尊賢使能, 俊傑在位, 則天下之士皆悅, 而願立於朝矣.", "貴德而尊士, 賢者在位, 能者在職."
111) 『맹자』, 「등문공상」, "設爲庠序學校以教之. 庠者, 養也; 校者, 敎也; 序者, 射也. 夏曰校,

"장성한 자들이 한가한 날에 효제孝悌와 충신忠信을 닦아서 들어가서는 부형父兄을 섬기고 나가서는 장상長上을 섬긴다", "상서庠序의 가르침을 삼가서 효제의 의리로써 거듭한다면 머리가 반백頒白이 된 자가 도로에서 짐을 지거나 이지 않을 것이다."[112] 효제의 실행은 사회의 연장자들로 하여금 보편적으로 존중받게 한다.

교육이 사람들의 마음을 다스리고 사회관계를 조화롭게 하며 사회질서를 안정시킴을 알 수 있다. 교육은 사람들로 하여금 "인륜을 밝히고"(明人倫) "소민들이 아래에서 친해지는"(小民親於下) 사회 기풍을 형성할 수 있다. "인륜을 밝히는 것"은 바로 백성들이 사회생활의 준칙을 알고 실천하게끔 가르치는 것이다. "인에 거하고 의를 따른다면 대인의 일이 구비된 것이다."[113] 인의의 도덕을 파악하게 되면 '인'에 거주하고 '의'의 길에서 걷는 것과 같다.

순자는 이렇게 말하였다. "현명하고 뛰어난 사람을 골라 쓰고 착실하고 공경하는 사람을 기용한다", "임금이 안정되려 한다면 정치를 공평하게 하고 백성들을 사랑하는 것이 가장 좋고, 번영을 바란다면 예를 존중하고 선비들을 공경하는 것이 가장 좋으며, 공명功名을 세우기를 바란다면 어진 사람을 높이고 능력 있는 사람을 쓰는 것이 가장 좋다."[114] "큰 도가 행하여지면 천하가 공평해지고 현명하고 능력 있는 사람이 선발되며 신의가 존중되고 화목해진다."[115] 이러한 이상은 이미 고대의 교육제도와 관료제도에서 부동한 정도로 구현되었다. 서양의 전근대 문명사에서 등급제는 매우 엄격하였는데 중화문명사에서 흔히

殷曰序, 周曰庠, 學則三代共之, 皆所以明人倫也. 人倫明於上, 小民親於下.", "使契爲司徒, 教以人倫一父子有親, 君臣有義, 夫婦有別, 長幼有敍, 朋友有信."

112) 『맹자』, 「양혜왕상」, "壯者以暇日修其孝悌忠信, 入以事其父兄, 出以事其長上.", "謹庠序之教, 申之以孝悌之義, 頒白者不負戴於道路矣."

113) 『맹자』, 「진심상」, "居仁由義, 大人之事備矣."

114) 『순자』, 「왕제」, "選賢良, 擧篤敬.", "君人者欲安, 則莫若平政愛民矣; 欲榮, 則莫若隆禮敬士矣; 欲立功名, 則莫若尙賢使能矣."

115) 『예기』, 「예운」, "大道之行也, 天下爲公, 選賢與能, 講信修睦."

볼 수 있는 사례 즉, 빈곤한 농민의 자제가 평민에서 정치로 나아가고 심지어 최고의 정치에 참여하여 지위가 삼공三公의 반열에 오르는 이른바 "아침에는 시골 청년이었는데 저녁에는 천자의 정각에 오르는"(朝爲田舍郎, 暮登天子堂) 경우는 매우 적었다. 중국 역사에는 일종의 시스템이 있었는데 백성들의 정치참여를 보장해 주었다. 선고제選考制, 구품중정제九品中正制와 과거제도 등에는 모두 폐단이 있었지만, 전반적으로 보면 이러한 제도에는 기회 평등의 원칙이 관통되어 있는데, 이는 중국 문관제도의 근거였다. 이는 사실상 공민의 권리의식, 민권, 민선民選의 맹아였다.

농민의 자제들이 부락공동체, 종족의 공전公田 소득의 지원을 받아 공부하였음은 주목할 만하다. 양관楊寬의 『서주사西周史』, 여사면呂思勉의 『연석속찰燕石續札』 등의 책으로부터 상, 서, 교가 부락공동체 성원들이 공적으로 집회를 여는 활동장소(앞에서 서술하였던 養老禮를 행하는 것을 포함)였음을 알 수 있다. 정자산鄭子産의 향교를 폐쇄하지 않음으로부터 하심은何心隱의 사회 기층조직 '취화당聚和堂', 황종희黃宗羲의 학교를 의정 장소와 의회로 삼는 것에 이르기까지의 첫 시작은 모두 중국의 정치평등과 민주의 중요한 자원이다. 공공생활에는 반드시 개인과 공동체의 권력 범위에 대한 규정이 있다. 여씨呂氏부터 양명陽明에 이르기까지의 향약, 주자가례 중에는 모두 계약정신과 공민사회의 첫 시작이 들어 있고, 이는 문명화의 구현이다.

마지막으로, 민의를 존중하고 찰거察擧와 관원의 자율성을 중시하며 공권력의 남용을 방지하는 사상 및 혁명론이다.

맹자는 제선왕과 양혜왕에게 "백성과 즐거움을 함께할 것"(與民同樂)을 권하였는데, 제선왕과 대화할 때 교묘하게 유도하여 등급 책임제 및 파면문제를 언급하였다.

맹자가 말하였다. "사사士師가 사士를 다스리지 못하면 어떻게 하시겠습니까?"
왕이 말하였다. "그만두게 하겠습니다." 맹자가 말하였다. "사경四境의 안이
다스려지지 않으면 어찌 하여야 합니까?" 이에 왕이 좌우를 돌아보고 다른
것을 말하였다.116)

또 군자는 뇌물을 주어도 받지 않고 "해당됨이 없이 준다면 이는 재물로
매수하는 것이니, 어찌 군자로서 재물에 농락당할 자가 있겠는가?"117) 선비들은
자신을 잃어버리지 않음을 말하였다.

선비는 궁하여도 의를 잃지 않으며 영달하여도 도를 떠나지 않는다. 궁하여도
의를 잃지 않기 때문에 선비가 자신의 지조를 지키고, 영달하여도 도를 떠나지
않기 때문에 백성들이 실망하지 않는 것이다. 옛사람들은 뜻을 얻으면 은택이
백성에게 가해지고 뜻을 얻지 못하면 몸을 닦아 세상에 드러냈으니, 궁하면
그 몸을 홀로 선하게 하고 영달하면 천하를 겸하여 선하게 한다.118)

『맹자』「등문공하」에도 이와 유사한 말이 나온다.

천하의 넓은 집에 거하며, 천하의 바른 자리에 서며, 천하의 대도를 행하여
뜻을 얻으면 백성과 함께 도를 행하고, 뜻을 얻지 못하면 홀로 그 도를 행하여
부귀가 마음을 방탕하게 하지 못하며 빈천이 절개를 옮겨 놓지 못하며 위무威武가
지조를 굽힐 수 없는 것, 이것을 대장부라 이른다.119)

---

116) 『맹자』, 「양혜왕하」, "曰: 士師不能治士, 則如之何? 王曰: 已之. 曰: 四境之內不治, 則如之何?
王顧左右而言他."
117) 『맹자』, 「진심상」, "無處而餽之, 是貨之也. 焉有君子而可以貨取乎?"
118) 『맹자』, 「진심상」, "士窮不失義, 達不離道. 窮不失義, 故士得己焉; 達不離道, 故民不失望焉.
古之人, 得志澤加於民; 不得志, 修身見於世. 窮則獨善其身, 達則兼善天下."
119) 居天下之廣居, 立天下之正位, 行天下之大道; 得志, 與民由之; 不得志, 獨行其道. 富貴不能淫,
貧賤不能移, 威武不能屈, 此之謂大丈夫.

대장부는 나아가고 물러남에 근거를 잃지 않는다. 관리의 개인적인 도덕(私德), 절개(操守), 품행(品節)과 백성들의 이익, 공권력에 대한 존중은 밀접하게 연관되어 있다. 관원들의 개인적인 인격, 내재적인 인, 의, 예의 규범은 공정한 정치의 기초이다. 따라서 이러한 것들은 모두 공공정치, 공공윤리에 내포한 함의이다. 공·맹 유가가 보기에 군신, 부자는 서로 요구하는 기초 위에서의 윤리의 결합이었다.

맹자는 민의와 찰거察擧에 대하여 이렇게 논하였다.

> 나라의 군주는 어진 이를 등용하되 부득이한 것처럼 해야 합니다. 장차 지위가 낮은 자로 하여금 높은 이를 넘게 하며, 소원한 자로 하여금 친한 이를 넘게 하는 것이니, 신중히 하지 않을 수 있겠습니까? 좌우의 신하들이 모두 어질다고 말하더라도 허락하지 말며, 여러 대부들이 모두 어질다고 말하더라도 허락하지 말고, 나라 사람들이 모두 어질다고 말한 뒤에 살펴보아서 어짊을 발견한 뒤에 등용하여야 합니다. 좌우의 신하들이 모두 불가하다고 말하더라도 듣지 말며, 여러 대부들이 모두 불가하다고 말하더라도 듣지 말고, 나라 사람들이 모두 불가하다고 말한 뒤에 살펴보아서 불가한 점을 발견한 뒤에 버려야 합니다. 좌우의 신하들이 모두 죽일 만하다고 말하더라도 듣지 말고, 여러 대부들이 모두 죽일 만하다고 말하더라도 듣지 말고, 나라 사람들이 모두 죽일 만하다고 말한 뒤에 살펴보아서 죽일 만한 점을 발견한 뒤에 죽여야 합니다.[120]

민의를 존중하고 찰거를 강조하는 것은 맹자가 공자를 계승한 뒤의 중요한 정치이념이었다.

맹자에게는 자유自由선비의 기개가 있었는데, 천작天爵과 양귀良貴를 자신의

---

120) 『맹자』, 「진심상」, "國君進賢, 如不得已, 將使卑逾尊, 疏逾戚, 可不愼與? 左右皆曰賢, 未可也; 諸大夫皆曰賢, 未可也; 國人皆曰賢, 然後察之; 見賢焉, 然後用之. 左右皆曰不可, 勿聽; 諸大夫皆曰不可, 勿聽; 國人皆曰不可, 然後察之; 見不可焉, 然後去之. 左右皆曰殺, 勿聽; 諸大夫皆曰可殺, 勿聽; 國人皆曰可殺, 然後察之; 見可殺焉, 然後殺之."

사명으로 삼고 "함부로 부르지 않는 신하"(不召之臣)라 하였다.

그러므로 장차 크게 훌륭한 일을 할 수 있는 군주는 반드시 함부로 부르지
않는 신하가 있었는데 상의하고자 하는 일이 있으면 찾아갔다. 덕을 높이고
도를 즐거워함이 이와 같지 않으면 더불어 훌륭한 일을 할 수 없는 것이다.[121]

군주는 반드시 몸소 신하가 있는 곳으로 가서 가르침을 청하였다. 맹자는
임금에게 간언할 수 있고 듣지 않으면 사직할 수 있음을 말하였다.

관수官守가 있는 자가 그 직책을 수행할 수 없으면 떠나고 언책言責을 지고
있는 자가 그 말을 할 수 없으면 떠난다.[122]

관수와 언책은 공공의 책임의식일 뿐만 아니라 권력 평형의 첫걸음이었다.
맹자의 '인정'사상은 공자의 '덕치', '중민重民'사상을 발전시킨 것이다. 그는
"백성은 귀하고 군주는 가볍다"(民貴君輕)는 유명한 사상을 제기하였다. 그는
민심의 득실을 매우 중시하였는데 민심의 득실이 정치의 성공 여부를 결정하는
요소라고 간주하였다.

걸桀 · 주紂가 천하를 잃은 것은 백성을 잃었기 때문이고, 백성을 잃었다는 것은
그 마음을 잃은 것이다. 천하를 얻음에는 길이 있는데 백성을 얻으면 천하를
얻을 것이다. 백성을 얻음에도 길이 있는데 그 마음을 얻으면 백성을 얻을
것이다.[123]

---

121) 『맹자』, 「공손추하」, "故將大有爲之君, 必有所不召之臣; 欲有謀焉, 則就之. 其尊德樂道, 不如
   是, 不足與有爲也."
122) 『맹자』, 「공손추하」, "有官守者, 不得其職則去; 有言責者, 不得其言則去."
123) 『맹자』, 「이루상」, "桀紂之失天下也, 失其民也; 失其民者, 失其心也. 得天下有道, 得其民,
   斯得天下矣. 得其民有道, 得其心, 斯得民矣."

그는 또 이렇게 말하였다.

> 백성이 가장 귀중하고, 사직이 그 다음이고, 군주는 가벼움이 된다.…… 제후가
> 사직을 위태롭게 하면 바꾸어 둔다.[124]

나라를 다스리고 천하를 통일하는 문제에 있어서 백성들이 가장 중요하고
나라의 정권은 그 다음이며 군자는 그 다음이라는 것이다. 그는 심지어 이렇게
말하기도 하였다.

> 인을 해치는 자를 적賊이라 이르고, 의를 해치는 자를 잔殘이라 이르고, 잔적한
> 사람을 일부一夫라 이른다. 일부인 주紂를 베었다는 말은 들었지만 군주를 시해하
> 였다는 말은 듣지 못하였다.[125]

> 군주가 신하 보기를 수족手足과 같이 하면 신하는 군주 보기를 복심腹心과 같이
> 여기고…… 군주가 신하 보기를 토개土芥와 같이 하면 신하가 군주 보기를
> 원수와 같이 하는 것입니다.[126]

맹자의 군신에 관한 논의에는 분권사상이 들어 있을 뿐만 아니라 아예 대신
바꾸어 넣을 수도 있다. 군주에게 잘못이 있으면 신하는 충고할 수 있고, 여러
번 충고하여도 듣지 않으면 군주를 뒤집을 수 있다. 잔악한 군주는 포악한
독재자(獨夫民賊)이기에 백성들은 일어나 살해할 수 있다. 이는 바로 전통 정치의
혁명론이다. 이상에서 민의, 관수, 언책, 함부로 부르지 않는 신하, 백성은 귀하고
군주는 가볍다 등에 관한 사상은 맹자의 사상 중에서 소중한 민주 관련 정수이다.

---

124) 『맹자』, 「진심하」, "民爲貴, 社稷次之, 君爲輕.……諸侯危社稷, 則變置."
125) 『맹자』, 「양혜왕하」, "賊仁者謂之賊, 賊義者謂之殘. 殘賊之人謂之一夫, 聞誅一夫紂矣, 未聞弑
君也."
126) 『맹자』, 「이루하」, "君之視臣如手足, 則臣視君如腹心.……君之視臣如土芥, 則臣視君如寇仇."

맹자의 민본사상이 역사상의 군주전제를 비판하였던 사상가에 대한 영향은 매우 지대하였고, 중국 내지는 동아시아의 중요한 정치자원이다.

유가의 민본사상은 구체적이고 풍부한 내용을 담고 있었다. 이상에서 서술한 원시유가의 정치철학 중의 공평, 정의 사상은 현대적인 전환이 가능한 정신적 자원이고 우리가 소중하게 여기고 존중할 만한 가치가 있는 것임에 틀림없다.

4. 유가의 공공철학과 '공덕', '정의' 문제

개인의 사생활과 친친親親 등의 합리적인 사적 영역에 대한 보호가 가장 명확한 것이 바로 공자의 '친친호은親親互隱'에 관한 주장과 이에 대한 맹자의 계승과 발전이다. 하지만 이 문제는 남들의 지탄을 받을 만한 것이다. 실제적으로 냉정하게 살펴보면 공맹은 일반인보다 높은 지혜를 많은 부분 가지고 있었고, 내포되어 있는 깊은 뜻과 중국 역사문화, 정치법률제도, 민간사회에 대한 심각한 영향은 간단한 형식논리와 추상적인 지성 그리고 억지로 우기는 것으로 손쉽게 반박될 수 있는 차원이 아니다.

순자의 예학에도 풍부한 공공철학 자원이 들어 있다. 공정, 정의에 관하여 순자도 많은 논의를 해 왔다. 그는 '공정무사公正無私', '지애공리志愛公利'의 명제를 제기하였다.[127] 순자는 우임금이 우임금이 될 수 있었던 것은 그에게 '인의법정仁義法正'이 있었기 때문이고, 백성들도 우임금이 될 수 있다고 주장하였다.

길거리의 사람이라 할지라도 모두 어짊과 의로움과 올바른 법도를 행할 수 있는 능력이 있다. 그러니 그들도 우임금 같은 성인이 될 수 있음은 분명한

---

127) 『순자』, 「賦」.

일이다.128)

관리가 법을 집행하고 정치를 다스리는 문제에 대해 순자는 이렇게 말하였다.

공평하다는 것은 일을 하는 기준이 되고, 알맞게 조화된다는 것은 일을 하는
법칙이 된다. 법에 있는 일들은 법에 따라 처리하고, 법에 없는 일들은 전의
일들에 비추어 결정하면 소청은 바르게 처리될 것이다. 법을 따르지 않고 한쪽의
편만 들면 소청은 공정하지 않게 처리될 것이다.129)

공정하면 총명함을 낳고 편벽되면 어리석음을 낳는다.130)

임금이 바르고 성실하면 백성도 성실해질 것이고, 임금이 공정하면 백성들도
정직해질 것이다.131)

정령이 법도에 들어맞고 거동이 때에 알맞으며 재판을 공평하게 하고…… 이는
제후가 나라를 취하는 근거가 된다.132)

노엽다고 해서 지나치게 뺏지도 않고 기쁘다고 해서 지나치게 주지도 않는
것은 법도가 사사로움을 이기고 있기 때문이다. 『서경』에 "자기만 좋아하는
일을 하지 말고 임금의 도리를 따를 것이며, 자기만 싫어하는 일을 하지 말고
임금의 길을 따르라"고 한 것은 군자란 공의로써 사사로운 욕심을 이겨낼 수
있음을 말한 것이다.133)

---

128) 『순자』, 「성악」, "塗之人也, 皆有可以知仁義法正之質, 皆有可以能仁義法正之具, 然則其可以
     爲禹明矣."
129) 『순자』, 「왕제」, "故公平者, 聽之衡也. 中和者, 聽之繩也. 其有法者以法行, 無法者以類擧,
     聽之盡也. 偏黨而無經, 聽之僻也."
130) 『순자』, 「불구」, "公生明, 偏生暗."
131) 『순자』, 「정론」, "上端誠則下願愨矣, 上公正則下易直矣."
132) 『순자』, 「영욕」, "政令法, 擧措時, 听断公……是诸侯之所以取國家也."
133) 『순자』, 「수신」, "怒不過奪, 喜不過予, 是法勝私也. 『書』曰: 無有作好, 遵王之道. 無有作惡,

유가는 일관되게 사사로운 은혜(私恩)와 공적인 의리(公義)의 구별을 강조하고 공공영역과 사적인 공간을 구별하였는데, 대·소대 『예기』와 곽점초간에는 모두 다음과 같은 주장이 있다. "집안일을 다스림에 있어서 은이 의를 가리고, 세상일을 다스림에 있어서 의가 은을 끊는다."[134] 구체적인 실천에 있어서는 더욱 이러하다. 집안일에서는 은혜로 입는 복이 중요하고, 세상일에서는 의리로 입는 복이 중요한데, 사사로운 은혜와 공적인 의리에는 명확한 분계가 있는 것이다. 정현은 이 문장에 이런 주석을 달았다. "가족을 모심에 있어서 은혜로써 제어하고 군주를 모심에 있어서 의로써 제어한다."[135] 어찌 유가가 친족 간의 감정만을 중시하고 정의, 공정, 공덕을 강조하지 않는다고 말할 수 있겠는가? 어찌 오늘날의 탐오와 부패의 싹을 유가의 가치에서 찾을 수 있겠는가? '친친호은'과 공사 구분에 관한 문제는 다음 장에서 심도 있게 다루도록 한다.

후세의 유가는 끊임없이 법가를 바로잡고 탈구축하였다. 상앙과 한비자의 법가에서의 '공'은 국가의 권력, 제왕의 권력을 가리키는데, 이는 공·맹의 공공사무의 정의가 지향하는 것과는 원칙적으로 다르다. 법가에는 공리적이고 도구적인 경향이 있는데 부국강병의 패왕의 정치목표를 위하여 인간의 풍부한 가치를 희생하고 인간의 본성과 감정을 해친다. 상앙과 한비자의 법가에서는 상과 벌이라는 두 가지 수단으로 백성들을 지배하고 부림으로써 백성들의 개인적인 이익을 사라지게 하고 사를 공으로 전화시킨다.(여기서 공은 패주의 '국가이익'을 가리킨다.) 유보재劉宝才, 왕장곤王長坤은 이렇게 말한다. "유가는 도덕적인 원칙의 지도하에서 사사로운 이익에 대한 추구가 합리적임을 인정하였고, 통치자가 '백성의 생업을 제정해 주고'(制民之産), '비용을 절약하고 인민을 사랑하며'(節用而愛人), '백성과 즐거움을 함께할 것'(與民同樂)을 요구하였는데, 이는 소중한 민본주의사상

遵王之路. 此言君子之能以公義勝私欲也."
134) "門內之治恩掩義, 門外之治義斷恩." 곽점초간에는 "斷"이 "斬"으로 되어 있다.
135) 事親以恩爲制, 事君以義爲制.

을 나타낸 것이다. 법가는 공을 세워 사를 폐지하고 공에 임하고 사에 임하지 않는다. 공리公利와 공의公義를 수호하기 위하여 개인은 마땅히 모든 것을 희생하여야 한다는 것이다. 법가의 이러한 공사관은 역사적으로 신흥 지주계급의 국가이익을 수호하고 대신과 귀척들의 이익을 약화시키고 제한하였으며, 당시에 진행하고 있었던 중국을 통일시키는 위대한 사업에 적극적인 의의를 가지고 있었다. 하지만 법가의 공사관은 다만 법치사상과 연관되어 있는 것으로 공과 사는 절대적으로 대립하는 것이라 생각하였다.…… 한편으로 인간의 이기심을 과장하였고 한편으로는 절대적으로 사를 버리고 공을 세울 것을 주장함으로써 양자의 첨예한 대립 속에서 절대적인 군주전제주의로 나아갔다.…… 역사적인 실천은 공사관의 문제에서 유가의 이론이 법가보다 높은 것임을 증명하였다."136)

　　공자의 가장 비천한 소시민에 대한 배려와 관부의 가장 중요한 직책이 관할구역의 백성들의 의식을 보장하고 인구가 많아지게 하고 부유해지게 하고 교육할 것을 요구하는 전략에 관하여, 헨리 로즈몬트(Henry Rosemont, 미국 브라운대학교)는 이것이야말로 민주 이상으로서의 공공자치로 나아감에 있어서 마찬가지로 요구되는 특성이라고 주장하였다. 그는 또 유가의 군주 품격의 사회성을 주목하였다. 로즈몬트는 맹자의 민생을 관심하지 않는 폭군을 죽이는 행위의 합법성을 긍정하고, 이러한 민생을 돌보지 않는 무리를 도덕등급의 최하층에 놓았다. 로즈몬트는 맹자 특히 순자의 「왕제」에서 직업훈련, 공공복지와 건강보험 등의 사회사업으로 백성들을 돕고, 정부가 충분한 물자와 서비스를 제공하여 백성들을 구제할 것을

---

136) 劉寶才・王長坤,「유법 공사관을 간단하게 논함」, 劉澤華・張榮明 등,『공사관과 중국 사회』(중국인민대학출판사, 2003), 53쪽, "儒家承認在道德原則指導下追求私利的合理性, 並 要求統治者制民之産, 節用而愛人, 與民同樂, 表現了可貴的民本主義的思想. 法家主張立公廢私, 任公不任私, 爲了維護公利, 公義, 個人應該犧牲一切. 法家的這種公私觀, 從曆史上看, 對於維護 新興地主階級的國家利益, 削弱和限制大臣貴戚們的利益, 對於當時正在進行的統一中國的偉大 事業, 具有積極意義. 但法家的公私觀僅僅與法治思想聯系在一起, 認爲公與私絶對對立……一 面誇大人的自私心, 一面主張絶對去私立公, 在兩者的尖銳對立中走向絶對君主專制主義……曆 史實踐證明, 在公私觀問題上儒家的理論高於法家."

요구하며, 병들고 가난한 백성, 문맹과 고아, 과부 및 사회복지에 대해 관심을 보이는 것은 동시대의 서양 사상가의 사상에서는 찾아볼 수 없었던 것임을 강조하였는데, 마키아벨리(Niccolò Machiavelli, 1469~1527)의 주장과 현저한 차이가 있다. 그는 이렇게 말하였다. "플라톤의 『국가』, 『법률』에서든 아리스토텔레스의 『정치학』에서든, 우리는 정부의 노인, 허약자, 병자, 신체장애자 및 가난한 사람에 대한 의무적인 구제에 관한 어떠한 주장도 찾아볼 수 없었다. 이 점은 매우 중요하다."[137]

혹자는 중국의 전통문화 특히 유학에 인간의 권리에 대한 주장은 없고 다만 의무에 대한 견해만 있음을 질책하는데, 이는 정확하지 않다. 권리와 자유 등은 모두 역사적인 범주에 속하는 것으로, 역사주의의 시각으로만 접근할 수 있다. 인간의 생명을 중시하고 재산을 지키고 명예를 소중하게 여기는 것은 인간의 기본적인 권리이고, 유가는 이러한 기본적인 권리를 매우 강조한다. 이뿐만 아니라 공자와 맹자의 공사관에는 심후한 공공성과 공정성의 사상자원이 내포되어 있다. 공맹은 한편으로 천, 천도와 천덕을 배경으로 하여, 인·의의 가치와 인정학설에는 백성의 가장 기본적인 생존권과 사사로운 이익에 대한 배려가 넘친다. 심지어 백성들의 생존권, 재산권, 교육을 받을 권리, 정치에 참여할 권리를 보호하고 공권력의 남용을 방지하는데, 진정한 '공'으로서 양호한 정치의 주요한 내용이고 역사적으로 토지와 부세제도, 농상정책과 오늘날 사회보장제도와 유사한 양로, 재난, 약자에 대한 구제제도 및 평민 자제를 발탁하기 위한 교육제도와 문관제도 및 기타 제도로 제도화되었다. 다른 한편으로 역시 천, 천도와 천덕을 배경으로 하여, 공맹은 인간의 본성, 감정의 근본을 깊이 있게

---

137) 로즈몬트, 「누구의 민주인가? 어떠한 권리인가?—당대 자유주의에 대한 한 유가의 비판」, 商戈令 역, 『유가와 자유주의』(삼련서점, 2001), 241~242쪽 참조. "無論是柏拉圖的『理想國』, 『律法書』, 還是亞裏士多德的『政治學』, 我們都找不到有關政府如何有義務救濟老弱病殘及貧民 的言論. 這一點非常重要."

체험하고 친정과 가족을 보살피는데, 이러한 이념은 점차적으로 사생활의 권리 (隱私權), 죄인을 숨겨 주는 권리(谷隱權)와 혈육의 정에 대한 권리(親情權)에 대한 보호로 제도화되었다. 그리고 공맹은 정치인의 직업정신, 충성도, 청렴결백, 신용 품성 등의 책임윤리를 강조하고 군신 관계를 처리함에 있어서 직권과 책임의 구분 및 서로 제약하는 맹아를 포함하고 민의를 존중하고 찰거察擧와 관수官守, 언책言責를 강조하였는데, 이는 공공 책임의식일 뿐만 아니라 분권 제약의 첫걸음이다. 공·맹의 인문적 가치이념은 오랜 시간 중국의 민간사회에 침투되어 있었고, 또한 끊임없이 전통적인 정치, 법률제도로 전화되었으며, 중국 의 현대화 건설에 있어서 중요한 정신적 자원이고 제도적인 거울이다.

상식적인 실수에 속하지만, 지금까지 적지 않은 사람들이 표준으로 삼음으로 써 형성된 사유방식에는 헤겔의 이른바 공자의 주장은 속세의 윤리, 상식적인 도덕에 지나지 않는다는 주장, 루소의 이른바 중국의 윤리는 공공의무를 주목하 지 않는다는 주장, 그리고 양계초의 이른바 중국의 전통윤리는 '사덕私德'만을 중시하고 '공덕公德'을 중시하지 않는다는 주장 등이 포함된다. 이러한 주장들은 진지하게 변별할 필요가 있다. 심지어 혹자는 '사덕'을 '사욕'이라고 하는데 이는 더욱 황당무계하기 짝이 없다. 유가에서 말하는 '사私'와 '기己'는 부동한 개념이다.

여기에서는 특히 유가의 문화에서 '공덕을 논하지 않는 문제에 대하여 언급하 고자 한다. 양계초는 이러한 공덕, 사덕 이론의 창시자이다. "『논어』, 『맹자』를 살펴보면 우리나라 국민의 목탁木鐸이고 도덕이 나오는 바이다. 그 속의 가르침에 서 사덕이 10분의 9를 차지하고 공덕은 10분의 1에 미치지 못한다.…… 중국의 오륜에서 유독 가족윤리만 비교적 완정하고 사회, 국가의 윤리는 많이 갖추어져 있지 않다. 이러한 결함은 반드시 보충되어야 한다. 대개 사덕을 중시하고 공덕을 가볍게 여겨 생겨난 결과이다."138) 그렇다면 우선 양계초가 공덕과 사덕을 어떻 게 정의하고 있고, 이론적인 근거는 어디에 있는지에 대하여 분명하게 따져볼 필요가 있다.

우선 양계초의 공덕과 사덕에 대한 정의 및 그 유래와 배경에 대하여 살펴본다. 양계초는 20세기 초에 「공덕을 논함」(論公德)이라는 글에서 이렇게 말하였다. "사람들이 자기 한 몸을 선하게 하는 것을 사덕이라 이르고, 사람들이 무리에서 서로 선하게 하는 것을 공덕이라 이르는데, 두 가지는 모두 인간이 살아감에 있어서 없어서는 안 될 것들이다. 사덕이 없으면 설 수 없는데, 무수한 저속하고 허위적이고 잔인하고 우매하고 겁이 많은 사람들을 합쳐도 나라를 세울 수 없다. 공덕이 없으면 무리를 지을 수 없는데, 비록 무수한 순결을 유지하고 청렴하게 삼갈 것을 희망하는(廉謹良愿) 사람들이 있어도 여전히 나라를 세울 수 없다."139) "무리에 유익한 것이 선이고 무리에 무익한 것이 악이다. 이 이치는 어디에 적용하여도 모두 적합한 것으로 백년을 기다려도 의혹됨이 없다."140) 이러한 공덕과 사덕에 대한 견해에 근거하여 양계초는 이렇게 주장하였다. "우리나라 백성에게 가장 부족한 것이 공덕 한 부분이다."141) 따라서 그는 "일종의 새로운 도덕을 발명"하고자 시도함으로써 백성들에게 가장 모자란 공덕을 보충하고자 하였다. "우리들은 이 무리에서 태어났고 이 무리에서 태어난 오늘 마땅히 우주 내의 대세를 총체적으로 관찰하고 우리 민족에게 적당한 바를 조용히 관찰하여 일종의 새로운 도덕을 발명함으로써 우리 무리를 견고하고

---

138) 試觀『論語』,『孟子』諸書, 吾國民之木鐸, 而道德所從出者也. 其中所教, 私德居十之九, 而公德不及其一焉……若中國之五倫, 則惟於家族倫理稍爲完整, 至社會國家倫理, 不備滋多. 此缺憾之必當補者也. 皆由重私德輕公德所生之結果也.

139) 梁啓超, 「공덕을 논함」,『飮冰室合集 제6책 · 專集 제4』(중화서국, 1989), 제12쪽, "人人獨善其身者謂之私德, 人人相善其群者謂之公德, 二者皆人生所不可缺之具也. 無私德則不能立, 合無量數卑汗, 虛僞, 殘忍, 愚懦之人, 無以爲國也. 無公德則不能團, 雖有無量數束身自號, 廉謹良愿之人, 仍無以立國也."

140) 梁啓超,『飮冰室合集 제6책 · 專集 제4』(중화서국, 1989), 제15쪽, "有益於群者爲善, 無益於群者爲惡. 此理放諸四海而皆准, 俟諸百世而不惑者也."

141) 梁啓超,『飮冰室合集 제6책 · 專集 제4』(중화서국, 1989), 제12쪽, "我國民所最缺者, 公德其一端也."

선하게 하며 우리 무리의 도를 발전시켜야 할 것이다"142)라는 그의 말은 이 점을 나타낸다. 양계초는 당시의 공리주의자 제러미 벤담(Jeremy Bentham, 1748~ 1832)을 참조로 하였다. 하지만 벤담의 공리주의윤리학과 맹자의 덕성윤리학은 부동한 윤리체계에 속하는 것으로 비교하기가 몹시 어렵다. 물론 양계초의 이러한 논의는 후쿠자와 유키치(福澤諭吉)의 「문명론개략文明論槪略」과 「권학편勸學 篇」에 연원을 두고 있다.

양계초의 「공덕을 논함」이라는 글은 그의 문장 시리즈 「신민설新民說」 중의 한 편에 속하는 것으로 1902년에 발표된 것이다. 1903년에 양계초는 일찍이 미국을 방문하여 고찰하였고 1904년 초에 「사덕을 논함」(論私德)이라는 글을 발표 하였다. 이 「사덕을 논함」이라는 글에서 양계초는 이렇게 말하였다. "공덕은 사덕을 밀고 나아간 것이다. 사덕을 알고 공덕을 모르는 것은 단지 한 번 밀고 나아감이 부족한 것이다. 사덕이 없이 공덕에만 잘못 기탁하면, 밀고 나아갈 도구가 존재하지 않는 것이다. 때문에 사덕을 기르면 덕육의 일은 이미 생각이 반을 넘게 된다."143) "한 개인적인 사람이 사사로운 덕행이 없으면 무리의 백, 천, 만, 억의 개인도 반드시 공적인 덕성을 이룰 수 없다."144) "따라서 국민을 양성하려면 반드시 개인적인 사덕을 배양하는 것을 제1의로 여기고, 국민을 양성하는 일에 종사하려면 반드시 그 개인의 사덕을 배양하는 것부터 제1의로 여겨야 한다."145) 양계초의 「사덕을 논함」이라는 글에 나타난 이러한 관점들은

---

142) 梁啓超, 『飮氷室合集 제6책 · 專集 제4』(중화서국, 1989), 제15쪽, "吾輩生於此群, 生於此群 之今日, 宜縱觀宇內之大勢, 靜察吾族之所宜. 而發明一種新道德, 以求所以固吾群, 善吾群, 進吾 群之道."

143) 梁啓超, 『飮氷室合集 제6책 · 專集 제4』(중화서국, 1989), 제119쪽, "公德者, 私德之推也, 知私德而不知公德, 所缺只在一推; 薄私德而謬托公德, 則並所以推之具而不存也. 故養成私德, 而德育之事思過半焉矣."

144) 梁啓超, 『飮氷室合集 제6책 · 專集 제4』(중화서국, 1989), "一私人而無所私有之德行, 則群此 百千萬億之私人, 而必不能成公有之德性."

145) 梁啓超, 『飮氷室合集 제6책 · 專集 제4』(중화서국, 1989), "是故欲鑄國民, 必以培養個人之私 德爲第一義; 欲從事於鑄國民者, 必以自培養其個人之私德爲第一義."

「공덕을 논함」이라는 글의 관점에 반격을 가한 것이고 근본적으로 부정한 것이다. 이는 또한 양계초가 철저한 실지 고찰과 진정한 체험을 통하여 영국, 미국의 민족성을 원본으로 하는 '공덕', '사덕' 이론에 대하여 심각하게 반성하였음을 보여 준다. 바로 이러한 심각한 반성에 근거하여 그는 자신이 태서泰西의 학문을 수입하고 끌어들일 때 선양한 이른바 '공덕'의 표준이 "'신도덕학新道德學'이라 이르면 가능하지만 '신도덕新道德'이라 이르면 불가하다. 무엇 때문인가? 도덕이라는 것은 행하는 것이지 말하는 것이 아니다"146)라고 하였다. 또한 양계초는 이러한 심각한 반성 과정에서 유가의 윤리에 대하여 새로운 인식을 가져오게 되었다. "선현의 작은 말씀(微言)은 조상들의 유적이고 이 깊숙한 육체를 따라 이 몸에 유전되니 이것이 바로 한 사회가 길러지는 바이다. 하루아침에 갑자기 다른 사회의 기르는 바로 나를 기르려고 하면 말처럼 그리 쉽겠는가!"147) 이로부터 양계초가 예전의 유가가 사덕만을 중시하고 공덕을 가볍게 본다고 여기던 주장을 완벽하게 포기하였을 뿐만 아니라, 유가윤리의 진정한 가치와 작용을 심각하게 인식하였음을 알 수 있다. 양계초는 생전에 이미 자신이 수입하고 끌어들인 공덕, 사덕에 관한 이론을 포기하였다.

최근에 일부 학자들은 이른바 '공덕', '사덕'을 논의하면서 대부분 양계초의 방법을 벗어나지 않는데, 일반적으로 모두 앞 절반만을 사용하였다. 어떤 사람은 공덕과 사덕을 "사회성의 공덕"과 "종교성의 사덕"으로 정의하고 인·의·충·효 등의 유가덕목을 나누어 분류하였는데, 발을 깎아서 신발에 맞추는 격이다. 사실상 효·제·충·경·인·의·예·지·신·성 등의 도덕이 생겨나는 역사적인 원인과 함의의 생성, 변화 발전의 과정을 자세히 고찰해 보면, 매 하나의

---

146) 梁啓超, 「사덕을 논함」, 『飮冰室合集 제6책·專集 제4』(중화서국, 1989), 제131쪽, "謂其有新道德學也則可, 謂其有新道德則不可. 何也? 道德者行也, 而非言也."
147) 梁啓超, 『飮冰室合集 제6책·專集 제4』(중화서국, 1989), 132쪽, "其先哲之微言, 祖宗之芳躅, 隨此冥然之軀殼, 以遺傳於我躬, 斯乃一社會之所以爲養也, 一旦突然欲以他社會之所養者養我, 談何容易耶!"

덕목이 사덕이면서 공덕임을 쉽게 발견할 수 있다.

마지막으로 공정에 관한 것이다. "공정의 원칙은 어떠한 한 사회가 성립하는 기초로서 권리, 의무, 이익 및 맞고 그름, 도덕, 부도덕 등의 개념과 관련된다. 만약 우리가 이렇게 사회 및 공정의 원칙이 사회에서 가지는 기능을 이해한다면, 에밀 뒤르켐(Émile Durkheim, 1858~1917)의 그 말―매 하나의 사회는 모두 하나의 도덕적인 집단이다.―의 의미는 더욱 뚜렷해진다. 왜냐하면 매 하나의 사회는 모두 한 조의 공정원칙에 근거하여 비로소 성립할 수 있고 이 한 조의 원칙은 무엇이 맞고 틀린지를 확정하는 근거로 쓰이기 때문이다. 만약 우리가 맞고 틀리는 범위를 분배의 문제에 한정시키면 이 한 조의 원칙은 바로 공정한 분배에 관한 원칙이다."[148]

사회정의란 무엇인가? 황극무黃克武는 이렇게 말하였다. "개체와 결합하여 자아 이익을 둘러싼 배려가 바로 사회정의이다."[149] 저자가 보기에는 하층 백성의 근본적인 이익을 둘러싼 배려가 바로 사회정의이다. 오직 사회계약론으로부터 출발하여야만 비로소 사회정의가 생겨나는 것이 아닌가? 유가의 사회정의와 관련된 논의는 다른 시각으로 바라보아야만 비로소 똑똑히 볼 수 있다. 내가 보기에 공맹이 주장하는 것은 바로 실질적인 공정이지 형식적인 공정이 아니다.

아리스토텔레스는 정치학이 추구하는 근본적인 목표가 바로 정의라고 주장하였다.

정치학에서의 선은 바로 '정의'이고 정의는 공공의 이익을 출발점과 귀착점으로

---

148) 石元康, 『롤스』(광서사범대학출판사, 2004), 제11쪽, "公正原則是任何一個社會成立的基礎, 它牽涉到權利, 義務, 利益以及對, 錯, 道德, 不道德等概念. 如果我們這樣了解社會以及公正原則在社會中所具有的功能, 則塗爾幹的那句話―每一個社會都是一個道德的群體―的意義就變得更加清楚. 因爲每一個社會都是靠一組公正原則才得以成立, 而這組原則是用以界定什麼是對與錯的根據. 如果我們把對, 錯的範圍限制在分配的問題上, 這組原則就是有關分配公正的原則." 역자주: John Bordley Rawls, 1921~2002.
149) 黃克武, 「서문」, 黃克武·張哲嘉 편, 『공과 사: 그내 중국의 개체와 집단의 재건』(대만"중연원"근대사연구소, 2000), 제iv쪽, "結合個體環繞著自我利益的關懷, 卽是社會正義."

삼는다. 일반적인 인식에 근거하면 정의는 어떤 사물의 '평등'(균등) 개념이다.……
간단하게 말해서 정의는 두 가지 요소를 포함한다.—사물과 사물을 마땅히
받아들여야 하는 사람이다. 대부분 사람들은 대등한 사람에게 마땅히 대등한
사물을 배급하여야 한다고 생각한다. 하지만 여기에 이러한 문제가 생길 수
있다. 이른바 '대등'과 '대등하지 않음'에 대하여 그들이 대등하다는 것과 대등하
지 않다는 것은 도대체 무엇인가? 이 문제에 포함된 난제는 반드시 정치학적인
명지한(철학적) 고찰로 처리하여야 한다.[150]

하지만 부동한 계층의 정의에 대한 인식은 매우 다르거나 심지어 완전히
대립되기도 하는데 이는 각자 모두 자신의 이익에 근거하여 판단하기 때문이다.
바꾸어 말하면 평민은 자기의 이익으로부터 출발하여 사람과 사람 사이는 마땅히
모든 방면에서 모두 완전히 평등하여야 함을 주장하고, 과두寡頭들은 마땅히
사람들의 재능의 높고 낮음, 재부의 많고 적음, 덕성의 우열 및 폴리스[151]에
대한 공헌의 크기에 근거하여 권리를 차별적으로 분배하여야 함을 주장한다.
　아리스토텔레스는 바로 이러한 평등을 요구하는 바람이 폴리스 분쟁의 근원
이 되었고, 폴리스의 내분 역시 이로부터 말미암아 일으키게 된 것이라 여겼다.
양쪽에 대한 일면성 및 그 해로움에 대한 심각한 인식에 근거하여 아리스토텔레스
는 두 가지 부동한 평등관을 제기함으로써 양자를 통일시키고자 시도하였다.

　이른바 평등에는 두 가지가 있는데 하나는 수적인 평등이고 다른 하나는 비율적
인 평등이다. '수량이 대등하다'는 것은 당신이 얻은 같은 사물의 숫자와 용량이

---

150) 아리스토텔레스, 『정치학』, 吳壽彭 역(상무인서관, 1965), 제148~149쪽, "政治學上的善就
　　是正義, 正義以公共利益爲依歸. 按照一般的認識, 正義是某些事物的平等(均等)觀念.……簡而
　　言之, 正義包含兩個因素——事物和應該接受事物的人; 大家認爲相等的人就該配給到相等的事
　　物. 可是, 這裏引起這樣的問題, 所謂相等和不相等, 它們所等和所不等者究爲何物? 這個問題中
　　所包含的疑難應在政治學上從事明智(哲學)的考察."
151) 역자주: 폴리스(polis), 고대 그리스의 도시국가. 村落集住(시노이키스모스)로써 군주제에
　　대립하는 국가 형태로 발생하였다.

다른 사람이 얻은 것과 대등하다는 의미이다. '비율이 대등하다'는 것은 매 사람의 진정한 가치에 근거하여 그에 적합한 사물을 비율에 따라 분배한다는 의미이다.152)

합리적인 방법은 응당 평민의 자유로운 신분을 긍정할 뿐만 아니라 사람과 사람 사이의 재능, 덕성과 공헌 면에서의 차이를 고려하여 '중도中道'의 원칙에 따라 구체적인 상황을 구체적으로 처리함으로써 양자가 통일되도록 힘쓰고 극단을 향해 나아가는 것을 피하여야 한다. "정당한 방법은 마땅히 구별하여 어떤 면에서는 수량적인 평등을 원칙으로 하고 그 밖의 다른 면에서는 비율적인 평등을 원칙으로 하는 것이다."153)

사람들은 일반적으로 이러한 두 가지 부동한 권리(이익)의 분배원칙을 '응득應得'과 '배득配得'의 원칙이라 약칭한다. 또 어떤 사람들은 공공이익을 근거로 하는 정의를 넓은 의미에서의 보편적인 정의 혹은 정치적인 정의라 부르고 두 가지 구체적인 권리(이익)의 분배원칙을 좁은 의미에서의 정의라 부른다.

이를 참조로 하여 유가문화의 공사관을 살펴보면, 공·맹 유가의 이익(권리)에 대한 분배는 반드시 인간의 덕성, 재능과 공헌에 근거하여 등급의 구별이 있어야 한다는 사상은 아리스토텔레스의 '배득' 관념 혹은 '분배의 정의'관과 매우 높은 내재적 상통성을 가지고 있다. 이뿐만 아니라 공자가 제기한 "교육에 부류를 따지지 않고"(有敎無類) 모든 사람의 생명권과 행복권을 존중할 것에 대한 주장에는 사실상 일정한 의미에서 아리스토텔레스의 첫 번째 종류의 정의관의 의미가 포함되어 있다.

---

152) 아리스토텔레스, 『정치학』, 吳壽彭 역(상무인서관, 1965), 제234쪽, "所謂平等有兩類, 一類爲其數平等, 另一類爲比值平等. 數量相等的意義是你所得的相同事物在數目和容量上與他人所得者相等; 比值相等的意義是根據各人的眞價値, 按比例分配與之相衡稱的事物."
153) 아리스토텔레스, 『정치학』, 吳壽彭 역(상무인서관, 1965), 제235쪽, "正當的途徑應該是分別在某些方面以數量平等, 而另一些方面則以比值平等爲原則."

롤스가 제기한 정의의 두 가지 기본 원칙은 다음과 같다.

"첫 번째 원칙: 매 사람이 다른 사람과 함께 가지고 있는 가장 폭넓은 기본적인 자유 체계를 용납하는 유사 자유체계에 대하여 모두 마땅히 일종의 평등한 권리를 가진다.

두 번째 원칙: 사회적인 불평등과 경제적인 불평등은 마땅히 이렇게 처리하여야 한다. 그들로 하여금 (1) 매 한 사람에게 적합한 이익이 합리적으로 기대되어야 한다. 또한 (2) 지위, 직무와 관련하여 모든 사람에게 개방하여야 한다."[154]

첫 번째 원칙은 평등자유원칙이라 불리는데, 매 개인이 정치자유, 언론집회자유, 양심사상자유, 개인인신자유와 재산권 등을 포함하는 기본적인 자유권리 면에서 일률적으로 평등하다는 의미이다. 두 번째 원칙은 차별원칙이라 불리는데, 물질적 이익의 분배는 마땅히 매 한 사람에게 혜택이 돌아가야 할 뿐만 아니라 규칙상 불리한 사람에게 가장 유리하여야 한다는 것이다. 롤스의 구상에 근거하면 다음과 같다.

> 이는 사회체계 중의 이러한 두 가지 측면과 구별하여야 한다. 하나는 공민의 평등자유를 확정하고 보장하는 측면이고, 하나는 사회 및 경제의 불평등을 지정하고 확립하는 측면이다.…… 첫 번째 원칙에 근거하면 이러한 자유는 모두 일률적으로 평등할 것을 요구하는데, 하나의 정의사회에서 공민은 같은 기본 권리를 가지기 때문이다.[155]

두 번째 원칙은 대체로 수입과 재부의 분배 및 권력, 책임 면에서의 대등하지

---

154) 존 롤스, 『정의론』, 何懷宏 등 역(중국사회과학출판사, 1988), 제56쪽, "第一個原則: 每個人對與其他人所擁有的最廣泛的基本自由體系相容的類似自由體系都應有一種平等的權利. 第二個原則: 社會的和經濟的不平等應這樣安排, 使它們(1)被合理地期望適合於每一個人的利益; 並且(2)依系於地位和職務向所有人開放."

155) 존 롤스, 『정의론』, 何懷宏 등 역(중국사회과학출판사, 1988), 제57쪽, "它們區別開社會體系中這樣兩個方面: 一是確定與保障公民的平等自由的方面, 一是指定與建立社會及經濟不平等的方面.……按照第一個原則, 這些自由都要求是一律平等的, 因爲一個正義社會中的公民擁有同樣的基本權利."

않음 혹은 권력 사슬 위의 부동한 조직 기구에 대한 설계에 적용된다. 비록
재부와 수입의 분배에서 평등을 실현할 수 없지만 반드시 매 개인의 이익에
적합하여야 하는 동시에 권력 지위와 영도적인 직무 또한 반드시 모든 사람이
모두 진출할 수 있는 것이어야 한다.156)
이 두 가지 원칙은 선후 순서에 근거하여 배열한 것으로 첫 번째 원칙은 두
번째 원칙에 우선한다.157)

비록 부정할 수 없다 하더라도 시대적인 원인으로 유가문화는 첫 번째 원칙
면에서 확실히 부족점이 있다. 하지만 동시에 공맹유가가 예의교화와 규범을
통하여 사회분배의 심각한 불균형을 방지하고, 노인, 어린이, 홀아비와 과부의
이익을 수호하고 보장하려는 사상은 롤스의 정의관에서 마땅히 사회의 최소
수혜자의 최대 이익에 유리하여야 한다는 주장과 일치한 면이 없지 않음을
볼 수 있어야 한다. 그리고 위에서 서술하였던 공자의 교육에 부류를 따지지
않는 사상 및 유가문화의 중요한 구현이고 성과로서의 문관文官제도, 과거科擧제
도 등은 롤스의 두 번째 원칙에서 제기한 기회의 공평·균등의 조건 아래 권리와
지위는 모든 사람들을 향해 개방되어야 한다는 요구와 함께 강렬한 공명을
불러일으킨다.

---

156) 존 롤스, 『정의론』, 何懷宏 등 역(중국사회과학출판사, 1988), 제57쪽. 번역문은 조금
고쳐진 부분이 있다. "第二個原則大致適用於收入和財富的分配, 以及對那些利用權力, 責任方
面的不相等或權力鏈條上的不同的組織機構的設計. 雖然財富和收入的分配無法做到平等, 但它
必須合乎每個人的利益, 同時, 權力地位和領導性職務也必須是所有人都能進入的."
157) 존 롤스, 『정의론』, 何懷宏 등 역(중국사회과학출판사, 1988), 제57쪽, "這兩個原則是按照先
後次序安排的, 第一個原則優先於第二個原則."

제6장 친친상은

'친친호은親親互隱'의 관념과 용은容隱제도에 관한 논의는 보기에 매우 오래된 것이지만 사실상 지극히 현대적이고 또한 현실적인 문제이다. 이 논의를 다시 제기하는 것은 현실에 대한 반성의 요구에서 비롯된 것이다.[1] 유가는 줄곧 '천리天理', '국법國法', '인정人情'의 통일을 강조하였는데 이는 호은互隱에 대한 관점과 용은容隱제도에서 실증될 수 있다.

1. 세 텍스트의 요지

'친친상은親親相隱'에 대하여 논의하면서 반드시 아래와 같은 몇 가지 텍스트를 다루어야 한다. 첫 번째 텍스트가 『논어』 「자로」편의 제18장이다.

> 섭공이 공자에게 말하였다. "우리 고장에 몸소 정직을 실천한 사람이 있습니다. 아버지가 양을 훔치자 아들이 일러바쳤습니다." 공자가 말하였다. "저희 고장의

---

[1] 자세한 내용은 아래의 문헌들을 참조. 郭齊勇의 「'子爲父隱'과 맹자의 論舜도 논함」(『철학연구』 2002년 제10기); 郭齊勇·丁爲祥의 「本相과 角色도 논함」(『중국철학사』[계간지] 2004년 제1기); 郭齊勇·龔建平의 「'덕치' 맥락 속의 '親親相隱'」(『철학연구』 2004년 제7기); 郭齊勇, 『유가윤리의 쟁명집—'親親互隱'을 중심으로』(호북교육출판사, 2004). 이 중에서 일부 중요한 논의 및 토론을 야기하였던 관련 논문은 이미 영문으로 번역되어 미국의 『당대 중국사상』, 『도』 등의 학술지에 발표되었다. *Dao: Journal Of Comparative Philosophy* 제6권 제1기(2007); *Contemporary Chinese Thought* 제39권 제1기(2007년부터 2008년 겨울호) 등을 참조. 이 외에 2008년에는 『도』에 특집 논문으로 토론 내용에 대하여 전문적으로 다룬 적도 있다.

정직한 사람은 그와 다릅니다. 아버지는 자식을 감싸고 자식은 아버지를 감쌉니다. 정직은 그 안에 있습니다."[2]

위 인용문에서 섭공이 공자에게 그의 고장에 "정직한"(直) 사람이 있는데 자신의 아버지가 양을 훔친 것을 고발하였다고 말하였다. 여기서 '양攘'자를 어떤 주석가는 지나가는 김에 양을 몰고 갔다는 의미로 해석한다. 어떤 사람은 '양'자를 어둠이 깃들어 양을 몰아 우리에 넣을 때 다른 집의 양이 자기 집의 양을 따라 우리에 들어갔지만 제때에 돌려주지 않은 것이라 해석한다. '이자증지 而子證之'의 '증證'은 "고발告發한다"는 의미이다. 섭공에 대한 공자의 대답은 자기의 고장에서 '정직한' 사람은 이와 반대되는데 "아버지는 자식을 감싸고 자식은 아버지를 감싼"고 하였다. '정직'은 바로 이 안에 있는 것이다. 무엇이 '은隱'인가? 여기서 우리는 우선 '은'이 단지 가족의 과실을 떠벌리지 않는 것임을 이해하여야 한다. 섭공과 공자의 '정직'에 대한 견해는 매우 다르다. 그렇다면 '정직'은 도대체 무슨 의미인가? 『논어』에는 공자가 적지 않게 '정직'의 덕에 대하여 말하였음이 기재되어 있다. 특히 정직하고 떳떳하며 직덕直德, 바른길로 직행할 것을 강조하고, 정치를 하는 사람은 반드시 '바르고'(正) 일을 공정하게 처리하고 정직한 사람을 발탁하여 바르지 않은 사람 위에 놓아야 한다[3]는 것 등등이다. 『좌전』소공昭公 14년의 기록에 근거하면, 공자도 동생 숙어叔魚를 여러 번 고발하였던 숙향叔向이 "나라를 다스리고 형벌을 제정함에 있어서 친족을 감싸지 않았음"(治國制刑, 不隱於親)을 칭찬하였고 숙향이 "옛사람의 곧은 풍모를 지녔음"(古之遺直)을 긍정하였다. 그렇다면 공자가 여기서 왜 이렇게 말하였는지에 대하여 의문이 생긴다. 이는 '공정'에 어긋남이 있고 심지어 '위법'하지 않은가? 공자는

---

2) 葉公語孔子曰: 吾黨有直躬者, 其父攘羊, 而子證之. 孔子曰: 吾黨之直者異於是, 父爲子隱, 子爲父隱, 直在其中矣.

3) "擧直措諸枉, 能使枉者直."(정직한 이를 발탁하고 부정한 자를 내치면 부정을 바로잡을 수 있다.)

분명 '사'의 영역을 보호하고 친정親情과 가정을 매우 중시하였으며, 관부, '공가' 혹은 권력 구조가 친정과 '사'의 영역을 파괴할까 매우 두려워하였다. 가치적으로 모순될 때에는 우선 부자간의 친정을 보호하고 사실의 진상을 명확하게 조사하여 판단을 내리기 전까지는 가족의 과실을 떠벌리지 않았다. 그렇다면 전통적인 민간풍속 내지는 상층사회의 윤리 법계에서 무엇 때문에 모두 "부자가 서로 감싸주는 것"을 긍정하고 부자가 서로 고발하는 것을 부정하였는가? 윤리학적으로 깊이 있게 살펴보면 공자의 직덕에도 근거가 있음을 어렵지 않게 발견할 수 있다. 인간의 감정, 심리적으로 볼 때 부자가 서로 고발하는 것은 그들 사이에 이미 문제가 있다는 것이다. 아버지가 자애롭지 못하고 자식이 효도하지 않는 것은 인의 근본에 문제가 생긴 것이다. 이 문제가 있는 부자 사이는 심지어 자애롭고 효도하는 것에만 문제가 생긴 것이 아니다. 공자는 분명 부자가 서로 고발하고 서로 죽이는 것이 보편적인 현상으로 되는 것을 보고 싶어 하지 않았다. 때문에 차라리 친정의 유지 즉 정상적인 윤리질서가 유지되는 합리적이고 질서 있는 사회를 인정하였다. 한 사회의 사람으로서 매 개인은 윤리적인 사람(부모의 아들인 동시에 아들의 아버지이며 아내의 남편이기도 한 것)이기도 하고 정치적인 사람(사회적인 신분이 있고 법률의 제약을 받고 있는 것)이기도 하다. 그렇다면 어떻게 '감정'(情)과 '법률'(法), '공'과 '사', '대공大公'과 '소공小公' 사이의 관계를 조절할 것인가? 공자는 여기서 "감정에 사로잡혀 법을 어길 것"(徇情枉法)을 주장하지 않는가? 당시의 '법률'은 어떻게 이러한 일을 처리하였는가? 이러한 것들을 우리는 생각해 볼 필요가 있다.

두 번째 텍스트는 『맹자』「진심상」제35장이다.

도응桃應이 물었다. "순임금이 천자가 되시고 고도皐陶가 사士가 되었는데 고수瞽瞍가 사람을 죽였다면 어떻게 하겠습니까?" 맹자가 말하였다. "법을 집행할 뿐이다." "그렇다면 순임금은 금지하지 않습니까?" "순임금이 어떻게 금지할 수 있겠는가? 전수받은 바가 있는 것이다." "그렇다면 순임금은 어떻게 하시겠습니까?" "순임금이 천하를 버리는 것을 마치 헌신짝을 버리는 것과 같이 여기기에 몰래 업고 도망하여 바닷가를 따라 거처하면서 종신토록 흔쾌히 즐거워하면서 천하를 잊으셨을 것이다."[4]

학생 도응이 맹자에게 물었다. "순임금이 천자가 되고 나서 고도를 대법관에 임명하였는데 만약 순의 아버지 고수가 사람을 죽였다면 고도는 마땅히 어떻게 해야 합니까?" 맹자가 답하였다. "당연히 고수를 잡아넣을 것이다." 도응이 물었다. "그렇다면 순임금이 제지하지 않을까요?" 맹자가 답하였다. "순임금이 어떻게 제지할 수 있겠는가? 순임금은 고도에게 명령을 내려 법을 집행하도록 할 것이다." 순은 천자의 지위로써 자신의 아버지를 사면하지 않았다. 이것은 앞 절반 인용문의 내용으로, 법을 존중하고 준수하여야 함을 가리킨다. 뒷부분의 내용을 살펴보자. 도응이 물었다. "그렇다면 순임금은 이제 어떻게 해야 하는 것입니까?" 이에 맹자는 교묘하게 대답하였다. "순임금이 보기에 천하를 버리는 것이 헌신짝을 버리는 것과 같기에 그는 아마 몰래 아버지 고수를 업고 도망하여 바닷가를 따라 거처하면서 종신토록 기쁘게 천륜의 즐거움을 누리면서 천하의 권력을 장악하였음을 잊었을 것이다." 여기서 '바닷가'는 당시의 산동 연해 일대의 외지고 빈궁한 곳을 가리키는데 거기로 간다는 것은 유배와 다를 바 없다. 어떤 사람은 현재 중국의 일부 탐관도 미국, 캐나다 혹은 다른 곳으로 도망하여 숨는 것이 이와 같지 않은가 질문한다. 하지만 이러한 비유는 그다지 적합하지 않다. 순은 아버지를 대신하여 죄를 입고 스스로 유배하는 것인데 지금의 뇌물수수범은 죄를 짓고 몰래 꽁무니를 빼는 것이기 때문이다.

'도응'장에서는 충과 효 양난의 과제를 분명하게 드러냈다. 이 문제에 대해서

---

4) 桃應問曰: 舜爲天子, 皋陶爲士, 瞽瞍殺人, 則如之何? 孟子曰: 執之而已矣. 然則舜不禁與? 曰: 夫舜惡得而禁之? 夫有所受之也. 然則舜如之何? 曰: 舜視棄天下猶棄敝蹝也, 竊負而逃, 遵海濱而處, 終身訢然, 樂而忘天下.

는 중국 사람들만 논의한 것이 아니라 외국 사람들도 논의하고 있다. 사르트르 (Jean-Paul Sartre, 1905~1980)는 일찍이 이러한 예를 들 적이 있다. 맏아들을 잃은 어머니를 모시고 있던 둘째 아들이 종군從軍하여 파쇼를 반격하려고 할 때 충과 효 앞에서 이러지도 저러지도 못하는 선택의 기로에 놓이게 된 것이다. 순을 위한 맹자의 가설은 두 가지 방면을 고려하고 있다. 하나는 고도가 그의 아버지를 잡아넣음을 긍정한 것이고, 다른 하나는 그의 원하는 바와 즐거운 바가 천자가 되는 것에 있지 않고 넓은 땅과 많은 백성들을 장악하는 것에 있지 않았기 때문에, 차라리 스스로 추방할지언정 아버지와 함께 있으려고 한 것이다. 비록 아버지가 예전에 계모, 이복동생과 함께 자신을 죽이려고 하였더라도 말이다. 어떤 사람은 이것이 맹자가 "직권으로써 사리를 도모함"(以權謀私)을 주장하고 공법公法을 파괴한 확실한 증거라 여긴다. 저자가 보기에는 꼭 그렇다고 할 수도 없다. 아래에 계속하여 논의하도록 한다.

세 번째 텍스트는 『맹자』「만장상」 제3장이다.

> 만장萬章이 물었다. "상象이 날마다 순을 죽이는 것을 일로 삼았는데 순이 즉위하여 천자가 되어서는 그를 추방한 것은 어째서입니까?" 맹자가 말하였다. "그를 봉해 주셨는데 혹자가 '추방했다고 하는 것이다." 만장이 말하였다. "순이 공공共工을 유주幽州에 유배하시고 환두驩兜를 숭산崇山으로 추방하시고 삼묘三苗의 군주를 삼위三危에서 죽이시고 곤鯀을 우산羽山에서 죽이시어 네 사람을 처벌하시자 천하가 다 복종한 것은 인仁하지 않은 자를 처벌했기 때문입니다. 상이 지극히 인하지 않았는데도 그를 유비有庳에 봉해 주셨으니 유비의 백성들은 무슨 죄입니까? 인인仁人도 진실로 이와 같단 말입니까? 타인에 있어서는 죽이고 동생에 있어서는 봉해 주었군요." 맹자가 말하였다. "인인은 아우에 대해서 노여움을 감추지 않으며 원망을 묵혀 두지 않고 그를 친애할 뿐이다. 그를 친히 한다면 그가 귀해지기를 바랄 것이요 그를 사랑한다면 그가 부유해지기를 바랄 것이니 그를 유비에 봉하심은 그를 부귀하게 하신 것이다. 자신은 천자가

되고 아우는 필부가 된다면 아우를 친애했다고 이를 수 있겠는가." "감히 묻겠습니다. 혹자가 '추방했다'고 말하는 것은 어째서입니까?" 맹자가 말하였다. "상이 그 나라에서 정사를 하지 못하게 하고 천자가 관리로 하여금 그 나라를 다스리게 하고 그 세금만을 바치게 하였다. 그러므로 그를 '추방했다'고 하는 것이니 어찌 저 백성들에게 포악하게 할 수 있었겠는가. 그러나 항상 그를 만나보고자 하였으므로 끊임없이 오게 하셨으니 '조공할 시기에 미치지 아니하여 정사로 유비의 군주를 접견했다' 하였으니 바로 이것을 말한 것이다."5)

여기에도 매우 교묘한 계략이 숨어 있다. 맹자는 두 가지 입장, 두 가지 목소리에 직면하였다. 하나의 목소리는 "무엇 때문에 친동생을 유배하였는가?"이고, 다른 하나의 목소리는 "무엇 때문에 죄가 있는 동생한테 상을 하사하는 것인가?"이다. 학생 만장이 맹자에게 가르침을 청하였다. "순의 이복동생 상은 일찍이 순을 죽이려고 꾀하였는데 순이 천자로 되신 후 바로 그를 유배하였습니다. 무엇 때문에 이렇게 친정을 논하지 않는 것입니까?" 이러한 질문을 제기함은 전국시기 중기에 이르기까지 사람들이 주나라 초기의 분봉分封제도를 여전히 인정하고 있었음을 설명한다. 만약 형이 천자의 지위에 앉고 상을 봉해 주지 않고 오히려 동생을 추방하였다면 그 합리성은 사회의 질의를 받게 된다. 이 때문에 맹자는 이렇게 변명하였다. "어디 그를 추방한 것인가. 그를 봉해 준 것이다." 만장은 또 두 번째 입장 혹은 목소리를 대변하여 이렇게 물었다. "순은 공공, 환두를 유배하고 삼묘, 곤을 죽이셨는데, 이는 불인한 자들을 처벌하여 천하의 사람들로 하여금 복종하게 한 것입니다. 상은 너무 불인하였는데 무엇

---

5) 萬章問曰: 象日以殺舜爲事, 立爲天子則放之, 何也? 孟子曰: 封之也; 或曰, 放焉. 萬章曰: 舜流共工于幽州, 放驩兜于崇山, 殺三苗于三危, 殛鯀于羽山, 四罪而天下咸服, 誅不仁也. 象至不仁, 封之有庳. 有庳之人奚罪焉? 仁人固如是乎? 在他人則誅之, 在弟則封之? 曰: 仁人之於弟也, 不藏怒焉, 不宿怨焉, 親愛之而已矣. 親之, 欲其貴也; 愛之, 欲其富也. 封之有庳, 富貴之也. 身爲天子, 弟爲匹夫, 可謂親愛之乎? 敢問何曰放者, 何謂也? 曰: 象不得有爲於其國, 天子使吏治其國而納其貢稅焉, 故謂之放. 豈得暴彼民哉? 雖然, 欲常常而見之, 故源源而來, 不及貢, 以政接于有庳. 此之謂也.

때문에 순은 그를 처벌하시지 않고 오히려 유비의 나라에 봉하여 국군이 되게 하신 것입니까? 유비의 백성들은 무슨 죄가 있어서 이러한 불행을 당하여야 하는 것입니까? 그래 성인이 바로 이렇단 말입니까? 타인에 대해서는 처벌할 수 있고 자기의 동생에 대해서는 처벌하지 않고 오히려 봉해 준답니까?' 맹자는 두 번째 관점에 이렇게 대응하였다. "인한 사람은 친형제를 대함에 있어서 노여움을 감추지 않고 원한을 묵혀 두지 않으며 다만 친애할 뿐이다. 그를 친히 하면 그가 귀해지게 하려고 하고 그를 사랑하면 그가 부유해지게 하려고 한다. 순이 상을 유비의 나라에 봉하신 것은 바로 그가 부귀해지기를 바란 것이다. 만약 순이 천자이고 그의 동생이 필부라면 어찌 친애하였다고 말할 수 있겠는가?' 만장은 또 교묘하게 계속하여 캐물었다. "추방하였다는 것은 무엇을 이르는 것입니까? 무엇 때문에 어떤 사람은 '추방했다'고 하고 '봉하였다'고 하지 않는 것입니까?' 맹자가 다시 머리를 돌려 말하였다. "사실상은 유비의 나라에서 마음대로 할 수 없었다. 순이 관리를 파견하여 그를 감독하였고 그를 도와 나라를 다스리게 하고 또한 세금을 거두게 하였다. 때문에 어떤 사람은 변형된 '추방'이라고 말한다. 상이 어찌 기회를 얻어 백성들을 포악하게 대할 수 있겠는가? 한편으로 이렇게 함으로써 상이 항상 기회가 되면 조정에 가서 순을 만났으니 형제간의 감정을 연락할 수 있었다."

전반적으로 보면 '도응'장은 매우 깊은 뜻이 있는, 윤리적인 양난의 상황을 연출하였고 뛰어난 지혜는 단선적인 비평으로 이해할 수 있는 것이 아니었다. 실제적으로 맹자와 그의 제자들이 가정하였던 순의 대응방책은 사법의 공정을 수호하였을 뿐만 아니라 공권력의 남용을 피면하고 자아추방으로써 충과 효, 감정과 법률의 양쪽 모두를 지켜내고자 하였다. "유비에 봉해 준다"(封之有庳)는 구상은 주나라의 분봉제도를 떠날 수 없는데 상에게 봉해 주는 것은 일종의 정치 지혜로서 상에 대하여 통제하려는 것이다. 고대의 사회, 정치, 법률사상 혹은 제도와 핵심 가정의 윤리, 공동체의 통합, 가정·국가·천하 질서의 구축은 기본적으로 조화되어야 한다. 물론 모순과 긴장이 존재함을 면하지 못한다. 이러한 자료에 대한 분석과 평론은 그때 당시의 사회구조, 역사문화, 가치체계의 배경에서만 가능하고, 그 속에 숨겨진 깊은 뜻과 시공간을 초월하는 가치를 잘 발굴해 내야 한다.

2. '직直', '은隱'과 '애유차등'

공자의 '직直'을 어떻게 이해하고 '은隱'을 어떻게 이해할 것인가? 사실상 위에서 이미 약간은 언급하였다. 우리는 부자 사이의 인륜이 천륜임을 잘 알고 있다. 부자, 형제 등 친정의 보살핌은 천리에 근원한다. 주지하다시피 공자는 '무송無訟'을 주장하였다. 『순자』「유좌」와 서한시기 유향劉向의 『설원說苑』에는 모두 이러한 이야기가 기재되어 있다. 공자가 노나라에서 사구司寇로 있을 때 한 쌍의 부자가 소송을 하였는데 공자는 석 달이 되도록 판결하지 않고 설득하여 아버지로 하여금 고소를 철회하게 함으로써 부자 사이가 다시 좋아지게 하였다. 공자의 '직은 사실상 사람과 사람 사이의 진실한 감정을 강조하고 사람은 안팎이 같아야 하고 가식적이지 않고 자신을 굽혀 남을 받들지 말아야 함을 주장한 것이다. '직궁直躬'은 온갖 수단을 동원하여 명예를 추구하는 것이고, '매직買直'은 아버지를 고발함으로써 '직'의 이름을 얻는 것이다. 우리가 부모, 형제에 대해 느끼는 감정은 일종의 인간에게 있어서 가장 절실한 감정이다. 공맹유가는 자연적이고 진실한 감정에 근거하여 효도를 논의하였는데, 물론 이러한 효도는 훗날의 전통사회에서 우효愚孝로 발전되었고 큰 유폐流弊가 생겨났는데 이는 별개의 문제이다. 원시유가의 인애仁愛는 가족에 대한 사랑으로부터 시작된 것이고 이로부터 미루어 확대된 것이다. '친친상은親親相隱'은 유가의 인애를 폐쇄하고 혈연적인 친정에 국한시키려는 것이 아니라 맹자가 말한 것과 같이

"친척을 친하게 하고서 백성을 인하게 하고, 백성을 인하게 하고서 물건을 사랑하는 것"6)이다. 여기서 '친친親親'은 유가 인애사상의 입각점이다.

대만학자 장요랑莊耀郎 선생의 『논어』「자로」 제18장에 대한 해석은 매우 깊이가 있다. 그가 보기에 문제의 핵심은 법의 집행과 인간의 감정이 모순되는 것인지 아닌지에 있었다. 섭공의 입각점은 확실히 "법의 공평성", "법 앞에서는 예외가 없다"는 관점에서 '직'에 대하여 말한 것으로서 법을 집행하는 사람의 입장에서 출발하여 '직'을 논한 것이다. 하지만 공자는 인간 감정의 본연적인 측은한 곳에서 '직'을 논한 것으로 인간의 마음, 감정의 '직'이고 당사자의 입장에서 인간 감정의 '직'을 말한 것이다. 표면적으로 보면 이러한 두 가지 설법은 대립되는 것이지만 실제로 그 속에는 "이치의 순서" 상의 문제가 있는 것으로 이론적으로 어느 것이 먼저이고 어느 것이 다음인지의 문제이다. 만약 '법'의 설립이 '예'의 부족함을 돕기 위함에 있다면, 다시 말해서 '예' 이러한 문화로써 사회를 조절하는 힘이 부족하게 보일 때 '법'이 강제력으로써 사회의 질서를 유지하는 것이다. 법의 목적이 여기에 있는 이상, 법에는 반드시 실행 가능성이 있어야 하고 실행 가능성의 조건은 반드시 입법의 근거를 규명하여야 하는데, 이는 인간 감정의 실질에 지나지 않는다. 감정을 근본으로 하여야만 법은 비로소 추상적이고 실제에 부합하지 않으며 억지로 통일시킴(융통성이 없음)에 빠지지 않게 된다. 이렇게 말하면 인간 감정의 실질은 입법의 근원, 근거이고, 법의 공평성, 무예외적임은 인간의 감정에 순응하여 외재화하고 규범화한 것이다. 이로부터 인간의 감정, 법률에는 선후의 문제가 있음을 알 수 있다. 법리는 반드시 인간의 감정에 근거하고 법률은 인간의 감정을 규범화하고 인간의 감정과 법률 양자는 통일되는 것이지 대립되는 것이 아니다.7) 물론 우리 인간은 사회 속에서 생활하고 있고 다면적이기 때문에 인간의 감정과 법리의 문제를 처리함에

---

6) "親親而仁民, 仁民而愛物."
7) 莊耀郎, 「『논어』의 '직'에 대한 논의」(대만 『교학과 연구』, 1995년 제17기)를 참조.

있어서 늘 모순적인 상황이 초래된다. 하지만 전반적으로 볼 때 절대로 법이 일체를 결정할 수 있는 것이 아니고 법리의 배경으로서의 인간의 감정에 더욱 큰 조절작용이 있을 수 있다.

다시 '은隱'과 '범犯'의 문제를 보도록 한다. '은'과 '범'에 관한 문제는 중국 문화사상사에서 상식적인 문제이다. 소대小戴 『예기』의 「단궁」편에서 이렇게 말하고 있다.

> 부모를 섬길 때에는 은미하게 간하고 안색을 개의치 않고 간하는 일은 없어야 하며, 좌우로 나아가 봉양하되 일정한 방향이 없으며, 수고롭게 일하여 죽음에 이르면 삼 년 동안 극진히 상을 치른다. 임금을 섬길 때에는 안색을 개의치 않고 간하고 은미하게 간하는 일은 없어야 하며, 좌우로 나아가 봉양하되 일정한 방향을 지켜야 하며, 수고롭게 일하여 죽음에 이르면 부모에 견주어 삼년상을 치른다. 스승을 섬길 때에는 은미하게 간하거나 안색을 개의치 않고 간하는 일도 없어야 하며, 좌우로 나아가 봉양하되 일정한 방향이 없으며, 수고롭게 일하여 죽음에 이르면 마음으로 삼년상을 치른다.[8]

다시 말해서 부모를 섬김에 있어서 은미하게 간하고 안색을 개의치 않고 간함은 없어야 하는데, 부모의 허물을 사방에 떠벌리지 말고 직언直言으로 간하는 일도 없어야 한다. 부모를 섬김에 있어서 부지런하고 빈틈이 없어야 하며 부모가 돌아가면 삼년상(실제로 25개월이다.)을 치러야 한다. 하지만 임금을 섬기는 것은 그렇지 않다. 안색을 개의치 않고 간하고 은미하게 간하는 일은 없어야 하는데, 임금의 결점과 착오를 직간直諫하여 덮어 숨김이 없어야 하지만, 임금을 섬기는 것은 부모를 섬기는 것과 마찬가지로 부지런하고 충성하여야 하며 임금이 돌아가면 비록 감정적인 면에서 반드시 부모가 돌아갔을 때와 같은 그러한 슬픔은

---

8) 事親有隱而無犯, 左右就養無方, 服勤至死, 致喪三年. 事君有犯而無隱, 左右就養有方, 服勤至死, 方喪三年. 事師無犯無隱, 左右就養無方, 服勤至死, 心喪三年.

아니더라도 삼년상을 치러야 하고, 의복, 행위상에도 규정이 있다. 스승을 섬김에 있어서는 은미하게 간하거나 안색을 개의치 않고 간하는 일도 없어야 하고 스승이 돌아가면 비록 부모가 돌아갔을 때와 같이 의복, 행위상에서 삼년상을 치를 필요가 없지만 마음으로 삼년상을 치러야 하고 슬픔은 진실한 것이어야 한다. 유가의 주장은 부모, 임금과 스승에 대하여 섬기고 비판하고 기념하는 방식, 방법에 구별이 있다. 유가의 도리는 이치는 하나이지만 그 나뉨은 다양한데, 유가의 보편적이고 천도와 서로 접하는 인도의 인의仁義의 원칙하에 부모와 자녀 사이, 임금과 신하 사이, 스승과 제자 사이에는 서로 약간씩 구별되는 윤리규범과 원칙이 있다.

그렇다면 직접적으로 말하면 '은'이란 무엇인가? '범'은 또 무엇인가? '은'은 원칙이 없이 감싸 주고 은폐하는 것이 아닌가? 고대의 유학을 정통한 주석 전문가들이 위에서 인용한 「단궁」편의 해당 구절을 어떻게 해석했는지 보도록 한다. 정현은, "은隱은 과실을 칭찬하지 않음을 이른다. 무범無犯은 안색을 개의치 않고 간함이 없는 것이다.…… 부모를 섬김은 은혜를 원칙으로 하고, 임금을 섬김은 의를 원칙으로 하며, 스승을 섬김은 은혜와 의 사이의 것을 원칙으로 한다"9)고 하였다. 다시 말해서 '은'은 부모의 과실을 칭찬하지 않고, '범'은 안색을 개의치 않고 직접 간하는 것이다. 유가는 일관되게 사사로운 은혜(私恩)와 공적인 의(公義)의 구별을 강조하고, 공공영역과 개인적인 공간을 구분하였다. 대소대 『예기』와 곽점초간에는 모두 "집안일의 다스림은 은혜가 의를 가리고, 세상일의 다스림은 의가 은혜를 끊는다"10)는 논의가 있는데 실천적인 면에서는 더욱 그러하다. 집안일에서는 은혜를 중시하고 세상일에서는 의를 중시하는데, 사사로운 은혜와 공적인 의 사이에는 명확한 계선이 있는 것이다. 공자는 동생 숙어가 공권력을 사용하여 뇌물을 받고 법을 어긴 사실을 숙향이 여러 번 적발하

---

9) 隱, 謂不稱揚其過失也. 無犯, 不犯顔而諫……事親以恩爲制, 事君以義爲制, 事師以恩義之間爲制.
10) "門內之治恩掩義, 門外之治義斷恩." "斷"자가 곽점초간본에서는 "斬"자로 되어 있다.

였음을 찬양하였는데 공공사무 영역에 관련되는 것이기 때문이다. 공자, 맹자는 주공이 관·채의 난을 평정하면서 관숙을 죽이고 채숙을 유배시킨 것을 모두 긍정하였는데, 이는 그들이 국가의 공직 인원이고 국가 안전의 큰일과 관련되기 때문이다. 이미 위의 정현의 주석에서 "부모를 섬김은 은혜를 원칙으로 하고, 임금을 섬김은 의를 원칙으로 함"을 살펴보았다. 어찌 유가가 친정만을 말하고 정의, 공정, 공덕을 말하지 않는다고 할 수 있겠는가? 어떻게 오늘날 탐오와 부패의 근원을 유가의 가치에서 찾을 수 있겠는가? 공공영역과 사무에서 '의'를 원칙으로 하고 개인영역과 사무에서 '은혜로운'(恩) 감정의 배양에 주목한다. '은'은 다만 "그 과실을 찬양하지 않는 것"이다. 부모에 대한 '은'과 '무범無犯'은 작은 일에만 한정되고 민사상의 분쟁에 한정되는 것으로 살인하고 재물을 약탈하는 행위에 무한하게 확대되어 적용되지 않는다. 이 때문에 공영달이 이렇게 말하였다. "부모에게는 일상의 과실이 있기에 무범이라 한다. 만약 커다란 악이 있다면 마땅히 안색을 개의치 않고 간하여야 한다. 때문에 『효경』에서 이렇게 말하였다. '아버지에게 (잘못을 바로잡아) 간하는 아들이 있으면 그 몸이 의롭지 못한 일에 빠지지 않을 것이다.'"[11] 친정에 대한 두둔에도 분수가 있음을 볼 수 있다. 가족이 매우 간악할 때 숨길 수 없고 안색을 개의치 않고 직접 간하여야 하며 직접 간하여야 할 때에는 직접 간하여야지 그렇지 않으면 가족이 의롭지 못한 일에 빠지게 될 수 있다. 이는 『효경』에서 말한 바와 같이 아버지에게 만약 강직한 아들이 있다면 의롭지 못한 일에 빠지지 않을 것이다. 이는 모두 구체적인 이성이다.

　　일반적으로 말하면, 청淸대 사람 손희단孫希旦은 이렇게 말하였다. "은미하게 간하는 것을 은이라 이르고, 직접 간하는 것을 범이라 이른다. 부자 사이에는 은혜를 주로 하는데 범하게 하면 아마 선을 책責하다가 은혜를 상하게 하기에

---

11) 親有尋常之過, 故無犯; 若有大惡, 亦當犯顏. 故『孝經』曰: 父有爭子, 則身不陷於不義.

은미하게 간함이 있어도 안색을 개의치 않고 간함이 없다. 군신 사이에는 의를 주로 하는데 은하게 하면 아마 아첨하다가 의를 상하게 하기에 반드시 기만함이 없이 안색을 개의치 않고 간하여야 한다. 스승은 도가 있는 곳이고 가르침이 있으면 따르고 의문이 있으면 물으며 감추는 바가 없기에 또한 이른바 안색을 개의치 않고 간함도 없는 것이다."[12] 이러한 해석은 근본 하는 바가 있다. 부모와 자식 사이의 일상사 중에는 안색을 개의치 않고 간할 것까지는 없다. 일마다 대놓고 비판하고 완전무결을 요구하면 서로 마주 향하여 눈을 부릅뜨거나 상대방을 비난함으로써 하늘에서 근원하고 천하에서 가장 친한 친정을 해치게 된다. 이것이 바로 공자가 주장하는, 부모를 무턱대고 따르지 말며 상냥한 얼굴로 간언하여야 한다는 것이다. 바로 『논어』 「이인」에서 "부모를 섬길 때 은미하게 간해야 한다. 자기의 뜻이 받아들여지지 않더라도 더욱 공경하되 (간하기를) 회피하지 말고 힘들어도 원망해서는 안 된다"[13]고 하였다. 이러한 것들은 우리가 『논어』 「위정」에서 맹의자孟懿子가 물었던 '효'에 대한 이해에 도움이 된다. 공자는 "어기지 않는 것"이라 답하였다. 이는 위에서 인용하였던 「이인」편의 "회피하지 않는 것"과 같은 것으로, 사실상 바로 "예를 어기지 않는 것"이다. 고대에는 예를 어기는 것을 '위違'라 하였다. 이른바 '효'가 "어기지 않는 것"이란 결코 일의 크고 작음을 가리지 않고 부모를 감히 어기지 말아야 함을 가리키는 것이 아니라, 예를 어기지 말아야 한다는 것이다. 여기에는 부모의 사회규범에 부합하지 않는 요구에 대해서는 결코 모두 만족하거나 타협하지 말라는 내용이 포함되어 있다. 물론 방식이나 방법에 대해서는 주의하여야 한다. 손희단이 말한 "아마 선을 책責하다가 은혜를 상하게 한다"는 말은 『맹자』 「이루상」에서 나온 말이다.

---

12) 孫希旦, 『예기집해』 상(중화서국, 1989), 제165쪽, "幾諫謂之隱, 直諫謂之犯. 父子主恩, 犯則恐其責善而傷於恩, 故有幾諫而無犯顔. 君臣主義, 隱則恐其阿諛而傷於義, 故必勿欺也而犯之. 師者道之所在, 有教則率, 有疑則問, 無所謂隱, 亦無所謂犯也."

13) 事父母, 幾諫; 見志不從, 又敬不違, 勞而不怨.

"부자간에는 선으로 책하지 않는다. 선으로 책하면 (정이) 떨어지게 되고 (정이) 떨어지면 상서롭지 않음이 이보다 더 큼이 없는 것이다."14) 맹자는 부자간에는 서로 질책하지 말아야 함을 주장하였다. 이는 모두 친정을 보호하고 키움으로써 건강하고 화목한 가정이 있게 하기 위함이다. 하지만 군신 간에는 그렇지 않다. 거리감이 매우 강하고 매 사건마다 모두 안색을 개의치 않고 직접 간할 수 있는데, 여기에 정의, 정기를 유지하는 문제가 있다. 공공사무 중에 인정에 사로잡혀 법을 어기거나 정치생활 속에서 유가가 가장 증오하는, 아첨하고 떠받드는 그릇된 풍조가 형성될까 매우 걱정하였다. 때문에 『좌전』 환공 2년에 이렇게 말하였다. "임금이 어겼을 때 덕으로써 간하기를 잊지 않았다."15)

이어서 맹자가 순이 아버지를 몰래 업고 도망치고 동생을 유비에 봉해준 행위를 지지한 것에 대하여 논의하도록 한다. 맹자가 부패하고 사리사욕에 부정을 저지르고 인정에 사로잡혀 법을 어기는 것을 찬성한 것인가? 유가는 '친친상은'을 제창하는데 부패의 근원이 아닌가? 후세의 부패 현상에 대하여 유가가 마땅히 책임을 져야 하는 것이 아닌가? 우리가 말하는 부패란 무엇인가? 바로 공권력의 남용이다. 『맹자』「진심상」에 나오는 도응의 가설에서 고도가 '사'가 된 이상 그의 직책은 당연히 법의 공평성을 수호하는 것이다. 하지만 법의 공평성은 매 사람마다 평등하고 특권이 없는 기초 위에 확립된다. 이 때문에 만약 순의 아버지 고수가 사람을 죽인다면 고수에게 천자의 아버지라는 존위尊位가 있더라도 고도는 그를 법적제제에서 벗어나게 할 수 없었고 마땅히 법에 따라 처벌하였을 것이다. 이때 다른 한편으로 순은 어떻게 처신하여야 하는가? 순은 천자일 뿐만 아니라 사람의 아들인데 어떻게 양자 사이의 균형을 맞춰 모순을 해결할 것인가? 맹자가 순에게 내준 아이디어는 이렇다. 순더러 공권력의 직분으로부터 떠나 아버지와 함께 천륜의 즐거움을 누리라는 것이다.

---

14) 父子之間不責善. 責善則離, 離則不祥莫大焉.
15) 君違, 不忘諫之以德.

맹자의 이러한 아이디어에는 사실상 권력으로 법을 파괴해서는 안 된다는 주장이 들어 있다. 한편으로는 천자의 존위에 대하여, 다른 한편으로는 친자 간의 감정에 대하여, 양자는 모두 상하게 할 수 없는 것이었다. 이는 공자가 말하는 인간 마음의 '정직直'과 일치한다. '정직'은 지극한 감정이고 천성의 법도(常)이며 인간의 마음에 내재되어 있고 인간의 본성에 본래 있는 것이다. 『맹자』「진심상」에서는 군자의 '삼락三樂'에 대하여 이렇게 말하고 있다.

군자에게는 세 가지 즐거움이 있는데 천하에 왕 노릇 함은 여기에 들어 있지 않다. 부모가 모두 생존해 계시고 형제가 무고한 것이 첫 번째 즐거움이고, 하늘을 우러러 부끄럽지 않고 굽어보아 인간에 부끄럽지 않은 것이 두 번째 즐거움이며, 천하의 영재를 얻어서 교육하는 것이 세 번째 즐거움이다. 군자는 세 가지 즐거움이 있는데 왕 노릇 함은 여기에 들어 있지 않다.[16)]

이른바 "부모가 모두 생존해 계시고 형제가 무고한 것"은 바로 천륜의 즐거움이다. 맹자가 말하는 '즐거움'은 궁극적으로 인간의 마음에 기반을 두고 있다. 맹자가 순이 아버지를 업고 도망갈 수 있다고 말한 것은 다시 말해 협박 받아 막다른 골목에 들어섰을 때 순이 천하를 버리고 아버지를 선택한 근원은 바로 인간 본성의 근본을 지키려는 데 있었다고 할 수 있다.

'정직'은 인간의 마음에 내재되어 있고 인간의 본성에 보편적으로 존재하는 것이다. 앞에서 인용하였던 인용문에서 장요랑 선생이 말하였던 바와 같이 이러한 보편성과 법의 보편성은 의미가 다르다. 인간의 마음에 내재되어 있는 보편성을 구체적인 보편성이라 부르는데 이러한 보편성의 존재는 법률을 제정하는 근거로 될 수 있고 법률의 보편성은 바로 적용되는 대상의 보편성이다.

---

16) 君子有三樂, 而王天下不與存焉. 父母俱存, 兄弟無故, 一樂也; 仰不愧於天, 俯不怍於人, 二樂也; 得天下英才而敎育之, 三樂也. 君子有三樂, 而王天下不與存焉.

다시 말하면 무릇 인간의 본성에 의거하여 제정된 법률은 그 적용되는 대상에 예외가 없을 수 있고 양자는 모순될 것까지는 없다. 우리가 고려하여야 할 것은 맹자가 구상하고 설계하였던 것 즉 대상을 가장 극단적인 상황으로 미루어 나감으로써 사람들이 인간의 본성에서 가장 본원적인 존재가 어디에 있는지 생각하도록 하였다는 점이다. 물론 맹자의 해답은 친자 간의 감정이었다. 만약 이러한 존재를 기초로 하지 않았다면 다시 아무리 많은 법률을 제정하더라도 이 사회는 안정될 방법이 없을 것이다.[17]

송대의 여러 유가들도 『맹자』「진심상」의 이 이야기에 대하여 논의하기를 좋아하였다. 양시楊時는 이렇게 말하였다.

> 부자는 한 사람의 사사로운 은혜이다. 법은 천하의 공의公義이다. 양자는 서로 가볍고 무거워서 치우쳐 들 수 없다. 때문에 은혜가 의를 이기면 법을 구부려 은혜를 펴는 것이고, 의가 은혜를 이기면 은혜를 가려서 법을 따르는 것이다. 은혜와 의의 가볍고 무거움은 서로 이기기에 부족하면 그 도를 양쪽으로 다할 뿐이다. 순은 천자가 되었고 고수는 사람을 죽여서 고도가 법을 집행하여 석방하지 않았다. 순이라고 해서 어찌 그 아버지를 사면할 수 없었겠는가? 사람을 죽이고도 석방하면 법을 폐지하는 것이고, 아버지를 죽이면 은혜를 해치는 것이다. 그 뜻을 요약하면 다음과 같다. 천하에는 하루 사이에 법이 없을 수 없고, 사람의 아들은 하루 사이에 그 아버지를 잃을 수 없다. 백성은 임금이 없음을 두려워하지 않는다. 때문에 차라리 법을 집행하여 천하의 공의를 바르게 하고 몰래 업고 도망감으로써 자신의 사사로운 은혜를 펼쳤다. 이것은 순이 그 도를 양쪽으로 원만하게 한 것이다.[18]

---

17) 莊耀郎, 「『논어』의 '직'에 대한 논의」(대만 『교학과 연구』, 1995년 제17기)를 참조.
18) 楊時, 『龜山集』, 권9, "父子者, 一人之私恩. 法者, 天下之公義. 二者相爲輕重, 不可偏擧也. 故恩勝義, 則詘法以伸恩; 義勝恩, 則掩恩以從法. 恩義輕重, 不足以相勝, 則兩盡其道而已. 舜爲天子, 瞽瞍殺人, 皐陶執之而不釋. 爲舜者, 豈不能赦其父哉? 蓋殺人而釋之則廢法, 誅其父則傷恩. 其意若曰: 天下不可一日而無法, 人子亦不可一日而亡其父. 民則不患乎無君也. 故寧與其執之, 以正天下之公義; 竊負而逃, 以伸己之私恩. 此舜所以兩全其道也."

양시는 '사사로운 은혜'와 '공의' 양자는 어느 한쪽을 버릴 수 없고, 양쪽 모두를 원만하게 할 수 있다면 가장 좋은 것이라고 하였다. 이 때문에 만약 순의 아버지가 사람을 죽였는데 순이 아버지를 사면하면 바로 법률을 무시하는 것이고, 순이 아버지를 처벌하면 바로 은혜로운 감정을 상하게 하는 것이다. 이러한 두 가지는 모두 좋지 않은 방법이다. 천하는 하루 사이에 법이 없을 수 없고 동시에 사람의 아들도 하루 사이에 아버지가 없을 수 없기 때문이다. 이때 순이 두 가지 모두를 원만하게 하는 방법은 법관이 자신의 아버지를 체포하는 것을 동의함으로써 천하의 공의를 바르게 세우고 또 몰래 업고 도망침으로써 인륜의 감정을 드러내는 것뿐이었다.

오늘날 사회의 탐오 문제와 연결시키면 맹자의 구상은 매우 의미가 있는데, 그는 법망 밖으로 도망칠 것을 건의하였다. 물론 지금의 사회는 달라서 천지 사이의 관료(科層)사회로 도망칠 수 없다. 맹자의 시대, 전근대 사회에는 법망 밖의 세계, 즉 척박하고 외딴 지역이 존재하였다. 순이 도망갈 때 그는 이미 임금이라는 직책이 없었고 이른바 공권력이 없었다. 순은 공권력을 이용하여 아버지를 도와 처벌을 피면하게 하지 않았기 때문에 뇌물을 주고 법을 어겼다고 할 수 없다. 그는 다만 아들로서 아버지를 업고 법망의 밖으로 도망쳐 시골 사람과 같은 생활을 하였다. 이는 스스로 유배된 것이다. 이 때문에 순이 저지른 행위와 오늘날 탐관오리들이 저지른 행위는 같은 부류가 아니다.

이어서 '친친'과 '애유차등愛有差等'의 문제를 논하도록 한다. '친친'은 '친친호은'이나 '친친지상親親至上', '친정유일親情唯一'과 같지 않다. 유가에는 '친친'의 원칙이 있을 뿐만 아니라 '존존尊尊'의 원칙과 '현현賢賢'의 원칙도 있기 때문이다. '친친'은 "아버지는 자애롭고 자식은 효도하고 형은 우애하고 아우는 공경"(父慈, 子孝, 兄友, 弟恭)할 것을 요구하는데, 가족 내부의 성원들이 서로 사랑하고 단결하는 것이다. '존존'은 가정의 내부에서 실행할 것이 요구될 뿐만 아니라 귀족 사이, 귀족과 평민 사이, 군신 사이에서도 존비의 관계를 논하고 질서와 등급을 논한다.

'현현'은 현명한 사람을 존중하는 것으로서 "현명한 인재를 등용하고"(舉賢才)
"오직 재주를 추천의 근거로 삼음"(唯才是擧)으로써 조건을 창조하여 백성들을
정치에 참여하게 하고 정치의 활력을 증진시킨다. 유가에는 '예'를 제외하고도
'의'의 원칙과 '인'의 원칙이 서로 보충하고 제약한다. 여기서 '의'는 예치의
틀 안에서뿐만 아니라 가끔 한계에서 벗어나 소시민의 생존권, 교육을 받을
권리 등등 내지는 고아와 과부를 관심하고 빈부의 격차를 줄이는 등 사회공정의
문제, 공권력 남용을 방지하는 문제를 언급하는데, 이러한 것들은 모두 도의,
공평과 관련된다. 물론 이는 그 시대의 도의, 정의를 가리킨다. 유가사상은
하나의 체계이고 '친친'은 단지 그중에서 작은 하나의 부분이지 절대 전부가
아니다. '인'은 '친친'을 확충한 것이고 '의'는 '존현尊賢'을 확충한 것이다. 부자
관계는 하늘에 의하여 결정되고 임금과 신하의 관계는 의에 부합된다.

　『논어』「학이」편에 근거하면 유자가 이렇게 말하였다. "군자는 근본에 힘쓰
니 근본이 서야 도가 생긴다. 효·제는 인을 실천하는 근본이다."[19] 이 말을
어떻게 이해할 것인가? 『맹자』「이루상」에서는 "섬기는 일 중에 무엇이 가장
큰 것인가? 부모를 섬김이 가장 크다"[20]라고 하였고, 『맹자』「만장상」에서는
"효자의 지극함은 부모를 높임보다 큰 것이 없다"[21]라고 하였다. 무슨 뜻인가?
어떤 사람은 이것이 바로 유가가 혈연적인 친정을 유일하고 지고무상한 것으로
보는 확증이라 여긴다. 사실 『주자집주』에서 정이程頤의 해석을 인용하였는데
매우 분명하다. '인'은 곧 '성'이고 곧 '본'이다. '효제'는 '용'이고 "인의 한 가지
일"(仁之一事)이지 '본'이 아니기 때문에 "인을 효·제의 근본"(仁爲孝弟之本)이라
하였다. 유자가 말한 "효·제는 인을 실천하는 근본이다"에서 '위인爲仁'은 바로
'행인行仁'이고, "인을 실천함은 효·제에서부터 시작된다"(行仁自孝弟始). 때문에

---

19) 君子務本, 本立而道生; 孝弟也者, 其爲仁之本與.
20) 事孰爲大? 事親爲大.
21) 孝子之至, 莫大乎尊親.

'효·제'는 '행인'의 시작이지 '효·제'가 바로 '인'의 시작인 것이 아니고 또한 "효·제로부터 인에 이를 수 있음"(由孝弟可以至仁)을 가리키는 것이 아니다. '효·제'와 '인'은 동일시할 수 없다. 따라서 유가윤리의 본원적인 근거는 '인' 혹은 '성'이지 '효·제'가 아니다.

『예기』「제의」에 이르기를, "사랑을 드러내는 것은 부모로부터 시작한다"(立愛自親始)고 하였다. 여기서 '사랑'은 공자가 말하는 "어진 사람이 남을 사랑하고" (仁者愛人) "널리 많은 사람을 사랑하는"(泛愛衆) 것이다. "사랑을 드러내는 것은 부모로부터 시작한다"와 "인을 체득하여 사람들의 어른이 되기에 충분하다"(體仁足以長人)를 결합하면 '친친위대'의 함의를 쉽게 이해할 수 있다. 인애는 부모를 사랑하는 것으로부터 시작하고 친친의 인에 대한 체득은 사람이 '사람'으로 성장할 수 있게 한다. 정상적이고 건강한 가정에서, 가족 간의 정이 끈끈한 분위기에서 성장한 아이는 사회에 진출하여도 심리가 비교적 건강하다. 가정에서 조부모, 부모, 형제자매들과 함께 지내는 것을 배웠기에 사회에 진출하여도 쉽게 다른 사람들과 친하게 지낼 수 있다. 하지만 "아들이 아버지를 고발하는" 가정, 순이 처하여 있는 가정은 모두 문제가정에 속한다.

우리는 늘 '충신'과 '효자'를 말한다. 어떤 사람은 이렇게 질문한다. 효자가 반드시 충신인가? '충'과 '효' 사이의 긴장은 어디에 있는가? '친친'은 반드시 "백성을 어질게 할"(仁民) 수 있는가? "집안을 가지런히 하면" 반드시 "나라를 다스릴" 수 있는가? 물론 이것은 형식논리의 문제가 아니다. 공건평(龔建平) 선생의 말을 빌리면, '친친'만으로 반드시 "백성을 어질게 할" 수 있는 것이 아니고 "집안을 가지런히 하는 것"만으로 반드시 "나라를 다스릴" 수 있는 것이 아니다. 일리가 있는 말이다. 하지만 동시에 그렇다고 해서 '친친'이 "백성을 어질게 할" 수 있고 "집안을 가지런히 하는 것"이 "나라를 다스릴" 수 있음을 부인할 수 없다. 우리는 '친친'의 인격적인 성장과 발전이 '인민仁民'의 인격적인 성장과 발전에 유리하고 '제가' 능력의 제고도 치국 능력의 제고를 촉진할 수 있음을 절대적으로 부인할 수 없다. 사실상 닦고(修) 가지런히 하고(齊) 다스리고(治) 고르게 되고(平) 친척을 친하게 하고(親親) 백성을 어질게 하고(仁民) 물건을 사랑하는(愛物) 등등은 생명의 체험이고 실천이지 형식논리의 문제가 아니고 논리적으로 추리해 낸 것은 더더욱 아니다. 이성과 논리는 인덕을 대신할 수 있는가? 절대 다수의 사람들이 불가능하다고 주장할 것이라 믿는다. 한 걸음 물러서서 논리적으로 유가가 '친친'을 극대화할 수 있을 때 동시에 '인민' 내지는 '애물'의 극한에 이를 수 있다. 따라서 '친친'과 '제가'를 강조하는 것은 '인민'의 충분하고 필요한 전제가 아니지만 필요한 조건임은 부정하지 않는다. 필요한 조건이란 필연적으로 그러한 결론을 이끌어 내는 것은 아니라는 것이고, 충분하고 필요한 조건이란 전제로부터 필연적으로 그러한 결론을 이끌어 내는 것을 말한다.[22] 손중산孫中山 선생은 일찍이 아무리 좋은 제도라 하여도 궁극적으로는 사람이 수호하고 사람이 집행하여야 하는 것이라 하였다. 법률과 제도가 아무리 세밀하여도 사람을 대신할 수는 없는 것이다. 이 말은 매우 일리가 있다. 이로부터 '사람'이 매우 중요함을 알 수 있다. 유가의 '친친'이 강조한 것은 바로 '인본人本'이었다.

이제 '애유차등'에 대하여 살펴본다. 이는 유가의 '인애' 자체가 보편성을 갖추고 있지 않음을 의미하는 것이 아닌가? 이는 묵자墨者인 이지夷之의 "사랑에는 차등이 없고 베풂은 부모로부터 시작한다"[23]에 대한 맹자의 비판을 연상시킨다. 이지는 큰 원칙 아래 '겸애'를 주장하고 표현상에서는 또 "부모로부터 시작함"을 주장하였다. 맹자는 "근본이 둘인 것"(是二本也)이라고 비판하였다. 현대 유학의 대가 모종삼牟宗三 선생은 "'인'은 보편적인 도리인데 이 도리는 반드시 표현할 수 있는 것이다. 인간의 표현함과 상제의 표현함은 같지 않다. 상제는 시간성, 공간성이 없지만 인간이 '인'이라는 보편적인 도리를 표현함에는 시간성이 있다. 상제는 사랑에 차등이 없을 수 있지만, 사람은 어찌 사랑에 차등이 없을 수

22) 龔建平의 「논리는 인덕을 대신할 수 있는가」(남경 『學海』 2007년 제2기)의 28쪽을 참조.
23) 愛無差等, 施由親始.

있겠는가?"24)라고 하였다. 어떤 사람은 서양 기독교의 사랑은 유일하고 보편성을 지닌 사랑이지만 유가의 사랑은 보편성을 가지고 있지 않다고 주장한다. 서양의 기독교에서 사랑의 중요성을 부정할 수 없다. 이미 서양 법치사회의 문화적 토양으로 되었으니 말이다. 만약 서양 사회에서 종교윤리의 적극적인 작용이 없다면 어떤 사회로 변하게 될 것인가? 거꾸로 중국도 마찬가지이다. 만약 우리가 중국문화의 토양—전통적인 유가윤리를 아무런 쓸모도 없는 것으로 짓밟는다면 현대사회의 건강하고 지속적인 발전은 또 어디서부터 말할 수 있겠는가? 중국 사람의 '공동체 정체성', '윤리적인 공감대'와 '궁극적인 배려'를 기초로 하지 않는다면 어떻게 건강한 법치사회의 건설이 있을 수 있겠는가?

사랑에 차등이 있는 것은 인지상정이다. 자신의 부모를 사랑하고 다른 사람의 부모도 사랑하지만 사랑하는 정도가 완전히 같을 수 없다. 이러한 사랑의 차별은 "어진 사람이 남을 사랑한다"(仁者愛人)에서 말하는 사랑의 보편성과 별개의 것이다. 유가에서 제창하는 "널리 많은 사람을 사랑하고", "친척을 친하게 하고서 백성을 인하게 하고 백성을 인하게 하고서 물건을 사랑하며", "백성은 나의 동포이고 만물은 나와 함께 있다"25)는 것은 모두 부모를 사랑하는 것으로부터 시작한다. 인간의 불쌍히 여기는(惻隱) 마음으로부터 미루어 남에게 미치고 끊임 없이 확충해 나가는 것이다. 우리 모두는 모두 생명의 내부에서 출발하여 천천히 인애의 보편성을 체험한다. 우리 개인의 부모에 대한 사랑, 가족에 대한 사랑과 동료에 대한 사랑에는 "차등이 없는 것"인가? 동서양의 어느 시대든지 막론하고 모든 사람의 자신의 부모에 대한 사랑과 다른 사람의 부모에 대한 사랑, 자신의 아내(혹은 남편)에 대한 사랑과 다른 사람의 남편(혹은 아내)에 대한 사랑에는 "차등이

---

24) 牟宗三,『송명유학의 문제와 발전』(화동사범대학출판사, 2004), 109쪽, "仁是個普遍的道理, 這個道理必須是可以表現的. 人的表現跟上帝的表現不一樣, 因爲上帝沒有時間性, 空間性, 而人 表現仁這個普遍的道理有時間性. 上帝可以愛無差等, 人怎麼可以愛無差等呢?"
25) "泛愛衆."(공자), "親親而仁民, 仁民而愛物."(맹자), "民, 吾同胞; 物, 吾與也."(장재)

없는 것"인가?

3. 서양 사상사에서의 '친친상은'

중국의 전통사회에만 '친친상은'이 있었던 것이 아니라, 서양에도 이와 유사한 사상이 있었다. 여기서 소크라테스가 아들이 아버지를 고발하는 문제를 지지하였는지의 여부에 대하여 논의하도록 한다. 플라톤의 『에우튀프론(Euthyphro)·소크라테스의 변론·크리톤(Kriton)』, 『국가』 및 아리스토텔레스의 『정치학』에서 우리는 소크라테스가 에우튀프론이 아버지를 고소하였음을 비난하였고, 플라톤과 아리스토텔레스가 소크라테스의 관점을 지지하고 있음을 확인할 수 있다. 이로부터 소크라테스에서 아리스토텔레스에 이르기까지 고대 그리스 사람들과 중국의 공자가 '친친호은親親互隱'의 문제에 대해 사실상 같은 견해를 가지고 있음을 알 수 있다. 서양의 여러 성철聖哲들도 '용은容隱'에 동의하였다.

짝을 이루듯이 헤겔도 『정신현상학』 등 저서에서 가정의 윤리를 인간의 규율 측면이 아닌 신의 규율 측면에서 논의하였다. 그는 가정법과 국가법을 구분하였고 가정법이 신성법神聖法에 속하는 것임을 강조하였다. 서양의 기독교적인 문화적 분위기에서도 가정윤리, 혈연적인 친정이 숭고하고 신성한 것이었으며 양도하거나 박탈할 수 없는 것이었음을 볼 수 있다.

최근에 진교견陳喬見, 임계진林桂榛 선생이 문장을 지어 『에우튀프론』26) 중의 문제를 논의하였다. 『에우튀프론』이라는 텍스트는 매우 복잡한데, 소크라테스의 본의를 이해하는 것이 그리 쉬운 일이 아니다. 언어, 문자의 직선적, 논리적인 이해로 파악할 수 있는 것이 아닌데, 이는 소크라테스가 교묘하게 반어법, 귀류법,

---

26) 『에우튀프론』은 王曉朝가 번역한 『플라톤 전집』 제1권(인민출판사, 2002)을 참조하였다.

소크라테스   플라톤   몽테스키외

변증법 등의 기교를 능수능란하게 사용하였기 때문이다.

에우튀프론의 아버지는 살인을 저지른 노예를 묶어서 골짜기에 버리고 일을 보러 나갔다가 그만 잊고 말았다. 그가 돌아왔을 때 노예는 이미 죽어 있었다. 비록 노예가 살인범이었지만 그의 아버지는 과실을 범한 것이었다. 이 일을 알게 된 에우튀프론은 자신의 아버지를 고발하려고 준비하였고 자신의 아버지가 신에 대하여 경건하지 않다고 생각하였다. 법정 밖에서 그는 소크라테스를 만났다. 이때 소크라테스도 고소를 당하였는데 죄명은 옛 신을 무시하였다는 것이었다. 소크라테스는 우선 에우튀프론에게 '아첨'하여 말하기를 모든 사람이 그렇게 할 수 있는 것이 아니라 매우 높은 지혜를 가지고 있는 사람만이 비로소 자신의 아버지를 고발할 수 있는 것이라 하였다. 소크라테스는 모르는 척하면서 "에우튀프론, 너는 너무 고명해. 나를 지도하여 더욱 총명해지게 할 수 있겠나. 무슨 증거로 모든 신이 모두 너의 노예의 죽음이 공정하지 않다고 여긴다고 생각하는지 말해줄 수 있겠나. 아들이 살인죄로 아버지를 고발하는 것이 정확한 것임을 어떻게 증명할 것인가? 자네가 나를 도와 이러한 의혹을 풀어 주게나. 만약 자네가 의혹을 풀어 줄 수 있다면 나는 필히 자네의 지혜에 대하여 입에 침이 마르도록 칭찬할걸세." 사실상 그는 에우튀프론에게 계략을 꾸며 그가 스스로 천천히 걸려들도록 하였다. 과연 에우튀프론은 속임수에 걸려들었다. 마지막에 소크라테스는 성공적으로 그를 조롱하였고 삼십육계 줄행랑을 놓게 하였다. 사실 소크라테스의 의도는 매우 명확하였다. 그는 자신의 의지를 에우튀프론에게 억지로 강요하고 싶지 않았고 상대방 스스로 마음으로 이해하고 아들이 아버지를 고발하는 것은 문제가 있음을 터득하기를 희망하였다. 논의하는 과정에서 소크라테스는 에우튀프론에게 '경건'에 관한 문제를 물었다. 그는 '경건하지 않음'의 개념에 대하여 짐짓 아무것도 모르는 체하였다. 에우튀프론은 이렇게 말하였다. "무릇 여러 신들을 기쁘게 하는 것이 바로 경건한 것입니다. 무릇 여러 신들을 기쁘게 하지 못하는 것이 바로 경건하지 않은 것입니다." 소크라테스는 "아주 좋아! 이것이 바로 내가 듣고 싶었던 걸세"라고 하였다. 사실 이것은 반어법이지 소크라테스의 본의가 아니다. 소크라테스는 여러 신들의 좋아함이 결코 일치하지 않음을 제기하였다. 소크라테스는 그의 대화기술을 이용하여 에우튀프론이 세 차례 '경건'에 대하여 정의하도록 유도하였다. 하지만 매번마다 내린 정의는 같지 않았고 소크라테스는 자신이 표달하고 싶었던 뜻을 이야기하도록 천천히 에우튀프론을 이끌었다. 에우튀프론은 결국 절망하면서 떠나갔다. 소크라테스는 교묘한 풍자와 대화의 기술로써 에우튀프론이 애초의 관념을 포기하게 만들었다. 소크라테스와 에우튀프론의 토론의 말미에 소크라테스는 정중하게 이렇게 말하였다. "자네는 연로하신 아버지를 고발할 수 없네. 무엇이 경건이고 무엇이 경건하지 않음인지 명확하게 알지 않고서는 말일세."

용은의 문제에서 서양사상사와 중국사상사, 서양법률사와 중국법률사에 서로 상통함이 많음을 우리는 반드시 인정하여야 할 것이다. 사실 고대 그리스만이 아니라 근대의 서양에도 이 문제에 관한 논의가 있었다. 예를 들어 프랑스의 계몽주의 대가 몽테스키외(Charles Louis de Secondat Montesquieu, 1689~1755)는 『법의 정신』(L'espirit des lois, 1784)에서 두 개의 법률조문을 논의하였다. 하나는 도둑의 아내 혹은 자식이 만약 도적 행위를 적발하지 않으면 지위가 노예로 떨어진다는 것이다. 몽테스키외는 이 법률 조항이 인성을 위반하는 것이라 평론하였다. 아내가 어떻게 자신의 남편을 고발할 수 있겠는가? 아들이 어떻게 자신의 아버지를 고발할 수 있겠는가? 도둑이라는 이 죄악적인 행위에 대하여 보복하기 위하여 법률은 다른 하나의 더욱 죄악적인 행위를 규정하였다. 바로 앞에서 제기하였던 바와 같이 법리는 마땅히 인간의 본성, 인간의 감정에 복종하여야 하는데 이는 큰 측면으로부터 말하는 것이다. 물론 법률은 일단 제정되면 일정한 정도에서 인간의 감정을 억제할 수밖에 없지만 법리의 근거는 근본적으로 말하면 마땅히 인간의 감정에서 비롯하는 것이고 법률은 더욱 큰 의미에서 인권과 프라이버시를 유지하고 보호하여야 하며 공동체를 유지하여야 한다. 몽테스키외가 논의하였던 다른 하나의 법률조문은 다음과 같다. 다른 사람과 간통한 아내의 자녀 혹은 남편의 자녀가 그들을 고발하는 것을 허락하고 집안의 노예를 고문하는 것이다. 몽테스키외는 이는 참으로 죄악적인 법률 조항이라고 평론하였다. 풍기를 보존하기 위하여 인간의 본성을 파괴하였는데 인간의 본성이 바로 풍기의 원천인 것이다. 몽테스키외는 공정한 듯한 법률 조항이 법리 정신과 인간의 본성을 짓밟았다는 한마디로 정곡을 찔렀다. 인류는 가장 중요하고 가장 근본적인 것을 지켜야 하는데 친정은 그 중의 하나이다.[27]

앞에서 이미 제기하였듯이 '충'과 '효'를 어떻게 대할 것인지는 양난의 과제이다. 선택의 기본적인 입각점은 어디에 있는가? 그래도 인간의 감정, 인간의 본성에 있다고 생각된다. 서양의 철학자 소크라테스 등과 동양의 철학자 공자, 맹자 등은 용은의 문제에서 매우 큰 공통점을 가지고 있다. 사람마다 마음이 같고 마음마다 이치가 같으며 동양의 성인이든 서양의 성인이든 마음과 이치는 모두 같다고 할 수 있다. 이로부터 천리, 국법, 인정에 대한 유가의 변증법적 종합은 보편적인 의의를 가지고 있음을 알 수 있다.

---

27) 林桂榛, 「소크라테스는 "아들이 아버지를 고발하는 것"에 대하여 찬성하였는가?」, 『강소사회과학』 2007년 제4기.

4. 용은제도와 인권

　냉정하게 살펴보면 실제로 공맹에게는 일반인을 초월하는 지혜가 매우 많았고, 말에 포함된 깊은 뜻은 중국의 역사문화, 정치법률제도, 민간사회에 많은 적극적이고 심각한 영향을 주었다. 중국의 전통문화, 유가사상 중의 부자 관계는 생물적인 혈연적 계승 관계뿐만 아니라 더욱 중요하게는 도덕적인 은친恩親 관계이다. 이 때문에 사람들은 늘 중국문화를 동물적이고 생물적이며 대를 잇는 문화일 뿐이라고 헐뜯었는데 지극히 말이 되지 않는 논의이다.

　저자는 『유가윤리쟁명집儒家倫理爭鳴集』[28]에 당대의 법학가이자 중남재경정법대학中南財經政法大學의 범충신范忠信 교수의 글 세 편을 수록하였다. 이 세 편의 글은 모두 용은제와 중·서 용은제의 비교를 둘러싸고 논의를 전개하였다. 최근에 북경대학 법학원 박사후과정의 오단홍吳丹紅 선생의 글을 읽었는데, 그는 특면권법特免權法 분야의 전문가로서 용은제도의 역사 등 방면에서 주도면밀하게 연구하였다. 중산대학 철학과의 진벽생陳壁生(지도교수는 陳少明 교수이다.) 박사의 박사학위논문 「친친상은: 텍스트, 이야기로부터 전통에 이르기까지」에서도 중국의 형법사와 사회사의 자료를 특히 중시하였다. 이상에서 서술한 이러한 연구는 모두 상당한 수준을 갖춘 것들이다. 아래에 범충신, 오단홍, 진벽생 등 연구자들의 연구 성과를 종합하면서 역사적으로 유가의 '친친상은' 관념이 중국 법제사 건설에 끼친 영향과 가치 및 의의에 대하여 논의하도록 한다.

　공자의 '부자상은父子相隱'사상은 중국 역대 법률 제정의 근거로 쓰였다. 출토된 문물 운몽수호지雲夢睡虎地죽간에는 많은 양의 진秦나라 때의 법률문서가 들어 있었다. 운몽죽간의 주인은 '희喜'라고 부르는데 그의 무덤 속에는 생전에 이해하였던 중요성의 관계에 근거하여 신체의 각 부위에 진나라 때의 각종 법률조문이

---

28) 郭齊勇, 『유가윤리쟁명집—"친친호은"을 중심으로』(호북교육출판사, 2004).

놓여 있었다. 진나라는 비록 폭정시기였다고 하지만 사상문화는 매우 복잡하였고 정치면에서의 자료는 여전히 공맹의 사상이 계속하여 쓰이고 있었음을 볼 수 있다. 친친호은의 문제에서도 이와 같다. 진나라의 법률규정은 범인의 부모가 회피할 수 있을 뿐만 아니라 근본적으로 부모의 고발과 지목을 허락하지 않았다. 진나라의 법률은 이렇게 규정하였다. "자식이 부모를 고발하고 노예가 주인을 고발하면 공실公室이 아니면 듣지 않는다. 고발을 행하면 고발한 자가 죄인이다."[29] 다시 말해서 자녀가 부모를 고발하고 노예가 주인을 고발하는 것을 공가에서는 수리하지 않을 뿐만 아니라 고발한 자에게 죄가 있다고 판결할 수 있다는 것이다. 전통적인 법률에서는 가족을 고발하도록 허락하지 않았고 부모를 고발하는 자가 법을 어긴 것이라 판결하였다. 참고로 중국도 법률 대국으로서 대량의 문서자료, 사례와 법률조문을 가지고 있다. 2006년 하반기에 호북의 고고학 전문가는 운몽에서 한 무더기의 한漢나라 죽간을 발굴하였는데 대체로 법률문서였다. 이는 수호지의 진나라 죽간과 장가산張家山의 한나라 죽간 자료와 서로 호응되고 보충된다. 중국에 깊은 법률문화전통이 있음은 주목할 만한 것으로, 철학 학계와 법학 학계에서 연합하여 연구할 수 있기를 희망한다. 역사상의 관념, 제도와 민간의 풍속은 사실상 서로 연관되기 때문이다.

후세에 유가는 끊임없이 법가를 바로잡고 탈구축하였다. 상앙과 한비자의 법가에서의 '공'은 국가권력, 제왕의 권력을 가리키는데, 이는 공·맹의 공공사무의 정의가 가리키는 방향과 원칙적으로 다르다. 법가는 공리적이고 도구적인 경향이 있는데 부국강병을 패왕의 정치목표로 삼고 인간의 풍부한 가치를 희생하고 인간의 본성과 감정을 해친다. 상앙과 한비자의 법가에서는 상벌의 두 가지 수단으로 백성을 제어하고 마음대로 부릴 뿐만 아니라 백성들의 개인적인 이익을 짓밟음으로써 사를 공으로 전화시켰다.(공은 바로 패주의 '국가이악'이다.) 법가는 나쁜

---

29) 自告父母, 臣妾告主, 非公室, 勿聽. 而行告, 告者罪.

놈을 고발할 것을 주장하고 군사적인 십오연좌什伍連坐제도를 실시함으로써 공공연히 국가권력으로써 가정 및 이웃 관계를 파괴하고 개인적인 영역과 공간을 완전히 무시하였으며 특히 인간의 가장 소중한 친정을 훼손하였다. 역대의 왕조에서 평민 및 지식인들은 모두 공자유가의 친친상은을 기치로 황권 전제정치의 십오연좌제도에 반항하였다.

진벽생은 동중서의 『춘추』 결옥決獄은 공양학에서 부자상은을 발굴하였고, 부자상은의 수양으로 확충하였음을 정확하게 제기하였다. 「염철론」에서 현량문학을 대표로 하는 민간의 지식인, 유생들은 황권 전제정치에 강하게 반항, 항의하면서 신상申商(1372~1435, 여말선초의 문신)의 연좌제도를 주장하는 권세가 상홍양桑弘羊(BC 152?~80, 중국 전한시기의 정치가)의 무리와 투쟁을 전개하였는데, 근거가 바로 공맹의 도와 『공양춘추』였다. 한나라의 소昭, 선宣제 시기는 유가제도화의 중요한 시기였다. 선제시기에 한나라 정부는 "수닉죄를 엄벌하는 과조"(重首匿之科)의 형벌 원칙을 철저히 포기하고 은닉을 인정하였다. 동한의 장제章帝시기의 백호관白虎觀 회의는 상은의 범위를 형제, 붕우, 부부로 확대하였다. 『백호통』은 유가제도화의 모범이었고 이로부터 용은제도는 한층 더 완벽해짐으로써 전통사회에서 개인적인 영역을 보장하고 공권력의 남용을 방지하는 중요한 근거가 되었다. 고유의 법률문화에서 공자의 '부자상은'사상은 한, 당, 청의 법률에서 "동거하면 서로 용은하고"(同居相爲容隱) "친족끼리 서로 용은하는"(親屬相爲容隱) 조항으로 제도화되었고, 이러한 개인적 권리와 프라이버시에 대한 권리의식의 각성은 전제황권을 제약하였다.[30]

한대의 『한률漢律』에서 말하는 "친척끼리 친한 것은 서로 숨겨 주는 것으로부터 얻는다"(親親得相首匿)는 하휴何休(129~182, 동한시기의 금문경학자)의 『공양전』에 대한 주석에서 인용한 것이다. 『한서』 「선제본기宣帝本紀」에서는 이렇게 말하였다.

---

30) 진벽생, 「친친상은: 텍스트, 이야기로부터 전통에 이르기까지」(중산대학 박사학위논문, 2007). 지도교수는 陳少明 교수이다.

지절地節(선제 때의 두 번째 연호, BC 69~66) 4년 조칙(詔)에서 이르기를, "부자의 친함과 부부의 도는 하늘의 본성이다. 비록 우환이나 재화가 있다 하더라도 오히려 죽음을 무릅쓰고 이를 보존한다. 진실로 사랑이 마음에서 맺어지면 인후仁厚의 지극함이다. 지금부터 자식이 부모를 주동해 숨겨 주거나(首匿) 아내가 남편을 숨겨 주거나 손자가 대부모를 숨겨 주는 것은 모두 연좌시키지 말라"고 하였다.[31]

다시 말해서 자녀가 법을 위반한 부모를 숨겨 주고 아내가 법을 위반한 남편을 숨겨 주고 손자가 법을 위반한 조부모를 숨겨 주는 것은 모두 판결될 수 없다는 것이다. 한선제의 이 조서는 도덕적인 측면과 법리적인 측면에서 모두 용은제도를 긍정하였다. '부자상은'의 사상은 한대에 이르러 이미 부부, 조손의 관계로 확대되었고, 이후의 역대 형법에서 그대로 따랐다. 오단홍은 이렇게 제기하였다. "한선제의 지절 4년(BC 66)의 조서는…… 용은의 도덕적 정당성을 긍정하였다. 그 뒤로부터 친친상은의 범위는 끊임없이 확대되었을 뿐만 아니라 한층 더 규범화되었고 명확해졌다. 전통적인 전제 사회에서 사회의 안전을 보장하는 다른 하나의 제도─주련株連제도마저 친족끼리 죄가 있음을 서로 증명하도록 강요하고 친친상은과 서로 어긋나기에 사람들의 강렬한 반대에 부딪히게 되었다. 동한東漢 말년의 법령제도는 이렇게 규정하였다. '군정軍征에서 병사가 죽으면 그 처자를 끝까지 고문한다'는 이 조문은 고유高柔(174~263, 동한 말 魏나라의 정치가)와 노육盧毓(183~257, 동한 말 정치가 盧植의 아들이고 魏나라의 정치가) 등 사람들의 반대에 부딪히게 되었고 후에 조조는 폐지하도록 명령을 내렸다. 동진東晉시기에는 '아버지의 사형을 증명하도록 아들을 시험하거나 혹은 부모를 채찍질하여 자식의 소재를 묻는다'라는 조서에 대하여 위전衛展(晉나라의 법학자이며 동진시기 여서예가 위부인의 아버지)이 서를 올려 반대하기를 '서로 숨겨 주는 도가 떠나면

---

31) 地節四年詔曰: 父子之親, 夫婦之道, 天性也. 雖有禍亂, 猶蒙死而存之, 誠愛結於心, 仁厚之至也. 自今子首匿父母, 妻匿夫, 孫匿大父母, 皆勿坐.

군신의 의가 폐한다. 군신의 의가 폐하면 배신자가 생겨남을 범하게 된다'고 하였다. 원제는 간의諫議를 채택하여 친족 사이에 서로 죄를 증명할 수 없다고 규정하였다. 북조北朝시기에는 계속하여 친족 사이의 용은의 범위를 확대하여 이미 '친친상은'의 법령이 있었다.…… 『당률소의唐律疏義』는 같이 살면서 서로 숨기는 것이 죄가 아니라는 원칙을 확립하였고 서로 숨겨 주는(容隱) 범위도 한漢나라에 비해서 한층 더 확대되어 하나의 완벽한 규범체계를 형성하였다."[32]

오단홍 박사가 제기한 바에 따르면, 원대元代에는 모반과 같은 이러한 국가 대사와 관련되는 중죄마저 모두 용은하여야 하였다. 명청시기에는 용은하는 친족의 범위를 한층 더 확대하였다. '친친상은' 및 용은 제도에 나타난 가정의 안정 및 인문적인 배려를 유지하는 것은 엄혹한 전통 법제 중의 한 포인트이다. 수천 년 이래 통치계급은 여러 차례 "서로 유죄를 입증하는" 제도를 시행하고자 하였으나 매번 백성들과 통치계급 내부의 지식인들의 반대에 부딪혔다. "'친친상 은'과 특면권은 모두 가정 관계의 보호를 출발점으로 하고 모두 친정과 윤리의 가치에 주목한다. 이 점에서 중국과 서양의 '방법은 다르지만 결과는 같은 점'이 존재한다."[33]

청대 말인 1902년부터 심가본沈家本, 오정방伍廷芳 등은 중국과 서양의 것을

---

32) 吳丹紅, 「特免權 제도의 중국에서의 운명—역사적 텍스트에 기반한 고찰」(『증거학논단』 제10권, 중국검찰출판사, 2005), 제370쪽 참조. "漢宣帝地節四年(公元前66年)詔……肯定了 容隱的道德正當性. 自此以後, 親親相隱的範圍不斷擴大, 而且進一步規範化, 明確化. 就連傳統 專制社會當時爲保證社會安全的另一項制度──株連制度, 也因爲強迫親屬互證有罪, 與親親相 隱相悖, 而遭到人們的強烈抵觸. 東漢末年的法令規定: 軍征士亡, 拷竟其妻子, 這一條文遭到高 柔和盧毓等人的反對, 後曹操下令將之廢止. 東晉時, 有考子證父死刑, 或鞭父母問子所在的詔書, 衛展上書反對, 認爲相隱之道離, 則君臣之義廢; 君臣之義廢, 則犯上之奸生矣. 元帝采納了其諫 議, 規定親屬間不得相互證罪. 北朝繼續擴大親親容隱的範圍, 已經有親親相隱的法令……『唐律 疏義』確立了同居相隱不爲罪原則, 其相容隱的範圍較之漢朝進一步擴大, 形成了一個完備的規 範系統."

33) 吳丹紅, 「特免權 제도의 중국에서의 운명—역사적 텍스트에 기반한 고찰」(『증거학논단』 제10권, 중국검찰출판사, 2005), 제370쪽, "親親相隱與特免權都是以保護家庭關系爲出發點, 都注重親情和倫理的價値. 在這一點上存在著中西的殊途同歸."

두루 취하여 법률을 수정하였다. 중화민국이 건립된 후 1905년에 왕유령汪有齡, 장종상章宗祥, 동강董康의 『수정형법초안修正刑法草案』은 『대청신형률大淸新刑律』을 답습하였다. 중화민국의 『육법전서六法全書』가 규정한 친속닉죄親屬匿罪, 거증특면권拒證特免權은 모두 새로운 시대정신 즉 친정의 배양을 중시하고 친정을 일종의 권리로 삼아 법률적으로 보호하는 정신이 추가된 것이다.

민국 24년 즉 1935년에는 새로운 『형사소송법』이 발표되었고, 민국 34년 즉 1945년에는 이 『형사소송법』을 수정하였다. 그중 제167조에 친친상은의 인문정신을 명확하게 구현하였다.

> 배우자, 친척 중의 혈친 혹은 삼친 내의 친인척이 사리를 도모한 범인 혹은 법에 의거하여 체포, 구금 중에 도주한 사람이면서 제164조 혹은 165조의 죄를 범하였다면 형량을 감형하거나 면제한다.[34]

『형사소송법』 제180조에 근거하면 근친의 형사책임에 대한 증언거부권에 관한 규정은 다음과 같다.

> 증인이 아래의 상황 중의 하나에 해당될 때 증언을 거부할 권리를 가진다.
> 1) 현재 혹은 과거에 피고인 혹은 원고의 배우자, 친척 중의 혈친, 삼친 이내의 친인척이었거나 혹은 가장, 가족인 사람.
> 2) 피고인 혹은 원고와 혼인을 약속한 사람.[35]

중국의 대만지역에서 시행하고 있는 『형사소송법』에서는 친족 복역에 대한

---

34) 配偶, 五親等內之血親或三親等內之姻親, 圖利犯人或依法逮捕, 拘禁之脫逃人, 而犯第一百六十四條或第一百六十五條之罪者, 減輕或免除其刑.

35) 證人有左列情形之一者, 得拒絶證言: 一, 現爲或曾爲被告人或自訴人之配偶, 五親等內之血親, 三親等內之姻親, 或家長, 家屬者. 二, 與被告人或自訴人訂有婚約者.

책임 및 증언 거부 권리에 대한 규정이 더욱 명확하다. 일본, 독일, 미국의
대부분 주의 형법에도 이와 유사한 규정이 있다. 예를 들어 일본 형법의 제105조에
서는 다음과 같이 규정하였다.

> 범인 혹은 도주자의 친족은 범인 혹은 도주자의 이익을 위하여 앞 두 개 조항의
> 죄를 범하였을 경우 형을 면제하거나 감형한다.[36]

일본, 독일의 형법은 바로 청말민초에 중국 형법의 중요한 참조 대상이었다.[37]
현재 외국의 형법 중에서 특면의 범위는 한층 더 확대되어 친정의 특면뿐만
아니라 업무상의 관계 및 기타 사무의 특면도 가능하다. 이러한 상황은 바로
인성의 공통한 점 즉 이른바 구체적인 보편성을 가리킨다.

어떤 사람은 서양의 용은제도는 권리를 출발점으로 하지만 중국 고대의
용은제도는 다만 의무이지 권리를 언급하지 않는다고 주장한다. 그들은 공맹이
친친을 논하는데 만약 사람마다 자기의 부모만을 친애하면 사람과 사람 사이에
종족 신앙 혹은 이익상의 모순이 존재할 때 개인이 종족의 집단적인 이익을
수호할 의무를 가지게 되는 것은 의심할 여지가 없다고 여긴다. 사실상 이러한
주장에는 문제가 있다. 우리는 권리와 의무가 한 쌍의 서로 연관되는 개념이고
양자는 완전하게 분리될 수 없음을 안다. 개인이 의무를 이행하는 형식으로
종족의 집단이익을 수호할 때 그는 자연스럽게 종족 이익의 보호를 받게 되는데
이는 그가 행사한 권리이다. 예를 들어 말하면 이른바 "조상을 존경하는 것"(敬宗)
은 의무이지만 족장族長이 '수족收族'하는 것은 족민族民의 '권리'이다. 또한 더욱
중요한 것은 족민의 '친친'의 인함(仁)은, 족 외의 모든 세력을 상대하는 것으로

---

36) 犯人或脫逃者之親屬, 爲犯人或脫逃者之利益而犯前二條之罪者, 得免除其刑.
37) 바로 "부자상은" 및 중국의 법문화 전통과 서양 현대의 평등, 권리 의식의 결합 및 일본,
독일의 법률조문에 대한 참고를 통하여 비로소 청말민초의 형법제도의 확립이 있을 수
있었다.

보자면, 권리이다. 친친, 용은은 바로 개인의 권리가 부분적 혹은 부동한 정도의 보장을 얻었다는 증명이고, 고문, 고간告奸, 주련 등의 잔혹한 전제제도를 제약하고 친정의 본원을 수호하고 비인성적인 폭행을 완화시킨다. 친친 관념으로부터 전개된 중국 고대 법률 사상의 실천은 인간의 모종 권리를 보장하고 사회도덕의 창명과 사회질서의 조화를 수호하였다. 주지하다시피 전통사회에는 여러 가지 조절 가능한 사회요소가 있었는데 유일한 군권만이 사회의 안정과 발전을 유지할 수 있는 것이 아니었다. 유가와 군주체제를 완전한 일체로 보아서는 더욱 안 되고 가끔 유가가 바로 백성들의 생존권, 재산권, 약자보호권, 교육을 받을 권리, 정치참여권 및 친속의 권리(親屬權) 혹은 종족의 권리(宗族權)으로써 권력구조의 압박에 맞서고 군권 혹은 당시 국가와 지방정부의 권력 남용에 맞섰다.

앞에서 서술하였던 관련 전문가들의 중국법제사에 대한 서술로부터 중국 고대의 증인거부권제도가 비교적 발달하였고, 청나라 말 특히 민국시기의 법제 개혁은 중국 고대의 용은제도가 서양특면권에 대한 수입 및 현대 법률과의 연결을 구현하였음을 살펴보았다. 용은은 권리와 의무가 결합한 것으로서 입만 열면 전통적인 중국사상에 권리 의식이 없다고 이야기하는 사람들은 검토해 볼 필요가 있다. 권리든, 정의든 모두 구체적이고 역사적인 것이다.

우리는 더욱 전반적으로 인간의 존재를 사고하여야 한다. 현실세계에서 인간은 항상 다중 신분, 역할과 책임에 직면하여 있는 존재로서 단지 하나의 법률적 존재가 아니고 천하, 가정, 나라의 안정 역시 고독한 법률에 의거하면 곧 성공적으로 지켜 낼 수 있는 것이 아니다. 사리, 인성의 유지가 사회의 조화를 수호하는 기초라 말하여야 할 것이다. 서양의 공평, 공정, 정의 등과 관련된 이념을 들여오는 동시에 우리는 중국 전통문화의 "인애" 인도의 정수를 완전히 포기하여서는 안 된다. '친친호은', 용은제도는 바로 전통적인 유가가 우리에게 남겨 준 소중한 도덕과 법률 자원이다. 이러한 자원을 결합하여 현실의 법치문제를 처리하면 우리의 법치 건설은 반드시 새로운 높이에 도달하게 될 것이고 인류의 공동체는 반드시 더욱 건강하게 발전하게 될 것이다.

앞에서 이미 이야기하였듯이 중국 법률문화의 용은제도는 사실상 현대 인권의 수호와 내재적인 연관이 있다. '친친호은'과 용은제도는 중국 윤리 법계의 정신을 반영하였고 인성, 인도에 부합하는 것이기에 가장 보편적인 것이다. '부자호은'과 인권은 결코 서로 어긋나는 것이 아니라 바로 인권을 존중하고 수호하는 요소를 포함하고 있다. 가족이 가족의 증인석에서 물러남으로써 바로 현대성을 가지게 되는 것이다. 유감스러운 점은 20세기 50년대 초 이후로 중국 대륙에서는 '봉건문화전통'과 '봉건법률'을 비판한다는 이유로 청말민초의 율법의 친속용은 조문을 폐지하였고 어떤 측면에서 매우 좋지 않은 결과를 초래하였다.

'5·4와 '문화대혁명' 이래로 중국에서 친정의 상실은 이미 너무 오래 지속되었다. 지금 이 시각 우리가 유가의 '친친호은'과 용은제도를 논의하는 것은 현행의 혁명법률을 답습한 형사소송법의 관련 내용을 수정하고 보완함에 있어서 현실적인 의의를 가지고 있음은 의심할 여지가 없다.

여기서 강조하고 싶은 점이라면 '친친호은'과 용은제도에 대한 강조가 현실로부터 출발한 것이라는 점이다. 저자는 '문화대혁명'을 겪었던 사람으로서 이제 회갑을 맞게 되었다. 1966년 '문화대혁명'이 기세 드높게 일어날 때 저자는 고3 학생이었고 부자 사이에 잔인하게 살해하고 부부가 서로 고발하고 형제 사이에 서로 원수가 되고 학생이 스승과 선배를 짓밟는 것을 직접 목격하였는데, 이는 실로 가슴 쓰린 일이고 잔혹힌 장면은 지금까지 머릿속에 남아 시도 때도 없이 떠오른다. 이것이 바로 맹자가 말한 이른바 "사람끼리 서로 잡아먹는"(人相食) 비극이다! '문화대혁명'에서 친정은 계급투쟁에 의하여 대체되었고 부자, 부부 사이에 서로 적발하고 사람마다 위험을 느끼는 이것이 바로 전반적인 사회의 정치, 윤리와 가정의 윤리에 커다란 문제, 커다란 위기가 발생한 때이다. 프라이버시에 대한 존중은 인류의 문명생활에 있어서 하나의 필요한 조건이다. '문화대혁명'처럼 모든 사람이 마음속 깊은 곳의 욕망을 모두 파헤친다면 사회생활 혹은 문명의 사회생활은 불가능한 것이다. 사적인 영역에서 가장 친밀한 관계, 예를 들어 가정에서 부자, 형제, 부부 등의 친정 그리고 친구, 사생 등의 감정이 모두 파괴된다면, 서로 돌을 던지고 고발하고 팔아먹고 심지어 사적인 언행마저 범죄의 증거로 쓰이게 되는데 '문화대혁명'에서 나타난 비참한 상황일 수밖에 없다.

지금에 이르기까지 중국의 대륙, 북한, 쿠바, 베트남 등 소수의 나라와 지역의 『형법』, 『형사소송법』 등에서는 친정의 회피를 허락하지 않는다. 하지만 전 세계적으로 서양의 3대 법계(대륙 법계, 영미 법계와 구소련 사회주의국가 법계)이든지 동아시아 법계이든지(한국, 일본과 중국 대만 지역 등) 모두 용은제도를 보존하여 왔다. 법학계의 한 친구가 있는데 그에 따르면, 저명한 법학자이고 형법학 태두로 불리는 무한대학의 마극창馬克昌 선생 그리고 저명한 법학가인 서남정법대학의 유영근兪榮根 교수 등은 모두 중국 법률 중 일부 조문을 수정해야 한다고 끊임없이 호소하고 있다 한다.

저자는 국가와 민족의 지속 가능한 발전과 조화로운 사회를 구축하고 더욱 문명한 사회주의문화를 건설하기 위하여 공민의 인권, 친정의 권리(親情權), 프라이버시권(隱私權) 등을 확실하게 긍정하고 보호할 것을 건의한다. 중국 입법기관은 반드시 빠른 시일 내에 논의하여 『형법』 제305조와 제310조, 『형사소송법』 제45조, 제47조, 제48조, 제98조, 제110조, 『민사소송법』 제65조, 제70조, 『행정소송법』 제34조, 인민검찰원人民檢察院 『형사소송규칙』 제157조, 제160조, 제174조 등을 수정하여야 할 것이다. 친족이 숨겨 주고 증언을 거부하도록 허락하는 것은 사법적인 자금의 투여를 증가시킬 수 있지만, 장기간 태평하고 안정을 이룰 수 있는 측면으로부터 출발하고 중국 특색이 있는 사회주의의 사회문화의 합리적인 구축으로부터 출발하면 여전히 매우 필요한 것이다. 친정을 유지하는 것은 조화로운 사회를 유지하는 기초이다. 법치부문에서는 공권력을 이용하여 증거를 수집하여 아무리 더 크고 더 많은 자금이 들더라도 가족의 자백을 강요할 수 없는 것이다. 저자가 보기에 가족이 자백하지 않는다고 은닉죄를 판결하는 것은 가장 비인간적인 것이다.

구체적인 사례로 '여상림안余祥林案'을 들어 보도록 한다. 무엇 때문에 여상림이 여러 해 동안 억울하게 옥살이를 하였음에도 해결되지 못하였는가? 경찰서의 사람들이 여상림의 가족(어머니와 형제)을 잡아서 고문하고 때렸고, 이 때문에 그의 어머니는 감옥에 가게 되었으며 후에 우울해하다 죽었다. 무엇 때문에 이렇게 될 수 있는가? 저자가 보기에 중국 법률조문에서 용은제도를 취소한 것과 관련이 있다.

요컨대 저자가 주목하는 것은 중서 철학, 법학, 윤리학 사상자원 중의 상통성과 공통적인 요소, 선진시기와 고대 그리스의 서로 통약 가능한 측면, 공맹유학이 나타낸 인성의 찬란함과 인류적인 가치 및 어떻게 전 근대문명, 비서양사상의 자원이 가지고 있는 현대적이고 보편적인 요소와 가치를 심각하게 인식하고 발굴할 것인가 하는 점들이다. 현실적인 고려라면 바로 인류적인 것을 이어받기를 희망하는데, 서양의 3대 법계를 포함하고 법률문서가 증거로 남아 있는 중국의 진나라부터 민국시기에 이르는 법률사상의 용은사상과 제도적인 전통을 포함하며, 오늘날의 법률조문 중에서 합리적이지 않은 부분을 반성하고 현대 법치사회의 구축이 한층 더 건강하고 인성화하며 한층 더 공평하고 정의롭기를 희망한다. 최근 몇 년간 저자는 '친친상은'의 문제를 적극적으로 논의하였는데 바로 현재 국민들의 인권, 인성에 대한 배려에서 출발한 것이다.

제7장 인성학설

공자의 인성론에는 두 가지 측면이 포함되어 있다. 첫 번째 측면은 공자가
『시경詩經』「대아大雅·중민烝民」편을 '지도知道'의 시로 칭송하였고 하늘이 중민烝
民을 생육하였음과 사람의 원천임을 긍정하였다. 사람이 가지고 있는 상도常道는
아름다움으로 향하는 도덕이다. 이것은 하늘이 사람에게 선량한 천성을 부여하
였음을 의미한다. 물론 공자도 '성여천도性與天道'의 문제에 관하여 논의를 하였는
데, 곽점초간郭店楚簡의 『성자명출性自命出』, 상박초죽서上博楚竹書의 『공자시론孔子
詩論』, 마왕퇴백서馬王堆帛書의 『역전易傳』과 『이삼자문二三子問』은 모두 그것에 관
한 증거 자료라고 할 수 있다. 『논어』「공야장」에 기록된 자공子貢의 "들어
볼 수 없었다"(不可得而聞)는 말은 겸사謙辭이고, 이는 자공 자신이 '성여천도' 논설
의 오묘함을 아직 잘 이해하지 못하였음을 말한 것이다.[1]

두 번째 방면으로 공자는 "성은 서로 가깝고 습은 서로 멀다"[2]고 주장하였다.
'성性'과 '습習'의 비교에서 그는 인간의 품격적 차이는 항상 '습'에 있지 '성'에
있는 것이 아님을 강조하였고 후천적인 문화교육의 환경과 습관이 사람과 사람
사이의 큰 차이를 낳음을 주장하였다. 이는 "가르침에는 차별이 없다"(有敎無類)와
"현명한 인재를 등용한다"(擧賢才)는 주장의 인성론적 근거이다. 교육은 일종의
목적과 계획 그리고 지도하는 방향이 있는 환경의 영향으로 볼 수 있는데 그것의
영향은 일반적으로 자발적 환경이 주는 영향보다 훨씬 크다. 이는 후천적인
교육의 필요성과 가능성을 긍정한 것이고 도덕교육이든 지식교육이든 막론하고

---

1) 더 자세한 내용은 2008년 6월 30일자 『광명일보』에 등재된 李學勤의 글 「중국학술의
기원: 공자의 "집대성"을 겸하여 논함」(中國學術的起源―兼談孔子之"集大成")을 참조.
2) 『논어』, 「양화」, "性相近也, 習相遠也."

모두 그러하다는 것이다.

　교육의 한 거장으로서 공자는 인간의 성정性情과 지력 사이에 어떠한 선천적인 차이가 있음을 보았고 '상지上智'와 '하우下愚' 사이에 구별이 있음을 인정하였다. 그가 "태어나면서 아는 자는 상등이요, 배워서 아는 자는 다음이요, 통하지 못하는 바가 있어서 배우는 자는 또 그다음이니, 통하지 못하는 바가 있는데도 배우지 않으면 백성으로 하등이 된다"[3]고 한 것은 인간의 깨달음과 자질에는 높고 낮음의 차이가 있고 열심히 연구하려는 사람과 공부를 하지 않으려는 사람 사이에는 품급品級의 차이가 있다는 의미이다. '생이지지生而知之'는 깨달음과 천부적 자질이 높은 사람을 가리킨다. 경험적인 지식, 기술(技藝)의 한 측면에서 어떤 사람은 특별히 깨달음이 크고 매우 예민하다. '덕성지지德性之知'의 측면에서는 사람들이 일반적으로 모두 선천적인 능력이 있는데 어떤 사람은 선천적으로 사욕이 적고 가려짐(蒙蔽)이 적어서 위인지본爲人之本을 쉽게 깨닫는다. 하지만 '학이지지學而知之'는 경험지식에 관한 앎이나 도덕지식에 관한 앎에서 주요하게 후천적인 습득과 반복적인 훈련을 통해 끊임없이 가려짐을 벗겨 내는 것을 가리킨다. 공자는 자기의 경험을 예로 들어 이렇게 말하였다 "나는 나면서부터 안 자가 아니라 옛것을 좋아하여 절박하게 구한 자이다."[4] 지성과 덕성 두 가지 측면에서 그는 고대 성현의 인격을 흠모하여 부지런하고 민첩하게 문화와 고전 그리고 역사의 경험들을 배우고 체험하였다. 공자는 또 이렇게 말하였다.

　　인덕을 좋아하면서 배움을 좋아하지 않으면 사람에게 놀림을 당하기 쉽고, 지혜로움을 좋아하면서 배움을 좋아하지 않으면 방탕하게 되며, 성실함을 좋아하면서 배움을 좋아하지 않으면 사람들에게 이용당하기 쉽고, 정직하기만 하고 배움을 좋아하지 않으면 말로 사람을 상하게 하며, 용맹하기만 하고 배움을

---

　3) 『논어』, 「계씨」, "生而知之者, 上也. 學而知之者, 次也. 困而學之, 又其次也. 困而不學, 民斯爲下矣."
　4) 『논어』, 「술이」, "我非生而知之者, 好古, 敏以求之者也."

좋아하지 않으면 일을 어지럽게 만들기 쉽고, 굳세기 만하고 배움을 좋아하지 않으면 시건방지게 된다.[5]

공자는 사람들이 후천적 교육을 받지 않고 공부를 열심히 하지 않으면 '인', '지', '신', '직', '용', '강' 등과 같은 여러 가지 좋은 품성을 배양할 수 없거나 이런 품성을 이미 가지고 있는 사람이라도 점점 편면적으로 흘러가 결국 '우愚', '탕蕩', '적賊', '교絞', '난亂', '광狂' 등의 좋지 않은 결과를 낳게 될 것임을 제기하였다.

인성에 관한 유가의 학설 중에서 대표적인 것이 맹자의 '성선설'과 순자의 '성악설'인데, 두 사람의 인성론은 절대적으로 대립하거나 모순되는 것이 아니다. 왜냐하면 그들은 인간 본성을 다르게 이해하였고 목적이 달랐으며 이론적인 전제와 문제의식을 달리하였던 것이기 때문이다. 양자는 같은 측면에서 서로 대치하고 있는 것이 아니기에 '성선설'과 '성악설'을 경솔하게 병렬하거나 대립시켜서는 안 된다. 대학생들의 변론대회에서 갑과 을 양측이 '성선'과 '성악'을 놓고 변론하는 것을 가끔 보게 되는데 대체로 관공關公이 진경秦瓊과 맞서 싸우는 것[6]과 유사하다.

---

5) 『논어』, 「양화」, "好仁不好學, 其蔽也愚. 好知不好學, 其蔽也蕩. 好信不好學, 其蔽也賊. 好直不好學, 其蔽也絞. 好勇不好學, 其蔽也亂. 好剛不好學, 其蔽也狂."

6) 역자주: 관공과 진경의 싸움(關公戰秦瓊)은 侯寶林이 아무것도 모르면서 함부로 지휘하는 사람들을 풍자하기 위해 만든 만담(相聲) 형식의 작품이다. 관공은 關羽를 가리키며 삼국시대 촉나라의 무장이다. 그리고 진경은 수나라 말 당나라 초의 무장이다. 두 사람은 몇백 년이라는 시간을 사이에 두었음에도 불구하고 侯寶林의 만담 작품 속에 함께 등장한다. 그것의 배경을 말하자면, 어떤 부자가 연극쟁이들을 불렀는데 부잣집의 어떤 사람은 관공에 관한 이야기를 좋아하였고 어떤 사람은 진경에 관한 이야기를 좋아하였다. 그래서 부자들은 연극쟁이들에게 관공과 진경이 싸우는 장면을 강요하게 되었던 것이다. 즉 역사적으로 절대 만날 수 없는 두 사람을 억지로 만나게 한 것이다.

1. 맹자의 성선설

전국戰國시대에는 인간의 본성에 관한 문제가 논쟁의 한 초점이 되었다. 『맹자』「고자상」에는 맹자의 제자인 공도자公都子의 질문이 기록되어 있다. 이 질문에는 당시 대표적인 몇 가지 관점이 개괄되어 있다. 하나는 고자告子의 "성에는 선함도 없고 선하지 않음도 없다"(性無善無不善)는 주장이고, 두 번째는 누군가의 "성은 선이 될 수도 있고 불선이 될 수 있다"(性可以爲善, 可以爲不善)는 주장이다. 세 번째는 무명씨의 "성이 선함도 있고 성이 불선함도 있다"(有性善, 有性不善)는 관점이다. 왕충王充(27~104)의 『논형論衡』「본성本性」에 근거하면 주나라 세자(世碩)의 주장이 두 번째에 가깝다. 세석의 주장은 성에 선도 있고 악도 있으며 사람이 선이나 악으로 향하게 되는 것은 "기르는 바"(所養) 즉 후천적인 환경, 교육의 영향에 달려 있다는 것이다. 왕충의 말에 의하면 복자천宓子賤, 칠조개漆雕開, 공손니자公孫尼子 등은 모두 성에 선도 있고 악도 있다고 주장하였다.

고자는 '생지위성生之謂性'을 주장한다. 상고시대에는 '생生'자와 '성性'자를 같은 글자로 사용하였다. 고자는 당시 유행하던 견해, 즉 상식적인 견해를 대표하였다. 그는 인간의 본성이 강물과 같아서 동쪽으로 틀면 동쪽으로 흐르고 서쪽으로 틀면 서쪽으로 흐르듯이 모두 외적인 환경과 조건에 의하여 결정되는 것이라 주장하였다.

『시경』「증민烝民」편에 대한 공자의 높은 평가, 『중용中庸』, 『오행五行』에 나오는 자사子思의 내적 덕성과 덕기론德氣論은 맹자의 선도先導이다. 맹자는 공자, 자사의 도덕적인 인성론을 발전시켰고 당시 유행하였던 주장과는 다른 인간의 본성에 관한 새로운 견해를 제시하였다. 그는 물이 동쪽으로 혹은 서쪽으로 향할 수는 있지만 언제나 아래로 흐르고, 사람들이 비록 물을 산으로 끌어올릴 수는 있지만 위로 흐르는 것은 물의 본성이 아니라 외력이 그렇게 작용한 것임을 제기하였다. 그는 사람 또한 이와 같은데 인간의 본성은 물이 아래로 흐르는 것처럼 본래 선한 것이라 주장하였다. 사람이 선하지 못한 것은 그의 본성에 의하여 결정되는 것이 아니라고 한다. 다시 말하면 사람이 선을 행하는 것은 그의 본성의 표현이고 사람이 선을 행하지 않는 것은 그 본성을 위반한 것이다. 예를 들어 우산牛山의 초목은 번성하였으나 인위적인 파괴로 인하여 민둥산이 되었는데 이것은 우산의 본성이 나무를 자라게 할 수 없음을 말하는 것이 아니다. 마찬가지로 사람이 실제적인 경험에서 선하지 못한 것으로 그의 본성이 선하지 않음을 증명할 수는 없는 것이다.

맹자는 개의 본성과 소의 본성은 다르고 소의 본성과 사람의 본성은 다르다고 주장하였다. 인간에게는 자연적인 식색의 본성이 있지만 사람이 사람인 이유는 혹은 사람이 금수와 본질적으로 다른 것은 사람에게 내재된 도덕적인 '지知', '정情', '의意'가 있기 때문인데 이는 인간에게 고유한 도덕적인 속성이다. 그는 다음과 같이 말하였다.

> 측은지심을 사람마다 가지고 있고 수오지심을 사람마다 가지고 있으며 공경지심을 사람마다 가지고 있고 시비지심을 사람마다 가지고 있으니, 인, 의, 예, 지가 밖으로부터 나를 녹여 들어오는 것이 아니요, 내가 본래 소유하고 있건만 사람들이 생각하지 못할 뿐이다. 그러므로 '구하면 얻고 버리면 잃는다'고 말하는 것이다.[7]

측은, 동정, 내적 마음의 불안, 차마 할 수 없는 마음(무고한 소가 죽임을 당하는 것을 차마 직면할 수 없는 마음 등)은 '선'의 시작이고 맹아萌芽이다. 사람에게 내재된 측은, 수오, 공경, 시비 등의 도덕적인 동정심, 정의감, 수치감, 숭경감과 도덕적인 시비의 분별, 판단 이러한 것들은 바로 도덕적인 이성인 '인', '의', '예', '지'의

---

7) 『맹자』, 「고자상」, "惻隱之心, 人皆有之; 羞惡之心, 人皆有之; 恭敬之心, 人皆有之; 是非之心, 人皆有之. 惻隱之心, 仁也; 羞惡之心, 義也; 恭敬之心, 禮也; 是非之心, 智也. 仁義禮智, 非由外鑠我也, 我固有之也, 弗思耳矣. 故曰: 求則得之, 舍則失之."

맹아이다. 이는 인간의 내면에 고유한 것이고 외적 힘으로 인해 강요된 것이 아니다. 맹아 상태로 있는 것들을 확충해 나가면 선을 행할 수 있게 된다. 맹자는 '인仁'을 사람의 마음으로 '의義'를 사람의 길로 생각했다. 모든 사람에게는 '인의'의 마음이 있는데 양심을 잃어버리는 것은 그것을 잘 보존하고 기르지(保養) 못하였기 때문이다. 만약 보존하고 기르지 않으면 잃어버리게 된다. 사람들은 집에서 기르던 닭과 개를 잃어버리면 찾아다닐 줄은 알면서 양심을 잃어버리면 찾아다닐 줄은 모른다. 그래서 맹자가 "그 잃어버린 마음을 찾으라"(求放心)고 한 것이다. 즉 그 잃어버린 선량한 마음을 되찾으라고 요구한 것이다. 사람이냐 사람이 아니냐의 차이는 원래 작은 것이었는데 군자는 보존하였고 반면에 서민들은 잃어버렸다. "사람이 금수와 다른 것이 얼마 안 되니, 서민들은 이것을 버리고 군자는 이것을 보존한다."[8] 순임금은 내적인 마음에 보존된 '인의'로 일을 하였던 것이지 외적인 힘의 강요에 의하여 '인의'를 행한 것이 아니다. "인의로 인해 일을 하는 것"(由仁義行)은 내재적인 도덕명령이고 사람의 도덕자유이다. "인의를 행한다는 것"(行仁義)은 사회적인 규범에 근거하여 수동적으로 행한다는 것이다.

사람들이 모두 사람을 차마 해치지 못하는 마음을 가지고 있다고 말하는 까닭은 지금에 사람들이 갑자기 어린아이가 장차 우물로 들어가려는 것을 보고는 모두 깜짝 놀라고 측은해하는 마음을 가지니 이는 어린아이의 부모와 교분을 맺으려는 것도 아니며, 향당과 붕우들에게 명예를 얻으려는 것도 아니며 악명을 싫어해서 그러한 것도 아니다. 이로 말미암아 본다면 측은지심(측은해하는 마음)이 없으면 사람이 아니고, 수오지심(부끄러워하고 미워하는 마음)이 없으면 사람이 아니며, 사양지심(사양하는 마음)이 없으면 사람이 아니고, 시비지심(옳고 그름을 따지는 마음)이 없으면 사람이 아니다. 측은지심은 인의 단서이고, 수오지심은 의의 단서이며, 사양지심은 예의 단서이고 시비지심은 지의 단서이다. 사람이 이 사단을 가지고

---

8) 『맹자』, 「이루하」, "人之所以異於禽獸者幾希, 庶民去之, 君子存之. 舜明於庶物, 察於人倫, 由仁義行, 非行仁義也."

있음은 사체를 가지고 있는 것과 같다.…… 만일 능히 이것을 채운다면 충분히
사해를 보호할 수 있고, 만일 채우지 못한다면 부모도 섬길 수 없을 것이다.[9]

맹자는 인간의 본성에 관하여 논의할 때 사람의 감정인 '불인인지심不忍人之
心', '측은지심惻隱之心'에서 출발한다. 이것은 인간의 도덕적인 지각이고 도덕적인
책임이며 그 순간의 직접적인 정의의 충동이므로, 기타의 어떠한 공리적인 목적
도 없다. 예를 들어 당신이 당장 우물에 빠질 것 같은 아이를 구하려고 뛰어갈
때 그 찰나에 당신은 아이의 부모와 알고 지내려고 혹은 향당, 붕우 앞에서
자신을 드러내려고 또 혹은 어떤 허영심을 꾀하려고 그러는 것이 아니다. 당신의
마음속에는 무의식 간에 아무런 생각도 없이 행동하도록 하는 일종의 무조건적인
도덕적 요구와 절대적인 명령(絕對命令)이 있다. 인간은 도덕적인 주체로서 자기가
자기를 위하여 명령을 내리고 자기가 자기를 지배한다. 이러한 주체는 의지의
주체이기도 하고 또 가치의 주체이기도 하며 나아가 실천의 주체이기도 하다.
'인', '의', '예', '지', '신' 등은 사회적인 외재적 규범일 뿐만 아니라 동시에 인간의
본심이 제정한 법칙이다. 이것이 바로 도덕적인 삶의 내재성이다. 측은, 수오,
사양, 시비 등의 마음은 이치(理)이기도 하고 감정이기도 하다. 이런 '사단지심四端
之心' 자체에는 도덕적인 가치감도 포함되어 있고 동시에 이 또한 도덕적인
판단의 능력과 도덕적인 실천의 원동력이며 현실적인 도덕주체가 자아를 실현하
는 힘이다. 이러한 것이 없으면 사람은 더 이상 사람이 아니게 된다. 만약 우리가
이 '사단지심'을 밖으로 확충하게 되면 지금 막 타오르는 불과 같이 되고 지금
막 흘러나오는 샘물과 같이 된다. 그것을 확충하면 천하를 안정시킬 수 있고

---

9) 所以謂人皆有不忍人之心者, 今人乍見孺子將入於井, 皆有怵惕惻隱之心―非所以內交於孺子之
父母也, 非所以要譽於鄉黨朋友也, 非惡其聲而然也. 由是觀之, 無惻隱之心, 非人也; 無羞惡之心,
非人也; 無辭讓之心, 非人也; 無是非之心, 非人也. 惻隱之心, 仁之端也; 羞惡之心, 義之端也;
辭讓之心, 禮之端也; 是非之心, 智之端也. 人之有是四端也, 猶其有四體也……苟能充之, 足以保
四海; 苟不充之, 不足以事父母.

그것을 잃어버리면 부모님조차도 부양할 수 없게 된다.

맹자는 양심을 '본심本心'이라고 하는데 본심은 성선性善의 기초 또는 근거이
다. 양심이라는 본심은 하늘이 부여한 것이라고 한다. "이것은 하늘이 나에게
준 것이다."[10] "사람들이 배우지 않고도 능한 것은 양능이고 생각하지 않고도
아는 것은 양지이다. 어린아이가 그 어버이를 사랑할 줄 모르는 이가 없으며
그 장성함에 미쳐서는 그 형을 공경할 줄 모르는 이가 없다."[11] 어린아이들은
모두 그 부모를 사랑하여야 함을 알고 있고 자라서도 자신의 형을 존경할 줄
알며, 혈육에 대한 사랑 그리고 어른을 존경하는 마음에는 '인의'가 포함되어
있다. 이는 모두 배우지 않고도 가능한 것이고 고민하지 않고도 아는 것이다.
'인의'는 부여받은 것이고 내재적인 것이다.

맹자는 고자와 변론할 때 유비법類比法으로 '기류지변杞柳之辯'과 '단수지변湍水
之辯'에서 이겼고, 나아가 반문식(反詰式), 귀류법歸謬法으로 '생지위성지변生之謂性之
辯'과 '인내의외仁內義外'인지 '인의내재仁義內在'인지에 대한 논변에서도 결국 이겼
다. 고자의 사상 논리에 따르면 개와 소의 본성과 사람의 본성은 근본적으로
차이가 없다. 맹자는 중국철학사에서 처음으로 인간의 본성에 관한 새로운
관념을 명확히 밝힌 사람이다. 그에 의하면 인간은 동물이나 다른 것들과는
다른 특수성을 가지고 있는데 이것이 바로 도덕성이라는 것이다. 맹자는 인간에
게 자연적인 욕망의 본성이 있다는 것을 부인하지 않지만, 인간의 자연적인
욕망을 인간의 본성으로 삼으면 인간과 동물 혹은 다른 사물의 차이를 명백하게
설명할 수 없게 되고, 단지 도덕적인 본성만이 인간의 가장 근본적이고 가장
중요한 특성이고 사람을 사람이게끔 하는 척도가 될 수 있다는 것이다. 맹자는
이렇게 말하였다. "그 정으로 말하면 선하다고 할 수 있으니 이것이 내가 말하는

---

10) 『맹자』, 「고자상」, "此天之所與我者."
11) 『맹자』, 「진심상」, "人之所不學而能者, 其良能也; 所不慮而知者, 其良知也. 孩提之童, 無不知
愛其親者; 及其長也, 無不知敬其兄也. 親親, 仁也; 敬長, 義也. 無他, 達之天下也."

선이다. 불선을 하는 것으로 말하면 타고난 재才의 죄가 아니다."12) 여기서 '장'은 실實을 뜻하고 '재'는 '장'과 같은 뜻을 가지고 있는데 '질성質性'을 의미한다. 이 말의 뜻은 사람의 타고난 특수한 자질과 상태에 비추어 행동하면 자연스럽게 선을 행할 수 있다는 것인데, 이것이 바로 이른바 사람의 본성은 선하지만 어떤 사람이 실제로 불선한 일을 하였다고 부여받은 본성의 탓으로 돌려서는 안 된다는 것이다.

맹자의 주장에 근거하면 선한 본성과 양지는 하늘이 사람에게 부여한 것이고 경험보다 앞서는 것이며 사람을 다른 사물과 구별하는 류類의 특성 혹은 류의 본질이므로 사람이라는 류의 범위 내에서는 보편성이 있다. 그는 이렇게 말하였다.

> 하늘이 재주를 내림이 이와 같이 다른 것이 아니다.…… 그러므로 무릇 동류同類 인 것은 대부분 서로 같으니, 어찌 홀로 사람에 이르러서만 의심을 가겠는가? 성인도 나와 동류인 자이다.…… 입이 맛에 있어서 똑같이 즐김이 있으며, 귀가 소리에 있어서 똑같이 들음이 있으며, 눈이 색에 있어서 똑같이 아름답게 여김이 있다. 마음에 이르러서만 홀로 똑같이 옳게 여기는 바가 없겠는가? 마음에 똑같이 옳게 여긴다는 것은 어떤 것인가? 리와 의를 이른다. 성인은 우리 마음에 똑같이 옳게 여기는 바를 먼저 아셨다. 그러므로 리·의가 우리 마음에 기쁨은 고기가 우리 입을 즐겁게 하는 것과 같은 것이다.13)

서로 다른 사람에게는 많은 차이점이 있지만 입이 맛에 대해서, 귀가 소리에 대해서, 눈이 색깔에 대해서는 공통적인 좋아함과 싫어함(好惡)이 있다. 모두 맛있는 음식, 청아한 소리, 아름다운 색깔을 공통으로 좋아하는데 마찬가지로

---

12) 『맹자』, 「고자상」, "乃若其情, 則可以爲善矣, 乃所謂善也. 若夫爲不善, 非才之罪也."
13) 『맹자』, 「고자상」, "非天之降才爾殊也……故凡同類者, 擧相似也, 何獨至於人而疑之? 聖人, 與我同類者.……口之於味也, 有同嗜焉; 耳之於聽也, 有同聽焉; 目之於色也, 有同美焉. 至於心, 獨無所同然乎? 心之所同然者何也? 謂理也, 義也. 聖人先得我心之所同然耳. 故理義之悅我心, 猶芻豢之悅我口."

사람의 마음 또한 이와 동일한 본성을 가지고 있어 모두 '인', '의', '예', '지'를 좋아한다. 나의 마음이 '리'와 '의'에 대하여 기뻐하는 것이 나의 입이 소나 양 혹은 돼지나 개의 고기를 좋아하는 것과 마찬가지다. 성인을 성인이게끔 하는 것은 바로 일반인들보다 먼저 인간의 도덕적인 요구를 터득(覺悟)하고 또 사람의 이런 보편성을 알았기 때문이다(心之所同然).

맹자는 이러한 '인', '의', '예', '지'와 같은 도덕적인 규범은 본심에서 근원한다고 제기하였다. 다만 사람들이 항상 스스로 양심과 본심을 체인(體認)할 수 없기에 항상 돌이켜 자문(自問)하고 스스로 자기의 양심과 본심을 반성해야 한다는 것이다. 그는 이렇게 말하였다.

> 만물이 모두 나에게 갖추어져 있으니 몸에 돌이켜 보아 성실하면 즐거움이 이보다 더 클 수 없고 서를 힘써서 행하면 인을 구함이 이보다 가까울 수 없다.14)

여기서 "나에게 갖추어져 있다"고 하는 것은 외재적인 사물, 공명(功名)을 말하는 것이 아니라 도덕적인 근거가 자신에게 있음을 말한 것이고, 원초적으로 적거나 모자람이 없이 모두 구비하고 있다는 말이다. 도덕적인 정신의 측면에서 탐구의 대상이 나 자신 안에 존재한다. 도덕적인 자유는 최고의 자유이고 외적인 힘의 영향을 받지 않는다. 왜냐하면 도덕적인 행위는 언제나 스스로에 대한 명령의 결과이기 때문이다. 돌이켜 자문하고 스스로 반성하여 자기의 행위가 하늘과 남 앞에서 부끄러움이 없음을 깨닫는 것이 바로 최대의 즐거움이다. '인덕'에 도달하는 길에는 게으름 없이 자기의 마음을 미루어 남을 헤아리는 '서도(恕道)'로 행동하는 것이 지름길이다. 돌이켜 본심을 구하는 것 외에도 본심을 확충하여야 하는데, 바로 사람의 이러한 도덕적인 심성을 실현하여야 한다.

---

14) 『맹자』, 「진심상」, "萬物皆備於我矣. 反身而誠, 樂莫大焉. 强恕而行, 求仁莫近焉."

맹자는 이렇게 말하였다.

군자의 본성은 비록 크게 행해지더라도 더 보태지지 않으며, 비록 궁하게 살더라
도 줄어들지 않으니, 분수가 정해져 있기 때문이다. 군자의 본성은 인의예지가
마음속에 뿌리 하여 그 얼굴빛에 나타남이 수연히 얼굴에 드러나며 등에 가득하
며 사체에 베풀어져서 사체가 굳이 말하지 않아도 저절로 깨달아 올바르게
되는 것이다.[15)

군자의 이러한 본성은 그의 이상理想이 천하에서 크게 행하여진다고 해서
증가하는 것이 아니고 그가 곤궁하게 은거를 한다고 해서 줄어드는 것도 아니다.
왜냐하면 본분本分은 이미 고정되었기 때문이다. 군자의 본성인 '인', '의', '예',
'지'의 마음이 그의 안색에 반영되면 순화하고 온유한 모습으로 나타나고 그의
몸의 각 방면 내지 손, 발과 같은 사지의 동작에도 표현될 수 있다. 본심은
확충을 통하여 사지를 거쳐 밖으로 실현된다. 맹자의 중요한 주장인 "인, 의,
예, 지는 마음에 뿌리를 둔다"(仁義禮智根於心) 함은 "외적인 귀납을 통하여 증명되
는 것이 아니라 오로지 내적인 상응相應을 통해 체증體證할 수 있다. 사람이
선한 것은 바로 그의 본성에 부여된 것 중에 초월적인 근원이 있기 때문이고,
여기에서만 본성은 선한 것이라 말할 수 있다. 현실 속의 인간은 욕심이 넘쳐흐르
고 선악이 혼재되어 있지만 그래도 이것이 성선론을 반박할 만한 근거가 되기에
부족하다. 이와 같은 하나의 단서로 볼 때 유가의 윤리와 칸트의 실천이성
사이에는 확실히 서로 통하는 부분이 있다.…… "[16) 이상으로부터 맹자사상에서

---

15) 『孟子』, 「盡心上」, "君子所性, 雖大行不加焉, 雖窮居不損焉, 分定故也. 君子所性, 仁義禮智根於
心, 其生色也睟然, 見於面, 盎於背, 施於四體, 四體不言而喻."

16) 유술선, 「맹자의 심성론에 대한 재반성」(孟子心性論的再反思), 『당대중국철학론: 문제편當
代中國哲學論: 問題篇」(미국팔방문화기업회사, 1996), 제147쪽, "是不能通過外在的歸納來
證明的, 只能通過內在的相應來體證. 人之所以善, 正是因爲他在性分稟賦中有超越的根源, 只有
在這裏才可以說性善. 現實上的人欲橫流善惡混雜並不足以駁倒性善論的理據. 由這一條線索

인의는 내재적인 것이고 본성은 마음에서 드러나는 것이며 마음의 선함으로써 본성의 선함을 말하고 몸과 마음이 하나로 합쳐지는 특징을 알 수 있다.

맹자는 공자의 "인을 행하는 것은 자신에게 달렸다"(爲仁由己)는 사상과 "내가 인을 행하고자 하면 인은 온다"(我欲仁斯仁至矣)는 사상을 발전시켰을 뿐만 아니라 공자의 천도관도 발전시켰다. 이와 같은 두 가지 측면을 결합하여 그는 '성誠'이라는 범주를 더욱 강조하였는데 이는 자사子思의 영향과 관련이 있다. '성'은 진실무망眞實無妄한 것이고 천도의 운행규칙이며 또한 일종의 도덕적인 체험의 상태이고 본심, 양지의 최종적인 근원인 '천天'에 대한 일종의 경건하고 경외하는 감정이다. 그는 이렇게 말하였다. "그러므로 성실히 함은 하늘의 도요, 성실히 할 것을 생각함은 사람의 도이다."17) '성誠'과 '경敬'의 태도로 '천'과 '천도'를 반성하고 추구하는 것이 바로 사람이 되는 길이다. 그는 또 이렇게 말하였다. "그 마음을 다하는 자는 그 성을 하니, 그 성을 알면 하늘을 알게 된다. 그 마음을 보존하여 그 성을 기름은 하늘을 섬기는 것이요, 요절하거나 장수함에 의심하지 않아 몸을 닦고 천명을 기다림은 명을 세우는 것이다."18) '인', '의', '예', '지'는 하늘이 사람에게 부여한 본성이다. 선한 마음을 충분히 확충하면 이러한 본성을 체득體知할 수 있고 또 천도도 체험할 수 있으며 천명을 알 수 있다. 본심을 보존하고 본성을 배양하여야만 하늘(上天)을 섬길 수 있다는 것이다. 단명하여도 좋고 장수하여도 좋지만 우리는 마음을 다해 몸과 마음을 수양하고 천명을 선대善待하여야 한다. 이것이야말로 안신입명安身立命하는 길이다. 맹자는 마음과 본성 그리고 하늘을 통일시켰다. '하늘'은 인간의 선한 본성의 최종적인 근거였다.

요컨대 맹자의 주장은 인간의 본성은 본래 선하다는 것이지, 어떤 사람이

看, 儒家倫理的確與康德的實踐理性有相通處……"
17) 『맹자』, 「이루상」, "是故誠者, 天之道也; 思誠者, 人之道也."
18) 『맹자』, 「진심상」, "盡其心者, 知其性也. 知其性, 則知天矣. 存其心, 養其性, 所以事天也. 夭壽不貳, 修身以俟之, 所以立命也."

말하는 "향선론向善論"이 아니다. 맹자의 덕성윤리사상은 전 인류적 도덕철학에
서도 매우 의미가 있다

2. 순자의 성악설

순자는 공자의 "성은 서로 가깝고 습은 서로 멀다"(性相近習相遠)는 사상을
발전시켜 맹자의 '성선론'과는 다른 '성악론'을 제기하였다. 그는 '성위지분性僞之
分'이라는 명제를 제시하면서 이렇게 말하였다.

사람의 본성은 악한 것이다. 그것이 선하다고 하는 것은 거짓이다.[19]

배워서 행할 수도 없고 노력해서 이루어질 수 없는데도 사람에게 있는 것을
본성이라 하고 배우면 행할 수 있고 노력하면 이루어질 수 있는 사람에게 있는
것을 작위라 한다. 이것이 본성과 작위의 구분이다.[20]

태어날 때부터 가지고 있는 본능은 '성性'이고 후천적으로 습득하는 것을
'위僞'라고 한다. '위'에는 '인위人爲'의 뜻이 있다. "본성이란 시작의 근본이고
소박한 본질이며 작위란 형식과 무늬가 융성된 것이라 하는 것이다. 본성이
없다면 작위가 가해질 곳이 없고 작위가 없다면 본성은 스스로 아름다울 수
없다."[21] '본시재박本始材樸'은 인간의 자연적인 본성이고 '문리융성文理隆盛'은

---

19) 『순자』, 「성악」, "人之性, 惡; 其善者, 僞也."
20) 『순자』, 「성악」, "不可學, 不可事而(之)在人(天)者, 謂之性; 可學而能, 可事而成之在人者, 謂之
僞, 是性僞之分也."
   역자주: 원문을 대조하여 수정하였고 저자의 원문은 괄호 안에 표기해 두었다.
21) 『荀子』, 「禮論」, "性者, 本始材樸也; 僞者, 文理隆盛也. 無性則僞之無所加; 無僞則性不能自美."

인류의 사회제도이고 문화창조이며 예의도덕을 포함한다. 전자는 후자의 가공이 필요하고 비로소 완벽하고 아름다워질 수 있다. 그리고 후자는 전자를 기초로 하지 않으면 가공할 수 없게 된다. 순자에게 있어서 도덕은 후천적으로 습득한 것이고 인간의 사려의 누적, 관능官能의 반복적인 운용을 거쳐 형성된 행위규범이다. 그는 맹자가 '성性'과 '위僞'의 구별을 명확하게 나누지 못하였음을 이렇게 제기하였다.

> 맹자는 "사람이 배우는 것은 그의 본성이 선하기 때문이다"라고 말하였다. 하지만 내가 생각하기에는 그렇지 않다. 그것은 사람의 본성을 제대로 알지 못하였기에 본성과 작위의 구분을 잘 살피지 못하였기 때문이다. 무릇 본성이란 하늘로부터 타고난 것이어서 배워서 행하게 될 수 없는 것이고 노력으로 이루어질 수 없는 것이다. 예의는 성인이 만들어 낸 것이어서 배우면 행할 수 있는 것이고 노력하면 이루어질 수 있는 것이다.22)

'예의'는 성인이 만들어 낸 것이고 사람들이 학습과 실천을 통하여야만 비로소 도덕적 품성으로 변한다는 것이다.

순자에 의하면, 사람의 본성은 "배고프면 먹으려고 하고 추우면 따뜻하게 하고자 하며 수고로우면 쉬려 한다."23) 또한 "눈이 색깔을 좋아하고 귀가 소리를 좋아하고 입이 맛을 좋아하고 마음이 이익을 좋아하고 몸은 상쾌하고 편안함을 좋아한다."24) 그는 사람의 정욕과 정감 그리고 생리적인 자연본능을 '성'으로 간주하였다. 육식을 원하고 화려한 옷을 원하며 차와 말을 가지고 있고 재물을 모음에 만족할 줄을 모르는 것, 이러한 것들은 모두 인지상정이라는 것이다.

---

22) 『순자』, 「성악」, "孟子曰: 人之學者, 其性善. 曰: 是不然. 是不及知人之性, 而不察乎人之性僞之分者也. 凡性者, 天之就也, 不可學, 不可事. 禮義者, 聖人之所生也, 人之所學而能, 所事而成者也."
23) 『순자』, 「성악」, "饑而欲飽, 寒而欲暖, 勞而欲休."
24) 『순자』, 「성악」, "目好色, 耳好聲, 口好味, 心好利, 骨體膚理好愉佚."

"본성으로부터 나타나는 좋아함과 싫어함, 기쁨과 노여움, 슬픔과 즐거움을 감정이라고 하고 감정이 이러하여 마음이 그것을 선택하는 것을 생각이라 한다. 마음이 생각해 그것을 위하여 움직일 수 있는 것을 작위라고 한다."[25] 그에 의하면 이, 구, 목, 비, 체 등 '천관'이 사물을 접하게 되면 '정'이 생겨나지만, '천관'은 마음(心)이라는 '천군'의 통솔 혹은 '징지征知'의 제약을 받는다. 그는 마음의 취사선택을 생각 즉 '려慮'라고 하였는데 '려'한 뒤의 행위가 바로 작위 '위'이다. '천관'의 생각과 선택은 이성적인 사유이다. 이성적인 사유와 선험적인 직관은 반드시 정욕과 정감을 통솔하고 지배한다. 그렇지 않으면 사람들은 성정의 드러남을 내버려 두고 마음은 사리사욕에 미혹되어 음탕한 생활을 하게 되고 서로 싸워 빼앗으며 서로 속이고 해침으로써 결국에는 충성과 믿음이 없어지게 되고 사양하는 마음이 없어지게 되며 예의문리禮義文理가 상실되어 마침내 사회 전체는 음란과 살인 그리고 무질서의 혼란 상태로 빠져버리게 될 것이다.

그래서 순자는 '본성을 교화시켜 작위를 일으킨다'(化性起僞)는 명제를 제기하였다. 그는 다음과 같이 말한다.

> 성인은 사람들의 본성을 교화하여 작위를 일으키고 작위를 일으켜 예의를 만들어 내며 예의를 만들어 내어 법도를 제정한다. 따라서 예의와 법도는 성인이 만들어 낸 것이다. 그러므로 성인이 여러 사람들과 같고 또 성인이 여러 사람들과 다름이 없는 것이 본성이고 여러 사람들과는 다르고 훨씬 뛰어난 것이 작위이다.[26]

감정을 다스리고(導情) 본성을 교화시켜 작위를 일으키는 것(化性起僞)은 교육

---

25) 『순자』, 「정명」, "性之好、惡、喜、怒、哀、樂, 謂之情. 情然而心爲之擇, 謂之慮. 心慮而能爲之動, 謂之僞."
26) 『순자』, 「성악」, "聖人化性而起僞, 僞起於性而生禮義, 禮義生而制法度; 然則禮義法度者, 是聖人之所生也. 故聖人之所以同於衆, 其不異於衆者, 性也; 所以異而過衆者, 僞也."

과 훈련을 통하여 인간의 본성을 개변시키고 세상을 다스려야 한다는 것으로, 순자의 주요한 논리이다. 순자는 이렇게 말하였다.

> 본성과 작위가 합치면 천하가 다스려진다.[27]

> 지금 사람들의 본성은 본래 예의가 없으므로 애써 배워 그것을 지니기를 바라는 것이다. 사람의 본성은 예의를 알지 못하기 때문에 생각을 통하여 그것을 알게 되기를 바란다.[28]

후천적인 교육 혹은 국가의 형벌과 사회규범의 제약을 통하여 사람들이 이성으로 감성을 지배하고 사회의 도덕질서를 수호하며 궁극적으로 천하가 다스려지고 선의 목표에 부합하는 경지에 도달하게 되는 것이다. "무릇 사람의 본성은 요임금과 순임금 그리고 걸왕과 도척이 모두 같다. 군자나 소인이나 그들의 본성은 한가지이다", "길거리의 사람도 우임금 같은 성인이 될 수 있다."[29] 따라서 무릇 사람이라면 모두 자기의 '성정'을 개변시켜 본성을 교화시켜 작위를 일으키고(化性起僞) 악을 선으로 전화시킴으로써(化惡爲善) 우임금과 같은 성인이 될 수 있다. 하지만 이것은 단지 일종의 가능성에 불과하다. 현실에서 모든 사람이 다 군자가 되고 성인이 될 수 있는 것은 아니다. 왜냐하면 사람의 본성은 후천적인 환경에 따라 여러 가지 변화가 발생할 수 있기 때문이다. 사람은 "누구든 요임금, 우임금이 될 수도 있고, 걸왕이나 도척이 될 수도 있으며, 목수와 공인이 될 수도 있고, 농사꾼이나 장사꾼이 될 수도 있다. 이것은 형세와 마음가짐과 행동과 배움과 버릇이 쌓여 그렇게 되는 것이다."[30] 여기서 말하는

---

27) 『순자』, 「예론」, "性僞合而天下治."
28) 『순자』, 「성악」, "今人之性, 固無禮義, 故強學而求有之也; 性不知禮義, 故思慮而求知之也."
29) 『순자』, 「성악」, "凡人之性者, 堯舜之與桀跖, 其性一也; 君子之與小人, 其性一也.", "塗之人可以爲禹."
30) 『순자』, 「영욕」, "可以爲堯禹, 可以爲桀跖, 可以爲工匠, 可以爲農賈, 在註錯習俗之所積耳."

'주착습속註錯習俗'은 행동과 습관의 축적과 사람의 객관적인 생활환경에 대한 영향을 가리킨다. 군자와 소인은 본성상에서는 같다고 할 수 있다. 모두 허영을 좋아하고 치욕을 증오하며 이익을 좋아하고 손해를 증오한다. 그러나 그들이 구하여 얻는 방식에는 차이가 있다. 군자는 정상적인 도술道術인 '인의'도덕을 수행하는 반면에 소인은 괴이한 도술을 수행한다. "타고나는 본성은 우리가 어찌할 수 없지만 교화시킬 수는 있다. 노력을 쌓아 간다는 것은 우리가 본래 타고나는 것은 아니지만 노력할 수는 있다. 노력으로 습속을 바로잡아 가노라면 본성을 교화시킬 수 있다."31) 사람들은 교육과 주관적인 노력을 통하여 "습속은 사람의 뜻을 바꿔 놓고 편안히 오랫동안 그렇게 지나노라면 사람의 바탕도 바뀌어질"32) 수 있게 한다. "길거리의 백성이라 하더라도 선을 쌓아 완전함을 다하게 되면 성인이라 한다."33) 순자 성악론의 주요한 의도는 사람의 악한 본성의 자질을 변화하여 선으로 옮겨 가려는 것이다. 왜냐하면 무릇 선한 것, 가치가 있는 것들은 모두 사람이 노력한 결과이기 때문이다. 그는 인간의 지능은 선으로 향할 수 있고 후천적인 학습과 교화를 통하여 자신을 성취할 수 있음을 강조하였다. "길거리의 사람이라 할지라도 모두 어짊과 의로움과 올바른 법도를 알 수 있는 자질이 있고, 모두 어짊과 의로움과 올바른 법도를 행할 수 있는 능력이 있다. 그러니 그들도 우임금 같은 성인이 될 수 있음은 분명한 일이다."34)

맹자는 도덕성으로써 인간의 본성을 정의하고 천부적인 '양지良知', '양능良能'을 강조하였고, 도덕적인 '지知', '정情', '의意'는 모두 내재적인 것이고 도덕적인 이성과 도덕적인 감정은 통일되는 것이며, '뜻을 세우는 것'(立志)과 '사물의 도리에

---

31) 『순자』, 「유효」, "性也者, 吾所不能爲也, 然而可化也; 積也者, 非吾所有也, 然而可爲也. 註錯習俗, 所以化性也."

32) 習俗移誌, 安久移質.

33) 『순자』, 「유효」, "塗之人百姓, 積善而全盡, 謂之聖人."

34) 『순자』, 「성악」, "塗之人也, 皆有可以知仁, 義, 法, 正之質, 皆有可以能仁, 義, 法, 正之具; 然則其可以爲禹, 明矣."

밝은 말(知言), '기를 기르는 것'(養氣)은 일치하는 것이라 주장하였다. 맹자는 실천적인 이성을 매우 중시하였다. 그러나 순자는 사람을 자연인으로 간주하였고 도덕적인 규범은 외재적인 것임을 강조하였다. 사람이 도덕적인 인간이 되려면 반드시 인위적인 후천의 교육훈련을 통하여 본성을 교화시켜 작위를 일으켜야 하는 것이다. 이로부터 '예의'의 중요성을 부각시켰다.

종태鍾泰 선생은 이렇게 말하였다. "순자는 그때 당시의 학자들이 성정을 방종하고 방탕한 생활에 안주하며 예의에 태만한 것을 감안하여 고의로 꾸며 교화하는 것을 가르쳐 주고자 하였기 때문에 본성보다는 작위를 더욱 강조한 것이다", "순자가 사람의 본성이 악하다고 말한 것은 사람들이 선을 행하기 위하여 노력하지 않으려고 하였기 때문이지 사람들이 선을 위하여 노력할 수 없다는 것을 말하려는 것이 아니다. 그가 인간의 본성을 폄하한 것은 바로 이것으로 본성을 극복하려는 것이다. 따라서 맹자대로 하면 성선을 얻기에 군자는 감히 스스로 핑계를 댈 수 없고, 순자대로 하면 성악을 얻기에 군자는 감히 스스로 교만할 수 없게 된다. 천하에는 서로 상반되지만 실제로는 서로 이루어 주는 주장들이 있는데 맹자와 순자의 성에 관한 논의가 바로 그것이다."35) 이상의 내용은 주요하게 공용功用 혹은 효과의 측면에서 맹자와 순자를 비교한 것인데 방법은 다르지만 결과는 같다고 할 수 있다.

장대년張岱年 선생은 이렇게 말하였다. "맹자는 성선을 말하였는데 이는 사람을 사람이게끔 해 주는 특성이 바로 인, 의, 예, 지의 사단임을 이르는 것이다. 순자는 성악을 말하였는데 이는 사람이 태어날 때부터 가지고 있는 본능적인 행위에는 결코 예의가 없고 도덕적인 행위는 모두 반드시 훈련에

---

35) 鍾泰, 『荀注訂補』(상해: 상해상무인서관, 1936), 제70~71쪽 참조. "荀子鑒於當時學者之縱情性, 安恣睢而慢於禮義, 欲以矯飾擾化爲敎, 故不以爲性而以爲僞.", "荀子之所以謂人之性惡者, 爲人之不肯爲善而發, 非爲人之不可爲善而發. 其貶性也, 正所以反性也. 是故於孟子而得性善, 則君子有不敢以自諉者矣; 於荀子而得性惡, 則君子有不敢以自恃者矣. 天下之言, 有相反而實相成者, 若孟, 荀之論性是也."

근거하여야만 비로소 성공할 수 있음을 말한 것이다. 맹자가 말하는 성과 순자가 말하는 성은 사실 같은 것이 아니다. 맹자가 주목하였던 것은 본성은 반드시 확충하여야 한다는 것이고 순자가 주목하였던 것은 본성은 반드시 개조되어야 한다는 것이다. 비록 한 사람은 성선을 주장하고 한 사람은 성악을 주장하였지만 사실 전혀 상반되는 것은 아니다. 결과적으로 말하면 두 가지 주장은 처음부터 서로 용납할 수 없었던 것이 아니었지만 두 가지 주장에는 실제로 매우 큰 차이점이 있다."[36) 맹자와 순자의 인간 본성의 근원과 관련되고 인간 본성의 본질에 대한 정의는 실제로 다름이 있다. 맹자는 서양의 덕성윤리학에 가깝고 순자는 서양의 규범윤리학에 가까운데, 확실히 단지 근접할 뿐이다. 두 가지 학설 모두 매우 가치가 있음은 틀림없다.

현대사회에서는 도덕적 상대주의가 유행하고 있다. 서양의 학자들, 말하자면 매킨타이어(Alasdair Chalmers MacIntyre, 1929~) 등은 아리스토텔레스주의를 중심으로 하는 덕성전통으로 되돌아가서 자양분을 섭취할 것을 주장하였다. 그는 아리스토텔레스의 도덕적인 전통이 서양의 도덕이론 역사의 기초와 핵심임을 강조하였다.[37) 이는 우리에게 시사하는 바가 크다. 우리는 공·맹·순의 인성론과 도덕이론을 더욱 중시하여야 하고 창조적인 전환을 이룩하도록 하여야 한다.

---

36) 張岱年, 『中國哲學大綱』(북경: 중국사회과학출판사, 1982), 제192쪽, "孟子言性善, 乃謂人之 所以爲人的特質是仁義禮智四端. 荀子言性惡, 是說人生而完具的本能行爲中並無禮義; 道德的 行爲皆必待訓練方能成功. 孟子所謂性, 與荀子所謂性, 實非一事. 孟子所注重的, 是性須擴充; 荀子所注重的, 是性須改造. 雖然一主性善, 一主性惡, 其實亦並非完全相反. 究竟言之, 兩說未始 不可以相容; 不過兩說實有其很大的不同."

37) 매킨타이어, 宋繼傑 역, 『덕의 상실』(追尋美德, After Virtue: A Study in Moral Theory, 남경: 역림출판사, 2003); 萬俊人·唐文明, 『20세기 서양 윤리학 경전』 IV(20世紀西方倫理學 經典 IV, 북경: 중국인민대학출판사, 2005) 참조. 萬俊人 교수가 편찬한 4권으로 된 거작 『20세기 서양 윤리학 경전』은 저자에게 아주 많은 도움을 주었다. 저자는 이 책들을 세심하게 읽은 뒤 유가정치, 도덕학설에 자신감을 가지게 되었고 유가와 고대 그리스부터 이어지는 현대 서양 정치, 그리고 도덕학설 사이의 대화 공간이 아주 크다는 것을 알게 되었다.

3. 한나라와 당나라 유학자들의 인성론

1) 한대 동중서의 '성선정악性善情惡'을 기초로 하는 '성삼품性三品'설

동자董子(董仲舒, BC 179~104)의 주장은 고자와 유사하다. 그는 '생生'으로 '성性'을 해석하면서 '성'을 "사는 데 있어서 자연의 자산"(生之自然之資)으로 이해하였다. 그는 이렇게 말하였다.

> 지금의 세상에서 '성'에 어두워서 말을 하는 자가 동일하지 않더라도 어떻게 '성으로 돌아가는 이름을 시험하지 않겠는가? 그가 사는 데 있어서 자연의 자산과 같은 것을 '성'이라고 이른다. '성'이란 바탕이다. '성'의 바탕을 선한 명에 힐난한다면 능히 합하여 함께하겠는가? 이미 합할 수 없으면 오히려 바탕이 선하다고 이르는 것은 무슨 뜻인가? '성'의 이름이 바탕을 떠나는 것을 얻지 못할 것이다. 바탕이 떠나면 털과 같이 미미하게 되어 '성'은 자신의 것이 아니다.[38]

동중서는 인간의 본성은 하늘로부터 받은 것임을 긍정하였다. 하지만 그는 맹자의 성선설에는 동의하지 않는다. 인간의 본성이 선천적으로 선량하다는 관점에 의구심을 품은 것이다. 그의 말대로라면 '성'은 '생'의 '질質'이고 사람이 태어날 때부터 가지고 있는 '자연의 자산(自然之資)이라는 것이다 이러한 재질적인 본성에는 선도 있고 악도 있기에 '선'으로 규정지을 수 없다.

동자董子에 의하면 인간의 본성은 하늘에서 온 것이다. 하늘에는 음과 양의 기氣가 있는데 사람의 몸에 부여되면 탐욕스러운(貪) 본성과 '인仁'의 본성이 된다. 태어나면서부터 가지고 있는 본능으로 '정情'을 말하면 '정' 또한 '성'이다.

---

38) 『춘추번로』, 「深察名號」, "今世闇於性, 言之者不同; 胡不試反性之名. 性之名非生與? 如其生之自然之資, 謂之性. 性者, 質也. 詰性之質, 於善之名, 能中之與? 旣不能中矣, 而尙謂之質善, 何哉? 性之名不得離質. 離質如毛(如毛之細), 則非性矣."

그는 음과 양으로 사람의 본성과 감정을 비유하였다. 천지天地가 사람에게 부여한 재질에 '성'과 '정'이 있는데 '성'과 '정'은 모두 사람이 태어날 때부터 가지고 있는 것이고 '성'과 '정'이 서로 합쳐져서 사람이 되었음을 주장하였다. 사람의 몸에 '성'과 '정'이 있는 것은 마치 하늘에 음기와 양기가 있는 것과 마찬가지다. 이런 비유에는 이미 '성'과 '정'의 구별, '성'은 선하고 '정'은 악하다는 의미가 내포되어 있다.[39)

그는 또 이렇게 말하였다.

> 하늘이 사람의 생명을 위한 것이란 인의를 행하여 부끄러운 것을 부끄럽게 여길 수 있어서 새나 짐승이 그러하듯 구차하게 삶을 위하고 구차하게 이익만을 위하지 않는다.[40)

> 사람이란 하늘에서 명을 받게 되면 선한 것을 좋게 여기고 악한 것을 미워하는 성품을 가지게 되는데, 길러서 고치지 못할 것들이 있고 싫어하면서도 버리지 못하는 것들이 있다. 이는 형체가 비대하고 비쩍 마른 것들과 비교되어서 인위적으로 고치지 못하는 것과 같은 것들이다. 그러므로 비록 지극히 현명함이 있더라도 군주가 되어서는 몸소 그 악을 속에 넣어 둘 수 있고 군주가 되지 못하였더라도 몸소 악을 없애기도 한다.[41)

여기에는 또 맹자 성선론의 함의가 들어 있다. 이는 하늘로부터 부여받았다는 '자연의 자산'(自然之資)의 본성과 '성'과 '정'을 병렬시키는 주장과 다소 모순되는 부분이 있다. 이 밖에 그는 하늘에 음과 양의 베풂이 있고 몸에는 탐욕과 '인'의 본성이 있어서 천도와 동일하다고 주장하였지만, 천도는 양을 내버려 두고 음을

39) 徐復觀, 『兩漢思想史』, 권2(대북: 대만학생서국, 1976), 제400쪽 참조.
40) 『춘추번로』, 「竹林」, "天之爲人性命, 使行仁義而羞可恥. 非若鳥獸然, 苟爲生, 苟爲利也."
41) 『춘추번로』, 「玉杯」, "人受命於天, 有善善惡惡之性, 可養而不可改, 可豫而不可去, 若形體之可肥臞, 而不可得革也. 是故雖有至賢, 能爲君親含容其惡, 不能爲君親令無惡."

억제함으로써 양의 작용이 음의 작용보다 크기에 사실상 성선을 주장하였던 것이다.

동중서는 사람의 본성을 "길러서 고치지 못할 것"(可養而不可改)이라고 주장하였다. 그리고 그는 사람의 본성을 세 가지 부류로 분류하였는데 첫 번째 부류가 이른바 '성인지성聖人之性'이고, 두 번째 부류가 '두소지성鬥筲之性'이며, 나머지가 이른바 '중민지성中民之性'이다. '성인지성'은 공자가 말하였던 '상지上智'의 본성이다. '두소지성'은 공자가 말하였던 '하우下愚'의 본성이다. 이러한 두 가지 인간의 본성은 안정적이고 변화하지 않는다. 그러나 '중민지성'은 숫자가 가장 많고 가운데에 자리하고 있으며 올라갈 수도 있고 내려갈 수도 있으며 선할 수도 있고 악할 수도 있다. 이는 또한 동중서 인성론의 핵심이다. 여기서 동중서는 맹자와 순자의 인성론을 비판하였는데, 맹자는 인간의 본성을 논하면서 숫자가 가장 적고 또 위에 자리하고 있는 '성인지성'에 착안하였기 때문에 인간의 본성은 본래 선하다고 믿었고, 반면에 순자는 인간 본성의 가장 밑층(두소지성)에 착안하여 인간의 본성을 규정하였기에 사람의 본성은 본래 악하다고 믿었다고 하였다. 동중서는 이러한 인성론이 비록 가치가 있기는 하지만 모두 일면적이고 그들이 주목하였던 '성인지성' 혹은 '두소지성'을 가진 사람은 극히 소수에 불과하기에 보편성을 가지지 못한다고 여겼다. 따라서 그는 인간의 본성을 논의하려면 마땅히 중간에 자리하고 있으면서 양적으로도 대다수를 차지하고 있는 '중민지성'을 연구대상으로 선택하여야 함을 제기하였다.

동자는 이렇게 말하였다.

성인의 '성'은 '성'으로 이름할 수 없고 그릇이 작은 사람의 '성'도 '성'으로써 이름할 수 없으며 '성'으로 이름하는 자는 보통 백성들의 '성'이다.[42]

---

42) 『춘추번로』, 「實性」, "聖人之性, 不可以名性; 鬥筲之性, 又不可以名性. 名性者, 中民之性."

명성은 상으로써 하지 않고 하로써도 하지 않으며 중으로써 이름하는 것이다.[43]

동중서의 묘사에 근거하면 '중민지성'은 새알이나 누에고치와 같다. 새알 자체는 결코 갓 깨어난 새가 아니고 20일 정도의 부화 과정이 필요하다. 누에고치 자체도 실과 동일시할 수 없고 끓는 물에서 실을 켜는 과정이 필요하다. 따라서 '중민지성'은 소박한 것이고 그 자체는 결코 선한 것이 아니다. 이러한 도리를 더 잘 설명하기 위하여 동중서는 그 유명한 '벼(禾)와 쌀(米)'의 비유를 제시하였다. 그는 인간의 본성을 볏모에 비유하고 '선'을 쌀에 비유하였다. 볏모는 쌀로 자라날 수 있지만 그렇다고 해서 볏모가 바로 쌀이라고 말할 수는 없다. 마찬가지로 사람의 본성이 선할 수는 있지만 그렇다고 해서 사람의 본성이 선하다고 말할 수 없다는 것이다. 볏모가 쌀로 자라나려면 외부의 햇빛과 비와 이슬의 자양분과 사람의 육성을 받아야 한다. 마찬가지로 인간의 본성도 선하려면 외재적인 왕도의 교화를 필요로 한다.

따라서 동중서의 인성에 관한 논의는 최종적으로 교화에 집중된다. 형식상으로 볼 때 이는 순자의 '화성기위化性起偽'에서 도출해 낸 교화를 중시하는 주장과 매우 근접한 듯 보인다. 그러나 순자의 인성교화는 그 중심을 예법과 제도에 두었고 동중서의 인성교화는 '왕王'을 핵심으로 이루어진다. 이 때문에 동중서는 이러한 교화를 특별히 '왕교王敎'라 하였고 이는 '선왕지교先王之敎'가 아니라 현실적인 통치자의 교화임을 제기하였다.

그는 또 이렇게 말하였다.

하늘이 백성들을 태어나게 하여 '성'에는 선의 바탕이 있게 하고 선할 수 없게 하여 이에 왕자를 세워서 선으로써 하게 한 것이 하늘의 뜻이다. 백성들은 선할 수 없는 '성'을 하늘에서 부여받아 물러나서 '성'을 이룰 수 있는 교육을

---

43) 『춘추번로』, 「深察名號」, "名性不以上, 不以下, 以其中名之."

왕에게 받는다. 왕은 하늘의 뜻을 이어서 백성들의 '성'을 성취시키는 것을 임무로 삼는다.[44)]

보통 사람(이른바 '중민')을 대상으로 말하면 그들이 태어날 때부터 가지고 있는 본성에는 이미 '선'의 잠재적인 기질이 포함되어 있다. 하지만 이러한 '선'의 잠재적인 기질은 결코 스스로 발하거나 또는 필연적으로 선한 본성으로 변화되지 않는다. 이때 '왕'('천자')은 하늘로부터 지시를 받아 왕도의 교화를 크게 일으켜 사람들의 본성이 선한 본성善性으로 변화하도록 힘써 돕는다.

전반적으로 보면 동중서의 인성론은 확실히 맹자와 순자의 그것보다 깊이가 없어 보인다. 그러나 그는 더 보편적이고 대표적인 '중민지성'을 연구의 주요 대상으로 삼았는데 이는 동씨 인성론의 중요한 부분이다. 하지만 그의 이론 또한 많은 문제점을 안고 있다. 예를 들어 인간의 본성을 "기를 수는 있어도 변화할 수는 없다"는 주장과 왕도교화의 사상 사이에는 일정한 모순이 존재한다. 또한 왕이 인성에 대한 막강한 책임을 강조하면서 학교를 세워 교화를 실천하려는 자신의 꿈을 실현하고자 시도하면서 인성교화의 권위를 왕에게 귀속시켰는데 이는 천자의 도덕과 권력을 정당화하는 근거로 쓰일 수 있다.

2) 당대 한유의 '성정삼품性情三品'설과 이고의 '복성復性'론

선진先秦시대 이후 유학사상의 복잡한 전개 양상과 불·노사상이 안겨 준 충격은 한유韓愈(768~824)가 유가의 인성론을 새롭게 정리할 필요성을 인식하도록 하였다. 한유는 공자와 맹자, 순자와 동중서, 양웅 등의 관련된 논의를 종합적으로 고찰한 뒤 이 '성정삼품性情三品'설을 제기하였다.

---

44) 『春秋繁露』, 「深察名號」, "天生民性有善質, 而未能善, 於是爲之立王以善之, 此天意也. 民受未能善之性於天, 而退受成性之敎於王. 王承天意, 以成民之性爲任者也."

한유는 '성'이란 태어날 때부터 가지고 있는 선천적인 본질이라고 주장하면서 상, 중, 하의 세 가지 '품급品級'으로 나누었는데, 그 내용에는 주요하게 '인仁', '예禮', '의義', '신信', '지智'의 오덕五德이 포함되어 있다. 상품上品의 '성'은 공자가 말하는 '상지上智'와 유사한데 오로지 선하기만 하고 악하지 않다(純善不惡). 왜냐하면 위로 '인'을 주로 하고 아래로 '예', '의', '신', '지'를 행하기 때문이다. 하품下品의 '성'은 공자가 말하는 '하우下愚'와 유사한데 악에 거하여 선하지 않다(居惡不善). 왜냐하면 위로 '인'을 거역하고 아래로 '예', '의', '신', '지'를 거스르기 때문이다. 중품中品의 '성'은 '상지'와 '하우' 사이에 있는 것으로 선할 수도 있고 악할 수도 있다. 그 이유는 비록 '인'덕을 가지고는 있지만 여전히 때에 따라 '인'덕을 위배하는 것을 면할 수 없고 또한 그 아래에 있는 '예', '의', '신', '지'의 사덕도 잡다하고 순수하지 못하기 때문이다.

나아가 그는 '성'과 '정'의 관계에 대하여 논의하였다. 한유가 보기에 '정'은 인간의 본성과 외물이 서로 접촉한 후에 생겨나는 느낌인데 이 또한 상, 중, 하의 세 가지 품급으로 나눌 수 있고 '희喜', '노怒', '애哀', '구懼', '애愛', '오惡', '욕欲'이라는 일곱 가지 기본적 정서로 구체적으로 표현된다. 상품의 '정'은 상품의 '성'에 대응되는데, 이때 일곱 가지 정이 비록 움직이기는 하지만 그 움직임이 모두 중도에 부합한다. 중품의 '정'은 중품의 '성'에 대응되는데, 이때 일곱 가지 정의 움직임이 지나칠 수도 있고 모자랄 수도 있지만 그 움직임은 여전히 중도에 부합하고자 노력한다. 하품의 '정'은 하품의 '성'에 대응되는데, 이때 일곱 가지 정이 발동하여 대부분 지나치거나 모자라고 제멋대로 내버려 둠을 절제하지 않는다. 이러한 한유의 '정삼품'설에서 『중용』의 '중절中節'사상의 그림자를 쉽게 찾아볼 수 있다.

한유의 '성정삼품'을 핵심으로 하는 인성론은 맹자, 순자, 양웅 등 사상가들의 인성론에서 "중요한 것은 쥐고 위의 것과 아래 것은 버리는"(擧其重而遺棄上下) 한계를 극복하고자 시도하였고, 공자와 『중용』에서 유가사상의 내재적인 자원을 흡수하여 유가의 인성론을 통합하고자 노력하였다. 한유의 이러한 사유는 그의 후학인 이고李翶(772~841)에게 직접적으로 계발을 주었다.

이고는 한유의 '성'과 '정'의 문제에 대한 논의를 계속하였다. 한유가 공자의 설을 참고하여 '성'을 상, 중, 하의 삼품으로 나누었던 것과는 달리, 이고는 맹자의 사상에서 주요하게 인성론의 근거를 찾고자 시도하였다. 따라서 그는 한유의 '성분선악性分善惡'이라는 관점을 반대하였고 '성'은 '순선무악純善無惡'의 '성' 한 가지뿐임을 주장하였다. 그는 이렇게 말하였다.

> 걸주의 성은 요순의 성과 같다. 그들이 성을 제대로 보지 못한 이유는 기욕호악으로 인해 혼미해졌기 때문이지 성의 죄는 아니다.…… 정에는 선함도 있고 불선함도 있다. 그러나 성에는 불선함이 없다. 맹자가 말하였다. 사람에게는 불선함이 있지 않다. 물이 아래로 흐르지 않음이 없는 것과 같다. 손으로 물을 때리면 위로 날려 이마 위로 넘을 수 있으며, 격激하여 흘러가게 하면 산에 있게 할 수 있거니와 이것이 어찌 물의 본성이겠는가? 그것은 인도하는 자가 그것을 그렇게 만든 것이다. 사람의 성은 모두 선을 좋아한다. 사람이 선하지 못한 것은 이것과 같은 것이다.[45)]

인간의 선천적인 본성은 모두 선하다. 걸주桀紂와 같이 잔학한 사람이나 요순과 같이 성인인 사람이나 본성적으로는 조금도 다름이 없다. 그들의 행위가 이렇게 큰 차이를 나타내게 된 것은 '성'의 차별에 있는 것이 아니라 '정'이 다름에 있다. '정'은 '성'의 움직임이고 '성'과 '성'은 서로 의지하는 관계이며 어느 한쪽도 없어서는 안 된다. '성'이 없으면 '정'은 나타나는 근원이 없어지고 '정'이 없으면 '성'이 드러날 수 없게 된다. '성'의 순선한 것과는 다르게 '정'은

---

45) 李翶, 『復性書』 참조. "桀紂之性猶堯舜之性也. 其所以不睹其性者, 嗜欲好惡之所昏也, 非性之罪也 ……情有善有不善, 而性無不善焉. 孟子曰: 人無有不善, 水無有不下. 夫水搏而躍之, 可使過額, 激而行之, 可使在山. 是豈水之性哉? 其所以導引之者然也. 人之性皆善, 其不善亦猶是也."

선함도 있고 불선함도 있다. 인간의 행위적인 표현은 '성'과 '정'이 상호작용한 결과이다. '희', '노', '애', '구', '애', '오', '욕'이라는 일곱 가지 정서는 모두 '정'이 발동할 때의 표현이다. 일곱 가지 정이 중도中道에 부합할 때 그 '정'은 청명淸明한 것이고 '성' 또한 가려지지 않았기 때문에 '선'을 있는 그대로 드러내게 된다. 일곱 가지 정이 혼란스럽고 서로 겹쳐져서 침범할 때 그 '정'은 어두워지고 '성'은 가려져 '선'을 있는 그대로 드러내지 못한다. 따라서 사람들이 현실에서 여러 가지 불선을 나타내더라도 이는 결코 '성' 때문이 아닌 것이다. 시냇물이 혼탁한 것은 시냇물 자체 때문이 아닌 것과 마찬가지다. 시냇물이 혼탁하게 된 근본적인 원인은 진흙이 일어나 물을 오염시켰기 때문이다. 사람의 사악하게 된 근본적인 원인도 정욕을 방종하여 선한 본성이 가려짐으로써 '성'을 볼 수 없는 것이다.

이고가 보기에 '성'은 순선한 것이었다. 이상적인 상태에서 모든 사람이 본성대로 행하면 모두 성인으로 발전하여야 마땅하다. 하지만 결국 진정으로 성인이 되는 사람은 지극히 소수인데, 사람에게는 '성'만 있는 것이 아니라 '정'도 있기 때문이다. 외물과 접촉하면 생기는 것이 바로 정인데, 선함도 있고 불선함도 있으며 때로는 지나치기도 하고 때로는 모자라기도 하다. 일단 그 '정'에 빠지게 되면 사람은 종종 심지心智를 잃어버리기 쉽고 '성'을 가려 없애 버린다. 따라서 누구든 자아를 실현하고 성현이 되려면 반드시 그 본성을 회복하고 감정을 절제하여야 한다. 이는 바로 맹자가 강조하였던 '구기방심求其放心'이다.

따라서 이고 인성론의 논리는 '선'에 도달하려면 반드시 먼저 그 본성을 회복하고 그 본성을 회복하려면 반드시 먼저 그 감정을 절제하여야 한다는 것이다. 여기에서 주의하여야 할 것은 이고의 이른바 '본성의 회복'(復性)인데 이는 오로지 인간 본성의 원래 모습을 회복하여야 한다는 것이지 별도로 하나의 본성을 습득해야 한다거나 혹은 하나의 본성을 발전시켜야 한다는 것이 아니다. 따라서 이고의 '복성설'은 한유와 다를 뿐만 아니라 심지어 맹자의 "선한 단서를 미루어 확장하여야 한다"(推擴其善端)는 성선설과도 다르다. 이는 불교사상으로부터 어떠한 계발을 받은 것이 분명해 보인다.

'본성을 회복하는'(復性)의 관건은 '감정을 절제'(節情)하는 데 있다. 이고는 결코 '정을 멸하라'(滅情)는 식의 극단적인 주장을 제기하지 않았다. 그가 보기에 감정에 이미 선도 있고 선하지 않음도 있는데, 인간의 본성에 대한 선하지 않은 감정의 영향을 제거하려면 마땅히 감정 특히 선하지 않은 감정에 대해 절제하여야 하였다. '감정을 절제'하는 목적은 악한 정이 작용하지 못하도록 선한 본성을 회복하고 충실하게 하는 것이다. 성인은 본성을 회복하고 감정을 절제한 모범이다. 성인의 '절정(節情)'은 결코 감정이 없는 것이 아니라 "조용하여 움직이지 않고, 나가지 않고도 얻으며, 말하지 않고도 신묘함을 드러내고, 광채가 없지만 빛이 나며, 제도를 제정함에 천지를 포섭하고, 변화함에는 음양에 부합하며, 정이 있지만 정이 없는 것을 말한다."46) 바꾸어 말하면 감정을 절제하는 관건은 감정이 있으면서도 감정에 연루되지 않는 것인데 이는 현학적인 사상의 흔적이 다분하다.

'멸정(滅情)'과 '절정(節情)'의 구별은, 전자는 정욕 그 자체를 철저하게 부정하거나 단절하고자 하는 것이고, 후자는 그저 정욕의 망동(妄動)을 제한하려는 것이다. "생각도 없게 하고 사려도 없게 하는 것"(無思無慮)은 물론 형식적으로는 정욕이 제멋대로 생겨나는 토양을 단절할 수 있지만, 이고는 마음속으로부터 우러러 나온 '지극한 성'(至誠)만이 제멋대로 생겨나는 감정의 근원을 철저하게 제거하는 방법임을 제기하였다.

동중서와 한유, 이고의 인성론은 한 측면으로부터 인간의 본성에 대한 한대와 당대 유학자들의 견해를 반영하였다.

---

46) 『復性書』上, "而是要寂然不動, 不往而到, 不言而神, 不耀而光, 制作參乎天地, 變化合乎陰陽, 雖有情也, 未嘗有情也."

4. 송대의 리학적 심성론

1) 장재와 이정의 심성론

장재張載(橫渠, 1020~1077)는 자신의 '기화론氣化論'을 토대로 하여 유가의 인성론을 구축하였다. 장재가 볼 때 '기氣'가 세계의 본원本源이고 사람은 여러 사물 중의 하나이며 사람은 천지만물과 마찬가지로 모두 '기'에서 근원하기 때문에 사람의 본성 또한 천지만물의 본성과 동일하다. 그는 이렇게 말하였다.

> 하나의 사물에는 두 개의 체가 있다. 이것은 태극을 말하는 것이 아니겠는가? 음양은 천도로서 형상이 생겨나게 하고 강유는 지도로서 법이 본받는 것이며 인의의 인도는 성을 세운다. 삼재에도 두 개의 체가 있어 건곤의 도가 있지 않음이 없다.[47]

인간의 본성에 관한 문제에서 장재는 유학의 '천일합일天人合一'의 전통을 따르고 인간의 지극히 선한(至善) 본성을 '천지지성天地之性'으로 귀결시켰다. 이러한 '천지지성'은 사람과 사물이 공통으로 가지고 있는 본성이다. 하지만 장재는 현실 속의 인간 본성에 선과 악의 구별이 있음을 결코 부인하지 않았다. "사람의 본성에는 강함과 약함, 부드러움과 급함, 재능이 있음과 없음의 차이가 있는데, 이것은 기의 치우침 때문이다."[48] 따라서 장재는 '천지지성'을 긍정하는 전제하에 '기질지성氣質之性'을 논하면서 사람이 재능과 본성(才性) 측면에서의 차이를 기품氣稟의 차이로 귀결시켰다. 장재는 '천지지성'이 인간의 본성이라 간주하였다. "사람에게 있어서 성은 불선함이 없다. 문제는 사람이 그 성을 잘 회복하느냐

---

47) 장재, 『正蒙』, 「大易」 참조. "一物兩體, 其太極之謂與; 陰陽天道, 象之成也; 剛柔地道, 法之效也; 仁義人道, 性立也, 三才兩之, 莫不有乾坤之道."
48) 『정몽』, 「誠明」, "人之剛柔, 緩急, 有才與不才, 氣之偏也."

하지 못하느냐에 달려 있을 뿐이다."49) 인간의 '기질지성'은 변화할 수 있는
것이다. 사람들이 학문하는 목적은 바로 "스스로 기질을 변화시키기 위한 것"(自求
變化氣質)이고 '기질지성'으로부터 '천지지성'으로 회복하는 것이다. 그는 이렇게
말하였다.

> 사람의 형체가 생성된 다음에 기질지성이 생기고 자신의 보성을 잘 회복하면
> 천지지성이 드러난다. 따라서 군자는 기질지성을 사람의 본성이라 생각하지
> 않는다.50)

인간이 '기질지성'으로부터 '천지지성'으로 회복하면 우주인생을 바르게 이
해할 수 있고 생사와 수요壽夭로 고통스러워하지 않을 것이며 빈천과 우척憂戚
때문에 힘들어하지 않고 마침내 원만한 인생의 경지에 도달할 수 있는 것이다.
이정은 '천리天理', '성명性命', '심물心物'에 동일성이 있음을 주장하였다. 『이정
유서二程遺書』 18권에서는 이렇게 말하였다.

> 하늘로 말하면 명이고 의로 말하면 리이며 사람으로 말하면 성이고 몸의 주인으
> 로 말하면 심인데 이 모두는 사실 같은 것이다.51)

비록 '명', '리', '성', '심'이 그 깃든 바에 따라 이름도 다르지만 사실상 하나라는
것이다. '성'이 곧 '도'이고 '성'이 곧 '리'이며 심성은 천연적으로 도리를 포함하고
있고 사물은 하나의 이치로 관통된다. "한 사람의 심은 곧 천지의 심이고 한
사물의 리는 곧 만물의 리이다."52) 이정은 '천명지위성天命之謂性'에 대한 긍정을

---

49) 『正蒙』, 「誠明」, "性於人無不善, 系其善反不善反而已."
50) 『정몽』, 「성명」, "形而後有氣質之性, 善反之則天地之性存焉. 故氣質之性, 君子有弗性者焉."
51) 在天爲命, 在義爲理, 在人爲性, 主於身爲心, 其實一也.
52) 『이정유서』, 권2상, "一人之心卽天地之心, 物之理卽萬物之理."

통하여 인간에게는 천성적으로 양지와 양능이 있음을 주장하였는데 이러한 양지와 양능은 본심의 선험적인 '명각明覺'이고 '사思'의 선천적인 품부이다. 정호 程顥(明道, 1032~1085)는 이렇게 말하였다.

> 양지와 양능은 모두 어디에서 생겨난 것이 아니라 하늘에서 나온 것이고 사람에게 매여 있는 것이 아니다.[53]

정이程頤(伊川, 1033~1107)는 이렇게 말하였다.

> 지식은 나 자신에게 있다.[54]

양지와 양능은 천명으로부터 내려온 것이지 인간의 사사로운 의지(私意)로부터 나온 것이 아니다. 천명에는 친함(親)이 없고 인덕은 두루 널려 있기에 만물에는 모두 양지와 양능이 있다. 양지와 양능은 "스스로 근본이 되기에 충분"(自家元足)하지만 사물을 접하는 과정에서 사물에 대한 욕심에 가려지기 쉽기에 반드시 천리를 보존하고 인욕을 제거하여 사람으로 하여금 사물 속에서 본심과 천리를 바로 찾아낼 수 있게 하여야 한다. 여기서 '덕성지지德性之知'와 '습성지지習性之知'의 두 가지 서로 다른 앎에 이르는 길이 생겨나게 된다. 정호程顥는 '덕성지지'를 더욱 강조하면서 앎으로 이른다는 것은 사실상 "만물에는 모두 생의가 있고"(萬物皆有生意) 모두 '인심仁心'의 발용發用이고 천리의 유행流行이며 마음과 사물이 혼연하여 동체同體이고 근본적으로 처음부터 구별이 없었음을 주장하였다. 정이는 정호의 관점을 계승한 것 외에 '하학상달下學上達'을 더욱 강조하면서 배워서 하나를 지극히 이루어 내는(致曲) 과정에서 '사思'로써 사물의 이치를 인식한

---

53) 『이정유서』, 권2상, "良知良能皆無所由, 乃出於天, 不系於人."
54) 『이정유서』 25, "知者吾之所固有."

후에 "리를 밝혀 성을 다하여 명에 이르는"(窮理盡性以至於命) 길로 돌아가야 함을 주장하였는데, 이는 지성知性의 이해와 본심의 돈오頓悟가 통일된 것이다.

바로 사람의 마음에 양지와 양능의 '천부지성天賦之性'이 있음을 인식하였기에 이정은 사람이라면 지극히 고요한 공부 과정에서 '심사지려心思智慮'를 없애 버릴 수 없음을 주장하였고, 불교와 도가에서 말하는 "말라 죽은 나무 혹은 불기 없는 재와 같이 되려고 하는"(欲得如槁木死灰) 허정공부론虛靜工夫論을 비판하였다. "사람이 산다는 것은 어떻게 말라 죽은 나무 혹은 불기 없는 재와 같겠는가? 산다는 것은 움직임이 있어야 하고 사려가 있어야 한다. 말라 죽은 나무 혹은 불기 없는 재와 같이 될 필요는 없다. 이것을 버리면 죽은 것이다."[55]

2) 주희의 심성론

'성性'이라는 개념은 다중적인 함의를 지니고 있다. 주희朱熹(晦庵, 1130~1200)에 의하면 '성'은 우선 '천명지성天命之性', '본연지성本然之性'을 가리키는 것이고, 인간과 사물이 천명으로부터 부여받은 자기의 '덕'이다. 천지의 이치가 서로 통하기 때문에 그것을 이성理性이라고도 부른다. '성'은 또한 '기질지성'을 가리키는데, 기질지성은 천명지성과 상대하여 말한 것이지 별도로 하나의 성이 있다는 것이 아니라 기질로부터 부여받았다는 것을 말하는 것이고, 리와 기가 하나로 합쳐져서 사람과 사물의 본성이 되었음을 가리킨다. '천명지성'은 본연의 측면과 리의 측면에서 말한 것이고 '기질지성'은 리와 기를 겸한 측면과 형이하의 시각에서 말한 것이다.

공자가 "성은 서로 가깝지만 습은 서로 멀다"고 하였지만 "성이 서로 가까운" 이유는 분명하게 밝히지 않았다. 맹자는 마음의 선함으로 '성'의 선함을 말하였고

---

55) 『이정유서』, 권2상, "蓋人活也, 又安得爲槁木死灰? 旣活, 則須有動作, 須有思慮. 必欲爲槁木死灰, 除是死也."

또 '성'에는 선하지 않음이 있지 않다고 하였지만, '본연지성'과 '기품지성'의 구별을 명확히 말하지 않았다. 순자는 '성'의 악함을 말하였고 정욕으로 '성'을 말하였으며 '성'을 기질의 악과 동일시하였다. 공자 이후 『중용中庸』에서는 '천도'와 '성명'을 직접 새겼는데, 첫머리에서 바로 '천명지위성天命之謂性'을 말하였다. 이는 위로 『시경詩經』의 "하늘이 부여한 명은 신묘하고 심원하다"[56]는 음영을 이어받은 것이고, 아래로 『역전易傳』의 "이어받는 것을 선이고 이루는 것을 성이다"[57]라는 명언을 열어놓은 것이며, 하나의 정결하고 순수한 '본연지성'을 바로 깨우쳐 준 것이다. 주희 또한 『역전』의 논의를 이어 '성'을 논하였다. 「계사」 원문은 이렇게 말하였다.

> 한 번은 음하고 한 번은 양하는 것을 도라고 하고 이를 이어받는 것이 선이고
> 이루는 것이 성이다.[58]

주자가 보기에 한 번은 음하고 한 번은 양하는 것은 형이하자이기에 한 번은 음하고 한 번은 양하게 하는 까닭은 형이상의 '도'이고 '도'는 곧 '리'이다. 따라서 이른바 '천명지위성'의 본연은 바로 '한 번은 음하고 한 번은 양하는 것을 도라고 하는' 의리義理의 하늘이다. '이어받는 것이 선이다'(繼之者善也)는 천명의 서로 계승하고 항상 그럴 수밖에 없는 '인성仁性'을 가리키고 이른바 "천명은 심원하여 그침이 없다"(維天之命, 於穆不已)는 것이다. 천리의 유행流行은 항상 그침이 없고 잠깐이라도 끊어짐이 없는데 이것이 바로 좋지 않음이 없는 순선純善이다. "이루는 것이 성이다"(成之者性也)는 항상 이어지는 천리가 사람과 사물에 명命하고 사람과 사물에 부여되어 성분性份으로 굳어진 것이다. 주희는

---

56) 惟天之命, 於穆不已.
57) 繼之者善, 成之者性.
58) 一陰一陽之謂道, 繼之者善也, 成之者性也.

'계선繼善'과 '성성成性' 양자 사이의 구별과 연관에 대하여 아주 분명하게 말하였다.

"계지자선, 성지자성." 이러한 이치가 천지 사이에 있을 때는 선할 뿐이어서 불선함이 없다. 살아 있는 사물이 이것을 얻어야 바야흐로 이것에 '성'이라는 이름을 지을 수 있다. 다만 이러한 이치가 하늘에 있으면 '명'이라 하고 사람에게 있으면 '성'이라고 한다.[59]

"계지자선"은 천리가 유행하는 시작이고 사람과 사물이 형성되는 시작이다. "성지자성"은 이러한 리가 각자 안착하는 곳이 있어서 사람이 되고 사물이 된다는 것인데 어떤 것은 어둡고 어떤 것은 밝다. 이것이 곧 정定이다. 만약 형질을 가지지 못했다면 이 성은 천지의 리일 뿐인데 어떻게 사람과 사물의 성을 얻을 수 있겠는가?[60]

"계지자선"은 공공의 것이고 "성지자성"은 각자가 얻은 것이다. 이것은 하나의 도리일 뿐이고 이것은 옳고 저것은 아니라고 말하는 것이 아니다. 물속의 물고기와 같은데 물고기 배 속의 물이 곧 밖의 물이다.[61]

이천이 이렇게 말하였다. "하늘이 부여한 것은 명이고 사물이 부여받은 것은 성이다." 따라서 리는 하나다. 하늘이 만물에 부여한 것으로부터 말하면 명이라 이르고, 사람과 사물이 하늘로부터 부여받은 것으로부터 말하면 성이라 이른다. 사실 말하는 것의 출발점이 다를 뿐이다.[62]

59) 朱熹, 『朱子語類』, 卷五, "繼之者善, 成之者性. 這個理在天地間時, 只是善, 無有不善者. 生物得來, 方始名曰性. 只是這理, 在天則曰命, 在人則曰性."
60) 朱熹, 『朱子語類』, 卷七十四, "繼之者善, 方是天理流行之初, 人物所資以始. 成之者性, 則此理各自有個安頓處, 故爲人爲物, 或昏或明, 方是定. 若是未有形質, 則此性是天地之理, 如何把做人物之性得."
61) 朱熹, 『朱子語類』, 卷九十八, "繼之者善便是公共底, 成之者性便是自家得底. 只是一個道理, 不道是這個是, 那個不是. 如水中魚, 肚中水便只是外面水."
62) 朱熹, 『朱子語類』, 卷九十五, "伊川言: 天所賦爲命, 物所受爲性. 理一也. 自天之所賦與萬物言之, 故謂之命; 以人物之所稟受於天言之, 故謂之性. 其實, 所從言之地頭不同耳."

'계선繼善'과 '성성成性'의 구별은 하늘에 있느냐 사람과 사물에 있느냐의 "말하는 것의 출발점이 다를 뿐"이라는 것으로, 사실상 양자 사이에는 하나의 리가 관통되어 있다. "계지자선"은 하나의 공공적인 것이고 사람과 사물의 사적인 부여로 말하지 않는다. "성지자성"은 이와 대립시켜 말한 것이고 사물이 생겨나면서 얻은 것이며 사람과 사물이 부여받은 것이며 스스로 얻은 도리이다. 다만 사람이 생겨날 때 기질과 뒤섞여(渾成) 일체가 되었기 때문에 '성'이라 이르는 것이다. 이 때문에 "성즉리性卽理"라 할 수 있고 "성은 리일 뿐"(性只是理)이라고 할 수 있는 것이다. 주자의 '성리'에 관한 사상은 비록 『역전』을 직접적으로 계승하여 얻은 것이지만 또한 『중용』의 '천명지위성'에 대한 분해와 심화이기도 하다.

'성즉리'는 '성상근性相近'의 한 측면만을 해석하였다. '성'이 서로 가까운 것에는 전부 똑같게 될 수 없는 요소도 들어 있다. 주자는 자신의 경험을 통하여 "사람의 성은 모두 선하지만 어떤 사람은 태어나면서부터 선하고 어떤 사람은 태어나면서부터 악한 것은 기품이 다르기 때문임"[63]을 인식하였다. 주자에 의하면 사람의 본성은 그 본연으로부터 보면 선하지 않음이 없는데 이는 초연적인 존재이다. 하지만 사람이 태어날 때부터 선과 악의 구별이 있는 것은 기를 부여받음이 다르기 때문이라고 주장한다. 이로부터 그는 맹자의 '선선후악先善後惡'의 '함닉陷溺'설을 비판하였는데, 맹자의 결함은 "성에 관해서만 논의하고 기에 관해서는 논의를 하지 않아서 갖추어지지 못함이 있고"(論性不論氣, 有些不備) 악의 근원과 사람에게 태어나면서부터 악이 있는 사실을 설명할 수 없다는 것이다. 한 걸음 나아가 동중서의 '탐성貪性', 양웅의 '성선악혼性善惡混', 한유의 '성삼품설' 모두 어느 정도로 성인의 '성명性命'에 관한 이치를 왜곡하였고 기품의 작용에 대해 똑바로 보지 못하였음을 제기하였다. 주자는 '리기일체혼성론理氣一體渾成論'

---

63) 『주자어류』, 권4, "人之性皆善. 然而有生下來善底, 有生下來便惡底, 此是氣稟不同."

으로부터 출발하여 천명과 기질의 구별과 연관을 인식하였고, '성'을 '천명지성'과 '기질지성'으로 분석하였다.

'리'와 '기'가 이미 일체로 혼재된 이상 천명과 기질 "또한 서로 얽혀 있고 천명이 있기에 기질도 있는 것이어서 서로 떨어질 수 없다. 만약 하나라도 없으면 사물은 생겨나지 못할 것이다. 천명이 있으니 반드시 이 기가 있어야 하고 그래야만 이 리를 감당할 수 있다. 만약 이러한 기가 없다면 이 리를 어떻게 안착시키겠는가!"64) 천명의 '리'는 하나의 "정결하고 광활한 세계이고 여기에는 형질의 흔적도 없고"(淨潔空闊的世界, 無有形跡) 선하지 않음도 없다. 그러나 기질의 부여에는 청명淸明, 혼탁渾濁, 정통正通, 편색偏塞, 순수純粹, 박잡駁雜의 구별이 있다. 기질 자체에는 소위 말하는 선악의 구별이 없지만 '천명지성'과 뒤섞여 일체가 되면 투명透明 혹은 장폐障蔽의 작용이 있게 된다. 이러한 작용은 '천명지성'에 대하여 말하면 선과 악의 구별이 있게 된다. 주희는 이것을 구슬이 물속에 있는 것과 등불이 바구니 속에 있는 것으로 비유한다. 구슬과 등불은 물의 청탁과 종이의 두껍고 얇은 상태에 따라 드러나 보임이 차이가 있게 된다. '성'이 발하여 보임 또한 이와 마찬가지이다. 소위 말하는 '기질지성'은 기질의 작용을 겸하여 말한 것이고 '천명지성'까지 포함하여 뒤섞어 말한 것이다.

요컨대 첫째, 주자는 "천지의 성을 논하면 리만을 가리켜 말한 것이고 기질의 성을 논하면 리와 기를 섞어서 말한 것이지 기를 성명으로 말한 것은 아님"65)을 주장하였다. '리'와 '기'는 본래 서로 뒤섞여 있는 것이 아니라 '리'는 '리'이고 '기'는 '기'이며 서로 방해하지 않는 두 가지 사물일 뿐이다. 하지만 '리기혼성일체론'의 측면에서 말하면, '리'와 '기'를 뒤섞어 함께 하나의 사물을 이룬다고 말할

---

64) 『주자어류』, 권4, "亦相袞同, 才有天命便有氣質, 不能相離. 若闕一, 便生物不得. 既有天命, 須是有此氣, 方能承當得此理. 若無此氣, 則此理如何頓放!"
65) 『주문공문집』, 권56, 「答鄭子上」 14, "論天地之性, 則專指理言; 論氣質之性, 則以理與氣雜而言之, 非以氣爲性命也."

수 있다. 둘째, 주자는 앞에서 말한 '성'은 이미 기질을 겸하여 말한 것이고 '본연지성'이 이미 '기질지성' 안에 있기에 '기질지성'은 별도로 하나의 성이 될 수 없다고 주장하였다. 이는 '천명지성'과 '기질지성'이 관통하는 곳이다. 셋째, 주자는 '천명지성'에는 선하지 않음이 없고 '기질지성'에는 선도 있고 악도 있는데, 사람과 사물이 태어날 때부터 이미 기질을 가지고 있기에 또한 반드시 선천적으로 선과 악을 가지고 태어나고, 선하지 않음이 없는 '천명지성'은 하나의 초월적인 존재자임을 주장하였다. 이를 전제로 하여 주자는 한 걸음 더 나아가 '인仁', '의義', '예禮', '지智'의 '성체性體'는 '측은惻隱', '수오羞惡', '사양辭讓', '시비是非'의 '정용情用'이 밖으로 드러난 것임을 주장하였다. 미발의 '성체'에서 이발의 '정용'에 이르는데, 주자는 특히 '심주성정心主性情'의 도를 발명하는 것을 중시하였다.

주자는 사람의 몸과 감각기관은 모두 마음(心)으로부터 흘러나온 것이라고 주장한다. "마음은 신명의 집이고 일신의 주재이다."[66] 여기서 '주主'라는 것은 사람 자신에 대하여 말한 것으로, 사람이 자신을 주재하는 까닭이 마음이고 고도의 자주와 자유가 있다는 것이다. 주자는 이렇게 말하였다.

> 마음은 사람의 몸을 주재하는 것이고 하나이면서 둘이 아니고 주체가 되지 객체가 되지 않으며 사물에 명령을 내리지 사물에게 명령을 받지 않는다.[67]

'마음'은 일신一身의 주재자이다. 주재할 수 있는 까닭은 '마음'에 "허령지각의 성"[68]이 있기 때문이다. 주자는 이렇게 말하였다.

---

66) 『주자어류』, 권98, "心是神明之舍, 爲一身之主宰."
67) 『주문공문집』, 권67, 「觀心說」, "心者, 人之所以主乎身者也, 一而不二者也, 爲主而不爲客者也, 命物而不命於物者也."
68) 『주문공문집』, 권73, "虛靈知覺之性."

마음은 사람의 지각이고 몸의 주인이면서 사물에 응하는 것이다.[69]

'지각'이란 사실상 '심체'의 신명神明이 발하여 나온 작용이다. 주자가 "마음은 신명의 집"이라고 말하였으니 마음의 진정한 근원은 사실상 '신명'이고 사람에게 있는 늘 밝고 어둡지 않은 하나의 천리이다. 마음의 집이라는 것은 생리生理적인 측면에서 말한 것이고 '심신心神'은 사고의 본체적인 측면에서 말한 것이다. 주자는 이렇게 말하였다.

마음은 사람의 신명이다.[70]

'신명'을 '영명靈明' 혹은 '허명虛明' 혹은 '정신精神'이라 부르는데 각자 말을 할 때의 편향에 따라 그때그때 다른 것이다. 주자는 본심에 대한 '체인體認'을 설명하면서 늘 거울을 비유로 든다.

사람의 마음이 맑고 텅 비어 있고 밝아서 마치 거울이 비어 있는 것과 같고 마치 저울이 평평한 것과 같으며, 그것을 몸의 주재로 생각하는 것은 그 진체가 원래 견고히 그러하기 때문이다.[71]

또 이렇게 말하였다.

사람의 마음은 하나의 거울과 같다. 처음부터 하나의 영상이 있는 것이 아니라 사물이 오면 비로소 아름다움과 추함이 비추어 보인다. 만약 처음부터 하나의 영상이 우리 안에 있다면 어떻게 비추어 얻겠는가! 사람의 마음은 본래 맑고

69) 『주문공문집』, 권65, 「大禹謨解」, "心者人之知覺, 主於身而應事物者也."
70) 『맹자집주』, 「진심상」, "心者, 人之神明."
71) 『대학혹문』, 권2, "人之一心, 湛然虛明, 如鑑之空, 如衡之平, 以爲一身之主者, 固其眞體之本然."

텅 비어 있고 밝아서 사물이 오면 감각에 따라 응하는데 자연적으로 높고 낮음과 경중을 알아본다. 사물이 지나간 뒤 다시 그 전의 마음의 허명함에 의해 얻는다.[72)]

주자는 '미발지중未發之中'의 체험을 통하여 이 '리'를 식별하고 사람의 몸과 마음을 주재하는 '본연지심'이 '맑고 텅 비어 있고 밝아서'(湛然虛明) 섞임도 없고 찌꺼기도 없으며 욕망도 없고 근심도 없으며 맑고 밝음을 인식하였다. 심체가 '본연지심'이 '맑고 텅 비어 있고 밝아서'(湛然虛明) 주자도 '검은 거울을 깨끗이 씻듯이'(滌除玄鑒) 본심을 발명하고 '진구의 폐'(塵垢之蔽)를 제거할 것을 주장하였다. '진구의 폐'가 없는 광명한 본심은 만물을 비출 수 있고 진리를 통찰할 수 있기에 주자가 "마음의 전체는 맑고 텅 비어 있고 밝아서 모든 이치를 담고 있다"[73)]고 하였다. 이로부터 출발하여 주자에게도 "마음에 모든 이치가 갖추어져 있다"(心具 衆理), "마음이 모든 이치를 포함하고 있다"(心包萬理), "마음과 리는 하나다"(心與理 一) 등의 주장이 있게 되었다.

"마음과 리는 하나다"라는 주장의 전제 조건이 '가려짐이 제거되고'(解蔽) '검은 거울을 깨끗이 씻는 것'(滌除玄鑒)인데, 마음을 가리는 '먼지'(塵垢)는 주요하게 '인욕人欲'을 가리킨다. '인욕'과 '천리'는 서로 대립하는 것이다. 도덕적인 윤리로 말하면 '천리'는 실제로 '인', '의', '예', '지'의 '성'을 가리키는데 이 '마음'과 이 '성'을 두루뭉술하게 말하면 '인심仁心', '인성仁性' 혹은 '도심道心', '도성道性'이라 부를 수 있다. '도심과 상대되는 것은 '인욕'이고 '인심'이라 부를 수 있다. 『상서』 「대우모大禹謨」에서는 이렇게 말하였다.

사람의 마음은 오직 위태롭고 도의 마음은 오직 미묘하니 오직 정성스럽고

---

72) 『주자어류』, 권16, "人心如一個鏡, 先未有一個影像, 有事物來方始照見姸醜. 若先有一個影像 在裏, 如何照得! 人心本是湛然虛明, 事物之來, 隨感而應, 自然見得高下輕重, 事過便當依前恁地 虛方得."

73) 『주자어류』, 권5, "心之全體湛然虛明, 萬理俱是."

오직 한결같아야 진실로 그 중심을 잡는다.74)

주자가 보기에 '인심'과 '도심'은 "본래부터 하나의 사물일 뿐이지만 지각하는
바가 다르다."75) 그 지각이 '리'에서 온 것이면 '도심'이고, '욕'에서 온 것이면
'인심'이다. 그리고 지각이 '성명'의 바름에서 나온 것이면 '도심'이고, 형기의
사사로움을 무조건적으로 따름에서 생겨난 것이면 '인심'이다. '인심'이 "모두
좋지 않은 것은 아니고"(不是全不好底) 특히 형기의 사사로움이나 인욕의 병폐로
쉽게 흐르기에 '위험'(危)한 특성을 가지고 있다. '도심'은 '천리'에 대한 '인욕'의
'진봉塵封'과 '장폐障蔽' 때문에 미약해져 발하기 어려워 본래 밝은 마음은 '미약하
다'(微)고 말하지 않을 수 없다. 주자는 거듭 문인들에게 "천리를 밝히고 인욕을
멸할 것"(明天理, 滅人欲)을 요구하였는데, 이는 천리가 유행하고 본심이 널리 비춤으
로써 사람 자신의 생명이 음침한 남욕濫欲으로부터 광명하고 찬란한 이성의
세계로 초월하여 들어가야 한다는 것이다. 따라서 주자도 특히 "정성스럽고
한결같아야 중심을 잡는"(精一執中) '조존함양操存涵養'의 공부를 강조하였다.

비록 주자는 "마음과 리가 하나"임을 주장하였지만 마음이 곧 '리'라고는
생각하지 않았다. '심'과 '성'이 합하는 곳으로부터 말하면 "진실로 하나의 리일
뿐"(固只一理)이지만 분석해 보면 마음은 마음이고 '성'은 '성'이다. "마음에는
선과 악이 있고 성에는 선하지 않음이 없다."76) '성'은 '리'일 뿐이고 '정'은
'이발의 용'(已發之用)이므로 "마음의 지각은 곧 이 리를 갖추어 이 정을 행하는
것이다."77) '성'은 체이고 '정'은 용이다. '심'은 '성'과 '정'을 통괄하고 체와 용을
주재한다. 이상의 세 가지 내용은 '심'과 '성'이 "진실로 하나의 리일 뿐"이라는
측면에서 대체로 구별한 것이다.

---

74) 人心惟危, 道心惟微, 惟精惟一, 允執厥中.
75) 『주자어류』, 권78, "本只是一個物事, 但所知覺不同."
76) 『주자어류』, 권5, "心有善惡, 性無不善."
77) 『주문공문집』, 권55, 「答潘謙之」 1, "心之知覺卽所以具此理而行此情者."

"마음이 성과 정을 통괄한다"(心統性情)는 주희의 '기축지오己丑之悟'의 하나의 중요한 성과이다. '통統'자에는 '겸하다'(兼)의 의미가 있을 뿐만 아니라 '내포하다' (包)의 의미도 있는데, 이는 장재에서 비롯된 것이다. 하지만 주희와 장식張栻이 토론한 결과 "심이 성과 정을 주재한다"(心主性情)는 주장을 더 찬성하였던 것 같다. 왜냐하면 '주主'자가 본심의 전제적인 작용을 더욱 잘 드러내고 심체의 지각적인 움직임과 자유롭게 주재하는 특징을 잘 나타내기 때문이다. 그러나 '통'자는 이러한 마음이 이발과 미발의 '성정'을 포함하고 통섭한다는 의미만을 분명하게 말하였을 뿐이고 흡사 하나의 단순한 병렬과 같다. "심이 성과 정을 주재한다"는 마치 '인성仁性'의 시각에서 말하는 것과 같다. 주자는 '안'을 "마음의 덕이고 사람의 이치"(心之德, 愛之理)라 간주하였다. 하늘에서 얻어 사람에게 명하는 것을 '덕'이라 하고 '덕'이 곧 '성'이다. '인'은 마음의 '덕'이고 '성'의 본체일 뿐만 아니라, 사랑의 '정情'의 소이연의 '의義'의 '리'이다. 따라서 '인'은 미발의 '중체中體'일 뿐만 아니라, 발하여 모두 절도에 맞는(發而皆中節)의 '화和'의 '리'이다. 『대학大學』에서 말하는 '명명덕明明德', '지어지선止於至善'의 '도'는 사실상 '인심'의 발명이고 '인성'으로의 복귀이며 '이발지애已發之愛'에서 '안'의 '리'를 규범과 근거로 하는 것이다.

이상에서 장재, 이정, 주자의 심성론에 대하여 논의하였고, 이를 통하여 송대 리학의 여러 가지 견해를 대체로 파악할 수 있었다.

제8장 화합과 중용의 도

일정한 의미에서 말하면 어떠한 근대 국가이든지 모두 민족과 문화의 전통 위에 건립되었다. 중국은 하나의 다민족 통일의 현대 국가이고, 각 민족 및 그 문화전통 특히 천백 년 이래 끊임없이 융합하여 형성된 중화민족 및 중화문화 는 입국의 근본이다.

1. 민족성격

문화는 인류 생활의 총칭이다. 문화의 주체는 민족이다. 민족정신은 민족 생활의 영혼과 핵심이다. 이 영혼이 없으면 민족의 존재도 없다. 민족의 정신과 영혼은 역사, 문화를 통하여 나타난다. 오천 년 중화민족의 문화는 풍부하고 다양할뿐더러 끊임없이 변화하였지만 그 내재적인 오랜 세월이 지나도 쇠퇴하지 않는 정신은 민족 생활 속에 관통되어 있고 부동한 문화 부문, 영역, 측면, 단계에서 표현되고 있다. 중화민족의 정신은 민족문화의 장기적인 영향, 교화, 육성을 거쳐 세세대대로 전승되어 온 것이다. 이뿐만 아니라 백성들의 일상생활 에서 중요한 역할을 하는 신앙, 우주 관념, 가치 방향, 심리·감정·사유·행위의 방식, 민족적 의식, 성격과 풍격, 민족적인 향심력·응집력, 민족공동체의 공동한 신념과 영혼은 중화민족이 자강불식하는 동력과 원천이다. 간단하게 말하면 중화민족의 정신은 중화민족에게 공통된 상대적으로 안정적인 우주와 가치 관념, 심미 취향이 융합된 것이고 끊임없이 지속되는 일종의 역사전통이며 중화민족이 옛날부터 지금까지 생존하고 발전하는 과정에서 유지, 조화, 추동 작용을 하는 일종의 살아 있는 정신적 역량이다.

절대다수의 국민들은 모두 자신이 중국 사람인 것을 자랑으로 여긴다. 중화민족의 한 사람으로서 모두 신분 정체성 문제가 있는데 이것이 바로 민족문화의 귀속감이다. 넓은 의미로 말하면, 전 세계 중국인들은 모두 마음속 깊은 곳에서 인정하고 소통한다는 것이다.

고대 중국인들은 자연, 사회, 인신과 인생을 인식함에 있어서 복잡한 과정을 겪어 왔다. 그들은 일상생활에서 천상天象을 우러러보고 지리地理를 내려다보며, 가깝게는 자기 몸에서 찾고 멀게는 여러 사물에서 찾는 과정에서 천, 지, 인, 물, 아 등 각종 현상, 특히 주변의 현상과 현상 사이의 연계와 관계를 파악하고자 시도하였다.

첫째, 무엇이 '화和'이고 무엇 때문에 '화이부동和而不同'을 강조하는 것인가.

『국어國語』 「정어鄭語」에 근거하면, 주周나라 태사太史 사백史伯이 환공桓公에게 이렇게 말하였다.

> 무릇 조화에서 실상 사물이 생장발육하고 같아지면 계속 이어지지 못한다. 다른 것으로써 다른 것을 화평하게 하는 것을 조화라 이른다. 그러므로 풍부하게 생장시킬 수 있고 사물도 살아갈 수 있다. 만약 같은 것으로써 같은 것에 보태면 두 가지 모두를 버리게 된다. 그러므로 선왕은 흙을 금·목·수·화와 버무려 온갖 사물을 만들었다.[1]

사백은 흙과 금·목·수·화의 화합으로 풍부하고 다양한 세계가 생겨났음을

---

1) 夫和實生物, 同則不繼. 以他平他謂之和, 故能豐長而物歸之, 若以同神同, 盡乃棄矣. 故先王以土與金木水火雜, 以成百物.

제기하였다. 이 또한 오행을 기본적인 재료 혹은 에너지로 하는 것이다. 사백의 핵심은 다양성이 중요하고 같지 않은 물건이 버무려 합쳐짐으로써 차이가 있는 다양성의 통일이 있고(和) 이것이 바로 인간과 만물이 생장하고 번식하는 기초적인 조건이라는 것이다. 간단한 동일은(同) 어떠한 새로운 물건도 생겨나게 할 수 없다. 그는 주나라 왕실에서 부동한 목소리를 많이 듣고 '화'의 법칙을 포기하지 말고 전문적으로 동일한 것만 좋아하지 말기를 권고하였다. "조화에서 실상 사물이 생장발육한다"(和實生物)는 맥락에서 오색이 문채를 이루고 오음이 소리를 이루며 오미가 음식이 되고 '오행'이 만물을 생성한다.

춘추春秋 후기 제齊나라의 정치가 안영晏嬰도 동일함을 버리고 조화를 취할 것을 주장하였다. 그는 "모자라면 보태고 지나치면 줄이고"의 과過와 불급不及 사이에서 중도를 유지하면서 정치의 '평화'(平)를 구할 것을 강조하였다.

> 임금이 가하다고 하더라도 불가함이 있으면 신하는 그 불가한 점을 말하여 가한 것을 이루게 하고, 임금이 불가하다고 하더라도 가함이 있으면 신하는 그 가한 점을 말하여 그 불가한 점을 버리게 한다. 그러므로 정치가 평화롭고 서로 침범하는 일이 없어서 백성들도 다투는 마음이 없어진다.……선왕이 오미로써 음식의 맛을 맞추고 오성으로써 소리를 조화한 것은 그 마음을 평화롭게 하고 그 정사를 이루기 위함이었다.……군자가 듣고서 그 마음을 평화롭게 하고 마음이 평화로우면 덕이 온화해진다.……물로써 물의 맛을 맞춘 것이니 누가 먹으려 하겠는가? 금슬琴瑟이 오로지 한 소리만 내는 것과 같으니 누가 들으려 하겠는가? 뇌동하여서는 불가함이 이와 같다.[2]

훨씬 예전에 사람들은 이미 인구의 번식에서 혈족의 이연異緣, 원연遠緣의

---

2) 『좌전』 소공 20년, "君所謂可, 而有否焉, 臣獻其否, 以成其可; 君所謂否, 而有可焉, 臣獻其可, 以去其否. 是以政平而不幹, 民無爭心.……先王之濟五味, 和五聲也, 以平其心, 成其政也.……君子聽之, 以平其心, 心平德和……以水濟水, 誰能食之? 若琴瑟之專壹, 誰能聽之? 同之不可也如是."

우세를 인식하였다. 서주西周시기에 이미 "같은 혈족 간의 혼인을 피하는"(同姓不婚) 제도를 확립하였다. "오행이 만물을 이루고" "조화에서 실상 사물이 생장발육하며" "화와 동을 분별하는" 가운데 춘추시기에 사람들은 이미 '화'가 '생' 즉 생존과 발전이 쉬지 않고 생겨나는(生生不息) 기본 원칙임을 분명하게 인식하였고, 차이성, 다양성, 다원성이야말로 생명력과 활력을 가지고 있음을 주장하였다. 사람들은 자연계, 사회정치와 인간 자신의 경험에 대하여 이미 차별적 통일, 동적인 균형의 인식을 가지고 있다. 건강한 사회는 부동한 목소리와 부동한 색채가 필요하다. 세계는 단일화, 동질화할 수 없고 같은 것으로써 같은 것에 보태거나 물로써 물의 맛을 맞추게 되면 만물은 번영하고 성장할 수 없다. 이 때문에 인간세상에는 다양한 의견과 여러 가지 힘이 공존할 필요가 있고, 다른 것으로써 다른 것을 화평하게 하고 서로 제약하고 서로 보충하고 보완하며 서로 돕고 상생한다. 기원전 510년 진晉나라 사관 사묵史墨은 "사물의 생성에는 두 가지가 있다"(物生有兩)에 대한 논의에서 한 걸음 나아가 다양성 가운데 주도적인 두 가지 힘이 어울려 대립하고 서로 바뀜을 주장하였다. 공자는 이렇게 말하였다.

군자는 화합을 추구하고 뇌동하지 않지만 소인은 뇌동할 뿐 화합하지 않는다.[3]

군자가 주장하는 것은 다양성의 통일이다. '화'는 '동'이 아니고 '부동不同'도 아니며 '동'과 '부동'을 포함하고 또 초월한 것이다. 유협劉勰은 이렇게 말하였다.

다른 음이 서로 잘 조화되는 것을 화라고 하고 같은 소리가 서로 웅하는 것을 해라 이른다.[4]

---

3) 『논어』, 「자로」, "君子和而不同, 小人同而不和."
4) 『文心雕龍』, 「聲律」, "異音相從, 謂之和; 同聲相應, 謂之諧."

둘째, 무엇이 중국의 '문文', '인문'과 '천하'인가?

한자 '문'의 본래의 뜻은 결 무늬를 가리킨다. 옛사람들은 "사물이 서로 뒤섞여 있는 것을 문이라 이른다"(物相雜謂之文)고 하였다. '문'은 사물의 다양성의 표칭表稱이다. 이른바 '천문'은 천상의 복잡함 및 그 질서를 가리키고, '인문'은 사람과 사람, 사람들의 무리와 무리가 함께 지내면서 나타난 복잡한 현상 및 사회 인간 사무의 질서를 가리킨다. 『주역』 비賁괘의 「단사彖辭」에 이르기를, "강과 유가 뒤섞이는 것이 천문이고 문명으로서 그치게 하니 이것이 인문이다. 천문을 관찰하여 사시의 변화를 살피고 인문을 관찰하여 천하를 교화하여 이룬다"5)고 하였다. 비괘의 괘상(離가 아래이고 艮이 위이다.)은 음과 양, 강과 유의 자연적인 힘이 서로 사귀고 대립하며 서로 보충하고 완성되는 우주의 질서를 나타낸다. "문명으로서 그치게 한다"는 구절은 천상이 나타내는 바에 근거하여 인간세상의 문명의 도를 말하는 것으로서 인간세상을 다스림에 있어서 비무력적인 방식을 선택함을 가리킨다. 중국 고대의 인문은 예악교화로써 사회의 풍속에 영향을 주고 천하를 감화시킨다. 혈통이 다르고 종족과 성씨가 각자 다른 민족이 공존하고 여러 가지 피부색의 사람 등의 서로 다름이 화목하게 지내는 것, 이것이 바로 민족이 공존할 수 있고 문화가 교류, 융통할 수 있는 의식이다. 국학대사 전목錢穆 선생은 이렇게 말하였다. "사실 중국의 민족은 항상 끊임없이 흡수하고 끊임없이 융합하고 끊임없이 확대하고 새롭게 바뀌는 과정에 있었다. 하지만 동시의 주요한 큰 줄기는 영원히 존재하였고 아주 분명하게 존재하였으며, 결코 계속하여 끊임없이 새롭게 유입되는 줄기에 의하여 삼켜지거나 해체되지 않았다. 중화민족은 굳센 지속성을 부여받았고 동시에 위대한 동화력을 가지고 있다고 말할 수 있는데, 대부분의 공은 민족의 덕성과 문화적인 함의에 돌려야 할 것이다."6)

---

5) 剛柔交錯, 天文也. 文明以止, 人文也. 觀乎天文, 以察時變; 觀乎人文, 以化成天下.

6) 錢穆, 『중국문화사도론』(상해삼련서점, 1988), 제19쪽, "其實中國民族常在不斷吸收, 不斷融

중국 고대 사람들의 '천하'관은 융합되는 과정에서 협소한 민족과 국가의 경계를 비교적 쉽게 초월하였다. 중원과 주변, 농업민족과 유목민족의 민족 사이, 문화 사이, 관념 사이에는 모순과 배척이 있었고 전란도 있었지만, 전반적인 추세는 끊임없이 통합되고 융합됨으로써 서로 배우고 보충하며 끊임없이 확대되었다. 중화의 역사, 민족, 문화의 융합은 하나의 기나긴 과정이었고 그 과정에서 사람들의 공동체 사이, 문화 사이, 언어 사이의 소통과 융합이 형성되었고, 관념상에서 "모든 나라와 협력하고"(協合萬邦) "천하가 한 집안이고"(天下一家) "중국이 한 사람이라는"(中國一人) 문화적인 이상이 형성되었다. 중국문화는 '인문'을 중심으로 하여 부동한 종교, 문화를 소화하고 흡수함으로써 새로운 문화를 형성하였는데 이렇게 형성된 문화는 비교적 알기 쉽고 합리적이며 평화롭고 이성적이며 과격하거나 혼란스럽지 않다. 이 때문에 중국에서 '십자군전쟁'과 같은 비극이 초래하지 않았다. 서양의 민족에 상대하여 말하면 중화민족의 성격은 분별성이 아니라 화합성에 더 주목하였고 투쟁이 아니라 평화를 더 강조하였다. 중국 사람들은 '화和'·'합合'·'통通'·'통統'·'회會'를 즐겨 논하였다. 고대 중국의 여러 민족 사람들은 육지에서의 비단의 길과 해상에서의 자기瓷器의 길을 통하여 다른 지역의 각 나라 각 민족의 사람들과 폭넓게 교류하였고, 종래로 폭력적인 침략이나 강제적인 점령과 식민의 방식을 쓰지 않았고 평화적이고 우호적인 방식을 채택하였는데, 이는 중국의 문화와 민족 성격과 관련이 있다.

셋째, 중국 사람은 일반적으로 '화和'를 논하는 것이 아니라 중용의 도를 주축으로 하는 '중화'를 논한다.

오천 년의 민족 융합, 문화 융합은 중화민족의 구심력, 응집력과 공통된

合和不斷擴大與更新中. 但同時他的主幹大流, 永遠存在, 而且極明顯的存在, 並不爲他繼續不斷地所容納的新流所吞滅或沖散. 我們可以說, 中華民族是禀有堅强的持續性, 而同時又具有偉大的同化力的, 這大牛要歸功於其民族之德性與其文化之內涵."

신앙과 신임을 형성하였다. 그중에서 '중화中和', '태화太和', '보화保和'의 이념은 중화민족의 역사적인 전통이 되었고, 부동한 민족, 부동한 종교문화를 유지하고 조화롭게 하는 윤활제이자 개인으로부터 집안, 나라, 천하에 이르는 생존과 발전의 원동력이다. '화'와 '중화'는 바로 위에서 서술한 정신의 영향 아래 각양각색의 사람들, 여러 가지 힘, 여러 가지 자원, 여러 민족문화 사이의 교류와 대화, 장점을 취하고 단점을 보충하며 평화롭게 공존하고 서로 존중하고 융합함을 가리킨다.

오늘날 우리는 무엇 때문에 이 인문정신을 제창하여야 하는가? 왜냐하면 오늘날 우리는 더욱 큰 문화교류의 시대에 살고 있기 때문에 반드시 문화 자각이 있어야 하고 문명의 대화를 깊이 있게 전개하여야 한다. 비효통費孝通 선생은 이렇게 말하였다. "모두가 각자 저마다의 아름다움을 가졌고 그 아름다움은 존중할 만하다. 서로의 아름다움이 한데 어우러진다면 세상은 더없이 조화로워질 것이다."[7] 우리는 동양과 서양이 서로 이해하고 존중함으로써 조화롭고 다극적인 세계를 창조하기를 희망한다.

오늘날 우리가 말하는 조화로운 사회는 현대화된 민주, 법치, 공평, 공정의 시민사회를 가리킨다. 조화로운 사회를 제창하는 것은 현실적인 부조화, 불협조不協調를 겨냥한 것이다. 여러 나라의 현대화 건설과정에서는 발전 중의 불균형과 지역, 업종, 도시와 농촌, 빈부의 차이가 나타남을 피할 수 없다. 불균형과 차이가 나타나는 것은 매우 정상적이다. 하지만 반드시 일종의 자각이 있어야 하는데 바로 끊임없이 불균형을 극복하고 매우 지나치게 현저한 차이를 조절하려는 자각이다. 중국의 전통사회에도 투쟁과 긴장을 면할 수 없었지만 바로 이 때문에 전통사회의 지식인과 백성들은 조화를 기대하였고 대량의 '조화' 사상자원을 남김으로써 중국 특색이 있는 사회주의의 조화로운 문화의 건설에 중요한 도움이

---

7) 各美其美, 美人之美, 美美與共, 天下大同.

될 수 있었다.

중국 고전의 조화 지혜는 결코 대립을 부정하고 차이와 모순을 말살하는 지혜가 아니다. 마르크스는, 차이와 모순은 보편적으로 존재하는 것으로서 차이와 모순이 없으면 사회의 진보와 인류의 발전도 없는 것임을 심각하게 제기하였다. 사회주의의 조화로운 사회를 건설하는 것은 하나의 끊임없이 사회모순을 해결해 나가는 지속적인 과정이다. 이 때문에 모순을 부인하고 두려워하는 태도는 취할 수 없다. 하지만 모순을 방임하거나 심지어 확대하는 것은 마찬가지로 잘못된 것이고 위험한 것이다.

공자의 나라를 다스리고 백성을 편안하게 한다는 주장은 양호한 사회 환경으로 백성들의 생활과 생명을 보장한 뒤에 다시 백성들이 부유해지게 하고 부유해진 뒤에 다시 그들을 교화하는 것이다. 공자는 민생을 긍정하고 백성에게 재물을 저장할 것을 강조하였으며 백성들의 생존권과 교육을 받을 권리를 수호하는 것을 정치의 근본으로 간주하였다. 공자는 분배의 정의와 사회의 공정 문제에 주목하였고 빈부의 차이가 지나치게 현저함을 반대하였다. "인구가 적음을 근심하지 않고 불균등을 근심하며, 가난을 근심하지 않고 불안정을 근심한다. 대개 분배가 균등하면 가난이 없고, 화합하면 재물 적음이 문제 없고, 안정되면 기울어질 일이 없다."[8] 맹자는 백성들의 '항산恒産'을 보장할 것을 주장하면서 양호한 정치는 백성들에게 일정한 산업이 있고 수입이 있음으로써 생활의 기본적인 수요를 만족시켜야 함을 제기하였다. 유가는 또 양로와 약자에 대한 구제, 이재민의 구제와 사회보장제도의 설계 및 그 실행에 대하여 주목하였고, 전 사회는 반드시 홀아비, 과부, 고아, 독거노인 등 외롭고 의지할 데 없는 사람들을 관심하여야 함을 강조하였다. 『예기』「예운」에서 구상하였던 대동이상은 다음과 같다.

---

8) 不患寡而患不均, 不患貧而患不安. 蓋均無貧, 和無寡, 安無傾.

큰 도가 행하여지면 천하가 공평해지고 현명하고 능력 있는 사람이 선발되며 신의가 존중되고 화목해진다. 백성은 자기의 부모만을 공경하지 않고 자기의 자식만을 돌보지 않으며 늙은이가 여생을 완성하게 하였고 장년은 쓰임이 있었고 어린이는 자라남이 있었다. 홀아비, 과부, 고아, 외로운 장애인들이 모두 부양하는 바가 있었고 남자에게는 그에 적합한 직분이 있었고 여자는 의지할 곳이 있었다.[9]

공권력의 남용을 방지하는 것은 백성들을 아끼고 민생을 보호하는 중요한 내용이다. 공자는 이렇게 말하였다.

정치란 올바름 그 자체이다.

몸가짐이 경건하고 행동은 대범함으로써 백성을 대한다.

널리 베풀어 뭇사람을 구제한다.[10]

오만한 태도로 백성들을 대하고 권력을 남용하여 제멋대로 백성들을 길들이고 민의를 짓밟고 민생을 돌보지 않음을 반대하였다. 그는 '경건한'(敬) 태도로 공권력을 신중하게 사용할 것을 제기하였는데 백성의 안정과 구제, 백성의 평안을 근본적인 목적으로 한다.

중국의 전통적인 지혜 중에서 조화사상의 자원을 중시하고 발굴해 내는 것은 완정한 고대문화를 완벽하게 복고하거나 그대로 답습하여야 함을 고취하는 것이 절대 아니고, 중국 고유의 전통으로써 현대의 문화에 대항하고 배척하려고 시도하는 것은 더더욱 아니다. 우리는 비판적 계승의 태도, 다원적이고 개방된

---

9) 大道之行也, 天下爲公, 選賢與能, 講信修睦. 故人不獨親其親, 不獨子其子, 使老有所終, 壯有所用, 幼有所長, 矜寡孤獨廢疾者皆有所養, 男有分, 女有歸.
10) "政者, 正也.", "居敬以行簡, 以臨其民.", "博施於民而能濟眾."

마음가짐으로써 전통적인 지혜의 조화사상의 자원에 대하여 창조적인 전환을 이룩할 것을 제창한다.

2. 네 개 방향

첫째, 사람과 하늘의 조화이다.

여기서는 사람과 천명, 천도의 관계 문제, 인간의 궁극적인 신앙, 신념의 문제를 언급한다. 중국 고대의 '천天'의 함의에 대하여 우리는 자연의 천, 의지의 천, 신적인 의미의 천, 의리(즉 도덕적인 가치)의 천, 우연적인 운명의 천 등등으로 분석할 수 있다. 하지만 중국 고대 사람들은 하늘에 대하여 하나의 체계적이고 전면적인 견해를 가지고 있었는데, 이는 대체로 서주西周시기에서 전국시기에 이르는 동안 사람들의 견해가 긴 시간 서서히 스며든 결과이다. 『시경』에서는 이렇게 말하고 있다.

> 하늘이 여러 백성을 내시니 사물이 있으면 법이 있다. 사람들의 마음에 떳떳한
> 본성을 가지고 있는지라 이 아름다운 덕을 좋아한다.

하늘이 백성들을 낳아 기르고 한 사물이 있으면 그 사물의 법칙이 있고 사람들은 지키고 있는 상도는 아름다움으로 향하는 도덕이다. 아름다움으로 향하는 도덕은 하늘이 사람에게 부여한 법칙, 규정 혹은 사람됨의 특성이다. 중국의 전통사상은 하늘과 사람은 서로 관통하는 것이라 여겼다. 사람에게 내재된 도덕성은 하늘이 부여한 것이었다. 사람은 의미 있고 가치 있고 품격이 있는 삶을 살아야 한다.

중국의 옛사람들은 사람과 자연의 하늘, 땅, 자연의 산과 물, 풀과 나무,

새와 짐승의 관계 문제를 논의하였는데 오늘날 우리가 말하는 사람과 자연의 생태환경 사이의 조화에 관한 문제이다. 사람과 자연의 하늘 사이의 관계에서 중국 고대의 사상가들은 천, 지, 인, 물은 각자 독립된 서로 대립하는 체계가 아니라 서로 갈라놓을 수 없고 상호 연관된 총체라 여겼다. 동일한 하나의 활력으로 충만한 공간 혹은 생명의 거센 흐름 속에 처하여 있다는 것이다. 중국의 전통적인 지혜는 사람과 자연의 만물, 풀과 나무, 새와 짐승, 기와와 돌, 산과 물은 서로 갈라놓을 수 없는 총체임을 주장하였다. 고대의 「월령」은 특히 동물, 식물, 산천, 저수지에 대한 사람의 보호를 중시하였고, 계절과 사람의 양생, 어렵, 벌목, 농사 등 방면의 관계를 언급하였다. 중국의 인문정신은 자연과 서로 대립하지 않고 자연과의 조화로운 공생을 추구하였다.

사람은 생존환경이 없을 수 없고 환경은 사람이 생존하는 전제이다. 환경에는 자연환경과 인위적인 환경이 포함되는데 양자의 통합으로 볼 수 있다. 사람과 생존환경의 공생 관계는 예로부터 중국 사람들이 중시하였던 바이다. 『장자』 「제물론」에서는 이렇게 말하였다.

하늘과 땅은 나와 더불어 생겨났고 만물은 나와 더불어 하나가 된다.[11]

여기서는 '천, 지, 인, 물, 아'의 전반적인 조화의 지혜를 표현하였다. 인류든, 공동체든, 개인적인 사람이든 모두 무한한 우주, 유형하고 유한한 세계, 천지만물과 완벽하게 조화로운 이상적인 상태에 도달할 수 있다. 맹자는 이렇게 말하였다.

친척을 친하게 하고서 백성을 인하게 하고, 백성을 인하게 하고서 물건을 사랑한다.[12]

---

11) 天地與我並生, 而萬物與我爲一.
12) 『맹자』, 「진심상」, "親親而仁民, 仁民而愛物."

장재는 이렇게 말하였다.

백성은 나의 동포이고 만물은 나와 함께 있다.[13]

우리가 자신의 부모를 사랑하고 나아가 자기를 미루어 남에게 미침으로써(推己及人) 주위의 사람들을 사랑하고 인류를 사랑하고 풀과 나무, 새와 짐승, 기와와 돌을 사랑하며 자연의 만물과 인간이 만들어 낸 만물을 사랑한다. 이러한 사랑은 물론 차등이 있는 것이다. 하지만 인한 사람은 자신과 천지만물을 일종의 공생 관계로 간주한다. 정호는 천지만물과 자신은 일체이고 분별이 없음을 주장하였다. 유가는 인애의 마음을 확대함으로써 인간의 정신을 평범한 인과 아, 물과 아의 분별을 초월한 '천인합일'의 경지로 끌어올려야 함을 주장하였다. 이는 동시에 일종의 공생, 공존의식을 표현하였다. 고대의 사상가들이 보기에 사람과 자연의 만물, 풀과 나무, 새와 짐승, 기와와 돌, 산과 물, 길들이고 재배한 동식물과 의·식·주·행의 기물 등은 서로 갈라놓을 수 없는 총체였다. 천지만물은 부동한 차이의 통일체였다. 이 통일체 안에서 만물은 각자 자신의 자리에 안정되고 각자 자신의 본성을 이루어 주며 각자 자신의 자리를 찾는다.

중국의 철학자들은 우주와 인생을 관찰하고 일종의 '총괄적으로 살펴보고'(統觀) '회통會通하는' 방식으로써 천, 지, 인, 물, 아, 인신人身, 인심이 모두 부동한 시스템 혹은 '장'에 처하여 있음에 착안하여 여러 시스템, 요소 내외의 서로 의존하고 밀접하게 연계되어 있음을 긍정하였다. 인체의 소우주는 하나의 유기적으로 연계된 총체이고, 세계의 대우주도 하나의 유기적으로 연계된 총체이며, 인체의 소우주와 세계의 대우주 또한 하나의 유기적으로 연계된 총체이다. 고대의 철학은 바로 '통체統體', '일체' 혹은 '도', '일', '태극', '대전大全', '태화太和'

---

13) 『정몽』, 「건칭」, "民吾同胞, 物吾與也."

등의 개념으로 이러한 총체를 밝히고 있다.

『역경』과 『역전』에서는 우주를 총체적으로 원만하고 폭넓게 조화로우며 광범위하게 통괄하는 것으로 간주하였다. "『역경』의 글은 광대하고 모두 갖추어서 천도가 있으며 인도가 있으며 지도가 있으니 삼재를 겸해서 둘로 하였다. 그러므로 육이다. 육은 다름이 아니라 삼재의 도이다."[14] 여기서는 『주역』이 방대하고 일체를 포함하며 천상의 규율, 인사의 조리, 지리의 법칙이 들어 있고 천, 지, 인의 세 가지를 총괄하여 반복하기에 매 괘마다 여섯 개의 효가 있는 것임을 말하였다. 여섯 개의 효는 다름이 아니라 바로 삼자 사이의 규율이다. "천, 지, 인 삼재의 도"는 여러 가지 사물 사이의 복잡한 연계와 제약 관계를 천도, 지도, 인도 세 개 방면 혹은 체계가 여러 차원으로 서로 제약하는 것이라 귀납하였다.

노자는 이렇게 말하였다.

따라서 도는 크고 하늘도 크고 땅도 크며 사람 역시 크다. 세상에는 네 가지 큰 것이 있는데 사람은 그 중의 하나이다. 사람은 땅을 법으로 삼고 땅은 하늘을 법으로 삼고 하늘은 도를 법으로 삼고 도는 자연을 법으로 삼는다.[15]

도, 하늘, 땅, 사람은 우주의 네 가지 위대한 존재이다. 사람은 땅을 법칙으로 삼고 땅은 하늘을 법칙으로 삼고 하늘은 도를 법칙으로 삼으며 도는 자신의 모양을 법칙으로 삼는다. 다시 말해서 사람은 각지의 구체적인 실정에 맞게 적절한 대책을 세워야 하고, 땅을 사용함에 있어서 천시天時의 변화에 근거하고, 변화에는 자연계에 존재하는 법칙성이 있다. '도'는 천지, 자연의 가장 근본적이고

---

14) 『주역』, 「계사전」, "'易'之爲書也, 廣大悉備. 有天道焉, 有人道焉, 有地道焉. 兼三才而兩之, 故六. 六者非它也, 三才之道也."
15) 『노자』 25장.

전반적인 규율과 과정이고, 천, 지, 인의 세 가지 체계를 통섭한다.

고대 중국에서는 생태 균형과 인간 생존의 관계를 매우 중시하였고, 천, 지, 인, 물, 아의 공생 문제를 주목하였다. 원시인들은 이미 농업생산과 계절의 관계를 알고 있었고, 어떠한 토양에 어떠한 식물이 적합한지를 모색하기 시작하였는데, 이는 훗날 '시기에 적합하고'(宜時) '땅에 적합하여야'(宜地) 한다는 관념의 맹아였다. 『의례』와 『좌전』에는 하夏·상商 양대 특히 서주에서 춘추시기에 이르는 동안 사람들의 산천, 토지, 수목, 곡물 등 신령에 대한 존중과 제사가 보존되어 있는데, 모든 제사 활동에서 사용하였던 가축(돼지, 소, 양 등) 혹은 왕실에서 사용하였던 음식에 모두 새끼를 밴 가축을 쓰지 않았다. 산림과 어별魚鼈에 대한 보호와 관련하여 『일주서逸周書』「대취해大聚解」의 기록에 근거하면 하나라 때부터 시작하여 이미 금지령이 있었다. 봄에 풀과 나무들이 꽃이 피고 열매를 맺어 성장할 때에는 사람들이 산림에 들어가서 함부로 벌목하지 못하게 하였는데, 건강하게 자라나는 수목들이 꺾이지 않게 하기 위함이었다. 여름에 물속의 어별 등 동물들이 알을 낳을 때 고기 그물 등 어획 도구를 못에 넣지 못하게 하였는데, 여러 가지 물속에 사는 동물들의 번식을 방해하지 않기 위함이었다. 옛사람들은 자연계에서 자원을 취할 때 반드시 절제함이 있어야 하고, 절기에 주의하고, 반드시 일정한 계절에 근거하여 고기를 잡고 짐승을 수렵하는 생산활동을 진행하여야 함을 이미 알고 있었음이 분명하다. 『논어』에서 공자와 제자들도 산천, 토곡土谷 신령에 대한 존중과 새, 물고기, 벌레에 대한 애호를 매우 중시하였다. "공자는 낚시로 고기를 낚았지만 그물질하지는 않았고 주살을 던졌지만 잠든 새는 쏘지 않았다."[16] 마찬가지로 『맹자』, 『순자』에도 이와 유사한 표현이 있다. 산림에 들어가 벌목하고 물고기와 짐승을 사냥함에 있어서 "촘촘한 그물을 웅덩이와 연못에 넣지 않고" "도끼와 자귀를 때에 따라 산림에 들어가게

---

16) 『논어』,「술이」, "子釣而不綱, 弋不射宿."

하고"17) "베어내고 기름에 그 때를 잃지 않음"18)을 주장하였다. 세밀한 그물을 못에 넣지 않는 것 등도 비록 사람이 먹고 사용하고 인구를 번식하고 양생하기 위함에 목적이 있지만, 공생의 균형에 대한 사고는 매우 분명하였다.

어떤 사람은 앞에서 서술하였던 것은 모두 고대 사람들의 이상이었고, 실제적으로 전통사회에서 자연에 대한 파괴는 매우 엄중하였다고 주장한다. 전통사회에서 인구의 증가와 더불어 원시삼림 내지는 자연환경 전반에 대한 파괴 등이 출현하였음은 부인할 수 없다. 하지만 두 가지 점에 대해서는 반드시 주의하여야 할 것이다. 첫째는 고대에 생태환경보호에 대한 중시는 인위적인 파괴에 대한 것이었다. 이상의 이념과 정령政令은 확실히 적극적인 작용을 하였다. 둘째는 농업사회에서 자연환경을 파괴하는 것과 공업사회에서 자연환경을 파괴하는 것은 같은 선상에서 논할 수 없다. 인류가 공업사회에 들어선 뒤, 멸종과 퇴화는 비로소 질적인 변화를 가져왔다. 공업적인 오염 및 자연에 대한 현대 과학기술의 약탈은 다각도로 이루어졌고, 자연자원은 거의 소모되어 남아 있지 않으며, 퇴화된 지구는 더 이상 인간이 생존하고 거주하는 장소가 아닐 것이다.

앞에서 이미 서술하였듯이, 고대에는 다양한 신을 숭배하였는데, 자연, 산천, 토지, 수목의 신에 대하여 경외하였을 뿐만 아니라 인간이 만들어 낸 곡물, 의·식·주·행 등 기물에 대하여도 경외의 마음, 존경과 애호의 뜻 혹은 감정을 가지고 있었다. 고대 사람들은 인간에게 인간의 본성이 있고 인간의 본성 중에 신성神性이 있으며, 사물에도 사물의 본성이 있고 사물의 본성 중에도 신성이 있다고 여겼다. 농업사회에서 사람들은 농경지와 농기구에 대하여 깊은 감정을 가지고 있었지만, 현대사회에서 토지를 투기하고 매매하는 상인은 토지에 대하여 아무런 감정도 없고 토지는 단지 이익을 취하는 수단일 뿐이다. 하지만 오늘날 중국에서 토지 문제, 경작지 문제에는 아주 큰 위기가 숨겨져 있다. 우리는

---

17) 『맹자』, 「양혜왕상」, "數罟不入洿池.", "斧斤以時入山林."
18) 『순자』, 「왕제」, "斬伐長養, 不失其時."

역대의 조상에게 미안할 뿐만 아니라 후대의 자손들에게도 미안한 일을 해서는 안 된다.

둘째, 사람과 사람의 조화이다.

이는 사회관계, 군기_{群己}의 조화, 인간과 인간 사이의 여러 가지 현실적인 관계와 사람이 처하여 있을뿐더러 벗어날 수도 없는 사회풍속, 제도, 윤리규범, 역사문화전통 등을 포함한다. 개체로서의 인간은 편파적인 인간이 되지 않으려면 반드시 공동체와의 관계를 정확하게 처리하여야 하고, 인간 본성의 건강하고 전면적인 발전 문제를 정확하게 처리하여야 한다. 서양의 철학자 야스퍼스(Karl Theodor Jaspers, 1883~1969)와 하버마스(Jürgen Habermas, 1929~)도 '의사소통적 이성'(kommunikative Vernunft)을 매우 중요시하였고, 의사소통과 고독의 변증성을 소중하게 여겼는데, 이는 물론 현대문화의 배경 아래 논한 것이다. 중국철학의 전통에는 '자신을 완성하는 것'(成己)과 '남을 완성하는 것'(成人), '자신을 세우는 것'(立己)과 '남을 세우는 것'(立人), '자신을 이루는 것'(己達)과 '남을 이루는 것'(人達)에 관한 논의가 있는데, '자신'(己)과 '남'(人)의 관계에서 공자는 이렇게 주장하였다.

자기가 서고 싶으면 남도 세워 주고 자기가 이루고 싶으면 남도 이루게 해 준다.[19]

자기가 원하지 않는 바를 남에게 베풀지 말라.[20]

자기 자신의 완성은 다른 사람의 완성과의 공생 관계 속에서 실현된다. 자기 자신을 완성하려면 동시에 반드시 다른 사람을 존중하여야 하고, 다른

---

19) 『논어』, 「옹야」, "己欲立而立人, 己欲達而達人."
20) 己所不欲, 勿施於人.

사람을 존중하지 않으면 자기 자신도 완성할 수 없다. 유가의 '자신을 위하고'(爲己) '자신을 완성하고'(成己) '자신에게 돌이켜 찾는'(反求諸己) 학문은 "사람마다 자기에게 귀함이 있음"21)을 긍정하였고 주체의 내재적인 가치를 긍정하였으며, 자신의 주도적 작용을 긍정함으로써 도덕적인 실천과 정치적인 요구 면에서 '내가 아니면 누가 있겠는가'(舍我其誰)의 책임의식을 나타냈다. 자기완성과 실현은 집안, 국가, 천하의 완성과 실현을 떠날 수 없다. 공자는 "자신을 닦아 남을 편안하게 하고" "자신을 닦아 백성을 편안하게 할 것"22)을 주장하였다. 『대학』의 삼강령은 "명덕을 밝히고(明明德) 백성을 새롭게 하고(親民) 지선에 그치는 것(止於至善)"이고 "일체 모두 수신을 근본으로 삼는다"(壹是皆以修身爲本). '수신'을 주축으로 하고 '정심', '성의', '격물', '치지'와 '제가', '치국', '평천하'를 연결시켰다. 이것이 바로 우리가 늘 말하는 유가의 '삼강령팔조목'이다. 물론 여기에는 일부 문제점이 있는데, 자기 자신을 공동체 속에 파묻히게 할 가능성이 있다. 하지만 다른 한편으로 이러한 사상전통은 또한 중국 사람들이 의사소통적 이성에 있어서 결코 어려움을 겪지 않음을 설명한다.

적지 않은 사람들은 중국사상의 주류는 개성을 억압하고 개체의 생존과 정신적인 독립을 방해한다고 주장한다. 이러한 견해는 물론 적지 않은 증거를 찾을 수 있는데, 특히 전제주의사회의 제도구조에서 개성의 억압과 성정(性情)의 위축, 인격의 변이는 보편적인 추세를 보이고 있는데, 이것이 바로 근현대 애국지사들이 비판하고 채찍을 가하였던 부정적인 면이다. 하지만 다른 한편으로 정상적인 군신, 부자, 형제, 부부, 붕우 등의 오륜은 권리와 의무 면에서 대등하고 대칭되는 것으로 서로 요구하는 것이지 결코 일방적인 의무만 있는 것이 아니다.

중국사상에는 대량의 인간의 개체적 존재성과 정신적 자유에 대한 그리움이 있는데 매우 깊은 함의가 있는 것으로 창조적인 전화를 이룩할 수 있다. 유가의

---

21) 『맹자』, 「고자상」, "人人有貴於己者."
22) 『논어』, 「헌문」, "修己以安人.", "修己以安百姓."

동 끄러운〉 劉貫道 「몽접도」

'자신을 위한 학문'(爲己之學)과 '나는 나의 호연지기를 잘 기른다'(我善養吾浩然之氣)에 관한 관점, 도가의 생명의 자아해탈과 초월에 관한 '무대無待의 소요유逍遙遊'의 정신적 경지, 현학과 선종의 '자신自信, 자긍自肯, 자득自得, 자재自在'의 논의에는 모두 많은 발굴할 만한 소중한 자원이 들어 있다.

유가는 개체의 인격을 선양할뿐더러 이러한 개체의 인격이 우주생명의 반영이라고 여겼다. 그들은 매우 강한 책임감, 사명감, 책임의식과 능동성을 가지고 있었고 "삼군이 장수를 빼앗길 수는 있어도 필부가 그 뜻을 빼앗길 수는 없다"[23] 등을 강조하였고 이는 분명 일종의 자유의지와 인격을 추구하는 정신이다.

『노자』에 "도는 낳고 덕은 기른다"[24]는 말이 있다. 도는 사람이 함께 말미암는 바이고 덕은 내가 스스로 터득하는 것이다. 장자철학에서는 인간의 개체성을 부각시켰는데, 특히 "스스로 근본이 되고"(自本自根) "홀로 있는 사람을 지귀라 이르고"(獨有之人, 是謂至貴) "홀로 천지의 정묘하고 신묘한 작용과 함께 더불어 왕래하고"(獨與天地精神往來) "무궁함에서 노닌다"(以遊無窮) 등에서는 정신적으로 개체로서의 인간의 지위를 긍정하였다. 중국철학사에서 장자의 「소요유」, 「제물론」은 '개체성'의 원칙을 분명하게 제기하였다. 장자의 「제물론」 천뢰天籟에서 말한 것은 '도'이고, 이 도는 전반적인 조화인데, 이러한 전반적인 조화는 개체

---

23) 三軍可奪帥, 匹夫不可奪志.
24) 道生之, 德蓄之.

인격의 평등과 독립, 부동한 사물의 차이 즉 대중(衆人), 만물(衆物), 많은 언론(衆言論)의 부동함에서 비롯하고, 이 도는 여러 가지 상대되는 가치 관념에 대한 허용과 존중을 나타낸다. 장자의 무대의 소요유가 중시한 것은 '덕'이고 이 덕(得)은 바로 개체의 자재, 자득이며 이러한 개체의 자재, 자득은 개체가 어떻게 정신적 압박, 명분과 등급제도, 물질적인 욕망의 속박을 초월하는지에 의하여 결정된다. 이 덕에는 개체로서의 사람의 독립적인 지위, 자유로운 본성을 짓밟는 것에 대한 항의, 의지함이 없는 정신적 자유에 대한 동경과 추구가 드러나 있다.

하지만 특수한 사람은 모두 타인, 사회그룹과 사회조직 등 일부 매개를 거쳐 자신을 긍정하고 만족을 얻는다. 따라서 개체는 반드시 사회그룹의 현실생활을 통하여 집안, 국가, 천하를 거쳐 자신을 실현한다. 사회그룹의 발전과 실현은 궁극적으로 반드시 매 개체의 의식과 행위 속에서 이루어진다. 구체적인 사회의 역사문화의 전통은 개체로서의 사람의 생존에 한계가 있지만, 사람은 바로 이러한 한계 속에서 생활하면서 한계를 벗어나고자 노력하고 자아의 가치를 실현한다.

개체성의 확립, 개체의 자아완성은 반드시 개체와 그룹, 이성적 생명과 감성적 존재, 대체와 소체, 도의와 공리, 필연과 자유 등 일련의 모순을 고려하여야 한다. '개체성'의 원칙이 중국철학에서 확립되는 것은 현대화 건설과 현대인의 전면적인 발전에 달려 있고, 전통자원에 대한 합리적인 발굴과 이용에 달려 있다. 사람은 언제나 생존환경, 천, 지, 인, 물, 아와의 관계 속에서 사회생활과 사회조직 내에서 자신을 완성하고 실현한다. 전반적인 조화는 개체의 자유에 방해되지 않고 뒤집어 말하여도 역시 그러하다. 고대 사람들의 "자기를 비워 남을 포용하고"(虛己容人) "자기를 비워 만물을 받아들이는 것"(虛己容物)은 참으로 훌륭한 지혜이다.

셋째, 몸과 마음의 조화이다.

이는 개체로서의 사람과 자신의 정신세계, 내재적인 자아의 관계 문제이다. 사람과 내재적인 자아의 관계에서 중국의 전통 철학자들은 개체가 생존하는 의미 세계와 개체로서의 사람의 몸과 마음의 함양에는 매우 큰 관계가 있으며 사람들이 자신의 생명과 마음에서 모두 건강한 상태에 놓이게끔 도울 수 있다고 여겼다. 도가, 법가는 몸과 마음, 신神과 형形의 합일과 초월을 주장하였고, 이로부터 도가, 법가의 독특한 수양론, 경지론을 확립하였다.

지금 사람들은 모두 가면을 쓰고 있는 것처럼 솔직하게 진상을 드러낼 수 없다. 이는 바로 사회적인 신분, 인격과 진실한 자아가 분리되었고 이화異化되었기 때문이다. 영성靈性이 사라지고 깨달음이 둔화되고 정욕과 탐욕이 왕성하고 생활의 질 혹은 생존목표가 저속해지는 것은 시장화에 영합하는 '대중문화'가 인간의 본성 함양에 도전하는 것이다.

중국의 전통적 철학자들은 개체로서의 인간의 생존 품위와 품질을 매우 강조하였고 인문적인 감화와 수양을 매우 중시하였다. 공자는 이렇게 말하였다.

도에 뜻을 두고 덕에 머물고 인에 의거하고 예술에 노닌다.[25]

『시』로 분발하고 예로 굳게 서고 음악으로 완성한다.[26]

예악교화에 유유자적하고(優遊) 함양하고 도야하며, 『시』교, 『서』교, 예교, 악교로써 민간의 품위를 높이는 것은 전통적인 지식인들의 중요한 임무였다.

중국 전통의 심성론은 하나의 부광과도 같아서 채굴하고 발굴해 낼 자원이 매우 많다. 주자의 심성론만 하여도 사실상 그렇게 가증스러운 것이 아니라

---

25) 『논어』, 「술이」, "志於道, 據於德, 依於仁, 遊於藝."
26) 『논어』, 「태백」, "興於『詩』, 立於禮, 成於樂."

오히려 매우 친절한 의미가 있다. 주자는 '인욕'에 대한 '천리'의 제어와 조절을 강조하였지만 주요하게는 내면적인 조절을 가리키는 것이지 외면적인 강압이 아니다. 주자는 '정情'을 두 가지 부분으로 나누었는데, 하나는 '칠정七情'(희·노·애·구·애·오·욕)이고 다른 하나는 '사단四端'(측은지심, 수오지심, 시비지심, 사양지심)이다. '칠정'에 대하여 그는 적당하게 토로할 것을 강조하였고 억누르거나 짓밟지 않았다. '사단'에 대해서는 도덕적 실천의 능동적인 힘임을 더욱 주장하였다. 주자는 심心, 성性, 정情, 재在의 관계를 중시하였다. 그는 정과 재는 모두 성에서 나오고 심에 속하는 것임을 지적하였다. 정과 재는 성을 드러내는데, 도덕과 사회의 실천 과정에서 정과 재는 모두 능동적인 존재로 인간의 본성이 전면적으로 전개되도록 한다. 그는 정이 동이고 재는 힘임을 제기하였다. 다시 말하면 정은 감동하고 토로하는 것이고 재는 재질, 재능, 능력, 기력氣力이다. '재'는 우리가 사회에서 여러 가지 업적을 성취하게 하고 사람들이 완벽하게 실현해 내게 할 수 있다.

전지구화와 인터넷 전자문명의 배경 아래 사람은 어떻게 더욱 좋고 더욱 합리적이고 더욱 이상적으로 생활할 수 있을까? 인류, 여러 민족, 개체가 더욱 좋게 살아가려면 다시 인류의 여러 문명의 정신자원과 인생 지혜의 도움이 절실하다. 더 잘 살아간다는 것은 오로지 자신만 생각하고 타인과 자손 후대를 상관하지 않는 것이 아니다. 여기서 중국적인 지혜는 중시될 필요가 있다. 중국 고대 철학은 생활의 지혜이고 생명의 지혜이다. "천지의 큰 덕은 생이다."[27] "낳고 또 낳는 것을 『역』이라 이른다."[28] '생'은 생존일뿐더러 새로움의 창조이다. 이러한 것들은 전면적이고 건강한 인류, 민족과 개체를 실현하는 데 모두 도움이 된다.

---

27) 天地之大德曰生.
28) 生生之謂『易』.

넷째, 대대의 사람들이 생존하는 시간과 공간의 조화이다.

앞에서 이미 '천도', '천지', '군기', '인아', '신심' 등의 문제를 논의하였는데, 모두 인간 생존의 시간과 공간적 교차에 대하여 이미 언급하였다. 여기서 강조하고 싶은 것은 중국 고대 철학자들의 독특한 지혜는 인간의 생존을 사고함에 있어서 인류 각 민족 및 사업의 크고 오래갈 수 있음, 인간과 환경의 끝없이 유구함의 문제를 특히 중시하였다는 점이다.

『주역』「계사전」에서는 이렇게 말하였다.

> 『역』은 막히면 변하고 변하면 통하며 통하므로 오래간다.[29]

『역전』에서는 하늘의 도는 자연적으로 실현되는 것으로 쉽게 인식되고 땅의 도는 자연적으로 완성되는 것으로 쉽게 순종한다. 사람은 하늘과 땅 사이에서 생존한다. 인간은 천지의 도를 본받기 때문에 따르는 사람이 많고(친함이 있다) 사업에 성공한다(공이 있다). 친한 사람이 많으면 사업하는 시간이 길어지고 공적이 드러나면 이익을 얻는 사람의 공간이 넓어진다. 이것을 크고 오래갈 수 있음이라 이른다. 화하 문화와 문명이 바로 크고 오래갈 수 있음이다.

중국의 철학자들은 생존 문제를 논의함에 있어서 반드시 대대로 사람과 안식하는 광활한 천지의 끊임이 없음을 강조하였다. 『중용』에서는 '광박함(博)과 심후함(厚), 고대함(高)과 광명함(明)'에 대하여 논하였는데, 공간, 덕성이 있는 사람과 천지가 서로 투척하고 정합한다. 『중용』에서 말하는 낳고 낳음에 끊임이 없고(生生不息) 중간에 끊어짐이 없으며(不間斷) 장구하고 유구함 등은 시간을 가리킨다. 장구함이야말로 역사의 시련을 겪은, 장기간의 사회적 실천으로 검증된 것으로서 유원하여야만 비로소 광박하고 심후할 수 있고 비로소 고대하고 광명할

---

29) 『易』窮則變, 變則通, 通則久.

수 있다. 시간이 없으면 공간 또한 없고 거꾸로 놓아도 마찬가지이다. 양자는 서로 뒤섞여 있다. 유원하고 장구하기 때문에 만물을 성장시킬 수 있다. 오직 시간 속에서만 천, 지, 인, 물, 아가 비로소 점차적으로 실현될 수 있다. 인간의 세대 계승 및 자연 세계와 맞붙어 지내는 것도 무궁무진할 수 있다. 사람들은 반드시 장기적인 안목을 가져야지, 눈앞의 성공과 이익에 급급하여 미래의 자손 후대의 생존을 고려하지 않으면 안 된다. 속담에 이런 말이 있다. 사람이 멀리를 생각하지 않으면 반드시 가까운 근심이 있다.[30] 가까운 근심을 해결하여야 할 뿐만 아니라 더욱 깊게 멀리를 모색하여야 한다. 서양 사람들은 유구한 세계를 피안의 천국에 두었고, 중국 사람들은 유구한 세계가 바로 현실계에 존재하며 끊임없이 대대로 이어져 역사문화를 전승한다고 주장하였다. 때문에 『중용』에서 천지의 도는 광박함과 심후함, 고대함과 광명함, 유원함과 오래됨이 라고 하였다.

갑자기 예전에 사람들이 즐겨 걸어 두던 춘련春聯[31]이 생각난다. 위의 련은 "옛날부터 지금까지 신과 인간은 함께 나이를 먹고"이고, 아래 련은 "하늘과 땅처럼 영원하여 만물과 나에게 모두 봄의 생기가 넘쳐흐른다"[32]이었다. 이는 전통적인 중국 사람들의 신념이고 포부이며 매우 보편적인 것으로, 중국 사람들이 생존하고 있는 시공간이 조화로운 풍경으로 뒤섞여 있음을 아주 생동하게 나타내었다. 우리는 마땅히 중국의 큰 전통의 커다란 지혜로써 당대 경제전지구화의 여러 가지 문제의 도전에 반응하고 현재와 미래 사람들의 생존 깊이와 넓이 문제의 도전에 응답하여야 한다. 우리는 어떠한 자연과 사회의 환경, 정신과 물질적 유산을 자손들에게 물려주어야 하는가? 이는 우리가 반드시 해답하여야 하는 문제이다.

---

30) 人無遠慮, 必有近憂.
31) 역자주: 새해를 맞이하여 그믐날 밤에 빨간 종이에 대구를 적어 문이나 기둥 등에 붙이는 것
32) "古往今來, 神人共歲.", "天長地久, 物我同春."

3. 중용의 도

저명한 학자 전목 선생은 공자를 중국 역사에서 첫째가는 대성인이라고
하였다. 공자 이전에 중국의 역사문화는 이미 이천오백 년 이상의 축적이 있었고
공자에 의하여 집대성되었다. 공자 이후에 중국의 역사문화는 또다시 이천오백
년 이상의 발전이 있었고 공자가 새로운 실마리를 열었다.

공자는 '중용'을 지극히 높은 덕이라 주장하였는데 중국문화에서 중용의
도는 도대체 어떠한 기초가 있는가? 중용의 도는 절충주의, 교활주의(滑頭主義)가
아닌가? 중용의 도는 공자 이후에 또 어떠한 발전을 가져왔는가?

과거에 우리는 중용의 도를 논하면서 무척 보수적이고 공리적인 것으로
여겼고 매우 부정적으로 평가하였다. 사실상 중도의 사상, 중용의 사상은 세계
문화사적으로 공동한 수요가 있다. 고대 그리스의 아리스토텔레스에게도 중도의
사상이 있었음은 주지하는 바이다. 인도의 불교, 대승불교에도 중도의 사상이
있다. 여기서는 공자유가의 중용의 도에 대하여 논하도록 한다.

중용의 관점은 상고시대에서 기원한다. 『상서』의 「주서周書」를 보면, 주무왕
이 은殷나라의 유신遺臣 기자箕子에게 국정의 운영방침(國是)에 대하여 가르침을
청하자 기자가 아홉 가지 대법大法을 제기하였는데, 홍범구주가 바로 아홉 가지
큰 정치 전략이다. 그중에 중도의 사상이 들어 있는데 그것이 바로 황극중도이다.
정직을 주로 하고 강함과 유약함이 있으며 서로 조절하는 중정의 사상을 주장하고
"편벽되거나 기울어짐이 없어야 왕의 의를 따른다.…… 치우치거나 무리 지음이
없으면 왕도가 크게 이루어진다"[33]는 이러한 평범하고 중정한 중용의 도, 중정하
고 치우침이 없는 정치철학을 강조하였다. 이른바 '극'이란 바로 큰 방 중간의
대들보로서 방안에서 가장 높고 가장 가운데 위치하였으며 가장 바른 물건인데

---

33) 無偏無頗, 遵王之義……無偏無黨, 王道蕩蕩.

여기서 중정하고 똑바른 표준, 지극하게 중정한 도의 뜻이 파생되었다. 공자가 중용의 사상에 대하여 크게 밀고 나간 것이다.

20세기 60년대 말, 70년대 초에 저자는 시골로 하향하여 지식 청년으로 있으면서 이웃이 집을 짓는 것을 도와주면서 특히 대들보를 올릴 때의 상량식上梁式을 간절하게 기다렸다. 지금도 시골에는 이러한 풍속이 남아 있어 매우 시끌벅적하다. 그때 어느 집에서 대들보를 올리게 되면 우리는 큰 고깃덩어리를 먹을 수 있었고 술도 마실 수 있었다. 그때는 먹을 것이 모자라던 시대였으니 이런 기회는 매우 드물었다. 무엇 때문에 대들보를 올리는 일이 이렇게 중요한가? 무엇 때문에 매우 성대한 의식을 거행하는 것인가? 대들보는 방에서 가장 바르고 가장 가운데 위치하였으며 가장 크고 가장 중요한 물건이었기에, 사람들은 이 점을 매우 중요시하였고 신성함이 있었다. 앞에서 이야기하였듯이 이는 하나의 표준이고 표징이다.

헬리콥터에서 북경의 고성古城을 내려다보면 천단天壇에서 자금성紫禁城에 이르기까지 명십삼릉明十三陵은 모두 남북 방향의 중축선中軸線 상에 있는 주요한 건축이다. 자금성 내의 모든 건축뿐만 아니라 옛 북경성의 다른 건축들도 모두 이 중축선을 기준으로 대칭되고 균형을 이루게끔 지어졌다. 고대 중국에서 도시의 건축은 중용, 균형, 대칭되었는데 이는 건축의 미학이었고 도시기획의 미학이었다. 사실상 많은 이름 있는 도시(대표적인 것이 서안 고성이다.)들도 이러한데, 이는 하나의 안정된 구조로서 대칭되고 균형을 이루는 아름다움이 있다. 일부 고고학 자료에서도 볼 수 있는데, 요양遼陽의 요하遼河유역 일대에 지금으로부터 사오천 년 전의 고대 홍산紅山 문화유

북경성 남북 중축선

적지가 있는데 신석기시대의 문화유적지이다. 거기에도 하나의 중축선이 있었고 이 남북 방향의 중축선 위에 하늘에 제사 지내던 제사단祭祀壇의 유물이 있었는데, 후세의 북경 천단에 상당한 것이다. 집무실의 건축은 물론 매우 초라하였지만 고궁, 자금성에 상당하다. 고인들을 매장하는 곳도 있었는데 '적석총積石塚'이라 부르고 명나라 황실 능침陵寢에 상당하다. 홍산 문화유적지의 제사단, 궁실, 적석총 세 곳도 하나의 중축선 상에 있었고 대칭되고 균형을 이루게끔 지어졌다. 저명한 고고학자이자 역사학자인 소병기蘇秉琦 선생은 오늘의 화북, 내몽고, 요녕 일대의 홍산 문화유적지는 황제 부족이 생활하였던 지역일 수 있음을 제기하였다. 황제의 후예, 구석기, 신석기시대의 사람들의 우주에 대한 일부 견해가 천천히 오늘까지 전해진 것이다. 여항余杭에서 고고학자들은 지금으로부터 오천 년 전의 양저良渚 고성을 발굴하였는데 역시 이러한 구조배치였다.

중화민족이 이 세계에서 가장 좋은 물건은 반드시 매우 대칭되고 매우 중정한 것이라 여겼음을 알 수 있다. 이는 그들의 심미 관념이었고 세계, 우주에 대한 견해였으며, 이를 우주관이라 부른다. 중화민족은 하나의 주축, 대칭성과 균형성을 가지고 있는 이러한 구조는 가장 안정된 구조이고 또 가장 아름다운 구조라고 여겼다. 이것이 바로 이른바 중용이다.

공자는 중용에 대하여 이렇게 주장하였다.

중용의 덕은 지극하다. 사람이 이 덕을 결핍한 지 오래되었다.[34]

중용은 '지극한' 덕이고 도덕의 최고 표준으로서 도덕적인 영역에서 중정, 공정, 평정, 중화의 함의가 들어 있다. 이는 하나의 매우 높은 도덕수양의 경지로서 일반적인 사람들이 도달하기 매우 어렵다. 그렇다면 멀리서 바라볼 수 있을

---

34) 『논어』, 「옹야」, "中庸之爲德也, 其至矣乎! 民鮮久矣."

뿐 가까이할 수가 없는 것인가? 아래에서 논의하겠지만, 중용은 매우 높은 표준이 긴 하지만 도달할 수 없는, 너무 높아서 오를 수 없는 표준 혹은 경지는 아니다. 이는 중용의 첫 번째 의미이다. 중용의 두 번째 의미는 하나의 방법을 가리키는데 사실 우리 모두에게 이러한 지혜와 방법이 있다. 중용의 '중'은 바로 중정의 중으로서 어느 한편에 치우치지도 않고(不偏) 어느 무엇에 기대지도 않으며(不倚, 편파적이지 않고 편을 듦도 없다.) 과함도 없고 불급도 없음(지나치지도 않고 도달하지 못함도 없다.)을 가리킨다.

중용의 '용'은 무슨 의미인가? 문자학적으로 말하면 중용의 '용'에는 세 가지 뜻이 있다. 첫 번째 뜻은 평상不常의 의미로서 '용'이란 항상(常)이다. 바로 매우 평범하고 매우 일반적이며 우리의 평범한 생활에서 매우 자주 보는 물건이며 평정심으로서 일부러 어떤 일을 하는 것이 아니다. 두 번째 뜻은 '용'이란 변하지 않음(不易)으로서 '용'은 하나의 원칙, 쉽게 변화하지 않는 하나의 원칙이다. 세 번째 뜻은 '용'이라는 글자의 아래 부분인 '용用'으로서 중용을 전도시켜 '용중用中' 이라 할 수 있는데 바로 중도의 방법을 사용한다는 것이다. 요컨대 '용'에는 세 가지 뜻이 있는데 글자의 뜻으로 말하면 '용'은 평상으로서 평범함이고 '용'은 변하지 않음으로서 상도常道이며 '용'은 쓰임으로서 중도를 사용함이다.

한번은 자공35)이 선생인 공자에게 물었다. "사와 상36) 가운데 누가 더 현명합니까?" 다시 말하면 성정 면에서 자장과 자하 중에서 누가 더 나은지 물었다.

---

35) 역자주: 자공(BC 520~?). 성은 端木, 이름은 賜, 자는 子貢이며 衛賜라고 부르기도 한다. 춘추 말기 衛나라 사람이고 공자의 이름 있는 제자이다. '공자 문하 십철 중의 한 사람으로서 언어에 정통하였다. 자공은 공자 문하의 매우 우수한 제자로서 재부를 잘 늘렸는데 '貨殖'이 라 불렸다. 그는 매매의 시세를 매우 잘 예측하여 매번 적중하였으며 매점매석에 능숙하였 다. 만약 오늘날이었다면 자공은 분명 주식고수였을 것이다. 공자는 만년에 자공의 지원으로 생활하였다.

36) 역자주: 사는 顓孫師를 가리키는데 자는 子張(BC 503~?)이고 춘추 말기 陳나라 사람이다. 상은 卜商을 가리키는데 자는 子夏(BC 507~?)이고 춘추 말기 衛나라 사람이다. "공자 문하 십철" 중의 한 사람으로서 고문헌에 정통하였다.

공자가 답하였다. "사는 지나치고 상은 미치지 못한다." 자장은 가끔 조금 지나치고 자하는 가끔 부족하고 미치지 못하여 이 표준에 도달하지 못한다는 것이다. 하나는 성정이 조금 나대고 과격하고 격렬하고, 하나는 성정이 조금 느리고 부족하고 도달하지 못하였다. 그래서 자공이 이렇게 물었다. "그렇다면 사가 더 낫습니까?" 그렇다면 자장이 조금 지나치니 더 나은 것인지 물었다. 공자가 이렇게 답하였다. "지나침은 미치지 못함과 같다."[37] 지나친 것이 미치지 못함과 마찬가지로 모두 좋지 않고 모두 중정의 표준에 도달하지 못하였다는 것이다.

공자는 또 사람의 천성과 장식, 내용과 형식의 관계에 대해 이렇게 주장하였다.

> 바탕이 형식을 압도하면 거칠고 형식이 바탕을 압도하면 겉만 번드르르하다.
> 형식과 바탕이 어울려야 군자이다.[38]

형식과 바탕은 서로 어울리고 합당하여야 하며 형식과 내용은 서로 상응하고 정합하여야 비교적 좋은 것이다. 공자는 「관저關雎」편의 시를 이렇게 평가하였다.

> 즐거움에 지나침이 없고 슬픔에 상처가 없다.[39]

즐거울 때에 너무 떠돌아다님에 이르지 않고 슬플 때에도 지나치게 비통해하지 않으며 중도를 유지한다는 것이다. 공자의 평가는 언어가 매우 간결하다. 즐거움에 지나침이 없고 슬픔에 상처가 없음은 감정 표현에서의 중용의 도가 바로 이러한 것이다. 공자의 제자는 공자의 성격이 "온화하면서도 엄숙하고 위엄 있으면서도 사납지 않고 공손하면서도 평안하였다"[40]고 하였다. 그는

---

37) 『논어』, 「선진」, "師與商也孰賢?", "師也過, 商也不及.", "然則師愈與?", "過猶不及."
38) 『논어』, 「옹야」, "質勝文則野, 文勝質則史. 文質彬彬, 然後君子."
39) 『논어』, 「팔일」, "樂而不淫, 哀而不傷."
40) 『논어』, 「술이」, "溫而厲, 威而不猛, 恭而安."

위엄적인 면도 있었고 또 매우 자상하였기에 "온화하면서도 엄숙하다"고 하였고, "위엄 있으면서도 사납지 않다"고 한 것은 위엄이 있지만 지나치지 않았기 때문이며, "공손하면서도 평안하였다"는 공손하면서도 매우 침착하였고 엄숙하고 신중하면서도 매우 태연하였다는 것이다. 공자는 또 "태연하나 교만하지 않고" "욕망을 지니되 탐하지 않을 것"[41]을 제창하였다. 편안하나 교만하지 않고 욕망이 있지만 재물을 탐하지 않는 것이다. 이는 모두 성정, 처사의 미덕과 문학적인 표달 등 면에 관한 공자 중용의 도이다.

공자는 지나친 것과 미치지 못하는 것 모두 취할 수 없다고 여겼다. 예를 들어 사람의 도는 비현실적인 이상만을 추구하여도 안 되고 자포자기해도 안 되며 이상을 추구하여야 할 뿐만 아니라 반드시 현실을 직시하여야 한다는 것이다. 공자가 주장하는 중용의 도는 바로 철학에서 말하는 '도度'이다. 그렇다면 이 분수를 도대체 어떻게 파악하여야 하는가?

중용의 도는 원칙이 필요 없는 것인가? 교활주의가 아닌가? 무골호인이 아닌가? 모든 사람의 비위를 맞추는 것이 아닌가? 어떤 사람은 공자가 향원鄉愿을 주장하였다고 말하는데 이는 그야말로 알지도 못하면서 함부로 말한 것이다. 유가는 원칙성을 매우 따진다. 도가 없는 사람이 그더러 관리가 되어 국정을 다스려 달라고 청하면 그는 나가지 않았다. 그에게 원칙이 있고 입장이 있기 때문이다. 맹자는 불소지신不召之臣을 논하였는데 어떤 정치가가 그를 등용하려고 하면 바로 가서 복무하는 것이 아니었다. 따라서 중용의 도는 향원이 아니고 '교활주의'도 아니다. 공자는 이렇게 말하였다.

향원은 도덕의 적이다.[42]

---

41) 『논어』, 「자로」, "泰而不驕.", "欲而不貪."
42) 『논어』, 「양화」, "鄉愿, 德之賊也."

'중中'은 '중도', 지나침도 없고 모자람도 없는 것을 가리킨다. '화和'와 조금 같지 않음이 있다. '화'는 서로 다른 인재, 의견, 목소리를 받아들이고 일종의 생태적인 관계를 유지할 것을 강조하지만 '중'은 일을 처리함에 있어서 장악해야 할 '절제'(節)와 '정도'(度)를 가리킨다. '중용'은 다만 평상의 도리로서 평상에서 '도'를 보는 것이다. '상중尚中', '집중執中'의 관리전략은 '지나침'과 '모자람'의 두 극단에 대하여 동적인 통일을 지키는 것인데 여러 가지 힘과 이익을 뒤섞어 조절하고 서로 보충하여 크기, 강약, 주소周疏, 질서疾徐, 높고 낮음, 지속遲速, 동정 사이에서 유연성을 유지함으로써 일종의 리듬감을 나타내는데 실로 출중한 하나의 관리미학이다. 피아노 연주자가 음악을 연주하고 대지휘자가 교향악의 연주를 지휘하는 것 같은 느낌이 다분하다.

이는 바로 '중'은 결코 언제나 고정된 것 아니고 경직된 원칙이 아님을 말하는 것이다. '중'은 대립하는 양 극단과 같은 거리에 있는 중간점에 처해 있는 것이 아니고 언제나 어느 한 점에 있는 것도 아니며 구체적인 상황, 구체적인 조건의 변화에 따라 변화하는 것이다. 중국의 변증법은 대립하고 모순되는 양쪽 사이에 고정불변하고 절대 뛰어넘을 수 없는 계선이 있음을 승인하지 않는다. 만약 이러한 계선이 있다면 계선은 상대적이고 동적인 것이다.

『예기』「중용」의 기록에 근거하면 공자는 이렇게 말하였다.

군자는 중용을 하고 소인은 중용에 반대로 한다. 군자가 중용을 하는 것은 군자이면서 때에 맞게 하기 때문이고 소인이 중용에 반대로 하는 것은 소인이면 서 기탄이 없기 때문이다.[43]

여기에는 '시중時中'의 뜻도 있는데 여기서 '시'는 '시간'의 '시'이고 '중'은 '중간'의 '중'이다. '시중'은 시간에 따라 절제하고 중도에 부합하는 것을 가리킨다.

---

43) 君子中庸, 小人反中庸. 君子之中庸也, 君子而時中; 小人之反中庸也, 小人而無忌憚也.

유가에서 말하는 '시기에 맞게 새것으로 바꾸다'(趣時更新)는 바로 시세의 변화에 근거하여 관례를 어느 정도 타파하고 적절한 조치를 취하는 것이다. 이는 시기와 더불어 이동하고 시기와 더불어 함께 가는 것이다. 공자는 예, 악 이러한 방식, 규범, 원칙, 표준은 모두 조절할 수 있는 것이고 마땅히 시대의 요구에 서로 부합하여야 하는 것이라 주장하였다. 공자는 "예로 서는 것"(立於禮)을 논하였지만 기계적이고 엄격하게 표준에 부합되어야 하는 것이 아니고 교조적인 것이 아니다. 그는 '권權'의 개념을 제기하였는데 '권'이 바로 저울추이다. 우리는 대저울을 사용할 때 저울추를 움직여 균형을 유지하는데 이것이 바로 중용이다. 통권달변通權達變은 유가 중용의 사상이고 오늘날 우리가 말하는 동적인 균형이고 통일이다.

공자의 문하에는 유자有子[44]라는 제자가 있었는데, 그는 일찍이 "예의 운용은 화평이 중요하다"[45] 등의 관점을 제기하였다. 이는 일정한 규칙, 제도로써 사람들의 행위를 절제하고 여러 가지 모순을 조화하고 사람들의 관계를 조절함으로써 사람들의 일을 아주 적절하게 처리함을 가리킨다. 이는 예악제도의 긍정적인 가치이다. 예는 사회를 질서 있게 하고 악은 사회를 조화롭게 한다. 예악교화의 인문정신은 사람과 사람, 민족과 민족, 문화와 문화가 서로 이어지고 함께 지내는 정신, '인문으로써 천하로 되는' 정신, '천하가 한 집안이 되는'(天下一家) 정신이다. "예의 운용은 화평이 중요하다"는 것은 천하가 화합하고 민족이 공존하고 문화를 교류함으로써 융합하여 통일된 중화민족, 중화문화의 기초를 형성한다는 것이다.

공자는 또 이렇게 제기하였다.

일의 양단을 타진한 다음 최선을 다해 알려 줄 뿐이다.[46]

---

44) 역자주: 유자(BC 508 혹은 518~?), 이름은 若이고 자는 子若이다. 『논어』에서는 '자'라고 불렸는데 공자의 문하에서 유자의 지위가 높았음을 충분히 나타낸다.
45) 『논어』, 「학이」, "禮之用, 和爲貴."
46) 『논어』, 「자한」, "叩其兩端而竭焉."

이는 무엇을 말하는 것인가. 만약 누가 그에게 한 가지 문제를 질문하면 공자는 반드시 바로 대답하는 것이 아니었다. 하지만 공자의 방법은 제기한 문제의 양쪽으로부터 천천히 그를 계발한 뒤에 대방의 문제를 천천히 해답하는 것이다. "일의 양단을 타진한 다음 최선을 다해 알려 줄 뿐이다"는 조금씩 조금씩 묻고 양단으로부터 묻는 것이다. 우리는 일을 처리할 때 정과 부, 빠른 것과 더딘 것, 많은 것과 적은 것, 높은 것과 낮은 것, 음과 양, 많고 많은 두 가지 측면, 두 가지 힘 사이에서 어떻게 서로 질문하고 서로 사고함으로써 일종의 균형 상태에 도달하는 것인가? 공자는 또 "양단을 잡고 그 중을 백성에게 쓸 것"⁴⁷⁾을 제창하였다. 두 개의 극단 사이에서 동적인 통일과 균형의 계기를 찾아 구체적으로 분석하고 융통성 있게 처리하고 변증법적으로 종합하는 것이다.

이것이 바로 이른바 "양쪽을 잡아 중을 쓰는"(執兩用中) 방법론이다. '집'은 바로 파악하는 것이고 '양'은 바로 통일체에서 대립하고 모순되는 두 가지 측면이고 두 가지 운동에너지 혹은 위치에너지이다. 이러한 방법론은 사물에서 서로 대립되는 측면 혹은 힘을 파악하고 지나침도 모자람도 없는 중도의 원칙을 사용하여 일을 처리하여야 함을 주장한다. 맹자는 "중간을 잡는 것"(執中)을 강조하였는데 바로 중화, 중용의 원칙을 견지하는 것이다. 맹자는 '중간을 잡는 것'은 또 반드시 '저울추가 변하는 것'(權變)과 서로 결합하여야 한다고 여겼다. "중간을 잡고 저울질함이 없는 것은 한쪽을 잡는 것과 같다. 한쪽을 잡는 것을 미워하는 것은 도를 해치기 때문이니 하나를 들고 백 가지를 폐하는 것이다."⁴⁸⁾ 여기서 '중'은 원칙성을 가리키고 '권'은 융통성을 가리킨다. 맹자는 공자의 사상을 발전시켜 중도에 만약 융통성이 없다면 변통의 방법을 모르는 것이고 바로 고집스럽게 한쪽을 잡는 것이라고 주장했다. 무엇 때문에 사람들은 한쪽을 잡는 것을 미워하는 것인가? 바로 천지 사이의 전반적인 조화와 인사人事 사이의

---

47) 執其兩端, 用其中於民.
48) 『맹자』, 「진심상」, "執中無權, 猶執一也. 所惡知一者, 爲其賊道也, 擧一而廢百也."

인, 의, 예, 악의 종합적인 큰 도를 해치고 하나의 편면만을 보고 나머지 많은 측면을 폐기한 것이기 때문이다.

공자가 말하는 중용의 도는 지나침과 모자람을 반대하지만 '얼버무림'이 아니고 원칙을 논하지 않는 절충주의와 같지 않다. 공자 이후 그의 손자인 자사子思49)가 중용의 도의 정수를 계승하였고 집대성하여 『중용』을 지었고 이는 후세에 사서의 하나로 되었다. 1993년 10월, 호북湖北 형문荊門의 곽점郭店에서 한 무더기의 죽간을 발견하였는데 그 중에 『노목공문자사魯穆公問子思』라는 문장이 있었다. 노나라 목공이 물었다. "어떻게 하면 충신이라 할 수 있겠는가?" 자사가 노나라 목공의 질문에 대답하였다. "언제나 군주의 악행을 말하는 사람을 충신이라 할 수 있습니다."50) 자사가 비록 중용의 도를 강조하였지만 결코 원칙을 논하지 않는 것이 아니었음을 볼 수 있다. 무엇을 충성이라 하는가? 절개가 있고 원칙이 있으며 군주를 비판할 수 있는 사람, 이러한 사람이 바로 충성하는 것이다. 때문에 자사는 기개가 있는 사람이었고 생각해 보면 자사가 지은 『중용』도 여전히 그의 풍격을 보존하고 있었기에 '중용'은 절대 교활주의와 같은 것이 아니었다.

『중용』은 대개 전국 말기에 형성된 것으로, 주요한 사상은 자사에서 비롯하였다. 당나라 때 이고李翱의 추앙을 크게 받았고 송나라 때 이정二程 형제 또한 그러하였으며 『중용』이 공자 문하의 심법心法을 전수한 것이라 여겼다. 후에 주자는 『중용』에 장구를 지었고 또한 끊임없이 수정하였다. 몽고 사람들이 중원의 통치자가 된 후 원인종元仁宗은 주자의 『사서장구집주四書章句集注』를 과거

---

49) 역자주: 자사(BC 483~402). 성은 孔이고 이름은 伋이며 춘추전국시기의 저명한 사상가이다. 자사가 지은 「중용」은 『예기』에 보존되어 왔다. 『예기』의 「表記」, 「坊記」, 「緇衣」 등의 여러 편의 문장도 모두 자사가 지은 것이라고 전해지고 있다. 호북 형문의 곽점죽간에 나오는 『魯穆公問子思』는 마침 역사문헌에 기록된 자사와 맞아떨어졌다. 노목공 시대는 바로 자사의 시대였고 자사는 분명 증자에게서 배웠으며 확실히 노목공을 보좌하였다.

50) "何如而可謂忠臣?", "恒稱其君之惡者, 可謂忠臣也."

시험의 주요 내용으로 흠정欽定하였고 이때로부터 천하에 널리 퍼짐으로써 동아시아 전반에 영향을 주었다.

주지하다시피 『중용』의 첫머리에 책의 요지를 밝히는 세 마디 말이 있다. "하늘이 명한 것을 성이라, 이르고 성을 따름을 도라 이르며, 도를 닦음을 교라 이른다."51) 여기서는 성, 도, 교의 삼자 사이의 관계를 말하고 있다. 성은 바로 인간의 본성인데 『중용』에서는 하늘에서 부여받은 것이지만 가끔 인간의 본성이 가려지기 때문에 사람들이 오히려 인간의 가장 근본적인 특성이고 인간의 내재적인 본질이 무엇인지 알지 못함을 말하였다. 유가, 공자, 자사는 사람들에게 무엇이 인간의 근본적인 특성인지를 알려 주는 것이다. 사람과 금수의 차별은 무엇인가? 훗날 자사학파의 후배 학자인 맹자는 이렇게 말하였다.

> 사람이 금수와 다른 것이 얼마 안 되니 백성들은 이것을 버리고 군자는 이것을 보존한다.52)

군자가 군자인 까닭은 무엇을 보존하였기 때문인가? 바로 사람이 사람인 도를 보존한 것이다. 사람과 금수의 차이는 사실상 이렇게 아주 조금의 차이이다. 일반적인 사람들은 이 차별을 버리고 군자는 이 차별을 보존한다. 유가, 공자, 맹자, 특히 맹자는 성선설을 주장하였고 『시경』「증민」편을 발휘함으로써 인간의 본질, 특성은 선량한 것이고 도덕적인 것이라 여겼다.

어떤 사람은 선하지 못한 것들에 대하여 물을 수 있다. 현실 사회에서 사람들의 선하지 못함은 매우 많고 온갖 나쁜 짓을 일삼는데 어떻게 해석할 것인가? 사실상 '선'은 『중용』에서 인간의 천성, 인간의 본성에 대하여 규정한 것이다. 사실적인 경험에서 인간이 어떠한지는 결코 인간이 본질적으로 어떠하여야

---

51) 天命之謂性, 率性之謂道, 修道之謂敎.
52) 『맹자』, 「이루하」, "人之所以異於禽獸者幾希, 庶民去之, 君子存之."

하는지를 반박할 수 없다. 인간의 본성은 선한 것이지만 사회생활 속에서 본성과 양심이 짓밟힘으로써 불선해지고 심지어 악하게 되는 것이다. 바로 인간의 여러 가지 추악한 현상, 살인이 도시와 들판에 넘치는 이러한 사실에 직면하여 유가의 맹자는 비로소 인간의 내재적인 미덕, 양지와 양능을 힘써 계발하고 특히 선한 본성을 내세움으로써 인간의 본성에서 가장 아름다운 것으로써 확충해 가고자 하였다. 우리는 인간의 본성에서 가장 아름다운 것을 확충하고 발전시켜야 한다. 이것을 하늘이 명한 것을 성이라 이름한다(天命之謂性)고 한다. 하늘이 우리 인간에게 부여한 본성은 선량한 것이고 우리는 그것을 개발해 내야 한다. 만물은 천도를 기초로 하고 사람도 천도를 자신의 본성으로 한다. 성을 따른 것을 도라 이름(率性之謂道)에서 성을 따르는 것은 바로 성을 따라 행하는 것인데 이것이 바로 도이다. 도는 바로 하나의 과정이고 이는 인간의 도의 과정을 가리키는데 이것을 따라 행하는 것이 바로 도이다. 우리는 부모님에게 아주 자연스럽게 효심을 나타내는데 이는 우리가 성을 따라 행하는 것이다. 도를 닦음을 교라 이름(修道之謂敎)은 우리가 인간의 도를 수양하고 배우는 것이 바로 교육을 받는 것으로, 고대의 교육은 주요하게 인문적인 교육이었고 사람들이 이러한 인간의 도를 알게 하였다. 사람들이 어떻게 도를 밝히고 어떻게 도를 알 것인지는 교육을 필요로 하는 것이었다. 교화의 작용을 통하여 일반적인 사람은 비로소 본래 가지고 있던 선한 본성을 발휘하고 실현할 수 있다. 때문에 『중용』의 첫머리에서 논한 세 마디의 말은 성, 도, 교의 삼자 사이의 관계를 논한 것이다.

"하늘이 명한 것을 성이라 이르고 성을 따름을 도라 이르며 도를 닦음을 교라 이른다"는 간결하지만 의미심장하게 중용의 도라는 주제사상의 핵심이 자아교육임을 밝혔다. 자아교육을 인간의 일생 속에 관통시키려면 내재적인 자아단속, 자아감독의 정신이 필요하다. 자아교육, 자아단속, 자아감독의 목표와 의의는 무엇인가?

그리고 『중용』에서는 감정의 토로를 논하였다. 매 사람에게는 모두 희, 노, 애, 락, 애, 오, 욕의 일곱 가지 감정이 있고 또 도덕적인 감정이 있으며 측은지심이 있다. 측은惻隱은 동정과 연민의 마음이고 사람에게 가장 소중한 감정이다. 또 수오지심이 있는데 이 또한 인간에게 가장 소중한 감정으로 수치스러움을 알고 선을 좋아하고 악을 싫어하는 것이다. 희, 노, 애, 락의 미발未發 상태는 희, 노, 애, 락 이러한 감정을 토로하지 않았을 때이고 평온한 상황에 속하며 '중中'이라 한다. 희, 노, 애, 락 이러한 감정이 토로되면 그때 당시의 일정한 시공간의 조건 하에서의 윤리, 사회규범의 요구에 부합하여야 하는데 '발하여 모두 절도에 맞는 것'(發而皆中節)을 '화和'라 한다. '중절'에서의 '중'은 동사로서 성조는 네 번째이다. "중이라는 것은 천하의 큰 근본이고 화라는 것은 천하의 공통된 도이다."[53] 감정이 발하기 전에는 마음이 적연부동하여 지나침과 모자람의 병폐가 없는데 이러한 상태를 '중'이라 한다. 만약 감정을 토로함이 도에 맞고 적절하여 편벽됨이 없고 자연스러운 것을 '화'라 한다. '중'은 천하사물의 큰 근본이고 '화'는 천하에서 통용될 수 있는 것이고 '달도達道' 라 부른다. 군자의 성찰공부가 완벽하여 '중화'의 경지에 도달하게 되면 천지는 제자리를 편안히 하고 끊임없이 운행되어 만물이 각자 자신의 본성을 이룸으로써 끊임없이 생겨난다.

중화전

고궁에 태화전太和殿, 중화전中和殿, 보화전保和殿이 있음은 우리가 익숙히 알고 있는 사실이다. 여기서 '중화'의 두 글자는 『중용』에서 온 것으로서 중정, 평화의 경지를 추

---

53) 中也者, 天下之大本也, 和也者, 天下之達道也.

구한다. 유가에서는 오륜을 논하는데 오륜도 오달도五達道 즉, 군신, 부자, 붕우, 부부, 형제 등등의 관계이다. 사람들은 이러한 다섯 가지 인륜의 관계를 통하여 사람의 도를 학습하였다. 지금 군신의 관계는 없어졌지만 상, 하급의 관계가 있다. 『중용』은 공자의 말을 빌려 오륜이 오달도 즉 사람들이 모두 걸어야 할 길이고, 지혜, 인애, 용감함을 삼달도三達道라 하여 다섯 가지 길을 실천하는 세 가지 방법임을 제기하였다.

> 천하의 달도가 다섯인데 이것을 행하는 것은 셋이다. 군신 사이와 부자 사이, 부부 사이와 형제 사이, 친구 사이의 사귐, 이 다섯 가지는 천하의 달도이다. 지, 인, 용, 이 세 가지는 천하의 달도이니 이것을 행하는 것은 하나이다.[54]

여기서 '하나'(一)는 '성誠'을 가리키는데 바로 성실, 지성에 있다는 것이다. 또 공자의 말을 인용하였다.

> 학문을 좋아함은 지에 가깝고 힘써 행함은 인에 가까우며 부끄러움을 아는 것은 용에 가깝다.[55]

배우기를 좋아하는 것은 '지'덕에 접근하는 것이고 실천하려고 노력하는 것은 '인'덕에 가까운 것이며 수치스러움을 아는 것은 '용'덕에 가까운 것이다. "학문을 좋아함은 지에 가깝고 힘써 행함은 인에 가까우며 부끄러움을 아는 것은 용에 가깝다. 이 세 가지를 알면 몸을 닦는 바를 아는 것이고 몸을 닦는 바를 알면 남을 다스리는 바를 아는 것이며 남을 다스리는 바를 알면 천하와 나라, 집안을 다스리는 바를 아는 것이다."[56] 여기서 근본은 자신의 몸을 닦는

---

54) 『중용』 20장, "天下之達道五, 所以行之者三. 曰: 君臣也, 父子也, 夫婦也, 昆弟也, 朋友之交也, 五者天下之達道也. 知(智), 仁, 勇三者, 天下之達德也, 所以行之者一也."
55) 好學近乎智, 力行近乎仁, 知恥近乎勇.

것이다. 자신의 몸을 잘 닦아야 남을 더 잘 관리할 수 있고 나라를 더 잘 다스리고 천하를 더 고르게 할 수 있다. 이는 『대학』의 주장과 일치한 것이다. 이 때문에 일본의 혼다 기업은 바로 "지, 인, 용"을 기업의 정신이자 이념으로 하였다.

『중용』의 경지는 우리가 자신을 성취할뿐더러(成己'라 부른다.) 남을 성취하고 만물을 성취할 것을('成物'이라 부른다.) 요구한다. 주관과 객관을 결합시켜야 하는데 '내외의 도를 합한다'(合內外之道)고 부른다. 우리는 자신을 실현하여야 할 뿐만 아니라 남을 실현하여야 하고, 자신을 성취하여야 할 뿐만 아니라 남을 성취하여 야 한다. 우리는 남을 성취하는 과정에서 자신을 성취한다. 우리는 자신을 사랑할 뿐더러 남도 사랑한다. 우리는 남을 사랑하는 과정에서 자신을 사랑하는 법을 배우고 자신을 사랑하는 과정에서 남을 사랑하는 법을 배운다. 우리는 남을 성취하고 천하의 사물을 성취한다. 이는 우리가 자기 개체의 생명, 물질적인 욕망에서 해탈하여 만물이 각자 자신의 자리에 편안하고 각자 자신의 본성을 이루게 할 것을 요구한다. 이렇게 하여야만 우리는 자신의 경지를 끌어올릴 수 있다.

『중용』에서는 평범함과 위대함의 통일을 논하였다. 사람은 원대한 목표가 있어야 하지만 또한 실제에 입각하여 세속의 생활세계를 떠나지 말고 평범한 일상생활에서 진, 선, 미가 하나로 합쳐지는 경지를 추구하고 숭고한 이상을 실현하여야 한다. 우리는 출가하여 스님이 될 필요가 없고 가정의 생활을 떠날 필요가 없지만, 효도를 다하여야 하고 아이를 키워야 하며 가정의 책임과 의무를 짊어져야 한다. 우리는 평범한 일터를 떠날 필요도 없고 일상의 사소한 일들을 떠날 필요가 없지만, 사회의 책임을 다하여야 하고 일정한 자리에서 자신의 책임과 의무를 다하여야 한다. 사람은 언제나 가정과 사회에서 생활하지만 바로 세속의 생활 속에서 높고 밝은 경지를 추구할 수 있다. 풍우란 선생은

---

56) 『중용』 20장, "好學近乎智, 力行近乎仁, 知恥近乎勇. 知斯三者, 則知所以修身; 知所以修身, 則知所以治人; 知所以治人, 則知所以治天下國家矣."

생전에 북경대 캠퍼스 연원燕園 남쪽에 거주하고 계셨는데 뜰 안에 세 그루의 소나무가 자라고 있었기에 선생의 가택을 '삼송당三松堂'이라 불렀다. 풍우란 선생은 스스로 당련堂聯을 이렇게 지었다. "구방을 밝혀 신명을 돕고 고명을 다하고 중용을 따른다."[57] 앞 구절은 우리가 고대의 경전을 해석하고 고대의 우량한 전통을 발전시키는 것은 현대화의 생활을 돕고 중화민족이 새로운 역사적 사명을 실현하는 것을 돕기 위한 것임을 나타내었다. 뒤 구절은 바로 『중용』의 원문을 그대로 인용하여 고명한 경지는 세속의 생활을 떠날 수 없고 숭고한 이상은 바로 세속의 생활 속에서 실현되는 것임을 말하였다.

이는 중국에서 이름 있는 모범 간부이자 공자의 제74대손인 공번삼孔繁森을 떠오르게 한다. 그는 바로 '성기成己', '성물成物', '성인成人'의 정신을 갖춘 사람이다. 그는 서장西藏의 아리阿里에서 장족藏族 동포들과 함께 생활하면서 남을 관심하고 남을 성취하는 과정에서 자신을 성취하였다. 그의 인덕, 지혜, 용감함의 삼달도는 지극한 정도로 발휘되었다. 이 또한 평범함과 위대함의 통일이다. 『중용』에서는 "군자는 덕성을 높이고 문학을 말미암으니 광대함을 지극히 하고 정미함을 다하며 고명을 다하고 중용을 따른다"[58]고 하였는데 바로 우리가 하늘이 부여한 우리의 선량한 본성을 보호해야 할 뿐만 아니라 후천적인 학습, 수양도 중시함으로써 원대한 목표, 고원한 경지가 있어야 할뿐더러 실제에 입각하여야 함을 강조하였다. 우리는 사람의 자녀이고 사람의 부모로서 가정의 책임을 다하여야 한다. 또한 우리는 사회의 일원으로서 사회의 책임도 다하여야 하며 세속의 생활 속에서 진, 선, 미가 하나로 합쳐지는 목표를 추구하여야 한다.

세속의 생활 속에 숭고한 이상이 있는데 공번삼과 같은 사람이 바로 고명을 다하고 중용을 따른 것이다.

---

57) 闡舊邦以輔新命, 極高明而道中庸.
58) 君子尊德性而道問學, 致廣大而盡精微, 極高明而道中庸.

공번삼은 지극한 인, 지극한 선, 지극한 성의 덕목을 구비하였는데, 사람들은 이러한 덕목을 구비하여야만 비로소 중용의 도에 도달할 수 있다. 그렇다면 중용의 덕목이 현대에서의 의의는 도대체 무엇인가? 우리에게 또 어떠한 구체적인 도움이 있는가?

유가사상에서 '화'를 논하는데, 우리가 오늘날 강조하는 조화로운 사회는 유가에서 비롯하였다. 유가는 사회의 조화를 논할 뿐만 아니라 인간과 자연의 조화와 균형, 인간과 인간 사이의 조화와 균형, 인간과 자기 마음의 조화와 균형 즉 몸과 마음, 우리의 몸과 마음의 일종의 내재적인 균형과 조화도 강조하였다. 공자는 "화합을 추구하고 뇌동하지 않음"(和而不同)을 강조하였는데 '화'는 같음도 아니고 같지 않음도 아니다. '화'는 다양한 통일로서 국을 끓이는 것과 마찬가지로 기름, 소금, 간장, 식초 등 여러 가지 맛이 한데 융합된 것이다. 인류사회 내지는 기관, 학교, 회사, 기업, 매체 등 하나하나의 기관, 단체의 여러 가지 목소리는 모두 발표할 수 있는 권리가 있고 모두 귀를 기울여야 하며 모두 중시하여야 한다. 여러 부동한 성격의 인재를 모두 영입하고 중용하여야 한다.

중국철학의 천, 지, 인, 물, 아 사이의 관계에 대한 '화해'和諧'사상, '관용'사상은 인류 자연환경의 생태적인 균형과 인문환경의 생태적인 균형을 위하여 예지를 제공할 뿐만 아니라, 현대의 사회 관리와 기업 관리의 중요한 사상자원이다. 현대적인 관리는 인간과 자연, 인간과 사회, 인간과 인간, 인간과 사물, 인간과 내재적인 자아 사이의 조화로운 관계를 강조하고, 일종의 우주는 일체이고 보편적으로 조화로운 전체적인 관념을 강조한다. 맹자는 이렇게 말하였다.

친척을 친하게 하고서 백성을 인하게 하고 백성을 인하게 하고서 물건을 사랑한다.59)

장재는 이렇게 말하였다.

백성은 나의 동포이고 만물은 나와 함께 있다.[60]

왕양명은 이렇게 말하였다.

인이라는 것은 천지만물을 자기와 일체로 삼는다.[61]

유가 관념 속의 우주, 가족 사상 및 자기를 미루어 남에게 미치고(推己及人) 백성을 인하게 하고 물건을 사랑하는(仁民愛物) 의식은 미래의 세계에서 갈수록 중대한 영향을 끼치고 기업 사이와 기업 내부의 인간관계의 처리 내지는 기업 수익의 창출에 중대한 의의가 있을 것이다.

'중'은 천하에서 가장 중대한 근본이고 '화'는 천하에서 통행하는 길이다. '중화'의 원리를 최대한으로 발휘하면 천지는 청정하고 만물의 생장은 무성해진다. 여기서 '화' 혹은 '중화'는 인생의 실천에서 도달할 수 있는 최고 경지이고 실천을 통하여 현실과 이상의 통일을 추구하여야 한다는 의미를 가지고 있다.

중국의 철학자들을 전반적인 조화와 물·아가 서로 통합을 강조하였다. 그들은 자연을 하나의 조화로운 체계로 간주하였고 사회의 조화와 안정, 민족과 문화 사이의 공존과 존중, 인간관계의 조화와 질서를 추구하였을 뿐만 아니라 천, 지, 인, 물, 아 사이의 조화로운 관계를 추구하였다. 유가, 불교, 도가의 여러 학설은 모두 자연과 인문의 화합, 사람과 천지만물의 화합을 추구하여야 함을 표현하였다.

---

59) 親親而仁民, 仁民而愛物.
60) 民吾同胞, 物吾與也.
61) 仁者以天地萬物爲一體.

중국철학에서는 편반偏反을 논하고 대립을 논하였지만 편반과 대립을 단지 변증운동의 긴 사슬에서의 과도 부분으로 간주하였다. 비교하여 말하면 '중화', '중용' 및 '양단이 일치로 귀결되는 것'(兩端歸於一致)을 더 좋아하였다. '중화'와 '중용'은 모순, 편반, 대립을 부정하는 것이 아니라 모순, 편반, 대립을 인정하는 기초 위에서 극단으로 달리지 않고 일종의 동적인 균형을 얻음으로써 신축성을 유지하고 일종의 전반적인 조화를 추구하고 원칙성과 융통성을 통일시키는 것이다. 중국 사람들이 강조하는 것은 조화의 변증법이다.

『중용』에서는 또 이렇게 말하였다.

만물이 함께 길러져 서로 해치지 않고 도가 함께 행해져서 서로 위배되지 않는다. 작은 덕은 냇물의 흐름이고 큰 덕은 조화를 도타이 한다.[62]

무슨 의미인가? 바로 만사만물이 함께 번영하고 발전하여 피차 서로 방해하지 않는다는 것이다. 개인이 추구하는 도는 함께 행해져서 서로 위배되지 않고 물론 최후의 큰 도로써 통일되는데 이것을 작은 덕은 냇물의 흐름이고 큰 덕은 조화를 도타이 하는 것이라 하였다. 작은 것은 강과 하천과 같이 맨 마지막에 바다로 흘러든다. 『주역』「계사전」에서는 이렇게 말하였다.

천하의 일은 귀결점은 같지만 길은 서로 다르고, 하나로 귀결되지만 생각은 수백 가지이다.[63]

이는 관대하고 평화적이며 두루 받아들이고 드넓고 광대한 하나의 품격으로서, 바로 중국의 다민족 통일의 국가, 다민족 통일의 문화, 화하문명과 화하민족의

---

62) 萬物並育而不相害, 道並行而不相悖. 小德川流, 大德敦化.
63) 天下同歸而殊途, 一致而百慮.

근본적인 특성이다.

우리는 협애한 민족주의자가 아니다. 객관적이고 냉정하게 비교해 보면 기원전 8세기로부터 기원전 2세기까지 이른바 축심軸心문명의 시대에 시대의 문화거인, 문화발원지는 고대 인도, 고대 중국, 고대 이집트, 고대 그리스, 고대 로마 및 조금 늦은 시기의 페르시아였다. 하지만 현재의 그리스, 이집트는 이미 고대 그리스와 고대 이집트의 자연적인 연속이 아니고 인종으로부터 문화에 이르기까지 모두 그러하다. 중국의 역사에는 비록 모순과 투쟁도 있었지만 총체적으로는 융합되고 평화적이었다. 중국의 인종, 민족과 문화는 긴 시간의 중용, 균형, 중화의 도의 안내 하에 다민족 국가의 통합 과정에서 주변의 여러 민족의 장점을 흡수하여 천천히 성장하였고 오늘날까지 줄곧 이어져 왔다. 오천 년, 칠천 년 심지어 더 오랜 시간을 이어 왔다. 중화민족의 가치세계, 언어문화도 계승되어 왔다. 고상한 추구가 있는 민족이었고 주변과 외국의 문화를 끊임없이 흡수하였는데 이것이 바로 중용의 도, 중화의 도의 매력이었다. 이러한 중화의 아름다움은 어디에 있는 것인가? 중용의 아름다움은 어디에 있는 것인가? 바로 중화민족의 민족 생명 속에 있고 우리가 날마다 쓰면서도 알지 못하는 하나의 경험인데 우리는 이 경험을 반드시 소중히 여겨야 한다. 문명에 대한 비교연구를 하려면 고대 인도, 고대 이집트, 고대 그리스, 고대 로마, 고대 페르시아의 문화와 서로 비교하여야만 비로소 진정하게 인식할 수 있다. 화하 유가, 도가, 불가의 지혜는 모두 세계 정상급의 지혜이다. 일본의 파나소닉 전기회사에 대해서 모두 잘 알 것이다. 파나소닉 전기회사에는 파나소닉 전기관리학원이 있는데 관리 인원과 직원의 교육을 담당하는 기관이다. 여기서는 정신적인 교육의 일환으로 '사서'를 학습하고 교육을 받을 때 딱딱한 침대에서 취침하게 하며 조식 전에는 두 손을 합장하고 『효경』을 암송하게 하였다. 이는 직원들의 성정을 배양하고 그들의 성정을 훈련시키기 위함이었다. 이 회사에서는 중용의 도를 신봉하면서 한편으로는 효율을 매우 강조하여 젊은이의 발전을 촉진하기 위한 일련의 관리규칙을 제정하였고, 다른 한편으로는 또 노인을 매우 존중하여 노인의 역할을 매우 잘 발휘하였다. 노인과 젊은 사람이 서로의 능력을 더욱 잘 드러내고 각자 자신의 작용을 발휘하였다. 효율과 공평 사이, 노인과 젊은이 사이에서 이 회사는 일종의 중용, 균형의 관리법칙이 있었다. 중용의 도를 잘 활용하였기에 회사는 번창하고 발전하였으며 품질 좋은 전기제품 을 생산하였을 뿐만 아니라 고품격의 인재도 배양하였다.

앞에서 서술하였듯이 '용'은 또 '상'의 의미이다. 옛사람들은 '용중'이 항상 행하는(常行) 도이고 '중화'가 항상 행하는 덕이라고 하였다. '중용'에는 보편적인 방법론의 의미가 들어 있다. 이러한 방법론 또한 자연에서 취한 것이다. 대자연의 음과 양은 서로 돕고 보완하며 동적인 균형을 맞춤으로써 어느 극단에도 치우치지 않는다. 중용의 방법은 천지자연의 대립과 조화, 서로 영향 주고 보충하는 도를 흡수하고 인류 자신과 천지만물 사이의 관계를 조화함으로써 중화의 경지에 도달하고 천지만물과 인간을 정상적으로 발전하게 한다. 중용의 도는 또한 인간의 도로서 윤상(倫常) 관계, 그룹 관계를 조절할 수 있다. 중용의 변증법은 모순과 대립의 중화를 강조하고 양쪽 모두 동시에 존재할 수 있고 모두 각자의 특성을 유지할 수 있으며 양쪽의 상호 작용, 구제, 반응, 전화를 촉진할 수 있다. 세계상의 모순은 반드시 모두 한쪽이 다른 한쪽을 소멸하는 지경으로 발전하는 것은 아니다. 대부분의 경우, 모순의 통일은 중화의 상태를 취하는데 모순, 편반, 대립, 투쟁이 있을뿐더러 동시에 서로 침투되고 공존하고 함께 번영한다. 중용의 변증법은 대립면의 의존과 연결을 중시하고 대립면의 통일을 더욱 투철하게 파악하였다. 동시에 양극 혹은 다극의 대립 사이의 중개적인 관계 및 그 작용을 포함하였다.

사상 방법 면에서 공자는 객관적인 사실을 존중하고 주관적인 편집(偏執)을 반대하였다. "공자는 네 가지를 단절하였다. 선입견이 없고 반드시 함이 없고 고집이 없고 아집이 없었다."[64) 이는 공자가 네 가지 편파적임—사사로이 추측하고 절대적으로 긍정하고 잘못에 구애되고 스스로 옳다고 여기는 것—을 반대하였음을 말한다. 우리는 공자를 학습함에 있어서 관리사업과 기업문화에서 사람과 사람, 일과 일의 관계를 처리할 때, 사람과 자연, 사람과 사회, 사람과 자신의 관계에서 국가 사이, 민족 사이, 종교 사이, 문화 사이 등 복잡한 사무를 처리할 때, 가정의 내부와 외부, 회사의 내부와 외부 사무에서 여러 가지 방면의 도전에 직면할 때 편파적임을 반대하고 방지하여야 한다.

여러 독자들도 『중용』을 조금이라도 배우고 『중용』을 조금이라도 읽을 것을 권한다. 공자 중용의 도를 조금이라도 배우게 되면 우리의 지혜와 재능을 제고할 수 있다. 중용의 방법론을 배우고 반복적으로 실천하고 중용의 경지를 추구하면 큰 지혜가 있게 되고 큰 경지에 도달함으로써 현실생활 속의 여러 가지 모순을 태연하고 편안하게 대처할 수 있다. 이는 물론 우리의 반복적인 실천적 체험에 의거하여야 할 것이다.

---

64) 『논어』, 「자한」, "子絶四: 毋意, 毋必, 毋固, 毋我."

제9장 종교적 함의*

유학이 종교인지 아닌지와 유학이 종교성을 가지고 있는지 아닌지의 두
가지 차원의 문제에 관하여 최근의 해외 학자들은 일반적으로 '종교'의 정의를
수정하여 정신적인 신앙의 측면에서 유학이 '종교성'을 가지고 있음을 긍정하였
다. '종교성'과 '초월성'은 다르면서 또한 연관이 있는 두 가지 개념이다. 해외의
어떤 학자들(유학이 종교성을 가지고 있음을 인정하는 학자를 포함)은 유학이 초월성을
가지고 있음을 인정하지 않는다. 사실상 인식론을 고집하지 않고 본체－경지론
혹은 가치론으로부터 보면 유가, 유학은 물론 초월성을 가지고 있다. '내재적인
초월'의 관념은 결코 '임금님의 새 마음'(皇帝的新心)이 아니었다. 유학은 정신적인
신념의 측면에서 여전히 생명력이 있다.

1. 조직화된 종교와 정신적인 종교

유학은 일종의 종교인가? 이는 근 백여 년 이래 학계에서 줄곧 매우 주목하였던
문제이다. 근대 이래의 사상가 예를 들면 강유위康有爲(1858~1927), 엄복嚴復(1854~
1921), 진환장陳煥章(1880~1933), 하증우夏曾佑(1863~1924)와 양계초梁啓超(1873~1929),
장태염章太炎(1869~1936), 채원배蔡元培(1868~1940), 진독수陳獨秀(1879~1942) 등 사람

---

* 이 장의 내용은 저자와 龔建平 교수가 함께 작업한 것이다. 원제목은 「유가, 유교, 종교성,
초월성」이고 『중국학술』 2002년 제1집(총제9집, 상무인서관, 2002)에 실렸다. 龔建平 교수의
허락 하에 원문의 내용에 대하여 일부 수정, 보완하여 이 책에 실었다. 이 기회에 龔建平
교수한테 감사의 말씀을 전하고 싶다.

들은 일찍이 이 문제에 대하여 논쟁을 벌였다. 오늘날에 이르기까지 사람들은 여전히 제각기 자기 의견이 분분하여 결론이 일치되기 어렵다. 당군의唐君毅(1909~1978), 모종삼牟宗三(1909~1995), 전목錢穆(1895~1990), 두유명杜維明(1940~), 유술선劉述先(1934~2016) 등 일부 현대 신유가 학자들은 유학을 '인문적인 종교' 혹은 '도덕적인 종교'라 주장하였다.[1] 이택후李澤厚(1930~)는 유학이 종교가 아니지만 역사적으로 '준종교准宗敎'의 역할을 발휘하였다고 주장하였다.[2] 『문사철文史哲』, 『중국철학사中國哲學史』 등 학술지에서는 일찍이 전문코너를 개설하여 유학, 유가와 유교의 문제를 전문적으로 논의하였다.[3] 이신李申은 유학이 곧 종교라는 관점을 견지하였다.[4]

유학이 종교인지의 여부와 유학이 종교성을 가지고 있는지의 여부에 관한 두 가지 차원의 문제는 모두 '종교'에 대한 정의와 관련된다. 현대 신학가와 종교학가의 영향을 받아 최근의 해외 학자들은 일반적으로 모두 전통적인 신의 관념(특히 일신교)을 중심으로 종교를 정의하는 것에서 벗어나, 기독교(천주교 포함)의 일원적이고 초월적이며 외재적인 상제에 대한 신앙, 기독교 신자의 종교적인 체험 내지는 일련의 종교시설, 조직, 제도, 교외와 활동 등 '종교'의 보편적인 표준을 정의하는 수법을 비판하고 수정하였다.

---

1) 郭齊勇, 「유학의 종교성 문제에 대한 현대 신유가의 반성」, 『중국철학사』(계간) 1999년 제1기.
2) 李澤厚, 「실용이성을 다시 논함」, 『原道』 제1집(중국사회과학출판사, 1994).
3) 산동대학의 『문사철』 학술지는 1998년 제3기에 '유학이 종교인가'라는 전문코너를 개설하여 張岱年, 季羨林, 蔡尙思, 郭齊勇, 張立文, 李申 등 사람들의 문장을 발표하였다. 『중국철학사』(계간) 1999년 제1기에서는 각주 3번의 문장 외에 苗潤田, 陳燕의 「유학: 종교와 비종교의 논쟁―학술사에 대한 검토」와 李申의 「儒敎硏究史料補」를 발표하였다. 이 밖에 유교의 문제에 관해서는 何光滬가 『원도』 제2집(단결출판사, 1995)에 발표하였던 「중국 문화의 뿌리와 꽃」이라는 글이 주목할 만하다.
4) 李申, 『중국유교사』(상해인민출판사, 상권(1999)·하권(2000)). 李申의 스승 任繼愈 선생이 지은 이 책의 서문과 李申의 자서는 일찍이 『중국철학사』(계간) 1997년 제4기에 발표되었다. 李申의 장편 논문 「유교, 유학과 유자」는 『中國社會科學院硏究生院學報』 1997년 제1기에 발표되었다.

예를 들어 하버드대학교의 두유명은 캔트웰 스미스(Wilfred Cantwell Smith, 1916~2000)의 제도적인 종교와 정신적인 신념의 자기정체성의 종교적인 경향에 대한 구분을 계승하여, 후자의 측면으로부터 신앙공동체로서의 유가 학자의 정신상에서의 자기정체성 및 그 특수한 정신적인 체험을 발굴하고자 시도하였다. 바꾸어 말하면 두유명은 정적인 상태의 구조, 객관적인 제도적 측면을 피하고, 정신적인 신념의 측면에서 유학(위기지학, 신심성명의 학문)이 종교성을 가지고 있음을 밝히고 초월성을 재해석함으로써 세속주의와 신성한 신앙 사이의 상호 작용하는 관계를 설명하고자 하였다. 그는 이렇게 말하였다. "우리는 종교가 된 인간의 유가의 방향을 일종의 궁극적인 자아전환으로 정의할 수 있는데, 이러한 전환은 일종의 공동체 행위이기도 하고 초월자에 대한 일종의 진심으로 공경하는 대화적인 반응이기도 하다. 이러한 정의는 또한 유가가 완벽한 사람이 되기 위하여 학습할 데에 관한 정의이기도 하다.…… 여기서 세 가지 서로 관련된 측면을 언급하였는데 바로 개인, 공동체와 초월자이다", "비교 문명의 구도 안에서 유가 인문정식의 종교성을 강조하는 것은 유가의 인생철학이 비록 입세적이긴 하지만 천도를 동경하는 차원(維度)도 있음을 밝히려는 것일 뿐이다. 엄격하게 말하면 도덕과 일상생활 사이에서 유가의 궁극적인 관심의 가치 방향을 나타내고 '진심지성'이 '천을 알고' 내지는 '천지의 화육을 도울' 수 있다는 신념을 보여 주는 것이다."[5]

이미 작고한 진가의秦家懿 토론토대학교 교수는 초월적인 경지에 대한 인식이

---

5) 杜維明, 「유학의 종교성을 논함―『중용』의 현대적인 해석에 대하여」, 郭齊勇 등 편, 『두유명문집』 제3권(무한출판사, 2002), 제460 · 374쪽 참조. 이 중국어 번역본은 뉴욕주립대학출판사 1989년 수정본에 근거하여 段德智가 번역한 것이다. 이 밖에 周勤의 「유학의 초월성 및 그 종교적인 방향―杜維明 교수 인터뷰」(『두유명문집』 제4권에 수록)를 참조. "我們可以把成爲宗敎的人的儒家取向界定爲一種終極的自我轉化, 這種轉化既是一種群體行爲, 又是對超越者的一種誠敬的對話性的回應. 這個界定也是儒家對學習做一個完全的人所作的界定……這裏涉及三個相互關聯的層面: 個人, 社群和超越者.", "在比較文明的格局之中, 強調儒家人文精神的宗敎性, 無非是要闡明儒家的人生哲學雖然入世, 但卻有向往天道的維度. 嚴格地說, 儒家在人倫日用之間體現終極關懷的價値取向, 正顯示盡心知性可以知天乃至贊天地之化育的信念."

유가의 전통에서 시작부터 이미 존재하였고 천도와 인도의 관계에서 천도가 여전히 앞자리를 차지하였고 사람은 인도에서 천도를 체현하기 위하여 노력하여야 한다고 주장하였다. 하늘에 대한 제사예의의 중지와 대중의 조상 제사 활동이 갈수록 쇠퇴됨에 따라, 유학은 종교예의 측면에서의 작용이 크지 않았지만, 내포된 함의의 깊은 곳에서는 여전히 농후한 종교성을 가지고 있었고 특히 송명유학의 성인이 되고 초월적인 자아의 정신적인 수양의 측면으로부터 전체를 짐작할 수 있다.[6]

중국 대만의 '중앙연구원' 유술선은 폴 틸리히(Paul Tillich, 1886~1965) 등 현대 신학가들의 관점을 빌려 종교를 인간의 궁극적인 관심으로 정의하고 나아가 유가 전통의 종교적인 함의를 조명하였다. 종교 현상학의 관점에 근거하면, '타세他世'에 대한 열망은 결코 종교의 필요조건이 아니고 '초월'에 대한 열망이야말로 모든 종교에서 불가결한 요소이며, 현세 정신에 대한 강조는 반드시 종교적인 초월의 열망에 위반된다고 할 수 없다. 이에 근거하여 유술선은 공자와 유가에 깊은 종교적인 감정이 있고 '천인합일' 등 사상의 초월적인 염원에 자기만의 독특한 방식이 있음을 주장하였다.[7]

하와이대학교의 로저 에임스(Roger T. Ames, 1947~)는 유학이 무신론적인 종교이고 예를 핵심으로 하는 일종의 인류 자신의 경험누적을 긍정하는 종교라 주장하였다. 그는 이렇게 제기하였다. "예는 이미 인지된 것일뿐더러 또한 심미적인 것이며, 도덕적인 것일뿐더러 또한 종교적인 것이며, 신체와 관련된 것일뿐더러 또한 정신에 관련된 것이다."[8] 공동체의 산물이지만 구세救世적인 것이 아니고 말세末世적인 것도 아니며 일종의 전환, 일상 사무에서 인간의 품질의 전환을

---

6) 秦家懿·孔漢思, 吳華 역, 『중국 종교와 기독교』(삼련서점, 1990).

7) 劉述先, 「현대의 서양 종교사상이 어떻게 현대화의 문제를 직면하는가의 시각으로 유가전통의 종교적인 함의를 논함」, 『당대중국철학론: 문제편』(美國八方文化企業公司, 1996).

8) 禮旣是認知的, 又是審美的, 旣有道德性, 又是宗敎性的, 旣關涉軀體, 又關涉精神.

포함하였다. "예로써 구축한 사회는 하나의 세속적인 사회일 뿐만 아니라 하나의 종교적인 경험의 장소이기도 하다."[9]

이상의 해외 학자들은 기본적으로 정신적인 신앙과 자아수양의 시각에서 유학 혹은 유가가 종교성을 가지고 있음을 긍정하였다. 다시 되돌아가서 이신의 저작을 살펴본다. 이신의 구상은, 정신적인 신앙의 측면뿐만 아니라 조직화, 제도화된 종교의 측면에서, 유가, 유학이 종교성을 가지고 있을 뿐만 아니라 바로 종교임을 직접적으로 설명하였다. 따라서 그는 '종교'의 정의를 힘써 수정하지 않았는데, 이신이 바로 일반적인 종교의 속성으로부터 유학, 유가가 바로 유교임을 긍정하였다고 말하는 편이 낫다. 이러한 기초로부터 출발하여 유교의 특징을 논술하고 이슬람교의 특징도 언급할 때 이신은 기독교를 종교의 통칙 혹은 유일한 판단의 기준으로 삼는 방식도 비판하였다.

1979~1982년 사이에 임계유任繼愈 선생은 「유교의 형성을 논함」(論儒教的形成), 「유가와 유교」(儒家與儒教), 「유교의 재평가」(儒教的再評價), 「주희와 종교」(朱熹與宗教) 등 일련의 논문들을 연속 발표하였다.[10] 임 선생이 이러한 논문들을 집필한 최초의 목적은 바로 '봉건주의' 의식형태를 비판하고 종교적인 우매함을 비판하며 사상적인 계몽과 해방의 사조에 호응하려는 것이었다. 임 선생이 유가, 유학이 종교임을 설명하였던 목적은 강유위와 다르지만 논증 방식은 강유위와 매우 비슷하였다. 예를 들면 모두 교주, 교의教義, 교규教規, 교의教儀, 경전, 신앙과 사람 수가 많은 신도 등 종교의 일반적 혹은 보편적, 공통성으로부터 출발하였고, 물론 유교와 세계의 3대 종교의 차별도 논증하였다. 이신의 저작은 스승을 계승하여 말한 것이라 할 수 있지만 더욱 많은 부분 특히 유교를 제도적인

---

9) 로저 에임스, 「예와 고전 유가의 무신론적 종교사상」, 『중국학술』 제2집(상무인서관, 2000), "由禮所建構的社會不僅是一個世俗的社會, 也是一個宗教經驗的場所."
10) 任繼愈 선생의 이 네 편의 논문은 모두 『任繼愈學術論著自選集』(북경사범학원출판사, 1991)에 수록되어 있다.

일단

사직단

지단

태묘

종교로서 논증한 부분은 창조한 것임이 분명하다. 스승과 제자 모두 유가, 유학은 사회를 안정시키는 세속적이고 윤리적인 가치를 가지고 있고 사람들의 마음을 안정시키고 안신입명의 종교적인 속성을 가지고 있을 뿐만 아니라 종교적인 시설, 조직, 교의와 제사 활동이 있는 '유교'임을 주장하였다.

　이신은 상고上古, 상商, 주周에서 명明, 청淸 시기에 이르기까지 일맥상통하는 신령 제사의 체계가 존재하였고, 역대 중화민족의 중앙정부(국가)에 의하여 정통적인 종교 신앙이라 받들어졌음을 주장하였다. 천단, 일단, 월단, 사직단社稷壇 등 종교시설과 대응되는 신령은 주요하게 호천상제昊天上帝를 대표로 하는 신령체계, 조종祖宗의 신령체계, 공자를 대표로 하는 신령체계이다. 최고의 신은 천 혹은 상제인데 양자는 이름은 다르지만 실질은 같았다. 기타의 신령은 모두 호천상제의 신민臣民이었고 또한 자신의 등급과 직능에 의거하여 상응한 제사를 누렸다. 천자는 하늘, 조상 및 천하의 명산, 대천大川에게 제사를 지냈고 제후는 사직 및 경내의 명산, 대천에게 제사를 지냈으며 대부는 오사五祀에게 제사를 지냈다. 진, 한 이후 지방 관리의 제사, 기우祈雨 활동 등은 모두 국가의 종교활동이었다. 유교의 국가에는 종교 제사를 전문적으로 관리하는 부문이 있었는데 예를 들면 예부禮部 등이다. 국가조직은 동시에 종교조직이었다. 종교는 국가조직을 자신의 물질적인 매개체로 간주하였다. 중국의 황제는 국가의 원수일 뿐만 아니라 동시에 최고의 제사祭司였고 상제의 대변인이었다. 정교합일政敎合一은 종교조직과 국가조직의 일체인데 이는 유교와 기독교 국가가 다른 부분이지만 이슬람교와는 서로 비슷한 부분이다. 정교분립政敎分立은 국가체계 밖에 교회체계가 따로 있고 국가의 관리에게 제사의 직능이 없는데 이는 기독교 세계의 특징이지 모든 종교에 통용되는 것은 아니다.

이신은 유학이 유교의 영혼이라 주장하였다. 전통적인 종교 신앙은 유학을 사상적인 기초로 간주한다. 한무제는 유가만을 중시하였는데 유교의 본격적인 탄생을 상징한다. 왕도 삼강三綱은 하늘의 의지에서 비롯하였고 오상의 도는 종교의 도덕이다. 동중서 이후 전통적인 종교 신앙의 체계는 점차적으로 엄격하게 유가경전의 지시에 근거하여 배치되기 시작하였다. 유학은 일정한 의미에서 바로 석경釋經의 학문이었다. 신적이고 신성한 의미를 가지고 있는 유가의 경전은 유자사상의 핵심 혹은 교의였다. 비록 역대 유자들의 이해가 모두 서로 같지는 않았지만 모두 그 속의 상제, 천명의 신앙을 부정하지 않았다. 이신은 '출세' 혹은 '입세'로 종교와 비종교를 구분하는 것은 문제가 있는 것이라 제기하였다. 지금에 이르기까지 어떤 종교도 나라를 다스릴 수 없어서 '출세'적일 수밖에 없음을 선포한 적이 없다. 유교는 '입세'적인 종교이다. 유교는 '가지런히 닦고 화평하게 다스리는 것'(修齊治平)이 상제의 의지를 받드는 것이라 주장하였다. 공자는 전통적인 종교에서 덕, 재로써 상제를 받드는 사상을 발휘하였고 유학의 인사를 중요시하는 기본적인 특성을 확립하였다. 주희와 송대의 유가들은 '천도가 사람을 따르고'(天道從人) 인사가 바로 하늘의 뜻(天意)이라는 사상을 종합하였고 '인, 의, 예, 지의 성'이 하늘이 '부여'한 것이며 군君과 사師는 하늘이 '명'한 것이고 다스림(治)과 교육(敎)은 하늘이 '시킨' 것임을 강조하였다.

이신은 '5·4' 이래로 사람들이 유교는 다만 교화의 교이고 종교의 교가

중국 대북 공묘

아니라고 하는 것에 대하여 사실상 양자가 결코 모순되지 않음을 주장하였다. 모든 인위적인 종교는 모두 대중들을 교육하기 위한 것이고 교화 외의 종교란 없다. 그는 유자들이 상제의 의지를 받들어 정교를 행하는 것을 목적으로 함을 강조하였다. 출사는 유자들이 종교를 행하는 거의 유일한 방식이고 또한 그들이 반드시 이행하여야 할 의무이다. 유자들은 성인됨을 배우고 경건하게 수양하고 자신을 반성하며 백배로 신중을 기하고 시시각각 상제가 바로 옆에서 감시하고 있음을 느껴야 한다. 유자들의 상제에 대한 경건함은 어떤 종교 신도에 비하여도 전혀 조금도 손색이 없다. 유교는 또 선성先聖과 선사先師를 제사 지내는 제도를 점차적으로 완벽하게 하였고 사祠와 묘廟의 제사를 세웠다. 경성에서 각 주州, 부府, 현縣에 이르기까지 모두 공묘孔廟(先聖先師廟)가 있었고 매년 봄과 가을, 매달의 삭망朔望은 모두 정부의 관원이 제사를 거행하였다. 유자가 죽은 뒤에는 공묘에 들어가 공자와 함께 제사를 누리는 것을 최고의 영예로 간주하였다. 이는 기독교에서 성도를 교당에 안장하는 것과 방법은 다르지만 결과가 미묘하게 같다. 송대 이후에는 유자가 공묘 밖에 사적으로 '선현사先賢祠'를 세웠는데, 그 수량이 한때에는 불교의 나한당羅漢堂보다 적지 않았다. 유자들은 생전에 매 시각마다 상제에 대한 경외를 가슴에 품고 있었고 죽은 뒤에는 그 대표 인물을 신령으로 간주하여 제사를 지냈다. 이로부터 유학이 바로 종교이고 유자가 바로 유교의 교도敎徒임을 어렵지 않게 생각해 낼 수 있다.

여기서 주의하여야 할 것이 이신의 책과 거의 동 시기에 출판된 모종감牟鐘鑒과 장천張踐의 백만여 언의 『중국종교통사中國宗敎通史』11)에서 유가, 유학을 종법적인 국가의 종교와 서로 뗄 수 없는 통일체로 간주하고 있다는 점이다. 모종감은 중국의 원생原生적인 종교의 하늘신 숭배, 호천(혹은 황천)상제 숭배, 황조皇祖 숭배, 사직 숭배와 왕(황)권은 밀접하게 결합되어 있고 교사郊祀 종묘제도는 국가 예제의 중요한 내용이며 하늘과 조상을 존경하는 신앙은 중국의 전 사회에 보편적이고 기초적인 신앙이었음을 주장하였다. 그 정치성은 이른바 제정祭政합 일이고 전민全民성은 이른바 제족祭族합일이다. 훗날의 종법제도 사회는 원생적인 종교를 발전시키고 강화하였다. 종교는 전 국민의 신앙이었고 또한 국가대사였 으며 종교가 바로 정치였는데 이를 정교일체政敎一體라 하였다. 따라서 옛날 사람들이 "나라의 큰일은 제사와 전쟁에 있다"(國之大事, 在祀與戎)고 하였다. 진, 한 이후 종법적인 전통 종교는 여전히 국가의 정치제도와 정치생활에 직접적으로 포함되었고 이 밖에 또 독립적인 불교와 도교가 생겨났다. 이러한 종교와 정치의 관계는 비록 초기처럼 '정교일체'는 아니었지만 '정교분리'에도 도달하지 않았다. 국가 정권이 이러한 종교의 합법성을 인정하였을 뿐만 아니라 늘 그들을 숭배하였 고 정권의 힘으로써 그들을 지지하였으며 종교의 내부적인 사무에 자주 개입하였 기 때문이다. 종법적인 전통 종교는 '정교합일', '족교합일'이었고, 기본적인 종지는 군주의 권한은 하늘에서 받은 것이고(君權天授) 조종의 법은 어길 수 없다는 것(祖宗之法不可違)이었다. 그들의 제사활동은 국가의 예의전제禮儀典製에 직접적으 로 포함되었고 정권기구와 가족조직에 의하여 안배되고 처리되었다. 종법적인 전통 종교의 '경천법조敬天法祖'신앙 및 제사활동은 유가의 도덕을 직접적으로 강화하였고 유학과 긴밀하게 함께 결합되었으며 서로의 장점을 더욱 잘 드러내었 다. 하늘에 제사를 지내는 것은 충경忠敬, 예의禮義를 강화하였고 조상에 제사를 지내는 것은 효제孝悌, 인애仁愛를 드러내었다. 요컨대 종법적인 전통 종교는 하늘신의 숭배와 조상의 숭배를 핵심으로 하고, 사직, 일월, 산천 등의 자연숭배를

---

11) 牟鐘鑒·張踐, 『중국종교통사』 상·하(사회과학문헌출판사, 2000).

우익羽翼으로 하며, 기타의 여러 가지 귀신 숭배를 보충으로 하여 상대적으로 안정된 교사郊祀 제도를 형성함으로써 중국의 종법 등급사회예속의 중요한 구성 부분으로 되었고, 사회질서와 가족체계를 유지하는 정신적인 역량이며 중국인들의 심령을 위로해 주는 정신적인 원천이다.

이상에서 해외 학자와 중국 대륙학자들의 관련된 근저를 비교하였는데, 그 방법론과 치중점이 확실하게 다름을 어렵지 않게 발견할 수 있었다. 인문적인 이성, 현세적인 관심을 보편적인 특징으로 하는 유가(유학)가 정신적인 종교의 속성을 가지고 있을뿐더러 제도화된, 조직적인 종교의 속성도 가지고 있지만, 중화민족의 핵심 가치와 서로 연결된 정신적인 종교의 속성이 더욱 많을 뿐만 아니라 현대적인 전환으로 놓고 볼 때 이 부분의 자원이 더욱 중요하고 적극적인 의의가 있음을 인정하여야 할 것이다.

2. 유학의 종교성과 초월성

유학의 종교성이든 초월성이든, 모두 여기서 두세 마디의 말로써 분명하게 해명하기는 어려운 문제이다. 하지만 유학이 종교라는 관점을 이해하려면 약간의 설명을 덧붙이지 않을 수 없다.

우선 '종교성과 '초월성이 결코 완전히 대등한 두 개의 개념이 아님을 인정하여야 한다. 사람들의 이해에 근거하면 '종교성'은 마땅히 종교의 속성 혹은 성격을 가리키는 것이다. 만약 이러한 이해가 성립된다면 유학이 종교성을 가지고 있다는 것은 바로 유학이 어떠한 종교의 특성을 가지고 있다는 것이다. 종교는 많은 속성을 가지고 있는데 예를 들면 교의, 교규敎規, 제사제도, 신앙대상 및 사람들의 궁극적인 관심으로서 감정을 격려할 수 있는 등등이다. 이렇게 보면 유학이 종교성을 가지고 있다는 설법에 아마도 많은 사람들이 모두 동의할 수 있을 것이다. 『중국유교사』에서는 바로 이상의 여러 가지 측면으로부터 전면적으로 서술하였다. 하지만 이신은 유학의 종교성만을 증명한 것이 아니라 '유교가 종교'임을 설명하고자 하였다. '유교가 종교'라는 관점에 대해서는 찬성하지 않는 사람이 있을 것이다. 이는 다른 하나의 중요한 개념인 '초월성'과 관련된다.

종교에서 관심하는 것은 볼 수 있는 세계 이외를 초월하는 존재이다. 유술선은 폴 틸리히 이래로 종교에 관한 정의의 주요한 내용은 '초월'(transcendence)적인 신앙과 염원이라고 주장한다. '초월'의 요소는 '종교'를 정의하는 하나의 중요한 요소가 아닐 수 없다. 유가는 비록 철저하게 현세적이지만 '초월'에 대한 신앙과 염원이 종래로 부족하지 않았고 '천인합일'의 이념은 줄곧 유가사상에서 매우 중요한 일환이었다. 유가의 전통은 (현대 신유가가 말한 바와 같이) 깊은 종교적 함의를 가지고 있다. 하지만 이러한 측면만으로는 충분하지 않고 무릇 종교가 반드시 가지고 있는 '내재'(immanence)적인 측면을 열거하여야 하는데 그 중요성은 종교의 초월적인 염원의 측면보다 거의 떨어지지 않는다. 하나의 종교가 하나의 종교로 될 수 있었던 것은 절대로 단지 개인의 마음속의 일부 생각 혹은 느낌 때문만이 아니고 반드시 개인적인 생활 내지는 공동체의 생활 속에 내재되어 있다. 따라서 의식, 기도, 정신적인 수련, 일상적인 규칙 등등은 모두 종교와 매우 긴밀한 관련성이 있고 종교조직의 형성에 대한 필요성이 생겨나게 되는 것이다. 유가는 이러한 측면이 매우 약하기 때문에 하나의 '조직적인 종교'라 불릴 수는 없다. 하지만 신앙과 생활이 관련됨은 쟁론할 필요가 없는 사실이다.[12]

주지하다시피 미국의 학자 데이비드 홀(David L. Hall, 1947~), 로저 에임스

---

12) 劉述先, 「현대의 서양 종교사상이 어떻게 현대화의 문제를 직면하는가의 시각으로 유가전통의 종교적인 함의를 논함」, 『당대중국철학론: 문제편』(美國八方文化企業公司, 1996) 참조; 劉述先, 「공자의 사상 속에 포함된 '천인합일'의 일관지도를 논함—하나의 현대 신유학적인 해석」, 『中國文哲研究集刊』 제10기(대만중앙연구원중국문철연구소 기획처, 1997).

및 중국 홍콩의 학자 풍요명馮耀明은 유학이 '초월성'을 가지고 있음을 견결하게 부인한다. 데이비드 홀, 로저 에임스의 저서 『한 철학사유의 문화적인 근원을 찾다』(漢哲學思維的文化探源)13), 풍요명이 일찍이 발표하였던 일련의 논문 「당대 신유가의 '초월적인 내재'설」(當代新儒家的'超越內在'說), 「황제의 새 마음—'초월적인 내재설'을 다시 논함」(皇帝的新心—'超越內在'說'再論) 등이 대표적이다.14) 그들은 '내재'적이라면 동시에 '초월'적일 수 없고, '초월'적이라면 동시에 '내재'적일 수 없다고 주장하였다. 그들의 이러한 관점은 주요하게 웅십력熊十力 이래의 현대 신유가(스스로 신유가임을 인정하지 않는 余英時도 포함함)가 '내재적인 초월'로 전통 유가를 해석하는 것을 겨냥하여 말한 것이다. 이러한 두 가지 관점은 보기에는 첨예하게 대립하지만 전반적으로 보면 유학의 '초월적인 내재'설을 부인하는 것은 유학이 엄격한 의미에서 종교임을 찬성하지 않는 것이다. 이러한 입장에서 보면 이신은 유교가 종교라고 주장하기 때문에 유학의 '초월성'을 긍정하는 쪽으로 치우치게 된 것이다. 이 밖에 데이비드 홀, 로저 에임스는 비록 유학이 '초월성'을 가지고 있음은 찬성하지 않지만 유학이 '종교성'을 가지고 있다고 주장한다. 여기서 특별히 '내재적인 초월' 혹은 '초월적인 내재'의 문제에 대하여 학자들의 의견 차이를 논하도록 한다.

유학의 '내재적인 초월'을 찬성하지 않는 학자로, 예를 들어 풍요명은 「당대 신유가의 '초월적인 내재'설」에서, '초월'은 플라톤철학의 대표적인 용어로서 '외재(beyond) 및 분리(separate)의 의미를 포함하고 있고 '초월'은 '외재'와 동일한데 어떻게 '내재적인 초월' 혹은 '초월적인 내재'로써 유가의 사상을 해석할 수 있겠는가? '초월적인 내재'라는 것은 '동그라미의 네모남'과 같은 것이라고 주장

---

13) 데이비드 홀·로저 에임스의 저서 『한 철학사유의 문화적인 근원을 찾다』는 미국의 뉴욕주립대학 출판사에서 1998년에 출판되었고 施忠連에 의하여 중국어로 번역되어 강소인민출판사에서 1999년에 출판되었다.
14) 馮耀明의 첫 번째 논문은 『신유가평론』 제1집(중국廣播電視출판사, 1994)에 수록되었고, 두 번째 논문은 대만 輔仁대학의 『철학과 문화』(1995년 제9·10기)에 발표되었다.

하였다. 엄격한 의미에서의 초월의 관념은 서양의 사상전통 속에서 하나의 심각하고 중요한 관념이다. 논리적이고 과학적이며 철학적이고 신학적인 맥락 속에서 존재하는데, 이러한 관념은 유가사상과 전혀 어울리지 않고 이는 "중국의 고전 전적의 해석과 아무런 관련이 없다"(對中國古典典籍的解釋無關). 데이비드 홀, 로저 에임스는 오늘날 서양의 학술계라 할지라도 이러한 신학, 과학과 사회이론에 호소하는 일종의 초월 관념은 그다지 유행하지 않고 이미 몰락하였다고 주장한다. 만약 이런 식으로 이해한다면 현대 신유가가 '내재적인 초월'로 전통적인 유학사상을 해석한 것은 '내재적인 것'과 '초월적인 것'의 근본적으로 대립하는 두 가지를 함께 빚어 하나의 무슨 말인지 모르는 것으로 만들어 낸 것이든가 아니면 근본적으로 상응하지 않는 일련의 술어로써 그 밖의 것을 설명한 것으로서 서양의 관념체계로써 유가를 해석한 것과 같다.

사실이 과연 이러한가? 이상의 관점들은 한편으로 주요하게 유가사상 중의 일부 관념을 비판한 것이고 다른 한편으로 마찬가지로 서양 학술의 기본적인 방법을 벗어나지 못하였다. 예를 들어 '내재적인 초월'이 객관적인 실체의 창조 혹은 초월적인 원칙과 주관적인 심령의 자각 혹은 자유로운 주체를 동일시하였다고 주장하였고 이러한 '우주심령'과 '개체심령'을 하나로 뒤섞은 '심령'을 '임금님의 새 마음'이라 주장하였다. 사실상 여기서 '내재적인 초월'이 근본적으로 근거가 없음을 설명하고 있다고 하기보다는 차라리 유가의 가장 기본적인 관점을 비판하고 있는 것이다. '우주심령'과 '개체심령'을 하나로 뒤섞은 '심령'이 바로 '인자(仁者)'의 '심령'이 아닌가? "인은 천지만물과 한 몸을 이루고"(仁者與天地萬物爲一體) "사해를 한 집안으로 여기고 중국을 한 사람으로 여기며"(四海爲一家, 中國爲一人) "마음 밖에 물건이 없다"(心外無物) 등등은 모두 이러한 의미이다. '내재적인 초월'이 근거가 없다고 말하는 것은 유자의 이러한 관점들이 근거가 없다는 것이 아닌가? 물론 유학의 이러한 관념에 아무런 문제가 없고 비판하여서는 안 된다고 말할 수는 없다. 하지만 더욱 중요한 문제는 이러한 일부 관념이 도대체 무엇을 가리키고 천백 년래 중국의 지식인들 내지는 민간의 백성들에게 무엇 때문에 이러한 관념이 생기게 되었는가 하는 것이다. 그들이 다만 시골 골목에 떠돌아다 니는 외로운 고혼의 기발한 발상일 뿐인가? 아니면 이러한 관념 배후에 더욱 깊고 더욱 유구한 역사적인 유래가 있는 것인가?

탕일개湯一介는, '천도'는 초월성의 문제이고 '성명性命'은 내재성의 문제이며, 이 두 가지 문제는 모두 형이상의 문제에 속한다고 주장하였다. 중국 전통철학의 견해에 근거하면 형이상의 문제는 '언어를 초월하고 절대적으로 추상적인 것'(超言絶象)이다. '언어를 초월하고 절대적으로 추상적인 것'은 당연히 말할 수 없고 말하여도 다른 사람이 알아듣지 못하며 스스로 이해할 수밖에 없기 때문에, 공자는 '자신을 위한 학문'(爲己之學)을 제창하고 '남을 위한 학문'(爲人之學)을 반대하였다. '천도'는 초월적인 것일 뿐만 아니라 인간에게 통하는 내재적인 본성이다. 따라서 『중용』에서는 "하늘이 명한 것을 성이라 이르고 성을 따름을 도라 이른다"15)고 하였다. '인성人性' 또한 내재적인 것일 뿐만 아니라 '천'에 통할 수 있는 초월적인 성이다. 따라서 "성실한 자는 하늘의 도이고 성실히 하려는 자는 사람의 도이다"16)라고 하였다. 공자 이후 맹자가 계승하여 공자의 철학에서 '내재성'에 관한 사상 및 사람의 마음이 초월적인 '천'에 통할 수 있음을 충분히 발휘하였다. 그는 이렇게 말하였다.

> 그 마음을 다하면 그 성을 알고, 그 성을 알면 하늘을 알게 된다. 그 마음을
> 보존하여 그 성을 기름은 하늘을 섬기는 것이다.17)

인간이 본래 가지고 있는 '사단'을 충분히 발휘하면 인, 의, 예, 지의 선한

---

15) 天命之謂性, 率性之謂道.
16) 誠者, 天之道也; 誠之者, 人之道也.
17) 盡其心, 知其性也; 知其性, 則知天矣. 存其心, 養其性, 所以事天也.

본성으로 표현되고 초월적인 '천'에 대한 자각에 도달할 수 있으며 내재적인 사람의 마음과 초월적인 천도의 통일을 실현할 수 있다. 송명리학은 한층 더 깊은 차원에서 공자가 제기하였던 '성과 천도'의 문제를 해석하여 유가의 철학이 가지고 있는 '내재적인 초월'의 특징을 더욱 체계화하고 이론화하였다. 정주의 '성즉리'와 육왕의 '심즉리'는 비록 시작하는 지점이 다르지만 해결하고자 하였던 것은 여전히 동일한 문제였다. 정주는 '천리'의 초월성을 인간 본성의 내재성으로 끌어올림으로써 '성즉리'를 증명하였고, 육왕은 인간 본성의 내재성을 '천리'의 초월성으로 끌어올림으로써 '심즉리'를 증명하였다.

탕일개는 '내재적인 초월'을 특징으로 하는 철학을 발전시키는 동시에 '외재적인 초월'을 기초로 하는 일련의 철학 이론을 도입하거나 혹은 확립하여야 함을 제기하였다. 인류사회를 놓고 말하면 사람들은 요구에 부응하여 내재적인 정신으로써 자신을 발전시켜 '초범입성超凡入聖'(평범을 초월하여 성현의 경지로 들어감)의 경지에 도달하는 동시에 일종의 외재적이고 초월적인 힘이 존재하여 사람들이 '초범입성'의 경지에 도달하도록 도와주거나 혹은 추진할 수 있음을 인정하여야 한다. 이는 '외재적인 초월'을 특징으로 하는 서양철학과 종교가 일찍이 인류의 문명에 대하여 적극적인 공헌을 하였기 때문일 뿐만 아니라 이러한 철학과 종교가 비교적 합리적인 정치, 법률제도를 확립함에 있어서 중요한 의의가 있기 때문이다. 만약 '내재적인 초월'을 특징으로 하는 중국철학이 '외재적인 초월'을 특징으로 하는 철학과 종교 및 이에 적합한 정치, 법률제도를 충분히 흡수하고 융합할 수 있다면 중국철학은 더욱 높은 차원에서 자기완성을 실현할 수 있고 현대사회와 생활 발전의 요구에 더욱 적합할 수 있다. 만약 더욱 높은 차원에서 '내재적인 초월'을 특징으로 하는 중국철학과 '외재적인 초월'을 특징으로 하는 서양철학을 포함하는 동서양의 철학을 구성할 수 있다면, 동서양의 철학은 여러 가지 형식으로 서로 화합할 수 있을 뿐만 아니라 인류의 철학이 더욱 높은 수준에서 발전하도록 할 수 있다.[18]

유술선은 종교 신앙이 '태화太和'(Comprehensive Harmony)의 경지를 지향한다고 주장하였다. 어떤 사람은 자연의 세계에서 호랑이가 양을 잡아먹는 사실이 바로 자연 속에 태화가 있다는 관점이 그릇됨을 증명하는 것이라 주장한다. 이러한 반박은 전형적으로 범주를 잘못 설정한 오류를 범한 것이고, 배후에는 일종의 일차원적인 사고가 숨겨져 있는데 경험을 통하여 추리해 낸 표준으로 종교 신앙의 진위 여부를 판단할 수 있다고 생각하였다. 종교를 신앙하는 어느 사람이 경험적인 차원에서 호랑이가 양을 잡아먹는 사실을 모르겠는가? 하지만 이는 결코 그들의 '태화'에 대한 염원과 신앙에 방해되지 않는다. 이로부터 '태화'의 이념이 결코 경험적인 추리 위에 건립되는 것이 아니고 경험적으로 관찰한 사실에 부합되지 않는다고 하여 효력을 잃지도 않음을 볼 수 있다. 사실상 아무도 세상이 서로 간의 수많은 모순과 충돌의 현상으로 가득 차 있음을 부인하지 않는데, 이것이 바로 인류가 종교 신앙을 추구하는 배후의 중요한 동기이다. 따라서 기독교에서는 다음 생의 천국에 희망을 걸었고, 부처는 중생이 서로 죽이는 것을 보고 마음으로부터 해탈의 도를 추구하였으며, 공·맹의 유가 사상은 춘추전국시기의 '거난세據亂世'에 출현하였기에 공양가는 특별히 '승평세升平世' 내지는 '태평세太平世'에 대한 염원을 드러내었다. 또한 마침 유가는 '내재' 속에 깊이 빠져드는 것을 달가워하지 않았기 때문에 비로소 '초월'의 정보와 이상을 추구하기 위하여 노력하였다.[19]

---

18) 湯一介는 20세기 80년대 중기부터 90년대 초기까지 「유가철학 중의 내재성과 초월성을 논함」, 「외진 현학 중의 내재성과 초월성을 논함」, 「선종 사상 중의 내재성과 초월성을 논함」, 「노장 철학 속의 내재성과 초월성을 논함」의 네 편의 논문을 발표하였다. 湯一介, 『유가, 도교, 불교와 내재적인 초월의 문제』(儒道釋與內在超越問題, 강서인민출판사, 1991). 이 중 세 편의 논문 발췌 및 다른 한편의 종합논문 「중국철학에 대한 철학적인 사고」는 『當代學者自選文庫—湯一介卷』(안휘교육출판사, 1999)을 참조. 이상에서 종합적으로 서술한 것은 湯一介 선생의 관련 논의이고 모두 이 두 권의 저서에 근거한 것이다.
19) 劉述先의 「글로벌(세계) 윤리, 종교대화와 도덕교육」(『현대 신유학의 반성 논집』[現代新儒學之省察論集, 대만 중앙연구원 중국문철연구소, 2004년 5월)을 참조.

유술선은 유가식의 내재적인 초월의 형태는 확실히 심각한 국한성이 있고 초월하게끔 하는 정보가 쉽게 드러나지 않음을 제기하였다. 하지만 이는 결코 기독교식의 외재적인 초월에 심각한 문제가 없음을 나타내지는 않는다. 기독교의 상제는 표면상으로는 순수한 초월을 유지할 수 있지만 실제로는 그렇지 않다. 왜냐하면 상제는 사람 및 세계와 관련이 생기게 되기 때문에 내재적인 영역으로 진입하지 않을 수 없고, 이러한 측면에서 조건의 제한을 받지 않을 수 없다. 상제가 계시를 통하여 인류를 인도하는 이상 선택되어 상제의 메시지를 전달하는 선지자는 또한 이 세상에 내재되어 있는 사람이고 그들은 반드시 인간의 언어로써 초월적인 메시지를 전달할 수 있는데 이렇게 되면 순수한 초월성을 유지할 수 없게 된다. 초월적인 신앙을 긍정하게 되면 반드시 내재적인 준칙을 부정하게 되고 인간이 스스로의 생명 안에서 신성한 빛을 발휘할 수 있음을 부정하게 되는데 대가가 너무 큰 것이 아닌가? 이렇게 되면 외재적인 초월의 관점은 양난의 경지에 빠지지 않을 수 없게 된다. 초월의 절대성을 유지하려고 하면 내재적인 표준의 자주성을 부정하지 않을 수 없고, 초월이 인성과 세계 속에 내재된다면 외재적인 초월은 이미 질적으로 변화하여 내재적인 초월이 된다. 많은 일들에서 사람들은 결국 스스로의 판단에 의거하여야 하고 알 수 없는 초월에 의존할 수 없으며 외재적인 초월은 스스로 자부하는 내재적인 초월보다 나은 우세가 없게 된다. 사실상 외재적인 초월과 내재적인 초월은 결코 칼로 잘라낼 수 있는 두 가지 학설이 아니다. 이는 서양의 신학 발전의 단서로부터 알 수 있는 것이다.[20]

이 문제에 대하여 이신은 『중국유교사』에서 자세하게 설명하고 분석하였다.

20) 劉述先, 「현대의 서양 종교사상이 어떻게 현대화의 문제를 직면하는가의 시각으로 유가전통의 종교적인 함의를 논함」, 『당대중국철학론: 문제편』. 휴스턴 스미스(Huston Smith) 저, 劉安雲 역, 劉述先 교정, 『인간의 종교』(人的宗教, The World's religion), 「서론」(臺北立緖文化事業有限會社, 1998).

만약 전통 중국 사회의 경제, 정치조직 및 제도를 빼버리고 다만 이론상에서 이러한 관념들을 분석하면 물론 매우 부족하다. 이천여 년래의 "군주제 국가조직은 유교의 육체와 같고 유교는 바로 군주제 국가의 영혼이다"[21]. 이러한 결론이 불러일으킬 수 있는 오해를 분명하게 밝히려면 이러한 관념이 도대체 무엇을 가리키는지를 설명하여야 한다. 따라서 현대 신유가의 '초월'에 대한 특수한 이해를 살펴보아야 한다.

'초월'이라는 술어에 관하여 사람들이 일상적으로 볼 수 있는 사용 정황에 근거하면 주요하게 두 가지 차원의 의미가 있다. 첫째는 초월이 곧 '초험超驗'으로 경험할 수 없다는 의미이다. 칸트는 모든 가능한 경험을 초월한, 인간의 인식능력으로써 미칠 수 없는 것이 바로 초월적인 것 예를 들면 상제라고 주장하였다. 둘째는 인간이 생존환경을 초연할 수 있는 주관적인 정신의 힘 혹은 의지력을 가리킨다. 이러한 의미에서의 초월은 매우 일반화된 것으로서 초과, 보다 높음, 초연 등등에 상당하다. 하지만 첫째 의미에서는 주요하게 인식론의 시각에서 '초월'을 본 것이지만 다른 차원의 의미 즉 신성神性을 드러냈다. 칸트의 철학에서 인식론과 윤리학은 마침 두 개의 부동한 영역에 나뉘어 속하였는데 인식론은 신성을 주목하지 않고 객관적인 원칙을 주목하기 때문에 반드시 '자재지물自在之物'의 존재가 있는 것이다. 윤리학에서만 비로소 상제의 존재는 필연적이다. 이러한 것들은 어떠한 『서양철학사』 교재에서도 쉽게 알 수 있다.

하지만 현·당대 신유가와 전통 유가는 기본적인 풍격 상에서 일치하였고 그들이 보다 주목한 것은 인식론이 아니라 가치론, 본체론 문제였다. 이렇게 '초월'은 인식론 상에서 논한 것도 아니었고 그들이 본체론-경지론 상에서 논한 것이었다. 따라서 이른바 '초월성'은 신성, 종교성을 가리키는 것이었다. 유가가 추구하는 경지, "광대함을 지극히 하고 정미함을 다하며 고명을 다하고

---

21) 李申, 『중국유교사』 하권(상해인민출판사, 2000), 제1057쪽, "君主制國家組織就像儒敎的肉體, 而儒敎就是君主制國家的靈魂."

중용을 따른다", "지극함에 이르러서는 비록 성인이라도 능하지 못한 바가 있다"[22]는 이러한 의미에서 볼 때 궁극적인 경지에도 경험하기 어려운 부분이 있는 것이다. 본체론-경지론이 무엇 때문에 신성을 가지고 있는가? 이 문제를 이해하려면 반드시 유가의 가장 기본적인 사유방식이고 가장 기본적인 관념인 '천인합일'을 언급하여야 한다. 이러한 일종의 사상 즉 까마득히 높은 곳에 있는 천도와 인간의 '양지', '본심'은 서로 통하고 간격이 없다는 관점에 의거하면 만약 천도, 천에 신성이 있다면 인간의 '양지', '본심'도 이로부터 신성을 획득하게 된다고 하는 것은 성립될 수 있어야 한다. 하지만 하늘이 신성을 가지고 있는가? 이 문제에 대해서는 뒤에서 보다 전문적으로 논의하고자 한다. 여기서 무엇 때문에 유가가 보기에 '우주심령'과 '개체심령'이 하나로 뒤섞여질 수 있는지 알 수 있다. 사실은 이른바 '천'은 형이상의 의리의 천으로서 결코 인간의 '자재지물自在之物'에 외재됨을 가리키는 것이 아니라 '천' 또한 하나의 본체론-경지론의 개념이고 인식론적인 의미가 매우 약하다. 만약 인식론의 시각으로 '진심盡心, 지성知性, 지천知天'을 보고 또한 '천'을 외재적인 객관적인 존재로 간주한다면 이해하기 어려운 것 같고 '마음 밖에 물건이 없다'(心外無物)는 말과 같은 미친 소리일 뿐이다.

따라서 초월성과 종교성은 비록 완벽하게 서로 같은 개념은 아니지만 현·당대 신유가의 마음속에서 양자는 서로 통하는 것이었다. 왜냐하면 초월적인 '천'은 인식론적인 의미가 전혀 없고 다만 가치의 근원이기 때문이다.

만약 초월성을 신성, 종교성으로 이해하고 하늘과 사람 또한 서로 통하고 간격이 없다면 '내재적인 초월'로 전통 유가의 사상을 해석하는 것은 이해할 수 없는 것이 아니다. 여영시는 '내재적인 초월'에 대하여 긍정적인 태도를 취하고 있다. 그는 서양문화의 '외재적인 초월'의 가치체계와 달리 중국문화의

---

22) 『중용』, "致廣大而盡精微, 極高明而道中庸.", "及其至也, 雖聖人也有所不能焉."

가치체계의 개성적인 특징이 바로 '내재적인 초월'이라 주장하였다. '내재적인 초월'의 특징은 바로 초월적인 가치의 근원과 근거가 안에 있고 밖에 있는 것이 아니라고 여기는 것인데, 바로 이른바 "인의 실천은 자기에게 달려 있고"[23], "자신에게 의존하고 남에게 의존하지 않음"(依自不依他)이다. 하지만 초월적인 가치의 근원이 안에 있고 밖에 있는 것이 아니라고 하여도 가치의 근원으로서의 심령은 밖으로 다른 사람 및 천지만물과 통한다. 바로 이러한 서로 통함(혹은 '합일', '서로 느낌' 등)은 개체의 "자기반성하고"(自省) "스스로 돌이켜 보며"(自反) "자신에게 돌이켜 구하고"(反求諸己)[24] "몸을 돌이켜보아 성실한"(反身而誠)[25] 등의 공부를 필요로 하였는데, 이것이 바로 도덕적 수양공부 상에서의 '안으로의 전환'(內轉)이다. 다시 말하면 이러한 서로 통함이 '안으로의 전환'의 기초 위에서 '밖으로 밀고 나감'(外推, 推己及人, 推恩)이 가능하게 하였다. '안으로의 전환'과 '밖으로 밀고 나감'을 통일시키면 바로 사람들이 통상적으로 말하는 '내성외왕'의 도이고 '내재적인 초월'이다.[26] 이는 자아를 중심으로 전개되는 반복적인 순환권이다. 만약 한 걸음 더 나아가 하늘과 사람이 무엇 때문에 서로 통하고 합일되는지 물으면 이것이 바로 유가 내지는 전통 중국인들의 근본적인 신앙이고 사유방식이라고 대답할 수밖에 없다.

이 때문에 현·당대 신유가들은 '내재'와 '초월'은 결코 직접적으로 대립되는 것이 아니라고 주장하였다. '초월'(신성)은 동시에 '내재'적일 수 있는 것이다. 바꾸어 말하면 초월의 가치이상에 대한 추구는 인간의 몸을 닦아(修身) 덕을 쌓음으로써(增德) 속세의 인연으로 충만한 인간세상에서 실현할 수 있다. 반대로 육합六合(즉 천지와 사방) 밖의 일에 대하여 "성인은 그대로 놓아둘 뿐 말하지 않는

---

23) 『논어』, 「안연」, "爲仁由己."
24) 『맹자』, 「이루상」.
25) 『맹자』, 「진심상」.
26) 余英時 저, 辛華·任菁 편, 『내재적 초월의 길』(中國廣播電視出版社, 1992), 제12~13·111쪽 참조.

다"(聖人存而不論). 이러한 초월은 분명하게 서양의 초월과 다른 점이 있다. 인식론적인 의미에서의 실증주의 방식의 '실증'이 필요하지도 않고 구하기가 매우 어려우며 유자들이 몸으로 힘써 행하고 스스로 몸소 깨닫고 증명하고 믿어야한다. 내재와 초월의 관계에 대하여 유술선은 유한과 무한의 관계에 비유하여 설명하였다. "유한(내재)과 무한(초월)은 일종의 서로 대립하지만 또한 통일되는 변증법적 관계이다. 우리들의 책임은 바로 현대적인 특수한 조건으로써 무궁하고 예측하기 어려운 천도를 표현해 내는 것이다. 이렇게 우리가 '리일분수'에 새로운 해석을 부여하였을 때 전통과 현대를 연결할 수 있는 길을 찾을 수 있다."27) 이렇게 '초월'과 '내재'의 통일성은 유학의 이론적인 결함이 아닐뿐더러 오히려 현대의 문명을 연결하는 중요한 사상적 자원이 되었다.

『중국유교사』 자서에서 이신은 학계에서 장기간 논의하였던 천인관계는 사실상 옛사람들의 마음속에서는 신인神人 관계였음을 명확하게 제기하였다. 최초에 중국의 종교와 세계의 기타 원시종교는 결코 다른 점이 없었지만, 상주商周가 바뀌는 때에 이르러서 사회생활 속의 일부 중대한 사건이 주나라 사람들로 하여금 "하늘이 사나운 것이 아니라 사람들이 스스로 허물을 부른 것"28) 즉 인간의 운명이 사실상 자신의 행위에 의하여 초래된 것임을 의식하게 하였다. 이것이 바로 무신론적임을 의미하는 것인가? 이신은 이렇게 주장하였다. "훗날 사람들이 중국의 고대 사람들이 인간의 운명은 자신에 의하여 만들어졌다고 논의한 부분을 보았을 때 흔히 그들을 무신론자라 오인하였는데, 사실상 그들의 의식 속에서 자신들의 행위는 단지 자기 운명의 선결 조건이고 상제나 귀신의 비위를 맞추기 위한 필요한 조건이며 결과가 어떠할지는 상제에 의하여 결정되어

---

27) 劉述先, 「리일분수의 현대적 해석」, 『이상과 현실의 갈등』(대만학생서국, 1993), 제173쪽, "有限(內在)與無限(超越)有著一種互相對立而又統一的辯證關系, 我們的責任就是要通過現代的特殊的條件去表現無窮不可測的天道. 這樣, 當我們賦予理一分殊以一全新的解釋, 就可以找到一條接通傳統與現代的道路."
28) 『상서』, 「주고」, "天非虐, 唯民自速辜."

제9장 종교적 함의   477

야 하는 것이었다."29) 자신의 운명을 자기가 주재하는 것은 분명하지만 그렇다고 무신론은 아니다. 이러한 사상적 단서가 유교 발전의 처음부터 끝까지 줄곧 관통되어 있기 때문에 '유교는 종교이다'라고 하는 주장이 인사를 다하였다고(盡 人事) 하여 성립할 수 없는 것은 결코 아니다.

3. '천'과 '천인지학'

데이비드 홀, 로저 에임스는 중국 철학의 특수성을 너무 지나치게 강조하였고 심지어 중·서철학의 주요한 범주는 비교 가능성을 가지고 있지 않다고 주장하였다. 그들은 유학의 초월성을 부정하였던 다른 한 가지 중요한 원인이 바로 '천'을 유학의 핵심개념으로 간주하여 초월성을 가지고 있지 않다고 주장한 것이다. '천'이 초월성을 가지고 있지 않기 때문에 유학에는 어떠한 초월적인 참조물이 부족하였고 사람들은 반드시 그들 관계의 고상함에 의거하여 완벽한 자원으로 간주하여야 하였다. 그들은 '천'을 지속적으로 발전하는 문화에 의하여 생겨나고 축적된 정신성이라 주장하였다. 그들은 '천'에 아래와 같은 속성이 들어 있음을 입증하였다. (1) '천'은 세계가 드러난 모습이기도 하고 어떻게 이러한지의 원인이기도 하다. (2) '천'은 자연이다. (3) '천'에 사람의 모양이 있는데 이는 신화 즉 역사론의 발생, 발전 과정과 밀접한 연관이 있음을 의미하고 이러한 신화 즉 역사론은 중국 조상숭배의 기초이다. (4) '천'은 문화적으로 독특할 뿐만 아니라 지역성도 가지고 있다. (5) 마지막으로 '천'은 말을 하지 않지만 신의 계시(神諭)와 영혼의 드러남(顯靈), 천재지변 등을 통하여 인간과 교류를 진행할 수 있다.30)

---

29) 李申, 『중국유교사』 상권(상해인민출판사, 1999), 제46쪽.
30) 데이비드 홀·로저 에임스, 施忠連 역, 『한 철학사유의 문화적인 근원을 찾다』(강소인민출

여기서 '천'의 근원적이고 신적인 의미는 결코 마땅한 주목을 받지 못하였다. 주지하다시피 '천'은 중국 사람들의 마음속에서 자연계를 가리킬 뿐만 아니라 사람들의 생활에 대하여 중요한 영향을 발휘하는 근원적인 존재였다. 자고로 '하늘이 큰 덕을 돕고'(天佑大德) '덕으로써 하늘과 짝이 된다'(以德配天)는 말이 있었다. 중국 역대의 왕조 정권은 모두 하늘로부터 명령을 받은 것이라 여겼고 사서에서는 하늘의 명령을 받은 군주가 탄생할 때 거의 대부분 여러 가지 기적이 출현하였다고 기재하고 있다. 농업에서의 수확과 전쟁 중에도 번번이 하늘의 도움이 있었다. 유가로 놓고 말하면 '천'은 역시 의지가 있었고 인간이 통제할 수 없는 신비한 힘을 대표하였다. 공자는 곤경에 직면하고 훌륭한 제자 안회가 죽었을 때 '천'에 대하여 감탄을 표시하였다. 『예기』「교특생郊特牲」에서는 이렇게 말하였다.

> 만물은 하늘에 근본을 두고 인간은 조상에 근본을 둔다. 이것이 조상을 상제에 배향하는 이유이다.[31]

『예기』「예운」에서는 사람의 일은 하늘을 근본으로 한다고 주장하였다. "예는 반드시 하늘에 근본을 두고" "정치도 반드시 하늘에 근본을 두며", 뿐만 아니라 "성인이 일어나려면 반드시 천지를 근본으로 한다".[32] 사람의 운명은 비록 사람의 일과 수양에 의거하지만 실현 가능성의 여부 및 실현의 정도는 또한 전적으로 사람 자신에 의하여 결정되는 것이 아니다.

『상서』, 『시경』, 『좌전』에는 종교적이고 신적인 의미 혹은 권위적인 의미의 인격신의 '천'의 자료들이 적지 않게 보존되어 있다. 『시경』에는 또한 사람들이

판사, 1999), 제250~251쪽 참조.
31) 萬物本於天, 人本於祖, 此所以配上帝也.
32) "禮必本於天.", "政必本於天.", "聖人作, 則必以天地爲本."

권위적인 의미의 인격신의 '천'을 의심하는 자료들이 적지 않게 보존되어 있다.

『논어』에서 '천'과 관련된 견해도 비교적 복잡하다. 종교적이고 신적인 혹은 주재적인 의미의 '천'이 있고, 형이상의 '천'이 있으며, 도덕적인 의리의 '천'이 있고, 자연적인 '천'이 있으며, 우연적인 운명의 '천'도 있다. 아래에 『논어』에서의 '천'에 대하여 보다 자세하게 논의하도록 한다.

첫째는 운명의 '천'이다.

> 사마우司馬牛가 근심하며 말하였다. "남들은 모두 형제가 있는데 나만 홀로 아무도 없다." 자하가 말하였다. "내가 듣건대 사생은 명이 있고 부귀는 하늘에 달려 있고 하였다. 군자가 경건하여 실수가 없고 남에게 공손하고 예를 지키면 온 세상 사람이 모두 형제이다. 군자가 어찌 형제 없음을 근심하겠는가?"[33]

공자의 제자 사마우가 걱정하며 말하기를 남들은 모두 형제가 있는데 자기만 유독 없다고 하였다. 그러자 자하가 말하기를, 자기가 들은 바에 의하면 사람의 생사, 부귀는 운명을 따르고 하늘의 안배에 의거하는 것으로, 군자가 엄숙하고 일에 전념하며 겸손하고 예를 지키면 사해 안에서 도처에 모두 형제가 있게 되니 어찌 형제가 없음을 근심하는가? 하였다. 전문으로부터 보면 자하는 결코 운명의 설을 믿지 않았다. 하지만 그가 인용한 "사생은 명이 있고 부귀는 하늘에 달려 있다"는 말에서 '천'과 '명'에는 모두 우연적인 운명의 의미가 들어 있다.

둘째는 자연적인 '천'이다.

---

33) 『논어』, 「안연」, "人皆有兄弟, 我獨亡.", "商聞之矣: 死生有命, 富貴在天. 君子敬而無失, 與人 恭而有禮. 四海之內, 皆兄弟也―君子何患乎無兄弟也?"

공자가 말하였다. "나는 아무 말도 하고 싶지 않다." 자공이 말하였다. "선생님께서 말을 안 하면 우리는 무엇을 전술합니까?" 공자가 말하였다. "하늘이 무슨 말을 하더냐? 그 안에서 사계절이 운행하고 만물이 생장하지만 하늘이 무슨 말을 하더냐?"[34]

공자가 말하지 않는 가르침을 행하였다. 자공이 선생님이 말씀하지 않으면 우리 제자들이 어떻게 선생님의 사상을 계승하고 연속하는지 물었다. 공자가 말하기를, 하늘도 말을 하지 않고 명령을 내리지 않지만 사계절이 그대로 운행하고 만물이 그대로 생장한다. 하늘이 무엇을 말하였는가? 하였다. 여기서 '천'은 자연의 하늘을 가리킨다.

셋째는 도덕적인 의리의 '천'이다.

하늘에 죄를 지으면 빌 곳이 없다.[35]

위령공의 권신 왕손가王孫賈는 공자에게 위령공에게 아부하기보다는 자신에게 아부하는 것이 나음을 암시하였다. 이에 공자가 이렇게 말하였던 것이다. 공자의 뜻은 만약 나쁜 일을 하여 하늘에 죄를 지으면 다시 기도할 필요도 없고 어떤 사람에게 아부하여도 안 된다는 것이다. 여기서 공자는 하늘의 권위를 인정하는 동시에 이 구절의 말을 통하여 사람들의 행위가 만약 하늘(천리)에 부합되지 않으면 기도하여도 소용이 없음을 나타내었다. 따라서 여기서 말하는 '천'은 도덕적인 '천' 혹은 의리의 '천'을 말할 수 있다. '천'은 하나의 아첨할 수 있는 대상이 아니라 가치의 근원이다.

---

34) 『논어』, 「양화」, "子曰: 予欲無言. 子貢曰: 子如不言, 則小子何述焉? 子曰: 天何言哉? 四時行焉, 百物生焉. 天何言哉?"
35) 『논어』, 「팔일」, "獲罪於天, 無所禱也."

공자가 말하였다.

하늘이 내게 덕을 주셨는데 환퇴가 나를 어찌겠는가?[36]

환퇴는 바로 송宋나라의 사마상퇴司馬向魋이고 송환공宋桓公의 후예이다. '기其'
는 추측을 나타내는 어조사이다. '기여여하其如予何'는 또한 나를 가지고 어찌겠는
가? 이다. 공자와 제자들이 송나라에 이르러 송나라의 사마상퇴가 공자를 해치려
고 하자 공자는 태연자약하게 처신하면서 말하기를 "하늘이 이미 나에게 이러한
아름다운 덕을 부여하였는데 환퇴인들 그런 나를 또 어찌하겠는가?"라고 하였다.
여기서 '천'은 이미 '주재지천主宰之天'의 천제가 아니고 '의리지천義理之天'의 천도
이다. 공자는 덕이 있음을 자신하였는데 덕은 하늘에서 온 것이다.

**넷째는 자연적인 '천'과 도덕적인 의리의 '천'이 교차하여 통합된, 순수하
게 자연적이지도 않고 순수하게 도덕적이지도 않은 '천'이다.**

'천'에는 창조정신이 있고 만물창조의 근원이다. 하지만 강제로 간섭하는
방식이 아니라 '묵운默運'의 방식을 취하였다. '천'의 이러한 풍격은 인류에게도
부여되었고 특히 성인에게 부여되었다.

공자가 말하였다. "위대하도다! 요의 임금다움이여. 거룩하도다! 오직 하늘만이
위대하고 오직 요임금만이 견줄 수 있다. 까마득하도다! 백성은 말로 다 표현할
수 없었다. 거룩하도다! 그가 이룬 성공이여. 찬란하다! 그가 이룬 문물법도여."[37]

공자가 말하였다. "무위하며 다스린 사람이 순임금이다! 무슨 일을 할 필요가

---

36) 『논어』, 「술이」, "天生德於予, 桓魋其如予何?"
37) 『논어』, 「태백」, "子曰: 大哉! 堯之爲君也. 巍巍乎! 唯天爲大, 唯堯則之. 蕩蕩乎! 民無能名焉.
巍巍乎! 其有成功也. 煥乎! 其有文章."

있겠는가. 자신을 단정하게 하고 남면하셨을 뿐이다!"[38]

이는 요임금과 순임금이 하늘을 법칙으로 삼고 무위하면서 다스렸음을 말하는 것이다. 공자는 요임금과 순임금이 '천'의 비인격적인 관념을 발휘하였음을 찬양하였다. 노魯나라 애공이 "군자가 어찌하여 천도를 귀하게 여기는가"(君子何貴乎天道)라고 묻자 공자는 이렇게 대답하였다. "그치지 않음을 귀하게 여기는 것이다.…… 인위적으로 함이 없어도 물건이 이루어지는 것이 바로 천도이다."[39] 여기서는 '천'의 의지가 자연과 인사人事에 대한 간섭을 볼 수 없고 '무언無言', '무위無爲'의 자연의 '천'과 '천도'는 자신의 질서에 근거하여 운행하고 만물을 생성하고 기른다. 동시에 이러한 '천'은 성인의 본보기이고 도덕적인 근원과 근거이다.

다섯째는 종교적이고 신적인 혹은 주재적인 의미를 보존하고 있는 '천'이다.

공자도 평범한 사람이었고, 가끔은 화도 내고 불평을 부리며 하늘을 부르고 한탄하기도 하였다. 한번은 공자가 큰 병이 나자 자로가 비공식적으로 공자의 문인들을 조작하여 상을 치를 곳을 계획하였다. 하지만 당시의 예제에 근거하면 제후의 신분이 있는 사람만이 상을 치르는 곳에서 후사를 처리할 수 있었고, 일부 경대부들이 분에 넘치게 이 예를 행하였다. 공자는 병이 나은 뒤에 자로의 허위로 꾸미고 예제에 위배되는 행위에 대하여 불만을 표시하였다.

내가 누구를 속이겠는가, 하늘을 속이겠는가![40]

---

38) 『논어』, 「위령공」, "子曰: 無爲而治者, 其舜也與! 夫何爲哉, 恭己正南面而已矣!"
39) 『예기』, 「애공문」, "貴其不已……無爲而物成, 是天道也."
40) 『논어』, 「자한」, "吾誰欺, 欺天乎!"

내가 누구를 기만하겠는가? 하늘을 기만하겠는가?

한번은 공자가 위령공의 부인 남자南子를 만났는데 남자가 명성이 좋지 않은 것을 보고 자로가 기뻐하지 않았다. 그러자 공자가 맹세하면서 말하였다.

내가 잘못했다면 하늘이 버릴 것이다! 하늘이 버릴 것이다!41)

나에게 만약 잘못이 있다면 하늘이 나를 싫어할 것이다. 하늘이 나를 싫어서 버릴 것이다. 하늘이 나를 싫어서 버릴 것이다!

공자는 이렇게 말하였다.

하늘도 원망하지 않고 사람도 탓하지 않으며 아래로 인간사를 공부하여 위로 통달한다. 나를 알아줄 이는 아마도 하늘일 것이다!42)

황간皇侃이 말하였다.

하학은 인간사를 배우는 것이고 상달은 천명에 통달하는 것이다. 내가 이미 인간사를 공부하였으면 인간사에 불운과 행운(길과 흉)이 있음을 알기 때문에 남을 탓하지(책망하지) 않는다. 위로 천명에 통달하면 천명에 빈곤과 현달이 있음을 알기 때문에 하늘을 원망하지 않는다.43)

공자는 자신이 하늘을 대신하여 유가의 문화를 계승하는 사명을 짊어지고 있다고 주장하였다. 다른 사람의 눈에 이러한 사명감은 "안 되는 줄 알면서도

---

41) 『논어』, 「옹야」, "予所否者, 天厭之! 天厭之!"
42) 『논어』, 「헌문」, "不怨天, 不尤人, 下學而上達. 知我者其天乎!"
43) 下學, 學人事; 上達, 達天命. 我旣學人事, 人事有否有泰(有吉有凶), 故不尤人(責備人). 上達天命, 天命有窮有通, 故我不怨天也.

행하려는"(知其不可而爲之) 현실에 맞지 않는 것이기 때문에 공자는 "나를 알아줄 이는 아마도 하늘일 것"이라고 탄식하였다.

이상의 여러 자료에서 공자가 하늘을 부르고 한탄하기도 하였는데, 물론 하늘을 주재의 의미, 의지가 있는 신령의 의미로서 인식하였다. 하지만 진짜로 하늘 혹은 하늘의 의지가 사람을 주재한다고 여긴 것이 아니라 다만 하늘을 빌려 잠시 스스로 자기를 위로하거나 감정을 토로한 것이다.

공자가 광에서 위협을 당했을 때 이렇게 말하였다.

> 문왕이 이미 돌아갔지만 그 문물제도는 이 몸에 있지 않은가? 하늘이 이 문물제도를 없애려 하였다면 뒤에 죽을 우리는 아예 문물제도를 접하지 못하였을 것이다. 하늘이 이 문물제도를 없애려 하지 않았는데 광 땅 사람들이 감히 나를 어쩌겠는가![44]

공자가 위衛나라를 떠나 진陳나라로 갈 때 광 땅을 거치게 되었다. 노魯나라 양호가 광 땅 사람들에게 포악한 짓을 저질러 광 사람들은 양호를 증오하였는데, 공자의 모습이 양호와 비슷하여 공자를 양호로 오인하였고 구금하였다. 공자는 자신이 하늘의 명을 받아 문무·주공의 도를 계승하였다고 주장하였다. 공자는 '덕'에 대한 자신이 있었을 뿐만 아니라 '문'에 대한 자신도 있었기 때문에 감히 주문왕이 죽은 뒤에 문화정신유산이 모두 이 몸에 있지 않은가 말하였다. 하늘이 만약 이러한 문화를 없애려고 한다면 자신도 이러한 문화를 장악하지 못하였을 것이다. 하늘이 만약 이러한 문화를 없애려 하지 않는다면 광 땅 사람들이 또한 나를 어찌할 수 있겠는가? 하였다. 이는 유가의 "앞서간 성현들을 위하여

---

44) 『논어』, 「자한」, "文王旣沒, 文不在茲乎? 天之將喪斯文也, 後死者不得與於斯文也; 天之未喪斯文也, 匡人其如予何!"

끊어진 학문을 잇는"(爲往聖繼絶學) 문화적인 책임정신의 전형적인 표현이다. 공자의 한 몸은 문화 중국의 안위와 관련되고, 공자는 문화의 운명을 위탁받은 사람이다! 여기서 '천'은 하늘로부터 명령을 받은 '천명'이다. 중국의 문물제도가 없어지지 않은 것은 나름의 도리가 있었기 때문에 여기서는 형이상의 하늘의 이명理命이다.

대개 바로 이러한 배경이 있었기 때문에 공자는 이렇게 말하였다.

지사와 어진 이는 삶을 탐하여 인을 해치지 않고 몸을 죽여 인을 이룬다.[45]

이는 일종의 도에 임하여 세상을 구하는(任道救世) 정신이다. 이천오백여 년 이래 중화민족의 지사와 어진 사람들은 모두 이러한 헌신정신이 있었다. 증자는 이렇게 말하였다.

선비는 너그럽고 군세지 않으면 안 되는데 임무는 무겁고 갈 길은 멀기 때문이다. 인의 실현을 자신의 임무로 삼으니 무겁지 않겠는가? 죽은 다음에야 그만두니 멀지 않겠는가?[46]

'홍의弘毅'는 드넓고 군센 것이다. 주희는 너그럽지 않으면 중임을 감당하지 못하고 군세지 않으면 멀리 도달할 수 없다고 하였다. '인이위기임仁以爲己任'은 인을 자신의 임무로 삼고 인도人道로써 자임하는 것이다.

사람이 사람으로 되려면 초월적인 염원 즉 궁극적인 최후의 관심, 생명을 지탱하는 신앙, 신념이 없을 수 없다. 공자는 삼대 대전통의 천명 관념을 계승하였다. 예를 들면, "군자는 세 가지를 경외하는데 천명을 경외하고 대인을 경외하며

---

45) 『논어』, 「위령공」, "志士仁人, 無求生以害仁, 有殺身以成仁."
46) 『논어』, 「태백」, "士不可以不弘毅, 任重而道遠. 仁以爲己任, 不亦重乎? 死而後已, 不亦遠乎?"

성인의 말씀을 경외한다"⁴⁷⁾라고 하였다. 공자는 한편으로 하늘의 신비성과 하늘, 천명에 대한 신앙, 경외심을 보류하였고, 다른 한편으로는 주나라의 천제, 천명이 단지 천자, 제후, 대부 등의 귀족계급과 관련이 있다는 주장을 수정함으로써 군자들이 직접적으로 천제와 대면하고 인생의 길에서 '천명을 경외하고'(畏天命) 나아가 '천명을 알게끔'(知天命) 하였는데, 이는 바로 개인이 가지고 있는 종교적인 요구를 긍정한 것이다.

그렇다면 공자는 무엇 때문에 하늘에 대한 신앙과 천명에 대한 경외를 반복적으로 표명하려고 한 것인가? 여기서 '천'은 인간의 유類적 본질과 유적 특성과 관련되는데 우선은 종교성과 도덕성이다. 공자는 생명의 과정과 체험을 통하여 천명과 사람의 자유 사이의 관계를 인식하였다. "나는 열다섯에 학문에 뜻을 두었고, 서른에 자립하였으며, 마흔에 미혹되지 않았고, 쉰에 천명을 알았으며, 예순에 귀에 거슬림이 없었고, 일흔에 마음이 하고 싶은 대로 좇아 행하여도 법도에 어긋남이 없게 되었다."⁴⁸⁾ 상고시기 종교에 대한 개조에서 공자는 바로 초월적인 것과 내재적인 것을 결합시켰다. 만약 '명命'이 단지 외재적인 운명이라면 '천명'은 흔히 내재적인 것에 관계되는 것이다. 생활과 세상의 외재적인 힘을 제어할 수 있고 또한 인간의 내재적인 본성을 전면적으로 발전시킨 사람, 일정한 생명의 체험을 쌓은(예를 들어 50세쯤) 사람이야말로 비로소 하늘이 인간에게 부여한 본성, 본분을 점차적으로 깨닫고 매 사람의 운명 혹은 한계를 직접 대면한다. 또한 천도, 천명과 도덕적인 인격모범에 대하여 경외하는 바가 있고, 생명의 의의와 죽음의 의의를 적극적으로 추구하며, 도탄에 빠진 백성을 구제하고 널리 베풀어 뭇사람을 구제하며(博施濟衆) 자신을 닦아 남을 편안하게 하고(修己安人) 몸을 죽여 인을 이루는 것(殺身成仁)을 포함하여 자신이 책임져야 할 모든

---

47) 『논어』, 「계씨」, "君子有三畏, 畏天命, 畏大人, 畏聖人之言."
48) 『논어』, 「위정」, "吾十有五而志於學, 三十而立, 四十而不惑, 五十而知天命, 六十而耳順, 七十而從心所欲不逾矩."

것을 용감하게 짊어진다. 이는 바로 하늘을 주재로 하던 것을 사람을 주재로 하는 것으로 전환한 것이다. 죽음의 위협에 직면하여 공자는 태연하게 말하기를 "하늘이 내게 덕을 주셨는데 환퇴가 나를 어쩌겠는가?", "하늘이 이 문물제도를 없애려 하지 않았는데 광 땅 사람들이 감히 나를 어쩌겠는가!" 하였다. 이는 천명론의 문제에 반드시 있어야 할 정의(應有之義)이다. 이는 공자에게 있어서 천명론은 피동적이고 숙명적인 것이 아님을 설명한다. 반대로 도가 있는 군자는 하늘에서 내려준 큰 임무(大任)와 큰 명령(大命)을 자신의 책임으로 삼고 한 몸의 정의로운 기운으로써 천하 흥망의 책임, 문화 중국의 안위와 인문 전통의 연속과 연계시킨다. 이것이 공자 및 공자 이후의 대사상가, 대유와 지사, 어진 사람들의 풍격이다. 이것이 바로 궁극적인 책임의식이다!

공자는 초월적인 하늘에 대한 경외와 주체에 내재된 도덕적인 법칙을 결합시켰고 종교성을 내재적인 도덕성으로 전환시켰다. 하늘은 인간에게 선량한 본성을 부여하였고 하늘은 아래로 인간의 심성에 관통되었다. 하늘은 인간의 신앙대상이고 모든 가치의 근원일 뿐만 아니라 또한 사람이 위로 도달할 수 있는 경지였다. 사람은 자신의 천성을 근본으로 하여 도덕적인 실천공부 속에서 내재적으로 이러한 경지에 도달할 수 있다. 이것이 바로 "아래로 인간사를 공부하여 위로 통달한다"(下學而上達)는 것이다. 이는 기본적으로 공자의 '성性과 천도'의 사상이다. 『논어』「공야장」에서는 이렇게 적고 있다.

> 자공이 말하였다. "선생님의 문장은 알아들을 수 있지만 선생님이 성과 천도를 언급한 것은 알아들을 수 없었다."[49]

자공의 뜻은, 공자의 문헌에 관한 학문은 제자들이 모두 알아들을 수 있지만 '성과 천도'에 관한 논의는 제자들이 쉽게 알아들을 수 없었다는 것이다. '불가득

. 49) 子貢曰: 夫子之文章, 可得而聞也; 夫子之言性與天道, 不可得而聞也.

이문不可得而聞'은 들었지만 이해하지 못하는 것인데, 평소에 우리가 말하는 '들어도 들리지 않는 것'(聽而不聞)이다.

공자는 인간사의 활동 특히 도덕적인 활동에서 천명을 인식하여야 함을 강조하였다. 이래야만 비로소 "하늘을 원망하지 않고 남을 탓하지 않는다."[50] 바로 생명에 이러한 초월의 근거가 있기 때문에 유자는 적극적으로 유위하는 책임의식과 생사를 초월하는 대범한 태도가 있게 되었다.

> 사람이 도를 넓히는 것이지 도가 사람을 넓히는 것이 아니다.[51]

> 아침에 도를 들으면 저녁에 죽어도 좋다.[52]

> 삶도 잘 모르는데 어찌 죽음을 알겠는가.[53]

> 삼군의 장수는 빼앗을 수 있어도 필부의 뜻은 빼앗을 수 없다.[54]

> 뜻을 굽히지 않고 몸을 욕되게 하지 않는다.[55]

이로부터 유가의 인격존엄에 대한 중시, 강조와 옹호를 알 수 있다. 공자의 사상은 헤겔이 『역사철학강의』에서 말한 바와 같이 그저 일부 속세의 윤리 혹은 상식적인 도덕이 결코 아니다. 위에서 말한 것처럼 공자의 인성, 천명, 천도의 사상에는 심각한 철학적인 형이상학과 종교적인 궁극적 관심의 내용이

---

50) 『논어』, 「헌문」, "不怨天, 不尤人."
51) 『논어』, 「위령공」, "人能弘道, 非道弘人."
52) 『논어』, 「이인」, "朝聞道, 夕死可矣."
53) 『논어』, 「선진」, "未知生, 焉知死."
54) 『논어』, 「자한」, "三軍可奪帥也, 匹夫不可奪志也."
55) 『논어』, 「미자」, "不降其志, 不辱其身."

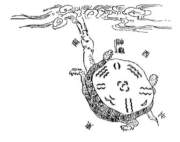

전설 중의 하도   전설 중의 낙서

들어 있다.

　공자에게 있어서 '천'은 초월적인 하늘(종교적인 의미의 궁극적은 귀착점), 도덕적인 하늘(도덕적인 의미의 질서와 법칙), 자연적인 하늘(자연적인 변화의 과정과 법칙), 우연적인 운명의 하늘 등 부동한 함의가 있다. 그는 하늘의 초월성, 도덕성을 긍정하는 동시에 하늘을 자연적인 창조의 힘으로 간주하였다.

　이신의 『중국유교사』에서는 어떻게 서술하였는가? 그에 의하면, 역사적으로 '하도河圖', '낙서洛書'가 바로 하늘의 의지의 표현이라 전해지는데, 누가 하도, 낙서를 받아들일 수 있으면 바로 천명을 받아들였다는 의미라고 할 수 있다. 여러 가지 좌절과 추구를 겪은 뒤 만년에 이르러서 공자는 비로소 감탄을 발표하였다.

　봉황이 날아오지 않고 황하에서 그림이 나오지 않으니 나는 끝이로구나![56]

　공자가 아무리 몸을 닦고 덕을 쌓아도 여전히 제왕의 권력을 상징하는 봉황이 날아오지 않고 황하에서 그림이 나오지 않으면 증거로 되기에 부족하였다. 하지만 '천'은 통제할 수 없는 힘을 대표하기 때문에 언제나 사람들의 사회생활에

---

56) 『논어』, 「자한」, "鳳鳥不至, 河不出圖, 吾已矣夫!"

영향을 주고 결정할 수 있었다. 따라서 한대에 유술儒術이 크게 성행한 뒤 '천'은 때때로 사람과 여러 가지 관계를 발생하였고 한대의 사회와 정치생활을 좌우지하였다. 양한雨漢시기에는 대량의 도참圖識과 위서緯書가 출현하였는데, 이신은 한대 유학의 유기적인 구성 부분에 속한다고 주장하였다. 한대의 전반적인 사상과 정치생활로부터 볼 때 도참과 위서는 유경儒經의 보충이었고, 유경이 일찍이 제기하지 못하였던 것을 제시함으로써 유경이 일으킬 수 없는 작용을 발휘하였다. 맹자는 일찍이 "오백 년에 반드시 왕자가 나온다"[57]고 공언하였고, 『중용』에서는 "대덕이 있는 자는 반드시 천명을 받는다", "대덕이 있는 자는 반드시 자리를 얻는다"[58]라고 하였다. 하지만 이는 단지 예언일 뿐으로, 경서에서는 누구에게 덕이 있는지 설명하지 않았고 누가 황제로 되어야 하는지도 지적하지 않았다. 일찍이 한대가 흥성하기 전에 진승陳勝(?~BC 208, 진나라 말년 농민봉기를 이끈 인물 중의 하나)은 "왕과 제후, 장수와 정승의 씨가 어디 따로 있겠는가"(王侯將相寧有種乎)라며 의문을 제기하였고, 유방은 한 필부로서 천하에 군림하였는데 마땅히 어떻게 해석하여야 하는가? 이러한 배경에서 유생들은 현실에 대하여 합리하게 해석하고 통치자의 이익에 어긋나지 말아야 할 뿐만 아니라, 또한 유경의 기본 원칙도 준수하여야 하였기 때문에 기세 드높은 신神 만들기 운동이 출현하였다. 그리하여 유온劉媼이 길에서 신령을 만나 임신하여 유방을 낳았다는 설법이 생겨나게 되었다. 그 뒤로 왕망이 한나라를 찬탈하고 광무시기에 중흥한 것 모두 여러 가지 부명符命과 기적과 함께 출현하였다. 장각張角의 농민군 봉기마저도 신의 타이름(神諭)이 있는 것으로 받들었다. 사실상 양한시기에 유행하였던 천하의 도참은 대부분 유생에 의하여 만들어진 것이었다. 물론 '천'의 의지는 어떤 사람을 황제가 되게 하기 위하여 현실에 대하여 중요한 영향을 발생하였을 뿐만 아니라 정치를 장악한 통치자가 지나치게 방탕함에 대하여 훈계하였고

---

57) 五百年必有王者興.
58) "大德者必受命.", "大德者必得其位."

여러 가지 재해도 빈번하게 출현할 수 있었다. 하늘의 의지는 끊임없이 영험을 나타내었는데 한漢대뿐만 아니라 내우외환內憂外患으로 충만한 북송시기의 진종, 휘종 때에도 늘 출현하였다. 당시에 하늘의 의지를 대표하는 '천서天書'가 여러 차례 강림하였고 일국의 군주와 신하들은 일종의 과열적인 정신상태에 빠졌다. 이러한 현상들은 지금의 사람들이 보기에는 매우 분명한데, 어떠한 정권의 교체를 위하여 합리하게 논증하거나 혹은 통제 불능인 정권을 제압하기 위하여 반드시 사람 밖의 신비한 힘을 빌려야 하였다. 하지만 지금의 사람들을 놓고 볼 때 더욱 중요한 것은 우매함과 황당함을 제기함에 있는 것이 아니라 당시의 사람들이 자각하기 어려웠던 곤경을 인식하는 것에 있다. 왜냐하면 그들이 신봉하였던 경서는 이론과 실천면에서 종종 많은 역사와 인생의 비밀을 해석할 수 없었다. "대덕이 있는 자는 반드시 천명을 받는다"는 것은 정치적으로 아름다운 이상이라 간주할 수 있지만 누가 대덕이 있는 자인가? 어떤 방법으로 덕행의 높고 낮음을 검증하는 것인가? 대덕이 있는 자는 덕을 잃은 군주에 직면하여 어떻게 대신 그 자리를 차지하는가? 덕을 잃은 군주 몇몇이 스스로 자신이 덕이 없음을 자각하여 기꺼이 황제의 보좌를 내려오는 것인가? 이러한 문제는 모두 경서에서 해답을 줄 수 없는 것이다. 실천 상에서 이미 유가에서 우러러 받드는 탕왕과 무왕의 역취逆取가 있었고, 왕망王莽, 조비曹丕, 사마소司馬昭, 조광윤趙匡胤 등을 위하여 시작을 열어 주었다. 유생 출신이었던 왕망은 부지런하고 배우기를 좋아하였고 어머니에게 효도하고 과부가 된 형수를 존경하였으며, 일반적인 부잣집 자식들이 닭싸움이나 시키고 개나 달리게 하는 것에 속하지 않았다. 적어도 표면적인 행적으로부터 그가 소인임을 보아낼 수 없었고 스스로 몸을 닦고 덕을 쌓는다고 생각하였으리라 믿어진다. 한나라의 조정이 날이 갈수록 기울어지는 상황에서 그에게 필요하였던 것은 단지 하늘의 의지가 드러나는 것뿐이었다. 물론 하늘의 의지는 영혼을 드러낸다. 그렇다면 여기서 그와 이러한 영혼이 드러난 '하늘의 의지' 사이의 관계를 어떻게 파악할지의 문제가 생긴다. 도참을 조작한 사람들의 도참 자체에 대한 경건한 신앙을 우리는 함부로 의심할 수 있는가?

이에 대하여 『중국유학사』에서는 납득할 만한 분석을 제시하였다. 이러한 하늘을 대신하여 말을 세우고자 시도하는 사람을 놓고 말하면 "아무도 모두 천명을 의심하지 않지만 구체적인 상서로운 부명符命에 대하여 어떻게 해석하고 서로 모순되는 부명과 참언에서 도대체 어느 것을 신봉할지는 본인의 이익에 의하여 결정되었다. 자신에게 유리한 신의 계시만을 믿고 자신에 불리하고 남에게 유리한 신의 계시를 부인하는 것은 흔히 볼 수 있는 종교 신앙 현상이다.……이러한 상황은 신봉자 자신의 이익이 서로 모순된 결과물이지 신앙의 경건 여부 혹은 신앙의 진실 여부의 표현이 아니다."[59] 종교 신앙은 본질적으로 인류가 자신의 수요를 만족시키기 위하여 자신의 추구와 이익을 실현하기 위하여 만들어 낸 환영幻影이다. 따라서 신봉자는 자신이 위조해 낸 관련된 사건에 대하여 진짜라고 믿는다. 왕망은 죽을 때 그의 부명을 품에 안고 있었고, 송휘종宋徽宗은 이족의 포로로 전락하였을 때 여전히 도포를 입고 머리에 두건(羽巾)을 두르고 있었으며 '천서'의 경건한 신봉자의 모습을 하고 있었다.

그렇다면 참위讖緯(도참과 위서)와 유교는 어떤 관계인가? 사실상 참위는 유가의 '천인지학天人之學'이 극단적으로 발전한 것에 지나지 않고 정치학설로서의 유학에 대한 일종의 확장이다. 동중서는 '천인감응'을 외쳤고, 사마천 또한 '천인지제天人之際'를 말하였는데, 사실상 그들이 말한 '천'은 선진유가들이 말하는 '천'과 마찬가지로 자연적인 의미도 가지고 있고 신적인 의미도 가지고 있다.[60] 이러한

---

59) 李申, 『중국유교사』 상권(상해인민출판사, 1999), 제440쪽, "誰都不懷疑天命, 但是對於具體的祥瑞符命如何解釋, 相互矛盾的符命讖言究竟信奉哪些, 則決定於本人的利益. 相信有利於自己的神諭, 否認不利於自己而有利於他人的神諭, 是常見的宗教信仰現象.……這種狀況, 是信奉者自身利益相互矛盾的產物, 而不是信仰是否虔誠或信仰是否眞實的表現."

60) 李杜는 선진시기의 천도관에서 '천'은 자연적인 의미와 신적인 의미를 가지고 있다고 주장하였다. 李杜, 『중국고대천도사상론』(臺灣蘭燈文化事業股份有限會社, 1992) 참조.

두 가지 의미는 서로 평행되고 교차됨이 없는 것이 아니다. 신적인 의미를 가지고 있는 '천'은 가끔 상황의 수요에 근거하여 자연적인 '천'을 통하여 표현되지 않으면 안 된다. 자연을 통하여 표현될 때(실은 자연현상에 대한 어떤 해석이고 물론 위조된 사건도 있음) 마침 천인관계는 비로소 진실하게 서로 영향을 줄 수 있다. 유가에서 하늘과 인간의 관계를 주목하였던 것은 그들이 '천인합일'을 신앙하였기 때문이다. 비록 유가에서 "인간사를 다하고 천명에 복종한다"(盡人事以聽天命)고 하지만, 한편으로 "마음을 다하고 성을 알고 하늘을 알며"61), 다른 한편으로 또 "사람을 알 것을 생각하면 하늘의 이치를 알지 않을 수 없다"62)고 하였다. 사람으로부터 하늘에 이르고 다시 하늘로부터 사람에 이르는데 논리상의 완전 폐합을 구성하는 것이 아닌가? 물론 그렇지 않다. 왜냐하면 사람으로부터 하늘에 이르는 것은 하나의 끝이 없는 실천과정이고 이상적인 상태는 '마음이 향하여 가는 것'(心向往之)일 수밖에 없다. 그렇다면 하늘로부터 다시 사람으로 돌아오는 것이 매우 복잡한 상황을 나타내지 않을 수 없다. 공자는 몸을 닦아 덕을 쌓는(修身增德) 원칙을 계승하였지만 동시에 또한 "아는 것은 안다고 하고 모르는 것은 모른다"(知之爲知之, 不知爲不知)고 하였고 천명과 인사를 엄수하고 비록 몸과 마음을 다하였지만 여전히 봉황이 날아옴이 보이지 않고 황하에서 그림이 나오지 않았기 때문에 "나는 인제 끝이로구나"(吾已矣夫) 탄식하였다. 하지만 공자는 확실하게 성인이었고 그의 생명의 진실성으로부터 설명할 수 있다. 공자 이후에도 그를 본보기로 삼아 여러 가지 기적과 영혼의 드러남을 경솔하게 믿지 않는 유자가 있었다. 설령 한대라 하더라도 정흥鄭興(생몰년 미상, 양한시기의 이름 있는 유학자), 환담桓譚(BC 23~AD 56, 동한시기의 경학가, 철학자), 장형張衡(78~139, 천문학자, 남양 오성 중의 한 사람) 등 사람들은 참위를 분명하게 반대하였고 황당무계한 설이라 질책하였다. 환담은 임금에게 참위를 반대함을 아뢰었다가 하마터면 목이 날아갈

---

61) 『맹자』, 「진심상」, "盡心, 知性, 知天."
62) 『중용』, "思知人, 不可以不知天."

뻔하였다. 그들은 신으로서의 하늘이 자연현상을 통하여 자신의 의지를 나타냄을 믿지 않았다. 하지만 이는 결코 그들이 근본적으로 유교의 '천인지학'을 반대하였다고 말하는 것과 같지 않다. 장형은 한편으로는 참위를 반대하였지만 다른 한편으로는 천인감응도 주장하였고 또 봉후卦候, 구궁九宮, 풍각風角 등등을 마음속으로 흠모하였다. 비록 그의 이러한 애호가 후세의 유자들로부터 소도小道(유학 이외의 학문) 말기末技(하찮은 재주)라 배척당하였지만 바로 이러한 '소도' '말기'는 여전히 "유자로서 하늘과 인간의 학문도 그의 영혼이고 사상의 핵심"[63]이었음을 설명한다.

물론 '천인감응'설에도 명확한 허점이 존재한다. 바로 이러한 허점은 후세의 유자들이 유학을 숭배하는 수준을 점차적으로 떨어지게 하였다. 한대 이후 특히 당대의 한유 이후에 유가는 다시 점차적으로 인간사로 되돌아왔고 다른 한 측면 즉, 몸을 닦고 덕을 쌓으며 인의의 도를 행하는 것을 하늘의 도움을 획득하는 기본적인 조건으로 삼고 또한 이를 나라를 다스리는 근본으로 삼는 측면을 발전시켰다. 이러한 사상은 후에 유교의 기본 사상으로 되었다. 이러한 기초 상에서 일련의 천도인사天道人事, 본말체용本末體用, 리기심성理氣心性의 이론을 발전시켰다. 이러한 사상노선은 공·맹으로 되돌아가면 바로 『논어』, 『맹자』, 『대학』, 『중용』의 사서에서 힘써 나타낸 유가의 심법이다. 따라서 송대의 유자들이 사서를 유학 문하의 교과서로 간주하고 참위를 미신으로 여기는 것은 유교가 성숙된 형태임을 반영하였다. 하지만 이는 도참, 부명의 설과 유교가 결코 관련이 없음을 설명할 수 없고 송명리학이 상제를 떠받들지 않는다고 말하는 것과 같지 않다. 주자가 보기에 "저 창창한 하늘이 바로 의리의 천이고 이러한 하늘은 바로 상제이며 우리가 말하는 종교적인 천이다. 그는 단지 하늘을 사람과 형태가 같은 상제로 여기지 않을 뿐이다."[64] 송대의 학문에는 참위와 같은 부류의

---

63) 李申, 『중국유교사』 상권(상해인민출판사, 1999), 제561쪽, "作爲儒者, 天人之學也是他的靈魂和思想核心."

미신은 없는 듯하지만 하늘과 상제의 신적인 의미는 여전히 존재한다. 단지 상제를 떠받들 때 사용하는 구체적인 방법이 더는 하늘의 의지와 훈계에 복종하는 것이 아니라 도덕적인 주체의 심성수양을 견지하는 것이었다. 후자는 공·맹 이래의 몸을 닦아 덕을 쌓는 사상노선을 발전시켰다. 따라서 송대의 유학과 한대의 유학은 같지 않은데 사람들이 보통 주목하는 경전을 존숭하고 경전을 주석하는 것과 의리의 학문이 다른 외에 하늘과 인간이 교류하고 소통하는 방법 혹은 수단이 다르다. 한대의 유학은 하늘의 의지와 훈계를 많이 들었지만 송대의 유학은 심성의 논의에 주목하였다. 이는 물론 주류로부터 말한 것이다. 하지만 사실상 유교의 내부에는 언제나 두 가지 사상노선의 논쟁이 존재하였다. 이는 또한 한대 유학의 천인감응설이든 송대 유학의 심성본체론이든, 모두 유가의 '천인지학'이라는 큰 나무의 두 가지에 지나지 않고, 그들은 각자 모두 유가 '천인지학'의 논리적인 발전이며 득과 실 또한 유학의 이론체계 속에 내재적으로 존재함을 보여 준다. 한대 유학의 성격은 유교의 종교적인 풍격을 더욱 충분하게 나타내었고, 송대 유학의 취향은 종교로서의 유교의 유학의 특징을 더욱 분명하게 보여 주었다.

4. '교화지교'와 '신앙지교'

종교는 본래부터 교화의 기능을 가지고 있지만 더욱이 일종의 초이성적인 신앙이다. 유교의 특수성 때문에 유교의 교화작용은 더욱 분명하게 표현되었고 개인적인 내면 수양의 측면으로서 사회적인 기능 안에서 서로 어울려 돋보인다. 장재張載(橫渠)의 절구絕句—"천지를 위하여 마음을 세우고 생민을 위하여 도를

---

64) 李申, 『중국유교사』 하권(상해인민출판사, 2000), 제386쪽, "那蒼蒼之天卽義理之天, 這樣的 天, 也就是上帝, 卽我們所說的宗敎之天. 他只是不認爲天是一個和人同形的上帝."

세우며 앞서간 성현들을 위하여 끊어진 학문을 잇고 만세를 위하여 태평을 연다"[65]는 이러한 측면을 유감없이 분명하게 보여 주었다. 종교심리학으로부터 보면 종교의 출현은 생명 자체의 유한적인 감정에 기초하여 생겨난 일종의 '의지'(投靠)와 '순응'(委順)의 심리상태이고 일종의 전지전능의 무한성에 대한 갈망이 바로 이러한 심리상태의 반영이다. 따라서 종교는 본질적으로 개체의 생명감정 상에서의 원만함에 대한 추구이고 유교의 몸을 닦고 덕을 쌓음은 바로 이러한 일종의 추구이다. 하지만 유교의 '내재'성 즉 입세주의는 이러한 것들을 이 단계에 머무를 수 없게 하였다. 장재의 포부는 대부분 유자들의 포부였고 취지는 분명 '외왕'학에 있는 것이다. 이는 어느 한 유자의 특성이 아니라 유가의 근본적인 신앙에 의하여 결정된 것이다. 선진先秦유가도 처음에는 주요하게 일종의 정치학설로 세상에 알려졌는데 이는 유자의 신앙이 개인적인 심령의 신앙일 뿐만 아니라 사회생활 속에서 특히 사회생활의 핵심적인 정치상에서 실현하고자 하였음을 설명한다. 따라서 인간세상을 떠나고 정치를 떠나면 유교는 역사상에 존재하였던 유교가 더는 아닐 수 있다.

한대에 유술이 크게 성행한 이래로 유학과 정치의 이론적인 논리상에서의 연계는 이미 실제적인 상호 영향 관계로 변하였다. 중국 정치에 대한 유교의 영향 또한 폭넓고 심원하였다. 제사의 측면으로부터 보면 역대 왕조의 황제들은 하늘에 제사 지내고 조상에 제사 지내는 외에 '문선왕' 공자에게 제사 지냈다. 유학의 "학문을 하면서 여력이 있으면 벼슬한다"(學而優則仕) 및 '내성외왕內聖外王'의 도는 일반적인 선비들의 기본적인 관념이고 근본적인 추구로 되었다. 수당시기에 과거제도를 형성하였고 송대 이후에는 또한 계승하고 발양하였다. 유학의 경전인 '사서', '오경'은 과거시험의 교과서가 되었다. 선비들의 이른바 '학'은 유자들이 보기에 정치의 필요한 전제였고, 정치는 학문의 귀착점이었다. '학'은

---

65) 爲天地立心, 爲生民立命, 爲往聖繼絶學, 爲萬世開太平.

바로 유가에서 강조하는 도덕적인 완벽이었다. 그리고 자고 이래의 종족제도 또한 유교가 존재할 수 있는 중요한 사회적 토양이다. 종족제도는 비록 형식상에서 중대한 변화가 발생하였지만 실질적으로 국가권력의 확장이었고 정치통치의 한 구성 부분으로 되었다. 중국의 전통사회에서 우리는 도처에서 유교의 깊은 영향을 찾아볼 수 있다. 유교로 놓고 말하면 군주전제의 국가 정권은 일종의 기정 현실이었고 정권에 대한 유교의 태도는 일반적으로 인정하는 동시에 개변시키고자 하였고 자신의 도덕적인 이상과 사회적인 이상에 부합하게 하고자 시도하였다. 만약 유자의 이상과 현실의 거리가 너무 멀면 방향을 바꾸어 비판적인 입장을 취하고 심지어 이단의 형식으로 출현하는데 이는 유교를 놓고 말하면 결코 필연적인 것이 아니다. 물론 세상에 아첨하는 유자도 아주 흔하게 볼 수 있다. 이렇게 유교와 정치의 관계는 매우 복잡한 정황을 나타내는데 그 가운데에서 우리는 유교의 세속주의 성격을 볼 수 있다. 하지만 바로 이러한 성격 때문에 유교 신앙이 복잡하고 굴곡적인 형식을 나타냄으로써 후세의 지탄을 받을 수 있는데 '초월성'이 부족하거나 혹은 '초월성'이 충분하지 않다고 이른다.

하지만 유교와 현실 정치의 바로 이러한 복잡한 관계가 유교의 뚜렷한 교화 색채를 결정하였다. 『백호통』「삼교」에서는 이렇게 말하였다.

가르침이란 무엇을 이르는가? 가르침이란 본받음이다. 위에서 행하면 아래에서 본받는 것이다. 백성에게 질박함이 있어서 가르치지 않으면 이루지 못한다.[66]

또 말하였다.

왕이 삼교를 세우는 것은 무엇 때문인가? 최복衰服의 뜻을 이어받고 폐해를 바로잡으며 백성들이 정도에 돌아가게 하고자 하였다.[67]

---

66) 教者何謂也? 教者效也. 上爲之, 下效之, 民有質樸, 不教不成.

이른바 '교'는 여기서 정권과 서로 돕고 보완하는 교육과 교화의 기능을 두드러지게 하였다. 여기서 유교는 일련의 체계적인 교화체계로 표현되었다. 유교가 현실의 정치와 밀접한 관계이기 때문에 비록 유교 자체에는 독립적인 조직체계가 없지만 "군주제의 국가조직인 동시에 바로 그의 종교조직이었다"[68]. 하지만 다른 한편, 종교 신앙은 개인적인 마음의 신앙에 기초하는데 국가조직이 종교조직으로 되었기 때문에 이러한 신앙을 한층 더 공고히 하고 강화하였으며 유교의 교리, 교의는 사람들의 마음속에 깊이 뿌리박힌 신념이 되었다. 전통 유가와 종법사회에서의 종교의 관계는 중요시할 필요가 있고 종법사회에서의 종통宗統과 군통君統은 대립하고 또 통일되는 관계이며 양자는 결코 철판 덩어리같 이 똘똘 뭉친 것이 아니다.

군주전제의 국가조직이 유교의 물질적인 매개체로 되었기 때문에 이러한 국가 조직형식의 변화는 필연적으로 유교의 기반을 흔들리게 한다. 1911년, 국내외 위기의 이중적인 탄압 하에서 신해혁명이 폭발하였고 청 왕조는 멸망을 선고하였다. 1912년 1월 1일에 중화민국이 남경에서 설립되었다. 손중산孫中山 (1866~1925)을 임시총통으로 하는 새로운 국가 정권은 천명을 받아 생겨난 정권이 라 생각하지 않기 때문에 정권이 수립될 때 하늘에 고하는 예의를 거행하지 않았고 상제에 대한 제사도 이로부터 폐지되었다. 천지, 사직, 제사가 폐지됨에 따라 천지의 사직, 제사에 이론적인 기초를 제공해 주는 유경은 더 이상 권위를 가지고 있지 않았다. 중화민국 교육부가 1912년 1월에 반포하였던 『보통교육잠행 방법普通敎育暫行辦法』에서는 초등교육에서 경전을 읽는 것(讀經)을 폐지함을 정식 으로 선포하였고, 청 왕조가 아직 존재하던 보다 이른 1905년에는 전통적인 과거제도를 취소함을 선포하였다. 이렇게 경전이 더 이상 경전이 아니었을

---

67) 王者設三敎者何? 承衰敎弊, 欲民反正道也.
68) 李申, 『중국유교사』 하권(상해인민출판사, 2000), 제1057쪽, "君主制的國家組織同時也就是 它的宗敎組織."

뿐만 아니라 상응한 제도시설도 더 이상 존재하지 않았고, 유교와 중국 정치의 인척 관계는 철저하게 단절되었다. 유교는 더 이상 정부의 의식형태로서의 유교가 아니었고, 유생들도 생존의 기본적인 조건을 잃어버렸다. 유교의 붕괴는 일련의 교육, 교화 제도의 붕괴를 의미할 뿐만 아니라 또한 일종의 종교 신앙의 붕괴였고, 그 결과 이러한 종교 신앙인들의 정신적인 절망과 몸부림을 필연적으로 초래하였다. 민국 초년 사회의 암흑은 이러한 신앙이 붕괴된 후의 정신착란이 반영된 것이고 적지 않은 보수적인 유생들 내지는 일부 서양사상을 받아들일 수 있었던 개명한 인사들은 모두 희망과 환멸의 고통을 겪어야만 하였다. 이 시기에 대한 비교적 이성적인 반영이 바로 후에 생겨난 현·당대 신유가이다. 현대사회와 현대사회의 사람들도 당연히 신앙을 필요로 하고, 궁극적인 관심, 윤리적인 인식과 공동체의 정체성을 필요로 하며, 경외하는 마음과 구속력이 있는 신념체계를 필요로 한다. 어떻게 전통사회의 신앙과 결부시켜 백성들의 진정한 신앙을 변혁하고 재확립할지는 여전히 당대의 중대한 과제이다. 현재 무신앙의 파괴력이 방출되고 금전과 권력 배물교拜物敎의 성행, 기독교 혹은 천주교의 시골에서의 광범위한 전파, 민간종교의 흥기는 모두 우리가 진지하게 사고하여야 하는 것들이다.

역사적으로 정치와 서로 긴밀하게 연결되었던 유교와 민족문화의 가치 관념 체계로서의 유학은 반드시 분명하게 구분되어야 한다. 유교와 전통 사회를 일종의 상호 작용하는 관계로 보는 것은 이신의 『중국유교사』의 큰 특징이라고 하지만, 유학이 유교와 마찬가지로 모두 전통사회의 산물이고 전통사회의 붕괴와 더불어 이미 붕괴되었다는 인상을 사람들에게 남겨 준다. 설령 이신이 현대화 과정에서의 유학의 적극적인 의의를 가볍게 인정하였다 하더라도 사람들을 납득시키기 어렵 다. 사실상 교육, 교화 제도로서 정부의 지지를 받았던 유교는 붕괴할 수 있지만 개인의 마음속 신앙의 대상으로서, 생활의 신념과 이상으로서, 입신행세立身行世의 준칙으로서, 내재적이고 그것으로 살고 죽는 정신으로서 개체를 놓고 말하면,

현대 혹은 미래 사회라 할지라도 영원히 존재할 수 있는 것이다. 바로 이러한 점 때문에 유학의 현대적인 가치, 보편적인 의의는 중요시할 필요가 있다. 유교에 대한 정치적인 색채는 새로운 세대의 학자들이 매우 반감을 가질 뿐만 아니라 사실상 현·당대 신유가들도 냉정하게 고려한다. 현·당대 신유가들이 잊을 수 없는 것은 유가의 심성철학 및 개인의 안신입명安身立命에 대한 기능이다.

제10장 이상적 경지

　유가의 학문은 생명의 학문이고 정수는 사람이 되는 도리이며 이러한 도리를 몸으로 힘써 행하고 일상생활에서 실행하는 것이다. 유학은 '자신을 위한 학문'(爲 己之學)이지 '남을 위한 학문'(爲人之學)이 아니다. 다시 말해서 유자의 수양은 주요하게 스스로 깨닫고 스스로 똑바로 섬으로써 자신을 발전시키고 성취하며 자신의 가치를 실현하는 것이지, 겉치레로써 다른 사람들에게 보여 주는 것이 아니다. 유자의 몸과 마음으로의 가르침은 만약 다른 사람에게 영향을 줄 수 있다면 강압적인 것이 아니라 인도하고 느껴서 통하게 하는 것이다. 유자는 그와 함께 생활하고 있는 학생 혹은 주위의 사람들에게 제시하고 깨닫게 하고 자기 생활의 목적, 의의, 가치를 이해하고 터득한다. 유가 교육의 목적은 인격을 성취하게 하는 것인데 하나는 경지를 끌어올리는 것이고 다른 하나는 수양공부를 하는 것이다. 이른바 인격경지론은 바로 유가철학의 형이상학 혹은 경지 형이상학이라 부른다. 유가의 경지 형이상학은 인간의 궁극성을 나타내지만 생활세계와 동떨어져 있지 않고 아래로 일상생활 속으로 관통될 수 있다. 반대로 말하면 유가사상은 결코 상식 도덕뿐이 아니라 '성'과 '천도'의 사상에는 심각한 철학 형이상학적 함의가 포함되어 있고 일용윤상日用倫常도 형이상의 경지 측면으로 끌어올릴 수 있다. 형이상과 형이하, 경지와 공부, 고명과 중용, 신성과 범속은 서로 관통되는 것이다. 유가의 이러한 철학적 이치는 오늘날 여전히 현실적인 의의와 가치가 있다.

1. 군자君子, 성인聖人, 인인仁人과 성인成人

유학의 언어체계에서 인격이라고 하면 자연적인 사람을 논의하는 것이 아니라 도덕적인 인간을 논의하는 것이다. 유가는 공리를 배척하지 않지만 오직 개인적인 공리를 생활의 목표로 삼는 사람들을 비판하고 '소인'이라 부른다. 군자와 소인의 구별은 인격과 비인격의 구별이다. 도덕적인 인간은 물론 우선적으로 자연적인 인간이고 도덕적인 인간도 결코 공리를 논하지 않는 것은 아니지만 (일정한 시공간에서는 오히려 종족, 전체의 공리를 더욱 강조한다.) 인격적인 경지는 가치로부터 말한 것이다. 공자가 제시하는 인격은 군자의 인격이고 최고의 경지는 '성聖' 즉 '성인'의 경지이며 그다음으로 높은 경지는 현인賢人의 경지이고 그다음은 군자의 경지이다. 공자는 선현들이 제창하는 도의 원칙, 인애충서 원칙, 인, 의, 예, 지, 신 등의 가치이상을 계승하였는데, 중국 사람들이 신념에 안주하여 신명身命의 안위를 조금도 걱정하지 않고(安身立命) 중국문화가 방대하고 오래갈 수 있는 근거이다. 이러한 가치이상은 공자가 스스로 인을 실천하는 생명과 생활을 통하여 뚜렷하게 나타났다.

먼저 군자를 살펴본다. 『논어』에는 공자와 제자들이 군자와 소인의 구분을 논의한 부분이 여러 군데 기재되어 있다. 「옹야」편에 근거하면 공자는 일찍이 자하에게 군자유가 되고 소인유가 되지 말라고 일깨워 주었다. 공자는 군자의 인격적 경지, 수양의 방법과 행위 준칙은 바로 "도에 뜻을 두고 덕에 머물고 인에 의거하고 예술에 노닌다"[1]고 주장하였다. "군자는 의리를 바탕으로 삼고 예에 따라 행하고 겸손하게 표출하고 성실로 완성한다."[2] 군자와 백성은 차이가 있는 것이다. 관리자로서의 군자와 관리를 받는 백성의 관계는 "군자는 은혜롭지만 낭비하지 않고 노역시키지만 원망을 사지 않고 욕망은 있지만 탐욕이 없고

---

1) 『논어』, 「술이」, "志於道, 據於德, 依於仁, 遊於藝."
2) 『논어』, 「위령공」, "君子義以爲質, 禮以行之, 遜以出之, 信以成之."

태연하지만 교만하지 않고 위엄이 있지만 사납지 않다."3) "백성이 이롭게 여기는 것을 이롭게 해 주면 이 또한 은혜롭지만 낭비하지 않음이 아니겠는가? 노역시킬 만한 일을 선택하여 노역시키면 또 누가 원망하겠는가? 인을 원하여 인을 얻었으니 또 무엇을 탐하겠는가? 군자가 많든 적은 크든 작든 감히 방만하지 않으면 이 또한 태연하지만 교만하지 않음이 아니겠는가? 군자가 의관을 정제하고 시선을 존엄하게 하면 엄숙한 모습에 사람들이 바라보고 두려워하니 이 또한 위엄이 있지만 사납지 않음이 아니겠는가?"4) 공자는 군자의 물질적 이익의 요구와 식과 색의 욕망에 대한 만족을 긍정하였다. 다만 도로써 취하고 예로써 절제할 것을 요구하였다. "군자는 의리에 밝고 소인은 잇속에 밝다", "부귀는 사람이 욕망하는 것이나 도로써 얻는 것이 아니면 누리지 않는다. 빈천은 사람이 혐오하는 것이지만 도로써 얻은 것이 아니더라도 거절하지 않는다. 군자가 인을 버리고 어떻게 이름을 이루겠는가? 군자는 밥 먹는 동안에도 인을 어겨서는 안 되니 아무리 다급한 때라도 인을 따라야 하고 아무리 궁색한 때라도 인을 따라야 한다."5) 부자가 되고 큰 벼슬을 하는 것은 사람마다 간절히 바라는 것이다. 하지만 정당한 수단으로 얻은 것이 아니라면 군자라도 받아들일 수 없다. 군자는 밥 한 끼 먹는 시간일지라도 인(仁)의 덕을 떠난 적이 없었고 황급하고 총망하고 영락하여 유랑할 때에도 모두 인의 덕과 함께하였다.6) 인간의 생존 가치는 그가 자연적인 생명의 욕구를 초월할 수 있음에 있다. "군자는 먹을 때에는 배부르기를 구하지 않고 거처할 때에는 편안하기를 구하지 않는다.

---

3) 君子惠而不費, 勞而不怨, 欲而不貪, 泰而不驕, 威而不猛.
4) 『논어』, 「요왈」, "因民之所利而利之, 斯不亦惠而不費乎? 擇可勞而勞之, 又誰怨? 欲仁而得仁, 又焉貪? 君子無衆寡, 無大小, 無敢慢, 斯不亦泰而不驕乎? 君子正其衣冠, 尊其瞻視, 儼然人望而畏之, 斯不亦威而不猛乎?"
5) 『논어』, 「이인」, "君子喩於義, 小人喩於利.", "富與貴, 是人之所欲也; 不以其道得之, 不處也. 貧與賤, 是人之所惡也; 不以其道得之, 不去也. 君子去仁, 惡乎成名? 君子無終食之間違仁, 造次必於是, 顚沛必於是."
6) 楊伯峻, 『논어역주』(중화서국, 1980), 제36쪽.

일에 민첩하고 말에 신중하며 도 있는 사람에게 나아가서 나의 잘못을 바로잡는다
면 학문을 사랑한다고 할 만하다."7) 이러한 의미에서 "군자는 도를 도모하지
밥을 도모하지 않고", "도를 근심하지 가난을 근심하지 않는다."8) 이상에서
군자의 인격에 대한 공자의 기본적인 서술을 살펴보았는데 이는 군자의 내재적인
자각의 요구이기도 하다.

다음 성인에 대하여 살펴본다. 역사적으로 성聖 혹은 성인이라 우러러 받들었
던 사람들은 모두 후에 죽은 사람이 앞 사람에 대하여 추봉한 것이었다. 공자는
이렇게 말하였다.

성인을 내가 만날 수 없다면 군자라도 만날 수 있으면 좋겠다.9)

지조가 있는 군자는 현실적인 사람이지만 성인은 이상적인 인간이다. 공자는
감히 자신을 성인이라 말하지 못하였고 감히 자신이 성인의 경지에 도달하였다고
말하지 못하였다.

옛적에 자공이 공자에게 물었다. "부자는 성인입니까?' 공자가 답하였다. "성인
은 내 능하지 못하거나 나는 배우기를 싫어하지 않고 가르치기를 게을리하지
않는다." 자공이 물었다. "배우기를 싫어하지 않는 것은 지智이고 가르치기를
게을리하지 않는 것은 인입니다. 인하고 또 지智하신데 부자는 이미 성인입니다."
성인은 공자도 자처하지 않았으니…… 10)

---

7) 『논어』, 「학이」, "君子食无求飽, 居无求安, 敏于事而愼于言, 就有道而正焉, 可謂爲學也已."
8) 『논어』, 「위령공」, "君子謀道不謀食.", "憂道不憂貧."
9) 『논어』, 「술이」, "聖人, 吾不得而見之矣; 得見君子者, 斯可矣."
10) 『맹자』, 「공손추상」, "昔者子貢問於孔子曰: 夫子聖矣乎? 孔子曰: 聖則吾不能, 我學不厭而教不
倦也. 子貢: 學不厭, 智也; 教不倦, 仁也. 仁且智, 夫子旣聖矣. 夫聖, 孔子不居……" 『논어』
「술이」에도 보인다.

곽점초간『오행』에서는 '성'덕을 성聖과 인·의·예·지 오덕의 합이고 천도의 경지에 속하고, 인·의·예·지 사덕의 합이고 인도의 범주에 속한다고 주장하였다. 또한 "군자의 도를 듣는 것은 총이고 듣고 뜻을 이해하는 것은 성이다. 성인은 천도를 안다."[11] 여기서 '군자의 도를 듣는 것'(聞君子道)의 '군자'는 실제로 성인을 가리킨다. 현실의 사람과 이상적인 성인 사이에는 시공간의 막힘이 있지만 귀의 들음, 기의 감응, 마음의 소통을 통하여 양자는 서로 이어져 있다. '성聖'자는 귀에 순종하여 성인의 듣는 덕(聽德), 귀에 거슬리는 말도 수용할 수 있어야 함을 강조할 뿐만 아니라(耳順, 귀에 거슬리지 않다.) 사람과 성인이 서로 느끼고 통하는 방법—음악, 악교樂敎의 영향을 받아들이고 귀로 들음을 통하여 마음속(心靈)으로 들어감을 나타낸다. 듣는 것은 천부적인 능력이다. 태아는 엄마의 뱃속에서 이미 청각이 있다.

인인仁人에 관하여 살펴본다. 공자사상의 핵심 범주는 '인'이다. '인'의 함의에는 차원의 구별이 있는데 높은 차원의 '인'은 '의', '예', '지', '신'과 병렬되는 낮은 차원의 '인'을 통섭할 수 있다. 전자로 말하면『중용』에서 공자의 "인은 사람의 몸이다"(仁者, 人也)를 인용하여 말하였다. 유가가 보기에 '인'과 '인인'은 인간의 최고 정신적 경지이고 인간을 인간이게끔 하는 최고 표준이며 최고의 도덕원칙이다. 공자는 종래로 사람(자기 자신까지 포함하여)이 '인'함을 쉽게 허락하지 않았다. "성과 인이라면 내 어찌 자처하랴?"[12] 특정된 맥락에서 공자는 '성'과 '인'을 동일한 경지로 보았다. 그는 자장의 질문에 영윤자문令尹子文은 다만 '충직하다'(忠)고 할 수 있고, 진문자陳文子는 다만 '청백하다'(淸)고 할 수 있으며 아직 '인'의 경지에 도달하지 못하였다고 주장하였다.(『논어』「공야장」을 참조) 자신의 학생, 예를 들어 자로, 염유, 공서화公西華에 대해서도 그는 그 재능은 긍정하였지

---

11) 형문시박물관,『郭店楚墓竹簡』(문물출판사, 1998), 제150쪽, "聞君子道, 聰也. 聞而知之, 聖也. 聖人知天道也."
12)『논어』,「술이」, "若聖與仁, 則吾豈敢?"

만 '인'할 것은 기대하지 않았다.(위와 같음) 그가 가장 입에 올렸던 안회 역시 이러한 수준에 도달할 뿐이라고 평가하였다. "그 마음이 삼 개월 동안 인을 어기지 않았다."13) 정치가에 대하여 그는 오직 관중을 "어질다고 할 수 있다"14)고 긍정하였다. 그는 관중의 예에 어긋남에 대해서는 엄격하게 비판하였지만, 관중이 제나라 환공을 도와 "제후를 규합하면서 무력을 쓰지 않았음"(九合諸侯, 不以兵車)은 인정하였고 백성들이 도탄에 빠지는 것을 피면하였는데 이러한 의미에서 '인'에 가깝지만 관자를 인인이라고는 허락하지 않았다. 어떤 학자들은 공자가 '인'을 제창하면서 또 이 사람이 '인'에 도달하지 못하였다고 하는데 그 사람이 '인'에 도달하지 못하였다면 '인'에는 어떤 보편성과 현실성이 있는 것인지 비판한다. 이러한 오해가 생기는 것은 공자의 '인'에 차원의 구별이 있음을 알지 못하기 때문이다. 위에서 인용하였듯이 '성聖'과 등가 되는 '인'이다. '인'의 원칙의 보편성과 '인'을 실천하는 현실성에 관해서는 "번지가 인에 대하여 물었다. 공자가 말하였다. '사람을 사랑하는 것이다'", "인의 실천은 자기에게 달려 있지 남에게 달려 있겠는가"15), "인이 멀리 있겠는가? 내가 인을 바라면 곧 인이 이른다"16) 등등이 모두 대표적인 예이다. 자세한 설명은 생략하도록 한다.

'인'과 '성'은 어떤 구별과 연계가 있는가? 인의 경지는 '성'(성인, 성왕)을 최고로 한다.

> 자공이 물었다. "만약 널리 베풀어 뭇사람을 구제할 수 있다면 어떠한가요? 어질다고 할 수 있습니까?" 공자가 말하였다. "어찌 어질다 뿐이겠는가? 반드시 성인일 것이다. 널리 베풀어 뭇사람을 구제하는 것(博施濟衆)은 요·순 임금도 오히려 근심으로 여겼다. 어진 사람은 자기가 서고 싶으면 남도 세워 주고

---

13) 『논어』, 「옹야」, "其心三月不違仁."
14) 『논어』, 「헌문」, "如其仁."
15) 『논어』, 「안연」, "樊遲問仁, 子曰: 愛人.", "爲仁由己, 而由人乎哉."
16) 『논어』, 「술이」, "仁遠乎哉? 我欲仁, 斯仁至矣."

자기가 이루고 싶으면 남도 이루게 해 준다. 자신의 처지에서 남의 처지를 유추할 수 있는 것이 인의 방법이라 하겠다."[17]

공자의 뜻은 백성들에게 폭넓게 이익을 주고 모두를 도와줌으로써 그들의 생활을 더 좋게 하고 그들이 스스로 자신을 존중하고 스스로 자신의 생명을 똑바로 서게 한다면 이는 이미 성인의 경지에 도달한 것인데 요·순 임금도 아마 할 수 없었을 것이다. 어떤 사람은 '남을 세워 주고 남을 이루게 해 준다'(立人達人)는 의미를 이해하지 못하는데 외재적으로 베풀어 주는 것이라 여긴다. 공자는 '인의 실천이 자기에게 달려 있음'(爲仁由己)을 강조하고 유가의 학문이 '자신을 위한 학문'임을 강조하기 때문에, '자기가 서고 싶으면 남도 세워 주고 자기가 이루고 싶으면 남도 이루게 해 준다'는 것은 외재적이고 강압적으로 남을 세우거나 이루게 하는 것이 아니라 일종의 분위기 혹은 환경을 마련해 줌으로써 남들이 스스로 일어서고 통달하게 하는 것이다. 우리는 다른 사람을 대신하여 서고 다른 사람을 위하여 이룰 수 없다. 자신을 통하여 생명을 세우고 인간을 통달하려면 다른 사람도 존중하여야 하고 그들이 스스로 생명을 세우고 인간을 통달하게 해 주어야 한다. 바로 이런 점에서 볼 때 요순 임금도 아직 해내지 못한 것이다.[18] 곽점초간의 『존덕의(尊德義)』에 근거하면 다음과 같다.

백성을 이끌 수는 있지만 이해시킬 수는 없다. 백성을 인도할 수는 있지만 강박할 수는 없다.[19]

---

17) 『논어』, 「옹야」, "子貢曰: 如有博施於民而能濟衆, 何如? 可謂仁乎? 子曰: 何事於仁, 必也聖乎, 堯舜其猶病諸? 夫仁者, 己欲立而立人, 己欲達而達人, 能近取譬, 可謂仁之方也已!"

18) 王邦雄 등 저, 『論語義理疏解』(臺北鵝湖出版社, 1994), 제30쪽.

19) 형문시박물관, 『郭店楚墓竹簡』(문물출판사, 1998), 제30쪽, "民可使道(導)之, 而不可使知(智)之. 民可道(導)也, 而不可强也."

이로부터 공자의 이른바 "백성을 따르게 할 수는 있지만 이해시킬 수는 없다"[20]는 백성에 대한 인도를 강조한 것이지 결코 강박이 아니었음을 증명할 수 있다. 과거에 사람들은 이것이 공자의 우민愚民 정책이고 노성奴性을 제창한 것 등등이라고 여겼다. 또 어떤 사람들은 문장을 부동한 방법으로 끊어 읽음으로써 부동하게 이해하였다. 예를 들어 "백성이 가능하다면 따르게 하고 가능하지 않다면 이해시킨다"(民可, 使由之; 不可, 使知之) 혹은 "백성이 쓸 수 있으면 따르고 쓸 수 없으면 이해한다"(民可使, 由之; 不可使, 知之) 등이다. 방박龐樸은 '이해시킬 수 없다'(不可使智之)를 사람들에게 강요하여서는 안 된다는 의미로 해석하면서, 정치를 하는 사람들이 아무리 좋은 정책, 주장을 펼지라도 백성들이 이해한 뒤에야 비로소 천천히 실행해 나갈 수 있음을 강조하였다.[21] 이는 공자 외왕학外王 學의 주장과 일치하다. 이로부터 인격적 경지로 말하면 '인仁'과 '성聖'은 통일되고, '성'은 '인'의 지극한 경지이며, '인'은 '성'의 내재적인 정신이고, '성'은 '인'을 통하여 아래로 관통되는 것임을 볼 수 있다.

이른바 '성인成人'이란 글자 그대로 완벽한 사람을 가리킨다.

자로가 성인에 대하여 물었다. 공자가 말하였다. "장무중의 지혜, 맹공작의 청렴, 변장자의 용기, 염구의 기예를 갖추고 예악으로써 다듬으면 성인이라 할 수 있다." "요즘의 성인이 하필 그럴 필요가 있을까? 이익을 마주하면 의리를 생각하고 위태로움을 마주하면 목숨을 바치고 오랜 곤궁에도 평소의 다짐을 잊지 않으면 또한 성인이라 할 수 있다."[22]

이는 지혜는 장무중과 같고 청렴은 맹공작과 같고 용기는 변장자와 같으며

---

20) 『논어』, 「태백」, "民可使由之, 不可使知之."
21) 龐朴, 「使由使知解」, 『문사지식』 1999년 9월 제9기.
22) 『논어』, 「헌문」, "子路問成人. 子曰: 若臧武仲之知, 公綽之不欲, 卞莊子之勇, 冉求之藝, 文之以禮樂, 亦可以爲成人矣. 曰: 今之成人者何必然? 見利思義, 見危授命, 久要不忘平生之言, 亦可以爲成人矣."

다재다능함은 염구와 같고 또 예악으로써 그의 풍모를 완성하면 완전한 사람(全人)이라 할 수 있다. 주희는 이렇게 주석하였다.

> 성인은 완전한 사람이라는 말과 같다.…… 이 네 사람의 장점을 겸하면 지혜는 이치를 연구하기에 충분하고, 청렴은 마음을 수양하기에 충분하며, 용기는 진리를 실천하기에 충분하고, 기예는 광범하게 응용하기에 충분하다. 여기에 예로써 절제하고 음악으로 화합하여 내면에서 덕을 완성하고 외면으로 풍모가 드러나면 재주는 온전하고 덕은 완비된다. 완전하여 이름을 낼 어떠한 선한 흔적도 드러내지 않고 공명정대하고 화평하고 즐겁고 순수해져서 더 이상 편파적이고 어수선한 병폐가 없어져 그의 됨됨이도 완성된다.[23]

'성인成人'은 덕과 재주를 겸비한, 전면적으로 발전한 사람이다. 이는 지극히 선하고 지극히 아름다운 성인聖人이 맞는가? 주자의 이해에 근거하면, 공자의 말에서 '역亦'자에는 큰 의미가 내포되어 있다. 여기서는 지극한 경지를 가리키는 것이 아니고 다만 자로에 맞게 교육하고 기회에 따라 말한 것이며 자로가 도달할 수 있는 인격목표에 대하여 일깨워 준 것이다. 위에서 인용하였던 문구 자체도 이를 증명할 수 있다. 공자는 '성인成人'과 지극히 높은 경지의 성인聖人을 결코 동일시하지 않았고 오히려 '성인'은 현실성에서 노력을 통하여 도달할 수 있는 현인賢人의 인격임을 자로가 주의하도록 일깨워 주었다. 이로부터 공자가 '성인成人'의 표준을 세 가지로 수정하였음을 알 수 있다. 바로 "이익을 마주하면 의리를 생각하고, 위태로움을 마주하면 목숨을 바치고, 오랜 곤궁에도 평소의 다짐을 잊지 않음이다."[24] '요要'자는 '약約'자의 차자借字(본래의 뜻과 관계없이 음을 빌려다

---

23) 『논어집주』, 권7, "成人, 猶言全人.……言兼此四子之長, 則知足以窮理, 廉足以養心, 勇足以力行, 藝足以泛應, 而又節之以禮, 和之以樂, 使德成於內, 而文見乎外. 則材全德備, 渾然不見一善成名之跡; 中正和樂, 粹然無複偏倚駁雜之蔽, 而其爲人也成矣."

24) 見利思義, 見危授命, 久要不忘平生之言.

쓴 한자)이고 곤궁하다는 의미를 가리킨다. 정자와 주자의 해석으로부터 이상적인 '성인成人'이란 한 걸음 더 나아가 집대성한 자로서 완전무결에 가까운 성인聖人이지만, 현실적인 '성인成人'이란 결코 순전純全하고 완벽하지 않음을 가리킴을 알 수 있다. 예를 들면 "충직함과 신의는 있지만 예악에는 미치지 못하였다."[25]

저자는 후자를 '현인賢人'이라 간주한다. 『논어』에서 '현인'은 도덕 혹은 재능이 풍부하고 사람들이 현실에서 '볼' 수 있는 인격적인 본보기임을 어렵지 않게 보아 낼 수 있다. 이른바 '현인을 보면 같아지기를 생각한다'(見賢思齊)가 바로 이러한 의미이다. 공자는 안회와 유하혜柳下惠, 허지許之를 '현인'이라 칭찬하였는데, 그들이 바로 '성聖'의 표준 하에서의 '성인成人'임을 알 수 있다. 앞에서 이미 성인聖人은 '볼' 수 없는 인격 모범이고 사람들은 '귀'를 통해서만 소문, 시가, 악교樂敎를 받아들여 체험할 수 있음을 살펴보았다. 하지만 현인은 이와 다른데, '볼' 수 있는 인격 모범이다. 곽점초간 『오행』에서는 이렇게 말하였다.

현인을 알아보는 것이 명이다. 알아보고 그 덕을 이해하는 것이 지이다. 그것을 진정으로 이해하고 좋아하는 것이 인이다.[26]

사람들은 '눈'을 통하여 현인의 덕행을 접촉하고 이를 본보기로 삼을 수 있다. 물론 사람들은 성인聖人에 대하여 듣고도 못 들은 척할 수 있고 현인에 대하여 보고도 못 본 척할 수 있지만, 관건은 사람들의 심령이 감응할 수 있는지의 여부와 지각, 각해覺解가 있는지의 여부에 달려 있다. 이상의 서술을 종합해 보면 공자의 인격경지론은 본래 상대에 맞게 교육하는(因材施敎) 방편적인 견해였고 부동한 대상의 깨달음을 계발하는 것에 의도가 있으며 그 함의가 매우 풍부하

---

25) 『논어집주』, 권7, "有忠信而不及於禮樂者."
26) 형문시박물관, 『郭店楚墓竹簡』(문물출판사, 1998), 제150쪽, "見賢人, 明也. 見而知之, 智也. 知而安之, 仁也."

다. 만약 환원주의(化約論, Reductionism)의 방식으로 표현하면 대략 다음과 같다.

이상적인 지극히 높은 경지:
　　　성인(현인의 인격을 초월하는 이상적인 인인과 성인) — 천도 차원
현실적인 이상적 경지:
　　　현인(군자의 인격을 초월하는 현실적인 인인과 성인) — 인도 차원
현실적인 도덕적 경지:
　　　군자(자연적인 인간을 초월한 도덕적인 인간) — 인도 차원

하지만 성인聖人은 결코 멀리 있어 도달하지 못하는 것이 아니라 현인의 체험을 통하여 성덕聖德을 본받을 수 있다. 범인과 성인 사이에는 결코 뛰어넘을 수 없는 간격이 존재하지 않는다. 유가 전통에서의 "사람이 모두 요堯·순舜 임금이 될 수 있다"(人皆可以爲堯舜), "길 가는 사람이 모두 우禹임금이 될 수 있다"(途之人皆可以爲禹)는 바로 평범한 사람도 성현의 잠재력을 가지고 있음을 말한 것이다. 지각과 각해가 있고 어진 마음이 조금만 있다면 바로 군자, 현인, 성인聖人의 경지에 도달할 수 있다는 것이다. 때문에 맹자는 사람마다 가지고 있는 측은, 수오, 사양, 시비 등의 '사단'의 마음 혹은 이른바 '사람에게 차마 하지 못하는'(不忍人) 마음을 인도(啓導, Mentoring)하여 사람들이 '은혜를 베푸는'(推恩) 방법으로 "내 노인을 노인으로 섬겨서 남의 노인에게까지 미치고, 내 어린이를 어린이로 사랑해서 남의 어린이에게까지 미치며"[27] "그 사랑하는 바로써 사랑하지 않는 바에 미치고"(以其所愛及其所不愛) 확충하면 부모와 처자를 양육하기에 충분하고, 또한 사회에 유익하며 "우러러 하늘에 부끄럽지 않고 굽어보아 인간에 부끄럽지 않다"(仰不愧於天, 俯不怍於人). 이는 사실상 매우 소박한 도리이다.

---

27) 『맹자』, 「양혜왕상」, "老吾老以及人之老, 幼吾幼以及人之幼."

2. 자사, 맹자의 이상적 인격론

근 몇십 년 사이에 출토된 간백簡帛 자료 특히 마왕퇴한묘馬王堆漢墓, 곽점 초간에서 출토된 자료들은 '사맹思孟'학파가 확실히 존재하였음을 보여 준다. 자사학파의 '사행', '오행', '덕성德聖' 학설에서 '성聖'과 성현의 인격에 대한 숭배가 공자에 가까움은 앞 절에서 이미 언급하였다. 『중용』의 초판본과 자사가 연관이 있음에 대해서는 송宋대 이전에 의심하는 사람이 없었고 현재 학계의 많은 사람들이 이미 인정하고 있는 부분이기 때문에 아래의 서술에서는 『중용』을 『맹자』 앞에 배치하고자 한다. 문제는 『중용』에서 '성誠'을 중심 범주와 최고 경지로 삼고 있는데 그렇다면 '성誠'과 '성聖'은 무슨 관계인가?

저자가 보기에 '성誠'은 바로 '성聖'이고 양자는 모두 천도에 속한다. 『중용』에 서 이렇게 말하였다.

> 성실한 자는 하늘의 도이고 성실히 하려는 자는 사람의 도이다. 성실한 자는 힘쓰지 않고도 도에 맞고 생각하지 않아도 알아서 종용히 도에 맞으니 성인이다. 성실히 하려는 자는 선을 선택하여 굳게 잡는 자이다.[28]

'성誠'은 천도이고 성인의 천성이 본연한 것이다. 성인으로 놓고 말하면 진실하고 망령됨이 없으며 인의로 행함이 모두 자연스럽게 나오고 공부에 힘쓰지 않아도 중도에 부합하고 생각하지 않아도 얻는 바가 있으며 종용히 중도에 도달한다. 현인과 군자는 이른바 '성실히 하려는 자'(誠之者)로서 후천에서 노력하 여 추구하고 힘써 선을 선택하고 변하지 않음을 굳게 지킨다. 따라서 군자는 "널리 배우고(博學之) 자세히 물으며(審問之) 신중하게 생각하고(愼思之) 밝게 분별하

---

28) 誠者, 天之道也; 誠之者, 人之道也. 誠者, 不勉而中, 不思而得, 從容中道, 聖人也. 誠之者, 擇善而固執之者也.

며(明辨之) 독실하게 행하는(篤行之)"의 '성誠'을 구하는 공부를 통하여 반복적으로 실천하고 지와 행이 합일되어야 한다. "성으로 말미암아 밝아짐을 성이라 이르고 명으로 말미암아 성실해짐을 교라 이른다. 성실하면 밝아지고 밝아지면 성실해진다."29) 지극히 성실함으로부터 밝은 덕이 있는 것은 성인의 자연적인 천성이고 밝은 덕으로부터 지극히 성실함에 이름은 현인이 후천적인 학습을 통하여야만 도달할 수 있는 것이다. 따라서 전자는 '성性'이고 후자는 '교敎'이다. '성실함'(誠)으로부터 '밝음'(明)에 이르는 것은 천도의 경지이고 '밝음'(明)으로부터 '성실함'(誠)에 이르는 것은 인도의 실천이다. "오직 천하에 지극히 성실한 사람이라야만 능히 그 성을 다할 수 있다. 그 성을 다하면 능히 사람의 성을 다할 것이다. 사람의 성을 다하면 능히 물건의 성을 다할 것이다. 물건의 성을 다하면 천지의 화육을 도울 것이다. 천지의 화육을 도우면 천지와 더불어 참여하게 될 것이다."30) 지극히 성실한 성인은 천부의 본성을 지극히 다할 수 있고 또한 최대한 다른 사람의 본성을 발휘하고 만물의 본성을 발휘하게 함으로써 나아가 천지를 도와 만물을 생성하게 하는데 그 기능은 천지와 병렬하여 셋이 된다. 현인은 마음으로써 선을 추구하고 세밀한 곳으로부터 매 하나의 일 혹은 어떤 방면으로부터 시작하여 천천히 전체에 도달하여야 한다. 현인이 수양공부를 통하여 내면의 지극한 성실함에 도달하면 몸, 용모, 행동거지는 자연스럽게 표준에 부합할 뿐만 아니라 남한테 영향을 주고 남을 개변시킬 수 있으며 백성을 교화하여 풍속을 이룬다(化民成俗). 현실성으로부터 볼 때 현인은 '밝음'으로부터 '성실함'에 이르는 것이고 학습과 수양의 점차적인 누적을 통하여 부분에서 전체에 이르고 인도를 다하는 것으로써 천도를 밝히며 마지막에 자신이 처한 환경을 개선한다.

군자, 현인의 '성誠'을 구하는 공부를 일정한 정도로 하게 되면 성인의 '성誠'의

---

29) 『중용』, "自誠明, 謂之性. 自明誠, 謂之敎. 誠則明矣, 明則誠矣."
30) 『중용』, "唯天下至誠, 爲能盡其性. 能盡其性, 則能盡人之性, 能盡人之性, 則能盡物之性. 能盡物之性, 則可以贊天地之化育. 可以贊天地之化育, 則可以與天地參矣."

경지에 도달함을 충분히 볼 수 있다. 『중용』에서는 이렇게 말하였다.

성은 스스로 이루어지는 것이고 도는 스스로 행하여야 한다. 성실함은 사물의
시작과 끝이고 성실하지 않으면 사물이 없게 된다. 그러므로 군자는 성실히
함을 귀하게 여기는 것이다. 성실함은 스스로 자신을 이룰 뿐만 아니라 남을
이루어 주니 자신을 이룸은 인이고 남을 이루어 줌은 지이다. 이는 성의 덕이니
내와 외를 합한 도이다. 그러므로 때로 둠에 마땅한 것이다.31)

여기서 '성誠'은 하늘이 부여한 도덕의 내재성이고 인격수양의 잠재적인
기질이다. '도'는 자아수양, 실천의 과정이다. '성誠'은 또한 만물의 본체이고
만물의 전체와 과정에 관통되어 있다. 군자는 '성誠'을 진귀한 보물로 받든다.
지극히 성실한 사람은 자신을 이루어야 할 뿐만 아니라 다른 사람과 다른 물건도
이루어 주어야 한다. 자신의 인격을 이루는 것은 내재적인 '인'의 요구이고
다른 사람의 인격을 이루어 주고 다른 사물의 본성을 순조롭게 이루어 주는
것은 내재적인 '지知'의 요구이다. 내재적인 '성聖', '성誠', '인仁', '지知'는 모두
밖으로 향하여 확대하는 요구를 가지고 있기 때문에 자신을 이루는 것과 다른
사람과 사물을 이루는 것은 일치한 것이다. 다른 사람과 사물을 이루어 주어야만
비로소 최종적으로 자신을 이룰 수 있다. 이것이 바로 유가의 '성서誠恕'의 도이다.
바꾸어 말하면 『중용』의 '성誠'은 인애, 충서의 도를 포함하고 있다. 이뿐만
아니라 『중용』의 '성誠'은 천인, 내외가 합일하는 지극한 경지로서 양쪽으로
펼쳐짐을 포함하는데, 한쪽은 천도와 서로 연계되는 내재적인 정신의 신비한
경지로서 이른바 '지극히 성실함이 신과 같음'(至誠如神)이고, 다른 한쪽은 '성물成
物', '진성盡性'으로서 하늘로부터 땅, 인, 물을 향하여 아래로 관통한다. '자신이

---

31) 誠者, 自成也; 而道, 自道也. 誠者, 物之終始, 不誠無物. 是故君子誠之爲貴. 誠者, 非自成己而已
也, 所以成物也. 成己, 仁也; 成物, 知也. 性之德也, 合內外之道也, 故時措之宜也.

서고'(己立), '자신이 이루는 것'(己達)과 '남을 세우고'(立人) '남을 이루게 하는 것'(達人), '자신의 본성을 다하는 것'(盡己性)과 '남의 본성을 다하고'(盡人之性) '사물의 본성을 다하는 것'(盡物之性), '명덕을 밝히는 것'(明明德)과 '백성을 새롭게 하는 것'(新民), '내성의 수기'(內聖修己)와 '외왕의 사공'(外王事功)은 모두 한 가지의 두 가지 측면이다. 이는 앞에서 서술하였던 공자의 인격경지론과 통일되는 것이다.

맹자의 인격경지론 또한 '성聖'을 지극히 높은 것으로 삼고 '성誠' 중심으로 한다. 양백준楊伯峻의 『맹자역주』에 근거하면, 『맹자』에는 '성聖'자가 모두 47번 나오고 '성誠'자는 모두 22번 나온다. 맹자는 공자의 사상을 발전시켰고 '인'과 '의'를 동시에 강조하고 '인의내재仁義內在'설로써 공자의 '인'학을 발전시켰고 특히 천도와 인성의 관통을 강조하였다. '성聖'과 '신神'의 범주에 관하여 맹자는 이렇게 말하였다.

> 군자는 지나가는 곳에 교화가 되고 마음에 두고 있으면 신묘해지며 상·하가 천지와 더불어 함께 유행하니 어찌 조금만 보탬이 있다고 하겠는가?[32]

이는 성왕이 지나간 곳에서 사람들이 그의 정신적인 감화를 받고 그가 머물렀던 곳은 정신적인 감화작용으로 더욱 헤아릴 수 없이 신묘해지며 천지와 동시에 운행함을 가리킨다.

맹자는 세 차원의 네 가지 종류의 사람에 대하여 평가하였다. 첫 번째 종류는 군주를 섬기고 군주에게 귀여움을 받는 사람이고(이러한 종류의 사람은 맹자가 멸시하였다.), 두 번째 종류는 국가를 안정시키고 이로써 즐거움을 느끼는 사람이며, 세 번째 종류는 '천민天民'이고, 네 번째 종류는 '대인大人'이다. "천민인 자가 있는데 영달하여 온 천하에 행할 수 있은 뒤에야 행하는 자이다. 대인인 자가 있는데 자기 몸을 바르게 함에 남이 바르게 되는 자이다."[33] 여기서 '천민'과 '대인'은

---

32) 『맹자』, 「진심상」, "君子所過者化, 所存者神, 上下與天地同流, 豈曰小補之哉?"

'성인聖人'을 가리킨다. 그들의 '도'가 천하에 크게 행하여 질 때 노력하여 실천하고 그들이 자신을 단정하게 하였을 때 다른 사람과 사물도 따라서 단정해진다. 맹자는 또 이렇게 말하였다.

> 가욕스러움을 선이라 이르고, 선을 자기 몸에 소유함을 신이라 이르며, 충실함을
> 미라 이르고, 충실하여 빛남이 있음을 대라 이르며, 관대하면서 저절로 화함을
> 성이라 이르고, 성스러워 알 수 없는 것을 신인이라 이른다.[34]

여기서는 여섯 가지 인격 즉 선善, 신信, 미美, 대大, 성聖, 신神을 긍정하였다. '성聖'은 찬란함이 나타날 뿐만 아니라 백성들을 감화시킬 수 있고, '신神'은 '성'의 헤아릴 수 없이 신묘한 경지이다. 맹자는 성인의 부동한 특징을 긍정하였다. "백이는 성인의 청한 자이고, 이윤은 성인의 자임한 자이며, 유하혜는 성인의 화한 자이고, 공자는 성인의 시중인 자이다."[35] 공자는 집대성하였다는 것이다. 유가에서는 이른바 '시간적인 사람'(時間的人)을 강조하였는데 시대와 더불어 함께 가고 끊임없이 진취할 뿐만 아니라 확고한 정치원칙을 가지고 있다. 바로 "벼슬할 만하면 벼슬하고, 그만둘 만하면 그만두며, 오래 머무를 만하면 오래 머물고, 빨리 떠날 만하면 빨리 떠난다."[36]

자사의 '지극히 성실함이 신과 같음'(至誠如神)의 사상과 일맥상통하게 맹자도 '성誠'의 신비성과 궁극성을 부각시켰다. 그는 이렇게 말하였다.

> 성실히 함은 하늘의 도이고 성실히 할 것을 생각함은 사람의 도이다.[37]

---

33) 『맹자』, 「진심상」, "有天民者, 達可行於天下而後行之者也; 有大人者, 正己而物正者也."
34) 『맹자』, 「진심하」, "可欲之謂善, 有諸己之謂信, 充实之謂美, 充实而有光輝之謂大, 大而化之之 謂圣, 圣而不可知之之謂神."
35) 『맹자』, 「만장하」, "伯夷, 聖之清者也; 伊尹, 聖之任者也; 柳下惠, 聖之和者也; 孔子, 聖之時者也."
36) 『맹자』, 「공손추상」, "可以仕則仕, 可以止則止, 可以久則久, 可以速則速."
37) 『맹자』, 「이루상」, "誠者, 天之道也; 思誠者, 人之道也."

몽배원蒙培元 선생이 제기하였듯이, '성誠'은 천도와 합일되는 심령의 경지이고, '사성思誠'은 천도를 객관적인 대상으로 사고하는 것이 아니라 자신으로 되돌아와 '하늘이 나에게 부여해 준'(天之所與我) 도덕적 이성의 자각적인 표현 혹은 실현된 것이다.38) 뿐만 아니라 맹자는 내외, 물아, 성명誠明 등 두 쪽의 이치의 병행과 상호 작용을 견지하였다. 맹자는 '형색의 실천'(踐形)을 강조하였다. "형색은 천성이니 오직 성인인 후에야 형색을 실천할 수 있다."39) 이는 신체, 용모와 내재적인 심령의 조화와 통일을 가리키는 것이다.

곽점초간『노목공문자사魯穆公問子思』에 기재된 바에 의하면, 노목공이 이렇게 물었다. "어떻게 하면 충신이라 이를 수 있는가?" 자사가 답하였다. "언제나 군주의 잘못을 말할 수 있으면 충신이라 이를 수 있다."40) 맹자는 자사의 비판정신을 계승하여 중국의 자유지식인의 항의전통을 열었다. "대인을 설득할 때에는 하찮게 여겨서 그의 드높음을 보지 말아야 한다."41) "일부인 주를 베었다는 말은 들었고 군주를 시해하였다는 말은 듣지 못하였다."42) '덕으로써 지위에 대항하고'(以德抗位), '천작인작天爵人爵', '호연지기浩然之氣', '대장부大丈夫', '나 아니고 또 누가 있겠는가'(舍我其誰), '생을 버리고 의를 취하는'(舍生取義)의 인격정신과 '백성은 귀하고 임금은 가볍고'(民貴君輕), '백성의 생업을 제정해 주고'(制民之産), '백성을 부유하게 하고'(富民), '선교善敎' 등의 사회 경제, 정치, 교육의 주장에는 모두 매우 강한 현실성과 실천성이 있다.

사람들은 늘 맹자의 학문이 유가의 정신을 안으로 전환하게 하였고 맹자의

---

38) 蒙培元,『심령의 초월과 경지』(인민출판사, 1998), 제153쪽. 이 책에서 蒙培元 선생의 이해는 정확하다. 하지만 유가의 仁, 誠, 樂, 천인합일의 여러 경지를 나누어 말한 것은 타당하지 않은 듯하다. 저자의 이해에 근거하면 이러한 여러 경지는 궁극적으로 말하면 모두 하나의 경지 즉 '聖'의 경지이다.

39)『맹자』,「진심상」, "形色, 天性也; 惟聖人然後可以踐形."

40) "如何而可謂忠臣?", "恒稱其君之惡者, 可謂忠臣."

41)『맹자』,「진심하」, "說大人則藐之, 勿視其巍巍然."

42)『맹자』,「양혜왕하」, "聞誅一夫紂矣, 未聞弑君也."

심성론, 사회이상과 인격수양론이 현실과 서로 맞지 않음을 비판한다. 이러한 비판은 모두 크게 문제가 있는 것이다. 요컨대 공·맹 유학의 인격경지론은 절대 공허한 논의가 아니다. 한편으로 확실히 신성성, 초월성을 가지고 있고, 다른 한편으로 사회의 정치, 교육의 사도師道와 일용윤상 등의 생활세계를 떠나지 않음으로써 매우 강한 참여성, 현실성을 가지고 있다.

3. 공·맹의 인격경지론 및 송명유학의 발전

공·맹 유학의 인격경지론에는 두 가지 요점이 있는데 하나는 궁극적인 지상성至上性 즉 천도와 서로 연계되는 '성聖'의 경지이고 다른 하나는 경세치용經世致用성 즉 인도와 서로 연계되는 '범凡'의 현실이다. 전자는 최고의 이상이고 후자는 이상의 실현으로서 양자 사이는 밀접하게 소통하고 떨어질 수 없다. 어떤 사람은 유학의 세속적인 윤리의 측면만을 보고 초월성을 인정하지 않고, 어떤 사람은 유학의 고명한 이상의 측면만을 보고 보편성과 현실성을 인정하지 않는다. 관건적인 문제는 천도와 인도, 신성神聖과 범속凡俗이 서로 관통되는 것임을 이해하여야 한다. 이는 전통 지식인들의 인격이상과 행위모식이다.

공자와 비교할 때 사맹思孟학파 혹은 심학 계열에서는 도덕의 내재성을 더욱 강조한다. 이는 공자 학설의 방대한 사회 실천성을 약화시키지 않았을 뿐만 아니라 오히려 외왕外王의 학문을 더욱 강화하였다. 이러한 '내면적인 수렴'(內收)은 특히 천도, 신성神性과 인간의 덕성을 서로 관통시키고 성인과 범인을 서로 연계시킴으로써 근본적으로 군자의 정치행위, 사회활동, 교육사도, 도덕용기에 천명, 천도 등 초월적인 근거의 뒷받침이 있게 하였고, 특히 초월적인 신적 의미의 하늘이 바로 인간의 마음, 본성에 있다는 것이 유자들의 책임의식을 증강하였음은 의심할 바 없다. 이러한 의식은 공자에서도 비롯한다. 공자는 이렇게 말하였다.

> 도가 실현되는 것도 운명이고 도가 실현되지 않는 것도 운명이다. 공백료 따위가
> 운명을 어찌하겠는가![43]

> 문왕이 이미 돌아갔지만 그 문물제도가 이 몸에 있지 않는가? 하늘이 이 문물제도
> 를 없애려 하였다면 뒤에 죽을 우리는 아예 이 문물제도에 접하지 못하였을
> 것이다. 하늘이 이 문물제도를 없애려 하지 않는데 광 땅 사람들이 감히 나를
> 어찌겠는가![44]

맹자는 바로 이러한 자아 책임의식을 '나 아니고 또 누가 있겠는가'(舍我其誰),
'그 도를 홀로 행하는'(獨行其道) 담력과 기백으로 내면화하였고, '지극히 크고
강고한'(至大至剛) 기로 서로 양육함으로써 천지 사이에 충만하게 하였다. 맹자가
제기한 의와 도, 지志와 기氣가 서로 보충한다는 주장은 '내면적인 수렴'설에
'가'의 두드러짐이 있게 하였다. 송명리학에 이르러서는 장재張載(橫渠)의 '사구교
四句教'가 있게 되었다. "천지를 위하여 마음을 세우고 생민을 위하여 도를 세우며
앞서간 성현들을 위하여 끊어진 학문을 잇고 만세를 위하여 태평을 연다."[45]
어떤 서화파西化派 학자는 이것이 바로 전통 지식인들의 무모한 오만방자라고
주장하는데, 그들은 전통 지식인들이 오랜 기간 유학의 영향을 받음으로써 신적
의미와 객관화된 천도는 이미 개인의 인격 내지는 그 마음, 몸, 기, 의지, 형체,
용모, 본성, 감정과 하나로 융합되었고 하나로 합쳐졌음을 이해하지 못하였다.

---

43) 『논어』, 「헌문」, "道之將行也與, 命也; 道之將廢也與, 命也. 公伯寮其如命何!"
44) 『논어』, 「자한」, "文王旣沒, 文不在玆乎? 天之將喪斯文也, 後死者不得與於斯文也; 天之未喪斯
　　文也, 匡人其如予何!"
45) "爲天地立心, 爲生民立命, 爲往聖繼絶學, 爲萬世開太平." 이 '橫渠四句'는 송대에서 지금에
　　이르기까지 통용되는 표현이다. 『송원학안』 「횡거학안」에서 찾아볼 수 있다. 이 밖에
　　『장자어록』에 기재된 바에 근거하면 원문은 다음과 같다. "爲天地立志, 爲生民立道, 爲去聖
　　繼絶學, 爲萬世開太平." 『장자집』(중화서국, 1978), 제320쪽 참조.

일정한 의미에서 중국 전통사상의 사람과 사물 모두 어떤 신성神性을 가지고 있는데, 이는 서양의 전통과 다른 점이다. 전통 지식인들의 천도를 자신의 운명으로 여기고(以天道自命) 온 몸을 바쳐 인을 이루며(殺身成仁) 생을 버리고 의를 취하고(舍生取義) 백성을 위하여 청원하는(爲民請命) 정신은 이에 근원한다. 이는 또한 공·맹의 인격경지론에 종교적인 함의가 들어 있음을 보여 준다.

이로부터 공·맹의 인격경지론은 군자의 개인적인 행위에 천명, 천도의 근거가 있게 하였을 뿐만 아니라 내재적인 동력과 원인이 있게 하였다. 현실적인 사회와 이상적인 사회의 차이는 현실적인 사람과 이상적인 인격의 긴장 관계이고 유생들이 국가 대사와 백성들의 고통에 관계되는 일에 진심으로 관심을 가지고 사회를 바로잡는(匡正) 것을 인생의 목적으로 삼게 하였다. 유생의 이상적인 인격의 완성은 절대 스스로 국가의 경제와 민생에서 멀리하지 않는다. 심지어 많은 경우 전통 지식인들은 바로 외왕사공外王事功에서 인격적인 이상을 실현하였다. 주희와 왕양명 모두 매우 좋은 예이다. 주자학, 양명학은 근세 동아시아 현대화에서 매우 중요한 작용을 하였고, 이는 또한 공·맹 및 그 인격경지론이 여전히 강대한 생명력을 가지고 있음을 보여 준다.

송명리학의 이상경지론은 매우 풍부하다.

장재는 일찍이 자신의 이상 생활과 인생 경지에 대하여 글로 남겼고 『서명』이라 하였다.

건을 아버지라 칭하고 곤을 어머니라 칭한다. 내 이 작은 몸이 혼합하여 천지의 중간에 있다. 그러므로 천지 사이에 가득한 것이 나의 형체가 되고 천지의 장수(이치)가 나의 본성을 이루었다. 백성들은 나의 동포이고 만물은 나와 함께 있다. 군주는 우리 부모님의 종자宗子이고 대신은 종자의 가신이다. 연세가 높은 사람을 존경하는 것은 나의 어른을 어른으로 섬기는 것이고, 고아와 약한 자를 사랑하는 것은 나의 어린이를 어린이로 사랑하는 것이다.…… 부귀와 복택은 하늘이 장차 나의 삶을 풍부하게 해 주는 것이고, 빈천과 걱정은 그대를

옥처럼 갈고 연마하여 완성하는 것이다. 나 살아서 삶에 충실하고 나 죽어서 편히 쉬리라.[46]

장재의 『서명』을 사람들은 "이치를 미루어 의를 보존해서 앞의 성인들이 미처 발명하지 못한 것을 확충하였고"[47], 유학의 인문 취지를 집중적으로 나타내었으며, 유가의 천인성명天人性命의 학문, 충효인의忠孝仁義의 이치를 포괄하였다고 주장한다. 『서명』의 내용으로부터 보면 장재는 확실히 비교적 완벽하게 유가의 인생 이상을 서술하였고 유학의 『역易』, 『용庸』의 학문을 결합하였으며 '천지지성'을 지극히 선한 인간의 본성으로 간주하고 '궁신窮神', '지화知化'를 인간의 지극히 선한 본성을 발양하는 전제로 간주하였으며, '민포물여民胞物與', '천인합일天人合一'의 관념으로써 자신의 '연세가 높은 사람을 존경하고'(尊高年), '고아와 약한 자를 사랑하며'(慈孤弱), '사랑하면 반드시 겸하여 사랑하고 이루면 혼자서만 이루지 않는'(愛必兼愛, 成不獨成) 이상과 감정을 논증하였다. 유가윤리의 현실화를 사람들의 생활준칙으로 삼고 생활 속의 굴곡과 처지를 따지지 않으며 유한한 인생에서 도덕적인 자율과 실천을 통하여 자아를 초월하고 인생의 의의와 가치를 추구할 것을 주장하였다. 유학의 발전으로부터 보면 장재의 『서명』설은 유가의 형이상학적 경지를 더욱 높은 단계로 끌어올렸다.

개인적인 정신 경지에서 이정의 격물궁리는 '천명을 즐기고 아는'(樂天知命) 화락和樂 경지와 성현의 기상을 추구하였다. 정이는 이성의 추구와 만족에 치중하였고, 정호는 '만물과 한 몸을 이루는'(與物同體) 인체仁體 경지의 체험에 치중하였다.

천명의 내려옴은 생사존망生死存亡, 수요빈부壽夭貧富와 같이 모두 사람이 살아

---

46) 장재, 『정몽』, 「건칭」 5, "乾稱父, 坤稱母; 予玆藐焉, 乃混然中處. 故天地之塞, 吾其體; 天地之帥, 吾其性, 民吾同胞, 物吾與也. 大君者, 吾父母宗子; 其大臣, 宗子之家相也. 尊高年, 所以長其長; 慈孤弱, 所以幼(其)幼.……富貴福澤, 將厚吾之生也; 貧賤憂戚, 庸玉汝於成也. 存, 吾順事; 沒, 吾寧也."

47) 『이정집·이천문집』, 권5, "推理以存義, 擴前聖所未發."

가면서 피할 수 없는 것이기 때문에 사람은 세상에 살아가면서 반드시 마음과 이치를 깨닫고(會心會理) 천명을 즐기고 알아야 한다(樂天知命). 이렇게 하여야만 비로소 심령의 자유와 승화에 도달할 수 있다. 바로 이렇기 때문에 위기가 닥쳐올 때 반드시 '의로써 운명에 편안하고'(以義安命) 심지어 생을 버리고 의를 취하며 바야흐로 다가올 액운을 적극적으로 맞이하여야 한다. "군자는 의로써 운명에 편안하고 소인은 운명으로써 의에 편안하다."[48] 도의에서 운명의 안배에 편안하고 받아들이는 것은 군자의 소행이고, 소인은 운명으로써 의에 편안한데 도의로 하지 않으면 안 되는 일에 직면하여 어쩔 수 없이 운명을 구실로 삼아 도를 훼손하고 의를 저버리며 천리를 해치는 일을 저지른다. 이로부터 이정은 『맹자』의 견해를 이어서 해석하였고, 명에는 '정명正命'과 '비명非命'의 구분이 있는데 사람이 천성적으로 부여받은 명이 정명이고 '질곡으로 죽는 것'(桎梏而死)과 같은 것은 비정명非正命이다. '정명'과 '비명' 모두 운명인데, 단지 '비명'이 의를 해치기 때문에 군자는 운명이라 하지 않았고 '비명'이라 하였으며 분별하는 가운데서 군자가 좋아하고 세우는 바를 보여 주었다. 군자는 바로 '의로써 운명에 편안한' 가운데서 심령의 화락和樂에 도달한다. 정호는 이렇게 말하였다.

'하늘을 원망하지 않고 남을 탓하지 않는 것은 이치에 있어서 당연히 그러하다.[49]

정이는 이렇게 말하였다.

비록 곤궁하고 험난하더라도 의에 편안함에 즐겁고 스스로 그 즐거움을 얻는다.[50]

---

48) 『이정유서』 23, "君子以義安命, 小人以命安義."
49) 『이정외서』, 권2, "不怨天, 不尤人, 在理當如此."
50) 『이천역전』, 권4, "雖在困窮艱險之中, 樂在安義, 自得其說(悅)樂也."

군자는 이치를 따르고 의를 실행하는 가운데 하늘과 사람의 원망을 해소하였고, 곤궁하고 험난한 가운데 천명의 유행에 즐거워하고 도의의 발용에 편안해하며 사람들은 지고무상의 즐거움을 얻게 된다.

하지만 정이에게 있어서 이는 일종의 최고 경지에 도달한 것이다. "자기가 곧 척도이고 척도가 곧 자기이다."[51] "리와 자기가 하나가 되는"[52] 이성적인 즐거움이다. 그는 이렇게 말하였다.

사람이 세상에 처하여 있으면서 일의 추세를 파악함에 의심스러운 곳이 없으면 다소 쾌활하다.[53]

격물궁리格物窮理함에 있어서 '의심스러운 곳이 없음'에 이르면, 정이에게 있어 이것은 인생에서 얼마나 큰 즐거움인가! 그는 또 이렇게 말하였다.

'천리를 즐기고 천명을 아니 내가 무엇을 근심하겠는가? 이치를 궁구하고 본성을 다하니 내가 무엇을 의심하겠는가?' 이 말은 매우 좋다.[54]

이성적인 즐거움이야말로 최고의 즐거움이다. 하지만 이성적인 즐거움은 결국 사실상 여전히 일종의 마음속의 즐거움이고, 이러한 즐거움은 공자와 안연이 즐거움이었고 또한 본심이 탁 트이게 개방된 것이다. 이 점은 그의 형과 일치한 부분이 있다. 혹은 정이는 이성적인 인식을 통하여 어진 마음(仁心)의 즐거움에 도달함을 주장하였다. 그는 인의의 심성은 "군자가 금수와 다른 점"[55]이고, 안연

---

51) 己便是尺度, 尺度便是己.
52) 『이정유서』 15, "理與己一."
53) 『이정유서』 18, "爲人處世間, 得見事無可疑處, 多少快活."
54) 『이정유서』 19, "樂天知命吾何憂? 窮理盡性吾何疑? 此言極好."
55) 『이정유서』 25, "君子所以異於禽獸."

의 즐거움은 홀로 도를 즐거워하지 않고 '스스로 그 즐거움이 있는 것'(自有其樂)이고, 심지어 "안자가 홀로 즐거워하는 것은 인일 뿐이다"[56]라고 주장하였다. 유학의 근본은 인仁의 체와 용일 뿐이다.

정호는 천지만물과 자기는 일체이고 원래부터 분별이 없었음을 주장한다. 『식인편』에서 이렇게 말하였다.

> 인이라는 것은 혼연히 만물과 한 몸을 이루는 것이다.[57]

또 이렇게 말하였다.

> 인이라는 것은 천지만물을 일체로 여기니 자신이 아님이 없다.[58]

천지만물이 곧 하나의 대아大我이고 '아我'는 방대하고 넓을뿐더러 또한 평등하고 하나로 가지런한 우주가 기상氣象을 포용하는 것이다. 그는 이렇게 말하였다.

> 이 몸을 놓아서 모두 만물 속에 있는 하나의 예로 간주한다면 큰일이나 작은 일이나 매우 쾌활할 것이다.[59]

광대하고(恢廓) 방대하며(宏大) 평등하고 원융한(圓融) 망망한 우주 속에 몸을 놓으면 만물은 하나의 예가 하나의 이치이고 산과 바다처럼 크고 넓은 것이든 먼지처럼 작은 것이든 크고 작은 것들 모두 이러한 높은 곳에서 멀리 내다보고(高瞻遠矚) 평등하고 하나로 가지런한 마음의 체험 속에서 최대한의 즐거움을 불러일으

---

56) 『이정외서』, 권1, "顔子獨樂者, 仁而已."
57) 仁者, 渾然與物同體.
58) 『이정유서』, 권2상, "仁者, 以天地萬物爲一體, 莫非己也."
59) 『이정유서』, 권2상, "放這身來, 都在萬物中一例看, 大小大快活."

킨다. 이러한 개방된 마음 상태에서 자연스럽게 "군자는 마음이 평탄하여 여유가 있으며 마음이 너그러워 몸이 살찐다."[60] 어디에 털끝만큼이라도 근심과 걱정이 있어서 몸과 마음을 구속하겠는가?

'만물과 한 몸을 이루는'(與物同體)의 마음은 바로 어진 마음(仁心)인데, 이 어진 마음에는 세속을 초월하고 운명에 이르기까지 박애하는(博愛至命) 위대한 힘이 있고 지극히 크고 강하고 곧은 호연지기가 있으며, 모든 외재적인 관작官爵의 공명功名과 재화貨財의 성색聲色은 그에 비하면 다만 보잘것없고 연약한 것일 뿐이다. 본심의 진정한 자아로 생명의 가치를 똑바로 세우면 사욕에 의하여 동요되지 않는 정신으로 스스로 즐거움을 얻는데, 이보다 더 자유로운 것이 또 무엇이 있겠는가. "한가로우니 조용하지 않은 일이 없고, 잠을 깨자 동쪽 창에 해가 붉게 떠올랐네. 고요히 만물을 관찰하니 모두 자득하게 되고, 사계절의 좋은 흥취는 사람들과 같다네. 형체 있는 천지 밖으로 도가 통하고, 변화하는 풍운 속으로 생각이 들어가네. 부귀해도 넘치지 않고 가난해도 즐거우니, 장부 일생이 여기에 이르면 영웅호걸이리라."[61] 진정한 호걸은 인을 식별하고 본성을 다하며 혼연히 만물과 한 몸을 이루고 이치와 자기가 하나가 되어 서로 도리를 잊고 빈부가 유혹하고 비천이 짓밟을지라도 홀로 서서 소홀히 하지 않으며 정신적인 즐거움이 충만하고 흘러넘치도록 내버려 두는데, 이것이 바로 성현의 기상이고 공자와 안연의 즐거움이며 '나는 점과 함께하겠다'(吾與點)는 뜻이다.

'천리'는 송명리학에서 공인하는 본체이지만 '사람을 넓혀 줄 수 없는'(非能弘人)의 성격을 가지고 있기 때문에 이정은 천리를 '체득體貼'하는 동시에 '성즉리性即理'를 학설의 논리적 출발점으로 하였다. 육구연의 '심즉리心即理'도 사실상 '성性' 혹은 '심성心性'이 둘이 아님(不二)을 근거로 하는 것이다. 왕수인에 이르러서는

---

60) 『이정유서』 11, "君子坦蕩蕩, 心廣體胖."
61) 『정씨문집』, 권3, 「秋日偶成」, "閑來無事不從容, 睡覺東窓日已紅. 萬物靜觀皆自得, 四時佳興 與人同. 道通天地有形外, 思入風雲變態中. 富貴不淫貧賤樂, 男兒到此是豪雄."

마음에 대한 체·용 이분二分으로, 한편으로는 마음의 본체를 통하여 천리와 하나로 같아지고 동시에 또 시·청·언·동에 대한 마음의 주재로 말미암아 '리理'로 하여금 마음이 발한 것으로 되게 하였다. 마음을 본체로 하면 인간의 실천 생활 속에서 천리의 실현과 작용이 더욱 쉬워짐이 틀림없다. 이렇게 마음은 왕수인의 철학에서 첫 번째 본체에 대한 규정으로 되었고 이로부터 그의 심학은 매우 강한 도덕적 실천의 색채를 띠게 되었다.

이후에 왕수인은 생사의 갈림길을 넘나들던 자신의 경력으로부터 사람마다 모두 '때에 따라 옳고 그름을 아는'(隨時知是知非) 도덕적인 명각明覺을 가지고 있음을 발견하였고, 이러한 명각은 비록 지각의 형식으로 나타나지만 순수한 지각 자체는 아니었기 때문에, 왕수인은 '배우지 않아도'(不學) '생각하지 않아도'(不慮) 스스로 알 수 있는(自有知能) 양지라고 불렀다. 양지는 한편으로는 마음의 본체이고 성인 동시에 천리였지만, 중요한 것은 '때에 따라 옳고 그름을 알고' '한 점이라도 남을 속일 수 없는'(一點都瞞他不得) '환하게 밝히고 영험하게 깨닫는'(昭明靈覺) 것이다. 이렇게 양지는 왕수인의 본체에 대한 첫 번째 규정이 되었고, 양지를 본체로 함으로써 심학의 도덕적 실천의 철저함과 융통성을 더욱 나타내었다.

만년에 월성越城에 살면서 왕수인은 '붙잡은 바가 더욱 성숙하였고 얻은 바로써 더욱 교화하였다'(所操益熟, 所得益化). 따라서 천천天泉교에서 제자들과 담론할 때(天泉證道)[62] 그 중의 한 제자의 학설을 '사구교四句教'로 종합하였고, 또 '선도 없고 악도 없음'(無善無惡)으로 '마음의 본체'를 규정하였다. '선도 없고 악도 없음'은 물론 선악의 규정이 없는 자연적인 인간의 본성 자체가 아니라 구체적인

---

62) 왕수인은 천천교 위에서 제자 錢德洪과 王畿와 담론하였는데, 역사적으로 이를 '天泉證道'라 부른다. 고고학 자료에 근거하면, 왕수인의 생가 앞에 흐르는 碧霞池가 바로 당년의 '天泉證道'가 발생하였던 자리라고 한다. 왕수인의 '四句教'는 다음과 같다. "선도 없고 악도 없는 것을 마음의 본체라 하고, 선도 있고 악도 있는 것을 생각의 움직임이라고 하며, 선을 알고 악을 아는 것을 양지라 하고, 선을 행하고 악을 없애는 것을 격물이라 한다."(無善無惡心之體, 有善有惡意之動, 知善知惡是良知, 爲善去惡是格物.)

선악의 대응(對待)에 대한 초월을 가리킨다. '선도 없고 악도 없는 것을 마음의 본체라 한다'(無善無惡心之體)는 것은 전적으로 하나의 경지에 대한 용어이고, 경지를 본체로 하여 표현한 것이다. 본체 자체로 놓고 말하면 이것이 바로 '지극히 선하여 악이 없음'(至善無惡)이다. 바로 '지극히 선하여 악이 없는' 마음의 본체이기에 실천공부로 실행할 때 비로소 선악을 초월하는 '선도 없고 악도 없음'으로 나타날 수 있는 것이다. 이 때문에 지극히 선한 본성을 도덕적인 실천 학문의 최고 본체라 규정하였는데, 이는 왕수인이 자신의 일생 학설에 대한 종합이었고 또한 유가의 도덕적인 선한 본성에 대한 재확인이었다.

공부를 놓고 말하면, 왕수인의 모든 공부는 단 한 가지, 바로 실천의 공부였다.

그는 젊은 시절에 바로 주자학의 궁행躬行 실천으로부터 시작하여 심학을 탐구하였다. 그 과정에 비록 여러 차례 실패하였지만 실천의 입장은 처음부터 끝까지 일관되었다. 그는 주자학의 이론으로 실천을 수정한 것이 아니라 바로 자신의 실천으로 주자학의 이론을 바로잡았다. 따라서 실천이 바로 왕수인의 일생의 탐구를 관통하는 기본적인 공부이고 또한 그의 학설의 명맥이라 할 수 있다.

하지만 실천은 부동한 편중과 방식이 있을 수 있다. 그가 '격물치지의 요지를 크게 터득하였을'(大悟格物致知之旨) 때는 바로 '조용한 곳에서 몸으로 깨닫는'(靜處體悟) 방식으로 주자학의 빈틈을 연 것이다. 저주滁州에 가기 전에 왕수인은 대부분 정좌를 기본적인 교법으로 하였다. 그 방법은 바로 "정좌할 때 명예를 좋아하고 여색을 좋아하고 재물을 좋아하는 등의 근을 하나씩 여기저기서 찾아내어 깨끗하게 쓸어내고 싹을 완전히 잘라버리는"63) 것이다. 후에 그는 이러한 방법이 비록 "일시적으로 광경을 엿볼 수 있고 빠른 효과를 거둘 수 있지만, 오래되면 점차적으로 정을 좋아하고 동을 싫어함이 있게 되고 고고의 병폐로 흐르게

---

63) 『전습록』 하, "靜坐時, 將好名, 好色, 好貨等根, 逐一搜尋, 掃除廓淸."

된다. 혹은 미묘한 깨달음에 힘써서 듣는 사람을 놀라게 한다"[64]고 하였다. 남경으로 간 뒤에 그는 "생각마다 천리를 보존하고 인욕을 제거하는"(念念存天理去人欲) "구체적인 일상생활에서 자신을 단련함"(事上磨練)으로써 '조용한 곳에서 몸으로 깨닫는' 공부를 대체하였다. 만년에 '반드시 일이 있음'(必有事)에 대한 강조도 바로 '구체적인 일상생활에서 자신을 단련함'을 실천의 주요 공부로 삼는 표현이다.

  '양지를 지극히 함'(致良知)을 제기한 뒤에 왕수인은 한때 양지로 사고하기만 하면 '조용한 곳에서 몸으로 깨달을 수도 있고' '구체적인 일상생활에서 자신을 단련할 수도 있다'고 주장하였다. '양지의 본체가 원래 동정이 없어서' 또한 동정을 겸하는 것이다. 하지만 그는 한 제자의 학설을 종합하는 '사구교'에서 '상근上根'과 '중하근中下根'으로 '조용한 곳에서 몸으로 깨닫는 것'과 '구체적인 일상생활에서 자신을 단련하는 것'에 대하여 나누어 처리하였다. 요컨대 '상근'의 사람만이 '조용한 곳에서 몸으로 깨달을 수 있고', 대부분의 '중하근'의 사람들을 놓고 말하면, 반드시 '구체적인 일상생활에서 자신을 단련하는 것'으로부터 출발하여 "생각에서 확실하게 선을 행하고 악을 없애며 공부가 성숙된 후에 찌꺼기를 모두 제거하였을 때 본체 또한 모두 밝아진다."[65] 이렇게 왕수인의 실천에 대한 두 가지 방식은 현실에서의 '상근'과 '중하근' 사람의 공존으로 서로 받아들이는 듯(共許) 보인다. 하지만, "상근의 사람은 세상에서 만나기 어렵고 본체공부는 한 번 깨달으면 끝까지 꿰뚫는데, 이는 안연, 명도도 감히 감당하지 못하였다. 어찌 함부로 남이 그러기를 바랄 수 있겠는가."[66] 일반 사람을 놓고 말하면 "양지에서 선을 행하고 악을 없애는 공부를 실제로 사용할 것을 가르치지 않으면,

---

64) 『전습록』 하, "一時窺見光景, 頗收近效. 久之, 漸有喜靜厭動, 流入枯槁之病; 或務爲玄解妙覺, 動人聽聞."

65) 『전습록』 하, "在意念上實落爲善去惡, 工夫熟後, 渣滓去得盡時, 本體亦明盡了."

66) 『전습록』 하, "上根之人, 世亦難遇, 本體工夫, 一悟盡透, 此顏子, 明道所不敢承當, 豈可輕易望人."

단지 허공에 떠서 본체를 생각할 뿐이고, 모든 일들이 모두 확실하지 않으며 하나의 허적함을 길러 냄에 지나지 않는다. 이 병통은 작은 것이 아니고 일찍이 설파하지 않을 수 없다."[67]

'조용한 곳에서 몸으로 깨닫는 것'과 '구체적인 일상생활에서 자신을 단련하는 것'의 두 가지 방식에 대하여, 비록 왕수인은 '상근'과 '중하근' 사람의 공존으로 서로 받아들이지만, 매 하나의 현실적인 사람을 놓고 말하면 모두 반드시 '구체적인 일상생활에서 자신을 단련하는 것'으로부터 시작하여야 함이 분명하다. 다시 말하면 반드시 '구체적인 일상생활에서 자신을 단련하는 것'으로 '조용한 곳에서 몸으로 깨닫는 것'을 포함하는데, 이것이 바로 이른바 '상승上乘'이 '중하승中下乘'을 겸하여 닦는다(兼修)는 것이다. '구체적인 일상생활에서 자신을 단련하는 것'이 '조용한 곳에서 몸으로 깨닫는 것'을 포함할 때 왕수인의 공부는 곧 철저하게 일상생활화된다.

경지는 공부에서의 '견해'(見地)인 동시에 또한 본체가 수양에서의 드러남이다. 이 때문에 경지는 늘 공부가 심화됨에 따라 본체와 더불어 일종의 대응을 형성하는데 이러한 대응이 바로 그들 사이의 상호 검증이다.

왕수인이 마음을 본체로 할 때 경지는 만물의 일체인 '인仁'으로 표현된다. 이러한 경지에 관하여 왕수인은 그의 '발본색원론拔本塞源論'에서 비교적 분명하게 서술하였는데, 핵심은 바로 "천하의 사람들은 희희호호 하고 모두 서로 한 집안 사람처럼 여긴다.…… 남과 자기의 구분이나 물·아의 사이는 없게 된다. 한 사람의 몸에 비유하면 눈으로 보고 귀로 듣고 손으로 잡고 발로 감으로써 한 몸의 쓰임이 이루어지는 것과 같다. 눈이 듣지 못하는 것을 부끄러워할 것도 없이 귀에 스치는 곳을 눈은 반드시 밝히고, 발이 짚지 못하는 것을 부끄러워할 것도 없이 손이 더듬는 대로 발은 반드시 나아간다."[68] 이러한 남과 자신, 물·아

---

67) 『전습록』 하, "不教他在良知上實用爲善去惡工夫, 只去懸空想個本體, 一切事爲, 俱不著實, 不過養成一個虛寂. 此個病痛不是小小, 不可不早說破."

의 관계는 유가의 오랜 인생 이상이었고 왕수인의 철학에서는 또 사람마다 반드시 가지고 있는 '마음 본체의 동일함'(心體之同然)으로 표현되었다.

왕수인이 '양자를 본체로 할 때 그 경지는 또한 '곽연대공郭然大公'으로 표현된다. 이른바 '곽연대공'이란 바로 칠정이 의지할 곳이 없고 자연의 유행을 따르는 것이다. "칠정이 의지하는 곳은 모두 욕이라 이르고 모두 양자가 가려진 것이다."69) 칠정이 의지할 곳이 없는 것은 바로 "좋아함과 싫어함이 하나같이 리를 따르고 조금의 생각에도 의지하지 않는다."70) 이는 보기에는 홀가분하고 자연스럽지만, 실제로는 바로 공부의 정밀하고 심오하고 익숙하고 숙련됨을(精深純熟) 전제로 하는 것이고 또한 잊어버리지도 조장하지도 말고(勿忘勿助) 지나침과 모자람도 없는 것(无過无不及)이다. 공부로서 이는 일종의 무심(無心)의 공부이고 경지로서 곽연대공의 경지라 부를 수 있다.

월성에 거주한 뒤 왕수인은 '사구교'에서 또 선도 없고 악도 없음으로 마음의 본체를 규정하였다. 이러한 선도 없고 악도 없음은 바로 지극히 선한 마음의 본체가 수양공부에서 경지가 됨을 나타낸다. '사구교'의 전문은 다음과 같다.

> 선도 없고 악도 없는 것을 마음의 본체라 하고, 선도 있고 악도 있는 것을
> 생각의 움직임이라고 하며, 선을 알고 악을 아는 것을 양자라 하고, 선을 행하고
> 악을 없애는 것을 격물이라 한다.71)

이른바 선도 없고 악도 없음은 결코 '마음의 본체' 자체에 선악의 규정이 없는 것이 아니라 선을 행하고 악을 없애는 공부가 선악의 대응(對待)을 초월하는

---

68) 『전습록』 중, "天下之人, 熙熙皞皞, 皆相視如一家之親……物我之間, 譬之一人之身, 目視耳聽, 手持足行, 以濟一身之用. 目, 不恥其無聰, 而耳之所涉, 目必營焉; 足, 不恥其無執, 手之所探, 足必前焉."
69) 『전습록』 하, "七情有着, 俱謂之欲, 俱爲良知之蔽."
70) 『전습록』 상, "好惡一循于理, 不去着一分意思."
71) 『전습록』 하, "無善無惡, 是心之體, 有善有惡, 是意之動, 知善知惡, 是良知; 爲善去惡, 是格物."

경지에 도달하여 선도 없고 악도 없음으로 표현됨을 가리킨다. 물론 '사구교'의 논리적 출발점으로서의 본체는 지극히 선하고 악이 없을 수밖에 없고, 지극히 선하고 악이 없는 마음의 본체로부터 출발하여야만 선을 행하고 악을 없애는 공부가 비로소 선악의 대응을 초월하는, 선도 없고 악도 없는 경지에 도달할 수 있다. 이렇게 '사구교'는 사실상 지극히 선한 마음의 본체로부터 출발하여 선을 행하고 악을 없애는 격물공부를 거쳐 선도 없고 악도 없는 경지에 도달하는 하나의 순환일뿐더러 경지로써 본체를 나타내는데 바로 본체와 경지의 일치함의 표현이다. '사구교'가 왕수인 심학의 개관지론蓋棺之論이 된 원인이 바로 여기에 있다.

이상의 서술로부터 송명리학의 경지론을 대략적으로 알 수 있다.

4. 유학의 생사관과 현대적 가치

과학기술문명의 급속한 발전과 고령화 사회의 출현을 따라 인류의 정신적인 안정과 궁극적인 관심의 문제는 날이 갈수록 분명하게 드러난다. 21세기에 들어서면서 생명의 의의와 죽음의 의의에 대한 사람들의 탐색은 갈수록 중요해졌다. 유, 불, 도의 생사지혜는 현대인들이 자신을 반성하는 소중한 정신자원이기에 열심히 발굴하고 발전시킬 필요가 있다. 이 절에서는 유가의 생사지혜, 궁극적인 관심 및 현대적 가치를 논하고자 한다.

1) 생명존중

공자는 이렇게 말하였다.

삶도 모르는데 어찌 죽음을 알겠는가?[72]

삶과 죽음 사이에서 공자는 인생을 중요시하고 생명을 소중히 여겼다. 공자는 이렇게 말하였다.

위태로운 나라에 들어가지 말고 혼란한 나라에 살지 말라. 천하에 도가 있으면 나아가고 도가 없으면 은둔한다.[73]

전국시기에 자객이 자살하자 맹자는 당시에 이를 경계하였고 이렇게 제기하였다.

얼핏 보면 죽을 만하고 자세히 보면 죽지 말아야 할 경우에 죽으면 용맹을 손상한다.[74]

맹자는 또 이렇게 말하였다.

정명을 아는 자는 위험한 담장 아래에 서지 않는다.[75]

『효경』에서는 이렇게 말하였다.

몸과 머리카락, 피부는 부모로부터 받은 것이니 감히 손상하지 않는 것이 효의 시작이다.[76]

---

72) 『논어』, 「선진」, "未知生, 焉知死?"
73) 『논어』, 「태백」, "危邦不入, 亂邦不居. 天下有道則見, 無道則隱."
74) 『맹자』, 「이루하」, "可以死, 可以無死, 死傷勇."
75) 『맹자』, 「진심상」, "知命者不立乎岩牆之下."
76) 身體髮膚, 受之父母, 不敢毁傷, 孝之始也.

이는 모두 생명을 소중히 여기고 생명을 존중하여야 하며 자신을 잘 보호하고 함부로 생명을 희생하고 몸을 손상시키지 말아야 함을 말하는 것이다. 유가에서는 생명의식을 고양하고 생명을 본체의 수준으로 끌어올렸으며, 낳고 낳음에 끊임이 없는(生生不息) '일체지인一體之仁'의 자아긍정으로부터 출발하여 인생 즉 세상에서의 생활에서 바로 직접적으로 본체의 경지에 진입하였다.

유가의 생명의식과 인생 태도는 천지우주에 근원한다. 사람은 우주 가족의 한 구성원이다. 우주정신은 바로 생명창조의 정신이다. 『주역』「계사전」에서는 이렇게 말하였다.

천지의 큰 덕은 생이다.

낳고 또 낳음을 역이라 한다.77)

하늘(乾元)에는 '크게 낳는'(大生) 덕이 있고 땅(坤元)에는 '널리 낳는'(廣生) 덕이 있으며, 이러한 광대하고 완비한 생명창조의 정신과 '원元·형亨·이利·정貞' 등의 생성하고 크게 키우며 널리 퍼지고 창조적으로 진화하는 능력을 모두 인류에게 부여하여 인간의 본성을 이루게 하였다. 유가에서는 인간의 창조는 천지의 창조와 서로 조화되고 필적할 수 있다고 주장한다. 인간은 천지를 본받고 덕이 천지와 배합되고 천성이 웅대하며 인간의 천성과 잠재력을 전면적으로 발휘하여 일종의 강건하고 유위하며 자강불식自强不息의 정신을 가지고 있다. 이는 유가의 '생명을 존중하고'(尊生) '동을 주로 하는'(主動) 전통이다. "오직 천하에 지극히 성실한 사람이여야 능히 그 성을 다할 수 있다. 그 성을 다하면 능히 사람의 성을 다할 수 있고, 사람의 성을 다하면 능히 물건의 성을 다할 수 있으며, 물건의 성을 다하면 천지의 화육을 도울 것이고, 천지의 화육을 도우면

---

77) "天地之大德曰生.", "生生之謂易."

천지와 더불어 참여하게 될 것이다."[78] 이것이 바로 인류의 이성이 구상할 수 있는 '천', '도'는 우주만물, 인류생명의 본질이고 또한 모든 가치의 근원임을 말하는 것이다. 일단 인간이 자신의 생명적인 이성 혹은 도덕적인 이성을 충분히 유지할 수 있다면, 본성을 전면적으로 발휘할 수 있고 또한 평등한 정신으로 우주간의 모든 존재의 가치를 살펴봄으로써 다른 사람 및 다른 사물의 생존을 존중하고 '각자의 본성을 이루게 한다'(各遂其性). 이렇게 하면 천지의 생명정신에 반응할 수 있고 인간의 정신적 경지를 끌어올리고 천지와 서로 조화되고 정립(鼎立함으로써 최종적으로 '정덕正德, 이용利用, 후생厚生', '덕을 세우고(立德) 공을 세우고 (立功) 말을 세움(立言)'을 통하여 적극적으로 속세에 들어가고 용감하게 분투하며 실제적인 행동으로 인간의 가치와 의의를 실현한다.

유가의 '인仁학은 '어짊'(仁)으로써 '사람'(人)을 정의한다. '어짊'은 사람이 사람으로 되는 근본이기에 이렇게 말하였다.

인은 사람의 몸이다.[79]

사실 '어짊'은 바로 생명이 서로 느껴 통하게 하고, 천(최고의 신령 혹은 궁극적인 신념), 지(자연적인 생태), 인(사회와 타인), 물(만물), 아(내재적인 자아의식과 감정) 사이가 보편적으로 연관되고 서로 자양하여 윤택하게 한다. 그렇지 않으면 '마비되어 무감각함'(麻木不仁)이라 이른다. '어짊'은 또한 생명의 잠재력이고 씨앗이며 생명 창조의 정신으로, 복숭아 씨앗, 살구 씨앗처럼 하늘 높이 우뚝 솟은 큰 나무로 자라날 수 있다. '어짊'은 또한 스스로 자신의 도덕적인 자율을 결정하는 것이기에 공자는 이렇게 말하였다.

---

78) 『예기』, 「중용」, "唯天下之至誠, 爲能盡其性. 能盡其性, 則能盡人之性. 能盡人之性, 則能盡物之性. 能盡物之性, 則可以贊天地之化育. 可以贊天地之化育, 則可以與天地參矣."
79) 『예기』, 「중용」, "仁者, 人也."

인의 실천은 자신에게 달려 있지 남에게 달려 있겠는가.[80]

내가 인을 바라면 인이 곧 이른다.[81]

'어짊'은 또한 널리 베풀고 뭇사람을 구제하며(博施濟衆) 이로움으로 천하를 구제하고(利濟天下) 자기를 미루어 남에게 미치며(推己及人) 남을 진실하고 너그럽게 대하는(寬容忠恕) 정신이다.

유가의 철학은 생명철학이고 인생철학이다. 『역』학에서 전해지는 정수는 '생생生生'의 두 글자이다. 이른바 '생을 존중하고'(尊生) '생을 중요시하는'(重生) 것은 바로 우주와 인생의 본연적인 상태, 본질적인 속성이 낳고 낳음에 끊임이 없고(生生不已) 끊임없이 변화하여 고정된 형태가 없으며(變動不居) 관례를 지키지 않고(不守故常) 날마다 새롭고 또 새로운 것(日新又新)임을 분명하게 하려는 것이다. 유가에서는 일종의 적극적인 인생 태도 특히 도덕적인 실천정신으로써 천지·건곤·부모의 '낳고 낳는 덕'(生生之德)에 반응하여야 함을 주장하였다. 개인적인 인생을 놓고 말하면 반드시 고수와 창조, 동과 정, 본성과 욕구, 생과 사를 통일시켜야 한다. 역도易道, 인체仁體에는 창조적인 발전의 측면이 있을뿐더러 또한 고요한 측면도 있다. 우주생명의 강건하고 창조적인 정신을 투철하게 이해하여야만 비로소 생활 속에서, 변화 속에서, "사물을 열어 주고 일을 이루는" (開物成務) 실천 활동 속에서 자신의 본성을 유지하고 고요함을 유지함으로써 물욕에 빠지고 마음에 근심이 있음에 이르지 않을 수 있다. 유가에서는 '인仁'을 보존함으로써 큰 것을 세우는데 바로 천지만물이 일체가 되는 곳에서 대생명大生命을 인식하고 자신의 본성을 깨닫고 대아大我를 보살핌으로써 인격이 위를 향하여 발전하고 현실세계를 떠나지 않는 동시에, 또한 현실세계의 여러 가지

---

80) 『논어』, 「안연」, "爲仁由己, 而由人乎哉."
81) 『논어』, 「술이」, "我欲仁, 斯仁至矣."

한계를 초월할 수 있고 인간의 정신을 평범한 남과 자신, 물과 아가 서로 분리됨을 초월하는 경지로 끌어올릴 수 있다. 이렇기 때문에 "아침에 도를 들으면 저녁에 죽어도 좋다."[82]

삶과 죽음 사이에서 유학과 불교, 일부 서양철학은 다르다. 유학은 죽음의식에 의지하지 않고 생명의식의 자아부정으로부터 출발하여 죽음의식의 굴곡과 고생에 대한 구축을 통하여 형이상학적인 세계에 접근하는 것이 아니다. 오히려 유학은 생명에 대한 직시를 통하여 죽음을 직시하고 강렬한 생명의식으로써 죽음의식을 꿰뚫는다. "발분망식하고 즐거움으로 근심도 잊어 장차 늙음이 다가오는 줄도 알지 못한다"[83], "우환에서 살고 안락에서 죽는다"[84], "공자가 냇가에 서서 말하였다. '가는 것이 이와 같구나! 밤낮을 가리지 않는구나.'"[85] 이는 모두 삶으로써 죽음을 정의하는 것이고 적극적이고 열렬한 인생의 실천으로써 생명의 유한함을 고찰하고 유한한 생명에 무한한 가치와 의미를 부여하는 것이다.

2) 사이불후死而不朽

생명의 불후함에 대한 추구는 유가 생사관의 중요한 내용이다. '덕을 세우고(立德) 공을 세우고(立功) 말을 세우는(立言)' 것을 '삼불후三不朽'라 이른다. 유가에서는 독립적인 인격을 견지하고 자기의 생명을 희생할지언정 절대 구차하게 살아가지 않고, 절대 검은 세력과 한 무리가 되어 나쁜 짓을 하지 않는다. "지사와 어진 사람은 삶을 탐하여 인을 해치지 않고 몸을 죽여 인을 이룬다."[86] "군자는 밥 먹는 동안에도 인을 어겨서는 안 되니 아무리 다급한 때라도 인을 따라야

---

82) 『논어』, 「이인」, "朝聞道, 夕死可矣."
83) 『논어』, 「술이」, "發憤忘食, 樂以忘憂, 不知老之將至."
84) 『맹자』, 「고자하」, "生於憂患而死於安樂."
85) 『논어』, 「자한」, "子在川上, 曰: 逝者如斯夫! 不舍晝夜."
86) 『논어』, 「위령공」, "志士仁人, 無求生以害仁, 有殺身以成仁."

하고 아무리 궁색한 때라도 인을 따라야 한다."[87] 증자가 말하였다.

> 선비는 너그럽고 굳세지 않으면 안 된다. 임무는 무겁고 갈 길은 멀기 때문이다. 인의 실현을 자기의 임무로 삼으니 무겁지 않은가? 죽은 다음에야 그만두니 멀지 않은가?[88]

유자는 도덕적인 가치와 기타 가치가 모순될 때 정확한 선택을 할 수 있다. 왜냐하면 그들에게 자각적인 도덕요구, 숭고한 인격이상, 열정적인 구원감정(救世情懷), 확고한 생활신념이 있기 때문이다. 맹자는 이렇게 말하였다.

> 선비는 궁하여도 의를 잃지 않고 영달하여도 도를 떠나지 않는다.[89]

> 삶도 내가 원하는 바이고 의도 내가 원하는 바이지만 이 두 가지를 겸하여 얻을 수 없다면 삶을 버리고 의를 취하겠다. 삶도 내가 원하는 바이지만 원하는 바가 삶보다 심한 것이 있기 때문에 삶을 구차히 얻으려고 하지 않고, 죽음도 내가 싫어하는 바이지만 싫어하는 바가 죽음보다 심한 것이 있기 때문에 환난을 피하지 않는 바가 있는 것이다.[90]

순자는 이렇게 말하였다.

> 사람이 바라는 것 중에서 삶이 가장 심하고, 사람이 싫어하는 것 중에서 죽음이 가장 심하다. 그럼에도 삶을 좇아서 죽음을 성취하는 자가 있는데 이 사람이 살기 싫어서 죽고자 하는 것이 아니라 살아 있는 것이 옳지 않고 죽어야 마땅하기

---

87) 『논어』, 「이인」, "君子無終食之間違仁, 造次必於是, 顚沛必於是."
88) 『논어』, 「태백」, "士可以不弘毅, 任重而道遠. 仁以爲己任, 不亦重乎? 死而後已, 不亦遠乎?"
89) 『맹자』, 「진심상」, "士窮不失義, 達不離道."
90) 『맹자』, 「고자상」, "生亦我所欲也, 義亦我所欲也; 二者不可得兼, 舍生而取義者也. 生亦我所欲, 所欲有甚於生者, 故不爲苟得也; 死亦我所惡, 所惡有甚於死者, 故患有所不避也."

때문이다.[91]

　"몸을 죽여 인을 이룬다"(殺身成仁), "생을 버리고 의를 취한다"(舍生取義), "부귀가 마음을 방탕하게 하지 못하며 빈천이 절개를 옮겨놓지 못하며 위무가 지조를 굽힐 수 없다."[92] 절개와 지조를 견지하는 것은 이미 중화민족의 우량한 전통으로 되었다. 증자는 "중대한 위난에 처하여 절개를 잃지 않는다"(臨大節而不可奪也)고 하였고, 순자는 "도를 따를 뿐 군주를 따르지 않는다"(從道不從君)고 하였으며, 문천상文天祥은 "시기가 힘들 때 비로소 절개가 드러난다"(時窮節乃現), "생사를 어찌 족히 논할 것인가"(生死安足論), "공자는 '인을 이루라'고 하였고 맹자는 '의를 취하라'고 하였다. 오직 의를 다하면 인도 이르는 것이다. 성현의 글을 읽어 배운 바가 무엇인가"[93]라고 하였다. 이러한 것들은 백성들에 의하여 널리 전해지고 칭송되고 있다.

　죽어도 죽음이 제자리를 얻게 하여야 한다. 맹자는 이렇게 말하였다.

　그 도를 다하고 죽는 자는 정명이고 질곡으로 죽는 자는 정명이 아니다.[94]

　도의를 위하여 죽은 사람이 받은 것은 정명이고 범죄로 죽은 사람이 받은 것은 정명이 아니다. 도의와 개인적인 이익 사이에서 유학의 가치 방향은 종래로 매우 뚜렷하였다. 유가에서는 생명이 소중하지만 생명보다 더 소중한 것이 도의, 절개, 성품, 민족정신과 민족이익이라고 주장하였다. 후자를 위해서라면 모든 재난도 결코 피해가지 않는 것이다. 이렇게 생명의 가치가 죽음의 가치로

---

91) 『순자』, 「정명」, "人之所欲, 生甚矣; 人之所惡, 死甚矣; 然而人有從生成死者, 非不欲生而欲死也, 不可以生而可以死也."
92) 『맹자』, 「등문공하」, "富貴不能淫, 貧賤不能移, 威武不能屈."
93) 孔曰成仁, 孟曰取義, 惟其義盡, 所以仁至, 讀聖賢書, 所爲何事.
94) 『맹자』, 「진심상」, "盡其道而死者, 正命也; 桎梏死者, 非正命也."

전화되고 생명의 담당은 죽음의 담당으로 전화된다. 죽음이 두려워서 구차하게 살지 않고 무력으로 위협하고 이익으로 회유하여 구차하게 살지 않는다. 생명은 죽음을 통하여 연속될 수 있고, 인생은 유한한 것으로부터 무한한 것으로 변화되며, 개인적인 자유와 인격적인 독립은 최대한으로 발휘된다. 죽음의 의의와 가치의 문제가 근본적으로 인생의 의의와 가치의 문제이기 때문에,『좌전』에서는 "죽어도 썩지 않는다"(死而不朽), "죽더라도 썩지 않는다"(死且不朽), "죽었는데 또 무엇을 바라겠는가"(死又何求)라고 여러 차례 제기하였다. 『논어』에서 말하는 "죽어도 후회가 없다"(死而無悔), "죽은 뒤에야 그만둔다"(死而後已), 그리고 『효경』에서 말하는 "사생의 의리"(死生之義) 및 보편적으로 유행하는 한 구절―"선비는 죽일 수 있어도 모욕할 수는 없다"(士可殺而不可辱)는 유가에서 생명철학, 가치철학, 인생의의의 범주에 속한다. 유자는 결코 죽음을 도피하지 않고 자신만의 가치방식으로써 '죽어도 없어지지 않음'(死而不亡)을 추구한다.

3) 존순몰녕存順沒寧

장재는 다음과 같은 유명한 명제를 제기하였는데 사실상 유, 불, 도의 생사지혜를 포함하고 있다. 장재는 이렇게 말하였다.

> 부귀와 복택은 하늘이 장차 나의 삶을 풍부하게 해 주는 것이고 빈천과 걱정은 그대를 옥처럼 갈고 연마하여 완성하는 것이다. 나 살아서 삶에 충실하고 나 죽어서 편히 쉬리라.[95]

부귀와 복택, 빈천과 걱정은 모두 하늘이 너한테 내려준 것이고 너에게 소중한 것이며 네가 성과를 이루게 하는 수단이다. 살아 있을 때 다른 사람을

---

95)『정몽』,「건칭」, "富貴福澤, 將厚吾之生也; 貧賤憂戚, 庸玉汝於成也. 存, 吾順事; 沒, 吾寧也."

진정으로 사랑하는 것은 바로 우주·건곤·부모를 섬기는 것인데, 이는 나와 다른 사람, 다른 사물 모두 우주·건곤·부모의 아이들이기 때문이다. 죽으면 안정을 얻는데 살아 있을 때 하늘을 우러러 부끄럽지 않았고 굽어보아 인간에 부끄럽지 않았기 때문이다. 장재는 또 이렇게 말하였다.

> 『역』에 이르기를 "원래의 시작이 도리어 끝이 되기 때문에 생사의 설을 안다"는 것은 원래의 시작으로 삶을 알고 그 끝을 구하면 반드시 죽음을 안다는 것이다. 이것이 공자가 자로의 질문에 직접적으로 답하고 감추지 않은 이유이다.[96]

장재는 여기서 유가 생사관의 두 가지 자료에 대하여 집중적으로 서술하였다. 하나는 『주역』 「계사전」으로, 생사의 궁극적인 근거에 관하여 탐색하였는데, 오로지 천지의 도를 분명히 알아야만 비로소 생명의 기원, 귀속과 구경을 고찰할 수 있고 죽음은 다만 생명의 궁극적인 복귀라는 것이다. 다른 하나는 『논어』 「선진」인데, 자로가 귀신을 묻고 죽음을 물은 것에 대한 공자의 대답을 기재하였다. "사람도 섬길 줄 모르면서 어찌 귀신을 섬기랴", "삶도 잘 모르면서 어찌 죽음을 알겠는가."[97] 이상의 두 가지 자료는 서로 보충하는 것이다.

'존순몰녕存順沒寧'은 일종의 평안한 생사태도이고 또한 일종의 초월적인 정신 경지이다. 유가는 '생을 존중하고'(尊生) '생을 중요시하는'(重生) 전제 하에서 가치가 모순되고 긴장한 경우에는 "죽어도 썩지 않음"(死而不朽)을 추구하고, 일종의 "맹렬한 뜻이 굳건하여 변하지 않는"(猛志固常在) 심리상태로 생명의 압력과 왜곡에 항거하였다. 하지만 평범한 생활에서 유학은 일반적으로 '존순몰녕'의 평안, 평온을 주장하였다. 이는 물론 불교와 도가의 해탈과 달관達觀을 받아들인 것이

---

96) 『정몽』, 「건칭」, "『易』謂原始返終, 故知死生之說者, 謂原始而知生, 則求其終而知死必矣. 此夫子所以直季路之問而不隱也."

97) "未能事人, 焉能事鬼.", "未知生, 焉知死."

다. 불교에서는 '생사가 종료됨'(了生死)을 주장하는데 생사가 종료될 수 있다면 놓을 수 없는 것이 또 무엇이 있겠는가? 장자는 아내가 죽자 대야를 두드리며 노래를 불렀다. 그는 해골(髑髏)의 꿈에 나타나 부탁하기를, 사람이 죽으면 구속도 없고 고생도 없으며 한가롭게 천지와 마찬가지로 장수하고 '남면하여 왕이 된다' (南面爲王)의 즐거움을 초월하였다고 하였다.(『장자』 「지락」에 보인다.) 장자는 또 이렇게 말하였다. 마땅히 '천하를 잊고'(外天下), '만물을 잊고'(外物), "(내가 또 9일을 지킨) 후면 능히 삶을 잊을 것이다. 이미 삶을 잊으면 능히 아침같이 환해질 것이고, 아침같이 환한 후면 능히 홀로 볼 것이며, 홀로 본 후면 능히 옛날과 지금이 없을 것이고, 옛날과 지금이 없어진 후면 능히 죽지도 않고 살지도 않는 데에 들어갈 수 있을 것이다."[98] 여기서 '외천하'는 세상의 일을 잊어버리고 홀로 서는 것이고, '외물'은 이해, 비방과 칭찬(毀譽), 영욕, 시비의 밖으로 초연한 것이며, '외생'은 생사의 근심이 없는 것이다. '조철朝徹'은 생사가 일관一觀이고 물과 아를 겸하여 잊으며 '은혜로운 비침'(惠照)이 확연하게 트임이 아침 해가 막 떠오름과 같음을 가리키고, '견독見獨'은 절대적인 도를 깨달음을 가리킨다. 그 뒤로 '생을 즐거워하고'(悅生) '죽음을 싫어함'(惡死)을 모르고 옛날과 지금, 이룸과 훼손(成毁), 배웅과 마중(將迎)이 없는 '영녕攖寧'의 상태 즉 만물이 하나로 가지런한 본체의 경지로 들어간다.

왕양명의 『전습록』에서는 이렇게 말하였다.

학문을 공부하여 모든 명리와 기호가 모두 벗겨져서 거의 남아 있지 않아도 아직 한 가지 생사의 이념이 남아 있고 털끝 하나라도 걸렸으면 곧 전체에는 융석하지 못한 곳이 있게 된다. 생사에 대한 사람의 이념은 본래 생·신·명·근상으로부터 가지고 오기 때문에 제거하기 쉽지 않다. 만약 이곳에서 간파하고

---

98) 『장자』, 「대종사」, "而後能外生; 已外生矣, 而後能朝徹; 朝徹, 而後能見獨; 見獨, 而後能無古今; 無古今, 而後能入於不死不生."

통과할 수 있다면 이 마음의 전체는 비로소 유행함에 장애가 없고 비로소 진성지명의 학문이다.[99]

한 사람의 음악과 여색, 이익에 대한 욕구는 이미 벗겨져서 거의 남아 있지 않기 어렵고, 생·신·명·근 상으로부터 가지고 온 생사에 대한 이념은 '간파'하고 '통과'하기가 더욱 쉽지 않다. '간파', '통과'는 왕양명에게 있어서 '세상에 기대어 덧없이 살거나'(寄世浮生) '아침 이슬과 같은'(譬如朝露) 읊조림이 아니라 '진성지명盡性至命'의 학문공부였다. '진성지명'은 생명만을 직시하는 것이 아니라 죽음에도 직면하여 생명과 죽음의 의의를 체험하는 높이에서 이익에 대한 욕구의 속박에서 벗어나기 때문에 비로소 인생을 더욱 적극적으로 사고하고 기획할 수 있다. 요컨대 유학의 생사관은 개인적인 생명과 인류의 생명, 우주의 생명을 관통시켰다.

유가의 '존순몰녕' 모식은 일종의 우주 가족주의와 도덕적 이상주의의 감정으로써 생명의식의 자각을 강조하고 삶으로써 죽음을 정의하는 것이다. 동시에 또한 죽음을 직시하고 죽음을 빌려 삶을 되돌아보며 생명의 개체성과 유한성을 우주가족 생명의 그룹성과 무한성과 연계시킨다. 이러한 모식에 근거하면 유가의 인생설계는 생기가 왕성하고(生氣勃勃) 기세가 줄기차고(轟轟烈烈) 분투하고 노력할(奮發有爲) 뿐만 아니라 아무런 걱정도 집착도 없이 달관하고 자유롭다. 바로 이른바 "출세의 정신으로 입세의 사업을 하는 것"(以出世的精神幹入世的事業)이다. 유가의 생사태도는 웅대하고 격앙되어 죽음을 두려워하지 않는 측면이 있을뿐더러 조용하고 물욕이 없으며 조용하고 평안한 측면도 있고, 죽음을 두려워하고 죽음을 감히 직시하지 못하는 두려워하는 심리상태와 다를뿐더러 음악과 여색에

---

99) 學問功夫, 於一切聲利嗜好, 俱能脫落殆盡, 尚有一種生死念頭, 毫髮掛帶, 便於全體有未融釋處. 人於生死念頭, 本從生身命根上帶來, 故不易去. 若於此處見得破, 透得過, 此心全體方是流行無礙, 方是盡性至命之學.

빠지고 때를 맞춰 즐기는 유유자적하는(游世) 심리상태와도 다르며, 소극적이고 무위하며 게으르고 삶을 보존하며 은거하는 심리상태와 다를뿐더러 공명과 관록을 지나치게 따지고 집착하는 심리상태와도 다르다. 따라서 생존과 죽음, 유한과 무한의 관계에서 유학은 이원 대립의 국한성을 극복하였고 나아가 양자를 통일하였다. 이러한 변증법적 통일의 과정에서 물욕의 해탈은 하나의 관건이었다. 죽음을 직시하려면 반드시 이러한 해탈정신이 있어야 한다.

4) 신종추원愼終追遠

『좌전』에는 "시작을 신중하게 하고 끝을 공경한다"(愼始而敬終)는 말이 있고, 『상서』에는 "시작할 때 끝을 신중하게 한다"(愼終於始), "끝을 신중하게 하려면 오직 시작에 달려 있다"(愼厥終惟其始)라는 말이 있다. '시작과 끝'(始終)은 일정한 의미에서 바로 '삶과 죽음'(生死)의 뜻이다. 유가의 삶을 신중하게 하고 죽음을 공경하는 생사태도는 앞에서 이미 서술하였다.

유가는 인류사상사에서의 기타 정신적 자원과 달리 특히 "죽음을 신중하게 하고 조상을 추모함"(愼終追遠)을 강조한다. 『논어』 「학이」에서는 이렇게 말하였다.

> 증자가 말하였다. "부모의 장례를 정중하게 하고 조상을 추모하면 백성의 덕이 순후해진다."[100]

부모의 죽음을 신중하게 대하고 먼 세대(遠代)의 조상을 추모하면 백성들이 자연스럽게 충직하고 솔직해지게 된다는 의미이다. 이러한 주장은 매우 깊은 문화적인 함의를 가지고 있다.

우선 유가는 효도를 중시하는데 삶과 죽음의 전환, 신진대사에서 '죽어도

---

100) 曾子曰: 愼終, 追遠, 民德歸厚矣.

없어지지 않음'(死而不亡)의 문제를 긍정하고, 육친, 종족, 인종의 연속을 통하여 사업, 문화, 생명을 연속시키고 빛낸다.[101] 따라서 죽음의식은 생명의식, 도덕의식과 문화의식으로 전환하고 유한한 개체의 인생은 무한한 그룹의 인생으로 전환하는 사상을 포함하고 있을뿐더러 전환하는 경로는 제시하였다.

다음으로 선조들의 임종에 대한 존경, 죽음의 존엄을 지키는 것을 신중하게 대하는 태도를 표명하였다. 죽음을 존중하는 것은 바로 생명을 존중하는 것이다. 자손들은 마땅히 선조들이 자연스럽고 편안하게 죽음을 받아들이고 임종의 존엄을 지킬 수 있도록 도와야 할 뿐만 아니라, 제사를 지냄으로써 죽은 사람의 덕업을 추모하고 삶과 죽음의 궁극적인 의의를 깨달아야 한다. 공자는 이렇게 말하였다.

> 살아 있을 때에는 예에 따라 섬기고 죽으면 예에 따라 장례하고 예에 따라 제사한다.[102]

이는 일종의 종교적인 신념을 반영하였고 동시에 인간의 소속감을 보여 주었으며 인간화된 방식으로 후사를 처리하여야 함을 강조하였다.

5) 천도天道와 성명性命은 일체

유가의 궁극적인 관심은 천명의 근거와 깨달음을 체인하는 종교적인 성격을 가지고 있고, '천명지도天命之道'는 생명과 죽음 의미의 가치 근원이다. 유자가 삶과 죽음을 철저하게 깨닫고 죽음을 정신적으로 초월하는 근거는 천도, 천명

---

101) 유가에서도 교육을 중시하고 스승과 제자의 관계를 중시하며 문화사업과 문화생명의 전승을 더욱 강조한다.
102) 『논어』, 「위정」, "生, 事之以禮; 死, 葬之以禮, 祭之以禮."

및 인간이 인간으로 되는 규정—도덕적인 심성이다. 천도와 인도, 천도와 심성의 관통은 유자의 세상에 대한 긍정과 세상에 대한 관심 속에 여전히 초월적인 형이상의 요구 즉 궁극적인 최후의 관심이 있음을 표명하였다. 중국 고대의 유자들이 '천하를 자기의 책임으로 삼고'(以天下爲己任) '도탄에 빠진 백성을 구제하려는'(救民於水火) 신념, 목표와 세상을 구원하기 위하여 헌신하는 열정, 특히 지극히 성실함이 멈추지 않고(至誠不息) 경건하고 속임이 없이(虔敬無欺) 마음을 다하고 성을 알며(盡心知性) 마음을 보존하고 성을 기름으로써(存心養性) 천지를 섬기는 정신과 "요절하거나 장수함에 의심하지 않아 몸을 닦고 천명을 기다린다"(夭壽不貳, 修身以俟之)는 안신입명安身立命의 도는, 모두 그들의 종교적인 성품을 보여 주었다. 유자의 사명감, 책임감, '생을 버리고 의를 취하며'(舍生取義), '죽어도 썩지 않고'(死而不朽), '죽은 뒤에야 그만두며'(死而後已), '아침에 듣고 저녁에 죽는'(朝聞夕死) 우환의식과 힘써 실천하는 정신에는 종교적인 초월의 '천도'와 '천명'의 근원이 있다. 유자는 개인적으로 신념, 신앙 상의 궁극적인 책임이 있고 자신의 생존과 죽음의 궁극적인 의미를 발견하고 발굴할 수 있다. 바로 이렇기에 비로소 '안신입명'할 수 있고 유한한 생명으로 무한한 의미의 경지에 도달할 수 있는 것이다. 유자가 생사의 문제를 철저하게 해결하는 진정한 근거는 천도에 있을 뿐만 아니라 천명에 근원을 두고 있는 심성에 있는데, 이는 유자 '천명론'과 '심성론'의 관건이다. 유자의 인생태도와 생사의 관심에는 모두 세간을 초월하는 의의가 있다.

앞에서 서술하였던 '시작에 근원하여 끝을 돌이켜보고'(原始反終), '죽음을 신중하게 대하고 먼 세대의 조상을 추모하며'(愼終追遠), '시작을 안고 근본으로 돌아가는 것'(抱始返本)은 모두 여기로 거슬러 올라온다. 어떤 사람은 유학에 종교성이 부족하고 세상에 대한 관심만 있다고 하고, 어떤 사람은 유학에 개체성이 부족하고 공동체의 윤리만 강조할 뿐이라고 하는데, 이러한 것들은 모두 그럴 듯하지만 실제는 그렇지 않은 논의이다. 유학의 생명의식, 세상을 구원하려는 열정, 삶과 죽음에 대한 관심 및 초월적인 근거는 종교성을 가지고 있다는 명확한 증거이다. 유학의 도덕적인 체험과 실천 특히 인생을 직시하고 죽음을 직시하는 책임은 대체할 수도 없고 양도할 수도 없는 개체성 때문임이 틀림없다. 다시 말하면 유가의 '천명론'과 '심성론'이 생명과 죽음의 근원성과 개체성을 살펴보았고, 개체가 '낳고 낳음에 끝이 없는'(生生不已) 우주의 '인체仁體'를 벗어나지 않는 동시에 일상에 함께 존재하는 타락의 상태로부터 벗어나게 하였다. 유가에서는 삶의 초월적인 근거를 증명하였고 삶의 본래성(Eigentlichkeit, 本己性)과 개체성을 부각시키는 동시에 죽음의 초월적인 근거와 죽음에 대한 개인의 자유를 포괄하였다.

6) 유학 생사관의 현대적 가치

삶과 죽음(生死) 및 그 의의의 문제는 하나의 영원한 문제이고 세계상의 여러 가지 종교, 철학에서 끊임없이 탐구하였던 문제이다. 현대 과학기술이 급속하게 발전하고 고령화 사회가 출현함에 따라 천, 지, 인, 물, 아 사이는 더욱 소원해지고(異化), 현대인들은 옛사람보다 훨씬 고독하고 의지할 곳이 없음을 느낀다. 현대인들의 정신적인 안정은 이미 문제가 되었고, 생활의 무의미함은 새로 태어난 세대를 뒤덮어 버렸으며, 그들은 신앙이 없고 근본이 없는 생활에 직면하였다. 인문이 사라지고(淡泊) 도덕적인 위기와 '문화공업文化工業', 건달들이 판치는 세계적인 문화 분위기 속에서 사람들의 마음은 자양분이 부족하였고 생명은 의지할 곳이 부족하였다. 인간 수명의 연장은 임박한 죽음에 대한 부정적인 심리갈등을 더욱 심각해지게 하였다. 수많은 퇴직 노인, 건강한 노인, 쇠약한 노인 혹은 불치병 환자들의 물질적인 생활, 특히 정신적인 생활은 이미 문제가 되고 있다. 임종 전의 물질적, 정신적 관심의 부족 및 후사를 처리하는 비인성화된 방식은 사람들을 더욱 당황하고 불안에 떨게 하였고, 임종을 앞둔 사람들이 태연자약하고 존엄성이 있게 죽음을 맞이할 수 없게 하였다.

현대화된 과학기술문명은 현대인을 대신하여 인생과 죽음의 의의와 가치문제를 사고할 수 없다. 유가, 불교, 도교, 기독교 등의 사상적 자원에는 세속의 미혹과 집착을 타파할 수 있는 풍부한 삶과 죽음의 지혜가 포함되어 있다. 인류의 오래된 문명의 정수를 활용하고 종교적이고 도덕적인 높은 정신 역량에 의거하여 삶과 죽음의 궁극적인 의의를 발견하며 나아가 신념, 신앙 상에서 어떠한 궁극적인 책임 정신을 가지는 것은 현대인의 생활의 질과 인격적인 경지를 제고시키는 중요한 방법이다.[103]

유학 특히 형이상학적 본체론 및 생사관은 현대인들이 21세기로 나아감에 있어서 중요한 정신적인 근거 중의 하나이다. 유학은 사람들의 정신적인 공간을 넓힐 수 있고 가치의 일원화와 평면화를 피하고 현대화가 미리 설정한 가치의 일방적인 과장을 피할뿐더러 부정적인 측면을 비판하고 도구이성의 악성적인 팽창을 비판할 수 있다. 유학의 안신입명의 도는 사람들의 인생을 풍부하게 하고 인격을 높일 수 있으며, 인간의 정신을 활성화하고 번뇌에서 벗어나게 하며, 마음속의 긴장을 완화하고 삶과 죽음의 집착을 초월하며, 인문적인 이상에 대한 추구를 부활시킴으로써 사람들이 진정으로 인간다운 생활을 할 수 있게 한다. 유가의 정신은 21세기의 사회와 인생의 부정적인 면을 치료하고 구제하며 특히 인간의 본성과 마음의 안립安立에 대하여 갈수록 중요한 작용을 발휘함에 틀림없다. 유학은 근본적으로 사람들에게 어떻게 사람이 될 것인지를 가르치고 생활의 의의를 분명하게 알게 한다. 유학은 중화민족 정신의 주축이다. 유학의 현대사회에서의 창조적인 전환은 사람들의 이상적인 인격에 대한 추구를 촉진함에 유리하고 인문정신이 사라지고 민족의 자질이 약화되며 교양이 없어짐을 극복할 수 있다.

---

103) 傅偉勳, 『죽음의 존엄과 생명의 존엄』(臺北正中書局, 1994) 참조.

한 사람, 한 민족은 반드시 세속적인 인류의 실천적 의의를 초월한 자기만의 궁극적인 신념, 신앙이 있어야 한다. 유학의 초월성과 내재성의 화합은, 인간이 자신의 심성(또한 하늘이 부여한 것)에 근본하여 도덕적인 실천의 공부에 종사함으로써 하늘을 알고(知天) 하늘을 섬기고(事天) 위로 하늘에 도달하는(上達於天), 즉 하나의 궁극적이고 하늘이 알고 있는 경지에 도달할 수 있음을 긍정하였다. '천', '천명', '천도' 및 이러한 궁극적이고 진실한 주체성에 대한 자각은 유가가 정신적으로 속세를 초월한 진정한 근거이다. 유학의 자원은 여전히 현대인의 삶의 근원이고 활력수이며, 21세기의 중국과 세계의 중요한 정신적 식량이다.

제11장 관리 지혜

경제학부(School of Economics) 혹은 경영대학원(Business School) 혹은 관리학부(School of Management), MBA(Master of Business Administration) 혹은 EMBA(Executive Master of Business Administration)에서 배우는 관리지식은 대부분 조작 측면의 지식으로서, 어느 정도는 선생이 없어도 혼자 충분히 터득할 수 있다. 하지만 만약 국학, 제자백가, 유가, 불교, 도교의 경전으로부터 관리학을 배운다면 관리 측면의 지식으로서 한 가지에 정통하면 백 가지를 알게 되고 평생 이익을 얻을 수 있다. 이는 물론 누군가가 경전의 해독을 지도하여 확실하게 이해하고 실천하여야 가능한 일이다. 그 속에서 우리는 지혜를 터득할 수 있다. 이 장에서는 유가 상인(儒商), 유가 노동자(儒工)의 사업윤리로부터 유가의 관리 지혜 및 현대적인 의의에 대하여 논하고자 한다. 세 개의 부분으로 나누어 우선 중국, 일본의 유가 상인에 대하여 살펴보고 공자의 관리방법을 논한 다음 유가 관리철학의 기본적인 원리에 대하여 논의하도록 한다.

1. 유가 상인의 사업윤리

현대화의 사업윤리, 공무원윤리, 상업윤리, 기업윤리의 건설은 지금의 우리에게 매우 시급한 과제이다. 각종 직업에는 모두 특수한 업무 성격과 특수한 서비스 대상이 있기에 특수한 직업도덕규범이 있다. 그리고 각종 직업에는 또 보편적인 사업윤리가 있는데 이러한 사업윤리 혹은 상업도덕의 건설은 중화민족의 전통적인 윤리정신—인애충서仁愛忠恕, 예의염치禮義廉恥, 성신무기誠信毋欺, 자성신독自省愼獨, 계사이검戒奢以儉, 경업락군敬業樂群 등을 참고로 할 수 있다. 전통적인 미덕 및 공사관, 의리관, 군기관(群己觀)의 사업윤리, 공동체윤리에서의 현대적인 전화는 우리가 조화로운 사회를 건설하고 새로운 공민 사회와 지속 가능한 발전전략을 실현하는 데 중요한 과업 중의 하나이다.

1) 서양 경제학자의 견해

현대사회에서 시장경제의 건강한 발전은 그에 적합한 정치구조, 법률질서, 교육수준과 윤리체계, 도덕관념의 배합을 필요로 한다. 자본주의 자유시장 경제의 확립 초기에도 이익과 욕구 충동의 합리성을 긍정하고 '합리적 이기주의'의 기치를 내 걸었음에도 불구하고 '계약준수'(信守契約), '등가교환等價交換'의 원칙과 '동정심' 등의 도덕적인 요구를 긍정하지 않을 수 없었다. 고전 경제학자 애덤 스미스(Adam Smith, 1723~1790)가 1759년에 완성한 『도덕감정론』이 대표적인 예이다. 20세기 30년대에 케인스(John Maynard Keynes, 1883~1946)는 수단을 가리지 않고 폭리를 도모하고 완벽하게 '이기'를 유일한 원칙으로 삼는 사상과 행위를 비판하면서 이러한 사상과 행위는 시장경제의 발전에 적응할 수 없다고 주장하였다. 듀이(John Dewey, 1859~1952)의 실용주의 도덕학설도 모든 사람의 자유, 평등을 수호한다는 기치를 내건 '저속한 개인주의', 이기주의, 금전 지상, 향락 지상의 가치 관념을 엄격하게 비판하였다. 듀이는 소수 사람들의 사사로운 이익에 대한 추구를 대부분 사람들의 추구로 확대하는 것도 문제가 있는 것이라 주장하면서 중요한 것은 사회를 개조하고 새로운 인격의 형성을 촉진하는 것이라고 하였다. 그는 도덕적 행위의 사회성을 강조하면서 사람은 사적인 '금전 이익'에 복종하여서는 안 되고 사회 개조의 이익에 복종하여야 함을 주장하였다. 1986년에 노벨 경제학상을 받았던 미국의 경제학자 뷰캐넌(James Buchanan, 1791~1868)은 정치제도의 개혁, 법률질서와 윤리도덕의 시장경제에서의 작용을 매우 중시하였다. 뷰캐넌은 시장은 '도덕질서'의 체현으로서 서로 존중하고 권리의 실현과 계약의 집행을 보장할 수 있는 법률이 요구됨을 주장하였다. 그는 '제약을 받지 않는 사람은 야수'(不受制約的人是野獸)라 하였고 개인의 경제이익 행위는 반드시 서로 유리한 범위 안에 제한되어야 함을 강조하였다. 이상의 서술로부터 서양의 사상가, 경제학자들도 사회도덕과 개인도덕의 시장경제에서의 작용을 결코 부정하지 않았고, 수단을 가리지 않고 서로 속고 속이는(爾虞我詐) 이기주의, 금전만능(金元挂帥), 향락부패 혹은 아무런 제약도 받지 않음을 내세우는 등등에 대하여 결코 비판하지 않았던 것이 아님을 볼 수 있다. 적어도 자본주의 시장경제도 공공 도덕질서와 개인의 도덕적 자율과 교양을 떠날 수 없었고, 일정한 상업도덕을 떠날 수 없었음을 알 수 있다. 이는 문명이 누적되어 형성된, 말할 필요가 없는 배경과 건강한 시장경제 발전의 윤활제이다.

2) 중국의 유가 상인

일찍이 명청시기에 사회 생산력의 발전으로 상품의 유통범위가 날이 갈수록 확대되었고 상인들의 자본도 날이 갈수록 생기를 띠게 되었다. 전국적으로 휘상徽商(휘는 安徽省의 약칭임), 진상晉商(진은 山西省의 약칭임), 섬상陝商(섬은 陝西省의 약칭임), 민상閩商(민은 福建省의 약칭임), 월상粤商(월은 廣東省의 약칭임)과 절서용유浙西龍遊[1] 등의 상인 그룹이 생겨났는데, 그 중에서 휘상이 가장 유명하였다. 휘상은 상업 활동에서 중국의 전통문화 특히 유가의 사상도덕을 준수하였는데 그들에게 큰 도움이 되었다. 예를 들어 '성실불기誠實不欺', '공평수신公平守信'은 유가의 전통

---

1) 역자주: 浙西는 원래 兩浙西路의 약칭으로 浙江省 북부와 江蘇省의 蘇南지역을 포함하였다. 지금은 지리상으로 저장성의 서부지역을 가리킨다. 龍遊는 저장성 서부에 위치한 衢州市의 한 縣이다.

사상인데 많은 휘상들은 자신들의 도덕윤리와 경영원칙으로 삼았다. 이러한 이야기가 있다. 큰 소금상인 오시영吳時英의 수하인 모 '장계掌計'(호구·세금·인사 등의 기록을 책임진 사람)가 오씨의 이름을 빌려 다른 사람으로부터 엽전 만육천 민緡을 빌렸는데 후에 빚을 갚지 못하였다. 일이 발생한 후에 어떤 사람이 오씨에게 말하였다. "그의 빚은 그가 갚을 것인데 그대와 무슨 상관인가!" 하지만 오씨는 이렇게 대답하였다. "여러 어르신들이 수만을 가지고 있어도 빌릴 수 있을지 모르는데 무엇 때문이겠습니까? 사람들은 저의 이름을 믿는 것입니다. 우리 그룹은 이로써 참람해지고 그러한 참람해짐을 내버려 두면 그 불합리함은 나에게 있는 것이니 이를 배덕이라고 하는데 배덕은 불길한 것입니다."[2] 후에 그는 스스로 이 채무를 정산하였다.[3] 큰 상인들이 이러하였을 뿐만 아니라 일반적인 상인들의 조력자들도 세속에 물들지 않고 자신의 순결을 매우 주의하였다. 청대 초기의 저명한 학자 고염무顧炎武(1613~1682)도 휘상의 조력자들을 매우 높게 칭찬하였다. "그 사람은 한 수銖, 한 량兩의 아주 사소한 것도 사사로이 여기지 않았기 때문에 대고의 신임을 한 몸에 받아 의심을 남기지 않을 수 있었다."[4] 상업무역에서도 이와 같았는데 '공평수신', '성실불기'는 그들에게 적지 않은 좋은 점을 가져다주었다.

중국 전통문화의 영향을 받아 휘상은 보편적으로 가진 재산이 많고 또 오직 이익만을 추구하는 사람들을 경멸하였다. 그들은 '눈앞에 이익을 접하면 먼저 의리를 생각하고'(見利思義) '의리로써 이익을 제지함'(以義制利)을 신조로 떠받들었다. 신안新安의 갑부 가정 출신인 휘상의 대변인 왕도곤汪道昆(1525~1593)[5]은 일찍이 이런 휘상의 이야기를 기술하였다. "계묘년에 곡식값이 떨어져 농민들이

---

2) 諸長者挈累萬而貸不知, 何者? 人信吾名也. 吾黨因而爲僭, 而吾以僭而乘之, 其曲在我, 是曰倍德, 倍德不祥.
3) 『太函集』, 권37.
4) 『肇域志』, "某人銖兩不私, 故能以身得幸於大賈而無遺."
5) 역자주: 汪道昆. 명대의 문학가이다. 자는 伯玉이고 호는 南溟, 太函이다.

피해를 입게 되자 여러 상인들이 곡식의 가격을 유지하고 올리지 않았는데, 유독 장공만이 가격을 올려서 적당한 가격에 사서 쟁여 두었다. 이듬해에 기근이 들어 곡식 가격이 폭등하자 장공은 곡식을 꺼내 여러 백성들에게 팔았는데 가격은 예년과 같게 하였다. 경내에서 장공의 덕을 보아 칭찬이 오늘날까지 끊이지 않았다."6) 이러한 방법은 실제로 휘상이 널리 명성을 얻고 사회적 지위를 높이며 상업 경영을 촉진하게 하였다. 중국의 고대 상인들의 상업도덕은 첫째로, 성실하고 신용을 지켜야 함을 강조하였는데, 시장의 상인들은 에누리를 요구하지 않았고 매매는 공평하였으며 어린아이와 늙은이를 속이지 않고 가짜를 진짜로 속이고 저질 상품을 질 좋은 상품으로 속이는 것을 엄격하게 금지하였다. 둘째로, 부지런하고 알뜰하게 경영하여 수입원을 확충하고 지출을 줄이며 상업기술에 정통하고 사람의 능력을 잘 파악하여 적재적소에 잘 임용하여야 함을 주장하였다. 셋째로, 웃는 얼굴이 부를 가져다줌을 창도하여 예의로 대하고 친척이나 이웃과 화목하게 지내고 재물을 가볍게 여겨 세상 사람들을 구제하여야 함을 강조하였다.

진상의 표호업7)은 일찍이 중국에서 크게 유행하였는데 업종의 이념은 모두 유가의 이념이었다. 산서山西의 교가대원喬家大院 주인 교수용喬守庸 선생도 유가의 이념을 실천하였다. 그는 『주자치가격언朱子治家格言』(朱柏廬), 『문창제후음즐문文昌帝後陰騭文』, 『성분잠省分箴』 등의 서적으로 자제들을 교육하였다.

일부 역사가 오래고 전통이 있는 상호(老字號), 예를 들어 북경의 '동인당同仁堂'은 오랜 기간 중국 전통문화의 우수한 유산을 잘 받아들였다. '동인당'은 강희康熙 8년(1669)에 창립되었다. 300여 년이라는 긴 세월 동안 쇠하지 않고 날이 갈수록

---

6) 『태함집』, 권61, "癸卯歲賤傷農, 諸賈人持穀價不予, 長公獨與平價積之. 明年饑, 穀踴貴, 長公出穀市諸下戶, 價如往年平. 境內德長公, 誦義至今不絶."

7) 역자주: 票號는 山西省의 상인이 경영하였던 개인 금융 기관의 한 가지로 주로 환어음을 취급하였다.

흥성할 수 있었던 매우 중요한 이유가 바로 중화민족의 전통 미덕에 대한 계승과 발양을 견지하였기 때문이다. 창시자 악현양樂顯揚(1630~1688)은 이렇게 말하였다. "세상 사람들을 구제하고 양생할 수 있는 것은 오직 의약만이 최고이다."[8] 그는 '제세'와 '양생'을 기업의 종지로 삼고 고객에 대하여 차별하지 않았으며 어린아이와 늙은이를 속이지 않았다. 가게 내의 직원에 대해서도 차별하지 않았으며 성실과 예로 대하였다. 현재에 이르기까지 '동인당'의 오랜 직원들은 아직도 아래와 같은 두 마디의 말을 기억하고 있다. "비록 사람들은 보지 못하지만 하늘은 그 마음을 알고 있다."[9] 다시 말하면 약을 만드는 것은 아무도 볼 수 없지만 그들은 양심으로써 약을 만드는 일을 대하여야 한다는 것이다. '동인당'에는 또 하나의 규칙이 있는데 바로 '아니요'를 말해서는 안 된다는 것이다. 어떤 약이 필요한데 가게 안에 없으면 고객더러 적어 놓게 하고 그들이 대신 사왔으며, 언제나 고객이 요구하면 반드시 들어주었다. 과거에 '동인당'에서는 죽장粥場, 의학義學, 의재義財, 수회水會 등의 공익사업도 추진하였다. 덕을 쌓고 선을 행하며(積德行善) 세상 사람들을 구제하고 양생하는 것(濟世養生)은 '동인당'이 기업의 장기적인 경제적 수익과 사회적 수익을 얻을 수 있게 하였다.

20세기 20년대부터 40년대까지 중국의 앞 세대 공상업계의 창시자, 예를 들어 영종경榮宗敬(1873~1938) 선생, 영덕생榮德生(1875~1952) 선생, 송비경宋棐卿(1898~1956) 선생 등은 호진滬津(상해와 천진) 실업實業의 거장으로서 전통문화의 정수를 제창하고 실행하였다. 특히 '유공', '유상'의 사람됨의 도와 관리의 도, "자기가 서고 싶으면 남도 세워 주고 자기가 이루고 싶으면 남도 이루게 해 준다"(己欲立而立人, 己欲達而達人), "성실로써 사람을 대하고"(以誠待人) "덕으로써 사람을 복종시키며"(以德服人) "자기가 하고 싶지 않은 것은 남에게도 시키지 말라"(己所不欲, 勿施於人) 등의 유가 신조는 그들의 경영원칙에 녹아 있다. 이러한 자아관리를 중심으로

---

8) 可以濟世, 可以養生者, 唯醫藥爲最.

9) 修合無人見, 存心有天知.

하여 사람들의 적극성을 불러일으키고 여러 가지 인간관계를 조화롭게 하며 회사 그룹의 기업 정신을 형성함으로써 전반적인 체계적 관리에 도달하는 수법은 일찍이 그들이 거대한 성공을 이룩하도록 하였다.

무석無錫의 영종경, 영덕생의 실업 이념은 '인애仁愛, 자율自律, 무실務實'이었다. 영덕생 선생의 몸을 세우고(立身) 집안을 다스리는(治家) 도는 바로 공자유가의 "자기가 서고 싶으면 남도 세워 주고 자기가 이루고 싶으면 남도 이루게 해 준다"였다. 영덕생 선생은 이렇게 말하였다. "옛날의 성현들은 말과 행동이 『대학』의 명덕을 벗어나지 않았다. 『중용』의 밝으면 성실하고(明誠), 마음을 바르게 하고(正心), 몸을 닦는 것(修身)으로부터 궁극적으로 나라가 다스려지고 천하가 태평하여지는 것에 이르기까지 또한 그러한데, 반드시 먼저 마음을 바르게 하고 뜻을 성실하게 하며 실사구시하면 어쩌면 이룸이 있을 것이다."[10] 그는 생산효율을 제고시키려면 새로운 설비를 추가하고 조작기술을 개진하는 것 외에 '인공人工'으로부터 출발하여 인사에 대한 관리를 강화하고 사람을 생산력의 제1요소로 보아야 한다고 주장하였다. 그는 이렇게 말하였다. "내가 공장에서 경영하면서 청해 온 사람은 전문가가 아니라 성실한 마음이 있는 사람이었다. 사람을 엄하지 않게 관리하고 덕으로써 사람을 복종시키며 가족과 자녀를 고려함으로써 사업에 대하여 의외의 마음을 품지 않도록 하여 스스로 다스림에 효과가 있었다. 스스로 가능하다고 믿었고 범위 내의 각 공장이 본받도록 가르쳤다."[11] 그는 "덕으로써 사람을 복종시키는" 사상원칙을 견지하였는데 과연 효과를 거두었다. "그해에 무신茂新의 여러 공장에 이익이 있었고 복신福新의 여러 공장에도 이익이 있었으며 신신申新의 여러 공장은 유리함과 무의함이 절반씩 차지하였다."[12] 이렇게 성실

---

10) 古之聖賢, 其言行不外『大學』之明德, 『中庸』之明誠, 正心, 修身終至國治而天下平, 亦猶是也, 必先正心誠意, 實事求是, 庶幾有成.

11) 餘在工廠所經營, 所請人非專家, 以有誠心, 管人不嚴, 以德服人, 顧其家與子女, 使其對工作不心存意外, 即算自治有效, 自信可以教範圍各廠仿行.

12) 『采農自訂行年紀事』, "是年茂新各廠有利, 福新各廠亦有利, 申新各廠有利無義者參半."

로써 사람을 대하고 덕으로써 사람을 복종시키는 관리 사상을 운용하여 사람들의
적극성을 불러일으키고 관리자와 관리를 받는 사람들 사이 및 관리를 받는
사람들 내부의 관계를 조화롭게 함으로써 하나의 역량이 집중된 생산자 그룹을
형성하는 수법은 단순하게 조작 방법을 개진함으로써 노동생산 효율을 제고시키
는 일반적인 수법과는 비교할 수 없는 것이다.

천진 동아東亞회사의 송비경 선생도 영덕생 선생과 마찬가지로 중국 전통문화
특히 유가의 대인지도待人之道로써 회사 내외의 인간관계를 조절하였다. 그는
회사 건물의 양쪽 벽에 "자기가 하고 싶지 않은 것은 남에게도 시키지 말라"(己所不
欲, 勿施於人), "다른 사람이 자신을 어떻게 대해 주기를 바라면 똑같이 다른 사람을
대해 주라"(你願人怎樣對待你, 你就怎樣對待人)라는 글귀를 확연하게 큰 글자로 새겨
두도록 명령함으로써 동아회사의 좌우명으로 삼았다. 그는 "자기가 하고 싶지
않은 것은 남에게도 시키지 말라"를 경영관리의 좌우명으로 삼았는데, 사실상
자아 관리로써 전반적인 체계적 관리에 도달하는 것인데 동아회사의 다른 한마디
말로 하면 바로 "스스로 스스로를 관리하는 사람이 되는 것"(自己做自己的管理人)이
다. 동아회사는 공자의 말을 좌우명으로 삼아 중국 사람들의 전통적 습관과
심리에 부합할뿐더러 관리기능도 발휘하였으며 외재적인 '타율'을 내면의 '자율'
로 변화시켰다.

홍콩 욱일旭日 그룹의 회장 양조楊釗(1947~) 선생은 중국의 전통문화 중에서
유가학설과 불법의 정수를 기업문화에 융합시켰다. 그는 이렇게 말하였다. "동양
의 지혜는 강력한 자석과 같이 사람들을 끌어당겨 그들로 하여금 갑자기 깨닫게
한다. 인생의 가치는 그룹, 중생, 사회를 위하는 것에 있다. 이러한 인생 방향은
궁극적으로 자신을 사회에 진출시키고 대자연 속에 융합시킨다. 자신은 사회의
한 분자이고 우주의 한 부분으로서 모든 행위는 사회를 귀착점으로 하고 대자연을
귀착점으로 한다. 사회를 위하여 복무하고 그룹을 위하여 복무하는 과정에서
거의 스스로를 잊는 경지에 도달할 수 있다."13) 그는 젊은 시절 아무것도 가진

것 없이 다리미질하는 일부터 시작하여 근면, 책임, 성실과 신용으로 상사의 발탁을 받았고, 스스로 창업하여 20년 사이에 거대한 욱일 그룹을 설립하였으며, 백여 개의 회사와 수만 명의 직원이 세계 각지에 널려 있다. '진위사眞維斯(jeanswest)가 바로 그의 산업브랜드이다. 그들 양씨 삼형제는 고향 혜주惠州시와 국내의 여러 지역, 홍콩의 공익사업 및 국내외의 문화발전을 위하여 많은 자금을 기부하였고, 내지의 경제발전을 위하여 몸과 마음을 다하였다. 양조 선생은 품행이 소박하고 소식하며 음탕한 생활을 거부하고 유가, 불가 등의 철학, 종교 서적에 정통하였으며 정신적인 수확을 인생 성공의 상징으로 삼고 인생의 가치는 그룹, 중생과 사회를 위한 것에 있음을 주장하면서 '대아大我'와 '대공大公'을 발전시켰다. 그는 일찍이 '홍콩청년사업가상'(香港靑年工業家)을 받았는데 평가단의 평가는 이러하였다. "정직하고 똑똑하며 유능하고 고생할 줄 아는 사업가이다."[14] 그는 창업하고 지켜 내는 과정에서 마음속 깊은 곳을 탐구하였고 인생의 도리를 모색하였다. 그는 내지의 어떤 벼락부자들이 큰돈을 번 뒤에 먹고 마시고 계집질하고 도박하면서 부패하고 타락하고 극도로 사치스러우며 감각적인 자극을 추구하고 심지어 천리에 어긋나는 일을 저지르는 것을 매우 이해하지 못하였고 극도로 증오하였다.

3) 일본의 유가 상인

'일본 경제의 아버지'라 불리는 시부사와 에이치(澁澤榮一, 1840~1931)는 『논어』를 기업의 관리 인원을 교육하는 교재로 사용하였다. 무라야마 마코토(村山孚, 1920~)의 『신편 논어』는 바로 기업의 경영관리 시각으로 『논어』를 연구한 전문저

---

13) 東方智慧如一股强大的磁力吸引了人們, 使人頓悟. 人生的價値在於爲人群, 爲衆生, 爲社會. 這種人生取向, 最終會把自己融入社會, 融入大自然. 自己是社會的一分子, 是宇宙的一部分, 所作所爲以社會爲依歸, 以大自然爲依歸, 在爲社會服務, 爲人群服務中而幾乎可以達至忘我境界.

14) 正直精明, 能幹苦幹的企業家.

서이다. 일본의 도요타 회사의 설립자 도요타 사키치(豊田佐吉, 1867~1930)의 좌우명은 '천, 지, 안'이다. 그의 아들 도요타 기이치로(豊田喜一郎, 1894~1952)의 좌우명은 '천지인, 지인智仁'이다. 그의 손자 도요타 고이치로(豊田幸一郎)는 더 보태어 '천지인, 지인용智仁勇'으로 하였다. '천지인'은 『맹자』「공손추하」의 "천시가 지리만 못하고 지리가 인화만 못하다"15)에서 비롯한 것이다. 이 밖에 중국 고대의 상인들도 일찍이 "천시에 근거하고 지리를 이용하며"(因天時, 乘地利) 시장의 변화를 고려하여 때와 장소에 맞게 적절한 대책을 세워야 함을 강조하였다. '지인용'은 유가의 '삼달도'이고 『논어』「자한」에서 유래하였다. 공자는 이렇게 말하였다.

지혜로운 사람은 미혹됨이 없고 어진 사람은 근심이 없으며 용기 있는 사람은 두려움이 없다.16)

『예기』「중용」에서는 또 이렇게 말하였다.

학문을 좋아함은 지에 가깝고 힘써 행함은 인에 가깝고 부끄러움을 앎은 용에 가깝다.17)

지, 인, 용 이 세 가지는 천하의 달도이다.18)

일본의 도요타 회사는 세계에서 손꼽히는 오토바이 회사로서 그들의 경영자가 추구하는 것은 기술과 사람의 결합이지 오토바이만을 생산하는 것이 아니다. 이 회사는 사람이라는 요소를 중시하고 "사람은 창의성이 있어야 하고 절대

---

15) 天時不如地利, 地利不如人和.
16) 知者不惑, 仁者不憂, 勇者不懼.
17) 好學近乎智, 力行近乎仁, 知恥近乎勇.
18) 智, 仁, 勇三者, 天下之達德也.

다른 사람을 모방해서는 안 되며, 세계적이어야 하고 좁은 지역에 구애되지 말아야 하며, 받아들여짐으로써 서로 간의 이해를 증진하여야 한다"[19])는 경영전략, 정신적 신념과 문화적 가치 방향을 제기하였다.

일본에서 '경영의 산'이라 불리는 마쓰시타 고노스케(松下幸之助, 1894~1989)의 사업적인 성공은 그의 이상, 언행에 전통 유가, 도가의 사상이 다수 포함되어 있는 것과 관련이 있다. 파나소닉이 기업의 경영에서 거대한 성공을 이룩한 뒤 사람들이 제기한 "당신의 경영 비결은 무엇입니까"라는 질문에 그는 이렇게 대답하였다. "저한테는 무슨 비결이라는 것이 없습니다. 경영의 유일한 방법이라면 언제나 자연의 법칙에 순응하여 일을 처리하는 것입니다." 마쓰시타 고노스케의 관리 지혜는 『주역』의 변통원칙과 『노자』의 자연의 도였다. '파나소닉 정신'이란 무엇인가? 파나소닉 정신은 바로 '조화, 자성, 규율, 충성, 헌신'이다. 파나소닉 회사는 노인을 공경하고(敬老) 현자를 존경하는(尊賢) 등의 전통적인 가치 관념을 숭상하였는데, 이는 회사가 제창하는 경쟁하고 자강하며 효율을 추구하고 청년을 격려하는 것과 결코 모순되지 않았다.

마쓰시타 고노스케의 명언은 바로 "파나소닉은 사람을 생산함과 동시에 가전제품을 생산한다"(松下生産人, 同時生産電器)였다. 그는 거대한 양성센터를 설립하여 해마다 오만 명의 직원이 교대로 훈련받게 하였다. 파나소닉 가전제품 상업학원은 유가의 철학과 현대적인 관리를 하나로 결합하여 학원생들에게 엄격한 교육을 진행하였다. 학원의 강령은 산업의 본분을 엄격하게 준수하고 사회생활을 개선하고 제고시키는 것을 목적으로 하며 세계문화의 발전을 위하여 공헌하는 것이다. 학원에서 준수하는 신조는 바로 화친하고 협력하며 전체 구성원이 진심으로 일치하게 단결하여 사회에 복무한다는 것이다. 학원에서는 유가의 경전 『대학』의 "덕을 밝히고(明德) 백성과 친하고(親民) 지선에 그침(止於至

---

19) 人要有創造性, 決不模仿別人; 要有世界性, 不拘泥於狹窄地域; 要有被接受性, 增強互相間的理解.

善)"을 수강생의 연수목표로 삼고 이렇게 창조적으로 해석하였다. '명덕'은 바로 "모든 힘을 다해서 몸으로 힘써 행하고 상업도덕을 실천하는 것"이고, '친민'은 바로 "지극히 성실하고 속이지 않으며 양호한 인간관계를 유지하는 것"이며, '지선'은 바로 "진선진미한 목표를 실현하기 위하여 노력하는 것"이다. 파나소닉 회사는 『대학』, 『논어』, 『맹자』, 『효경』의 네 가지 유가경전에 대한 학습을 통하여 "상업의 도는 덕에 있다"는 사상을 확립하였고 이로써 인성 관리의 모식을 수립하였다. 그들은 "상업의 도는 덕에 있다"는 사상을 배양하려면 반드시 『효경』으로부터 시작하여야 한다고 여겼다. 매일 아침 전체 수강생이 집합하여 각자 자신의 고향을 향하여 부모한테 절하고 마음속으로 『효경』을 묵념하였다. "효는 덕의 근본이다. 몸과 머리카락, 피부는 부모로부터 받은 것이니 감히 손상시키지 않는 것이 효의 시작이다. 몸을 세워 도를 행하여 후세에 이름을 떨침으로써 부모를 드러나게 함이 효도의 끝이다."[20] 그런 뒤에 매 수강생은 옷깃을 바로하고 단정하게 앉아 두 손을 합장하고 '오관지게五觀之偈'를 암송하면서 자신을 반성한다. 오게五偈는 다음과 같다.

일게: "이 식사는 얼마나 많은 노동력을 소모하였는가."
이게: "자신이 이 식사를 즐길 수 있는 공덕이 있는가."
삼게: "청정과 과욕을 종지로 삼는다."
사게: "몸과 마음을 건전하게 하는 좋은 약으로 이 식사를 즐긴다."
오게: "인간의 바른길을 가기 위하여 이 식사를 즐긴다."

파나소닉은 바로 이러한 방법으로 인성을 형상화하였고, 인간의 지극히 선하고 어진 덕을 배양하였다. 만약 한 사람이 자신의 부모한테도 효도하지

---

20) 孝, 德之本也. 身體髮膚, 受之父母, 不敢毀傷, 孝之始也. 立身行道, 揚名於後世, 以顯父母, 孝之終也.

못한다면 이것은 그에게 이미 인덕이 없음을 설명한다. 인간의 본성은 이미 이질화되었는데 어떻게 다른 사람을 사랑할 수 있겠는가? 파나소닉 회사는 효도와 유가의 '자기를 미루어 남에게 미치는'(推己及人) 사상에 대한 학습을 통하여 직원들의 인애의 마음을 배양하고 기업의 효과적인 관리를 추진하였으며 자신의 기업사상을 실현하였다. 보도에 근거하면 1993년 일본의 모 국립대학과 미쓰이(三井) 그룹이 연합하여 일본 현대 비즈니스 스쿨을 설립하였는데, 매일 오전에 학생들에게 『대학』, 『중용』, 『논어』의 구절을 외우도록 요구하고 유가윤리의 수양, 제가, 치국, 평천하, 충, 효, 예, 의 등의 내용에 대하여 변론을 진행하도록 하였다고 한다.

일본의 일용품과 화장품 업계에서 가장 이름 있는 화왕花王(Kao) 회사는 고객의 만족, 고객의 믿음이야말로 가장 소중한 자산이라고 여겼다. 화왕의 가장 중요한 목표는 이윤도 경쟁적인 위치도 아닌, 실용적이고 창의적이며 시장의 수요에 부합하는 상품으로써 고객의 만족도를 높이는 것이었다.

동양이든 서양이든 막론하고, 성공한 기업에서는 모두 인간 됨됨이, 인간의 생활목적과 인간의 도덕성을 단정하게 하는 것을 기업문화의 중요한 내용으로 삼고 경영관리의 중요한 원칙과 요구로 삼았다. 시장경제 자체는 목적이 아니고 건강하고 건전한 인간 자체가 바로 목적이다. 시장경제의 발전은 인간을 떠날 수 없다. 따라서 상업이윤의 증가과정에서 인간의 전면적인 재생산은 언제나 하나의 핵심이었다. 반대로 말하면 건강하고 건전하며 덕성이 있는 직원을 배양하고 상업도덕, 기업 정신과 분위기를 형성하는 것은 모두 시장경제의 번영과 기업의 번창에 도움이 된다. 고품질의 상품 재생산과 고품격의 인간 재생산은 보조를 맞추어야 한다. 동아시아의 전통적 유가 상인과 현대 유가 상인들의 덕성수양德性修養, 위인지도爲人之道, 기업이념, 기업철학은 바로 그들의 사업이 성공하고 관리가 효과적이었던 비밀무기였다.

인간의 본성에서 선량하고 숭고한 측면을 확충하고 인간의 본성에서 추악하고 비열하고 저속한 측면을 억제하는 것은 단지 도덕적인 의식, 원칙, 규범과 윤리적인 생활질서 자체로는 턱없이 부족하다. 반드시 경제관계, 정치체제, 법률구조, 교육 정도, 사회문화, 가정윤리 등 여러 가지 객관적인 기초, 조건과 요소가 서로 어울려야 한다. 물론 역으로 말하면 새 시대의 도덕윤리는 개인 도덕의 자기완성을 촉진하고 사회 공덕의 건강한 확립을 촉진할 수 있으며 사회공정의 기초 위에 공민의 책임, 의무를 명확하게 하고 공민의 권리, 이익, 존엄과 가치를 수호하는 동시에 사회이상의 실현을 촉진한다. 현대사회의 각 계층 사람들의 교양, 인격적인 교육은 매우 시급한 문제로서 반드시 사회문화 건설의 의사일정에 올려놓아야 하며 문명사회의 중요한 표징이다. 이러한 면에서 사회, 가정, 정부, 학교, 회사, 향진, 그룹의 도덕적 분위기와 도덕교육은 매우 중요하다. 하지만 현재의 실제적인 상황은 깊은 우려를 자아낸다.

2. 공자의 관리철학

1) 덕으로 정치함을 주장하고 덕으로 이끌고 예로 다스림을 강조하며 수치스러움을 계발한다

관리철학에서 공자는 이렇게 말하였다.

> 덕으로 정치함은 마치 북극성이 자기 자리에 가만히 있는데도 모든 별들이 그것을 에워싸는 것과 같다.[21]

이 말의 뜻은 정치를 하는 사람이 만약 도덕적인 인격으로써 정치 사무를

---

21) 『논어』, 「위정」, "爲政以德, 譬如北辰, 居其所而衆星共之."

주관하고 다스리며 사회를 관리하면 모든 별들이 북극성을 에워싸듯이 뭇 사람들의 지지를 받게 된다는 것이다. 관리자는 권세나 지위가 아닌 수양, 인격으로써 사람들의 마음으로 기꺼이 심복시키고 동료나 아랫사람의 추대를 받는다. 실제적으로 매 부문, 매 기업의 주요한 리더가 만약 바르게 행동하고 몸으로 힘써 행하며 앞장서서 규범을 엄격히 지키고 솔선수범할 뿐만 아니라 의지력이 있고 이상이 있고 포부가 있으며 포용할 수 있다면 이 기업은 곧 응집력이 있게 된다. 이는 법규를 반대하고 제도를 반대하는 것이 아니다. 제도의 건설, 법규의 관리도 매우 중요하지만 제도나 법규도 여전히 사람이 집행하는 것이다. 공자는 이렇게 말하였다.

군자의 덕은 바람이고 소인의 덕은 풀입니다. 풀은 바람이 불면 저절로 수그리는 법입니다.[22]

정치를 주관하는 사람, 관리자의 인격적 풍모는 바람과 같고 백성들의 풍기는 풀과 같아서 바람이 어디로 불면 풀은 어느 쪽을 향하여 넘어지는 것이다. 풍기, 분위기, 환경의 조성은 매우 중요한데 이것이 바로 사회의 문화 자본 혹은 문화 능력이다. 현대사회에서는 반드시 법치와 덕치를 결합하여야 한다. 공자는 이렇게 말하였다.

법령으로 이끌고 형벌로 다스리면 백성은 형벌을 모면하려고만 하고 수치를 모른다. 덕으로 이끌고 예로써 다스리면 백성은 수치심을 느껴 또한 선에 이른다.[23]

---

22) 『논어』, 「안연」, "君子之德風, 小人之德草. 草上之風, 必偃."
23) 『논어』, 「위정」, "道(導)之以政, 齊之以刑, 民免而無恥; 道(導)之以德, 齊之以禮, 有恥且格."

이 말의 뜻은 만약 정치를 다스리는 자가 법령으로 이끌고 형벌로써 백성들을 다스리면 백성들은 범죄를 면할 수 있지만 수치심이 없게 된다는 것이다. 하지만 만약 정치를 다스리는 자가 도덕으로 이끌고 예악문화로 백성들을 교화하면 백성들은 수치를 알게 될 뿐만 아니라 마음으로 기꺼이 심복한다. 관리에서 법령과 형벌에만 근거하면 되는가? 물론 가능하다. 하지만 표면적인 것만을 다스릴 수 있고 근본을 다스릴 수 없으며 백성들의 수치심을 불러일으킬 수 없다. 근본적으로 마땅히 내재적인 도덕으로 유도하여야 하는데 성문화되거나 성문화되지 않은 기업규범, 제도, 행위방식으로 기업의 직원들을 훈련하고 조절함으로써 직원들이 수치심을 느끼도록 하여야 한다. 수치심이 있고 마음으로 기꺼이 회사에 복종하고 회사를 위하여 노력하며 몸과 마음을 다하여 일에 전념하고 여럿이 모여서 즐긴다.(敬業樂群) 직원의 내재적인 자율, 도덕정신, 기업의 도덕적 분위기, 회사문화의 건설은 기업 관리에서 매우 중요한 것이다. 이러한 자아관리를 중심으로 하고 사람들의 적극성을 불러일으키며 여러 가지 인간관계를 조화롭게 하고 팀을 구성하여 문화정신을 구축하는 전략은 인재의 결집에 유리하다.

2) 중정, 평화의 정치이념 및 그 제도화와 집행을 제창한다

주나라 무왕이 은나라의 유신 기자箕子에게 국정에 대한 가르침을 청하였을 때 기자는 정치는 어느 한쪽에도 치우치지 않고 지극히 공정한 표준을 세워야 한다고 말하였다. 이 표준을 '황극'이라고 부른다. 그 내용을 구체적으로 말하면, 정치를 하는 사람은 패거리를 만들어 사리를 꾀할 수 없고 외롭고 처량하며 의지할 데가 없는 사람을 괴롭히지 말고 명성이 있는 귀족을 두려워하지 말고 정직한 사람을 임용하여야 하며 편애와 편심이 있어서는 안 되고 선왕의 정의를 지켜야 한다는 것이다. 왕도는 넓고 평탄하며 정직하다. 이러한 하나의 표준이 있으면 사람들은 이 방향을 따라 노력한다. 세 가지 덕은 정직을 주로 하는데 바름을 지켜 아첨하지 않고 강과 유가 있으며 강과 유가 서로 돕는 중정, 평화를 구한다.

공자는 일관되게 중정, 평화의 정치이념을 제창하였다. 공자는 '바름'(正)으로 '정치'(政)을 논하면서 평정平正을 강조하였다.

계강자가 공자에게 정치에 대하여 물었다. 공자가 대답하였다. "정치란 올바름이다. 그대가 올바름으로써 솔선하면 누가 감히 부정을 행할 수 있겠는가?"24)

이 말에는 두 가지 의미가 들어 있다. 하나는 정치란 올바르고(中正) 정직하며 (平直) 어느 한쪽으로 치우치지 않는다는 것이고, 다른 하나는 정치를 주관하는 자가 솔선수범하여 앞장서서 올바르고 정직하면 사사로운 정에 얽매이지 않고 공정하게 일을 처리할 수 있다는 것이다. 공자는 세상을 다스리려면 '안민安民', '평정平正', '동인同仁', '무사無私'하여야 하고 관리 사업에서 공평, 공정하여야 하며 악한 것을 싫어하고(惡惡) 친족을 친애하며(親親) 귀한 것을 귀하게 여기는 것(貴貴)을 반대하고 몸, 나라, 천하를 바르게 할 것을 강조하였으며, 사랑하는 마음과 덕정德政으로 모순을 화해하고 위와 아래 사람들이 서로 친하게 지내도록 유도하고 자애롭고 화목하여야 함을 주장하였다. 또한 교육을 통하여 감화시키고 덕과 형벌을 함께 사용하며 무고한 백성을 죽이지 않고 죄인을 석방하지 않으며 법을 어긴 범죄 현상을 잘 구분하고 적당하게 처리함으로써 정치가 고르고 사람들이 화합하게 할 것을 주장하였다.

공자는 또 제도화와 제정, 집행하는 것의 관계를 강조하였다. 『중용』에는 공자가 노나라 애공의 정치에 대한 질문에 답변한 내용이 기록되어 있다. "문왕과 무왕의 정사가 방책에 펼쳐져 있다."25) 이는 규칙이 없으면 일을 이룰 수 없기에

---

24) 『논어』, 「안연」, "季康子問政於孔子. 孔子對曰: 政者, 正也. 子帥以正, 孰敢不正?"

반드시 제도가 있어야 할뿐더러 공개하여야 함을 말한 것이다. 다른 한편 제도는 사람에 의하여, 그룹에 의하여 집행되고 실행되어야 한다. "그러한 사람이 있으면 그러한 정사가 거행되고 그러한 사람이 없으면 그러한 정사가 종식된다. 사람의 도는 정사에 빠르게 나타나고 땅의 도는 나무에 빠르게 나타난다. 정사의 신속함은 갈대와 같다."[26] 관리의 핵심층이 서로 배합하여 널리 시행하면 매우 효과적인데 나무가 땅 위에서 매우 빨리 자라는 것과 마찬가지이다. 문왕과 무왕의 양호한 정치는 갈대와 같이 신속하게 성장하였는데 덕이 있고 백성에게 이로운(有德利民) 정치제도 및 이러한 정치제도를 관철하고 집행하기 위하여 노력하였던 중·고급 관리계층의 인정과 협력에 의거한 것이다.

3) 이름과 실제, 권리와 책임이 서로 부합하고 관리의 단계와 질서를 강조한다

예로써 다스리는 것(禮治)은 단순하게 덕으로 다스리는 것(德治)이 아니고 단순하게 법으로 다스리는 것(法治)도 아니다. 엄격하게 말하면 예로써 다스리는 것은 결코 사람이 다스리는 것이 아니고 물론 법으로 다스리는 것도 아니다. 공자는 이름을 바로잡을 것(正名)을 강조하였다. 그의 뜻은 관리자가 책임을 지게 되면 반드시 어떠한 권리를 획득한다는 것이다. 일정한 명분은 그가 관련된 직위의 권리를 얻었고 따라서 일정한 책임이 있음을 나타낸다. 권리와 책임, 명분과 실무는 반드시 일치하여야 한다. 우리는 말함에 있어서 반드시 분수에 적합하여야 하는데, 이와 같아야만 비로소 일을 잘 처리할 수 있고 예악문명을 흥성하게 할 수 있으며 형벌이 공정하고 합리적이며 적당하여 백성들이 어찌할 바를 모르는 지경에 이르지 않을 수 있다. 관원들은 이름과 실제가 서로 부합하고 말과 행동이 일치하여야 하며 말을 너무 마음대로 내뱉어서는 안 된다. 군주와

---

25) 文武之政, 布在方策.
26) 其人存, 則其政擧; 其人亡, 則其政息. 人道敏政, 地道敏樹. 夫政也者, 蒲蘆也.

관리는 반드시 "백성으로부터 믿음을 얻어야 하는데"(取信於民) 이는 나라를 다스리는 하나의 원칙이고 정치에 종사하는 자에 대한 요구이기도 하다. "천승의 나라를 다스릴 때에는 모든 일에 경건하여 미덥게 한다."27) 바로 한 나라를 다스릴 때에는 엄숙하고 진지하며 성실하고 속임이 없어야 하는 것이다.

공자는 제齊나라 경공景公에 대하여, 군주는 군주 같아야 하고 신하는 신하 같아야 하며 아버지는 아버지 같아야 하고 아들은 아들 같아야 한다고 말하였다. 이 또한 이름을 바로잡음으로써 이름과 실제가 서로 걸맞고 권리와 책임, 의무가 서로 부합하여야 한다는 것이다. 공자는 여기서 단계, 질서, 원칙, 규범이 있는 관리사상을 주장하면서 월권을 행사하지 말고 단계가 분명하고 등급에 따라 관리할 것을 요구하였다. 공자는 또 이렇게 말하였다.

임금은 신하를 예로써 부리고 신하는 임금을 충심으로써 섬긴다.28)

오늘날 임금과 신하의 관계는 이미 사라졌지만 사업을 관리함에 있어서 언제나 상·하급 사이의 관계가 존재한다. 이러한 관계는 일차원적인 요구가 아니라 이른바 '임금이 은혜로우면 신하가 충성하고'(君惠臣忠) '임금이 어질면 신하가 충성하는'(君仁臣忠) 즉 서로 존중하고 서로 대등한 요구이다.

4) '현명한 인재를 등용할 것'을 주장하고 덕과 재능을 겸비한 사람을 발탁, 중용함으로써 덕, 위, 녹, 용이 서로 어울리게 한다

공자는 "교육에 부류를 따지지 않고"(有教無類) "현명한 인재를 등용할 것"(舉賢才)을 주장하고, 민간의 백성 중에서 영재를 발탁하여 인재를 알고 임용하여야

---

27) 『논어』, 「학이」, "道千乘之國, 敬事而信."
28) 『논어』, 「팔일」, "君使臣以禮, 臣事君以忠."

함을 주장하였다. 특히 "정직한 사람을 발탁하고 부정한 자를 내치면 부정을 바로잡을 수 있음"29)을 강조하였는데, 정직한 사람을 발탁하여 부정한 사람 위에 놓아두면 부정한 사람을 정직하게 할 수 있다는 것이다. 자하는 공자의 이 말에 대하여 번지에게 이렇게 해석하였다. 순은 천하를 다스리며 많은 사람 중에서 고요皐陶를 선택하여 임용하였고, 탕은 천하를 다스리며 많은 사람 중에서 이윤伊尹을 선택하여 임용하자 나쁜 사람들이 모두 버티기 어려웠다. 공자는 인재에 대하여 완전무결할 것을 요구하지 않았고 "작은 과실을 용서"(赦小過)할 수 있다고 하였는데 다른 사람의 작은 잘못을 따지지 않은 것이다. 그는 "어진 사람을 보고도 등용하지 못하고 등용하여도 먼저 하지 못함"30)을 비판하였고 도량이 좁고 남을 시기하는 것을 반대하였다. 유가는 덕, 위, 녹, 명, 용이 서로 어울려야 함을 강조하였다. 『중용』'대효大孝'장의 기록에 근거하면 공자는 이렇게 말하였다.

대덕은 반드시 그 지위를 얻고 반드시 그 녹을 얻으며, 반드시 그 이름을 얻고 반드시 그 수를 얻는다. 그러므로 하늘이 물건을 낼 때 반드시 그 재질을 따라 돈독히 하였다. 심은 것은 북돋아 주고 기울어진 것은 엎어 버린다.31)

순자는 이렇게 말하였다.

덕은 반드시 지위에 어울려야 하고 지위는 반드시 녹에 어울려야 하며 녹은 반드시 용에 어울려야 한다.32)

---

29) 『논어』, 「안연」, "擧直錯(措)諸枉, 能使枉者直."
30) 『대학』, "見賢而不能擧, 擧而不能先."
31) 故大德必得其位, 必得其祿, 必得其名, 必得其壽. 故天之生物, 必因其材而篤焉. 故栽者培之, 傾者覆之.
32) 『순자』, 「부국」, "德必稱位, 位必稱祿, 祿必稱用."

관리자는 여러 인재, 여러 계층의 직원에 대하여 그들의 덕, 재, 위, 녹, 용이 서로 어울리게 하고 각자 본성을 이루고 제각기 자신의 재능을 나타내게 하여 불평의 감정이 생김에 이르지 않게 해야 한다. 동시에 덕과 재능을 겸비한 인재를 잘 선발하고 젊은이들을 발탁하여야 하는데, 이는 유가에서 천하를 태평하게 다스리는 중요한 원칙이다. 이는 현대사회와 기업관리에서도 매우 중요한 하나의 현실적인 문제이다.

5) 다섯 가지 아름다운 정치를 창도하고 관리자의 경지를 끌어올린다

> 자로가 정치에 대하여 물었다. 공자가 말하였다. "솔선수범하고 몸소 수고하라."
> 더 말해 주기를 청하자 공자가 말하였다. "나태함이 없어야 한다."[33]

여기서 '솔선수범하고 몸소 수고하라', '나태함이 없어야 한다'는 바로 백성들을 위하여 복무하고 맡은 바 직책에 충실하며 공정하고 청렴하며 근면하게 정무를 보고 백성을 사랑하며 수고롭더라도 원망이 없어야 한다는 것이다.

> 자장이 공자에게 인에 대하여 물었다. 공자가 말하였다. "천하에 다섯 가지를 행할 수 있으면 인이다." "그 다섯 가지가 무엇인가?" "공경, 관대함, 신의, 민첩함, 은혜로움이 그것이다. 공경스러우면 모욕당하지 않고 관대하면 민심을 얻고 신의가 있으면 남의 신임을 받고 민첩하면 공을 세우고 은혜로우면 남을 부릴 수 있다."[34]

여기서는 공경, 관대함, 신의, 민첩함, 은혜로움 등의 다섯 가지 즉 정중하고

---

33) 『논어』, 「자로」, "子路問政. 子曰: 先之勞之. 请益, 曰: 无倦."
34) 『논어』, 「양화」, "子張問仁於孔子. 孔子曰: 能行五者於天下, 爲仁矣. 請問之. 曰: 恭, 寬, 信, 敏, 惠. 恭則不侮, 寬則得衆, 信則人任焉, 敏則有功, 惠則足以使人."

자중하며, 관대하고 도량이 넓으며, 성실하고 신용을 지키며, 부지런하고 민첩하며, 자비심을 베푸는 것을 '인'의 내용과 관리의 덕으로 삼았다. 공자의 '인'은 주요하게 녹봉과 작위가 있는 제후, 경, 대부, 선비들을 겨냥한 것인데 지금으로 말하면 주요하게 관리계층에 대한 요구였다. 따라서 공자는 군자가 자중하지 않으면 위엄이 없기에 정중하고 자중하여야만 비로소 위엄이 있고 모욕당하지 않고, 군자가 너그럽고 관대하며 도량이 넓고 포용력이 있어야만 사람들의 추대를 받을 수 있으며, 군자가 성실하고 신용을 지키며 속임이 없어야 임용될 수 있고, 군자가 부지런하고 민첩하며 일을 처리하는 효율이 높아야만 공헌을 크게 할 수 있으며, 군자가 사람들에게 은혜를 베풀어야만 사람들을 쓸 수 있음을 주장하였다. 또한 "백성들이 이롭게 여기는 것을 찾아 이롭게 해 줌"(因民之所利而利之)을 제기하였는데, 바로 백성들의 이익을 따라 백성들이 행복하도록 하여야 한다는 '이민利民'사상이다. '백성들을 편안하게 하고 구제한다'(安民濟衆)는 근본으로부터 출발하여 공자는 정중한 태도로 백성들을 존중하고 아껴야 함을 강조하였다. "덕이 근본이고 재물은 말이다. 근본을 밖으로 하고 말을 안으로 하면 백성을 다투게 하여 약탈하는 가르침을 베푸는 것이다. 그러므로 재물이 모이면 백성들은 흩어지고 재물이 흩어지면 백성들은 모인다."[35] "재물을 생산함에 큰 도가 있다.…… 어진 사람은 재물로써 몸을 일으키고 어지지 않은 사람은 몸으로써 재물을 일으킨다."[36] '덕이 근본이고 재물이 말이다'(德本財末)에서 하나는 목적(덕은 사회를 위하여 복무하는 것)이고 하나는 수단(재물은 재부를 모으는 것)인데, 군자는 근본과 말단을 뒤바꾸어서는 안 된다는 것이다. 재산의 축적이 있게 되면 재생산의 확대에 쓰는 부분을 제외하고는 주위의 사람들에게 많이 나누어 줌으로써 백성들을 부유해지게 하고 개인은 지나치게 욕심을 부리지 말아야 하는데 이것이 바로 진정으로 부유한 사람이다. 인의 덕이 있고 사업할

---

35) 德者本也, 財者末也. 外本內末, 爭民施奪. 是故財聚則民散, 財散則民聚.
36) 『대학』, "生財有大道.……仁者以財發身, 不仁者以身發財."

줄 알고 큰 사업을 하는 사람, 큰 사업가는 재산을 자신 및 사업을 발전시키는 수단과 기초로 여기고(이것을 재물로써 몸을 일으킨다고 한다.), 반대로 인의 덕이 없고 식견이 좁은 사람은 작은 재산을 모으기 위하여 결과적으로 목숨마저 모두 내건다(이것을 몸으로써 재산을 모은다고 한다.).

이상의 서술을 종합해 보면, 공자의 관리철학은 덕으로 정치함을 주장하고 '덕으로써 사람을 복종시키며' 수치스러움을 계발하고 자아관리를 중심으로 하여 사람들의 적극성을 불러일으킬 것을 강조하였다. 또한 중정하고 똑바르며 사사로운 정에 얽매이지 않고 공정하게 일을 처리할 것을 주장하고, 사랑하는 마음과 덕정으로 모순을 해결할 것을 제창하고 위와 아래가 서로 친하도록 유도하고 자애롭고 화목하게 지내야 함을 주장하였으며, 교육과 감화를 통하여 정치가 고르고 사람들이 화합하게 할 것을 주장하였다.

다른 한편, 공자의 관리철학은 '정명'을 강조함으로써 이름과 실제가 서로 걸맞고 권리와 책임, 의무가 서로 부합하여야 함을 주장하고, '현명한 인재를 등용하고' 덕과 재능을 겸비한 사람, 특히 젊은 사람을 발탁, 중용할 것을 주장하였으며, 다섯 가지 아름다운 정치를 창도함으로써 관리자의 인생 경지를 끊임없이 끌어올리고자 하였다. 중·고위 계층 관리자의 수양이 제고되어야만 성정이 유쾌하고 즐겁고 웃는 얼굴이 부를 가져다주며 명령은 지키고 금지사항은 금지되어 여러 분야의 사업이 비로소 흐르는 구름 같고 흘러가는 물처럼 자연스러울 수 있다.

3. 유가의 관리방법

중국 고대 철학의 지혜는 동아시아의 현대화 과정에서 갈수록 거대한 작용을 발휘하였다. 중국의 관리철학, 유가, 도가, 불교의 관리이념은 여러모로 우리가 소중하게 여기고 재해석하고 재창조할 필요가 있는 것이 분명하다. 그 중에서 유가의 관리 지혜 혹은 근본적인(元) 방법에는 '만물일체', '삼재지도三才之道'의 전반적인 체계 관념, '변동불거變動不居' '생생불이生生不已'의 변통, 창생 방법, '화이부동', '집양용중執兩用中'의 동적인 균형전략, '인애충서', '경업락군敬業樂群'의 가치이념이 있다. 유가에서는 전체, 체계, 창조, 변통, 조화, 중도, 성경誠敬, 악군 등을 강조한다. 『주역』의 삼재지도, 변통원리, 유가의 중용, 중화의 도는 모두 깊은 뜻이 지극한 관리예술이다. 이는 '경經'(원칙성)과 '권權'(융통성)의 통일과 시의 적절한 임기응변을 중시하고 전반적인 체계적 관리와 동적인 통합을 강조한다.

1) '만물일체', '삼재지도'의 전반적인 체계 관념

'아우르면 중심이 있고 모으면 시작이 있다'(統之有宗, 會之有元), '만물일체', '삼재지도'는 중국 경영관리의 근본적인 방법으로서 본질적인 근거가 있다. 물론 현대의 구체적인 경영관리 활동과 결부시켜 융합하고 관통하여 실천하고 발전시킬 필요가 있지만 어찌하였든 중국의 관리 지혜와 경영전략의 도는 세계적 수준의 보물이고 생명력이 있는 것이다. 결코 작은 기교가 아니라 큰 지혜이며 소중하게 여기고 발굴하고 발전시킬 만한 가치가 있다.

저자는 근본적인 방법의 시각에서 중국 관리 지혜의 전체적인 관점, 유기적인 체계관점, 동적인 균형관점 등을 강조하고자 한다. 중국철학에서는 세계를 개방되고 융합된, 서로 받아들이고 유기적으로 연결된 총체로 인식하였다. 중국의 관리학도 관리의 대상을 고립되고 정지되고 변하지 않고 움직이지 않는 혹은 기계적으로 배열된 것으로 간주하지 않았고 머리가 아프면 머리를 치료하고 발이 아프면 발을 치료하는 것이 아니었다.

중국의 고전철학에서는 천, 지, 인, 물, 아를 각자 독립되고 서로 대치하는 관계가 아니라 피차간에 서로 불가분의 연관이 있음을 주장하였다. 모두 다

같이 하나의 생기로 넘치는 생명의 큰 흐름 속에 처하여 있다는 것이다. 중국의 철학자들은 우주와 인생을 관찰함에 있어서 일종의 '통관統觀', '회통會通'의 방식을 견지하였는데 즉 천, 지, 인, 물, 몸과 마음 모두 부동한 체계 혹은 '장場' 안에 처하여 있음에 착안하여 여러 체계, 요소의 내, 외가 서로 의존하고 밀접하게 연관되어 있음을 긍정하였다. 사람의 소우주는 하나의 유기적으로 연결된 총체이고 세계의 대우주도 하나의 유기적으로 연결된 총체이다. 고대 철학에서는 '통체統體', '일체一體' 혹은 '도', '일', '태극', '대전大全', '태화太和' 등으로 이러한 총체를 나타내었다.

『주역』은 방대하고 일체를 망라한다. 천상의 규율도 있고 인사의 조리도 있으며 지리의 법칙도 있고 천, 지, 인의 삼재를 총괄하여 반복하여 일어나기 때문에 매 괘에는 여섯 개의 효가 있다. 여섯 개의 효는 다른 것이 아니라 바로 삼재의 규율이다. '천, 지, 인 삼재의 도'는 여러 가지 사물 사이의 복잡한 연계와 제약 관계를 여러 차원의 서로 제약하는 천도, 지도, 인도의 세 가지 큰 측면 혹은 체계로 귀납하였다.

'천도', '지도', '인도'의 사상, '천', '지', '인' 삼재의 사상은 모두 창조된 생명정신이 하늘 위, 땅 아래, 사람들 사이에 관통하는 것이라 여긴다. 천도(건도, 건원)는 우주에서 가장 강건剛健하고 창의적인 것이고, 지도(곤도, 곤원)는 우주에서 가장 유순하고 승계적인(承接性) 것이다. 『역전』과 『중용』에서는 사람이 하늘과 땅 사이에 있고 하늘의 창조성과 땅의 연속성을 겸비하고 있으며 천지의 변화와 생장에 참여, 찬조贊助, 배합, 협조함으로써 나아가 천지와 더불어 정립하여 셋이 된다. 사람은 천지 사이의 중추이다. 폭넓고 심후한 천지의 도는 만물을 생육함에 도를 헤아릴 수 없다. 사람은 천지의 정신을 학습하고 모방하고 빛내며 인간의 본성과 만물의 본성을 최대한 발휘함으로써 다른 사람과 사물이 각자 자신의 자리에 안정되고 각자 본성을 이루게 한다.

2) '변동불거', '생생불이'의 변통, 창생 방법

'생'의 원칙은 바로 창조성의 원칙이다. 『주역』「계사전」에서는 이렇게 말하였다.

천지의 대덕을 생이라 이른다.

낳고 낳는 것을 역이라 이른다.[37]

중국철학에서는 '낳고 낳는 덕'(生生之德)을 숭상하였는데 인간의 창조적인 정신으로써 천지, 건곤, 부모의 대생大生, 광생廣生의 덕에 배합시키고 인간의 능력을 다하여 하늘의 본성을 넓힌다. 중국의 '존생尊生' 전통 즉 창조적인 생명정신을 존중하고 발양하는 것은 인간의 잠재력을 전면적으로 발휘하고 천지의 화육에 참여하고 도우며 천지에 이성적으로 적응하고 나아가 주재할 것을 강조한다. 관리학에서는 『주역』의 관리 지혜 즉 자강불식, 생생불이의 주체적 정신을 '원, 형, 이, 정'의 유행, 창조적 진화의 객관적 과정과 천지를 본받는 자연의 도와 결합시켰다. 이렇게 일방적으로 새로운 것의 개척과 변역變易의 궁달(窮通)을 강조하는 것이 아니라 일정한 정도에서 자연에 순응한다는 의미 또한 내포되어 있는 것이다. 따라서 개와 합, 규칙을 지키는 것(守常)과 변화에 대응하는 것(應變), 원칙성과 융통성, 창조성과 계승성繼承性(창업과 이룬 것을 지켜 냄)의 변증법적 통일이야말로 기업 관리에 있어서 하나의 고급적인 지혜이고 예술이다.

'변'도 일종의 '생'이다. 하지만 '생'의 함의는 주요하게 '생을 창조하고'(創生) '생겨나게 함'(生化)이지만 '변'의 함의는 주요하게 '변통', '알맞음'(制宜)이다. 『주역』은 '변경變經'이라고도 불리는데 자연, 인사의 정과 반 여러 측면의 경험과 교훈을

---

37) "天地之大德曰生.", "生生之謂易."

종합하였고 길흉, 화복, 궁달, 존망, 생사, 이해의 여러 관계에 대하여 파악함에 있어서 빨리 피하는 최선의 모형과 변화에 대응하는 최선의 방법을 제공하였다. 음陰과 양陽, 부否와 태泰, 박剝과 복復, 손損과 익益, 혁革과 정鼎, 기제旣濟와 미제未濟 사이에서 조건의 변화에 근거하여 끊임없이 변화를 추구하는 계기를 찾는다. 이로부터 때와 장소, 사물과 자리에 알맞아야 한다는 요구를 제기하였다. 이른바 '알맞음'이란 주관적인 가치와 객관적인 실제가 적절하게 배합하는 것인데 관건은 관리 주체가 감통感通하고 화재化裁하는 공에 있다. 중국철학은 일종의 고급적인 변통의 지혜를 제공하였는데 이러한 지혜와 서양의 과학적 관리방법은 다르다. 바로 근원적인 성격의 지혜 혹은 일종의 인문적 예지睿智라 할 수 있는데 관리를 인간의 가치주체를 귀착점으로 하는 것이라 간주한다. 어떤 학자는 '도지道智' 혹은 '도술道術'이라 부름으로써 서양의 지적인 과학적 관리와 구별한다. 다른 한편, 강·유, 여予·취取, 진·퇴, 공攻·방防, 정正·기奇, 명明·회晦 등등의 임기응변 전략사상은 시장 마케팅, 가격전 등 면에서 융통성이 있는 전술과 계략, 시장의 권모술수 등의 변증법적 지혜를 제공하였다.

중국철학에서 변화, 발전의 관점은 가장 보편적인 관점이다. 공자는 일찍이 밤낮으로 쉬지 않고 흐르는 강물로 세계가 온통 끊임없이 흐름을 형용하였다.

공자가 냇가에 서서 말하였다. "가는 것이 이와 같구나! 밤낮을 가리지 않는구나."[38]

모든 사물은 모두 잠시 머무르고 쉽게 가 버리며 우주는 끝이 없이 되풀이하는 과정이다. 『주역』의 '역'자 자체에 변역이라는 뜻이 있다.

가장 상세하고 세밀하게 우주의 운동변화를 정밀히 연구한 것이 『역전』이다. 『역전』에서는 모든 사물은 모두 대화大化의 유행 중에 있고 전체 우주는 하나의

---

38) 『논어』, 「자한」, "子在川上曰: 逝者如斯夫! 不舍晝夜."

'변하고 움직여 한곳에 거하지 않고'(變動不居) '낳고 낳음에 쉬지 않는'(生生不息) 큰 과정이라 주장한다. 『역전』에서 변화는 하나의 근본적인 사실이고 하늘에서는 상象이 되고 땅에서는 형形이 되며 이러한 형상으로부터 변화의 영원함을 알 수 있다. 사물의 운동, 변화의 근원은 바로 음과 양 서로의 대립과 통일이다. "한 번 음이 되고 한 번 양이 되는 것을 도라 이르고 계속하는 것이 선이고 갖추어져 있는 것이 성이다."39) 여기서 '도道'는 음과 양의 두 가지 기의 동적인 통일이고 만사만물이 운동하는 과정 혹은 궤적이다. '계繼'는 계속하여 멈춤이 없다는 뜻으로, 여기서는 인도가 천도를 계승하여 자연스럽게 선이 있음을 가리킨다. 인간의 본성은 바로 천도에 의거하여 사업을 성취하는 것이다. 『역전』에서는 음과 양의 두 가지 기의 대립과 교감을 우주의 만물이 운동, 변화하는 근원과 규칙으로 간주하였다. 『역전』에서 천지음양의 도가 만물을 생육하였음을 말하였는데 이는 얼마나 위대한 품격인가!『주역』「계사상전」에서는 또 이렇게 말하였다.

풍부하게 소유하는 것을 대업이라 이르고 날로 새로워지는 것을 성덕이라 이르
며 낳고 낳음을 역이라 이른다.40)

천지가 만물을 창조하고 만물의 생生, 장長, 장壯, 노老를 촉진하는데, 이는 거대한 업적이다. 날마다 새로운 발전이 있음을 숭고한 품성이라 부르고 끊임없이 화생化生하는 것을 '역'이라 부른다. 여기서는 자연이 만물을 화육하고 신진대사가 그치지 않는 상태를 찬양하였다.

중국의 철학자들은 자연의 만물은 변화의 흐름 속에 있지 않음이 없고 한순간도 멈춤이 없으며, 변역 자체에는 따를 수 있는 고정된 공식 같은 것이 없고 변화의 본질은 창조이며, 우주는 하나의 낳고 낳음에 그침이 없고 날마다 새로워

---

39) 『주역』, 「계사상전」, "一陰一陽之謂道, 繼之者善也, 成之者性也."
40) 富有之謂大業. 日新之謂盛德, 生生之謂易.

짐에 끝이 없는 과정으로서 모든 것은 창조, 발전하고 있다고 주장하였다.『역전』에서는,『주역』에서 말하는 도리는 수시로 변화, 이동하고, 정지된 것이 아니라 보편적으로 유동하며, 일상(常態), 요강(綱要), 공식 혹은 원칙(敎條)에 구애되거나 견지하지 않고 단지 그것의 변화에 적응하는 것이라고 한다.『역전』에서는 또 건의 양과 곤의 음의 기가 한 번 열리고 한 번 닫히는 것을 변화라 부르고 변화의 왕래에 끝마침이 없는 것을 통달通達이라 한다. 음과 양의 세력이 서로 제약함은 변화에 있고 변화의 이치를 따라 밀고 나가는 것은 통달에 있다. "궁하면 변하고 변하면 통하고 통하면 오래간다."[41]『주역』의 도리는 곤경에 처하면 개혁하고 개혁하면 통하게 되고 통하게 되면 오래 멀리 갈 수 있다. 변화와 통달은 시대, 시세, 현실의 수요에 적응하는 것이다. 이는 바로 천지자연이 쉬지 않고 유행함을 본받아, 인사의 도도 실제로부터 출발하여 시대의 조류에 순응하여 시대와 함께 나아가야 한다는 것이다.

중국철학은 흔히 '동과 정', '변과 상'으로써 구체적인 사물의 운동과 법칙을 표현한다. 일반적으로 말하면 동과 정은 절대적인 운동과 상대적인 정지 사이의 관계를 가리키고, 변과 상은 운동과 법칙의 관계를 가리킨다. 중국의 고대 철학에서 동정은 우선 사물이 존재하는 두 가지 상태 즉 변동하는 상태와 정지된 상태를 가리킨다. 순자는 동과 정이 동시에 존재하는 것이라 주장하였다.『역전』에는 '움직임과 고요함에 일정한 법칙이 있다'(動靜有常)는 말이 있는데, 사물의 변동과 정지에 내재적인 법칙성이 있다고 여기는 것이다. 움직임 속에 고요함이 있고, 고요함 속에 움직임이 있으며, 움직임이 극에 달하면 고요해지고, 고요함이 극에 달하면 움직인다. 한 번 움직이고 한 번 고요함은 서로 근거가 된다. 움직임과 고요함은 서로 포함하고 갈라놓을 수 없다. 이것이 바로 변화의 근거이고 운동의 탄력성(彈性)이며 이른바 "한 번 긴장하고 한 번 이완하면 문무의 도"(一張一弛,

---

41) 窮則變, 變則通, 通則久.

文武之道)이다.

중국의 철학자는 대부분 변화가 실재하고 우주는 하나의 강물과 같은 큰 흐름이며 만물은 모두 변하고 움직여 한곳에 거하지 않음을 긍정하였다. 동시에 많은 사상가들은 또 변화는 문란紊亂한 것이 아니라 조리가 있음을 주장하였다. 변화 속에 변하지 않는 것, 오래도록 지속되는 것이 있는데 그것을 '상常'이라 부른다. '상'은 변화 속에서 변하지 않는 의義이고 변하지 않는 법칙이며 변화 자체도 하나의 '상'이다. 중국의 철학자는 변화 속의 '상'을 긍정하였을 뿐만 아니라 변화와 '상' 사이의 변증법적 관계도 논의하였다. 왕부지는 '상'이 '일一'이고 '만萬'으로 변함을 제기하였다. "상은 일이지만 만으로 변하고 상은 만이지만 그 일을 고치지 못한다", "변하지만 그 상을 잃지 않는다", "상 또한 변화 속에 있다."42) '상'과 '변'도 서로 의존하고 서로 침투됨을 알 수 있다. 왕부지는 "상으로써 변화를 다스리고"(以常治變) "상을 잡고 변화를 맞이함"(執常以迎變)을 강조하였다. 사물의 변화는 보편적으로 존재하고 영원한 것이다. 변화 속에는 변하지 않는 상칙常則이 있다. 변화의 법칙을 파악하는 것은 매우 중요하다. 법칙은 운동, 변화 속에 있으며 운동과 변화를 떠난 상칙은 없다. 상칙도 사물의 운동과 변화에 따라 변화할 수 있기 때문에 원칙적인 방식으로 상칙을 고집해서는 안 된다. 변화와 상칙은 변증법적 관계이다.

3) '화이부동', '집양용중執兩用中'의 전반적인 조화, 동적인 균형전략

'화'는 주요하게 '조화' 및 '다양성의 통일'을 가리킨다. 공자는 "화합을 추구하고 뇌동하지 않음"43)을 말하였다. '화'는 '동'이 아니고 '부동'도 아니다. 사묵史墨 (춘추시기 晉나라의 대부)은 이렇게 말하였다.

---

42) 『주역외전』, "常一而變萬, 常萬而未改其一.", "變而不失其常.", "常亦在變之中."
43) 『논어』, 「자로」, "和而不同."

조화에서 실제로 사물이 생육되고 뇌동하면 계속 이어지지 못한다. 다른 것을 가지고 다른 것과 화평하게 하는 것을 화라 이른다.[44]

『예기』에서는 이렇게 말하였다.

화라는 것은 천하의 공통된 도이다.[45]

중국철학에서 천, 지, 인, 물, 아 사이에 대한 '조화'사상, '관용'사상은 인류 자연환경의 생태균형과 인문환경의 생태균형에 예지를 제공하였을 뿐만 아니라 현대의 사회 관리와 기업 관리의 중요한 사상자원이다. 현대 관리에서는 사람과 자연, 사람과 사회, 사람과 사람, 사람과 사물, 사람과 내재적인 자아의 조화로운 관계를 강조하고 일종의 우주는 일체이고 보편적으로 조화를 이루는 전체적인 관념을 강조한다. 맹자는 이렇게 말하였다.

친척을 친하게 하고서 백성을 인하게 하고 백성을 인하게 하고서 물건을 사랑한다.[46]

장재는 이렇게 말하였다.

백성은 나의 동포이고 만물은 나와 함께 있다.[47]

왕양명은 이렇게 말하였다.

---

44) 『국어』, 「정어」, "和實生物, 同則不繼, 以他平他謂之和."
45) 『예기』, 「중용」, "和也者, 天下之達道也."
46) 『맹자』, 「진심상」, "親親而仁民, 仁民而愛物."
47) 『정몽』, 「건칭」, "民吾同胞, 物吾與也."

인이라는 것은 천지만물을 자기와 일체로 삼는다.[48]

유가의 관념 중에서 우주가족사상 및 자기를 미루어 남에게 미치고(推己及人) 백성을 인하게 하고 물건을 사랑하는(仁民愛物) 의식은 미래의 사회에서 갈수록 중요한 작용을 발휘하고 기업 사이 및 기업 내부의 인간관계의 처리 내지는 기업 수익의 창출에 중요한 의의를 지니고 있다.

'화'는 만물이 생존하고 발전하는 근거이다. 이에 대하여 중국의 철학자들은 매우 많은 관점을 주장하였다. 예를 들어 『예기』「악기」의 "조화롭기 때문에 온갖 사물이 모두 따라서 변화한다"[49], 『순자』「악론」의 "악이라는 것은 변할 수 없는 조화이다"[50], 『회남자』「범론」의 "음과 양이 조화를 이루어 평안하다", "하늘과 땅의 기는 조화보다 큰 것이 없다"[51] 등등이다.

이 밖에 적당하고 적합함을 강조하는 '화', '중'과 '중화'의 함의도 유학에서 충분하게 발전하였다. 『중용』에서는 이렇게 말하였다.

기뻐하고 노하고 슬퍼하고 즐거워하는 감정이 발하지 않은 것을 중이라 이르고 발하여 모두 절도에 맞는 것을 화라 이른다. 중이라는 것은 천하의 큰 근본이고 화라는 것은 천하의 공통된 도이다. 중과 화를 지극히 하면 천지가 제자리를 편안히 하고 만물이 잘 생육된다.[52]

인간의 기뻐하고 노하고 슬퍼하고 즐거워하는 감정이 아직 나타나지 않았을 때를 '중'이라 하고, 나타나서 예절禮節에 부합할 수 있음을 '화'라 부르는 것이다.

---

48) 仁者以天地萬物爲一體.
49) 和, 故百物皆化.
50) 樂也者, 和之不可變者也.
51) "陰陽和平.", "天地之氣, 莫大於和."
52) 喜怒哀樂之未發, 謂之中; 發而皆中節, 謂之和. 中也者, 天下之大本也; 和也者, 天下之達道也. 致中和, 天地位焉, 萬物育焉.

'중'은 천하에서 가장 중요한 근본이고, '화'는 천하에서 통용되는 길이다. '중화'의 원리를 극도로 발휘하면 천지는 태평해지고 만물의 생장은 무성해진다. 여기서 '화' 혹은 '중화'는 인생의 실천에서 도달할 수 있는 최고의 경지이고, 실천을 통하여 현실과 이상의 통일을 추구한다는 의미를 담고 있다.

중국의 철학자들은 전체의 조화와 물·아의 상통함을 강조하였다. 그들은 자연을 하나의 조화로운 체계로 간주하고 사회의 조화와 안정, 민족과 문화 사이의 공존과 상호 존중, 인간관계의 조화와 질서를 위하여 노력할 뿐만 아니라 천, 지, 인, 물, 아 사이의 조화를 추구하였다. 유교와 도가의 여러 학파에서는 모두 자연과 인문의 화합, 인간과 천지만물의 화합을 추구함을 나타내었다. 『예기』「중용」에서는 이렇게 말하였다.

> 만물이 함께 길러져 서로 해치지 않고 도가 함께 행하여져 서로 위배되지 않는다. 작은 덕은 냇물의 흐름이고 큰 덕은 조화를 도탑게 한다.[53]

『주역』「계사전」에서는 이렇게 말하였다.

> 천하가 돌아가는 곳은 같은데 가는 길은 다 다르고, 이르는 곳은 하나지만 백 가지 생각이 있다.[54]

관용, 평화, 모든 것을 받아들이고, 방대하고(博大) 드넓은(恢宏) 풍격이야말로 바로 조화로운 변증법의 풍격이다.

'중'은 치우치지도 않고 의지하지도 않으며 '지나침도 없고 모자람도 없는' 즉 적당함의 의미이다. 공자는 "두 끝을 타진한다"[55]고 하였고, 『중용』에서는

---

53) 萬物並育而不相害. 道並行而不相悖. 小德川流, 大德敦化.
54) 天下同歸而殊途, 一致而百慮.
55) 『논어』, 「자한」, "叩其兩端."

"두 끝을 잡고 그 중을 백성에게 쓴다"[56]고 하였다. '용庸'은 여기서 '용用'의 의미이다. 이것이 바로 이른바 "두 끝을 잡아 중을 쓰는"(執兩用中) 방법론이다. '집'은 파악한다는 것이다. '양'은 바로 통일체 안에서 대립되고 모순되는 두 가지 측면이다. 이러한 방법론은 사물에서 서로 대립되는 측면을 파악하고 지나치지도 모자라지도 않는 중도의 원칙으로 일을 처리하여야 함을 주장한다. 맹자는 또 '집중執中'은 반드시 '권변權變'과 서로 결합되어야 함을 주장하였다. 만약 중도에 융통성이 없다고 주장하면 변통의 방법을 알지 못하여 한쪽 끝을 치우쳐 잡는다는 것이다. '중'은 '중도'를 가리키고 지나침도 없고 모자람도 없는 것이다. '화'와 약간 다름이 있다. '화'는 서로 다른 인재, 의견을 수용하고 일종의 생태적인 관계를 유지할 것을 강조하지만, '중'은 일을 처리함에 있어서 장악하여야 하는 '절節'과 '도度'를 가리킨다. '중용'은 다만 일반적인(平常) 도리이고 일반적인 것 속에서 '도'를 보아 낸다. '상중尙中', '집중執中'의 관리전략은 '지나침'(過)과 '모자람'(不及)의 두 끝에 대하여 동적인 통일을 지키는 것이고, 여러 가지 힘과 이익을 혼합하여 조절하고 서로 보충하여 대소, 강약, 주소, 질서, 고하, 질속, 동정 사이에서 탄력을 유지하며 일종의 리듬감을 가지고 있는데 참으로 출중한 관리미학이다.

'중'은 결코 언제나 고정된 것이 아니고 경직된 원칙이 아니다. '중'은 대립되는 두 끝에서 같은 거리에 있는 가운데의 점에 처해 있는 것도 아니고 언제나 어떤 점에 있는 것도 아닌, 구체적인 정황과 구체적인 조건의 변화에 따라 변화하는 것이다. 중국의 변증법은 대립되고 모순되는 양자 사이에 고정불변하고 분명하게 넘을 수 없는 계선이 존재함을 인정하지 않는다. 만약 어떤 계선이 존재한다고 하면 그 계선은 상대적이고 움직이는 것이다. 따라서 『중용』에서는 공자의 말을 인용하여 이렇게 말하였다.

---

56) 執其兩端, 用其中於民.

군자가 중용을 함은 군자이면서 때에 맞게 하기 때문이다.[57]

여기서 '시중時中'은 때에 따라 절제하고 중도에 부합함을 가리킨다. 유가에서 말하는 '취시趣時'는 시세의 변화에 근거하여 일정한 정도에서 일반적인 규정을 타파하고 적절한 조치를 취하는 것이다. '시중'도 사실상 '때를 따라 새롭게 바꾼다(趣時更新)의 부분적인 내용을 포함하고 있다. 중용도 도덕의 최고 표준이고 도덕적인 영역에서 중정, 공정, 평정, 중화의 뜻을 포함하고 있다. '중'이 바로 정도正道이기에 치우치지 않는다.

'용'은 또 '상'의 의미이다. 옛사람들은 '용중'을 일상적인(常行) 도라 하였고 '중화'를 일상적인 덕이라 하였다. '중용'에는 보편적인 방법론의 의미가 들어 있다. 이러한 방법론 또한 자연에서 찾은 것이다. 대자연의 음양은 서로 돕고 보완하며 동적인 균형을 유지하고 한쪽 극단에 치우치지 않는다. 중용의 방법은 천지자연의 대립과 조화, 서로 작용하고 보충하는 원칙을 받아들임으로써 인류 자신과 천지, 만물 사이의 관계를 조화하고 중화의 경지에 도달하여 천지만물과 인간이 정상적으로 발전하게 한다. 중용의 도는 또한 인간의 도로서 윤상 관계, 그룹 관계를 조절할 수 있다. 중용의 변증법은 모순과 대립의 중화를 강조하고 양 극단이 모두 동시에 존재하고 각자의 특성을 보존할 수 있게 함으로써 양 극단의 상호 작용, 구제, 반응, 전환을 촉진한다. 세계상의 모순은 반드시 모두 한쪽이 다른 한쪽을 소멸하는 지경으로 발전하지는 않는다. 대부분의 경우 모순의 통일은 중화를 취하는데 모순, 편반, 대립, 투쟁이 있음과 동시에 서로 침투하고 공존, 번영한다. 중용의 변증법은 대립면의 의존과 연결을 중시하고 대립면의 통일 측면을 매우 철저하게 파악하였다. 동시에 양극 혹은 다극의 대립 사이의 매개 관계 및 그 작용을 포함하였다.

---

57) 君子之中庸也, 君子而時中.

4) '인애충서', '경업락군'의 가치이념

'인애'사상은 중화민족의 핵심적 가치이념이다. 공자는 '사람을 사랑하는 것'(愛人)을 '인'이라 하였다.

> 번지가 인에 대하여 물었다. 공자가 말하였다. "사람을 사랑하는 것이다." 지에
> 대하여 물었다. 공자가 말하였다. "사람을 아는 것이다."[58]

공자는 '인'과 '지' 모두 드러낼 것을 주장하면서 사람을 사랑하는 것을 '인'이라 하고 사람을 아는 것을 '지'라 하였다. 그는 주공 이래의 인도주의 전통을 계승하여 순장殉葬을 반대하였을 뿐만 아니라 심지어 나무로 만든 사람 모양의 인형(陶俑)을 함께 매장하는 것도 혐오하였다. 『논어』「향당」에 근거하면, 한번은 조회가 끝나 집에 돌아와 마구간이 불탄 것을 알게 된 공자가 우선 "사람이 다쳤는가?"라고 묻고 말에 대해서는 묻지도 않았다. 공자가 관심하였던 것은 사람이지 말(및 말로 대표되는 재산)이 아니었다. 그가 관심하였던 사람에는 말을 사양하던 일반적인 노동자도 포함되었다. 이렇게 사람을 사랑하고 사람을 동정하고 사람을 관심하는 것에는 하층 백성에 대한 사랑과 동정, 배려가 포함되었는데 바로 '인'의 주지主旨였다. 공자가 중시한 것은 "백성, 식량, 상례, 제사"[59]였다. 그는 폭정을 반대하였고 자산처럼 "백성에게 은혜롭고"(惠民), "백성을 부양할 때에는 은혜롭고", "백성을 부릴 때에는 의로울 것"[60]을 주장하면서, 통치자들이 형벌을 줄이고 세금을 적게 받으며 농사시기를 어기지 않음으로써 백성들이 생활, 생산을 유지하고 일정한 생활을 보장받을 수 있기를 희망하였다. 그는

---

58) 『논어』, 「안연」, "樊遲問仁. 子曰: 愛人. 問智, 子曰: 知人."
59) 『논어』, 「요왈」, "民, 食, 喪, 祭."
60) 『논어』, 「공야장」, "養民也惠.", "使民也義."

민생의 문제, 백성들이 밥을 먹는 문제가 정치의 근본임을 긍정하였다. 공자는 부를 백성들에게 저장하고 백성들을 교화할 것을 주장하였다.

> 공자가 위나라로 갈 때 염유가 말을 몰았다. 공자가 말하였다. "인구가 많구나!" 염유가 물었다. "이미 인구가 많으면 다시 무엇을 더해야 합니까?" "부유하게 해 주어야 한다." "이미 부유해졌으면 다시 무엇을 더해야 합니까?" "교육해야 한다."[61]

'서(庶)'는 인구가 많아진다는 것인데 인구가 드물었던 당시에 이는 사회번영의 상징이었다. 그는 '백성을 부유하게 하고'(富民) '백성을 교육하여 함'(教民)을 주장하였는데, 인구가 많아진 뒤에 부유해지게 하고 부유해지게 한 뒤에 교육하였다. 그는 사회공정의 문제에 주목하였고 빈부의 격차가 커지는 것을 반대하였다. '충(忠)'과 '서(恕)'는 '인'에 가깝다. 공자는 이렇게 말하였다.

> 어진 사람은 자기가 서고 싶으면 남도 세워 주고 자기가 이루고 싶으면 남도 이루게 해 준다. 자기 처지에서 남의 처지를 유추할 수 있음이 인의 방법이라 하겠다.[62]

무엇이 '인'인가? 인은 바로 자기가 서려면 동시에 남을 계발하여 깨닫게 함으로써 남이 스스로 설 수 있게 하여야 하고, 자기가 이루면 남을 도와줌으로써 남이 스스로 이루게 하여야 하는 것이다. 사람들은 모두 지금의 생활에서 조금씩 해 나갈 수 있는데 이것이 인도(仁道)를 실천하는 방법이다. 공자의 의도는 외부에서 억지로 남을 세워 주거나 이루게 하는 것이 아니라, 일종의 분위기 혹은 환경을

---

61) 『논어』, 「자로」, "子適衛, 冉有仆. 子曰: 庶矣哉! 冉有曰: 旣庶矣, 又何加焉? 曰: 富之. 曰: 旣富矣, 又何加焉? 曰: 敎之."
62) 『논어』, 「옹야」, "夫仁者, 己欲立而立人, 己欲達而達人. 能近取譬, 可謂仁之方也已."

만들어 줌으로써 사람들이 스스로 자신의 생명을 똑바로 하고 사회에서 홀로 서며 인간세상을 통달할 수 있게 하는 것이다. 이것이 바로 사람을 사랑하는 풍격이다.

공자는 나아가 "자기가 하고 싶지 않은 것은 남에게도 시키지 않는다"(己所不欲, 勿施於人)의 '서도恕道' 또한 '인'의 원칙 중의 하나임을 제기하였다.

중궁이 인에 대하여 물었다. 공자가 말하였다. "문밖을 나서면 큰 손님을 맞이하듯 하고 백성을 부리면 큰 제사를 받들듯 한다. 자기가 하고 싶지 않은 것은 남에게도 시키지 않는다. 그러면 나라에서도 원망이 없고 집안에서도 원망이 없다."[63]

자공이 물었다. "종신토록 행할 만한 한마디 말이 있습니까?" 공자가 말하였다. "그것은 서이다. 자기가 하고 싶지 않은 것은 남에게도 시키지 않는다."[64]

군자가 종신토록 신봉하는 '서도恕道'는 자기가 가지고 싶지 않은 것을 절대로 남에게 강요하지 않는 것이었다. 예를 들어 남이 자기한테 모욕을 주는 것을 희망하지 않으면 자기도 절대로 남에게 모욕을 주어서는 안 된다. 남을 존중하는 것은 남이 자기를 존중하는 전제이다. 여기서는 일종의 관용정신과 소통하는 이성, 입장을 바꿔 남을 위하여 생각함을 강조하였다.

무엇이 공자의 일이관지一以貫之의 도인가? 증자는 이렇게 말하였다.

선생의 도는 오직 충서일 따름이다.[65]

---

63) 『논어』, 「안연」, "仲弓問仁. 子曰: 出門如見大賓, 使民如承大祭. 己所不欲, 勿施於人. 在邦無怨, 在家無怨."
64) 『논어』, 「위령공」, "子貢問曰: 有一言而可以終身行之者乎? 子曰: 其恕乎! 己所不欲, 勿施於人."
65) 『논어』, 「이인」, "夫子之道, 忠恕而已矣."

'충'이 바로 '중'이고 인간의 마음이다. "인간의 삶은 올바름이고 허위의 삶은 요행히 모면함일 뿐이다."[66] 인간의 생존은 정직하기 때문이고, 정직하지 않은 사람도 생존할 수 있지만 그것은 그가 운 좋게 화를 면한 것이다. 공자가 말하는 내재적인 '직덕直德'은 바로 안으로 자신을 속이지 않고 밖으로 남을 속이지 않으며 감언이설과 허위, 아첨을 반대하는 것이다. '충'은 또 자기를 다하는 마음(盡己之心)이다. "자기가 서고 싶으면 남도 세워 주고 자기가 이루고 싶으면 남도 이루게 해 준다." 이는 마음의 진실한 직덕이 그침을 용납하지 않고 발휘된 것이다. '서'는 사람을 대하고 사물을 접하는 것이다. '서'는 자기를 미루는 마음이고 "자기가 하고 싶지 않은 것은 남에게도 시키지 않는 것"이다. 종합하여 '충서지도忠恕之道' 혹은 '혈구지도絜矩之道'라 부른다. 실제적으로 '충' 가운데에 '서'가 있고 '서' 가운데에 '충'이 있으며 '자기를 다하는 것'(盡己)과 '자기를 미루는 것'(推己)은 갈라놓기 매우 어려운데, 이는 인도仁道라는 일체의 두 가지 측면이다. 이는 사람과 사람 사이 관계의 인도仁道원칙일 뿐만 아니라 미루어 확충하면 국가와 국가, 민족과 민족, 문화와 문화, 종교와 종교의 상호 관계의 준칙 내지는 인류와 자연의 보편적인 조화의 도이다. '인'의 함의에는 사물과 '나' 사이, 사람과 사람 사이의 감정이 서로 통하고 이해관계가 서로 밀접한 것이 포함된다. 『중용』에서는 이렇게 말하였다.

충서는 도와 거리가 멀지 않다.[67]

여기서 도는 인도人道 즉 인을 가리킨다. 충서는 '인'을 다하기에 충분하지 않고 인의 방법이기에 도와 거리가 멀지 않다고 말한 것이다.
'경'은 엄숙하고 신중한 것으로 경외함이 있다. 백성들은 이렇게 말한다.

66) 『논어』, 「옹야」, "人之生也直, 罔之生也幸而免."
67) 忠恕違道不遠.

머리 위 석 자 높이에서 천지신명이 지켜보고 있다.[68]

공자도 이렇게 말하였다.

천명을 경외하고 대인을 경외하고 성인의 말씀을 경외한다.[69]

유가에서는 '학업에 전념하고 여럿이 모여서 즐김'(敬業樂群)을 강조하는데, 바로 진실하고(誠) 공경하는(敬) 마음으로 일과 사업을 대하고 조금도 소홀히 하지 않고 진지하고 엄숙하며 동시에 주위의 사람들을 감화시키고 주위의 사람들과 단합하여 함께 백성을 사랑하고 열심히 일하는 것이다.

현대 기업의 경영방법은 정상적인 시장경제질서의 제약 하에서 이루어지는 일종의 건강하고 효과적인 경쟁이어야지 절대 위조품이 천하를 갈라놓는 것이 아니다. 근본적으로 인재를 영입하고 사용하고 대하는 측면, 내부 직원들의 직업정신 측면, 제품의 질에 대한 신용 측면 즉 안과 밖에 대하여 마땅히 성실하고 신용을 지키며 속임이 없는 태도를 취하여야 한다. 맡은 바 직책에 충실하고 부지런하고 빈틈없으며 공동체 의식, 진정한 주인의 태도와 책임의식은 기업윤리 혹은 사업윤리의 건설로서 현대 기업 관리에서 가장 중요한 전제임은 의심할 바 없다. 어떤 사람은 유가의 윤리는 체계적인 통합을 유지하는 가치만 강조하고 목표를 달성하는 가치는 중시하지 않기에 경쟁과 효율에 불리하다고 주장한다. 이러한 견해는 일방적이다.

오늘날 세계 각지의 판매상들은 모두 하나의 새로운 경영방법 즉 창의력으로 고객의 기대를 초월하는 방법을 발견하였다. 제품이 고객의 기대를 초월하는 것은 고객을 확보하고 충성도를 높이는 가장 효과적인 방법이다. 만족스러웠던

---

68) 頭上三尺有神明.
69) 畏天命, 畏大人, 畏聖人之言.

고객들은 종종 재방문하게 되고 기업을 위하여 공짜로 홍보까지 해 준다. 고객을 위한 서비스는 제품의 질 다음으로 기업이 전력투구하여야 할 목표로 간주되었다. 고객에 대한 서비스의 품질을 개선하고 고객의 이익으로부터 출발하여 고객이 만족하게 하는 것은 사실상 기업의 관리에서 가장 중요한 원칙이다. 이 밖에 마케팅에서 솔직하고 성실하게 대하는 규칙이 생겨났다. 자신의 제품이 사람들의 마음속에 깊이 침투하도록 하는 가장 효과적인 방법이 먼저 자신의 부족을 인정하는 것이다. 잠재적인 고객들은 당신이 자신의 단점을 인정할 때 당신의 장점을 발견할 수 있기 때문이다. 이는 모두 '인仁', '성誠', '경敬', '군群' 원칙에 대한 활용이라 할 수 있다.

'군'은 공동체의 본위, 협력 정신을 가리킨다. 현재 현대화 과정에서 개체와 총체의 통합과 상호 작용의 원칙을 다시 제정할 것이 요구된다. 전통적인 예치禮治는 공동체의 가치를 중시하고 개체와 공동체의 이익, 의지, 관계를 조화시키는 일련의 방법이 있다. 개체를 원점 혹은 세포로 하는 시장경제의 생활 질서 속에서 전통사회와 비교할 때 현대사회의 거대한 발전이 바로 개체성의 확립이다. 다시 말하면 개체의 생존권리, 사유재산, 경제적 권익, 정치권리, 교육권리, 인격독립과 존엄 및 도덕가치의 실현권리는 박탈할 수도 없고 양도할 수도 없으며 법률적인 보장과 여론의 보장을 받는데, 이는 질서 있는 현대사회 생활의 관건이다. 이러한 기초 위에 시장경제에 적합한 전반적인 사회질서와 공공이익을 재건하고 공평한 경쟁을 보장하며 다른 사람 및 전반적인 사회의 권익실현을 인정하고 긍정하며 사회의 공정, 정의 등의 도덕원칙을 재건하고 개체와 총체의 관계, 의와 리의 관계를 조절하는 것은 현대 관리의 중요한 부분이다.

동아시아 현대화의 성공적인 경험은 전통적인 문화자원에 근거하여 '노勞'와 '자資', '민民'과 '관官', '사私'와 '공公', 개체 혹은 가족의 기업권익과 정부의 행정공정行政工程, 개인주의 동력과 공동체 의식의 신념 그리고 국가와 사회에 대한 충성 사이의 관계를 조절하는 것이다. 이는 분명 현실적 의의를 가지고 있고 서양의 일부 '현대병'을 극복할 수 있다.

관리를 놓고 말하면 반드시 전체로부터 출발하여 하드웨어를 중시하여야 할뿐더러 소프트웨어도 중시하여야 하며 두 가지를 통합하여야 한다. 리처드 파스케일(Richard Tanner Pascale)과 안소니 아토스(Anthony G. Athos)[70]가 다년간 미국 회사와 일본 회사를 비교연구한 것에 근거하면, 미국과 일본 회사의 하드웨어적 인 요소 즉 구조, 제도, 전략 측면에서는 모두 매우 유사하였지만, 주요한 차별은 일본 회사가 소프트웨어적인 요소 즉 기교, 수법, 인원과 최고 목표를 각별히 중시하였다는 것에 있었다. 보기에는 실제적인 효과가 없고 허무하고 추상적인 기업 정신, 기업 철학, 기업 가치관, 기업 스타일, 기업 응집력 등은 기업 관리의 유형有形하고 유용有用한 여러 측면에 침투되어 있다. 관리에서 과학적이고 도구 적인 것 예를 들어 재무, 원가 혹은 계산의 관리는 유한有限한 용도이고, 회사의 문화정신, 사람들의 소양, 대대로 사회풍속의 배양은 무한無限한 용도이다. 관리 는 구조, 계획, 통제, 분공의 원칙을 제공할 뿐만 아니라 더 중요한 것은 개념, 가치, 분위기, 문화이다. 따라서 성공한 기업은 모두 자기만의 독특한 가치신념을 형성하여 일종의 응집력을 형성하였고 직원들이 자발적으로 기업의 목표를 위하여 분투하게 하였으며 이러한 문화정신은 직원들 속에서 대대로 전해질 수 있었다. 이것이야말로 기업의 성공과 실패, 흥망성쇠를 결정하는 근본이다.

요컨대 유가는 현대의 관리학에 다방면의 지혜를 제공하였는데, 그 핵심은 바로 사람을 기업 최대의 자산 혹은 진정한 자원으로 삼는 것이다. 사람이야말로 사업, 기업의 성공과 실패를 결정하는 관건이고 사업, 기업의 경쟁은 바로 사람의 경쟁이며 관리는 바로 사람의 요소를 충분하게 동원하고 사람의 자원을 충분하게 개별하며 사람의 적극성과 창의성을 충분하게 발휘하고 사람과 사람 사이의 여러 가지 관계를 충분하게 조절하는 것이다. 동양의 현대화와 서양의 현대화는

---

70) 역자주: 두 사람 모두 미국의 관리학자이고 *The art of Japanese management: applications for American executives*(New York: Simon and Schuster, 1981)라는 저서를 공저하였다.

다르다. 동양의 문화정신이 사업윤리 속에 축적되어 있기에 부동한 사람의 이익을 중시하는 동시에 부지런하고 화목하며 일에 전념하고 여럿이 모여서 즐기며 서로 협조하고 공동체에 대한 충성, 헌신, 책임을 더욱 긍정한다. 인문학적 혹은 인간적인 관리는 순수과학적인 관리보다 더욱 심오한 가치가 있고 양자는 마땅히 서로 돕고 서로 보완하여야 한다.

유가, 불교, 도가의 철학은 근본적으로 심성을 기르고 인격을 도야하고 심리를 조절하며 감성지수를 높이고 경지를 끌어올리는 인생 이치이고 인생 지혜로서 의미심장하고 유원悠遠한 가치를 가지고 있다. 사업을 크고 강하게 오래도록 발전시키려면 반드시 대대로 품위가 높고 교양이 있고 높은 경지가 있는 사람에 의거하여야 하고, 사업 혹은 기업의 가치이념과 인문정신에 의거하여야 한다.

제12장 자각자식

　'5·4'시기 이래 공자와 유가 학설의 많은 부분에 대하여 우리는 이해하지 못하였다. 오늘에 이르기까지 사람들의 유학에 대한 생소함은 여전히 매우 심각하다. 예를 들어 여성에 대한 견해, '친친호은親親互隱'에 대한 관점과 유가가 법을 중시하지 않고 심지어 부패를 초래하였다는 주장, 유가의 '인애仁愛'정신이 가짜 명제가 아닌지, '예'가 간단하게 '식인(吃人)적 예교'로 전화될 수 있는지, '천인합일'에 대한 견해, 유가에 대한 전체적인 역사평가 및 유학과 당대 경제사회의 현대적인 발전의 관계 등등은 모두 철저하게 살펴볼 것을 요구한다. 유학은 결코 현대화와 대립하는 것이 아니라 현대화의 건설에 참여하는 적극적이고 건강한 힘이다. 우리는 마땅히 일종의 문화적인 자각이 있어야 한다. 자주적이고 창의적인 국가를 건설하는 데에 있어서 우선 중시하여야 할 것이 정신문화의 주체성인데 반드시 근거와 근원이 있는 정신문명으로써 다른 문명과 대화하여야 한다. 유가사상은 여전히 살아 있는 것이고 여전히 민족의 정체성과 공통된 윤리인식의 핵심이며 오늘날 정신문명, 제도문명의 건설에서 갈수록 더 중요하다. 우리는 이성적인 태도로 공·맹과 유학전통을 대하여야 할 것이다.

　선배 학자인 비효통費孝通 선생은 마땅히 중화문화의 전반적인 역사에 대하여 어느 정도 자각하고 분명하게 인식하여야 하며 스스로에 대하여 정확하게 알고 자신감을 가질 뿐만 아니라, 문화전환의 자주적인 능력과 문화선택의 자주적인 지위를 갖추어야 함을 제기하였다. 비 선생은 "모두가 각자 저마다의 아름다움을 가졌고 그 아름다움은 존중할 만하다. 서로의 아름다움이 한데 어우러진다면 세상은 더없이 조화로워질 것임"[1]을 주장하였다. 새 시대의 구성원으로서 우리는 외래문화를 받아들이고 이해하고 감상하고 연구하는 동시에 고유문화를 받아들이고 이해하고 감상하고 연구하여야 한다. 이는 물론 유학에 대한 이해와 감상, 연구를 포함한다. 백여 년래 유학에 대한 많은 비판은 비이성적인 것이었고 감정적인 것이었고 얕은 차원 혹은 직선적인 것이었으며, 오늘날 중국 대륙의 많은 중, 청년들은 여전히 20세기 70년대의 '비림비공批林批孔'2) 방식과 80년대의 '하상河殤'3) 방식으로 유학을 다루고 있다. 21세기의 중국과 중국 사람들의 문화자각과 사회발전의 문제를 논의하려면 유학에 대한 오해와 비난을 해명하지 않을 수 없고, 유학에 대하여 최소한 확실하게 인식하지 않을 수 없고, 유가문화의 자원을 참조하고 개발하지 않을 수 없다. 인류학, 사회학, 역사학, 철학 혹은 비교종교학의 부동한 각도에서 부동한 방법론적 시각으로 유가문화가 역사와 현실 발전에서의 가치와 역할을 연구하면 여러 가지 결론을 얻어낼 수 있다. 물론 동정하고 이해하는 심리상태와 이성적으로 비판하는 방법으로 이러한 복잡한 문제를 마주할 것이 요구된다.

1. 여성에 대한 견해

유학은 전근대적 문명의 의식형태로서 시대에 뒤떨어진 조박糟粕이 많고 이에 대한 검토와 비판이 요구됨은 두말할 것 없다. 예를 들어 여성에 대한

---

1) 費孝通, 「반성, 대화, 문화 자각」, 『비효통문집』 제14권(群言出版社, 1999), 제151~167쪽 참조. "各美其美, 美人之美, 美美與共, 天下大同."
2) 역자주: 1974년 1월 18일부터 6월까지 중국의 국방부 장관이자 당 부주석이었던 林彪와 그가 즐겨 인용한 공자를 아울러 비판한 운동으로서, 공자의 '克己復禮'는 노예제도를 복귀시키려는 것이고 林彪의 '반혁명수정주의 노선' 역시 극기복례를 통하여 '지주·자산 계급의 專制'를 복귀시키려는 것이라고 공격하였던 운동이다.
3) 역자주: 서양문명과 대비하여 중국 근대화의 길을 모색한, 중국의 CCTV가 만들었던 6편의 특집 역사 다큐멘터리이다. 후에 蘇曉康 등이 책으로 엮었다. 1995년에 홍희가 한국어로 번역하여 동문선에서 출판되었다.

견해에는 확실히 일부 부정적인 것들이 들어 있다. 지금 공자와 『논어』를 말하게 되면 적지 않은 사람들의 입에서 즉시 이런 말이 튀어나온다. "오직 여자와 소인은 받들기 어렵다."4) 이 구절은 『논어』 「양화」 제25장에서 비롯된 것으로, 뒤 절반 구절은 "가까이 하면 불손하고 멀리하면 원망한다"5)이다. 일찍이 이연李燕이라는 사람은 어느 해의 잡지 『중화아녀中華兒女』 해외판 제3기에 쓴 글에서, '여자女子'는 마땅히 '여인汝人'으로 해석하여야 하며 '너 그쪽의 젊은 사람'(你那裏的年輕人)을 말하는 것임을 제기하였다. 이연은 『논어』에서 '여女'자는 도합 17번 나오는데, 한 곳에서 '여악女樂'을 '가녀歌女'로 해석하는 것 외에 나머지 부분에서는 모두 '여汝'를 가리킨다고 하였다. 이연은 공자가 여성을 욕한다고 보기에는 결코 어떠한 방증도 없음을 주장하였다. 진수국陳戍國 선생은 선배인 왕력王力 선생과 진관매陳冠梅 선생의 연구를 기초로 하여 선진先秦시기의 중국어에서 '여자'의 '자子'는 어미가 아니었고, '여자'는 여성의 아이(여자아이)일 뿐이지 광범한 여성으로 이해할 수 없음을 제기하였다. 공자의 이 말은 다만 집안의 여자아이와 하인 혹은 문인에 대하여 농담을 던진 것이거나 그들에 대하여 불만을 나타낸 것일 뿐일 수 있다.6) 두유명 선생은 공자의 이 말이 성별에 대한 논의가 아니라 정치적인 논의로서 남자와 여자를 포함하는 것이라 주장한다. 정치를 하는 사람은 교육을 받은 적이 없는 남녀에 대하여 함께 지낼 때 특히 조심하여야 한다는 것이다. 너무 가까이해서도 안 되고 또한 너무 멀리해서도 안 되는데 그렇지 않으면 그들은 무례하거나 원망할 수 있다. 이러한 복잡한 관계를 어떻게 처리하여야 그들에게 미혹되지 않고 또한 그들이 행정 활동의 유지를 돕게끔 할 수 있는지, 이는 정치예술이다. 따라서 공자의 이 말은 여성을 차별하는 성별에 관한 논의가 아니다.7)

---

4) 唯女子與小人爲難養也.
5) 近之則不遜, 遠之則怨.
6) 陳戍國, 『사서교주』(악록서사, 2004), 제156~157쪽 참조.

한 걸음 물러서서 여기서 공자가 가리킨 것이 여성이라고 하더라도, 남성 중심주의 사회에서 여성에 대한 차별은 일종의 통폐였고 시대의 흔적 혹은 시대의 국한성이라 해석할 수밖에 없다. 서양에서 예수(상제)가 이브를 욕하고 아리스토텔레스와 니체가 여성을 욕한 것은 매우 가혹하였고 그 수준도 중국의 남성 사상가들을 크게 초과하였다. 흄, 헤겔의 여성에 대한 차별도 매우 심하였다. 물론 동서양을 막론하고 여성에 대한 차별, 멸시, 경시는 모두 잘못된 것이다. 유학, 유가에도 여성에 대하여 존중하지 않는 표현이 있고 이는 비판받아야 마땅한 것이지만, 시대적인 배경에 놓고 이해하고 검토하여야 한다.

북경대학의 루우럴樓宇烈 교수는 일찍이 이렇게 이야기한 적이 있다. 만약 비교문명사의 시각으로 보면 같은 시간을 횡적으로 비교할 때 역사적으로 중국 여성의 지위가 가장 높았고, 정치, 군사, 경제생활, 발명창조, 학술문화 면에서 우수한 여성은 중국에 가장 많았다. 일반적으로 말하면, 중국의 전통에서는 내·외에 구별이 있었고 남자는 밖에서 일하고(男主外) 여자는 안에서 살림하며(女主內) 가정의 내부에서 여성의 지위가 높고 실권을 장악하였기에 이른바 '구내懼內'에도 전통이 있었다. '삼종三從'이라는 것도 절대적인 것이 아니었는데, 남편이 죽은 뒤 아내는 바깥일에서 아들을 지지하였고 아들이 나서지만, 아들은 반드시 어머니를 존중하였고 적어도 가정 내부의 일에서는 어머니에 복종하였다. 소위 '휴처休妻'(이혼)도 임의로 하는 것이 아니라 많은 제한을 두었는데 이에 관해서는 역대로 여성을 보호하는 법령이 줄곧 존재하였다. 이름과 호칭으로 말하면, 여성이 출가한 후에도 자신의 성을 보존하였다. 결코 서양처럼 남편의 성을 따르지 않았던 것이다. 과거에 무슨 부인이라고 부르면 분명 부인 자신의 성이지 절대 남편의 성이 아니다. 루 교수는 예를 들어, 당신의 성이 곽郭씨이고 부인의 성이 주朱씨인데 전통에 근거하면 다른 사람들이 부인을 '주부인朱夫人'이라고

---

7) 杜維明, 「무한대학 訪談」, 郭齊勇 편, 『杜維明文集』 제5권(무한출판사, 2002), 제695쪽 참조.

부르지 절대로 '곽부인郭夫人'이라 부르지 않았을 것이라고 하였다. 하지만 지금은 모두 서양의 풍습대로 남편의 성을 따라 부인의 호칭을 부르는데 실제로 이는 전통에 어긋나는 것이다. 홍콩의 어떤 여성들은 자신의 이름 앞에 남편의 성을 붙이는데, 이 또한 서양의 습관을 모방하여 변이된 것이다. 이러한 성씨나 호칭으로부터 중국과 서양 여성들의 지위를 비교할 수 있다. 루 교수의 이러한 이야기들은 확실히 사람들을 깊이 반성하게 한다.

또한 "굶어 죽는 것은 작은 일이지만 정조를 잃는 것은 큰일이다"[8])에 관한 문제 또한 사람들의 지탄을 받을 만한 것이다. '5·4' 이래로 거의 모든 지식인들은 이 문제로 정이程頤에게 욕설을 퍼붓고 송명리학 내지는 모든 유학이 사리에 맞지 않고 그야말로 악마라고 욕설을 퍼부었다. 이에 대하여 선배 학자이고 이미 작고한 해외 저명한 유학사상사가 진영첩陳榮捷 선생은 여러 번 해명하였다. 진 선생은 이렇게 말하였다. "정이가 말한 이 한마디는 매우 큰 범위에서 말한 것이고 '의'와 '리'에 관한 문제이다. 이는 바로 맹자의 문제이다. 사람들이 선택의 문제에 직면하였을 때 '의'와 '리' 중에서 마땅히 어느 것을 선택할 것인가? 맹자는 마땅히 '의'를 선택하고 '리'를 중시하여서는 안 됨을 주장하였다. 물고기와 곰 발바닥을 모두 얻을 수 없을 때에는 마땅히 '의'를 선택할지언정 '리'를 중시하여서는 안 된다는 것이다. 또한 정이에게는 과부가 된 조카가 있었는데 그의 아버지가 그를 도와 재가시켰다. 정이는 조카의 아버지에게 행장行狀을 지어 이 일을 칭찬하였다. 그러면 정이 자신이 스스로 모순되는 것이 아닌가? 아니다. 사실 이 두 가지는 두 가지 부동한 범위에 속하는 일인데, 유가에서 이른바 '경經'과 '권權'의 구분이다. '경'은 그때 당시의 과부들이 재가하여서는 안 됨을 가리킨다. '권'은 가끔 상황에 순응하여 조금씩 바꿀 수 있는 경우를 가리킨다."[9]) 진 선생의 해석은 매우 분명하다. "굶어 죽는 것은 작은 일이지만

---

8) 餓死事小, 失節事大.
9) 陳榮捷, 『신유학논집』(대만"중앙연구원"중국문철연구소 기획처, 1995), 제36~37쪽, "程

정조를 잃는 것은 큰일이다"는 주요하게 가치에 대한 선택, 의리 관계를 가리키는 데, 전통사회에서 관원, 지식인 등의 인품, 절개, 윤리 문제를 가리킨다. 물론 전근대 민간사회에서 과부의 재가는 문제가 되었고 정조의 패방牌坊 하에 무수한 여성들이 피와 눈물을 흘렸는데 이는 시대의 한계이고 유가문화에도 책임이 있다. 하지만 진 선생이 제기한 '경'과 '권'의 관계도 중시할 필요가 있다.

예로부터 지금까지 여성들은 가정교육에서 주요한 역할을 발휘하였다. 유가의 가치는 전승되는 과정에서 많은 경우 자녀에 대한 여성들의 교육과정을 통하여 확대되었다. 여성들은 유가문화의 많은 비밀들을 지니고 있었고 행동과 말로 가르침으로써 후대에게 전해 주었다.

2. '예'와 '식인적 예교'

서복관徐復觀 선생은 '예교가 사람을 잡아먹는다'(禮教吃人)는 설에 대하여 이렇게 비판하였다. "봉건시대라 하더라도 예는 '인지人地'의 지위 및 사람과 사람 사이의 합리적인 관계를 유지하는 것이지 사람을 잡아먹는 것이 아니다. 봉건적인 종법宗法제도는 주요하게 '친친親親'과 '존존尊尊'의 두 가지 정신에 근거하였고 예는 바로 두 가지 정신을 한데 융합함으로써 제정해 낸 일련의 적절한 행위규범 체계이다. 이는 법가에서 '존존'만 있고 '친친'이 없는 정신에 근거하여 제정해 낸 진秦나라의 예의와 절대로 같지 않고 실제로 정치에서의 제압 관계를 크게 완화시켰다. 한대의 대부분 유가들은 숙손통叔孫通이 진나라의 예의를 취하여

顧講這一句話是從一個很大的範圍來講的, 是義同利的問題. 這就是孟子的問題. 在人碰到抉擇的問題時, 義與利應選擇哪一個呢? 孟子講應選擇義, 不可重利. 在魚與熊掌不可得兼時, 應寧可選擇爲義, 不可重利. 而且, 程頤有一位女成了寡婦. 她父親幫她再嫁, 程頤爲她父親寫行狀, 曾稱贊此事. 那程頤本身是否自相矛盾呢? 不, 其實這兩件事是分屬於兩個不同的範圍, 也就是儒家所謂的經, 權之分. 經是指那個時候寡婦不應再嫁. 權呢? 是指有時可順應情況而和做改變的情形."

한대의 예의를 정하는 것을 반대하였고 별도로 제작할 것을 고려하였는데 그
근본적인 원인이 바로 여기에 있는 것이다."10)

'예'는 원래 민간의 풍속과 원시적인 종교활동에서 기원하였다. '예'의 포괄범
위는 매우 넓은데, 일반적으로 말하면 사회규범, 문화제도, 행위방식이다. 고례古
禮는 종교, 정치, 윤리, 예술, 미학의 가치를 종합하였고 사회를 안정시키고
민심을 다스리고 생활의 품질을 제고시킴에 있어서 모두 적극적인 의의가 있다.
예는 사회의 생활질서를 정돈하고 상하의 등급을 확립하며, 관원의 권력, 직책,
의무를 규정하고 교만하고 사치스러우며 방탕함을 절제하고 재물의 쓰임을
조절하며 장유의 질서를 수호한다. 공자는 노나라 애공의 정치에 관한 질문에
이렇게 대답하였다.

> 정치를 함이 사람에게 달려 있고, 사람을 취하되 몸으로써 하고, 몸을 닦되
> 도로써 하고, 도를 닦되 인으로써 해야 한다. 인은 사람의 몸이니 부모를 친하게
> 함이 큰 것이 되고, 의는 마땅함이니 어진 사람을 높임이 큰 것이 된다. 친척을
> 친하게 함의 줄어듦과 어진 사람을 높임의 등급이 예가 생겨난 이유이다.11)

여기서는 제도와 사람의 관계, '인', '의', '예'의 관계를 말하였고, '친친',
'존존', '현현'이 서로 제어하여야 함을 나타낸다. 공자는 이렇게 말하였다.

> 군자가 의리를 바탕으로 삼고 예에 따라 행하고 겸손하게 표출하고 성실로

---

10) 徐復觀, 『중국사상사논집』(대만학생서국, 1959), 제237쪽, "卽使在封建時代, 禮也是維系'人
地'地位及人與人的合理關系, 而不是吃人的. 封建的宗法制度, 主要靠親親與尊尊兩種精神; 禮
卽是把兩種精神融合在一起, 以定出一套適切的行爲規範. 這與由法家只有尊尊而沒有親親的精
神所定出的秦代禮儀, 絶不相同, 在實際上大大緩和了政治中的壓制關系. 漢儒多反對叔孫通取
秦儀以定漢儀, 而思另有所制作, 其根本原因在此."

11) 『예기』, 「중용」, "爲政在人, 取人以身, 修身以道, 修道以仁. 仁者人也, 親親爲大. 義者宜也,
尊賢爲大. 親親之殺, 尊賢之等, 禮所生也."

완성하면 군자답다!12)

이 또한 '인'과 '의'는 안에 있고 예의는 밖에 있으며 '인'과 '의'는 실질이고 '예'는 형식임을 표명한다.

순자의 견해에 근거하면 사회의 통합과 유지 및 질서화는 사회의 분공과 등급, 명분제도에 의거하여 확립된다. 순자는 이렇게 말하였다.

예라는 것은 신분이 귀한 사람에게는 존경을 표시하고 노인들에게는 효성을 나타내며 나이가 많은 사람들에게는 종순함을 드러내고 어린아이들에게는 자애로움을 표시하고 신분이 천한 사람에게는 은혜로움을 드러내는 것이다.13)

이러한 '예'의 윤리질서에는 또한 일정한 인도정신과 도덕가치가 포함되어 있다. 순자는 '예'를 '도덕의 극치'(道德之極), '치변의 극치'(治辨之極), '인도의 극치'(人道之極)라 추종하였는데, '예'의 목적이 바로 귀한 사람이 존경을 받고 노인들이 효도를 받으며 나이가 많은 사람에게 종순하고 어린아이들이 자애로움을 얻고 신분이 천한 사람들이 은혜를 얻도록 하는 것이기 때문이다. 귀천에 등급이 있는 예의 질서에는 경敬, 효孝, 제悌, 자慈, 혜惠의 여러 가지 덕 및 약자, 약소 세력에 대한 보호 문제가 포함되어 있다. 예학은 관원, 군자에 대하여 덕德, 재才, 녹祿, 위位가 서로 통일될 것을 요구하였고 그들에게 '안민安民', '혜민惠民',

항음주례

---

12) 『논어』, 「위령공」, "君子義以爲質, 禮以行之, 遜以出之, 信以成之. 君子哉!"
13) 『순자』, 「대략」, "禮也者, 貴者敬焉, 老者孝焉, 長者弟焉, 幼者慈焉, 賤者惠焉."

'이민利民', '부민富民', '교민教民'의 요구를 제기하였다. "자신을 닦아 백성을 편안하게 하고"14), "백성을 부양할 때에는 은혜롭고" "백성을 부릴 때에는 의로우며"15), "비용을 절약하고 백성을 사랑하며 시기를 살펴 백성을 동원하고"16), "백성이 이롭게 여기는 것을 찾아 이롭게 해 준다"17). 권력을 남용하는 것을 반대하고 백성에 대하여 "예로써 독려한다"18). 이 또한 질서원리의 문제에 당연히 있어야 하는 뜻이다.

『예기』「곡예상」에서는 특별히 "예는 일정한 절도를 넘지 않고"(禮, 不踰節) "절제함"(撙節)을 제기하였다. 그 아래, 위 문구는 다음과 같다. "예는 일정한 절도를 넘지 않고 다른 사람을 침해하여 업신여기지 않으며 지나치게 친한 것을 좋아하지 않는 것이다."19) "때문에 군자는 공정하고 절도에 알맞게 하며 사양하고 겸손하여 예를 밝힌다."20) 예에 의거하여 행하고 일정한 절도가 있으며 사람과 사람이 함께 지냄에 있어서 다른 사람을 모욕하지 않을뿐더러 허물이 없어 실례하지도 않는다. 군자는 사람과 사물을 대할 때 태도는 공손하고 모든 일에 절제함이 있으며 겸손하고 예양禮讓한다. 예는 내재적인 '공손'(敬)과 '사양'(讓)을 실질로 하고 행위에서 일정한 예절을 지키는 것으로 표현된다. 하지만 이는 단지 예의품절을 고수하는 것이 아니라 예양을 본질로 하며 내용과 형식을 통일시킨다.

공자가 말하였다. "예와 겸양으로 나라를 다스릴 수 있다면 무엇이 어렵겠는가? 예와 겸양으로 나라를 다스릴 수 없다면 예가 무슨 소용이겠는가?"21)

---

14) 『논어』, 「헌문」, "修己以安百姓."
15) 『논어』, 「공야장」, "養民也惠.", "使民也義."
16) 『논어』, 「학이」, "節用而愛人, 使民以時."
17) 『논어』, 「요왈」, "因民之所利而利之."
18) 『논어』, 「위령공」, "動之不以禮."
19) 禮, 不踰節, 不侵侮, 不好狎.
20) 是以君子恭敬, 撙節, 退讓以明禮.

공자는 고대의 『지志』서를 계승하여 "사심을 극복하고 예를 실천하면 천하에서 어질다는 말을 들을 것"[22]임을 거듭 천명하고 강조함으로써 자신을 억제하여 행위가 일정한 규범에 부합하도록 하고 일정하게 절제하여 실천하는 중요성이 있음을 표명하였다. 물론 이 또한 인仁한 마음을 근거로 한다. 개체로 말하면 '복례'는 수양의 공부이다. 유가에서는 "부유하면서 예를 좋아하고"(富而好禮) "사심을 극복하여 예를 실천할"(克己復禮) 것을 제창하였는데 수양의 공부를 통하여 교만하고 사치스러우며 방탕함을 절제할 것을 주장하였다.

"때문에 선왕은 예악을 제정하여 사람의 절도로 삼았다. 최마衰麻와 곡읍哭泣은 상기를 절도 있게 하는 것이고, 종鍾·고鼓·간幹·척戚은 안락을 조화롭게 하는 것이며, 혼인昏姻과 관계冠笄는 남녀를 분별하는 것이고, 사향射鄕과 사향食饗은 교접을 바르게 하는 것이다. 예는 백성의 마음을 절제하고, 음악은 백성의 소리를 조화시키며, 정치는 행해지도록 하는 것이고, 형은 방지하도록 하는 것이다. 예, 악, 형, 정 네 가지가 천하에 널리 행하여지고 백성들이 이에 어긋나지 않는다면 왕도가 갖추어진 것이다."[23] 여기서는 "백성의 마음을 절제하고"(節民心) "교접을 바르게 하며"(正交接) 예, 악, 형, 정의 조화를 강조하였다.

유자가 말하였다. "예의 운용은 화평이 중요하다. 옛 성왕의 도는 그것을 훌륭하게 여겼다. 크고 작은 일을 막론하고 그 원칙에 따랐다. 다만 행해서는 안 될 것이 있으니 화평만 알고 화평만 추구하여 예로써 절제하지 않으면 또한 안 된다."[24]

---

21) 『논어』, 「이인」, "子曰: 能以禮讓爲國乎? 何有? 不能以禮讓爲國, 如禮何?"
22) 克己復禮, 天下歸仁.
23) 『예기』, 「악기」, "是故先王之制禮樂, 人爲之節. 衰麻哭泣, 所以節喪紀也. 鍾鼓幹戚, 所以和安樂也. 昏姻冠笄, 所以別男女也. 射鄕食饗, 所以正交接也. 禮節民心, 樂和民聲, 政以行之, 刑以防之. 禮, 樂, 刑, 政四達而不悖, 則王道備矣."
24) 『논어』, 「학이」, "有子(孔子之弟)曰: 禮之用, 和爲貴. 先王之道, 斯爲美; 小大由之. 有所不行, 知和而和, 不以禮節之, 亦不可行也."

양수달楊樹達 선생의 『논어소증論語疏證』에 근거하면, 여기서 '화평이 중요하다'(和爲貴)에서의 '화'는 바로 '일의 중절한 것' 즉 적당하고 알맞게 적절한 것이다. 집안, 국가, 천하의 사무를 처리하는 것으로 말하면, 예의 작용은 일에 부딪치면 일정한 절도에 부합하고 지나침과 모자람이 없으며 적당하게 처리함이 중요하다. 물론 합당하기 위해서 합당한 것이 아니고, 여기에는 문화적 가치의 함의가 들어 있다. 하지만 일정한 규칙제도로써 사람들의 언행을 절제하는 것은 예의 주요한 기능이다. 이 가운데에 포함되어 있는 '절도'의 관념 또한 발굴해 낼 가치가 있다. "먼 옛날에는 덕을 귀하게 여기고 그 다음으로 베풀고 보답하는 것에 힘썼다. 예는 오고 가는 것을 숭상하였는데, 갔는데 오지 않는 것은 예가 아니고, 왔는데 가지 않는 것도 또한 예가 아니다. 사람에게 예가 있으면 편안하고 예가 없으면 위태롭다. 때문에 '예는 배우지 않을 수 없다'고 하였다. 예라는 것은 자기를 낮추고 남을 높이는 것이다. 비록 행상을 하는 가난하고 천한 자라도 반드시 존경함이 있어야 하는데 하물며 부귀한 사람에게 있어서이겠는 가? 부귀하면서 예를 좋아함을 알면 교만하지도 않고 음탕하지도 않다. 가난하고 천하더라도 예를 좋아함을 알면 뜻을 꺾을 수 없다."[25] 이러한 사교 원리에는 아래와 같은 내용이 포함되어 있다. 바로 덕을 귀하게 여기고 스스로 겸손하고 남을 존중하며 은혜를 베풀고 보답함을 강조하고 예의 오고 감을 숭상하였다. 부귀하든 빈천하든 막론하고 모두 서로 존중하고 서로 이익과 혜택을 주어야 한다는 것이다. 여기서 특히 행상을 하는 사람, 가난하고 천한 사람에 대한 존중에 주목하여야 한다.

앞에서는 공자가 정치를 하는 자들이 백성들에 대하여 "예로써 독려하지 않음"[26]을 비판하고, 백성들의 힘을 아끼고 "백성들을 부릴 때에는 의로우며"[27]

---

25) 『예기』, 「곡례상」, "太上貴德, 其次務施報. 禮尙往來: 往而不來, 非禮也; 來而不往, 亦非禮也. 人有禮則安, 無禮則危, 故曰禮者, 不可不學也'. 夫禮者, 自卑而尊人, 雖負販者, 必有尊也, 而況富貴乎? 富貴而知好禮, 則不驕不淫; 貧賤而知好禮, 則志不懾."

"비용을 절약하고 백성을 사랑하며 시기를 살펴 백성을 동원함"28)을 강조하였음을 살펴보았다. 여기서는 재차 행상을 하는 자와 빈천한 약자들에 대한 존중과 대등한 베풂 및 보답 관계를 거론하였다. 과거에 '예는 서민에게 내려가지 않음'(禮不下庶人)에 대한 사람들의 이해에는 오류가 있었는데, 청대 사람 손희단의 주석에 근거하면, '예는 서민에게 내려가지 않음'은 서민을 위하여 예를 제정하지 않음을 말한 것이지 서민에 대하여 예로써 행하지 않거나 혹은 서민에 행할 수 있는 예가 없음을 말하는 것이 아니다. 옛날에 예는 '사士' 이상부터 시작하여 제정하였는데, 관례, 혼례, 상견례 등은 모두 '사례士禮'였다. 서민들은 '사례'를 참조하여 행하였는데, 혼婚·상喪·장葬·제祭의 표준은 낮출 수 있었고 절문節文과 의물儀物의 여러 면에서는 자신의 능력에 따라 행하였다.

공자는 이렇게 말하였다.

향사의 예는 향당에 착하게 하는 것이고 사향의 예는 빈객에게 착하게 하는 것이다.29)

이상의 자료에서 여러 가지 '예'로써 국가와 이성지국異姓之國을 '친하게 하고'(親) 모든 백성, 친구들을 '친하게 하고'(親) 향당, 빈객 등을 '착하게 함'(仁)을 말하였는데 '예'의 조화로운 기능과 조화로운 원리를 나타내었다.

'예'와 '악'의 치중점이 다른데, '예'는 주로 다름을 구별하고, '악'은 주로 같음을 합치며, '예'는 주로 몸을 다스리고, '악'은 주로 마음을 다스리며, '예'는 밖에서부터 작용하고, '악'은 안에서부터 나온다. 그럼에도 불구하고 바로 순자가 말한 바와 같이 '예'와 '악'은 서로 배합하여 작용을 발휘하는데, 특히 "사람들의

---

26) 『논어』, 「위령공」, "動之不以禮."
27) 『논어』, 「공야장」, "使民也義."
28) 『논어』, 「학이」, "節用而愛人, 使民以時."
29) 『예기』, 「중니연거」, "鄕射之禮, 所以仁鄕黨也; 食饗之禮, 所以仁賓客也."

마음을 단속하는 것"(管乎人心)이다. "악이라는 것은 사람들을 조화롭게 하여 변할 수 없는 원칙이고 예라는 것은 사회를 다스려 바뀔 수 없는 원칙이다. 악은 같은 것을 합치고 예는 다른 것을 구별한다. 예악의 총체는 사람들의 마음을 단속한다."30) "악은 같아지기 위한 것이고 예는 달라지기 위한 것이다. 같아지면 서로 친하게 되고 달라지면 서로 공경하게 된다. 악이 지나치면 문란해지고 예가 지나치면 인심이 떠나 버린다. 그러므로 감정을 융합하고 외형을 갖추는 것이 예악이 할 일이다. 예의가 서면 귀천의 차등이 분명해지고 악곡이 같아지면 상하가 화합한다. 호오가 드러나면 현명함과 모자람이 구별되고 형벌이 포악해지는 것을 금하고 현능한 사람을 관직에 추천하면 정치가 고르게 된다. 인의로 사랑하고 의로 바름을 추구하면 백성을 다스리는 것이 제대로 행하여진다."31) "악은 안을 닦는 것이고 예는 밖을 닦는 것이다. 예와 악이 속에서 교착하여 밖으로 드러나는 것이니 그런 까닭에 그 이름이 즐거워서 공경하고 온화하고 문아한 기상이 있게 된다."32) 예악의 교화는 주요하게 백성들을 조화롭게 하고 소질을 제고시키는 것이다. "예악으로써 천지 변화와 만물의 산출을 모아 귀신을 섬기고 백성들을 조화롭게 하며 사물을 지극히 한다."33)

예악문화는 사회의 질서화를 촉진하였을 뿐만 아니라 '백성을 조화롭게 하는'(諧萬民) 기능과 목적을 가지고 사회의 조화를 촉진하고 백성들의 문명 수준을 제고시켰다. 하나의 안정되고 조화로운 인간의 질서는 언제나 일정한 예의규범으로 조절하여야 하였는데 일정한 등급 질서와 예의품절을 포함하였다.

---

30) 『순자』, 「악론」, "樂也者, 和之不可變者也; 禮也者, 理之不可易者也. 樂合同, 禮別異, 禮樂之統, 管乎人心矣."

31) 『예기』, 「악기」, "樂者爲同, 禮者爲異. 同則相親, 異則相敬. 樂勝則流, 禮勝則離. 合情飾貌者, 禮樂之事也. 禮義立, 則貴賤等矣. 樂文同, 則上下和矣. 好惡著, 則賢不肖別矣. 刑禁暴, 爵擧賢, 則政均矣. 仁以愛之, 義以正之. 如此, 則民治行矣."

32) 『예기』, 「문왕세자」, "樂所以修內也, 禮所以修外也. 禮樂交錯於中, 發形於外, 是故其成也懌, 恭敬而溫文."

33) 『주례』, 「춘관 · 대종백」, "以禮樂合天地之化, 百物之産, 以事鬼神, 以諧萬民, 以致百物."

'예'의 목적은 "사해의 안으로 하여금 공경을 함께하고 사랑을 함께하는 것이다."[34] 예악교화의 인문정신은 사람과 사람, 민족과 민족, 언어와 언어가 서로 접하고 함께 지내는 정신이고 천하를 화합하고 민족이 공존하며 문화가 교류하고 융합함으로써 통일된 중화민족, 중화문화의 동력을 형성한다. 공자의 예악에 대한 계승과 가르침은 그 이후의 이천오백 년 세도인심의 유지와 민족의 대융합, 문화의 대융합에 크게 유익하였다. "예에는 세 가지 근본이 있다. 천지는 생명의 근본이고, 선조는 종족의 근본이며, 임금과 스승은 통치의 근본이다. 천지가 없다면 어떻게 태어나고, 선조가 없다면 어떻게 자손이 나오며, 임금과 스승이 없다면 어떻게 통치되겠는가? 따라서 세 가지 가운데 하나라도 없으면서 편안한 사람은 없을 것이다. 그러므로 예는 위로 하늘을 섬기고 아래로 땅을 섬기며 선조를 존경하고 임금과 스승을 높이는 것이다. 이것이 예의 세 가지 근본이다."[35] '예'에는 종교적인 천, 제帝, 상제, 자연적인 신령과 조상적인 신령에 대한 '공경의 예'(敬禮)와 '보답'(還報)이 포함되어 있는데, "예는 근본을 돌이키고 옛것을 닦아 그 처음을 잊지 않는 것이다."[36] 예학에는 인문정신이 있을뿐더러 더욱이는 종교정신이 있음을 볼 수 있다. '예'에 내포되어 있는 종교정신과 인문정신은 모두 깊은 함의를 가지고 있다.

세 가지 예의 학문은 중화민족의 소중한 정신적 유산으로서 여전히 현대적인 가치가 있다. 예의를 차려 나라를 다스리고 사회를 안정시키며 쟁탈과 전쟁을 종식시키며 교만하고 사치스럽고 방탕함을 절제하는 것은 백성들이 편안하게 살면서 즐겁게 일하게 하는 전제이다. 일정한 법칙, 제도로써 사람들의 행위를 절제하고 여러 가지 모순을 화해시키고 인간관계를 조절함으로써 사람들의

---

34) 『예기』, 「악기」, "四海之內合敬同愛矣."
35) 『순자』, 「예론」, "禮有三本: 天地者, 生之本也; 先祖者, 類之本也; 君師者, 治之本也. 無天地, 惡生? 無先祖, 惡出? 無君師, 惡治? 三者偏亡, 焉無安人. 故禮, 上事天, 下事地, 尊先祖而隆君師, 是禮之三本也."
36) 『禮記』, 「禮器」, "禮也者反本修古, 不忘其初者也."

일을 아주 적절하게 처리하는 것은 예악제도의 긍정적인 가치이다. 여기에는 사회정의의 함의가 있는데 빈부의 격차가 지나치게 현저함을 반대하였다. 부분적인 사람들이 부유하게 되는데 부유해진 이후에 어떻게 하는가? 공자는 "부유해진 뒤에 교육하고"(富而後敎) "부유하면서 예를 좋아함"(富而好禮)을 말하였는데 교화, 교양을 강조하고 겉치레적인 낭비(舖張浪費)와 재부를 과시하고 겨루는 것(誇財鬪富)을 반대하였다. 현재 중국의 대중문화는 음란함에 지나치게 물들어 사회풍조에 매우 큰 부식작용이 있고 청소년의 성장에 매우 불리하지만, 문화적인 비판의 힘은 유난히 박약하다. 이는 검토해 볼 가치가 있는 것이다. 현대적인 생활로 말하면 외재적인 강제적 법률과 내재적인 자각적 도덕 사이에 매우 큰 공간이 있는데, 바로 사회의 예속禮俗을 포함하는 성문화된 규범과 성문화되지 않은 규범을 포함한다. 이것이 바로 '예'이다. 고금의 사회규범의 차이는 매우 크지만 백성들의 문명 수준을 제고시키고 공동체, 지역 사회의 관계를 조화롭게 하며 사회의 건강하고 조화롭고 질서 있는 발전을 촉진하였기에 새로운 시대의 예의 문화제도, 법칙 및 이와 연관된 가치의 지도가 없을 수 없다. 중국은 역대로 예의지국禮儀之國이었고 오늘날 여전히 국민의 문명 수준을 제고시켜야 하는 임무에 직면하여 있다. 이러한 측면에서 예학에는 풍부한 자원이 있다.

여기서 또한 '천하일가天下一家, 중국일인中國一人'의 이념의 그림자를 볼 수 있다. 이러한 이념의 침투 하에 중국의 수천 년 역사에서 민족·문화·종교·풍습·언어·지역 사이, 중원과 주변 사이, 북방과 남방 사이, 농업민족과 유목민족 사이에는 비록 충돌을 면할 수 없었지만 십자군과 같은 잔혹한 종교적인 전쟁이 일어나지 않았고 주류는 융합, 조화였으며 '화합을 추구하고 뇌동하지 않으며'(和而不同) 서로 융합하여 포용력이 매우 큰 중화민족과 중화문화를 형성하였다. 이러한 의미에서 "자기가 하고 싶지 않은 것은 남에게도 시키지 말라"(己所不欲, 勿施於人)는 것은 서로 간에 서로 접하고 함께 지내는 방법의 황금 규칙이다. 고대의 이하지변夷夏之辨 혹은 이하의 대방大防은 근본적으로 하나의 문화 문제였지 결코 종족 문제는 아니었고, 고금의 학자들은 이에 대하여 모두 깊게 논의하였다. 역사적으로 화하 중심주의 혹은 한족 중심주의의 잘못을 말하기를 꺼리지 않지만 오늘날 세계상의 일방주의, 패권주의와 서로 비교하면 그것은 한데 섞어 논할 수 없다. 과거의 역사에서 종주국과 부속국 사이의 관계와 제국주의시대에서 종주국과 식민지의 관계에도 질적으로 같지 않음이 있다.

문명 간의 대화에는 '예'의 정신으로 조절하는 것과 '예'의 지능智能이 필요하다. 예를 들어 '예'의 질서원리에 내포되어 있는 규범·질서·의를 중시하고(崇義) 약자를 도와주는(扶弱) 요소, 절도節度 원리에 내포되어 있는 절제·합당·분별·적당의 원칙, 교제 원리에서 예의 오고 감을 숭상하고(禮尙往來) 남을 존중하며 존경하고(敬) 겸양하며(讓) 재물을 경시하고 예를 중시하며(輕財重禮) 자만하지 않고 음란하지 않으며 서로 소통하고 이해한다는 함의, 조화원리에서 화친하고(和親) 백성을 조화롭게 하고(諧民) 인애하고(仁愛) 서로 융합하는(交融) 정신은 모두 자기에서 벗어나 남, 공동체, 국가, 천하로 향하는 상호 윤리이고 보편적인 가치를 가지고 있다.

일본 학자 고지마 쓰요시(小島毅, 1962~)는 미나모토 료엔(源了圓, 1920~) 등 학자들의 일부 연구를 종합하여 송학宋學이 서양의 근대사상과 같은 위상位相의 기능을 가지고 있었기 때문에 역대로 송학을 '봉건적'인 사유라고 단정 지었던 연구는 잘못된 것임을 제기하였다. '난학蘭學(즉 서양의 학술)의 유입 운동은 주자학의 사유 배경 하에서 비로소 출현할 수 있었다. 바꾸어 말하면 일본의 근대는 주자학의 보급으로 실현할 수 있었다는 것이다. 일본의 주자학은 서양 학술의 자양분을 배양하고 받아들이는 기능을 가지고 있었고, 이러한 현상은 한국의 학술발전에서도 볼 수 있다. 일본의 학자들은 여씨향약, 주자가례 등을 중시하였다. 고지마 쓰요시는 또 이렇게 말하였다. "송학의 특징은 유럽의 근대와 유사한 점이 있는 것이다. 당대까지의 사민이원 기준의 질서구조를 부정하고, 성인을 모든 백성들이 공통으로 도달하여야 할 목표로 하여 백성들의 문명화를 실천하였

던 것이 송학이다. 이러한 문명화를 당시에는 '예교'라 불렀다. 5·4신문화운동
이후 예교는 사람을 잡아먹는 악마, 비인성적인 것으로 인식되었다.…… 이러한
주장은 사상의 이해 면에서 사실상 매우 천박한 것이다."[37] 이러한 것들은
의심할 바 없이 '근세사상'과 중국의 현대성 사이의 관계를 재인식함에 있어서
중요한 참고적 의의와 사상적인 계발을 가져다준다.

3. '거짓 명제'(假命題)에 대한 평가

당국영(黨國英) 선생이 쓴 한 편의 문장[38]은 저자가 감히 찬동할 수 없어서
특히 당 선생과 여러 독자들에게 가르침을 청하는 바이다.

유학의 지위는 스스로 봉한 것이 아니라 자연적으로 형성된 것이다. 유학은
본래 평민들의 학문이었고 왕관의 학문이 민간으로 이동하여 내려온 산물이었다.
예악이 파괴되었던 시대에 공자는 사학을 설립하였고 상고 3대 문화 전승의
역사적인 사명을 짊어졌다. 전국시기 말에서 서한의 중기에 이르기까지 민간사
회와 정부는 간고한 선택을 거쳐 점차적으로 유학을 주로 하고 음양, 도, 묵,
법가의 여러 학설을 모두 받아들이는 노선을 확립하였다. 이는 주요하게 유가가
전통문화, 전장제도를 계승하고 시대의 흐름에 따라 새롭게 바뀌고 인혁(因革,
손익(損益)함으로써 태평시기에 사회의 인심을 결집하고 적극적이고 유위하게
업적(事功)을 추진하는 요구에 적응하였기 때문이다. 유가사상은 비교적 쉽고

---

37) 고지마 쓰요시(小島毅), 「대만의 상례: 송학의 근대성」, 『대만 유학과 현대 생활 국제학술회
의 논문집』(대만학생서국, 2000), 제398쪽, "宋學的特征卽與歐洲近代有類似的所在. 否定唐
代爲止之士民二元基准秩序結構, 以聖人爲萬人共通到達的目標, 實踐民衆文明化的是宋學. 此文
明化, 當時稱之禮教. 五四新文化運動以後, 以爲禮教是吃人的惡魔, 非人性的……此一主張在思
想理解上, 其實是淺薄的."
38) 黨國英, 「문화연구에서의 거짓 명제」, 『장강일보』 2002년 2월 28일 理論版에 수록됨.

합리적이어서 조정과 민간에서 모두 쉽게 받아들일 수 있고, "안으로 민생을 부유하게 하고 밖으로 사이를 복종시킨다"(內裕民生, 外服四夷)는 사회심리를 만족하였으며, 유가의 주장과 윤리교화의 실행은 비록 실제적인 조작에서 적지 않은 부분이 실행되지 못하였지만 대체적으로는 여전히 백성들의 요구 특히 사회의 질서와 조화, 빈부의 격차를 줄이고 사람들의 마음을 단정하게 하고 풍속을 순박하게 하는 요구에 부합되었다. 역사적인 관점으로 볼 때, "군신, 부자의 예를 나열하고 부부, 장유의 구별을 순서 지은 것"(列君臣父子之禮, 序夫婦長幼之別)이 반드시 모두 부정적인 것은 아니다. 이는 당시의 경제, 정치의 자원배치에 상대적으로 합리적인 선택이었다. 전란을 제외하고 중국 역사에서는 주요하게 문사文士 정부가 사회 관리에 종사하였는데 관리는 주요하게 추천을 통하여 선발하였다. 특히 과거시험을 통하여 유가의 교육을 받은 문인 중에서 선발하였다.(과거제도는 근대 서양의 문관제도의 중요한 참조 대상이었다.) 정부가 민간사회를 관리할 힘이 없었지만, 그 또한 상관이 없었다. 적지 않은 유생儒生(글을 가르치는 선생)들이 서양의 목사 혹은 율사律師와 유사한 역할을 담당하여 사람들의 마음을 유지하고 사회를 조화롭게 함으로써 균형을 이루고 안정되게 함과 동시에 사회의 도의와 공정을 주관하였다. 이러한 유생들은 사실상 무슨 '설교'에 근거한 것이 아니라 문화제도에 근거하였고 몸소 체험하고 힘써 실천하며 행위의 시범에 근거하였다. 동시에 이러한 사회를 조절함에 있어서 또 가족 종법의 힘이 있었는데 이러한 힘은 결코 모두 부정적인 것이 아니었다.

　　유가의 인의仁義, 충서忠恕의 도는 주요하게 위정자와 지식인에 대한 요구였다. 전통적인 관리의 치세에는 한편으로 제도적인 제약이 있었고, 다른 한편으로는 도덕적인 자율을 통한 내재적인 통제였다. 이러한 것들을 모두 창백하고 무력한 것이라 여길 수는 없다. 그때 사회의 공간은 비교적 컸고 전통적인 유생들은 민간의 고통을 관심하였으며 시대의 폐단을 비판하고 사회정치에 참여하였으며 탐관오리를 탄핵하고 도통, 정통, 치통, 학통 사이에 필요한 장력을 유지하게끔 하였다. 이른바 '도'와 '도통'은 주요하게 핵심가치, 궁극적인 신념을 가리킨다. 이는 학술적인 전승, 경세적인 실천, 백성을 다스리는 전략과 서로 조화되는 것이다. 유생은 자신을 수양하여 도덕적인 자원과 인격적인 힘을 가지고 있었고 항의 정신이 있었으며 '도'를 추구하고 보호하고 유지하였다. 전목 선생의 관점에 근거하면 주周나라 이래로 중국은 종교를 정치화하였고 정치를 윤리화하였다. 즉 왕권으로 신권을 대체하였고, 또 사권師權으로 군권君權을 규범화하였다. 사·농·공·상의 '사민四民사회'에서 '사'의 작용 및 그 일류품의 정신은 영향이 매우 크다. 유가에서 도덕의 정당성은 정치상의 이해利害에 우선한다. 이는 중국문화의 특징이고 또한 자체만의 합리성이 있다. 유가의 민본사상, 항의·비판 정신과 덕으로써 지위에 대항하는(以德抗位) 전통이 사회정의의 표징임은 두말할 것 없고, 역대의 고결한 선비(淸流)들의 정치적 자원이다. 유가문화는 매우 강한 민간성과 대중성(草根性)을 가지고 있는데, 민간의 글을 모르는 늙은이, 부녀도 똑같은 가치를 품고 있기에 몸소 행동으로 후대들을 교육하여 정직한 사람이 되도록 가르치고 교육을 중시하며, 인애·측은·연민의 마음을 가지고 있고, "적음을 근심하지 않고 불균등을 근심하며"(不患寡而患不均), "노인을 공경하고 현자를 존숭하는"(敬老尊賢) 등 의식을 가지고 있다. 『맹자』, 『대학』 등의 유가경전에서 "백 무의 토지"(百畝之田), "여덟 식구의 집안"(八口之家), "내 노인을 노인으로 섬겨서 남의 노인에게까지 미치고 내 어린아이를 어린아이로 사랑해서 남의 어린아이이게까지 미친다"(老吾老以及人之老, 幼吾幼以及人之幼), "천하가 한 집안이고"(天下一家), "어질고 능력 있는 사람을 선택하고"(選賢與能), "천하가 모든 사람의 것이 되는"(天下爲公) 사회이상은 사실상 민간에서 온 것이고 후에 유생의 종합을 거쳐 현실을 지도하고 비판하는 데 쓰였다.

　　당 선생과 그가 인용한 몇몇 청년학자들은 사실판단과 가치판단의 이분법으로 유가의 정치사상을 비판하였다. 이는 중국정치사상사 분야의 진정한 전문가 소공권蕭公權 선생이 다년간 유학하면서 서양정치사를 정밀하게 연구한 뒤에,

은사이신 새바인(George H. Sabine)이 귀중한 보물이라 떠받드는 흄(David Hume, 1711~1776)의 상술한 이분법에 대하여 비판과 반성을 제기하였음을 전혀 모르는 것이다. 소공권은 이렇게 제기하였다. "중국문화에는 물론 시대에 적합하지 않고 합리적이지 않은 부분이 있지만, 현대에도 여전히 의미가 있는 관념이 어느 정도는 있다. 예를 들어 '백성은 나라의 근본이고', '하늘의 봄이 우리 백성의 봄으로부터 하고', '재물에 임해서는 구차하게 구하지 말고 어려움에 임해서는 구차하게 피하지 말며', '문이 열려 있었으면 또한 열어 두고 문이 닫혀 있었으면 또한 닫아 두며 뒤에 들어오는 사람이 있으면 닫아도 다 닫지 말아야 하는' 등은 오늘날 어떠한 '문명의 사회'에도 적용할 수 있다."[39] 이는 어떤 가치는 영원한 것이고 시공간을 초월하는 것임을 설명한다. 소공권은 맹자의 '존왕출패尊王黜霸' 관점의 구체적이고 특수한 역사적·정치적 의의에 대하여 확실하게 평가하였다. 이는 주학근朱學勤 선생 등이 '내성외왕' 등의 유가도 덕정치에 대해 이해한 것보다 높음이 분명하다.

유학은 민간에 그리고 역사에 근 삼천 년 동안 스며들었고, 그 '화이부동', '천하일가'의 도는 여러 민족 및 그 종교, 풍습, 문화의 융합 그리고 중화민족 및 국가의 형성에 대하여 매우 중요한 작용을 발휘하였으며, 그 중요한 지위는 두말할 필요가 없다.

어떤 사람은 진실한 역사란 바로 피와 불의 역사라고 주장하는데, 피비린내가 나고(血雨腥風) 출전하여 살해하고 서로 속고 속이기에(爾虞我詐) 인애, 평화, 성실과 신용을 전혀 말할 수 없다. 때문에 인애, 평화, 성실과 신용에 관한 어떠한 사상과 전적도 모두 허위적인 것이고 꾸며 낸 것이며 설교라는 것이다. 이는 인류의 여러 민족 역사가 모두 이러하지만 모두 현실을 반성하고 현실을 비판하며

---

39) 蕭公權, 『問學諫往錄』(臺北傳記文學出版社, 1972), 第70쪽, "中國文化當中固然有不合時, 不合理的成分, 但也有若幹觀念仍然有現代的意義, 例如民惟邦本, 天視自我民視, 臨財毋苟得, 臨難毋苟免乃至戶開亦開, 戶闔亦闔, 有後入者, 闔而弗遂等, 在今日任何文明的社會裏可以適用."

현실을 초월하고 현실을 지도하는 가치이념과 사회이상이 있음을 전혀 모르는 것이다. 서양의 역사에서 종교전쟁은 비할 바 없이 처참하였지만 서양의 관념 중의 '박애博愛'사상이 허위적인 것이라 말할 수 없다. 맹자는 사람을 죽인 것이 성城과 들野에 가득한 현실을 비판하였기 때문에 하늘이 인간에게 부여한 선량한 본성을 계발하고 확대하여야 함을 창도하였다.

공자사상의 최대 공헌은 예악제도, 등급 규범 배후의 '인애'사상의 중요성을 자각하였고 부각시킨 것에 있다. '인'은 유가사상에서 가장 근본적인 관념으로서, 의, 예, 지, 신을 통솔하고 충과 서의 두 가지 측면으로 전개된다. 죽간에서 '인'자의 표기는 위가 몸이고 아래가 마음이며 타인의 희, 노, 애, 락의 감정에 대하여 몸으로 받은 듯 공감함을 나타낸다. '인'은 가족을 친애하는 것을 출발점으로 하는 도덕적인 감정으로서, 우선은 부모를 공경하고 형제를 경애한 뒤에 그것을 확충하여 자신으로부터 미루어 남에게 미치고, 나아가 천, 지, 인, 물, 아 사이의 감정이 서로 통하게 함으로써 관계가 밀접해지고 일종의 보편적인 동정심과 정의감이 형성된다. '인'은 또한 도덕의 주체성, 자각성, 자율성의 원칙으로서 도덕적인 생활의 자기 지배를 부각시키고 타율과 타력의 부추김을 내버려 두지 않는다. 유가는 인도人道의 원칙으로 관원과 관부에서 "자기를 닦아 남을 편안하게 하고"(修己安人), "널리 베풀어 많은 사람을 구제하며"(博施濟衆), "시기를 살펴 백성을 동원하고"(使民以時), "예로써 백성을 움직일 것"(動之以禮)을 요구하고, 권력을 남용하고 제멋대로 백성들을 사용하고, 정중하고 공손한 태도로 백성을 존중하고 아끼지 않는 것을 반대하였다. '인'의 함의는 자기를 다하는 '충'과 남에게 미루는 '서'의 양자가 서로 영향을 주는 것이다. 한편으로 "자기가 서고 싶으면 남도 세워 주고 자기가 이루고 싶으면 남도 이루게 해 주라"(己欲立而立人, 己欲達而達人)는 바로 자신이 자기가 서려면 동시에 남을 계발하고 도와줌으로써 남이 설 수 있게 하여야 하고, 자기가 통달하면 동시에 남을 계발하고 도와줌으로써 남이 통달하게 하여야 한다는 것이다. 다른 한편으로 "자기가 하고 싶지 않은 것은 남에게도 시키지 말라"(己所不欲, 勿施於人)는 바로 자기가 가지고 싶지 않은 것은 남에게 강요하지 않는 것인데, 다른 사람을 존중하고 관용을 베풀고 입장을 바꾸어 다른 사람을 위하여 생각하는 것이다. "자기가 하고 싶지 않은 것은 남에게도 시키지 말라"는 황금률이고 〈글로벌윤리선언〉의 중요한 원칙으로서, 국가, 민족, 종교, 문화 사이의 상호 관계 내지는 인류와 자연의 관계를 처리하는 보편적으로 조화로운 도이다. 오늘날 세계의 전란이 빈번하다고 하여 1993년에 시카고에서 〈글로벌윤리선언〉을 체결하였던 몇천 명의 종교지도자와 윤리학자들이 하나의 '거짓 명제'(假命題)를 제창하였다고 비난할 수 없다. 바로 이렇기에 비로소 인류, 민족의 건강한 가치이상의 중요함이 드러나는 것이다.

공자가 개체와 공동체의 현실적인 공리를 소홀히 하지 않았음이 분명하지만 의리관의 주지는 도의로써 공리를 지도하는 것이다. 유가의 사상전통에도 공리학파 특히 집안, 국가, 민족 등 공동체의 공리를 강조하는 사상가 집단이 확실히 존재하였고 모두 매우 훌륭하였다. 하지만 전체 유학발전사로 놓고 볼 때 가장 기본적인 주장은 '일용윤상日用倫常', '경세제민經世濟民'을 떠나지 않았지만, 현실적인 공리를 초월하고 가치이상, 인격경지의 실현을 추구하는 것이다. 서양사상사에도 '안'의 사상이 있었음이 확실하지만 주류가 아니었고 특색이 아니었다.

또 어떤 사람은 중국 역사상의 자연생태환경이 일찍이 심각한 파괴를 당하였기 때문에 이른바 '천인합일'은 '천방야담' 혹은 '임금님의 새 옷'일 뿐이라고 여긴다. 고대에 장기적인 인력자원 부족과 그 뒤 몇 차례의 인구의 폭발적인 증가 및 기타의 천재天災와 인재人災로 확실히 사회위기와 자연생태환경의 위기를 초래하였는데 이는 공인된 사실이다. 하지만 다른 한편 이 때문에 고대에서 생태균형에 대한 중시와 공적을 부정할 수도 없다. 예를 들어 「월령月令」으로부터 고대에 정부에서 명령을 내려 동식물, 산천, 저수지를 보호하였고, 사람과 사람이 생존하는 자연환경을 중시하였음을 알 수 있다. 어쩌면 이것이 바로 자연에 대한 사람들의 파괴를 다스리는 것이었다. '사람과 천지만물이 일체'(人與天地萬物

一體)라는 공생관계론은 천, 지, 인이 전반적으로 조화를 이루는 지혜로서 단지 『주역』, 『맹자』, 『장자』와 송宋대의 유가 등 엘리트 전적 문화의 요구였던 것이 절대 아니고, 마찬가지로 매우 튼튼한 민간성民間性을 가지고 있으며, 많은 민간신 앙, 민간문화에서도 같은 내용을 발견하였다.

　사실상 '천인합일'의 함의는 사람과 자연의 통일일 뿐만 아니라 더 중요하게 는 사람과 초자연적인 신령의 합일이다. 중국철학사 상의 '천'에는 여러 가지 함의가 있는데, 종교적인 신적 의미의 권위적으로 주재하고 인간세상을 보우하는 '천', 사람과 만물생명의 근원으로서의 '천', 도덕적인 의리의 '천', 자연적인 '천', 우연적인 운명을 대표하는 '천' 등이다. 따라서 여러 학파에서 말하는 '천인합 일'은 모두 반드시 상, 하의 문맥에 근거하여 구체적으로 논의하여야 한다. 물론 '천인합일'의 주요한 경향은 사람과 초자연, 사람과 자연의 통일이다.

　알프레드 아들러(Alfred Adler, 1870~1937, 오스트리아의 정신의학자), 위정통韋政通 등 교수들의 연구에 근거하면, 서양에 대한 논의에서 가장 많이 다루었던 다섯 가지 관념은 상제, 지식, 사람, 국가와 사랑이고, 중국의 선진시기에 대한 논의에 서 가장 많이 다루었던 다섯 가지 관념은 도, 사람, 천명, 인애, 심성이다. 서양에서 는 일원적이고 외재적이며 초월적인 상제가 신 본위本位와 신앙을 대표하고, 지식과 국가의 관념은 확실히 중국에 비해서 중시되었고 체계를 이루었으며 근대의 과학과 민주의 근원이 되었다. 중국의 이 다섯 가지 관념은 주공 이래의 인문적 각성, 원시적인 종교의 통제에서 벗어남과 동시에 천신天神과 내재적인 연관을 유지하였고 중국의 인문은 실천과 내면적인 반성(內省)을 중시하는 특징을 대표하였다.40) 유가의 오경은 전통적인 정치와 교육의 근본이었고 인문적인 사무에 치중한 동시에 고대에서 전해진 종교적 신앙 특히 천에 대한 신앙을 보존하였다. 사람의 도덕성은 천에서 비롯하였고, 유가의 가치이상은 천덕을

---

40) 韋政通, 『중국의 지혜』(길림문사출판사, 1988), 제140쪽 참조.

아래로 관통하여 인덕이 되었고, 인덕은 위로 천덕과 가지런하였다. 이러한 인문정신은 또 일종의 종교와 비슷한 정신을 가지고 있었고, 초자연적인 천명에 대한 무한한 동경 즉 천인합일, 성도性道합일의 신앙으로 충만하였다. 유자는 평생 '사람이 됨'(做人)을 잊지 않았고, 궁극적인 책임, 세상을 구하기 위하여 헌신하는 열정은 모두 여기에서 비롯하였다. 이는 모두 생명의 체험과 바른 지혜의 깨달음의 작용이 필요하다. 물질적이고 공리적인 인생은 사람과 자연, 초자연이 합일하는 즐거움을 체험하지 못하고 최고의 정신적 경지를 초월하고 상달上達할 수 없기에 '천인합일'이 근본적으로 존재하지 않는 거짓 명제라 여기는 것이다.

4. 유학과 현대사회

한 지역 혹은 국가의 경제가 성장하거나 혹은 곤경에 빠지는 원인은 매우 복잡하다. 유학과 동아시아 경제의 비약 혹은 동아시아 금융위기는 직접적인 인과관계가 없다. 20세기 80년대로부터 90년대 사이에 존 힉스(John Richard Hicks, 1904~1989)[41]와 리딩(S.G.Redding)[42]의 연구는 중화문화유산과 화교사회의 경제적인 성공, 유가의 가치와 해외의 화교 기업은 밀접한 연관이 있음을 보여 주었다. 전통적인 신념이 현대사회에서 변천하는 체제와 방향에 관하여 중국 대만의 사회학자 양국추楊國樞, 이역원李亦園 등의 연구에 근거하면, 작은 전통에서 예를 들어 운運, 명命, 연緣, 보報, 인忍, 관계, 충忠, 신信, 효도 등은 외적인 통제에서

---

41) 역자주: 영국의 이론경제학자이고 1972년에 노벨경제학상을 수여받았다. 미시경제이론에 관한 저서 『가치와 자본』(*Value and Capital*)이 유명하다.

42) 역자주: 영국의 경제학자. 대표적인 저서로 *The spirit of Chinese capitalism*(Berlin; New York: Wlter de Gruyter, 1993)이 있다.

내적인 통제로, 신비성으로부터 공리성으로, 경직으로부터 변통으로 변화하였다. 화교 공동체의 현대화, 세속화 과정에서 크고 작은 전통의 신념은 여전히 장기간 작용을 발휘하였다.

당 선생은 이렇게 말하였다. "유학전통은 근 천년 이래 서재 속의 제물로 변화였다."[43] 이는 완전히 근거가 없는 말이다. 유학의 송·원·명·청 사회에서의 활력을 증거로 제시할 필요 없이 유문儒門이 담박淡泊해진 오늘날이라 할지라도 결코 이와 같지 않다. 2001년 봄 저자는 북경 중국사회과학원에서 열렸던 중국사회과학원과 아데나워재단(Konrad Adenauer Stiftung)[44] 공동 주최의 "당대 중국 사회에서의 가치와 윤리 문제" 국제학술회의에 출석하였었다. 이 학술회의에서 저자는 싱가포르 국립대학의 이작연李焯然 교수가 본인의 주도로 이루어진 사회조사에 대하여 소개하는 것을 들었다. 1999년부터 2000년 사이에 그들은 싱가포르와 상해에서 수천 인분의 설문조사를 진행하였는데, 열거된 56개의 가치 중에서 싱가포르 쪽에서 10위 안에 들었던 가치는 부모에게 효도하고, 신용을 지키고, 성실하며, 학식과 교육, 가정을 중심으로 하고, 청렴하고, 부지런하고, 인애하며, 수양을 쌓고, 방향이 분명한 것이었다. 부모에게 효도하고 형제간에 화목하며(孝悌) 가정의 안정과 결집력, 교육과 윤리를 중시하는 것과 현대화는 병행하여도 서로 저촉되지 않는다. 상해에서 조사한 결과도 차이가 크지 않았는데, 개인적인 가치가 싱가포르보다 두드러졌다. 전반적으로 살펴보면 이는 유가사상이 아직 죽지 않았고, 여전히 화교 사회에 살아 있으며, 여전히 현대화의 자원임을 나타낸다. 저자가 최근에 한국에서 살펴본 것도 이러하였다. 다만 중국 대륙의 많은 문화인들이 국외의 사람들보다 국내의 민간사회에 민감하지 않았고, 유가문화에

---

43) 黨國英, 「문화연구에서의 거짓명제」, 『장강일보』 2002년 2월 28일 理論版에 수록됨.
44) 역자주: 아데나워재단은 기독교 및 민주주의 정신을 토대로 사회, 정치, 경제 등 다양한 영역에 대한 학술 및 교육활동에 주력하는 독일의 재단이다. 독일연방공화국의 초대 수상이며 독일기독교민주당(Christlich Demokratische Union)의 창당 멤버였던 콘라트 아데나워(Konrad Adenauer, 1876~1967)의 업적을 기리기 위해 이 같은 이름이 붙었다.

대한 자각적인 인식(自覺自識)이 부족하였으며 심지어 여전히 '비림비공' 때의 인식 혹은 마음가짐을 끌어안고 놓아버리지 않음으로써 중국의 현대화 건설에서 정신적 자원이 부족하고 가치영역이 적어지는 어려움이 발생하였다. 2001년 5월, 저자가 독일에서 강의할 때 중국의 부송산卜松山(K.H.Pohl) 교수와 이야기를 여러 번 나누었었는데, 그는 중국의 지식계, 교육계가 본토의 윤리자원을 존중하지 않고 분토의 윤리교육 특히 유가교육을 중심으로 하고 있지 않음을 비판하였다. 그는 서양의 현대화에는 많은 폐단이 존재하기 때문에 맹종하여서는 안된다고 주장하였다. 현대 서양 사람들의 가치에서 일부 참조할 수 있는 것이 있다면, 그것은 그들이 부모의 몸으로부터 습득한 사람이 되는 방법과 관련이 있는데, 이는 근본적으로 기독교의 교화에서 비롯한 것이다. 많은 한학자들은 중국 유가의 사상, 예의에는 참고할 만한 가치가 있는 것들이 매우 많고 마땅히 소중히 여겨야 함을 주장하였다. 그는 금전지상주의, 공리화, 개인중심주의는 성실과 신용이 부족한 현대화는 매우 위험하고 성공할 수도 없음을 강조하였다.

어떤 사람은 유학을 농업문명의 산물로 간주하면서 시대에 뒤떨어진 것으로서 오늘날 이미 어떠한 가치도 없다고 주장한다. 실제로 민족성으로 말하면 유학은 민족성격, 생활준칙, 생존지혜, 처세전략을 반영하였고 민족의 의식과 심리로서 민간에 살아 있으며 생명력을 가지고 있다. 시대성과 공간성으로 말하면 모든 지역, 민족의 전근대 문명 특히 정신적인 요소는 시공을 초월하는 가치와 의미를 가지지 않을 수 없다. 경제 전 지구화는 절대로 민족문화의 와해를 의미하지 않는다. 본토적인 것이 없으면 세계적인 것도 없다. 인문정신의 다스림이 없으면 현재 사회의 발전도 기형적이고 일방적이며 평면적일 수 있다. 피에르 부르디외(Pierre Bourdieu, 1930~2002, 프랑스의 사회학자)와 프랜시스 후쿠야마(Francis Fukuyama, 1952~, 스탠퍼드대학교 교수) 등 사람들이 말하는 '사회자본', '문화자본'과 문화능력의 배양, 축적이 없으면 사업윤리, 공동체 윤리의 구축도 없고 중국 '경제자본'의 구축과 경제, 과학기술의 현대화도 실현할 수 없을 것이다.

유가의 인문정신이 제창하는 인, 의, 예, 지, 신, 충, 효, 성誠, 서恕 등의 가치는 역사가 부여한 부정적인 요소를 제거하면 충분히 그 합리적인 요소들을 골라내고 전환하며 활성화하여 오늘의 사회생활 속으로 침투시킬 수 있다. 나아가 긍정적이고 적극적이며 건강한 역량으로 현대화 건설에 참여하고 현대사회의 여러 가지 폐단들을 고치며 인간의 존엄을 회복하고 인간의 의미세계와 '천, 지, 인, 물, 아'의 양성 상호 작용의 관계를 재건할 수 있다. 이는 유학이 세계를 구원할 수 있음을 말하는 것이 아니고 저자도 '21세기의 문화는 중국문화' 라는 편협한 주장에 동의하지 않는다. 단지 여러분들이 21세기에 직면하여 우리에게 어떤 정신적인 자원이 있는지 생각하도록 환기시키는 것이다.

20세기는 중국 전통의 정신적 자원이 굴욕을 겪을 대로 겪은 시기였다. 자유주의든 급진주의든 혹은 기타의 학파 사조는 모두 민족의 문화를 현대화의 걸림돌로 간주하였고 덮어놓고 전통을 모욕하였는데 민족정신의 뿌리를 크게 손상시켰다. 서양문화의 충격 하에 중국문화는 가치체계가 붕괴되고 의미구조가 해체되었으며 자아의식이 상실되었고 정신세계가 위기에 처하는 깊은 곤경에 빠져버렸다. 우리는 이미 실어증에 걸렸고 민족의 신앙, 풍습, 생활, 교류, 사유, 언어, 행위의 방식을 잃어 가고 있으며 독특성도 잃어 가고 있다. "자신의 한없는 보배는 내버려 둔 채 이리저리 깡통 들고 거지 흉내를 내는"(抛却自家無盡藏, 沿門持鉢效貧兒) 정신적 외톨이의 난처한 경지에 처해 있는 것이다.

21세기에 들어선 이후 중국 대륙의 사회 특히 학계의 주류 담론은 여전히 서양화와 범汎서양화였고, 자신의 문명에 대해서는 무척 생소하고 서먹하였고 경시하였으며 심지어 멸시하고 적대시하였다. 현대 세계의 다중 모순에 응답하는 배경 아래 건강한 마음 상태와 다차원의 가치체계, 평가척도와 해석 차원으로 전통을 살펴보고 완화시키고 현대화의 내재적인 기초, 내재적인 자원과 내재적인 동력으로 간주하여야 한다. '현대성'은 다시 정의를 내릴 필요가 있다. '현대성'은 절대 서양 특히 미국의 제도, 이념과 가치의 보편성인 것이 아니다. 하지만 서양의 제도, 질서, 이성, 자유, 평등, 인권과 법치는 매우 중요한 참조 대상이다. 그중의 일차원적이고 평면화의 약점은 동양 전통의 정치자원, 도덕자원, 가치자원을 발굴해 냄으로써 조절하고 서로 보충하고 상호 작용할 것이 필요하다. 어떤 민족의 현대화도 본 민족의 정신적 자원의 도야를 떠날 수 없다. 한 세기 남짓 민족문화에 대한 몇 세대 사람들의 파괴가 너무 엄중하였다.

20세기 중국 교육의 가장 큰 실책은 인문주의 교육전통을 위배하여 교육의 목적, 직능, 효용, 방법이 갈수록 단면화單面化하게 하였다. 교육은 절대 '도구이성'만이 아니고 어떤 종류의 간단하고 직접적인 목적에 복종 혹은 복무하거나 심지어 어떤 종류의 수요 혹은 복리福利에 복종 혹은 복무하여서는 안 된다. 교육은 인류, 민족의 천추만대의 위대한 사업으로서 자연적으로 풍부하고 다중적인 '가치이성'의 측면이 있고 '근시안적으로 봄'(短視)을 허용하지 않는다. 교육은 문화의 전승 측면에서 인류의 문명 특히 '국학'을 포함하는데, 유구한 민족 전통문화의 전승 측면은 자신만의 독립적인 가치가 있다. 교육은 절대로 지성의 교육뿐이 아니고 더욱 중요한 것은 인문적인 교육이다. 교육의 목적은 대대로 소양이 매우 좋은 인재를 배양하고 사회에 대한 비판정신, 비판의식을 배양하며 전면적인 인격을 발전시키고 숭고한 이상을 수립하며 민족의 정신적 자원을 활성화하는 데에 있다. 인문정신은 우리의 사회와 학생들이 문화자원이 박약하고 가치영역이 희소한 폐단을 극복하도록 도와줄 수 있다.

전 인류의 식견이 있는 사람들은 모두 가치의 합리성 측면에서 전근대 문명의 종교, 예술, 철학, 윤리, 도덕 등등의 현대적 의의에 대하여 깊이 있게 발굴하고 흡수하기 시작하였다. 인문적인 가치와 궁극적인 배려의 위기, 현대사회에 시급하게 필요한 의미 치료(意義治療)에 근거하여 중화민족의 전통적 핵심가치 이념의 전환 작업을 다시 검토하는 것은 중화민족의 신세대 지식인들의 책임이 아닐 수 없다.

우리는 평화로운 마음가짐으로 고대의 성현, 지자智者들과 평등하게 마음으로 교류하고 사상적으로 대화하며 그들의 지혜를 소중히 여기고 존중하여야 한다. 인류 문명사의 독창적인 사상 지혜로서 현대인과 현대사회에 정신적인 양식을 제공하고 조급한 심리상태를 극복하도록 도와줄 수 있다.

전통적인 농업사회의 사회구조와 정치체제는 이미 사라졌지만 그와 서로 결합되었던 가치 관념, 도덕의식, 사상과 행위방식도 모두 존재의 합리성을 상실하였음을 의미하지는 않는다. 이는 사상을 계승하는 전제이다. 전통을 계승하는 것은 물론 '복고'와 '보수'를 의미하지 않는다. 전통사상의 부정적인 면을 비판하고 사상적 폐단을 부정하고 제거하며 쓸모없는 것을 없애고 정수를 보존함으로써 창조적으로 선택하고 해석하여 현대사회와 현대인의 수요에 부합하는 것이 바로 우리의 직책이다. 하지만 전통사회와 전통문화를 전반적이고 종합적으로 살펴봄이 필요한데 가치 관념, 대·소 전통의 변화와 일정한 시공간 조건에서의 여러 가지 작용이 포함된다. 이뿐만 아니라 중국과 서양을 확실하게 비교하고 절대 내키는 대로 거침없이 지껄이거나 경솔하고 독단적으로 감정적이고 단순화된 편면적인 결론을 내리거나 현재에 대한 느낌으로 고인에게 화풀이해서는 안 된다.

'5·4' 시대에 사람들은 '덕德'(democracy, 민주) 선생과 '새賽'(science, 과학) 선생을 부르짖고 '공자를 타도하자'(打倒孔家店)는 운동을 일으켰는데, 이는 시대의 추세로서 피면할 수 없는 것이었다. 오늘날 우리는 여전히 국민들의 과학과 민주 소양을 증강할 것을 강력하게 제창하여야 하고 당시의 '5·4' 선구자들이 비판하였던 국민적 노예근성 등 어두운 면과 전제주의 의식형태로서의 유학(주요하게는 정권에 왜곡되어 이용되었던 정주리학)의 부정적인 면, 특히 후자가 인간의 본성에 대해 통제하고, 사상적 자유에 대해 억누르는 것을 여전히 비판하여야 한다. 하지만 다른 한편, 서양 근대의 과학 관념과 민주 관념만을 척도로 간주하면 전근대 문명의 민속, 종교, 예술, 철학, 윤리, 도덕 등등의 풍부하고 다채롭고 깊고 오래된 가치를 정확하게 헤아릴 수 없음을 보지 않을 수 없다. 또한 시비곡직

是非曲直을 따지지 않고 전통 도덕을 포함한 모든 문화유산에 대하여 부정하는 것이 우리들에게 가져다주는 민족성의 거대한 파괴 또한 지극히 해로움도 보지 않을 수 없다. 이른바 진화론, 진보 관념은 검토할 필요가 있다.

현대화한, 민주적이고 법제화된, 제약 시스템이 있는, 건전하고 합리적이며 질서 있고 건강한 사회구조를 건설하기 위하여 노력하여야 하고, 서양 현대화의 소중한 경험을 배워야 함은 의심할 여지가 없다. 백여 년 이래 중국 사회에서 서양을 학습함으로써 포함되고 통합된, 현대 중국 사람들의 의식과 행위 속의 현대적인 도덕관념을 포함하는 도덕정신과 윤리문화의 대변혁적인 우수성과를 반드시 계승하고 발전시켜야 함도 의심할 여지가 없다.

20세기의 학술사상사는, 진정으로 심각하고 식견이 있는 사상가는 조류의 표면에 드러나 있는 명성이 자자한 인물이 아니라 빛을 숨겨 드러내지 않고 세속의 병폐를 분석, 관찰하여 민족정신의 소양을 파악하였던 사람임을 분명하게 보여 준다. 그들은 온 몸과 마음, 전부의 생명으로 공업화, 상업화, 현대화의 부정적인 요소들이 인간의 본성에 대한 해체에 저항하였고, 서양의 문화가 미친 듯이 돌진해 오던 시대에 초래된 민족문화 생명의 멸망에 항거하여 중화민족의 역사문화 전통의 정수를 지키고 발양하였으며 현대에 창조적으로 재건하였다.

지식인으로서 교사로서 양지良知와 직분職分은 우리에게 세속에 영합하는 것을 허락하지 않고 유행을 좇아가는 것을 허락하지 않는다. 서양이든 동양이든 막론하고, 엘리트 지식인들은 전통자원으로써 현대화의 부정적인 측면을 비판하였는데, 바로 현대화가 건강하게 발전할 수 있는 하나의 동력이었다. 현대화는 반反현대화(현대화의 부정적인 측면을 수정하고 비판하는 것)를 포함한다. 현대화는 여러 가지 부동한 목소리를 필요로 하는데 그렇지 않으면 건강한 발전이 있을 수 없다.

지금 저자가 가장 좋아하는 네 글자가 바로 '守先待後'(선대의 유산을 지키고 후대를 대우한다)이다. 한 세기 이상의 '변이'와 '새로움에 대한 추구'(趨新)는 사람들이 너무 많아서 다 볼 수 없게 하였고 갈피를 잡지 못하게 하였다. '변화하는 것'(變易) 중에 마땅히 '변하지 않는 것'(不易)이 있어야 하고, '새로움에 대한 추구'(趨新) 속에도 마땅히 '이룬 것에 대한 지킴'(守成)이 있어야 한다. 변화 속에 항상 됨이 없고 유위함에 지킴이 없으며, 변혁에 의거하는 바가 없고 생각함에 지식이 없는 것은 '상도常道'라 이를 수 없다. 밖으로 법제질서가 없고, 안으로 도덕양지가 없으면, 서양의 진수도 배우지 못할뿐더러 전통의 아름다움도 포기하게 되는 것이니 어찌 '정도正道'라 이를 수 있겠는가? 학계의 어떤 '엘리트'들은 아직도 조류를 따르고 함께 떠드는데 자연환경, 인문환경 모두 먼저 오염시키고 후에 다스려도 되는 것처럼 간주하면서 '대가의식代價意識'이라고 미화한다. 민족의 형이상의 예지 및 예속, 풍습, 예술, 종교, 도덕, 철학…… 을 배신하고 멀어지고 해체하고 상실하는 것이 현대화의 대가라면 이는 사실 너무 침통한 대가이다. 실제로 건강한 현대화가 반드시 민족문화의 여러 가지 특징과 자원을 전면 배신하고 파괴하는 것이 아니다. 원시적인 현대화든 2차적인 현대화든 모두 이러하다.

국민정신의 재건은 많은 지식인들이 부동한 측면, 부동한 차원으로부터 중국과 서양의 문화를 반성하고 낡은 전통과 새로운 전통을 반성함으로써 여러 가지 사조와 여러 가지 형식의 상호 작용을 촉진하여야 한다. 저자도 물론 많은 동료들이 강조하는 제도건설, 이성정신과 서양 학문의 가치가 뿌리를 내리는 문제의 중요성을 이해하지만 여러 가지 부동한 목소리에서 '지킴'(守)에 대한 목소리에 어느 정도의 지위를 인정하여야 한다. 모든 학자들은 모두 자신의 위치가 있고 모두 자신의 직분이 있으며 모두 자신의 학문적 종주가 있다. 저자가 종사하는 중국철학의 교학과 연구 및 근 십여 년의 생존체험은 저자에게 근본적인 책임이 '수守'에 있음을 느끼게 하였다. 민족정신의 근본을 지키고, 지식인의 절개, 지조, 양지를 지키고, 사람 됨됨이와 학문을 하는 본분을 지키고, 선배 학자와 철학자의 엄격하고 정직한 위인爲人, 위학爲學의 '도道'를 지키고, 선성先聖, 선현先賢의 절학絶學을 지키며, 지키는 가운데 새로운 발견을 이룩함으로써 현자가 오기를 기다리고(以待來賢) 사람들이 이해해 주기를 기다리는(以俟解人) 것이 어쩌면 바로 사회, 역사, 민족, 문화가 우리에게 부여한 사명일지도 모른다. 부동한 사조, 부동한 가치 방향, 부동한 목소리, 부동한 직책, 부동한 학술 종주 사이에는 하나의 생태적인 관계가 있는데 서로 보충하고 침투될 수 있고 서로 배척할 필요가 없다.

■부록 현·당대 신유가의 반성

1. 현·당대 신유가 사조와 인물

큰 배경으로부터 보면 '5·4'와 '포스트 5·4'시기에 중국의 사상계에는 과학
주의와 실증주의 사조, 인문주의 사조 등등의 학술적인 사조가 출현하였다.
'5·4'시기에『신청년新靑年』과 대등한 지위를 가지고 있었던 것은『동방잡지東方
雜誌』,『갑인甲寅』이었다. 1915~1927년에 '동·서 문화문제' 논쟁이 발생하였고,
1923~1924년에 '과학과 인생관' 논쟁이 발생하였다. 문화계에는 이른바 '문화보
수주의자'들이 출현하였다. 이러한 명사들을 사용할 때 특히 조심하여야 하는데
이러한 학자들은 정치적으로 결코 보수적이 아니었고 다만 문화적으로 동정과
이해의 마음가짐으로 전통자원을 대하였던 것이다. 그들은 서양문화를 대하는
태도에서 여전히 개방적인 입장을 견지하였다. 예를 들어 남경을 중심으로
하는 잡지『학형學衡』및 그 작가들이 '학형파學衡派'라고 불리는 일군의 인문학자
들로, 바로 이 진영에 속하였다. 오복吳宓(1894~1978, 문학평론가), 유이징柳詒徵(1880~
1956), 왕국유王國維(1877~1927), 호선숙胡先驌(1894~1968), 탕용동湯用彤(1893~1964),
매광적梅光迪(1890~1945) 등 근 백 명의 교수와 학자들은『학형』잡지에 많은
수준 높은 학술논문을 발표하였고 중·서 문화 정수의 융합과 관통을 주장하였
다. '학형파'를 주도하였던 사상은 미국 하버드대학교의 어빙 배빗(Irving Babbitt,
1865~1933)의 신인문주의다.『학형』의 종지는 다음과 같았다. "학술을 논구하
고 진리를 추구하며 국수를 번영시키고 새로운 지식을 융화함으로써 중정의
안목으로 비판하는 작업을 수행하며 어느 쪽에도 치우치지 않고 과격하지도
않고 따르지도 않는다."[1] 이 잡지는 1922~1933년 사이에 일군의 인문 엘리트들
을 모았다. '학형파'는 아래에 서술하려고 하는 현대 신유가와 같은 하나의

큰 문화사조, 큰 문화집단에 속하지만 그들 사이에는 작지 않은 구별이 존재한다. '현대 신유가'는 주로 철학을 연구하였고, '학형파'의 연구대상은 주요하게 문학과 사학이었다. 물론 '학형파'에 속하는 탕용동 선생 즉 탕일개湯一介(1927~2014, 학자) 선생의 아버지는 철학을 연구하였고 이름난 철학사가哲學史家였으며, 유럽의 대륙 철학, 인도와 중국의 불교학과 위진현학에 정통하였다. 탕 선생과 신유가는 아주 밀접한 관계가 있다.

여기서 서술하려고 하는 현대 신유학 사조에는 대체로 3대의 학자들이 포함되어 있다. 제1대 학자에는 양수명梁漱溟(1893~1988), 웅십력熊十力(1885~1968), 마일부馬一浮(1883~1967), 장군매張君勱(1887~1969), 방동미方東美(1899~1977), 전목錢穆(1895~1990), 풍우란馮友蘭(1895~1990), 하린賀麟(1902~1992) 등이 포함되고, 제2대 학자에는 당군의唐君毅(1909~1978), 모종삼牟宗三(1909~1995), 서복관徐復觀(1903~1982) 등이 포함되며, 제3대 학자에는 두유명杜維明(1940~), 유술선劉述先(1934~2016), 성중영成中英(1935~), 채인후蔡仁厚(1930~2019) 등이 포함된다. 전목 선생이 신유가에 속하는지 아닌지에 관해서는 학계에서 논란이 되고 있지만, 그의 제자 여영시餘英時(1930~, 역사학가) 선생은 동의하지 않는다. 여기서는 넓은 의미에서 논의하였고, 여 선생은 좁은 의미에서의 논의를 취하여, 웅십력과 그 제자들만을 신유가로 간주하였다.

양수명 선생은 성격이 특이하고 기개가 군세며 정직한 사람이었다. 그는 광서廣西 계림桂林 사람이지만 북경에서 나서 자랐다. 그는 구식교육을 받은 적이 없는데, 그의 아버지가 매우 개명하여 신식학당에서 초등, 중학교 교육을 받게 하였기 때문이다. 1916년에 양 선생은 『동방학지』에 불교를 학습한 소감을 적은 「구원결의론究元決疑論」을 발표하였는데, 북경대학의 총장이었던 채원배蔡元培(1868~1940)의 눈에 들었고 채원배는 바로 문과학장이었던 진독수陳獨秀(1879~

---

1) 論究學術, 闡求眞理, 昌明國粹, 融化新知, 以中正之眼光, 行批評之職事, 無偏無黨, 不激不隨.

1942)와 논의하여 양 선생을 인도철학 수업의 특별 강사로 채용하기로 결정하였다. 이전에도 양 선생은 일찍이 북경대학에 지원하였지만 합격하지 못하였다. 이것이 바로 사람들이 자주 말하였듯이, 양수명이 북경대학의 학생으로는 불합격이었지만 북경대학의 강사로는 합격이었던 것이다. 그의 대표작은 『동서 문화와 철학』이고 1921년에 상무인서관商務印書館에서 정식으로 출판되었다. 이 책에

양수명

서 양 선생의 주요한 주장은, 서양, 중국, 인도는 세계의 세 가지 부동한 유형의 문화를 가지고 있고, 각자 부동한 철학을 신봉한다는 것이다. 인생의 태도로 말하면 서양문화는 앞을 향하여 추구하는 문화로서 사람과 사물의 관계에 직면하였고, 중국문화는 조화, 중용, 정중을 추구하는 문화로서 사람과 사람의 관계에 직면하였으며, 인도(불교)문화는 자신을 돌이켜 뒤를 향하여 추구하는 문화로서 사람이 자기 자신에 대한, 즉 마음과 몸의 관계에 직면하였다. 그의 이러한 종합은 물론 비교적 간단화한 것이었지만 당시의 문화 비교 유형학으로부터 출발하여 문제를 사고하였다는 점은 매우 훌륭하다. 그는 '세계문화 3기 중현설重現說'을 주장하였는데, 서양문화는 생존의 전제와 조건의 문제를 해결하였기 때문에 제1기에 해당되고, 중국 공자의 문화는 인간의 마음 즉 정신적인 생활에 속하는 것으로 제2기에 해당하며, 인도의 불교학은 종교적 경지를 초월하는 것으로 제3기에 해당하였다. 그가 보기에 중국과 서양의 구별은 어떠한 의미에서는 내와 외, 현학과 과학, 의義와 리利, 정신문명과 물질문명, 이성理性과 이지理智의 구별이었다. 그는 서양 사람들로 하여금 밖으로 추구하도록 하였던 의욕은 물질적인 이익이고 중국 사람들로 하여금 안으로 추구하도록 하였던 도덕은 의였다고 주장하였다. 그는 미래의 중국문화는 공자유가문화의 부흥일 가능성이 큼을 강조하였다. 이러한 견해는 물론 모두 논의할 수 있다. 양 선생은 실제로 과학과 민주를 매우 강조하였고 민주건국의 정치활동에 적극적으로 참여하였다.

양 선생은 절개와 기개가 있는 사람이었고 뼈는 아주 단단하였는데, 저자는 그의 인격에 매우 탄복하였다. 일찍이 다섯 차례 북경에 가서 그를 방문하여 찾아뵈었는데 그의 정신에 깊이 굴복하였다. 그는 진정한 유자였고 절대 권세 있는 자에게 아부하지 않았다. 그는 자신감이 있었다. 1941년 그는 홍콩에서 민주연맹(民盟)의 사무를 주관할 때『광명보光明報』를 창간하였다. 태평양전쟁 (Pacific War, 1941~1945)이 폭발하고 홍콩이 함락되자 그는 작은 배를 타고 돌아왔는데 매우 위험하였음에도 불구하고 그런 일이 없었던 것처럼 마음이 태연하였다. 그는 이렇게 말하였다. "나는 자신의 안위는 스스로 타고난 운명이 있다고 믿는다."(我相信我的安危自有天命.) "나는 죽을 수 없다. 만약에 죽는다면 천지는 이 때문에 색깔이 변할 것이고 역사는 이 때문에 궤도를 바꿀 것이다."(我不能死, 我若死, 天地將爲之變色, 歷史將爲之改轍) 그는 공·맹 학문의 함의, 인류에서 중국문화의 지위는 나라야만 해석할 수 있고 나는 아직도 세 권의 책을 쓰려고 하는데 내가 어떻게 죽을 수 있겠는가? 하늘이 어떻게 나더러 죽게 할 수 있겠는가? 라고 말한 것이다. 양 선생은 바로 이렇게 자신감 넘치고 이렇게 책임의식이 있는 사람이었다. 이는 공자를 닮은 듯한 느낌이 다분하다. 공자가 말한 "문왕이 이미 돌아갔으나 그 문물제도가 이 몸에 있지 않은가?"(文王旣沒, 文不在玆乎)처럼. 해방 직전에 그는 문주단체를 대표하여 곤명昆明에 가서 문일다聞一多(1899~1946, 근대의 정치가이자 시인), 이공박李公樸(1901~1946, 평론가이자 정치가) 살해사건을 조사하였는데, 군중대회에서 국민당 특무를 통렬하게 비난하였다. 그는 "민주 지식인들은 모조리 죽일 수 없고 용기가 있으면 나를 향하여 총을 쏘라. 나는 죽음을 두려워하지 않는다"고 말하였다.

중일전쟁(Sino-Japanese War, 항일전쟁, 1937~1945) 시기와 중일전쟁 후에 그는 일찍이 두 차례 연안延安으로 가서 모택동毛澤東(1893~1976)과 여러 차례 이야기를 나누었다. 건국 이후에도 그는 여러 차례 모택동의 초청을 받은 손님이었지만 정부에서 직무를 맡아달라는 건의는 거절하였고 또 여러 차례 내정, 외교에 대하여 부동한 의견을 제기함으로써 끝내 1953년 모택동과 직접적으로 충돌하였던 '감히 얼굴을 맞대고 간언하는'(廷爭面折) 국면을 초래하게 되었다. 양 선생은 드러내 놓고 농민의 대변인으로 자처하면서 모택동의 '아량'을 시험하려고 하였다. 1974년 전국 정협政協의 학습모임에서 그는 「오늘날 우리는 마땅히 어떻게 공자를 평가하여야 하는가」(我們今天應當如何評價孔子)라는 글을 발표하여, 역사적인 관점이 아닌 것으로 공자를 평가하는 것을 반대하였고, 임표와 공자를 함께 놓고 논의하는 것을 반대하였으며, 유소기劉少奇(1898~1969, 중국 근현대 정치가)와 팽덕회彭德懷(1898~1974, 군인이자 정치인, 10대 원수 중의 한 사람)를 위하여 억울함을 호소하였다. 고압정치에 직면하였을 때 그가 무의식중에 뱉은 한마디가 바로 "삼군의 장수는 빼앗을 수 있어도 필부의 뜻은 빼앗을 수 없다"(三軍可奪帥也, 匹夫不可奪志也)였다. 그는 진정으로 현대의 공자였다. 양 선생의 철학은 주요하게 문화철학, 생명철학, 인생철학이었다. 그의 철학과 그의 생명은 하나로 융합되었다.

웅십력 선생은 양 선생과 마찬가지로 신해혁명辛亥革命(1911)에 참가하였다. 웅 선생은 전설적인 인물이었다. 그는 호북湖北 황강黃岡 사람이었는데, 어떠한 구식과 신식 교육도 받은 적이 없었고 단지 반년 동안 사숙에서 공부하였던 것이 다였다. 문화 정도로 말하자면 양 선생에 비해 너무 낮았다. 웅십력은 척박한 시골의 한 가난한 농민가정에서 태어났고 유년시절에는 남을 위하여 소를 몰았다. 13~14살 때 부모님이 차례로 병으로 사망하였다. 그 후 아버지의 친구였던 하정목何檉木 선생한테서 반년 동안 공부하였다. 16~17살 때에는 시골에서 유학하였다. 얼마 지나지 않아 같은 현의 하자신何自新(1881~1910), 희수晞水현의 왕한王漢(1884~1905)과 함께 강한江漢(장강과 한수)지역을 떠돌아다니다가 유신파의 영향을 받게 되었고, 맹자, 왕양명, 고정림(顧炎武, 1613~1682)의 책을 읽으면서 혁명의 의지를 싹틔우며 사방의 호걸들을 물색하여 천하의 일을 함께 도모하고자 하였다. '운동군대運動軍隊'를 위하여 웅십력은 무창武昌 신군新軍 제31표에 지원하

웅십력

여 군인이 되었다. 1905년에는 군대에서 시험을 거쳐 호북 신군 특별 소학당小學堂의 학병學兵이 되어, 혁명을 선전하고 동인同人에게 연락하였다. 이듬해 봄에는 일지회日知會에 가입하였고 '황강군학계강습사黃岡軍學界講習社'를 발기하고 조직하였으며 강습사의 혁명활동을 주관하였다. 웅십력이 군의 학계에서 거사를 도모하고 열심히 활동하는 바람에 악군鄂軍의 수령 장표張彪(1860~1927)가 지명수배하였지만, 다행히 친구의 도움으로 비밀리에 도망칠 수 있었다.

무창봉기 후에 웅십력은 호북 도독부都督部의 참모가 되었다. 민국 원년에는 일지회지의 편집에 참여하였다. 이차혁명이 실패한 뒤 그는 강서江西의 덕안德安에서 농사일을 하면서 공부를 가르쳤다. 1917~1918년 사이에는 손중산孫中山(1866~1925) 선생이 영도하는 호법護法운동에 참여하였다. 그는 왕조가 바뀐 이래로 사회의 기풍이 날로 못해지고 "당내에서 권력과 이익을 다투고 혁명이 결국 좋은 결과가 없으며"(黨人競權爭利, 革命終無善果) 군벌과 관료들이 탐욕스럽고 사치스러우며 잔인하고 시기질투하며 사기를 치고 비굴하며 구차하고 위선적이며 당쟁의 재난이 지극히 심각하였고 사대부들은 사치하였고 민생은 피폐해졌으며 인도는 완전히 소멸되었음을 친히 목격하였다. 그는 "당내에 몸과 마음으로부터 공부를 하는 사람이 절대 없음"(黨人絶無在身心上做工夫者)을 몹시 안타깝게 여겼고 "이렇게 기백이 없는 한 무리의 사람들이 혁명하면 도대체 어디까지 바꾸게 되는 것인가"(由這樣一群無心肝的人革命, 到底革到什麼地方去呢)라고 개탄하였다. 그는 "정치를 개혁하기보다 마음을 개혁하는 것이 나음"(革政不如革心)을 심각하게 느꼈고 홀가분하게 정치를 버리고 학문으로 돌아왔으며 유교와 불교를 깊이 연구함으로써 인생의 본질을 탐구하고 국민의 도덕을 제고시키는 것을 자신의 소임으로 여겼다. 이는 웅십력의 일생에서 중요한 전환이다. 그는 일찍이 이렇게 말하였다. "학술의 길로 뜻을 결정할 때 이미 나이가 서른다섯이었는데 이는 일생일대의

632

전환이었고 바로 재생하는 시기였다." 웅십력은 오래전에 이미 불교의 "하늘 위와 땅 아래에서 오직 내가 홀로 존귀하다"(天上地下, 唯我独尊)는 의식을 가지고 있었다. 그는 독학으로 인재가 되었고 특히 천부적인 재능이 있었고 이해력이 있었다. 그는 일찍이 『용언庸言』이라는 잡지에 문장을 발표하였다. 양수명 선생은 웅 선생이 불교학을 비판한 찰기札記를 보았고 그의 관점에 동의하지 않았다. 양 선생은 당시에 웅 모가 누구인지도 몰랐으니 『동방잡지』에 발표하였던 「구원결의론」에서 웅 선생을 비판하였다. 이렇게 시작된 서면 상의 논쟁은 두 사람의 역사적인 만남을 초래하였다. 1919년 여름방학 때 남개南開학교에서 교편을 잡고 있던 웅 선생은 천진에서 북평北平으로 가 광제사廣濟寺를 빌려 거주하면서 양 선생과 불교에 대하여 논의하였다. 1920년 여름, 양수명 선생은 남경에 가서 금릉각경처金陵刻經處를 방문하였고, 구양경무歐陽竟無(1871~1943) 대사에게 불교에 대한 가르침을 청하였을뿐더러 웅십력 선생을 소개하여 학문을 구하도록 하였다. 웅십력은 내학원內學院에서 유식학과 인명학因明學의 기초를 튼튼하게 닦았고 철학적 사유의 엄격한 훈련을 받게 되었다. 구양 선생은 불교학 대사로서 양인산楊仁山(文會, 1837~1911) 거사의 사업을 계승하였고, 일본에 유실되어 중국에서는 이미 실전된 불교 도서와 기타 불교 원전들을 각인刻印하였으며, 후에 지나내학원支那內學院을 설립하여 일군의 불교학 전문가들을 배양하였다. 이 해의 하반년부터 1922년까지 웅십력 선생은 남경에서 구양대사로부터 불교를 배웠다. 양 선생의 소개와 채원배 교장의 혜안으로 1922년 겨울 웅 선생은 북경대학에서 특약강사로 채용되어 불교의 유식학을 강의하기 시작하였다. 바로 북경대학이라는 이러한 학술적 환경에서 웅십력은 비로소 독립적으로 사고하고 학술계의 엘리트들과 함께 학문을 연마할 기회를 얻게 되었다.

1923년부터 웅십력은 한 걸음씩 스승의 학설을 배반하였고 점차적으로 유교의 유식학을 떠나 자신의 관점체계를 형성하였다. 10년 동안의 정밀한 사고를 통하여 웅십력은 자신의 독특한 철학체계를 구축하였다. 1932년 10월 항주에서 출간하였던 문어체로 쓴 『신유식론』이 이를 보여 주는 대표적인 사건이다. 이 책이 출판된 후 그는 채원배, 마일부, 임지균林志鈞(1878~1961) 등 학계 사람들의 극찬을 받았지만, 불교학계로부터 공격을 당하였다.

웅십력 선생은 괴짜임에 틀림없다. 그는 그의 스승으로부터 벗어나 불교의 유식학을 비판하였고, 유교와 불교를 융합하는 '신유식론'의 철학 체계를 확립하였다. 불교학계에서는 그에 대하여 적지 않게 비판하였다. 그는 북경대학에서 강의할 때 혹은 친구와 이야기를 나눌 때 중요한 부분을 이야기하게 되면 늘 저도 모르게 듣는 사람의 머리 혹은 어깨를 손바닥으로 내리치고는 하하거리며 크게 웃었는데, 소리가 매우 우렁찼다. 학생들은 웅 선생의 '통봉과 고함'(棒喝)이 두려워서 모두 감히 맨 앞줄에 앉지 못하였다. 어떤 학생이 맨 뒷줄로 피하자 그는 맨 뒷줄부터 두드렸다. 친구들이 그와 이야기를 나눌 때에도 감히 가까이 다가가지 못하였다. 듣건대 장동손張東蓀(1886~1973) 교수도 그와 이야기를 나눌 때 그의 손바닥에 맞았다고 한다. 그는 진정한 기질이 있는 사람이었다. 문학가이자 북경대학교 교수였던 풍문병馮文炳(廢名, 1901~1967, 작가)은 황매黃梅 사람으로 같은 성省에서 온 고향 친구이자 후배였다. 풍문병은 그와 불교학에 대하여 논의할 때 논의가 깊어지면 늘 서로 욕하기 시작하였고 심지어 한데 뒤엉켜 싸우기도 하였다. 며칠이 지나고 나면 두 사람은 또 처음처럼 사이가 다시 좋아졌다.

1927년에 웅십력은 탕용동 선생의 초청으로 중앙대학에서 기분을 전환시켰는데, 당시 그의 건강이 좋지 않았다. 이듬해에는 항주에서 중앙대학으로 가서 강의하였는데, 다른 한 신유가 학자인 당군의 선생을 매료시켰고 당 선생은 웅십력 제자의 대열에 서게 되었다.

황강의 웅십력(子眞) 선생은 20세기 중국에서 창의성이 가장 뛰어난 철학가였다. 그는 북경대학 교수이자 무한대학의 선배였다. 1925년에 그는 일찍이 석영石瑛(衞靑, 1879~1943) 총장의 초청으로 무한대학의 전신인 무창武昌대학에서 교편을 잡았다. 중일전쟁 시기에는 후방에 있었고 악산樂山 무한대학에서 강의하기도 하였다.

중일전쟁 시기에 웅십력은 사천으로 가서 떠돌아다녔고 생활은 가난하였다. 그는 국가, 민족, 백성과 전통문화에 대한 애착과 사랑으로 외로움을 달게 여기고 기쁨에 빠져 근심을 잊었으며 저술과 강학에 힘썼다. 바로 중일전쟁 기간에 웅십력의 철학체계가 충실하고 발전되고 완벽해졌을 뿐만 아니라, 국내의 철학계에 일정한 영향을 발휘하였다. 중일전쟁 말기에 출판하였던 『신유식론』의 문어체 판본과 『독경시요讀經示要』는 그의 사상이 성숙하였고 체계가 완성되었음을 보여준다. 1949년 이후, 웅십력은 여전히 저술활동으로 생계를 유지하였다. 그는 계속하여 북경대학 교수로 임용되었고, 제2, 3, 4기 전국 정치협상회의 위원으로 선정되었다. 비록 만년에 날이 갈수록 외로웠고 아무도 관심을 돌리지 않았지만 여전히 자신의 생각대로 구상하여 지나친 외부적인 압력과 간섭을 받지 않을 수 있었고, 또한 『신유식론』의 개정본, 『원유』, 『체용론』, 『명심편明心篇』 등 저서의 출판과 간행 모두 정부의 지원을 받을 수 있었다. 1966년에 '문화대혁명'이 폭발하였고 웅십력도 재난을 피하기 어려웠다. 그는 결국 1968년 5월 23일에 상해에서 세상을 떠났고 향년 84세였다.

웅십력 사상의 발전단계는 대체적으로 다음과 같이 나눌 수 있다. 젊은 시절에는 육경을 비판하였는데, 육경을 제국주의 제도를 옹호하는 책이라 여겼다. 중년 시절에는 불법 한 갈래 길로 기울어져 바로 대승 유종有宗의 유식론으로부터 시작하였다가 얼마 지나지 않아 유종을 포기하고 대승의 공종空宗을 깊이 연구하였는데 아주 깊게 매료되었고, 오래되니 감히 관공의 학을 귀착점으로 삼지 못하였다. 후에 여전히 자신에게 돌이켜 찾아 자신의 인생체험을 통하여 유가의 『주역』과 마음이 맞았다. 웅십력의 주요한 철학 관점은 체용불이體用不二, 심물불이心物不二, 능질불이能質不二, 천인불이天人不二이다. 그가 말하는 '체'는 '심체', '성체'로서 인간의 생명존재의 본체이고, 우주만물의 근본이며, '생생불식'의 원천, 동력이고 일정한 의미에서 또한 도덕적인 본체이고 도덕적인 주체이다. 이른바 '체용불이'는 바로 생명의 의의와 인생의 가치를 긍정하는 것이고 물욕이 넘쳐흐르는 세계에서 '인생의 본질'과 '우주의 본체'를 다시 찾아내기 위함이다. 웅십력은, 우리와 천지만물이 공동으로 가지고 있는 인심(仁心)의 본체는 매우 큰 힘을 내포하고 있고 인문세계 전반을 창조하고 생겨나게 할 수 있다고 주장하였다. 그는 인심의 본체의 강건하고 새로움을 창조하는 특징을 강조하였는데, 사실상 적극적인 인생 태도, 생명의식과 인본정신으로 세계를 마주하고 세계를 창조하며 동시에 사람들이 창조해 낸 물질세계와 인문제도에 의하여 이화되고 가려져 사람이 되는 근본 원인을 망각하고 상실하게 되지 않음을 주장하였다.

웅십력은 중국 현대철학사에서 창의력과 영향력이 가장 뛰어난 철학가로서, 현대 신유학 사조의 철학 형이상학의 기초를 마련하였다. 그의 '체용불이'론은 당대 신유학 사조의 '대본을 세움을 중시하고 대용을 열 것을 중시하며'(重立大本, 重開大用) '내성을 보존하고 새로운 외왕을 여는'(保內聖, 開新外王) 근원이고, 또한 이러한 사조의 기본적인 사상구조이다. 웅십력의 전반적인 작업을 간단하게 말하면, 바로 서학의 충격에 직면하여 유학의 가치체계가 무너지는 시대에 유학의 본체론을 재건하였고 인간의 도덕적인 자아를 재건하였으며 중국문화의 주체성을 재건한 것이다. 그의 학생이었던 당군의, 모종삼, 서복관은 바로 그의 이러한 정신적 호소 아래 그의 창조적인 정신방향을 따라 그가 확립하였던 형이상학의 기초를 왕성하게 하고 확대하고 심화시키고 지양하였다. 학계에서는 그들 스승과 제자를 현대 신유학 사조의 주축이라 간주하였다.

공자가 광 땅에서 구금되었을 때 마음이 태연하게 이렇게 말하였다.

문왕이 이미 돌아갔으나 그 문물제도가 이 몸에 있지 않은가? 하늘이 이 문물제도를 없애려 한다면 뒤에 죽을 우리는 아예 이 문물제도에 접하지 못했을 것이다. 하늘이 이 문물제도를 없애려 하지 않는데 광 땅 사람들이 감히 나를 어쩌겠는가?[2]

공백료가 계손에게 참언하여 자로를 헐뜯자 공자는 태연하게 말하였다.

도가 실현되는 것도 운명이고 도가 실현되지 못하는 것도 운명이다. 공백료
따위가 운명을 어찌하겠는가?[3]

공자는 하늘이 문물제도를 없애려 하지 않을 것이라는 신념에 근거하여
자각적으로 문물제도를 계승하는 사명과 몸을 연계시키고 한 몸을 문화 중국의
안위와 연계시켰는데 문화가 운명을 맡긴 사람이라는 것이다. 웅십력 선생은
20세기 30년대에 북평北平에서 거주할 때 스스로 당련堂聯을 이렇게 지었다.
"도가 실현되지 못하여도 문물제도는 이 몸에 있지 않은가?"(道之將廢矣, 文不在玆乎?)
그는 "하늘이 문물제도를 나에게 귀속시켰다"(上天將斯文屬餘)는 기백으로 중화문
화의 운명을 짊어졌다.

마일부 선생은 대명사大名士, 대은자大隱者, 대유大儒, 리학대사理學大師였고,
또한 이름난 시인이자 서예가였다. 그는 일찍이 미국, 독일, 일본에 유학하였는데,
첫 책 『자본론』은 바로 그가 중국에 가지고 돌아온 것이었다. 그는 소흥紹興
사람으로 오랜 세월 동안 항주에 은거하였다. 일찍 채원배 총장이 그를 북경대학
으로 초청하여 교직을 맡도록 하였는데, 그는 "옛적에 와서 배운다는 말은 들었어
도 가서 가르친다는 말은 듣지 못하였다"(古聞來學, 未聞往教)며 거절하였다. 중일전
쟁이 일어나자 비로소 산을 나와 강학하였다. 그는 절강대학을 따라 강서江西
태화泰和, 광서廣西 의산宜山으로 거처를 옮겼고, 강학하였던 내용은 후에 『태화회
어泰和會語』, 『의산회어宜山會語』로 편집되었다. 1939년에 마 선생은 사천 악산樂山

---

2) 『논어』, 「자한」, "文王旣沒, 文不在玆乎? 天之將喪斯文也, 後死者不得與於斯文也; 天之未喪斯
文也, 匡人其如予何?"
3) 『논어』, 「헌문」, "道之將行也與, 命也; 道之將廢也與, 命也. 公伯寮其如命何?"

마일부

에서 복성復性서원을 설립하였고 『복성서원강록復性書院講錄』 6권이 전해지고 있다. 마 선생은 육경이 모든 학술을 통섭할 수 있다고 간주하였다. 마 선생의 유, 불, 도에 대한 학식과 수양은 아주 튼튼하였고 불교학에 대한 조예는 매우 깊었으며 송명리학에 대해서도 깊이 있게 연구하였다.

중일전쟁 시기에 후방에서 장개석蔣介石(1887~1975)은 늘 일부 학자들을 소견하여 이야기를 나누었는데, 풍우란 선생, 하린 선생 등도 모두 제각기 장개석을 만났다. 들은 바에 의하면 이는 모두 진포뢰陳布雷(1890~1948, 정치가)가 안배한 것이었다. 저자는 일찍이 하린 선생의 자택에서 하 선생이 이에 대하여 이야기하는 것을 직접 들었다. 장개석은 철학, 인문학 교수들과 만나기 전에 그들이 쓴 책 한두 권을 진짜로 읽었고 군데군데 동그라미를 치거나 점을 찍어 두고는 만났을 때 저서에 대해서도 한두 가지 문제를 물었다고 한다. 마 선생이 장개석을 만났던 것은 중일전쟁 초기였고 복성서원을 설립하기 전이었다. 매우 흥미로운 것이 마 선생이 장개석에게 '성誠'과 '서恕'에 대하여 설명하였다는 점이다. 그는 장개석이 "서로써 사람을 접하고 성으로써 업무를 시작하여 국가의 부흥을 생각하고 백성들의 슬픔과 기쁨을 염두에 둘 것"[4]을 희망하였고, "성이 바로 내성외왕의 기초임"(誠卽爲內聖外王之始基)을 강조하였다. 들은 바에 의하면 장개석은 이러한 권고에 대하여 매우 불쾌하게 생각하였다고 한다. 그 뒤 친구가 마 선생에게 장개석에 대한 인상을 물었는데 마 선생의 평가는 아주 재미있었다. 그는 장개석을 "용맹스러움이 남보다 뛰어나지만 도량이 좁고 박대한 기상이 부족하다"[5]고 하였다. 그리고 장개석이 "행동거지가 지나치게 정중하고 바르게 함이 섞여

---

4) 恕以接人, 誠以開務, 以國家復興爲懷, 以萬民憂樂爲念.
5) 英武過人而器宇褊狹, 缺乏博大氣象.

있다"6)고 주장하였다. 그는 장개석을 "한쪽에 편거하여 왕이라 자칭하고 지방에서 안거함에 여유가 있으며 중원에서 다시 일어나기에 부족하다. 옛사람에 비유하면 유유, 진패선과 같은 부류의 사람이다"7)라고 평가하였다. 이러한 평가는 매우 적당하다. 주지하다시피 유유劉裕는 남조南朝시기의 송宋·제齊·양梁·진陳의 송을 건립한 사람 즉 송무제宋武帝이다. 비록 진晉나라를 대신하여 황제라 불렸지만 중원을 통일시키지 못하였다. 진패선陳霸先은 남조시기의 진을 건립한 사람 즉 진무제陳武帝이다. 이 두 개의 왕조 모두 단명 왕조였고 모두 통일의 대업을 완성하지 못하였다. 대개 도량, 기개와 패업으로 볼 때 장개석은 송무제나 진무제의 부류에 속하는 인물에 지나지 않는다는 것인데, 훗날의 역사가 마 선생의 판단이 정확함을 증명하였다.

양 선생, 웅 선생, 마 선생 사이에는 밀접한 교류가 있었고 그들의 제자 사이에서도 밀접하게 교류하여 하나의 학술 그룹을 형성하였다. 그들 세 사람의 풍격은 서로 달랐다. 마 선생은 융통성이 있고 수양이 지극하였다. 웅 선생은 도도하고 성격이 급하였다. 양 선생은 평소에는 특별한 것이 없다가 뜻밖에 사람을 놀라게 하였다. 그들은 모두 '문화대혁명'의 재난을 피해갈 수 없었고 모두 홍위병들에게 재산을 몰수당하고 모욕을 당하였다. 웅 선생과 마 선생은 모두 '문화대혁명'에 의하여 세상을 떠났다. 마 선생은 이러한 절필시를 남겼다.

乘化吾安適, 虛空任所之.
形神隨聚散, 視聽總希夷.
漚滅全歸海, 花開正滿枝.
臨崖揮手罷, 落日下崦嵫.

---

6) 擧止過莊重, 雜有矯糅.
7) 偏霸之才, 偏安有餘, 中興不足. 比之古人, 不過是劉裕, 陳霸先之流人物.

앞 네 구절은 도가의 사상이고 장자의 초월이다. 다섯 번째 구절에서는 불교의 구해滬海 비유를 사용하였는데 함의가 매우 깊다. '구'는 바로 하나의 작은 거품이다. 사실 매 한 사람, 한 사물은 단지 작은 물거품에 지나지 않지만 전체 바다를 나타나게 하는 것이다. 물거품의 생과 멸, 생사의 변환變幻은 궁극적으로 우주의 끝없는 바다 속으로 귀결되는 것이다. 장자는 생사를 기의 모임과 흩어짐에 불과하다고 설명하였는데 모이면 생이 되고 흩어지면 사가 된다는 것이다. 생사는 또한 낮과 밤의 변화와 같기 때문에 생을 즐거워하고 죽음을 싫어할 필요가 없다. 이는 대낮을 좋아하고 한밤을 싫어할 필요가 없는 것과 마찬가지이다. 유한한 인생과 무한한 우주가 바로 물거품과 바다의 관계가 아닌가? 생과 사는 단지 일상사일 뿐이다.

방동미 선생은 안휘安徽 동성桐城 사람이다. 모두가 알고 있는 동성파桐城派에 속하는 인물이었다. 동성방씨도 매우 지위가 높고 귀한 집안이었다. 그는 금릉金陵대학과 남경지역 고등학교의 학생 리더였고 또한 소년 중국학회의 첫 번째 회원이었다. 모두가 익숙한 모택동, 운대영惲代英(1895~1931)도 모두 소년 중국학회의 회원이었다. 방동미는 후에 미국에 가서 공부하였고 철학 석사, 박사 학위를 취득하였다. 방 선생은 유학에서 귀국한 뒤 첫 직장으로 무한대학의 전신인 무창고등사범武昌高等師範 철학교육과에서 부교수직을 맡았고, 후에 동남東南대학, 중앙정교中央政校, 중앙대학 교수직을 맡았다. 한번은 남경에서 시위행진을 하면서 정부에 항의하였는데 방 선생은 학생의 관을 들고 행진하였던 네 교수 중의 한 사람이었다.

방 선생은 미학자이고 철학가였으며, 중국과 서양의 학문에 통달하였고, 기세가 드높았으며 세계 철학계에서 영향이 매우 큰 인물이었다. 엄격하게 말하면 그는 당대 신유학에만 속하는 학자가 아니라 넓은 의미에서의 당대 신유가였다. 그의 초기 저작인 『생명정조와 미감』(生命情調與美感), 『과학철학과

인생』(科學哲學與人生)은 제목만 보아도 매우 멋지다. 그의
『철학삼혜哲學三慧』는 고대 그리스, 근대 유럽, 중국철학
을 비교한 것이다. 중일전쟁 시기에 배도陪都 중경重慶에
서 그는 중국을 방문하였던 인도의 학자 라다크리슈난
(Sarvepalli Radhakrishnan, 1888~1975, 인도의 정치가이자 학자)을
접견하였고, 그의 영향을 받아 직접 영어로 서양 사람들
에게 중국의 문화와 철학을 소개하리라 다짐하였다.
1947년 이후 방 선생은 대만대학에서 교편을 잡았고

방동미

그 후 자주 미국에 가서 강학하였다. 그는 서양에서 「중국인생철학」을 강론하였
고 여러 편의 인구에 회자되는 비교철학의 논문도 발표하였다. 만년의 강의
원고 『원시유가도가철학原始儒家道家哲學』, 『신유가 18강新儒家十八講』 및 불교에
관한 저작은 모두 매우 유명하다. 그는 생명 철학가였고 시인 철학가였다.

당군의 선생은 사천四川 의빈宜賓 사람이다. 그는 모종삼, 서복관과 함께 홍콩·
대만 신유가의 핵심 인물이었다. 당 선생은 인자仁者형의 인물이었고, 모 선생은
지자智者형의 인물이었으며, 서 선생은 용자勇者형의 인물이었다. 당 선생은 '문화
의식우주의 거인'(文化意識宇宙的巨人)이었고 생명체험형의 학자였으며 일생이 연
민의 마음으로 가득한 철학가였다.

당군의 선생은 일찍이 북경대학에서 양수명의 영향을 받았고, 남경 중앙대학
으로 간 뒤에는 방동미, 탕용동 선생으로부터 학문을 배웠다. 그는 1932년에
중앙대학을 졸업하였고 후에 중앙대학, 화서華西대학에서 교편을 잡았다. 1940년
에 종백화宗白華(1897~1986, 현대 미학가, 철학가) 교수의 초청으로 다시 중앙대학으로
돌아갔고 해방 직전까지 강사, 부교수, 교수를 역임하였다. 1949년에 홍콩에서
그는 전빈사錢賓四(1895~1990, 역사학자이자 사상가이며 교육가) 선생 등과 함께 신아新亞
서원을 설립하였다. 1958년 신정 때 그는 장군매, 모종삼, 서복관과 함께 공동으로

당군의   모종삼   서복관

매우 긴 한 편의 「중국문화에 관해 세계 인사들에게 삼가 알리는 선언」(爲中國文化敬
告世界人士宣言)을 발표하였다. 이 선언문은 바로 당 선생이 기초한 것이었다.
이 선언은 해외에서 매우 큰 영향을 발휘하였고, 당대 신유가의 중요한 문헌으로
간주되었다. 당 선생은 저명한 문화철학가였다. 그의 대표작에는『문화의식과
도덕이성』(文化意識與道德理性),『중화 인문과 지금의 세계』(中華人文與當今世界),『중국
철학원론中國哲學原論』,『생명존재와 심령경계』(生命存在與心靈境界) 등이 있다.

　　모종삼 선생은 산동山東 서하栖霞 사람이다. 북경대학의 수재였고 매우 이성적
인 형이상학적 철학가였다. 모 선생은 현대 신유가의 철학 형이상학적 기초를
마련하였으며, 칸트철학과 유학을 비교하였다. 그는 1945~1947년 사이에 중앙대
학에서 교편을 잡았고 후에 금릉대학, 강남대학으로 전근하였다. 중앙대학에
막 부임하였을 때에 중앙대학은 아직 원래 곳으로 돌아가기 전이었다. 모종삼
선생은 냉혹한 철학가였다. 그는 줄곧 유가 인문주의의 형이상학적 근거를
찾았고, 유가의 도덕적 형이상학을 재건하였다. 그의 대표작은『심체와 성체』(心
體與性體),『지적지각과 중국철학』(智的直覺與中國哲學),『원선론圓善論』,『현상과 물자
체』(現象與物自身) 등이다. 그는 영문으로 된 칸트의 3대 비판을 번역하였다. 모
선생은 현·당대 신유가의 핵심 인물이었다. 오늘날 중국의 철학가들은 모두
그를 피해갈 수 없고 그를 반드시 거쳐야만 한다.

서복관 선생은 호북湖北 희수浠水 사람이다. 서복관은 사상사가思想史家였다. 그는 이전부터 매우 좋은 국학수양을 가지고 있었고 청년시절에 무창에서 국학을 전공하였으며 후에 일본에 가서 군사를 배웠다. 그는 본래 국민당 군계의 인물이었고 중일전쟁 시기에 연안延安에 파견되어 연락참모직을 맡았다. 그는 일찍이 장개석의 신임을 얻었고 시종실侍從室의 중요한 비서였다. 중일전쟁에서 승리한 후 그는 육군 소장少將으로 전역하였다. 전역한 뒤 장개석으로부터 받은 돈으로 남경에서 『학원學原』 잡지를 간행하였고 학술계와 교류가 매우 깊었다.

　　당 선생, 모 선생, 서 선생은 모두 웅십력의 제자였다. 서복관은 당시에 웅십력의 명성을 듣고 매우 경모하여 중경 북배北碚에서 웅 선생을 찾아가 뵈었다. 그는 반듯하게 다림질한 군복을 입고 웅 선생을 만나러 갔고 웅 선생 앞에서 장광설을 늘어놓아 면전에서 한바탕 호되게 꾸짖음을 당하였다. 그는 웅 선생의 면전에서 명말청초의 왕부지의 학술에 대하여 강론하였는데, 멋대로 비판하여 웅 선생이 정문일침을 가하였던 것이다. 웅 선생은 왕부지를 전혀 이해하지 못하였으니 아직 왕부지를 강론할 자격도 되지 못한다고 하면서 착실하게 책을 읽고 나서 다시 논의하러 오라고 다그쳤다. 서복관 선생은 훗날 이 일을 떠올리면서 웅 선생의 질책은 자신을 기사회생하게 하였던 질책이었다고 말하였다.

　　서복관 선생은 50세 이후에야 비로소 학문을 하기 시작하였다고 말하는데, 그는 매우 뛰어난 학자였다. 홍콩과 대만에서 당군의 선생, 모종삼 선생과 공동으로 중국문화의 기치를 들어 올렸던 것이다. 그의 『중국인성론사中國人性論史』(선진편), 『중국예술정신中國藝術精神』, 『양한사상사兩漢思想史』 등은 모두 매우 훌륭한 저작이다. 그는 학술과 정치 사이의 인물이었고, 일생 동안 학술과 정치 사이에서 국민당의 정치를 비판하였으며, 정치상에서 민주와 자유, 도덕적인 용기가 있어야 함을 주장하였고, 문화상에서 중화문화를 깨닫고(體認) 부흥시키며 확립(創建)하여야 함을 주장하였다. 그 역시 호북 사내로서 언쟁하기(抬扛)를 매우 좋아하였으며 사람들과 쟁론을 벌였다.

제3대 신유가의 대표 인물, 예를 들어 저명한 교수인 두유명, 유술선, 성중영, 채인후 등은 모두 방동미, 당군의, 모종삼, 서복관의 학생이었다. 특히 대만의 아호鵝湖학파는 대부분 모종삼의 제자였다. 두유명은 하버드대학교에서 교편을 잡고 있다. 성중영도 하와이대학교에서 교편을 잡고 있다. 유술선은 미국의 일리노이주에 있었고 후에 홍콩 중문대학에서 교편을 잡았는데 현재 대만 '중앙 연구원'에서 연구하고 있다. 그들은 모두 개방적인 당대 유가이다.

2. 당대 신유학 사조의 '문제의식'

이상에서 현대 신유가 몇 사람을 간략하게 소개하였다. 이어 아래에서는 그들의 공통된 사상과 주장 및 저자의 평론과 견해를 종합적으로 논의하고자 한다. 특히 제3대 개방적인 신유가의 일부 논의영역 및 그 의의에 대하여 논의하도록 한다.

근 20년 이래 학술계에서 현·당대 신유학 사조와 인물에 대한 연구는 문화, 사상, 학술에 대한 사고를 활발하게 하였고, 여러 가지 문제를 제기하였으며, 학계의 기타 학자와 기타 논의와 호응하여 문제의식이 생겨났다.

첫째, 전통문화와 현대화의 이원대립의 구도에서 벗어났고 이로부터 현대성을 반성함으로써 동아시아 정신문명과 동아시아 현대화의 관계 문제를 다시 사고하였다.

동아시아의 현대화는 서양의 충격에 대한 피동적인 반응뿐이 아니었고 전통과 현대도 단선적인 진보적 관계뿐이 아니다. 동아시아 각국의 현대화는 자체의 내적 발전성이 있었고 세계와 동아시아, 세계와 중국이 상호 작용하는 배경 하에서 스스로 조절하고 발전하는 과정이었다. 동아시아 현대화는 자체만의 정신, 제도, 인재자원을 가지고 있었다. 당대 신유가는 현대성 중의 전통, 현대성의 다원적 경향과 민족 자체의 자원 중에서 자신의 현대성을 개발해 내는 문제를 제기하였다. 두유명은 이렇게 지적하였다. "현대화를 하나의 전지구화의 과정으로만 간주하여서는 안 되고, 현대화를 하나의 질적으로 동일한 과정으로 이해하여서도 안 되며, 현대화를 하나의 서양화의 과정으로 인식하여서는 더더욱 안 된다. 바로 전지구화의 의식이 근원적인 의식으로 하여금 갈수록 강해지게 한다. 바로 이러한 원인으로 우리는⋯⋯ 특히 현대성 중의 전통을 두드러지게 하여야 한다."8) 현대성은 서양의 각국에서 부동한 함의와 특징을 가지고 있는데 동아시아 및 세계의 기타 지역에서도 마땅히 부동한 형식, 내용과 정신을 가지고 있어야 한다. 당대 신유가는 세계적인 사조와 민족정신을 조화롭게 하고 세계성과 근원성, 현대성과 민족의 본래성(本己性, Eigentlichkeit)을 통합하여야 함을 충분히 중시하였다. 전지구화의 문제가 중국에서 대규모로 논의되기 이전에 당대 신유가 사조는 이미 계몽적인 이성과 다른 새로운 발상을 제시하였고, 현대화가 서양화와 같지 않고 부동한 지역의 문명에는 모두 현대적, 보편적인 가치가 잠재되어 있으며 창조적인 전환을 이룩할 수 있음을 제일 먼저 터득하였다. 전지구화는 절대 어떠한 종류의 언어 패권의 진일보의 확장을 의미하지 않는다. 동아시아 각국과 지역의 현대화 과정에서 지역과 민족의 문화 대전통과 소전통은 이미 거대한 여러 종류의 작용을 발휘하였고 또 계속하여 발휘하고 있으며, 일정한 차원 혹은 정도에서 현대화와 현대성의 새로운 모식을 창조하고 풍부하게 하였다.

둘째, '문명대화'와 '문화중국'

양수명은 신문화운동의 말기에 이미 다문화적인 비교와 대화의 작업을 시작하였고 비록 어설픔을 면하지 못하였지만 일종의 발상을 대표하였다. 당군의가 기초하였고 당군의, 모종삼, 서복관, 장군매가 공동으로 서명하였던 1958년의 「중국문화와 세계선언」은 비록 일본성—本性을 강조함으로써 적지 않은 비판을

받았지만, 마음을 가라앉히고 보면 그들의 「선언」과 기타 학술적 수준이 높은 풍부한 저서, 강의는 심각한 의의를 가지고 있다. 현대 신유가는 다문화적인 비교와 대화와 융합을 위하여 많은 작업을 진행하였다. 문명의 충돌은 역사상에서나 지금의 시대에서나 이미 흔히 볼 수 있는 현상이고 바로 그렇기 때문에 문명의 대화와 소통이 특히 중요하게 보인다. 문명의 대화와 소통은 어떻게 가능한 것인가? 우선은 민족 문화정신의 자각적인 인식이다. 만약 어떤 종류의 비서양문명 혹은 모든 비서양문명이 본래성을 잃고 주류문명에 예속되었다면 문명의 대화는 바로 불가능한 일이 된다. 제3대 신유가는 개방성을 더욱 강조하였다. 두유명은 이렇게 제기하였다. "문화와 문화의 교류는 제로섬 게임이 아니고 서로 빼앗는 방식을 취할 필요가 없으며 교류를 하면 할수록 쌍방의 자원이 많아진다. 만약 전통의 우수한 문화를 발향하는 것을 기초로 하고 서양의 심각한 가치와 소통한다면 마땅히 양쪽 측면을 향하여 개방하여야 하는데 좁은 의미에서의 도구 이성과 부강의 가치만을 내세우는 서양이 아닌 당대의 서양, 당대의 서양이 서양으로 될 수 있었던 정신적인 근원을 향하여 충분하게 개방하여야 한다. 기독교, 유대교, 이슬람교가 서양 문예부흥시기의 적극적인 작용을 이해하려면 고대 그리스의 철학지혜를 이해하고 중세기의 발전이 서양에 대한 영향을 이해하여야 한다."9) '문화중국'의 문제는 비록 당대 신유가가 처음으로 제창한 것은 아니고 국내·외 각계의 학자들이 모두 논의하였지만, 최근에는 두 선생의 해석이 가장 많다. 사실상 지리중국, 정치중국, 경제중국, 군사중국을 제외하고 확실하게 중국문화의 침투 혹은 영향을 정도부동하게 받은 지역과 사람들을 '문화중국'이라 부르면 안 된다고 할 수 없다. 이러한 지역과 사람들의 현대적인

---

9) 文化與文化的交流, 不是零和遊戲, 不必采取你爭我奪的方式, 越交流雙方的資源就越多. 如果以發揚傳統精致文化爲基礎, 和西方深刻的價値進行溝通, 我們應向兩方面開放, 要向當代西方而不是狹隘意義上的工具理性和只突出富强價値的西方, 而是當代西方之所以成爲西方的精神源頭充分開放. 要了解基督教, 猶太教, 伊斯蘭教在西方文藝復興時所起的積極作用, 了解古希臘的哲學智慧, 了解中世紀的發展對西方的影響.

생존방식, 가치의식, 사유방식, 심리구조는 분명히 다원적인 중국문화와 매우 밀접한 관계가 있고 전반적인 세계 미래의 다원적이고 양성의 발전에 적극적인 작용을 발휘한다.

셋째, 유가가치와 글로벌윤리, 환경윤리, 생명윤리

20세기 90년대 이래로 세계의 종교, 문화 학자들은 세계윤리의 문제에 매우 큰 관심을 보였다. 이는 반드시 세계의 각 종교, 문화, 윤리의 자원을 동원하여야 함이 분명하다. 당대의 분쟁이 끊이지 않는 세계에 공통된 윤리인식과 보편적으로 조화롭게 지내는 방법이 필요함을 감안하여 1993년에 천주교 배경의 한스 큉(Hans Küng, 1928~2021) 교수가 기초한 〈글로벌윤리선언〉에 부동한 종교의 대표가 서명하였다. 이 선언은 공자를 포함하는 세계상의 각 문명, 각 종교의 창조적인 사상가가 제기한 '자기가 하고 싶지 않은 것은 남에게도 시키지 말라'(己所不欲, 勿施於人)는 원칙을 중요한 지위에 놓았다. 공자의 이 사상은 국가 간, 종교 간, 민족 간, 공동체 간에 서로 존중하고 이해하고 소통함에 도움이 된다. 〈글로벌윤리선언〉이 유엔에서 통과될지 아닐지는 별개의 문제이지만, 이 문제에 관한 열띤 논의는 실제로 객관적인 수요이고 대세의 추세이며 당연한 이치이다. 당대 신유가 학자들은 글로벌윤리의 구축에 참여하기 위하여 노력하였다. 유술선은 이러한 배경 하에서 유가의 '자신을 위한 학문'(爲己之學) 및 '인, 의, 예, 지, 신' 등의 핵심적 가치관의 현대적 의의를 명백하게 주장하였다. 그는 특히 송宋대 유가의 '리일분수理一分殊'의 예지로써 차별을 존중할뿐더러 서로 평등하게 대하는 문제를 해결하였고 전통과 현대, 일원과 다원을 통하게 하였다. 유가의 자원을 동원하여 새로운 환경윤리, 생명윤리의 구축에 참여하는 것은 이미 화제가 되고 있다. 『중용』의 천, 지, 인, 물이 각자 본성을 다하는 원칙은 역대의 유가가 중시하였던 것이고 이는 참으로 생태와 생명윤리의 중요한 돌파구(生長點)이다. "자기의 성, 사람의 성, 사물의 성을 다하면 천지만물이 각기 타고난 본성을 이루고 각자 상황에 적합하며 천도에 참여하여 돕는 것이다. 바꾸어서 말하면 천도에 참여하여 돕는 것은 자신, 타인과 천지만물로 하여금 모두 충분하게 생장, 발전하고 각자 자신의 본성을 다하게 하는 것이다."[10] 유가는 "인이란 천지만물과 더불어 일체가 되는 것"(仁者與天地萬物爲一體)이라 주장하는데 유학에서 자율, 인애, 불상해不傷害, 공의公義 원칙 등은 모두 중요한 가치와 세계적인 의의가 있다.

넷째, 유학과 현대 민주정치, 자유주의와의 관계

현대 신유가의 3대 대표학자들은 모두 서양 근세 이후의 자유, 민주, 법치, 인권의 가치를 받아들여야 함을 중시하였는데 새롭게 발견한 것들이 많다. 그들은 정치적인 요구 면에서 결코 보수적이지 않았고 민주정치의 이념과 제도건설(예를 들면 憲政)에서 덕으로써 지위에 대항하였으며 권위를 비판하는 측면에서 절대 자유주의자들에 못지않았다(예를 들면 胡適). 양수명, 장군매, 서복관은 바로 그 중에서 뛰어난 사람들이었고, 웅십력, 당군의, 모종삼은 이론적인 면에서 공적이 적지 않다. 공맹 이래로 유가의 정치 주장과 도덕원칙은 서로 조화되었고 그중에는 현대 민주정치의 자원으로 간주될 수 있는 것들이 매우 적지 않다. 정치화된 유학에 대해서도 일괄적으로 부정할 필요가 없고 구체적이고 역사적인 분석이 필요하다. 유학의 경세經世 원칙, 사회정치에 대한 참여와 비판, 민귀군경民貴君輕 사상 및 역사상의 이에 상응한 구조, 제도는 모두 한마디로 요약하여 '더러운 마구간'(骯髒的馬廐)이라 저주할 수 없다. 민간사회, 언론공간, 도통, 학통, 정통, 치통이 상대적으로 서로 제어하는 것에 대하여 신유가는 해명이 많았다. 본토정치, 법률자원의 개발에 관하여 '유가자유주의'의 개념에 관하여 학술계에서는 여러 방면의 논의가 있었고 당대 신유학의 또 다른 하나의 연구방향으로 되었다. 자유주의자들이 반드시 갖추어야 할 독립적인 비판능력과 정신, 반드시 갖추어야 할 도덕적인 용기, 책임의식으로 말하면, 자유, 이성, 정의, 우애, 관용,

---

10) 盡己性, 人性, 物性卽是讓天地萬物各遂其性, 各適其情, 卽是參贊天道, 反之, 參贊天道卽在於能使自己, 他人和天地萬物都得到充分的生長發展, 得以各盡其性分.

인격적인 독립과 존엄 등 자유주의의 기본적인 가치로 말하면, 민주정치에 필요한 공공적인 공간, 도덕 공동체로 말하면, 부정적인 자유 측면의 분권(分權), 제형(制衡), 감독 기제와 적극적인 자유 측면의 도덕적 주체성으로 말하면, 유가 사회와 유가의 학문적인 이론(學理)은 모두 전환하고 소통하는 풍부한 자원을 제공할 수 있다.

　다섯째, 유학의 종교성과 초월성

　이는 제2, 3대 당대 신유가의 독창적인 이론 인식이다. 당대 신유가의 학자들은 제도 의궤(儀軌)의 측면이 아닌 정신적인 신념, 존재적인 체험 측면에서 유학이 종교성을 가지고 있음을 긍정하였다. 성(性)과 천도의 사상 또한 유가의 종교철학이다. 안신입명(安身立命)의 '위기지학(爲己之學)'은 윤리 종교의 함의를 가지고 있다. 유가의 '천'과 '천도'는 초월적인 것이기도 하고 세간에 유행되는 것이기도 한데 초월적인 것과 내재적인 것을 결코 두 토막 내지는 않았다. 당대 신유가의 '초월·내재'설에 대하여 국내·외의 학자들은 모두 적지 않게 비판하였는데, '초월적인 것'은 동시에 '내재적인 것'일 수 없다고 여겼다. 하지만 현·당대 신유가는 전통유학과 기본적인 풍격 상에서 일치하였고, 그들이 보다 주목하였던 것은 인식론이 아니라 가치론, 본체론 문제였다. 이렇게 '초월적인 것'도 인식론 상에서 논하는 것이 아니라 본체-경지론 상에서 논하였다. 이른바 '초월성'이란 신성, 종교성을 가리키는 것이었고 현실성과 이상성 혹은 유한성과 무한성 사이의 긴장을 표시하는 것이었다. '천인합일' 이러한 일종의 이념에 의거하면 까마득히 높은 곳에 있던 천도와 사람의 '양지', '본심'은 서로 통하여 막을 수 없고 만약 '천도', '천'이 신성(神性)을 가진다면 사람의 '양지', '본심'도 이로부터 신성을 획득한다고 말하여도 성립될 수 있는 것이다. 무엇 때문에 유가에서는 '우주의 심령'과 '개인의 심령'이 혼연일체가 될 수 있는 것인가. 사실은 이른바 '천'이 신적 의미의 천과 의리의 천을 포함하고 있고 인간 밖에 스스로 존재하는 사물이 아니라 '천' 또한 하나의 본체-가치론적 개념이고 인식론적 의미는 매우 희미하다.

만약 인식론의 시각으로 '진심, 지성, 지천'을 보고 '천'을 외재된 객관적인 존재로 간주한다면 이해하기 어렵게 보일 수 있고 '심외무물心外無物'과 같은 이러한 주장은 미친 소리일 뿐이다. 초월성과 종교성은 비록 완전히 서로 같은 개념은 아니지만 현·당대 신유가의 마음속에서 양자는 서로 통하는 것이다. 왜냐하면 초월적인 '천'은 인식론적 의미가 전혀 없고 단지 가치의 원천일 뿐이었다. 만약 초월성을 신성, 종교성으로 이해하고 하늘과 사람 또한 서로 통하여 막을 수 없다면 '내재적인 초월'로써 전통유가의 사상을 해석하면 이해할 수 없는 것은 아니게 된다. 바꾸어 말하면 초월적인 가치이상의 추구는 사람의 몸을 닦아 덕이 불어남(修身增德)을 통하여 인연으로 가득 찬 인간세상에서 실현할 수 있다는 것이다. 이러한 일종의 초월은 확실히 서학의 초월과 다른 점이 있다. 인식론적 의미에서의 실증주의적 방식의 '실증'이 필요하지도 않고 가능하지도 않으며 유자의 신체로써 힘써 행하고(身體力行) 스스로 증명하고 믿음이(自證自信) 필요하다.

이 밖에도 유학의 대중성(草根性) 혹은 유학과 생활세계의 관계, 유학과 여성주의의 관계 등등의 많은 문제가 있는데 모두 당대 신유가가 주목하였던 것들이다.

현·당대 신유가는 문화가 규범을 상실하고 의미가 위기에 직면하였던 시대의 요구에 따라 생겨난 사조, 유파였고 부동한 시기에 중·외의 부동한 사상문화문제에 대하여 논의하였고 논의의 영역 또한 끊임없이 변하고 있다. 총체적으로보면 이 유하는 중국의 인문정신을 계승하고 빛내었고 세계의 현대병에 대하여중국인들의 비판과 반성을 제기하였다. 현재 서양 인문학계의 주요한 조류는 더 이상 '신성'에 대한 것이 아니고 '물성'에 대한 것 즉 과학기술과 상업의 고도로 되는 발전이 초래한 '물의 범람과 '안'의 이화異化에 대하여 비판을 전개하는 것이다. 예를 들어 종교 인문주의는 근대 이래의 문명사회가 인간의 정신적세속화와 물화物化를 초래하였고, 인간의 고급적인 정신생활, 영적 생활의 품질이날이 갈수록 떨어지게 하였다고 주장하였다. 마리탱(Jacques Maritain, 1882~1973)은 문예부흥과 계몽운동의 인류 중심주의가 사람들로 하여금 점차적으로 신과 신성함을 떠나게 하였음을 비판하였는데, 이는 인간 자신의 타락의 시작이었고 사람과 신의 협력으로 돌아감으로써 인간의 타락을 구원할 것을 주장하였다. 이는 종교적인 정신을 빌려 인간이 재차 타락하는 것(즉 功利化, 工具化, 異己化, 物化)을 피면하려는 것이다. 실존주의, 서양 마르크스주의, 문화비판사조가 비판하는 것이 바로 과학기술 지상주의로 초래된 '도구이성'의 과도한 팽창 혹은 '이성의 포학暴虐'의 인간에 대한 노예이다. 당군의 선생은 일찍이 현대인이 직면한 황당무계한 처지는 "위로는 하늘에 없고 아래로는 땅에 없으며 밖으로는 사람에 없고 안으로는 자기한테도 없는 것"[11]이라 지적하였다. 중화 인문정신, 특히 유가의 인문정신은 현대인의 위기상황을 구제할 수 있다. 용물用物함에 '이용후생'할 것을 강조하였지만 자연에 대한 일종의 통제, 제어, 파괴를 초래할 수 없고, 인문적인 구축을 강조하고 미신을 비판하지만 '천'에 대한 경외와 인간이 가지고 있는 종교적 정신, 궁극적인 신념과 신앙을 절대 사라지게 하지 않는다. 유가는 심지어 인성, 물성에 모두 신성이 있고 사람은 반드시 사람, 물(내지는 풀과 나무, 새와 짐승, 기와와 돌)을 존중함으로써 마음을 다하여(盡心) 본성을 알고(知性) 하늘을 알며(知天) 마음을 보존하여(存心) 본성을 기르고(養性) 하늘을 섬겨야(事天) 함을 주장하였다. 지극히 성실하여 신과 같으면 이 마음이 곧 하늘의 마음임을 깨닫게 되고 일종의 정신적 경지에 도달할 수 있게 된다. 유가는 결코 생활세계, 일용윤상을 떠나지 않았지만 바로 평범한 속세의 생활에서 정신적인 초월을 추구하였다. 외왕사공外王事功, 사회정치, 과학기술의 발전은 바로 인간의 정신생명의 전개였다. 당대 신유가의 발양을 통하여 중화 인문정신은 완벽하게 서학, 현대문명과 서로 조화를 이룰 수 있게 되었다. 종교를 반대하지 않고 자연을 반대하지 않으며 과학기술도 반대하지 않고 종교, 과학기술의 폐단을 보완할 수 있고 자연과 서로 조화를 이룸으로써 인문과 종교, 과학기술,

---

11) 上不在天, 下不在地, 外不在人, 內不在己.

자연적응 면에서 건강한 발전을 이룰 것을 추구할 수 있다.

당대 신유가의 진영은 분화되고 재구성되고 있는 중이다. 근 몇 년래 '신유가'와 '신유학'의 논변, '지식'과 '가치'의 분화, '포스트 모종삼', '포스트 신유학'의 궐기도 있었다. 해협 양안의 유가 학자들은 서로 영향을 주는 과정에서 가까이 접근하고 위치를 이동하는 일들이 다수 발생하였다. 임안오林安梧(1957~)는 '포스트 모종삼' 혹은 '포스트 신유학'의 제강을 발표하고 '유학혁명론'을 제기함으로써 '기'론을 중시하고 객관적인 면을 중시하고 선산학船山學으로 되돌아갈 것을 강조하였는데, 어느 정도 대륙학자들의 영향을 받은 것이다. 대륙의 연구자 사이에서도 분화가 생겨나고 있는데 동정적인 이해로부터 신유학의 가치에 대하여 더욱 인정하게 된 사람 또한 적지 않다.

신유가 학자들의 관심도 구별된다. 두유명, 유술선은 유가와 기독교, 이슬람교의 대화에 주목하였다. 두유명은 유학이 세계문화의 일종의 정신자원으로서 현대 사람들의 생활과 서양, 전 지구에 대하여 발휘할 수 있는 영향을 중시하였다. 유술선은 당대 신유가는 도통의 책임으로부터 학통의 개척, 정통의 배려로 전환되어야 한다고 주장하였다. 성중영은 내재적인 체험이 아닌 비판적인 이성을 방법으로 하고 주체적인 체험의 기초 위에 가치를 검증하는 것이 아니라 객관적인 기초위에 지식을 확립하며 지식에 대한 탐구를 가치 판단, 선택 혹은 재건의 기초로 삼아야지 먼저 가치를 긍정하고 다시 지식수단을 찾아 가치이상을 실현하는 것이 아님을 강조하였다.

중국 대륙의 학자들은 유, 불, 도를 포함하는 여러 가지 정신자원의 개발 및 시대의 과제, 제도의 구축, 민간사회, 일상생활과 세계 현실의 여러 가지 문제에 대한 응답을 더욱 중시한다. 신유가의 연구는 사상계의 건강한 발전 및 세계상의 여러 사조와의 대화, 소통에 크게 유익하다. 마지막으로 이 연구가 중국전통의 정신적 유산을 활성화하고 전지구화와 본토화의 상호 작용을 촉진하며 기초가 있는 사상의 대가를 키워 낼 것임을 믿어 의심치 않는다.

후기

'5·12' 사천성 문천汶川에서 일어난 대지진은 전 국민, 전 세계의 화교들과 적지 않은 외국인 친구들의 감정을 촉발시켰다. 지진이 발생한 후 보름 동안 저자는 아내와 함께 늘 텔레비전 앞에 앉아서 재해지역의 상황을 밀접하게 주시하였다. 실로 '가슴을 후벼 파는 아픔'을 느꼈고 가끔 흘러내리는 눈물을 감출 수 없었다. 특히 적지 않은 아이들, 수업을 듣고 있던 중학교와 초등학교 학생들이 폐허에 묻혀 조난당한 참상과 적지 않은 가정의 가족들이 뿔뿔이 흩어지게 된 비극적인 장면을 보면서, 일부 교사와 부모, 연장자들이 지진이 발생하던 찰나에 희생을 두려워하지 않고 학생과 자식, 후배들을 보호하였던 행위들을 목격하면서, 무수한 해방군과 경찰, 군인들, 의무 일군들, 지원자들, 각급 간부와 국제봉사단 일군들 등이 밤낮으로 계속하여 헌신적으로 분투하고 지극히 힘들고 어렵게 생명을 구조하며 이재민들을 구제하고 재해지구의 간부와 백성들이 재해에 맞서 스스로 헤쳐 나가는 수많은 감격적이고 눈물겨운 사적들을 보면서 실제로 '마음이 뒤흔들리는 느낌을 받았다. 당장이라도 재해지역으로 달려가 몸과 마음을 바치고 싶은 충동이 들었지만 직장에서 맡은 사업 등의 원인으로 아쉽게도 실현할 수 없었다. 저자는 직장 내에서 가장 일찍 기부금을 조달하였고 가장 많이 기부하였다. 이는 물론 조그마한 성의를 표하는 것일 뿐이고 거론할 가치는 없다.

문천대지진이 일어난 후 전 국민, 전 세계의 화교들은 일치하게 단결하여 큰 힘을 발휘하였고 진정으로 구원하였으며, 많은 눈물겨운 감동적인 사연과 마음을 뒤흔드는 이야기가 있었다. 이에 대하여 저자는 이미 부동한 장소에서 소감을 발표하였다. 저자가 보기에 이는 갑자기 닥쳐온 대재난 앞에서 중화민족 및 자손들의 '인애'의 마음이 지극하게 발양된 것이다. 민간에서 오랫동안 누적되고 잠재되었던 진정한 성정과 사랑하는 마음이 뿜어져 나왔는데 이는 공자가 제기하였던 중화민족의 핵심적인 가치이념—'인애'정신의 직접적인 표현이고 유가사상이 민간에 살아 있고 사람들의 마음속에 살아 있다는 증거이다. 이는 물론 인간 본성의 증거이고 동시에 또한 중국 국민성의 증거이며, '애심', '양심', '양지', '양능'의 증거이고, 유가의 '자신을 미루어 남에게 미치는'(推己及人) 즉 "내 노인을 섬겨서 남의 노인에게까지 미치고 내 어린이를 어린이로 사랑해서 남의 어린이에게까지 미친다"[1]는 증거이다. 중화문화의 근원성이 표현된 것이다. 우리 모두 한차례의 영혼의 세례를 겪었다고 봐야 할 것이다. 문천대지진 이후 전 국민이 표출해 낸 인애의 마음, 드러낸 가장 생생한 도덕자원을 우리는 마땅히 보호하여야 하는데, 이는 사람들에게 있어서 큰일이고 자손 후대를 양성함에 있어서도 매우 유익하다.

근년 이래 현대의식으로써 '공덕'과 '사덕'의 범주를 확정하는 문제에 대하여 논의하였다. 양계초梁啓超(梁任公, 1873~1929)는 가장 먼저 이러한 풍조를 열었던 인물로서 백여 년 전에 이미 유가와 중국 전통의 공사관, 공덕과 사덕에 대하여 앞뒤가 뒤바뀌었다고 평가하였는데 이는 그가 후쿠자와 유키치(福澤諭吉, 1835~1901)의 상투적인 패턴에서 벗어나 동양의 전통을 다시 반성하고자 시도하였음을 보여 준다. 이는 그가 구미歐美를 고찰하면서 재일 혁신파 인사들의 실덕패행失德敗行을 직접 목격하였던 것과 관련이 있다. 하지만 양계초는 결코 공덕과 사덕의 함의와 외연을 분명하게 논의하지는 못하였다. 80, 90년 후 다른 한 풍조를 연 인물이 나타났는데 바로 이택후李澤厚(1930~) 선생이다. 이택후 선생은 '종교적

---

1) 老吾老以及人之老, 幼吾幼以及人之幼.

인 도덕'으로써 '사덕'을 해석하였고 '사회적인 도덕'으로써 '공덕'을 해석하였으며 '충', '효', '안', '의'를 양쪽으로 구분하여 사람들에게 계발을 주고자 시도하였지만 여전히 분명하게 설명하지 못하였다. 예를 들어 유가의 '인덕' 사상자원에 '공덕'의 함의가 포함되었을 뿐만 아니라 또한 '사덕'의 함의도 포함되어 있다고 하였다. 어떤 학자들은 '공공의 영역'과 '개인적인 영역'으로 공덕과 사덕을 논의하고, 어떤 학자들은 '개체의 도덕'과 '사회도덕'으로 공덕과 사덕을 논의하였으며, 어떤 학자들은 이성, 감정, 이익이 뒤얽힌 부분에서 논의를 시작하였고, 어떤 학자들은 법률과 도덕으로써 구분하였다. 요컨대 매우 복잡하다. 저자의 박사생 진교견陳喬見의 박사학위논문 「선진 공사 관념과 유가 공공철학 시탐」(先秦公私觀念與儒家公共哲學試探)은 우수논문으로 선정되었는데 이에 대하여 자세하게 논의하였다. 한 걸음 더 나아가서 우리는 현재의 공민사회 건설의 시각에서 이 문제에 대하여 더욱 깊이 있게 연구할 필요가 있는데, 공민이 어떻게 일상생활에서 공공의 이익 및 타인의 권익을 침해하는 행위를 피면할 수 있고 이와 관련된 윤리원칙은 어떤 것들이 있는지 등의 문제가 포함된다.

근년 이래 많이 논의되었던 문제에는 또한 전통사회와 제도의 인식 문제도 있다. 특히 전통 민간사회의 공간이 매우 크다는 역사 사실 및 향약의 작용 등과 관련된 것들 그리고 유가이념과 고대제도의 관계 문제와 관련된 것들 등이다. 후자는 매우 중요한 점 즉 역사적으로 전제專制제도에 대한 유학, 유가의 소외, 배척, 반항을 제외하고 유학이념과 유가 지식인들이 전통사회에서의 일부 인성적인 제도의 구축 및 그것을 관철하는 과정에서의 적극적인 작용을 주목하여야 하는데, 이는 민생에 유익하고 백성의 권익과 백성의 사적 공간의 보호 등과 관련된 문제이다. 중국의 제도 문명에 대하여 우리는 아직도 너무 생소하고 인식이 너무 얇으며 여러 학문 사이의 교차적이고 깊이 있는 연구가 부족하다. 토지, 부세와 전계田界의 관리, 노인을 봉양하고 고아를 돌보며 기근과 이재민을 구제하는 등 사회의 노약자들에 대한 사랑, 교육과 시험, 문관제도에서 농민과 일반 백성의 자제들에게 교육을 받을 권리와 정치에 참여할 권리를 주는 기회에 대한 보장, 중국의 윤리 법계에서 용은容隱제도의 사적인 권리에 대한 보호, 감찰제도, 대량의 계약문서에서 언급된 민상民商에 관한 법률 등은 모두 매우 많은 소중한 역사 경험과 합리적인 측면이 있고 현대적인 제도의 자원으로 될 수 있으며 창조적인 전환을 이룩할 수 있다. 전통적인 중국 사회는 유가적인 사회였고 이 사회에 대하여 우리는 아직 아는 것이 너무 적다. 비효통費孝通(1910~ 2005) 선생의 '차서差序' 구조와 관련된 논의는 계발성이 다분하지만 물론 적용되는 범위가 있기에 보편화와 공식화할 수 없고 혹은 중국문화의 부정적인 증거로 입에 올릴 수 없다.

무릇 인류의 전통이 있는 문명과 종교는 모두 '사랑'(愛)으로 가르침을 세우지 않는 것이 없다. 유가는 '인애'로써 가르침을 세웠는데 그 보편적인 가치와 현대적 의의는 깊이 사고할 만한 가치가 있다. 양계초의 '신민설新民說'이 발표될 때 중국은 오랜 시간 동안 가난과 쇠약함이 누적되었고, 서양의 문화, 견고한 함선과 우수한 대포, 열강의 침략으로 중국 사회는 해체되었고 중국문화는 위기 속에 처하여 있었다. 백성들의 지혜를 개발하는 계몽이 위대한 의의를 가지고 있음은 의심할 바 없었다. 하지만 뒤따라 전반적인 서양화가 주요한 조류로 되었고 중국의 모든 일은 남보다 못한 것 같았다. '문화결정론'이 정해진 사유의 추세로 되었고 중국문화 특히 유가문화는 속죄양으로 되었으며, 중국의 '국민성'은 완전히 부정적인 것이 되어 버렸다. 청말민초 이래 자신의 문명전통에 대하여 비이성적으로 짓밟고 모욕하는 것이 주요한 사상적 조류로 되었다. 백여 년이 지나갔으니 다시 검토할 필요가 있고 개혁개방 한 지도 사십 년이 지나갔으니 다시 반성해 볼 필요가 있다. 중국의 궐기에서 문화적인 자각이 더욱 중요한 듯 보인다. 우리는 무엇을 가지고 세계를 향하여 진출하고 다른 문명과 대화할 것인가? 무엇을 가지고 자신의 문명과 정신적인 고향을 구축할 것인가? 단지 남의 주장을 그대로 도용하고 수입품에만 의지할 것인가? 지금 계몽을 반성하고 문명의 정수를 발굴해 낼 시대가 도래되었다.

근년 이래 많이 논의하였던 문제에는 성정性情 교육의 문제도 있다. '인애'를 중심으로 하는 핵심가치관의 재건, '온화(溫), 선량(良), 공경(恭), 절검(儉), 겸양(讓)'을 교양의 기초로 하는 예악문명 내지는 적당한 예의의 제창, 건강한 법치사회의 형성, 과학발전관의 관철과 조화로운 사회의 구축은 중국이 장기간 나라가 태평하고 사회질서와 생활이 안정되는 데 매우 중요하다. 공자의 '인애'의 도는 정도正道이다. 공자와 당시 사람들의 대화를 기록한 『논어』 등의 '사서'는 의미가 심장하고 문명으로써 사람을 교양한다. 심, 성, 정, 재를 기르는 성정性情의 교육은 현대성과 문명의 대화, 현대인의 심리에 대한 조절에 매우 의의가 있다. 과거의 원한을 떠벌림으로써 혈육 간의 정을 증오하던 데로부터 전 사회의 모든 사람들이 두려워함에 이르는 것이든, 오늘날의 이욕을 방임하고 시종일관의 퇴폐적이고 음탕한 생활 및 자기중심적이고 타인을 고려하지 않는 것 등은 모두 국민의 성정, 심리의 건강한 발전에 해가 매우 크다. 서양의 우량한 전통과 긍정적인 가치 등을 진정으로 받아들이고 건강한 현대화의 길을 걸으려면 문화적인 정체성, 공통된 윤리 인식과 궁극적인 관심이 없을 수 없는데 이는 주요하게 유가문화의 자원 속에서 내심하고 세밀하게 작업하여야 한다. 현재 적지 않은 젊은이들은 서양의 정치철학에 열중하고 있는데, 사실상 아리스토텔레스(Aristoteles, BC 384~322)부터 벌린(Isaiah Berlin, 1909~1997)에 이르고, 하이에크(Friedrich Hayek, 1899~1992)로부터 롤스(John Bordley Rawls, 1921~2002)에 이르면서 진정으로 받아들이고 또한 중국의 실제와 서로 결합시키려면 유가사회를 진정으로 이해하고 유가문화를 진정으로 배워야만 실현 가능한 것이다.

곽제용 무자년 6월 20일 대서

서력 2008년 7월 22일

교료지의 수정은 무한대학 중국전통문화연구중심에서 끝냄

찾아보기

지은이 **곽제용郭齊勇**

　중국 湖北省 武漢 출신 무한대학 철학과를 졸업하고 동 대학원에서 석·박사학
위를 받았다. 동 대학 철학과 교수로 있으면서 철학과 학과장을 비롯해 국제중국
철학회(ISCP) 회장, 주석 등을 역임하였다. 주로 중국철학사와 유학에 관한 연구
를 진행하였다. 주요 저서로는 『중국철학사』, 『중국철학지혜의 탐색』, 『유학과
현대화의 새로운 탐구』, 『중국문화정신의 특징』, 『중국인의 지혜』, 『중국사상의
창조적인 전환』, 『현·당대 신유학 사조 연구』 등이 있다.

옮긴이 **고성애高星愛**

　중국 북경대학 철학과를 졸업하고 서울대학교 철학과 대학원에서 석·박사학위
를 받았다. 현재 중국 연변대학 인문사회과학학원 사상정치교육과에 조교수로 재
직하고 있다. 주로 한국 근현대사상과 유학에 대한 연구를 진행하고 있다. 저서로
는 『박종홍의 현대 신유학』이 있고, 논문으로는 「하린과 박종홍의 현대 신유학
사상 비교」, 「중·한 "무극태극"논변 비교 연구」, 「박종홍과 한국 전통사상의 현
대적 전환」, 「이상은의 현대 신유학 사상 연구」 등이 있다.

예문서원의 책들

원전총서

박세당의 노자(新註道德經) 박세당 지음, 김학목 옮김, 312쪽, 13,000원
율곡 이이의 노자(醇言) 이이 지음, 김학목 옮김, 152쪽, 8,000원
홍석주의 노자(訂老) 홍석주 지음, 김학목 옮김, 320쪽, 14,000원
북계자의(北溪字義) 陳淳 지음, 김충열 감수, 김영민 옮김, 295쪽, 12,000원
주자가례(朱子家禮) 朱熹 지음, 임민혁 옮김, 466쪽, 20,000원
서경잡기(西京雜記) 劉歆 지음, 葛洪 엮음, 김장환 옮김, 416쪽, 18,000원
열선전(列仙傳) 劉向 지음, 김장환 옮김, 392쪽, 15,000원
열녀전(列女傳) 劉向 지음, 이숙인 옮김, 447쪽, 16,000원
선가귀감(禪家龜鑑) 청허휴정 지음, 박재양·배규범 옮김, 584쪽, 23,000원
공자성적도(孔子聖蹟圖) 김기주·황지원·이기훈 역주, 254쪽, 10,000원
천지서상지(天地瑞祥志) 김용천·최현화 역주, 384쪽, 20,000원
참동고(參同攷) 徐命庸 지음, 이봉호 역주, 384쪽, 23,000원
박세당의 장자, 남화경주해산보 내편(南華經註解刪補 內篇) 박세당 지음, 전현미 역주, 560쪽, 39,000원
초원담노(椒園談老) 이충익 지음, 김윤경 옮김, 248쪽, 20,000원
여암 신경준의 장자(文章準則 莊子選) 申景濬 지음, 김남형 역주, 232쪽, 20,000원
소학질서(小學疾書) 이익 지음, 김경남 역주, 384쪽, 35,000원

퇴계원전총서

고경중마방古鏡重磨方 ―퇴계 선생의 마음공부 이황 편저, 박상주 역해, 204쪽, 12,000원
활인심방活人心方 ―퇴계 선생의 마음으로 하는 몸공부 이황 편저, 이윤희 역해, 308쪽, 16,000원
이자수어李子粹語 퇴계 이황 지음, 성호 이익·순암 안정복 엮음, 이광호 옮김, 512쪽, 30,000원

연구총서

논쟁으로 보는 중국철학 중국철학연구회 지음, 352쪽, 8,000원
논쟁으로 보는 한국철학 한국철학사상연구회 지음, 326쪽, 10,000원
중국철학과 인식의 문제(中國古代哲學問題發展史) 方立天 지음, 이기훈 옮김, 208쪽, 6,000원
중국철학과 인성의 문제(中國古代哲學問題發展史) 方立天 지음, 박경환 옮김, 191쪽, 6,800원
역사 속의 중국철학 중국철학회 지음, 448쪽, 15,000원
공자의 철학(孔孟荀哲學) 蔡仁厚 지음, 천병돈 옮김, 240쪽, 8,500원
맹자의 철학(孔孟荀哲學) 蔡仁厚 지음, 천병돈 옮김, 224쪽, 8,000원
순자의 철학(孔孟荀哲學) 蔡仁厚 지음, 천병돈 옮김, 272쪽, 10,000원
유학은 어떻게 현실과 만났는가 ―선진 유학과 한대 경학 박원재 지음, 218쪽, 7,500원
역사 속에 살아있는 중국 사상(中國歷史に生きる思想) 시게자와 도시로 지음, 이혜경 옮김, 272쪽, 10,000원
덕치, 인치, 법치 ―노자, 공자, 한비자의 정치 사상 신동준 지음, 488쪽, 20,000원
리의 철학(中國哲學範疇精髓叢書 ― 理) 張立文 주편, 안유경 옮김, 524쪽, 25,000원
기의 철학(中國哲學範疇精髓叢書 ―氣) 張立文 주편, 김교빈 외 옮김, 572쪽, 27,000원
동양 천문사상, 하늘의 역사 김일권 지음, 480쪽, 24,000원
동양 천문사상, 인간의 역사 김일권 지음, 544쪽, 27,000원
공부론 임수무 외 지음, 544쪽, 27,000원
유학사상과 생태학(Confucianism and Ecology) Mary Evelyn Tucker·John Berthrong 엮음, 오정선 옮김, 448쪽, 27,000원
공자타, 공자는 이렇게 말했다 안재호 지음, 232쪽, 12,000원
중국중세철학사(Geschichte der Mittelalterischen Chinesischen Philosophie) Alfred Forke 지음, 최해숙 옮김, 568쪽, 40,000원
북송 초기의 삼교회통론 김경수 지음, 352쪽, 26,000원
죽간·목간·백서, 중국 고대 간백자료의 세계 1 이승률 지음, 576쪽, 40,000원
중국근대철학사(Geschichte der Neueren Chinesischen Philosophie) Alfred Forke 지음, 최해숙 옮김, 936쪽, 65,000원
리학 심학 논쟁, 연원과 전개 그리고 득실을 논하다 황갑연 지음, 416쪽, 32,000원
진래 교수의 유학과 현대사회 陳來 지음, 강진석 옮김, 440쪽, 35,000원
상서학사 ―『상서』에 관한 2천여 년의 해석사 劉起釪 지음, 이은호 옮김, 912쪽, 70,000원
장립문 교수의 화합철학론 장립문 지음 / 홍원식·임해순 옮김, 704쪽, 60,000원
왕양명과 칼 바르트 ―유교와 그리스도교의 대화 김흡영 지음, 368쪽, 33,000원
세계의 철학자들, 철학과 세계를 논하다 ―제24회 북경 세계철학대회 대표철학자 25인 사전 인터뷰 李念 主編 / 오현중 옮김, 536쪽, 33,000원

강의총서

김충열 교수의 노자강의 김충열 지음, 434쪽, 20,000원
김충열 교수의 중용대학강의 김충열 지음, 448쪽, 23,000원
모종삼 교수의 중국철학강의 牟宗三 지음, 김병채 외 옮김, 320쪽, 19,000원
송석구 교수의 율곡철학 강의 송석구 지음, 312쪽, 29,000원
송석구 교수의 불교와 유교 강의 송석구 지음, 440쪽, 39,000원

역학총서

주역철학사 (周易硏究史) 廖名春·康學偉·梁韋弦 지음, 심경호 옮김, 944쪽, 45,000원
송재국 교수의 주역 풀이 송재국 지음, 380쪽, 10,000원
송재국 교수의 역학담론 –하늘의 빛 正易, 땅의 소리 周易 송재국 지음, 536쪽, 32,000원
소강절의 선천역학 高懷民 지음, 곽신환 옮김, 368쪽, 23,000원
다산 정약용의 『주역사전』, 기호학으로 읽다 방인 지음, 704쪽, 50,000원
주역과 성인, 문화상징으로 읽다 정병석 지음, 440쪽, 40,000원
주역과 과학 신정원 지음, 344쪽, 30,000원
주역, 운명과 부조리 그리고 의지를 말하다 주광호 지음, 352쪽, 30,000원
다산 정약용의 역학서언, 주역의 해석사를 다시 쓰다 –고금의 역학사를 종단하고 동서 철학의 경계를 횡단하다 방인 지음, 736쪽, 65,000원
정현의 주역 林忠軍 지음, 손흥철, 임해순 옮김, 880쪽, 56,000원
주역의 기호학–퍼스 기호학으로 보는 괘의 재현과 관계 박연규 지음, 352쪽, 32,000원

한국철학총서

조선 유학의 학파들 한국사상사연구회 편저, 688쪽, 24,000원
조선유학의 개념들 한국사상사연구회 지음, 648쪽, 26,000원
유교개혁사상과 이병헌 금장태 지음, 336쪽, 17,000원
쉽게 읽는 퇴계의 성학십도 최재목 지음, 152쪽, 7,000원
홍대용의 실학과 18세기 북학사상 김문용 지음, 288쪽, 12,000원
남명 조식의 학문과 선비정신 김충열 지음, 512쪽, 26,000원
명재 윤증의 학문연원과 가학 충남대학교 유학연구소 편, 320쪽, 17,000원
조선유학의 주역사상 금장태 지음, 320쪽, 16,000원
심경부주와 조선유학 홍원식 외 지음, 328쪽, 20,000원
퇴계가 우리에게 이윤희 지음, 368쪽, 18,000원
조선의 유학자들, 켄타우로스를 상상하며 理와 氣를 논하다 이향준 지음, 400쪽, 25,000원
퇴계 이황의 철학 윤사순 지음, 320쪽, 24,000원
조선유학과 소강절 철학 곽신환 지음, 416쪽, 32,000원
되짚어 본 한국사상사 최영성 지음, 632쪽, 47,000원
한국 성리학 속의 심학 김세정 지음, 400쪽, 32,000원
동도관의 변화로 본 한국 근대철학 홍원식 지음, 320쪽, 27,000원
선비, 인을 품고 의를 걷다 한국국학진흥원 연구부 엮음, 352쪽, 27,000원
실학은 實學인가 서영이 지음, 264쪽, 25,000원
선사시대 고인돌의 성좌에 새겨진 한국의 고대철학 윤병렬 지음, 600쪽, 53,000원
사단칠정론으로 본 조선 성리학의 전개 홍원식 외 지음, 424쪽, 40,000원
국역 주자문록 –고봉 기대승이 엮은 주자의 문집 기대승 엮음, 김근호·김태년·남지만·전병욱·홍성민 옮김, 768쪽, 67,000원
최한기의 기학과 실학의 철학 김용헌 지음, 560쪽, 42,000원

성리총서

송명성리학 (宋明理學) 陳來 지음, 안재호 옮김, 590쪽, 17,000원
주희의 철학 (朱熹哲學硏究) 陳來 지음, 이종란 외 옮김, 544쪽, 22,000원
양명 철학 (有無之境—王陽明哲學的精神) 陳來 지음, 전병욱 옮김, 752쪽, 30,000원
정명도의 철학 (程明道思想硏究) 張德麟 지음, 박상리·이경남·정성희 옮김, 272쪽, 15,000원
송명유학사상사 (宋明時代儒學思想の硏究) 구스모토 마사쓰구(楠本正繼) 지음, 김병화·이혜경 옮김, 602쪽, 30,000원
북송도학사 (道學の形成) 쓰치다 겐지로(土田健次郎) 지음, 성현창 옮김, 640쪽, 3,2000원
성리학의 개념들 (理學範疇系統) 蒙培元 지음, 홍원식·황지원·이기훈·이상호 옮김, 880쪽, 45,000원
역사 속의 성리학 (Neo-Confucianism in History) Peter K. Bol 지음, 김영민 옮김, 488쪽, 28,000원
주자어류선집 (朱子語類抄) 미우라 구니오(三浦國雄) 지음, 이승연 옮김, 504쪽, 30,000원
역학과 주자학 –역학은 어떻게 주자학을 만들었는가? 주광호 지음, 520쪽, 48,000원

불교(카르마)총서

유식무경, 유식 불교에서의 인식과 존재 한자경 지음, 208쪽, 7,000원
박성배 교수의 불교철학강의 : 깨침과 깨달음 박성배 지음, 윤원철 옮김, 313쪽, 9,800원
불교 철학의 전개, 인도에서 한국까지 한자경 지음, 252쪽, 9,000원
인물로 보는 한국의 불교사상 한국불교원전연구회 지음, 388쪽, 20,000원
은정희 교수의 대승기신론 강의 은정희 지음, 184쪽, 10,000원
비구니와 한국 문학 이향순 지음, 320쪽, 16,000원
불교철학과 현대윤리의 만남 한자경 지음, 304쪽, 18,000원
유식삼심송과 유식불교 김명우 지음, 280쪽, 17,000원
유식불교, 『유식이십론』을 읽다 효도 가즈오 지음, 김명우·이상우 옮김, 288쪽, 18,000원
불교인식론 S. R. Bhatt & Anu Mehrotra 지음, 권서용·원철·유리 옮김, 288쪽, 22,000원
불교에서의 죽음 이후, 중음세계와 육도윤회 허암 지음, 232쪽, 17,000원
선사상사 강의 오가와 다카시(小川隆) 지음, 이승연 옮김, 232쪽, 20,000원
깨져야 깨친다 –불교학자 박성배 교수와 제자 심리학자 황경열 교수의 편지글 박성배·황경열 지음, 640쪽, 50,000원